앤더슨의
경제학 첫걸음

David A. Anderson 지음
김광호, 박대근 옮김

ΣΣ시그마프레스

앤더슨의 **경제학 첫걸음**

발행일 | 2019년 7월 5일 1쇄 발행
2022년 7월 5일 2쇄 발행

저　자 | David A. Anderson
역　자 | 김광호, 박대근
발행인 | 강학경
발행처 | ㈜시그마프레스
디자인 | 고유진
편　집 | 문승연

등록번호 | 제10-2642호
주소 | 서울특별시 영등포구 양평로 22길 21 선유도코오롱디지털타워 A401~402호
전자우편 | sigma@spress.co.kr
홈페이지 | http://www.sigmapress.co.kr
전화 | (02)323-4845, (02)2062-5184~8
팩스 | (02)323-4197

ISBN | 979-11-6226-193-4

Survey of Economics

* 책값은 뒤표지에 있습니다.
* 이 도서의 국립중앙도서관 출판예정도서목록(CIP)은 서지정보유통지원시스템 홈페이지(http://seoji.nl.go.kr)와 국가자료공동목록시스템(http://www.nl.go.kr/kolisnet)에서 이용하실 수 있습니다. (CIP제어번호 : CIP2019022390)

역자 서문

이 책은 데이비드 앤더슨의 *Survey of Economics* 초판을 번역한 것이다. 앤더슨 교수는 미국의 명문 교육중심대학인 센터 칼리지의 교수로, 자타가 공인하는 경제교육 전문가이다. 그는 수십 년째 경제학개론 과목을 가르치고 있는데, 이러한 교육 경험에서 얻은 노하우가 이 책에 고스란히 드러나 있다.

경제학 학습자들이 처음 접하게 되는 책은 주로 경제학원론 교과서이다. 그런데 많은 사람들이 책의 압도적인 분량 때문에 공부를 시작하기도 전에 사기가 꺾이기 일쑤다. 교수자의 입장에서도 분량이 많아 정해진 수업 시간에 내용을 전부 다루기 어렵다.

앤더슨 교수는 자신의 경험을 십분 활용하여 경제학을 처음 공부하는 사람이라면 반드시 알아야 하는 핵심적인 내용만을 추려 얇은 책에 담아냈다. 미시경제학이나 거시경제학처럼 상위 과목에서 배우게 될 내용들은 과감하게 생략한 대신, 꼭 알아야 하는 내용은 친절하고도 깊이 있게 설명했다. 이해를 돕는 그래프나 현실 응용 사례를 풍부하게 활용하는 동시에, 독자들의 주의를 흩뜨릴 수 있는 부수적인 요소들은 최소화했다. 그 결과 여느 책의 절반도 안 되는 분량의 훌륭한 경제학 입문서가 탄생했다.

이 책이 다양한 독자들의 요구에 부응할 것으로 기대된다. 대학교에서 처음 경제학을 접하는 학생뿐 아니라 경제학에 관심이 있어 혼자 경제학 공부를 시작하려는 일반인, 보다 깊이 있는 경제학 공부를 원하는 고등학생 등 다양한 독자에게 이 책이 훌륭한 경제학 입문서가 되어 줄 것이다. 아무쪼록 이 책이 독자들의 경제적 문해력(economic literacy) 향상에 도움이 되기를 바란다.

이 책이 나오기까지 수고해주신 ㈜시그마프레스의 조한욱 차장과 편집부 여러분께 감사드린다. 남아 있을지 모르는 오류나 미흡한 부분은 꾸준히 고쳐나갈 것을 약속드린다.

2019년
역자 일동

저자 서문

모든 경제학 교수는 한때 경제학도였다. 전공을 선택하는 학부생으로서 나는 수차례 잘못된 시작을 했었다. 처음에는 로스쿨 준비 과정, 다음에는 영문학, 마지막에는 경영학이었는데, 경영학 전공을 위해서는 경제학이 필수 과목이었다. 아마도 독자들처럼 나도 다른 무언가를 전공할 것을 기대하면서 경제학 수업에 앉아 있었다. 경제학 도구가 희소성, 공공정책, 사회후생에 대한 중대한 질문에 구체적인 답을 밝혀준다는 것을 발견했을 때, 그때가 나의 깨달음의 순간이었다. 나의 길을 찾았다는 것을 알았다. 이 책으로 나는 값을 매길 수 없이 귀중한 그런 도구를 배우는 독자들의 경험을 더 쉽고 즐겁게 만들길 희망한다.

경제학 개론 강의를 27년 넘게 하면서 나는 훌륭한 학생들과 함께 했지만 교과서는 썩 좋지 않았다. 많은 교과서들이 너무 길고 재미가 없었으며 도전적인 주제를 다루는 데 불분명했다. 나는 내가 교실에서 가장 자주 보는 유형의 학생들의 필요에 부응하기 위해 이 책을 썼다.

Dave Anderson

그 학생들은 과거의 나, 그리고 아마도 현재의 여러분과 같은 학생들이다.

다음 세 가지 관찰이 더 좋은 교과서를 만들기 위한 나의 접근법을 결정했다.

- **우리 대부분은 시각적 학습자이다.** 이 책은 눈길을 사로잡는 사진, 컬러 도표, 명료한 그래프를 이용해 시각적 이야기를 강조한다. 각 장의 서술은 피자, 면화 의류, 미용처럼 시각화하기 쉬운 특정 산업이나 제품을 중심으로 이루어진다.

- **우리 대부분은 빠듯한 시간제약이 있다.** 그 때문에 교과서가 간결하면서도 핵심 내용을 건너뛰거나 어려운 소재를 급작스레 다루지 않는 것이 중요하다. 이 책은 각 장을 간략하고 다루기 쉽게 하여 대학교 개론 수업의 모든 표준적 요소를 약 300페이지 정도에 담고 있다. 간소화된 각 장은 정말로 중요한 개념에 초점을 맞춤으로써 길이가 긴 책에 비해 독자들의 시간을 절약해줄 것이다.

- **우리 대부분은 경제학이 도전적이라고 생각한다.** 이 책은 흥미로운 설명과 현실세계의 사례를 글의 흐름에 엮어서 경제학이 우리 생활과 관련성이 있음을 강조한다. 주의를 흩뜨리는 사례 글상자와 기타 불필요한 요소들은 최소화했다.

나의 목표는 '왜 알아야 하는가?'라는 질문에 답하는 경제학 교과서를 만드는 것이었다. 나는 이 책을 쉽고 읽기에 재미있게 썼다. 학습을 더 쉽게 만드는 디자인 요소를 넣고, 불필요하게 긴 내용이나 사소한 사항은 뺐다. 이 과목이 예전의 나에게 그랬던 것처럼 독자들에게 경제학에 대한 관심을 불러일으키기를, 그리고 경제학 도구가 독자들을 인생의 절박한 질문에 대한 많은 중요한 답으로 인도하기를 바란다.

데이비드 앤더슨

이 책의 특징 : 학생 중심의 접근

글을 경제학원론 교과서에서 따오기보다는 개론 과목에 특화해 썼다. 다른 어떤 교과서도 이 책과 같은 간결성, 명료성, 시각적 강조를 제공하지 않는다. 이 책은 새로운 관점을 낮은 전환비용으로 제공한다. 책이 다루는 범위는 이 사회과학의 현황을 반영한다. 예를 들어 IS-LM과 굴절수요곡선이 빠지고 게임이론과 행동경제학이 포함되었으며, 외부성이 중요하게 다루어지고, 거시경제학 논의에서 AD-AS 분석을 강조한다.

이 책은 간결한 구성으로 시각적 학습자에게 호소한다는 약속을 이행하며 학생 참여를 강조한다. 이야기에 기반을 둔 서술이 쉬운 설명과 인상적인 시각 자료를 둘러싸고 있는데, 이 모두는 경제학과 일상생활 간 교차점을 강조하고 있다. 다음 몇 페이지는 학생들이 보게 될 내용의 샘플을 담고 있다.

각 장의 앞부분에 있는 '왜 알아야 하는가?' 코너는 학생들이 배워야 하는 주제에 대한 흥미를 배양한다. 각 장에 학생들을 위한 내용으로 어떤 것이 있는가? 내용이 그들의 삶과 어떻게 연관되는가?

각 장의 서문은 학생들이 그 장을 관통하는 실제 이야기 및 관련이 있을 법한 주제에 관심을 갖도록 해준다. 예를 들어 수요는 실제 카페의 맥락에서 설명하며, 탄력성은 기타를 제작하는 작은 회사에 관한 이야기를 이용해 설명한다. 분명한 학습목표는 학생들이 중요한 내용에 집중하는 것을 돕는다.

풍부한 시각 자료가 시각적 학습자에 부응하여 개념을 직관적 방법으로 전달한다. 유용한 이미지와 도표가 이해력과 기억력을 강화하며, 동시에 학습 경험을 더 즐겁게 만든다.

지금은 대부분의 경제학자들이 단기에는 재정정책과 통화정책이 실업률에 영향을 미칠 수 있지만 장기에는 실업을 자연실업률보다 낮게 유지시킬 수 없다는 데 동의한다.

많은 주제에 있어서 의견합치가 있지만 경제학자들 간 일부의 의견불일치가 지속되기도 한다. 고전학파, 케인스학파, 통화론의 개정판에 대한 추종자들이 존재하며, 경제학자들은 여

큰 글씨로 밖으로 빼서 쓴 인용문은 반복할 만한 가치가 있는 핵심 포인트를 강조하거나, 학생들을 더 넓은 주제로 이끌 흥미로운 사실을 강조한다.

시장균형　**71**

임금과 식품 가격에 대한 상한, 1970년대 석유 가격에 대한 상한이 있다. 리처드 닉슨 대통령은 1971년에 임금과 가격에 대해 더 일반적인 동결을 시행했다. 그리고 수백만의 미국인이 정부에 의해 임대료가 통제되는 아파트와 이동식 주택에 거주하고 있다.

소비자가 지불하는 가격에 영향을 미치려면 가격상한은 시장의 균형가격 아래에서 설정되어야 한다. 균형가격 위에서 설정된 가격상한은 효과가 없는데, 이는 어쨌든 기업이 균형가격보다 높은 가격을 책정하기를 원하지 않기 때문이다! 균형가격보다 높은 가격은 잉여분을 초래하고 기업이 가격을 낮추도록 유도함을 기억하라. 예를 들어 그림 5.5에 나타난 타이어 시장에 가격상한으로 120달러가 설정되면, 타이어 판매자들은 그보다 낮은 균형가격 100달러를 더 선호하기 때문에 아무런 영향도 받지 않는다.

기업이 책정한 가격이 균형가격보다 낮으면 부족분이 발생함을 보았다. 균형가격보다 낮게 설정된 가격상한은 동일한 효과를 가진다. 즉 수요량이 공급량보다 커지게 만든다. 하지만 가격상한이 부과되면 기업은 부족분을 제거하기 위해 가격을 높일 수 없다. 그림 5.5는 가격상한이 60달러로 설정되면 기업이 가격을 균형가격인 100달러로 올릴 수 없음을 보여준다.

부족분을 초래하는 것 이외에, 가격상한에 따른 인위적으로 낮은 가격에는 어떤 문제가 있을까? 가격상한이 초래하는 문제점 몇 가지를 살펴보자.

암시장　그림 5.5에서처럼 60달러로 가격상한이 설정되면 기업들은 타이어를 300개만 공급할 용의가 있다. 하지만 소비자는 첫 649개의 타이어에 대해 60달러보다 많은 돈을 지불할 용의가 있다. 수요곡선이 첫 649개의 타이어에 대해 60달러보다 높기 때문이다. 소비자가 현재 가격보다 높은 가격을 지불할 용의가 있기 때문에, 어떤 판매자는 **암시장**(black market)이라고 알려진 불법 시장에서 가격상한보다 높은 가격을 책정하려 할 수 있다. 암시장은 가격상한이 있고 특정 재화나 서비스 판매가 금지된 경우 나타나기 쉽다. 예를 들어 스포츠 팀이 학생과 소득이 제한된 다른 사람들이 게임에 참석할 수 있도록 입장권 가격을 균형가격 아래로

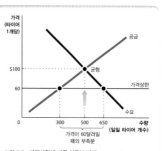

그림 5.5　가격상한에 따른 부족분 발생
균형가격보다 낮게 설정된 가격상한은 수요량이 공급량을 초과하도록 만들며, 기업은 가격을 높여 그에 따른 부족분을 없앨 수 없다.

제한하면 흔히 암시장이 발생한다. 올림픽 때 암시장의 암표상들은 원래 가격의 10배 가격에 입장권을 팔기도 한다. 2016년 리우데자네이루 올림픽 기간에 브라질 정부는 이러한 문제를 줄이기 위해 원래 입장권 가격의 100배에 달하는 암표 벌금을 부과했다.

균형점 밑에 있는 집을 상상하여 가격상한이 있어야 하는 위치를 기억하라.

줄서기 비용　효과적인 감시활동으로 암시장이 사라지면 어떤 소비자는 줄을 섬으로써 가격상한과 지불용의금액 간 차이를 결국 지불하게 된다. 재화 구매를 위해 줄(queue)을 섬으로써 고객이 잃게 되는 시간의 가치는 줄서기 비용(queueing cost)이다. 듀크대학교에서 대학원생은 균형가격보다 훨씬 낮은 가격에 농구경기 시즌티켓을 살 수 있어서, 학생들은 시즌티켓을 구입하기 위해 며칠씩 진을 친다. 듀크대학교가 스스로 부과한 입장권 가격상한에 의해 발생하는 줄서기 비용은 입장권 가격에 덧붙여지는 상당한 비용을 나타낸다.

줄서기 비용은 가용한 물량을 누가 살 수 있는지 명시하는 배급 기술을 이용해 최소화할 수 있다. 뉴욕

암시장
불법 시장

Q&A 글상자는 학생들이 흔히 실수할 수 있는 질문에 대해 다룬다. 주의 깊게 짠 설명으로 본론으로 바로 들어가 학생들의 중요 개념 이해를 방해하는, 혼동할 수 있는 내용을 정리한다.

Q&A

고객이 많은 양을 구입하면 가게가 가격을 낮춰주는 경우도 있다. 이것은 공급법칙과 모순되는가?

수량할인(volume discounts), 즉 제품을 많이 사면 할인해주는 일은 흔하지만 공급법칙과 모순되지 않는다. 공급계획은 주어진 가격에서 기업이 공급하려는 최대치를 나타낸다. 타이어 가게가 타이어를 150달러에 1개를 팔거나 개당 125달러에 4개를 팔 때, 이는 가게가 150달러에 최대 1개를 팔거나 개당 125달러에 최대 4개를 팔 것이라는 이야기가 아니다. 사

실 가게는 개당 125달러가 아니라 150달러에 4개를 파는 것이 더 좋을 것이다. 그밖에도 가게는 필시 개당 125달러보다는 150달러 가격에 더 많은 타이어를 팔려 할 것이다. 이 가격정책이 기업이 125달러나 150달러에서 공급하려고 하는 최대 수량을 나타내는 것이 아니므로, 이 정책은 공급곡선의 형태를 나타내지 않는다. 그보다 수량할인은 기업이 고객의 수요곡선이 우하향하고 가격이 낮으면 타이어를 더 많이 살 것임을 인식하고 있다는 것을 보여준다.

문제 3

경쟁상품인 Xbox 게임기 가격이 하락한다.

1단계 : Xbox 게임기 가격 변화가 PS4 게임기에 대한 수요곡선을 이동시키는가? 그렇다! Xbox 게임기는 PS4 게임기의 소비 대체재이다. Xbox 게임기 가격이 하락하면 PS4 게임기를 샀을 사람 중 일부가 그 대신 Xbox 게임기를 살 것이다.

2단계 : 수요곡선이 어느 방향으로 이동하는가? Xbox 게임기 가격이 하락하면 소비자들은 모든 가격대에서 PS4 게임기를 덜 사게 될 것이다. 따라서 PS4 게임기에 대한 수요는 감소하고 수요곡선은 왼쪽으로 이동한다.

3단계 : 이동을 나타내는 그림을 그린다.

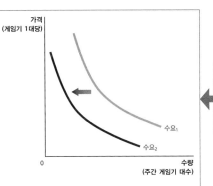

단계적인 문제 풀이 기술은 학생들에게 문제와 씨름하는 간단한 틀을 제공한다. 이 틀은 학생들이 수요의 변화를 수요곡선 상의 이동과 혼동하는 것과 같은 빠지기 쉬운 함정을 피하도록 도와준다.

36　제2장

요약

생산요소인 토지, 노동, 자본, 기업가정신은 재화와 서비스의 구성요소이다. 가계는 기업에 생산요소를 판매하여 그 대가로 임금, 임대료, 이윤의 형태를 띠는 소득을 얻는다. 가계는 소득을 이용해 기업으로부터 재화와 서비스를 구매한다. 순환도는 이에 따른 지급을, 돈이 요소시장을 거쳐 기업에서 가계로 흘러가고 그 후 제품시장을 거쳐 다시 기업으로 흘러오는 것으로 나타낸다. 정부는 또한 제품시장에서 재화와 서비스를 구입하고 요소시장에서 투입요소를 구매한다. 정부 프로그램의 일부인 이전지출과 함께 이런 구매는 가계와 기업으로부터 거둔 조세수입으로 자금이 조달된다.

여러분이 기업가가 되면, 운영할 회사의 유형에 대해 몇몇 선택권이 있을 것이다. 의사결정에 대한 엄격한 통제를 원한다면 개인에 의해 통제되는 개인기업이나 여러분과 1명 이상의 동업자에 의해 소유되고 지배되는 합명회사를 세울 수 있다. 주식회사를 시작하면 그것은 여러분 및 다른 소유주와는 조세와 법적책임 목적상 분리되는 별도의 법적 실체가 된다. 회사가 유한책임회사(LLC)이면 소유주들은 법적책임에서 보호되며, 주

식회사에 비해 서류작업 요건이 적을 것이다. 하지만 주식회사와 달리 유한책임회사는 자금 모금을 위해 주식을 판매할 수 없다.

경제학자들은 일반적으로 무엇을, 어떻게, 누구를 위해 생산할 것인가의 결정을 효율성 목표를 염두에 두고 접근한다. 다른 어떤 재화와 서비스 조합도 사회를 더 좋아지게 할 수 없다면 효율적인 조합이 생산된 것이다. 다른 사람들을 나빠지게 하지 않으면서 어떤 사람들을 좋아지게 할 수 있는 방법이 없다면 재화가 효율적으로 분배된 것이다.

경제적 의사결정의 원천은 현행 경제체제의 유형에 달려 있다. 전통경제에서 의사결정은 과거와 같은 방식으로 이루어진다. 시장경제 혹은 자본주의 경제에서는 시장 내에서 만들어진 유인이 의사결정을 인도한다. 공산주의와 사회주의의 통제경제에서는 정부나 시민집단이 무엇을, 어떻게, 누구를 위해 생산할지 결정한다. 이런 각각의 체제는 중요한 장단점이 있다. 오늘날 대부분의 경제는 전통경제, 시장경제, 통제경제의 양상을 결합한 혼합적 접근법을 취한다.

각 장의 요약은 경제적 개념이 어떻게 현실세계에 적용되는지에 대한 명료한 학습을 강화한다. 핵심용어 목록은 학생들이 알아야 하는 어휘를 상기시켜준다. 복습문제에는 비판적 사고를 유도하는 문제가 포함되어 있는데, 이는 학생들이 단순히 모형을 암기하는 것을 넘어 실제로 경제적 사고방식을 중요한 문제에 적용하도록 도와준다.

핵심용어

- ✓ 가계
- ✓ 개인기업
- ✓ 공산주의
- ✓ 기업
- ✓ 기업가정신
- ✓ 노동
- ✓ 배당금
- ✓ 사회주의
- ✓ 생산요소
- ✓ 순환도
- ✓ 시장(자본주의)경제
- ✓ 요소시장
- ✓ 유한책임회사
- ✓ 이전지출
- ✓ 자본
- ✓ 전통경제
- ✓ 정부
- ✓ 제품시장
- ✓ 주식
- ✓ 주식회사
- ✓ 주주
- ✓ 토지
- ✓ 통제경제
- ✓ 합명회사
- ✓ 혼합경제
- ✓ 효율적

복습문제

1. 인쇄물 형태의 교과서는 인쇄기, 노동자, 종이를 이용해 생산된다. 이런 각각의 투입요소가 속하는 범주를 식별하라.

2. (정부가 없는) 간단한 순환도를 그리고, 그림에 나타난 관계를 이용해 미래 판매량에 대한 생산자의 낙관이 어떻게 미래 판매량 증가를 가져올 수 있는지 설명하라.

그림 1A.1　변수, 점, 축

x변수 같은 가로축, 즉 x축을 따라 측정된다. y변수 같은 세로축, 즉 y축을 따라 측정된다. 두 축은 원점에서 만난다. 그래프 상의 각 점은 x변수와 y변수 값을 모두 나타낸다.

그림 1A.2　수요곡선

경제학자들은 두 변수 간 관계를 보여주는 곡선을 자주 사용한다. 예를 들어 수요곡선은 재화의 가격과 소비자가 사려고 하는 재화의 수량 간 관계를 나타낸다. 이 특정 수요곡선과 달리 어떤 곡선은 실제로는 직선이다.

그래프 이해하기에 관한 부록은 학생들에게 경제학자들이 가장 좋아하는 시각적 도구의 작동에 대해 사용자 친화적으로 기억을 상기시켜주거나 입문을 제공한다.

에 전혀 나타나지 않는 경우도 있다. 또는 논의의 초점인 특정 점들만 표시할 수도 있다.

대부분의 그래프는 값이 다른 변수의 영향을 받지 않는 **독립**

(slope)에 의해 그려진다. 우하향하는 선은 왼쪽에서 오른쪽으로 하락하므로 기울기가 음수이다. 우상향하는 선은 왼쪽에서 오른쪽으로 상승하므로 기울기가 양수이다. 수평선은 평평하

이 책의 개요

1. 경제학 들어가기

이 장들에서는 친숙한 재화와 일상생활에서 내리는 결정의 맥락에서 기본적인 경제학 도구를 설명한다. 이 기초를 갖추면 학생들은 다음 파트로 어느 순서로든 나아갈 수 있다.

1 경제학의 기초

피자에 대한 사례연구는 모든 재화와 서비스의 희소한 구성요소를 드러내 보여준다. 학생들은 생산가능곡선이 어떻게 기회비용과 경제성장을 나타내는지 발견한다. 무엇을, 어떻게, 누구를 위하여 생산할 것인가 하는 근본적 문제는 최적의사결정에 대한 추가적인 탐구의 동기를 제공한다.

Rawpixel.com/Shutterstock.com

USBFCO/Shutterstock

1A 그래프 이해하기

이 부록은 경제학자들이 가장 좋아하는 시각적 도구에 대해 설명한다. 학생들은 그래프 상의 곡선이 어떻게 두 변수 간 관계를 전달하는지 배운다. 다루는 내용에는 기울기에 대한 해석과 간단한 면적 계산이 포함된다. 이 부록은 또한 막대도표, 파이도표, 산포도 사용에 대해 설명한다.

2 시장과 경제

초콜릿과 롤러코스터에 대한 이야기는 효율성 목표를 근본적 문제인 무엇을, 어떻게, 누구를 위하여 생산할 것인가와 연결시킨다. 순환도는 경제의 구성요소를 함께 엮는다. 전통경제, 시장경제, 통제경제가 의사결정과 효율성 측면에서 비교된다.

3 수요

커피 시장에 대한 사례연구는 수요곡선의 모양과 이동요인, 그리고 기저에 있는 개념인 한계효용체감에 대해 알려준다. 학생들은 소비자잉여가 구매의 진정한 목표라는 것을 발견한다. 이 장은 소비자 수요와 관련된 문제 풀이에 대한 단계적 설명으로 끝을 맺는다.

Susana Gonzalez/Bloomberg via Getty Images

Jason Salmon/Shutterstock.com

4 공급

현실에 바탕을 둔 미용사 이야기는 한계비용과 여타 공급계획의 기초를 소개한다. 직관적 설명은 공급곡선 상의 이동이나 곡선의 이동을 가져오는 영향요인을 강조한다. 마지막 절은 공급 관련 문제 풀이에 대한 단계적 접근법을 제공한다.

5 시장균형

타이어 산업의 예는 공급과 수요 개념을 합쳐 시장균형이 어떻게 가격과 수량을 결정하는지 보여준다. 학생들은 가격상한, 가격하한, 수요나 공급 변화의 효과를 본다. 단계적인 안내는 학생들이 시장균형과 관련된 문제를 푸는 데 도움을 준다.

2. 미시경제학

이 장들에서는 학생들이 매일 직면하는 많은 상충관계에 경제학을 적용하고, 개인과 기업이 매일매일 내리는 결정을 부각시킨다. 이 파트는 또한 기업의 행동에 대해, 그리고 기업행동이 소비자, 종업원, 소유주에게 미치는 연관성에 대해 설명한다.

6 탄력성

기타에 대한 사례연구는 가격과 소득 변화에 대한 반응이 개인, 기업, 정책입안자에게 어떤 연관성이 있는지 보여준다. 몇몇 표는 수요의 가격탄력성, 공급의 가격탄력성, 수요의 교차가격탄력성, 수요의 소득탄력성에 대한 유용한 해석을 정리해준다.

7 소비자 행동

패스트푸드와 포스터는 최대 행복을 가져오는 지출전략에 대한 논의의 틀을 짠다. 예산제약, 소득효과와 대체효과, 개인적 합리성 등의 주제가 포함된다. 이 책에 포함된 행동경제학에 관한 내용은 어떤 교과서에는 빠져 있는데, 이 내용은 학생들을 더 좋은 소비자로 만들 것이다.

8 생산비용

이 장은 돈벌이에 열중한 빵집의 맥락에서 생산비용을 설명한다. 한계생산체감, 명시적 비용과 암묵적 비용, 규모의 경제 등의 주제가 포함된다. 학생들은 또한 매몰비용의 무관성과 비용극소화 투입요소 조합에 대해 배운다.

9 완전경쟁

목화밭은 경쟁시장에 대한 탐구로 향하는 경로를 제공한다. 학생들은 경쟁시장의 기업이 이윤극대화를 위해 어떻게 의사결정을 하는지 배운다. 고려사항에 포함되는 것으로 조업중단 가격, 단기와 장기의 행동, 완전경쟁시장의 효율성이 있다.

Chris Bennett, Farm Press

10 시장지배력

석유 시장을 참고로 하여 시장지배력의 형태, 원천, 영향을 분석한다. 학생들은 제한된 경쟁이 삶에 영향을 미치는 여러 경로에 대해 배운다. 시각 자료를 이용해 가격, 수량, 효율성과 관련하여 독점과 완전경쟁산업 간 차이에 대해 보충설명한다.

Justin Sullivan/Getty Images News/Getty Images

11 요소시장

지프투어에 대한 이야기는 요소시장의 작동에 대해 소개한다. 파생수요, 노동공급, 소득분배 등의 주제가 포함된다. 이 장에서는 임금이 개인 간에 다른 이유를 설명한다. 학생들은 또한 최저임금이 실업률에 큰 영향을 미칠 수 있지만 반드시 그렇지는 않은 이유에 대해 배운다.

Terry Harris/Alamy Stock Photo

ArtFamily/Shutterstock.com

12 시장실패와 정부실패

학생들은 흔한 경험의 렌즈를 통해 시장실패에 대해 배운다. 이 장의 논의는 시장실패를 제한하는 정부의 역할과 정부 자신이 실패할 가능성 모두를 다룬다. 티셔츠, 나무, 예방접종, 이베이, 대학 등의 간과되는 비용이나 편익 사례가 포함된다.

3. 거시경제학

이 책의 특징인 시각적 접근법을 이용하여 이들 장에서는 학생들이 뉴스에서 접하는 인플레이션, 실업, 이자율, 거시경제정책과 같은 거시경제학의 개념들을 전달한다. 경제적 진보의 척도, 대후퇴, 경제의 부침이 학생들의 생활과 어떤 관계가 있는지 설명한다.

davelogan/E+/Getty Images

13 경제의 성과 측정

풍선 부풀리기와 햄버거 가격에 대한 논의는 실질가치와 명목가치의 차이를 명백하게 밝혀준다. 학생들은 국내총생산, 인플레이션, 실업에 대해 보다 잘 이해하게 될 것이다. 이 외에 경제의 발전에 대한 여러 가지 대체 척도와 소비자물가지수와 같은 주제가 포함된다.

14 총수요와 총공급

경제적 분석을 위한 일꾼이라 할 수 있는 총수요와 총공급 모형에 대해 탐색한다. 미국 서부에서 유래한 친숙한 재화인 스테이크와 모자 등에 대한 이야기는 승수효과와 경제의 자율조정에 대해 확실하게 설명해준다.

Franck Fotos/Alamy Stock Photo

Deposit Photos/glowimages.com

15 재정정책

학생들은 경제의 하락으로의 전환이 자신들에게 어떤 영향을 미치는지를 배우고, 적절한 재정정책 대응에 대해 경제학파들 간의 차이가 있음을 발견할 것이다. 이 장에서의 논의는 경제를 안정시키기 위한 과거와 현재의 노력, 재정정책의 장점과 단점, 공급중시 재정정책, 자동안정장치를 포함한다.

Michael Weber/imageBROKER/REX/Shutterstock.com

Illustration/Kristin Hambridge and Shutterstock.com

16 화폐와 은행

이 장은 화폐와 은행의 역할을 학생들의 생활과 연결해준다. 이 장에서의 논의는 국가 은행시스템에 대한 접근점으로서 지역 금융기관의 역할을 강조한다. 다른 주제로는 디지털 시대에 있어 은행제도의 진화, 화폐의 특성, 이자율, 화폐의 시간 가치 등이 포함된다.

17 통화정책

학생들은 연방준비제도의 존재 이유와 학생들의 금융 거래를 위해 무대 뒤에서 수행되는 연방준비제도의 역할을 포함하여 연방준비제도에 대해 배운다. 통화정책의 수단, 연준의 정책결정에 있어서의 어려움, 대후퇴 시기에 연준이 채택한 새로운 전략 등에 대한 탐색이 이루어진다.

4. 세계 경제 이슈

이 장들은 세계 경제의 관점에서 경제활동과 성장에 대해 설명한다. 학생들은 국가 경제발전에 대한 도전과 크고 작은 경제들 간의 연결에 대해 알게 될 것이다.

18 경제성장과 경제발전

미국과 자메이카의 관점은 경제성장의 원천, 생산성 향상에 대한 공통적인 장애요인, 경제 부진을 극복하기 위해 사용되는 세부적인 정책을 밝혀준다. 또한 이 장은 경제발전의 중요성을 학생들의 삶의 질과 연관 지어 강조한다.

John Moore/Getty Images

Layne Kennedy/Getty Images

19 국제무역과 국제금융

흔들머리 인형에 대한 사례연구는 비교우위, 절대우위, 서로에게 이익이 되는 무역의 의미를 분명하게 보여준다. 국제수지 계정에 대해서 단순한 설명이 제시된다. 환율의 결정이 학생들이 사는 물건들의 가격 결정에 비유된다.

요약 차례

차례

제 2 부   미시경제학

제4부   세계 경제 이슈

제 **18** 장   **경제성장과 경제발전**

제 **19** 장   **국제무역과 국제금융**

경제학의 기초

1

igordutina/Fotosearch LBRF/AGE Fotostock

학습목표

이 장에서는 다음 내용을 학습한다.

1. 희소성 문제를 설명한다.

2. 특화와 교환의 목적을 설명한다.

3. 생산가능곡선을 이용하여 기회비용을 설명한다.

4. 세 가지 근본적인 경제문제에 대해 알아본다.

5. 여러 유형의 경제학을 정의한다.

미국인들은 매년 피자에 380억 달러 이상을 지출한다. 매일 미국 피자가게에서 약 70만 명의 노동자들이 페페로니 소시지 100만 파운드가 들어간 100에이커 면적의 피자를 차려 낸다. 여러분이 평균적인 미국인과 같다면 일생에 피자 6,000조각을 먹을 것이다. 이러한 돈, 시간, 자원의 사용은 모든 경제에서 다루어야 하는 세 가지 근본적인 질문, 즉 무엇이 생산되어야 하는가, 어떻게 생산되어야 하는가, 누구를 위해 생산되어야 하는가에 대한 대답에서 기인한다. 이 장에서는 이런 질문에 대해 배우고 또 경제학이 어떻게 이런 문제의 핵심에 있는지 배울 것이다.

왜 알아야 하는가?

귀중한 시간을 경제학 공부에 쓰기 전에, 그것이 왜 가치 있는 일인지 알아야 마땅하다. 각 장의 *왜 알아야 하는가?* 섹션은 이제 막 탐구하려고 하는 경제학이 여러분에게 어떻게 중요한지 간략히 설명한다.

경제학이 돈, 은행, 사업과 관계된다는 말을 분명 들어보았을 것이다. 그것은 사실이다! 하지만 경제학은 그 외에도 빈곤, 범죄, 공해, 교육, 보건, 법률제도, 수송체계, 물 부족, 자연보호구역, 지속 가능한 발전, 에너지 등과 관련된 주제에도 적용된다. 개인 차원에서, 경제학은 최대의 만족을 주는 의사결정에 관한 것이다. 여러분은 매일 시간, 옷, 벽장 공간, 페페로니처럼 제한적으로 공급되는 것들을 어떻게 사용할지 결정한다. 돈과 연관되어 있든 그렇지 않든 그런 결정은 경제적 결정이다. 이 책에서는 경제적 추론이 모든 종류의 현명한 결정을 내리는 데 어떻게 도움이 될 수 있는지 배울 것이다. 또한 돈, 경제정책, 그리고 기업과 정부가 목표를 달성하는 데 도움을 주는 전략에 대해서도 배울 것이다.

▲ 시카고 스타일 피자는 가격이 25달러 이상이다. 이 사람들은 피자를 하나 사기 위해 줄을 서야 할까? 경제학 도구는 사람들이 희소한 시간, 돈, 자원을 어떻게 가장 잘 사용할지 결정하는 데 도움을 준다.

희소성 : 원하는 것을 항상 가질 수는 없는 이유

원하는 만큼 피자, 신발, 휴가를 가질 수 없다면 희소성이 문제이다. **희소성**(scarcity)은 어떤 것의 공급이 그것에 대한 모든 사람의 욕구를 충족시키지 못할 때 존재한다. 노동자, 원료, 기계의 제한된 이용 가능성은 희소성을 발생시킨다. 식사 준비에도 희소한 시간, 돈, 재료가 든다.

희소성으로 인해, 가진 것을 어떻게 사용할지에 대한 어려운 결정을 해야만 한다. 토요일 저녁을 일, 공부, 친구와 어울리기 중 어느 일에 써야 할까? 저축을 해야 할까, 새 차를 사야 할까? 뒤뜰을 채소밭으로 써야 할까, 축구장으로 써야 할까? **경제학**(economics)은 희소성 조건하에서의 의사결정에 관한 학문이다. 시간, 돈, 그리고 다른 희소한 것들에 대해 매일 내려야 하는 많은 결정을 고려할 때, 경제학은 우리의 인생과 직접적으로 연관되어 있다.

어떤 하나를 다른 것 대신 선택할 때 포기해야만 하는 것에 의해 결정이 어려워진다. 다음 한 시간에 독서를 선택한다면 그 시간을 하이킹에는 쓸 수 없다. 피자에 페페로니를 추가하는 데 1달러를 쓰면 그 1달러를 새로운 스마트폰 앱 구입에 쓸 기회를 포기하는 것이다. 그리고 수업을 들으면 피자가게에서 일해 돈을 벌 수 없다. 포기한 하이킹, 앱, 수입은 기회비용의 사례이다. 각 경우에 **기회비용**(opportunity cost)은 선택을 함으로써 포기한 차선의 대안의 가치이다. 축구장을 만들기 위해 포기한 채소밭과 독서 시간을 위해 포기한 하이킹의 예에서 보듯이, 기회비용이 항상 돈을 수반하는 것은 아니다. 가장 좋아하는 대학을 다니는 것의 기회비용의 일부는 두 번째로 좋아하는 대학을 다닐 수 없다는 것이고, 저녁에 농구경기를 보러 가는 것의 기회비용의 일부는 그 시간을 도서관에서 보낼 수 없다는 것이다.

희소성으로 인해 정책입안자도 기회비용에 대처해야만 한다. 예를 들어 최근 캘리포니아주의 가뭄 기간에, 관료들은 농

희소성
어떤 것의 공급이 그것에 대한 모든 사람의 욕구를 충족시키지 못할 때 존재하는 상태

경제학
희소성 조건하에서의 의사결정에 관한 학문

기회비용
선택을 함으로써 포기한 차선의 대안의 가치

▲ 대학 선택은 다른 대학이 제공하는 기회를 놓칠지도 모른다는 우려 때문에 복잡해진다. 실로 모든 결정에는 기회비용이 따른다.

부들이 강물을 아몬드 나무 경작지로 돌리는 것을 허용하면 야생 연어를 잃게 되는 기회비용에 직면했다. 그리고 정부가 교육에 지출하는 돈은 국방에 쓰일 수 없다. 그렇지만 핀란드 정부는 학생들이 등록금을 내지 않고 대학을 다닐 수 있도록 충분한 돈을 교육에 지출한다. 이런 정책결정은 많은 개인적 결정과 마찬가지로 관련된 편익과 기회비용에 대해 세심하게 주의를 기울여야 잘 이루어질 수 있다. 이 장에서는 의사결정자가 기회비용을 검토하는 데 도움을 주고, 원하는 것을 항상 얻을 수는 없더라도 최대 수준의 만족감을 얻는 데 도움을 주는 경제적 도구를 소개한다.

특화 : 원하는 것을 더 많이 가져다주는 것

교수는 경제학을 가르치고 아마 피자를 팔지는 않을 것이다. 블레이즈 피자의 창립자인 엘리스와 릭 웨첼은 식당 체인을 관리하고 경제학은 가르치지 않는다. 이것은 좋은 일이다. 만약 교수와 식당 경영자가 시간을 교실과 회의실에 나눠 쓰면 교육과 피자의 품질 및 이용 가능성이 감소할 것이기 때문이다. 소비자는 생산자가 상대적으로 잘하는 것에 특화하여 그 재화나 서비스를 다른 생산자가 더 낮은 기회비용에 제공할 수 있는 것들과 교환할 때 가장 좋아진다.

시장은 사람들이 생산에 특화한 재화와 서비스를 팔아 다른 사람들이 생산에 특화한 것을 사는 것을 가능하게 한다. **시장** (market)은 동일한 재화나 서비스의 구매자와 판매자의 집합이다. 오직 한 곳에만 있는 시장은 거의 없다. 예를 들어 휴대전화 서비스의 구매자와 판매자는 전국에 걸쳐 있다. 노동자, 교육, 이탈리아 음식, 기타 유명한 재화와 서비스 시장도 마찬가지다. 오늘날 걸스카우트 과자부터 불법 마약에 이르기까지 많은 제품이 소매점에서 멀리 떨어진 동네에서 구매되고 판매된다. 그리고 인터넷은 대부분의 재화 시장을 집으로 가져다준다.

시장은 재화와 서비스의 생산과 분배를 조정하는 시스템인 **경제** (economy)의 일부이다. 이 책에서는 시장과 경제의 내부 작동에 대해 배울 것이다. 예를 들어 제2장에서는

> **시장**
> 동일한 재화나 서비스의 구매자와 판매자의 집합
>
> **경제**
> 재화와 서비스의 생산과 분배를 조정하는 시스템

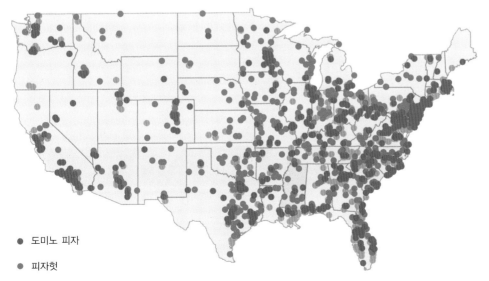

● 도미노 피자
● 피자헛
● 파파존스 피자

◀ 시장은 동일한 재화나 서비스의 구매자와 판매자의 집합이다. 오직 한 곳에만 있는 시장은 거의 없다. 일반적으로 동일한 재화와 서비스를 경제 전역에서 살 수 있다. 피자를 원하는가? 이 지도는 가장 인기 있는 피자가게가 전국적으로 어디에 위치하고 있는지 보여준다.

▲ 한 경제가 모든 자원을 피자와 탱크톱 생산에 쓴다면, 탱크톱 생산 증가의 기회비용은 일정량의 피자 감소이다.

상이한 유형의 시장들이 경제 내에서 어떻게 연결되는지 설명한다. 그리고 제18장에서는 국제시장이 어떻게 경제 간 특화와 교환을 촉진하는지 설명한다.

기회비용과 생산가능곡선

여가활동과 물건 구입에 기회비용이 따르는 것처럼, 재화와 서비스 생산에도 기회비용이 따른다. 재화와 서비스 생산을 위해서는 토지, 노동자, 장비와 같은 자원(resources)이 필요하다. 이 때문에 자원 희소성은 경제문제의 핵심이 된다. 경제에 실업 상태의 노동자나 사용되지 않는 장비와 같은 유휴자원이 있지 않은 한, 한 재화 생산 증가는 다른 재화나 서비스 생산으로부터 자원을 끌어온다. 한 경제가 모든 자원을 피자와 탱크톱 생산에 쓴다고 하자. 탱

> **모형**
> 현실상황을 단순화하여 나타낸 것

크톱 생산을 늘리면 피자 생산은 필연적으로 감소한다. 왜 그럴까? 왜냐하면 현재 피자 생산에 사용되는 노동자, 기계, 토지의 일부가 탱크톱 생산에 사용되어야 할 것이기 때문이다. 이 경우 탱크톱 생산 증가의 기회비용은 일정량의 피자 감소이다.

표 1.1은 가상의 경제가 한 시간에 생산할 수 있는 탱크톱과 피자 수량의 몇몇 가능성을 보여준다. 이 경제가 탱크톱을 생산하지 않으면 산출량 조합 A에 나타난 것처럼 피자를 10판 생산할 수 있다. 만약 피자가 생산되지 않으면 산출량 조합 E에 나타난 것처럼 이 경제는 탱크톱 8장을 생산할 수 있다. 산출량 조합을 왼쪽에서 오른쪽으로 비교하면, 피자를 덜 생산함에 따라 탱크톱을 더 많이 생산할 수 있는 자원이 마련됨을 알 수 있다.

이 경제는 산출량 조합 A에서 산출량 조합 B로 전환함으로써, 탱크톱을 생산하지 않는 상황에서 탱크톱을 3장 생산하는 상황으로 갈 수 있다. 이 탱크톱 3장의 기회비용은 피자 1판이다. 탱크톱 첫 3장을 만들 때 피자 수량이 10에서 9로 떨어지기 때문이다. 시간당 산출량에 탱크톱 3장을 더해 탱크톱 총 6장을 만들려면 경제는 산출량 조합 D로 전환해야 한다. 조합 B에서 조합 D로의 전환은 피자 수량을 9에서 7로 낮춘다. 기회비용이 탱크톱 첫 3장에 대해서는 피자 1판이었다가 다음 3장에 대해서는 피자 2판으로 증가했음에 주목하라.

증가하는 기회비용 개념을 더 잘 이해하기 위해서는 경제학자가 즐겨 사용하는 도구인 모형을 이용할 수 있다. **모형(model)**은 현실상황을 단순화하여 나타낸 것이다. 모형은 경제학 이외의 영역에서도 인기가 높다. 예를 들어 시내지도는 두 지점을 잇는 실제 도로를 선으로 단순화하여 나타낸 모형이다. 대부분의 지도는 나무, 자동차, 기상 패턴 같은 세부사항을

표 1.1 가능한 산출량 조합

제품	산출량 조합 (가용한 모든 자원을 이용한 시간당 산출량)				
	A	B	C	D	E
피자	10	9	8	7	0
탱크톱	0	3	5	6	8

▲ 시내지도는 모형의 한 예이다. 지도는 현실상황을 단순화함으로써 사람들의 길 찾기를 도와준다. 마찬가지로 그래프를 이용한 모형도 경제적 관계에 대한 분석을 단순화한다.

보여주지 않지만, 길을 찾을 때 단순화된 지도는 목적지에 도달하는 데 도움을 줄 수 있다. 이 교과서에 등장하는 모형은 그래프 형태를 띤다. 이런 그래프에 있는 선들은, 결론 도달 전에 혼란을 줄 수 있는 세부사항을 생략하여 우리가 현실상황을 분석하도록 도와준다.

경제모형 작업의 단순화를 위해 우리는 종종 '다른 조건이 일정하다면'을 뜻하는 라틴어인 **_세테리스 파리부스_**(_ceteris paribus_) 가정을 할 것이다. 투르 드 프랑스(Tour de France)의 우승자인 크리스 프룸이 산에서 시속 40마일의 속도로 자전거를 타고 내려오고 있는데 타이어가 펑크가 났다고 하자. 이것이 속도에 어떤 영향을 미칠까? 많은 요인이 작용할 것이다. 만약 크리스가 가드레일 위를 날아서 자유낙하할 때 타이어가 터졌다면 스피드가 증가할 것이다. 충돌이나 피로는 속도를 줄여 펑크 난 타이어의 영향력을 강화할 것이다. 그러므로 어떤 사람들은 그냥 포기하고, 펑크 난 타이어가 크리스의 속도에 어떤 영향을 미칠지 아는 것은 불가능하다고 말할 것이다. 반면 경제학자는 "다른 조건이 일정하다면 자전거는 느려질 것이다"라고 말할 가능성이 높다. 경제학자는 펑크 이외의 다른 요소, 즉 자전거의 궤적, 크리스의 에너지 수준 등등이 불변이라고 가정하고 있는 것이다.

마찬가지로 우리가 모형을 이용해 특정 요인이 경제에 미치는 영향을 분석할 때, 우리는 다른 요인은 불변이라고 가정한다. 예를 들어 기술발전이 생산수준에 미치는 영향을 분석할 때, 생산수준을 결정하는 다른 요인은 변하지 않는다는 세테리

스 파리부스 가정을 한다. 이 가정이 없다면 기술변화는 경영, 노동자 훈련 프로그램, 기타 생산에 영향을 주는 다른 요인의 변화와 함께 발생할 수 있다. 세테리스 파리부스 가정은 문제가 되는 쟁점을 더 복잡한 여러 변화를 자세히 살펴보지 않고도 다룰 수 있게 해준다.

생산가능곡선(production possibilities frontier, PPF)은 가용한 모든 자원을 효율적으로 이용하여 주어진 기간에 한 경제에서 생산할 수 있는 두 재화의 모든 가능한 조합을 보여주는 모형이다. 자원이 효율적으로 사용되면 한 재화를 더 생산하는 유일한 방법은 다른 재화를 덜 생산하는 것이다. 모든 자원이 이미 최대 잠재력 수준으로 사용되고 있기 때문이다.

> **세테리스 파리부스**
> '다른 조건이 일정하다면'을 뜻하는 라틴어
>
> **생산가능곡선**
> 가용한 자원을 효율적으로 이용하여 주어진 기간에 한 경제에서 생산할 수 있는 두 재화의 모든 가능한 조합을 보여주는 모형

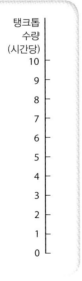

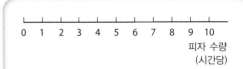

그림 1.1은 모든 자원을 피자와 탱크톱 생산에 사용하는 경제의 생산가능곡선을 보여준다. (그래프를 다룬 적이 없다면 이 장 부록에 나와 있는 상세한 소개를 보라.) 가로축(위에 있음)은 기간당 생산되는 피자 수량을 나타낸다. 이 예에서 기간은 한 시간이다. 세로축(왼쪽에 있음)은 기간당 생산되는 탱크톱 수량을 나타낸다. 그림 1.1의 A점은 이 경제가 모든 자원을 피자 생산에 바치면 기간당 피자 10판을 생산할 수 있음을 보여준다. E점은 이 경제가 피자를 생산하지 않으면 기간당 탱크톱 8장을 생산할 수 있음을 보여준다. 자원을 모두 이용하면 이 경제는 또한 생산가능곡선 상의 어떤 조합이든 생산할 수 있다.

생산가능곡선을 보면 각 재화의 각 단위 생산의 기회비용을 알아낼 수 있다. 경제가 현재 C점에서처럼 시간당 피자 8판과 탱크톱 5장을 생산하고 있다고 하자. 이 경제가 탱크톱 산출량을 5에서 6으로 늘려 탱크톱을 기간당 1장 증가시키려면, 자원 일부가 피자 생산에서 이동되어야만 한다. 경제가 생산가능곡선을 따라 위로 움직여 탱크톱 5장을 생산하는 C점에서 탱크톱 6장을 생산하는 D점으로 가면, 피자 생산은 8판에서 7판으

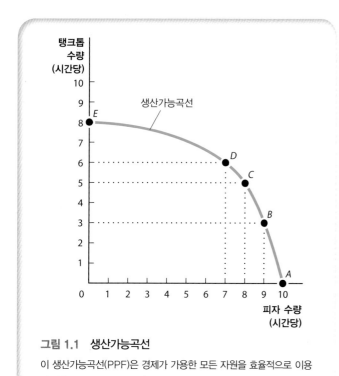

그림 1.1 생산가능곡선
이 생산가능곡선(PPF)은 경제가 가용한 모든 자원을 효율적으로 이용하여 한 시간에 생산할 수 있는 탱크톱과 피자 조합을 보여준다.

▲ 많은 자원은 특정 재화 생산에 특화되어 있다. 한 예가 재봉틀이다. 재봉틀은 탱크톱 생산에는 유용하지만 피자 생산에는 그다지 유용하지 않다.

로 하락한다. 이러한 피자 1판 손실이 추가적 탱크톱 생산의 기회비용이다.

다시 *C*점에서 시작하여, 이 경제가 피자 생산량을 늘리려 한다고 하자. 피자 8판을 생산하는 *C*점에서 생산가능곡선을 따라 피자 9판을 생산하는 *B*점으로 이동함에 따라, 탱크톱 생산은 5에서 3으로 떨어진다. 이러한 탱크톱 2장 손실이 추가적 피자 생산의 기회비용이다.

생산가능곡선의 모양

생산가능곡선은 일반적으로 그림 1.1에 나타난 것처럼 생겼다. 이 모양은 바깥쪽으로 굽은 혹은 원점에 대해 오목한 것으로 묘사할 수 있다. 이렇게 생긴 이유는 한 재화를 더 많이 생산하면 그 기회비용이 증가하기 때문이다. 예를 들어 추가적 피자 1단위 생산의 기회비용, 즉 피자가 1단위 더 생산될 때 탱크톱 생산량의 감소는 피자 수량이 증가할수록 커진다. 첫 번째 피자의 기회비용은 탱크톱의 작은 일부다. 8, 9, 10번째 피자가 생산되면 기회비용은 각각 탱크톱 1, 2, 3장으로 증가한다. 이러한 기회비용 증가로 인해 생산가능곡선은 피자 수량이 증가함에 따라 점점 더 큰 폭으로 떨어지고, 이에 따라 생산가능곡선이 오목한 형태를 띠게 된다.

피자, 탱크톱, 그리고 대부분의 재화와 서비스 생산의 기회비용 증가는 **자원의 특화**(specialization of resources)에서 비롯된다. 특정 노동자, 토지, 장비, 기업가는 다른 재화의 생산보다 특정 재화의 생산에 더 적합하다. 피자와 탱크톱 생산에는 상이한 기술이 요구되며, 둘의 생산에 모두 적합한 노동자는 별로 없다. 온화한 기후의 옥토는 피자 반죽을 만드는 밀가루 재배에 적합한 반면, 따뜻한 기후의 모래 토양은 탱크톱을 만드는 면화 재배에 더 적합하다. 그리고 재봉틀은 피자를 자르는 것보다 탱크톱을 만드는 데 훨씬 더 유용하다.

경제가 탱크톱만 생산한다면 옥토, 피자 요리사, 피자 커터처럼 피자 생산에 특화된 자원은 그 대신 탱크톱 생산에 사용된다. 첫 피자 몇 판의 기회비용은 작다. 이 피자는 피자 생산에 적합하고 탱크톱 생산에는 크게 기여하지 않는 자원으로 생산될 수 있기 때문이다. 피자가 더 많이 생산됨에 따라, 탱크톱 생산에 더 적합한 자원이 피자 생산을 위한 사용에 적응되어야만 한다. 마지막 피자 몇 판은 피자 생산에 가장 덜 유용하고 탱크톱 생산에 가장 유용한 자원을 이용해 생산되고, 따라서 마지막 피자의 기회비용은 상대적으로 크다.

이와 유사한 기회비용 증가에 관한 이야기가 탱크톱 생산에도 적용된다. 탱크톱이 더 많이 생산됨에 따라, 점점 더 탱크톱 생산에 부적합하고 피자 생산에 적합한 자원이 사용되어야만 한다. 피자 요리사가 탱크톱 재봉질을 하러 가면 무슨 일이 일어날지 상상할 수 있다. 각각의 탱크톱을 위해 다수의 피자가 포기되고, 따라서 각 탱크톱 생산의 기회비용이 커진다.

그림 1.2의 *F*점처럼 생산가능곡선의 밖에 있는 점에서 생산

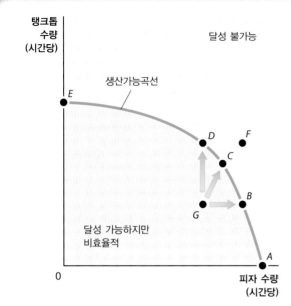

그림 1.2   비효율적인 점과 달성 불가능한 점

생산가능곡선 아래에 있는 점에서 생산하는 것은 비효율적이다. 경제에 있는 자원 전부를 최대 잠재력 수준으로 사용하면 두 재화 중 하나혹은 두 재화 모두를 더 많이 생산할 수 있기 때문이다. 생산가능곡선바깥의 점들은 현재 가용한 자원과 기술로는 달성 불가능하다.

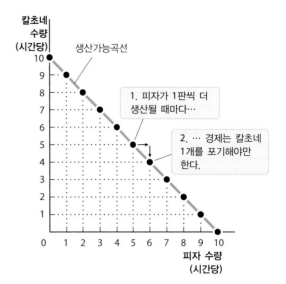

그림 1.3   특화된 자원이 없는 생산가능곡선

특화된 자원이 없으면 기회비용은 모든 생산수준에서 불변이고 생산가능곡선은 직선이다.

하여 피자와 탱크톱을 둘 다 더 갖게 되면 좋을 것이다. 유감스럽게도 현재 가용한 자원과 생산방식으로는 그것은 불가능하다. 곧 논의할 것처럼, 시간이 지남에 따라 생산가능곡선이 바깥쪽으로 이동하면 더 많은 점들이 달성 가능하게 된다.

자원의 일부가 사용되지 않고 있으면, 생산은 그림 1.2의 G점처럼 생산가능곡선 아래에서 발생한다. 곡선 아래의 점에서 시작하면 한 재화를 더 많이 생산하기 위해 다른 재화를 덜 생산할 필요가 없다. 생산가능곡선 아래에서의 생산은 비효율적이다. 유휴자원을 이용해 기회비용 없이 두 재화 중 하나 혹은 두 재화 모두를 더 많이 생산할 수 있기 때문이다. 예를 들어 G점에서 B점으로 이동하면 탱크톱을 포기하지 않고도 피자를 더 많이 만들 수 있다. G점에서 D점으로 이동하면 피자를 포기하지 않고도 탱크톱을 더 많이 만들 수 있다. 혹은 G점에서 B점과 D점 사이의 임의의 점, 가령 C점으로 이동하면 두 재화를 모두 더 많이 생산할 수 있다.

그림 1.3처럼 생산가능곡선이 직선인 경우는 가능은 하지만 흔하지 않다. 시간당 생산가능한 모든 피자와 칼초네 수량을 나타내는 생산가능곡선을 생각해보라. 칼초네는 기본적으로 피자를 반으로 접은 것이므로 피자 1판의 기회비용은 칼초네

1개이다. 피자와 칼초네 간에는 자원의 특화가 없으므로, 이런 일대일 상충관계는 각 재화가 얼마나 많이 생산되든 존재한다. 따라서 그림 1.3의 피자와 칼초네 생산가능곡선은 직선이다. 이 생산가능곡선은 자원이 완전히 고용된 경우 추가적 피자 1판 생산이 칼초네 1개의 손실을 가져옴을 나타낸다. 마찬가지로, 추가적 칼초네 1개의 비용은 피자 1판이다.

경제성장

여러분이 12살이었을 때는 아마도 한 학년에 지금처럼 많은 연구논문을 쓸 수 없었을 것이다. 시간이 지남에 따라 지식이 발달하여 생산성이 높아졌다. 또한 기술발전으로 인해 컴퓨터와 웹사이트가 개선되었는데, 이것은 여러분과 같은 사람들이 연구논문을 더 잘, 그리고 더 많이 쓸 수 있게 해준다. 한 경제의 생산용량도 마찬가지 방법으로 증가할 수 있다. **경제성장** (economic growth)은 한 기간에 경제가 생산할 수 있는 최대 산출량이 증가하는 것이다. 다른 조건이 일정하다면 경제성장은 지식이나 기술의 발전에서 오거나 또는 기계, 노동자, 기타 더 높은 생산수준을 가능하게 하는 자원의 가용성 증가에서 온다. 그러나 실업 상태의 노동자처럼 이전의 유휴자원을

경제성장
한 기간에 경제가 생산할 수 있는 최대 산출량이 증가하는 것

고용하여 달성된 산출량 증가는 경제성장으로 간주되지 않는다. 더 정확히 말하면, 유휴자원의 이용은 경제가 최대 가능 산출량 생산에 한 발짝 더 가까워지게 해준다. 최대 달성 가능 산출량 증가가 없었다면 진정한 경제성장은 없었던 셈이 된다.

경제성장은 더 많은 재화와 서비스를 이용 가능하게 해준다. 이는 시민들의 **생활수준**(standard of living)을 개선한다. 생활수준은 사람들이 편안하게 사는 데 이용할 수 있는 물질적 풍요의 척도이다. 제13장에서는 한 국가의 생활수준이 보통 평균적인 사람이 생산하는 재화와 서비스의 양으로 측정됨을 설명한다. 생활수준은 국가별로 극적으로 다를 수 있다. 예를 들어 미국의 생활수준은 온두라스의 11배이며 카타르의 절반이다. 생활수준이 상대적으로 높은 곳에서 사람들은 여러 다른 편의시설 중에서도 더 큰 집, 더 신속한 교통수단, 더 좋은 병원, 더 발전된 통신체계를 갖는다.

하지만 삶의 질은 재화와 서비스뿐 아니라 기대수명, 교육, 소득분배, 문화, 공해, 범죄, 자원고갈, 여가시간과 같은 것에도 달려 있다. 삶의 질 개선은 성장이 어떻게 수행되는지에 따라 경제성장을 수반할 수도 있고 그렇지 않을 수도 있다. 예를 들어 모든 사람을 공장에서 하루에 16시간 일하게 해 달성하는 경제성장은 생활수준은 높이겠지만 사람들의 삶의 질은 높이지 않을 것이다.

경제성장은 생산가능곡선을 바깥쪽으로 이동시킨다. 그림 1.4에서 연한 녹색 선은 그림 1.1의 생산가능곡선을 다시 그린 것이다. 진한 녹색 선으로 그려진 생산가능곡선은 경제성장의

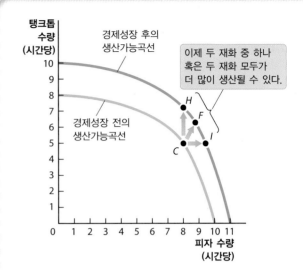

그림 1.4   경제성장

경제성장은 생산가능곡선을 바깥쪽으로 이동시킨다. 이는 경제가 전에 비해 두 재화 중 하나 혹은 둘 다를 더 많이 생산할 능력이 있음을 의미한다.

결과 경제가 시간당 탱크톱 10장이나 피자 11판을 생산할 수 있음을 보여준다. 경제가 원래 C점에 있었다고 하자. 경제성장 이후 이 경제는 H로 이동해, 전과 같은 양의 피자를 전보다 많은 탱크톱과 함께 생산할 수 있다. 다른 선택권은 I로 이동하여 탱크톱 수량은 동일하게 유지하지만 피자는 더 많이 생산하는 것이다. 또는 이 경제는 F와 같은 점으로 이동해 두 재화를 모두 더 생산할 수도 있다.

생산가능곡선이 안쪽으로 이동할 수도 있다. 많은 국가에서 전쟁이나 자연재해의 결과 이런 일이 일어났다. 지진으로 인해 탱크톱과 피자 생산에 사용되는 다수의 재봉틀과 오븐이 파괴

Q&A

생산가능곡선이 곡선인지 직선인지 어떻게 아는가?

생산가능곡선이 곡선인지 직선인지 알아내려면, 재화 생산에 사용되는 어느 자원이 한 재화 생산보다 다른 재화 생산에 더 유용한지 생각해보라. 어떤 자원이 특정 재화 생산에 특화되면 생산가능곡선은 오목한 반면, 특화된 자원이 없다면 생산가능곡선은 직선이다. 특화된 자원이 있는지 알아내기 위해, 두 재화를 모두 생산하려 한다고 상상해보라. 각 재화 생산에 어떤 노동자나 설비, 토지, 기타 자원이 사용되는지가 중요한가?

만약 그렇다면 특화된 자원이 있는 것이다. 예를 들어 빵과 우유를 생산하고 있고 제빵사와 낙농업자가 있다면, 어느 노동자가 각 재화를 생산하는지가 중요하다. 즉 제빵사가 빵을 만들고 낙농업자가 우유를 생산하기를 원할 것이다. 특화된 자원이 있으므로 빵과 우유의 생산가능곡선은 곡선이다. 이제 도자기로 된 머그컵과 도자기로 된 그릇을 생산하고 있다고 생각해보자. 동일한 노동자, 즉 도예가가 같은 점토, 유약, 가마로 어느 재화든 만들 수 있다. 이 경우 자원 특화가 없기 때문에 생산가능곡선은 직선이다.

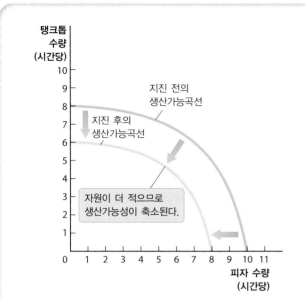

그림 1.5 지진 전후의 생산가능곡선

자원이 가령 자연재해나 전쟁으로 인해 파괴되면 생산가능곡선은 안쪽으로 이동한다. 이러한 이동은 경제가 이전만큼 생산할 능력이 없음을 나타낸다.

되었다고 하자. 자원이 적어져서 재화 생산의 선택권이 더 적다. 그림 1.5는 그에 따라 안쪽으로 이동한 생산가능곡선을 보여준다. 지진 이후 경제는 시간당 최대 탱크톱 6장이나 피자 8판을 생산할 수 있다. 각 재화를 실제로 얼마나 생산할 것인가 하는 문제는 우리가 다음에서 논의하듯이 모든 경제에서 답해야 하는 세 가지 근본적인 경제문제의 하나이다.

세 가지 근본적인 경제문제

여러분과 사회의 다른 구성원들은 매일 시간, 돈, 자원의 사용에 관한 문제에 직면한다. 여러분의 결정과 다른 사람들의 결정은 경제 전체에 대해 답해야 하는 다음과 같은 세 가지 폭넓은 질문에 대한 답에 영향을 미친다.

1. 무엇이 생산되어야 하는가?
2. 어떻게 생산되어야 하는가?
3. 누구를 위해 생산되어야 하는가?

무엇을, 어떻게, 누구를 위해 생산할 것인가 하는 근본적인 질문에 대한 답은 우리가 생존과 안락을 위해 필요로 하는 재화와 서비스의 이용 가능성을 결정한다. 잘못된 답은 재화와 서비스 부족과 더 좋은 삶의 기회 상실을 가져올 수 있다. 예를

들어 의료, 교육, 식량에 자원을 별로 들이지 않는 경제는 결국 질병, 문맹, 기아와 관련하여 상대적으로 큰 문제에 봉착할 수 있다.

다음에서는 이 근본적인 문제 각각에 대해 간략하게 살펴볼 것이다. 이 문제들에 대한 답은 제2장과 이 책의 다른 곳에서 논의된다.

무엇을 생산할 것인가

자원에 제한이 없다면 경제는 모든 것을 무한히 생산할 수 있을 것이다. 더 많은 피자를 위해 탱크톱이나 칼초네를 희생하지 않아도 된다. 현실세계에서 존재하는 희소성은 다음과 같은 어려운 문제를 제기한다. 제한된 가용자원으로 소비자의 무한한 욕구를 가장 잘 충족시키기 위해 무엇이 생산되어야 하는가? 즉 생산가능곡선 상에서 어떤 재화 조합이 만들어져야 하는가? 피자와 탱크톱만 생산하는 단순한 경제에서, 피자 애호가들은 자원 대부분을 피자 생산에 사용하기를 원할 것이다. 탱크톱 팬들은 자원 대부분을 탱크톱 생산에 바치기를 원할 것이다. 그리고 그 사이의 많은 사람들은 두 재화의 또 다른 조합을 요구할 것이다.

현실세계의 경제는 수십만 개의 재화와 서비스를 생산하므로 그 결정이 더 복잡하지만, 시장의 힘은 유인의 형태로 도움의 손길을 제공할 수 있다. **유인**(incentive)은 결정을 인도하는 보상이나 처벌이다. 유인은 사람들이 시간, 돈, 자원을 가지고 무엇을 하는지에 영향을 미친다. 지식 습득, 좋은 성적, 미래의 출세라는 유인이 없다면 지금 공부를 하고 있겠는가? 경찰이 속도위반 딱지를 발부하지 않는다면 더 빨리 운전하겠는가? 여러분이 좋아하는 프로 운동선수가 팀에 '110퍼센트'를 바친다고 얘기할지 모르지만 사실 운동선수들은 가족, 자선사업, 별장을 비롯한 다양한 관심사를 가지고 있다. 운동선수에게 100퍼센트를 이끌어내는 것만 해도 대단한 유인이 필요할 것이므로, 선수들에게 모든 종류의 성과 유인이 주어진다. 프로 미식축구 선수는 한 시즌에 1,000야드 이상의 러싱에 성공하면 추가로 100,000달러를, 터치다운 패스를 6번 받으면 추가로 10,000달러를, 적어도 15경기에서 등록선수 명단에 들어가면 추가로 300,000달러를 벌 수도 있다.

1776년에 스코틀랜드 경제학자 애덤 스미스는, 개인적으로도 이득을 주고 사회 전체를 위한 편익도 창출하는 결정을 내릴 유인을 시장이 소

유인
결정을 인도하는 보상이나 처벌

비자와 생산자에게 준다고 지적했다. 이런 유인은 사람들이 마치 '보이지 않는 손에 인도'되는 것처럼 최적 결정을 향하도록 이끈다고 스미스는 말했다. 예를 들어 시카고 스타일 피자와 같은 제품이 인기가 좋으면, 높은 수요는 가격을 상승시킨다. 많은 사람들이 희망하는 재화의 가격이 높아지면 생산자는 이런 재화를 더 공급할 유인을 얻는다. 그러므로 이기적인 이윤 추구는 소비자가 원하는 것을 더 많이 얻도록 이끈다. 이 책에서 독자들은 공급과 수요의 작동에 친숙해질 것이다. 또한 유인이 세 가지 근본적인 경제문제 모두에 대한 답에 어떻게 영향을 미치는지도 배울 것이다.

어떻게 생산할 것인가

피자는 대부분 손으로 만들거나 전적으로 피자 자동판매기로 만들거나 혹은 노동자와 설비의 다양한 조합으로 만들 수 있다. 탱크톱은 손으로 재봉하거나 기계로 재봉할 수 있다. 옷을 만드는 데 사용되는 면화는 손으로 수확할 수도 있고, 면화를 목화풀에서 뽑아내는 기계로 수확할 수도 있으며, 목화풀을 자른 후 면화를 나머지 풀에서 분리하는 껍질 벗기기 기계로 수확할 수도 있다. 다른 재화와 서비스 대부분도 많은 다른 방법으로 만들 수 있다. 생산방식에 관한 결정은 우리가 좋아하는 재화와 서비스의 비용 및 이용 가능성을 결정하는 데 도움이 된다. 잘못된 생신방식이 사용되면 경제는 생산가능곡선 밑에서 가동된다. 이 경우, 개선된 생산방식을 채택하면 동일한 자원으로 더 많은 산출량을 생산하는 것이 가능할 것이다. 제7장에서는 경제학의 도구가 어떻게 생산자들로 하여금 가용한 자원을 최대한 활용하도록 돕는지 설명한다.

누구를 위해 생산할 것인가

가능한 피자와 탱크톱 조합 중 최선의 것을 생산했다고 하자. 누가 그것을 가져야 하는가? 모두가 같은 몫을 받아야 하는가? 가장 많이 일한 사람이 가장 큰 몫을 가져야 하는가? 음식과 옷이 거의 없는 사람들이 풍족한 사람들보다 더 많이 가져야 하는가? 제2장에서는 누가 무엇을 갖는지에 대한 결정에 대해 상이한 경제 유형이 상이한 체제를 가짐을 설명한다. 때로는 재화나 서비스는 시장에서 가장 높은 가격을 지불할 의사와 능력이 있는 사람에게 돌아간다. 때로는 정부 지도자가 재화와 서비스를 분배한다. 대부분의 경제에서 이런 영향력의 조합이 누가 무엇을 갖는지를 결정한다.

어떤 경우에는 누가 무엇을 얻는지를 전통이 결정한다. 가정에서의 재화 배분도 필시 이와 비슷하게 작동할 것이다. 아마도 추수감사절에 가족들이 칠면조를 먹는데 자녀들이 칠면조 다리를 갖는 것이 전통일 것이다. 요리사는 나머지 가족이 저녁식사 테이블에 앉기도 전에 모든 것을 맛보는 특권을 얻는다. 그리고 부모님은 필시 칠면조 일부가 가족 중 혼자 힘으로 먹기 어려운 최연소자나 최고령자에게 돌아가는지 확인할 것이다.

경제학의 범주

경제학에는 여러 종류가 있다. 한 종류는 오로지 사실에 관한 것이다. 다른 한 종류는 판단을 수반하는 제언에 관한 것이다.

▲ 생산자는 각 재화와 서비스를 어떻게 생산할지에 관한 결정을 내려야만 한다. 이 피자 자동조리판매기는 피자를 만드는 데 한 가지 이상의 방법이 있음을 입증한다.

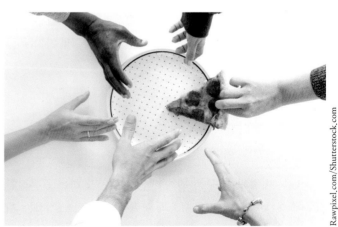

▲ 가질 수 있는 것보다 어떤 것을 원하는 사람들이 더 많을 때, 누가 무엇을 얻는지를 경제체제가 결정한다.

경제학은 국가경제에 무슨 일이 일어나고 있는지 큰 그림을 조사할 수도 있고, 혹은 여러분과 같은 개인이 내리는 결정에 주목할 수도 있다. 이 절은 이러한 경제학의 네 가지 폭넓은 범주에 대해 설명한다.

실증경제학과 규범경제학

미국에서 대학을 다니는 비용은 인플레이션 조정 후에도 지난 30년간 2배가 되었다. 이로 인해 몇몇 정책입안자들은 대학생에 대한 재정지원 증가를 제안했다. 대학 비용 증가에 대한 데이터와 학생 지원에 대한 제안은 경제학이 결정에 영향을 미치는 구별되는 두 방법의 예이다. 첫 번째 방법은 경제에서 **현재 상태**에 관한 사실을 확립하는 것이다. 예를 들어 등록금을 추적함으로써 경제학자들은 중요한 사실에 대한 개관을 제공한다. 사실에 기반한 기술적인(descriptive) 측면의 경제학은 **실증경제학**(positive economics)이라고 알려져 있다. 실업률과 석유 가격에 대한 보고서는 실증경제학으로 간주된다. 미국에 69,386개의 피자가게가 있고 미국 가구가 매년 추수감사절마다 4,500만 마리의 칠면조를 소비한다는 발견도 마찬가지이다.

경제학이 결정에 영향을 미치는 두 번째 방법은 **당위**에 관한 논란을 다룸으로써 이루어진다. 대학생들이 재정지원을 더 많이 받아야 하는가? 일자리 창출과 실업률 감소를 위해 어떤 정책이 채택되어야 하는가? 피자에 조세를 부과해야 하는가? 당위에 관한 판단을 다루는 이런 유형의 경제학은 **규범경제학**(normative economics)이라고 알려져 있다.

실증경제학은 종종 규범경제학에 영향을 미친다. 그것이 등록금 상승에 따라 등록금 지원에 대한 요구가 발생했을 때 일어난 일이다. 더 설득력 있는 것은 심장병 사례이다. 심장병은 매년 미국인 610,000명의 목숨을 앗아가며 연간 3,200억 달러를 상회하는 재정부담을 지운다. 이러한 사실로 인해, 미국인들이 운동을 더 하고 건강에 좋은 음식을 먹어야 한다는 판단이 내려졌다.

미시경제학과 거시경제학

미시경제학(microeconomics)은 개별 의사결정자 수준에서의 희소성과 선택에 관한 연구이다. 어떤 구매가 가장 행복감을 높일까? 가구 구성원들이 시간을 일과 여가 사이에 어떻게 나눠야 할까? 어떤 제품, 직원 수준, 가격이 가게의 이윤을 최대로 할까? 미시경제학의 도구는 개인, 가구, 사업에 의해 내려지는 이러한 그리고 다른 많은 결정에 적용된다.

미시경제학이 경제의 작은 구성요소에 초점을 맞추는 데 비해, 거시경제학은 뒤로 물러서서 큰 그림을 본다. **거시경제학**(macroeconomics)은 경제 전체에 관한 연구이다. 국내 뉴스에서 듣는 소비자 지출, 인플레이션, 실업, 이자율은 모두 거시경제학에 관한 것이다. 경제성장을 높이려고 고안된 정부 정책은 경제 전체에 영향을 미치기 때문에 거시경제정책이다. 국가의 중앙은행인 연방은행이 경제가 경기침체에서 빠져나오도록 하기 위해 통화공급을 늘릴 때 거시경제정책이 작동한다. 이 책

> **실증경제학**
> 사실에 기반한 기술적인 측면의 경제학
>
> **규범경제학**
> 당위에 관한 판단을 다루는 경제학 유형
>
> **미시경제학**
> 개별 의사결정자 수준에서의 희소성과 선택에 관한 연구
>
> **거시경제학**
> 경제 전체에 관한 연구

▲ 미시경제학은 개별 의사결정자의 행동을 분석한다.

▲ 거시경제학은 경제 전체에 관한 연구이다.

의 뒷부분에서, 뉴스에 나오는 거시경제 지식을 이해하는 법을 배우고 거시경제정책이 어떻게 작동하는지 알아낼 것이다. 하지만 먼저 경제의 모든 수준에서 사람들이 가능한 선택 간에 직면하는 상충관계(trade-off)에 대해 탐구할 것이다.

요약

경제학적 사고방식은 일상의 딜레마에 통찰력을 제공한다. 경제학적 문해력은 경제적 문제와 관련된 결정에 지침을 제공하여 경제적 성공에 기여할 수 있다. 그것은 경제 전반의 작동과 주위 세계의 작동을 이해하는 데도 도움이 될 것이다. 경제학을 공부함에 따라 정책입안자, 비즈니스 리더, 대학생들의 목표 달성을 돕는 분석적 도구를 배울 것이다. 자신의 목표가 돈과 거의 관계가 없더라도 그것이 경제학과 깊은 관련이 있을 가능성이 높다.

경제학은 희소성과 선택에 관한 것이다. 우리 모두는 자원의 희소성에 의해 제약을 받는 필요와 욕구를 갖는다. 우정, 예술, 숲속 하이킹처럼 자원을 거의 필요로 하지 않는 유쾌한 것들도 시간을 잡아먹는다. 그러므로 우리는 기회비용에 의해 어려워지는, 시간과 자원에 관한 결정을 내려야만 한다. 더 많은 시간이 교육에 쓰이면 오락에 쓸 수 있는 시간이 줄어든다. 식량 생산에 더 많은 자원이 들어가면 의류 생산에 쓸 수 있는 자원이 줄어든다. 우리의 행복을 제약하는 희소성을 고려할 때, 자원 배분에 관한 현명하지 못한 결정은 우리의 필요와 욕구 충족을 제한한다. 경제학적 문해력은 현명한 결정을 내리는 데 도움이 된다.

희소성 문제를 다루기 위해 생산자들은 자신이 상대적으로 잘하는 것에 특화한다. 시장으로 인해 사람들은 자신이 생산에 특화한 것을 돈으로 교환하여 다른 사람들이 생산에 특화한 것을 사는 데 쓸 수 있다. 국제시장은 국가 간 특화와 교환의 기회를 제공한다.

경제학자들은 현실상황을 단순화하고 더 잘 이해하기 위해 모형을 사용한다. 생산가능곡선(PPF)은 한 경제가 가용한 모든 자원을 이용해 주어진 기간에 생산할 수 있는 두 재화의 가능한 조합에 대한 모형이다. 이 모형을 이용하면 각 재화를 더 생산하는 데 드는 기회비용을 알아낼 수 있다. 기회비용은 한 재화를 더 많이 생산할수록 보통 상승하는데, 이는 생산 증가가 결국 다른 무엇가의 생산에 더 적합한 자원을 끌어 쓰기 때문이다.

모든 경제는 다음의 세 가지 근본적인 문제에 답해야만 한다 — 무엇이 생산되어야 하는가? 어떻게 생산되어야 하는가? 누구를 위해 생산되어야 하는가? 대부분의 현대경제에서 이 큰 문제에 대한 답은 여러분과 타인이 내리는 많은 작은 결정에서 비롯된다. 이 책에서는 현명한 경제적 결정을 내리는 법과 개인의 결정에서 비롯되는 경제의 더 큰 이야기를 이해하는 법을 배울 것이다.

경제학은 현재 상태에 관한 것일 수도 있고 당위에 관한 것일 수도 있다. 실증경제학은 현재 상태에 관한 기술과 관련된다. "평균적 경제학 전공자가 평균적 수학 전공자보다 돈을 더 많이 번다"고 말하면, 이것은 사실에 관한 것이고 기술적이기 때문에 실증적 진술을 한 것이다. 규범경제학은 당위에 관한 처방과 관련된다. 누군가에게 "경제학을 전공해야 해"라고 말하면 이것이 자신의 가치판단(좋은 가치판단이다!)에 근거한 것이기 때문에 규범적 진술을 한 것이다.

미시경제학은 개별 의사결정자에 초점을 맞춘다. 그것은 개인의 행복과 회사의 이윤과 같은 목표에 도달하기 위해 어떻게 결정을 내려야 하는가에 관한 것이다. 거시경제학은 경제의 큰 그림을 본다. 거시경제학의 정책 도구는 이자율, 조세, 정부 구매, 통화공급에 영향을 준다. 거시경제정책의 목표는 인플레이션과 실업을 완화하고 경제성장을 촉진하여 사회를 더 좋게 만드는 것이다.

핵심용어

- ✓ 거시경제학
- ✓ 경제
- ✓ 경제성장
- ✓ 경제학
- ✓ 생산가능곡선
- ✓ 규범경제학
- ✓ 기회비용
- ✓ 모형
- ✓ 미시경제학
- ✓ 생활수준
- ✓ 세테리스 파리부스
- ✓ 시장
- ✓ 실증경제학
- ✓ 유인
- ✓ 희소성

복습문제

1. 다음 진술에 대해 생각해보라. "경제학은 전부 돈과 은행에 관한 것이다." 이 진술의 어느 부분이 참인가? 어느 부분이 거짓인가? 경제학이 무엇에 관한 것인지에 대해 더잘 설명해보라.

2. 다음 항목 중 보통 어떤 것이 희소한가? 특정한 사람들이희소한 항목 생산에 특화하는가? 특화가 희소성 문제를어떻게 감소시키는지 설명하라.
   a. 그림
   b. 오렌지
   c. 힙합 콘서트
   d. 깨끗한 바닥
   e. 공기

3. 모자 1개를 만드는 데 필요한 자원으로 벨트 2개를 만들수 있다는 점만 빼고, 모자와 벨트를 만드는 데 사용되는자원에 차이가 없다고 가정하라. 다음 표의 빈칸을 채우고, 모자 수량을 가로축에 두고 벨트 수량을 세로축에 두어 관련된 생산가능곡선 그래프를 그려라.

산출량 조합 (가용한 자원 모두를 사용한 시간당 산출량)					
제품	A	B	C	D	E
모자	4	3	2	1	0
벨트	0				

   a. 모자 3개와 벨트 1개 생산은 비효율적인가, 효율적인가, 달성 불가능한가?

   b. 모자 2개와 벨트 5개 생산은 비효율적인가, 효율적인가, 달성 불가능한가?

4. 한 경제가 텔레비전과 칠면조를 생산한다고 하자. 다음 표는 이 경제의 효율적 산출량 조합 몇 개를 보여준다. 텔레비전 수량은 가로축에 있고 칠면조 수량은 세로축에 있는 그래프에 이 경제의 생산가능곡선을 그려라. 이 곡선을 PPF_1으로 표시하라.

산출량 조합 (가용한 자원 모두를 사용한 시간당 산출량)					
제품	A	B	C	D	E
텔레비전	4	3	2	1	0
칠면조	0	4	7	9	10

이제 경제성장으로 인해 경제가 다음 표에 나타난 산출량조합을 생산할 수 있게 되었다고 하자. 이미 그린 이 경제의그래프에 새로운 생산가능곡선을 그리고 PPF_2라고 표시하라. 경제성장을 가능하게 하는 변화 유형 하나를 밝혀라.

경제성장 이후 산출량 조합 (가용한 자원 모두를 사용한 시간당 산출량)					
제품	F	G	H	I	J
텔레비전	8	6	4	2	0
칠면조	0	6	10	13	15

5. 추운 기후에 있는 한 경제가 운동셔츠와 피자를 만든다고 하자. 다음 표는 이 경제의 효율적 산출량 조합 몇 개를 보여준다. 피자 수량이 가로축에 있고 운동셔츠 수량이 세로축에 있는 그래프에 이 경제의 생산가능곡선을 그려라. 이 곡선을 PPF_1으로 표시하라.

산출량 조합 (가용한 자원 모두를 사용한 시간당 산출량)					
제품	A	B	C	D	E
피자	16	12	8	4	0
운동셔츠	0	8	14	18	20

이제 새로운 오븐 기술이 피자 생산을 50% 증가시켰다고 하자. 달리 말하면 생산가능한 각 운동셔츠 수량에 대해, 역시 생산가능한 피자 수량이 이전의 1.5배이다. 새로운 생산가능곡선을 그리고 새로운 점을 오른쪽에서 왼쪽으로 F, G, H, I, J로 표시하라. 이 곡선을 PPF_2로 표시하라. PPF_1 상의 한 점이 왜 PPF_2 상에도 있는지 설명하라.

6. 경제의 생산가능곡선을 안쪽으로 이동시킬 수 있는 것에는 어떤 것이 있는지 예를 하나 들라.

7. 어떤 사람들은 정식교육을 고등학교 학위에서 끝내고, 어떤 사람들은 대학교 학위에서 끝내며, 어떤 사람들은 계속하여 대학원 학위까지 얻는다. 등록금 지불 능력 이외에 사람들의 재학 기간이 다른 이유로 어떤 것들이 있는가? 대학을 다니는 비금전적 비용이 어떻게 개인 간에 다를 수 있는가? 편익은 어떻게 다를 수 있는가?

8. 여러분이 경제학 수업에 가는 것의 기회비용(금전적 비용이 아닌 포기된 행동)은 무엇인가?

9. 유인이 여러분이 이번 주에 한 일에 어떤 영향을 미쳤는지, 또 그것을 어떻게, 누구를 위해서 했는지에 어떤 영향을 미쳤는지 설명하라.

10. 유인이 여러분의 공부 습관에 어떤 영향을 미치는가? 왜 어떤 학생들은 종종 "이게 시험에 나옵니까?"라는 질문을 던질까? 교육을 극대화하는 교수가 "아니요, 안 나옵니다"라고 답하는 것은 왜 현명하지 않은가?

11. 판매원이 수수료에 기초하여 일하는지(점원의 수입이 판매량에 근거한다는 의미임) 알아낼 수 있는가? 팁을 얻기 위해 일하는 사람들은 그렇지 않은 사람들과 다르게 행동하는가?

12. 인기 있는 농구 경기 입장권이 비싸지는 않지만 몇 시간 줄을 서야만 얻을 수 있다고 하자. 입장권은 다른 사람에게 양도할 수 없다. 대학생과 비즈니스 리더 중 누가 이 경기 입장권을 살 가능성이 더 높겠는가? 답에 대해 설명하라.

13. 여러분 가족들이 피자 한 조각을 가지고 다투고 있다고 하자. 누가 이 피자 조각을 가질지 결정하는 방법을 세 가지만 밝혀라. 이 중 피자 조각을 가장 원하는 사람이 반드시 그것을 갖도록 하는 데 도움이 되는 방법이 있는가? 답에 대해 설명하라.

14. 다음 중 어느 것이 실증경제학적 진술인가?
   a. 실업률이 5.4%이다.
   b. 생수 가격이 너무 높다.
   c. 작년 평균 대학 등록금은 35,000달러였다.
   d. 인플레이션율이 상승하고 있다.
   e. 아이들에게 64온스들이 탄산음료를 파는 것은 부적절하다.

15. 다음 각각을 미시경제학과 거시경제학 주제로 분류하라.
   a. 가족의 주택 구입 결정
   b. 켈로그 회사의 고용 결정
   c. 경제의 통화공급
   d. 여러분의 주식 투자 증가
   e. 하락하는 미국 실업률

그래프 이해하기

1A

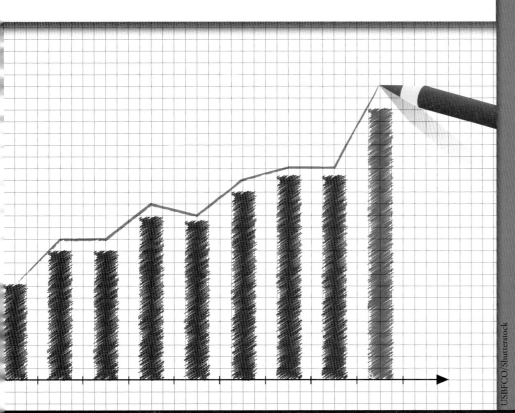

USBFCO/Shutterstock

학습목표

이 장에서는 다음 내용을 학습한다.

1. 그래프 상의 점과 곡선의 의미를 해석한다.
2. 선의 기울기를 알아내고 그 중요성을 이해한다.
3. 그래프 상의 직사각형과 삼각형 면적의 크기를 계산한다.
4. 막대도표, 파이도표, 산포도를 이해한다.

좋은 아이디어가 떠오를 때, 종이가 없더라도 그것을 간단히 적어두는 것이 현명하다. 예를 들어 사우스웨스트항공, "루이, 루이" 노래, 그리고 다수의 인기 있는 스마트폰 앱의 성공담은 모두 냅킨이나 화장지, 봉투 위의 낙서에서 시작했다. 경제학자들은 좋은 아이디어를 적어야만 한다고 느낄 때 흔히 그것을 그래프나 식의 형태로 기록한다. 왜 그럴까? 이런 도구들은 작은 공간에 많은 정보를 전달하기 때문이다. 고전적인 예는 경제학자 아서 래퍼가 제럴드 포드 대통령의 수석 보좌관인 도널드 럼스펠드와 저녁 모임에서 세율 변화가 조세수입에 어떤 영향을 미치는지 논의한 사례이다. 래퍼는 증감하는 조세수입에 관한 그의 생각을 그래프로 그리고 싶었는데, 식당에 있었기 때문에 그래프를 칵테일 냅킨에 그렸다. 오늘날 래퍼 곡선으로 알려진 논란의 여지가 있는 이 결과는 로널드 레이건 대통령의 경제정책 상당 부분의 기초가 되었다. 이 장에서는 다량의 종이를 사용해 경제학자의 애호 도구인 그래프의 기초를 설명한다.

왜 알아야
하는가?

상세한 정보에 관해서라면 그래프나 식은 긴 얘기를 짧게 줄여준다. 스포티파이 프리미엄 음악 스트리밍의 월 요금과 가입을 결정하는 사람 수 간의 관계에 대해 생각해보자. 월 요금이 높을 때보다 낮을 때 스포티파이 가입자가 더 많을 것이라고 설명하는 것은 쉽다. 하지만 가능한 모든 가격에 얼마나 많은 사람들이 가입할지 말로 정확히 나타내는 것은 훨씬 더 어렵다. 그러나 이 관계는 그래프나 식을 이용하면 신속하게 전달할 수 있다.

경제학자들은 또한 모형을 좋아한다. 모형은 현실상황을 단순화하여 나타낸 것이다. 예를 들어 지구본은 지리에 대해 많은 것을 가르쳐줄 수 있는 지구 모형이다. 그래프는 가격 변화가 음악 판매량에 어떤 영향을 주는지, 이자율 변화가 사람들이 대학을 다니기 위해 빌리는 돈에 어떤 영향을 주는지, 소비자 지출 변화가 인플레이션율에 어떤 영향을 주는지 보여주는 경제모형이 될 수 있다. 과거에 그래프를 많이 다루어보지 않았더라도 걱정하지 말기 바란다. 이 부록은 이 책에서 보게 될 그래프를 이해하는 데 도움을 줄 것이다.

좌표 그래프

여러분은 달린 거리와 체중 감량 간 관계에 관심이 있을 수 있다. 경영자는 자신이 책정하는 가격과 소비자가 구입하기를 원하는 제품 수량 간 관계에 관심이 있다. 달린 거리, 감량된 체중, 가격, 판매량처럼 여러 값을 취할 수 있는 척도를 **변수**

> **변수**
> 여러 값을 취할 수 있는 척도
>
> **가로축(x축)**
> 좌표 그래프에서 x변수가 측정되는 수평 실선
>
> **세로축(y축)**
> 좌표 그래프에서 y변수가 측정되는 수직 실선
>
> **원점**
> 좌표 그래프에서 두 축이 만나고 각 변수의 값이 0이 되는 점
>
> **점**
> 좌표 그래프에서 x변수와 y변수 값을 모두 나타내는 것

(variable)라고 부른다. 우리가 이 책에서 다룰 그래프에는 2개의 변수가 들어가는데, 일반적 용어인 x변수와 y변수로 식별한다. 그림 1A.1에서 보여주는 것처럼, x변수는 **가로축** 또는 **x축**이라고 부르는 수평 실선을 따라 측정된다. y변수는 **세로축** 또는 **y축**이라고 부르는 수직 실선을 따라 측정된다. 두 축은 원점에서 만난다. **원점**은 각 변수의 값이 0인 점이다.

그래프 상의 각 **점**은 x변수와 y변수 모두의 값을 나타낸다. 그림 1A.1의 A점에 대해 생각해보라. 그 점은

가로축의 2 위에 있기 때문에 A점의 x변수 값은 2이다. A점의 세로축 높이는 3이기 때문에 그 점의 y변수 값은 3이다. x변수가 러프 스무디숍의 주간 라디오 광고 횟수이고 y변수가 시간당 평균 가게 방문 고객 수라고 하자. 그러면 A점은 한 주에 광고 2회가 방송되면 시간당 가게 평균 고객 수는 3이 될 것임을 알려준다.

2차원 그래프 상의 각 점은 한 쌍의 숫자, 즉 **좌표**로 식별할 수 있다. 첫 번째 값은 그 점의 x변수 값이고 두 번째 값은 그 점의 y변수 값이다. 예를 들어 A점은 좌표 (2, 3)으로 식별될 수 있고 B점은 (4, 9)로 식별될 수 있다. 원점은 (0, 0)에서 찾을 수 있다.

경제학자들은 그래프 상에서 곡선이라고 부르는 선을 자주 사용한다. 곡선은 두 변수 간 관계를 나타낸다. 예를 들어 그림 1A.2는 수요곡선을 보여주는데, 수요곡선은 재화의 가격과 소비자가 사려고 하는 재화의 수량 간 관계를 나타낸다. 곡선으로 나타난 많은 다른 유용한 관계를 이 책에서 보게 될 것이다. 어떤 곡선은 실제로 구부러져 있다. 하지만 어떤 곡선은 실제로는 직선이다. 곡선은 많은 점을 지나가지만, 나타내는 것이 무엇이냐에 따라 점을 나타내는 검은 물방울무늬가 그래프 상

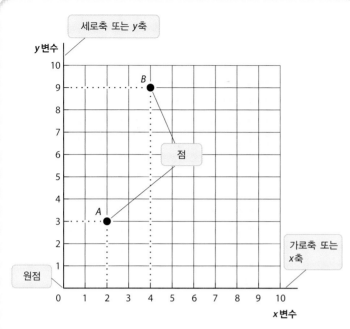

그림 1A.1 변수, 점, 축

x변수 값은 가로축, 즉 x축을 따라 측정된다. y변수 값은 세로축, 즉 y축을 따라 측정된다. 두 축은 원점에서 만난다. 그래프 상의 각 점은 x변수와 y변수 값을 모두 나타낸다.

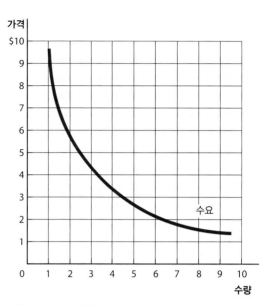

그림 1A.2 수요곡선

경제학자들은 두 변수 간 관계를 보여주는 곡선을 자주 사용한다. 예를 들어 수요곡선은 재화의 가격과 소비자가 사려고 하는 재화의 수량 간 관계를 나타낸다. 이 특정 수요곡선과 달리 어떤 곡선은 실제로는 직선이다.

에 전혀 나타나지 않는 경우도 있다. 또는 논의의 초점인 특정 점들만 표시할 수도 있다.

대부분의 그래프는 값이 다른 변수의 영향을 받지 않는 **독립변수**(independent variable)와 값이 다른 변수의 영향을 받는 **종속변수**(dependent variable) 간 관계를 보여준다. 러프 스무디숍 광고 예에서, 광고 횟수는 독립변수이고 시간당 고객 수는 종속변수이다.

그래프는 보통 x변수가 독립변수이고 y변수가 종속변수가 되도록 설정된다. 하지만 공급곡선과 수요곡선에 관한 한, 경제학자들은 그 관례를 뒤집은 19세기 경제학자 레옹 발라와 알프레드 마셜에 의해 시작된 전통을 따른다. 그림 1A.2에서 보듯이 가격은 x변수인 수요량에 영향을 미침에도 불구하고 수요곡선에서 y변수이다.

기울기

여러분은 본문을 왼쪽에서 오른쪽으로 읽고 있다. 그래프 상에서 선의 표현도 동일하게 왼쪽에서 오른쪽으로 보는 방법을 취한다. 선이 왼쪽에서 오른쪽으로 증감하는 비율은 **기울기**(slope)에 의해 그려진다. 우하향하는 선은 왼쪽에서 오른쪽으로 하락하므로 기울기가 음수이다. 우상향하는 선은 왼쪽에서 오른쪽으로 상승하므로 기울기가 양수이다. 수평선은 평평하므로 기울기가 0이다. 수직선은 'I'처럼 서 있어서 기울기가 무한대이다. 무한대는 특정한 숫자가 아니므로 수직선의 기울기는 '정의되지 않음'이라고 서술한다.

직선의 기울기는 상수인데, 이는 모든 점에서 기울기가 같다는 뜻이다. 그림 1A.3(a)의 선은 우상향하며 직선이므로 기울기가 양수이고 상수이다. 그림 (b)는 우상향하며 왼쪽에서 오른쪽으로 갈수록 가팔라지는 선을 보여주므로 기울기가 양수이고 증가한다. 그림 (c)의 선 역시 우상향하지만 왼쪽에서 오른쪽으로 가면서 완만해지므로 기울기가 양수이고 감소한다. 그림 (d)의 선은 처음에는 우하향하지만 평평해지고 그 다음에 우상향한다. 계속 증가하는 이 선의 기울기는 처음에는 음수지만 그 다음에는 0이 되고 최종적으로 양수가 된다.

독립변수
값이 다른 변수의 영향을 받지 않는 척도

종속변수
값이 다른 변수의 영향을 받는 척도

기울기
선이 왼쪽에서 오른쪽으로 증감하는 비율

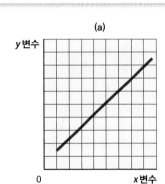

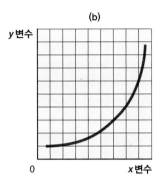

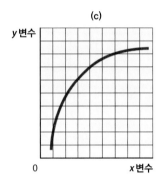

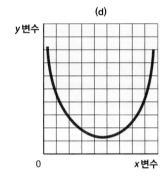

그림 1A.3　다양한 기울기의 곡선

우상향하는 선은 그림 (a)처럼 기울기가 일정하거나 그림 (b)처럼 기울기가 증가하거나 그림 (c)처럼 기울기가 감소하거나, 혹은 기울기가 이런 특성의 조합으로 이루어질 수 있다. 그림 (d)는 처음에는 우하향하고 결국 우상향하지만 처음부터 끝까지 기울기가 계속 증가하는 선을 보여준다.

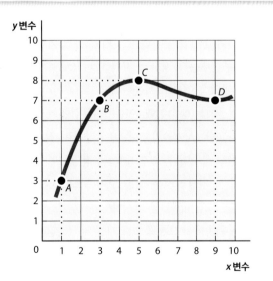

그림 1A.4　기울기 계산하기

두 점 간 기울기는 상승(y변수 변화분)을 거리(x변수 변화분)로 나누면 구할 수 있다. A점과 B점 사이에서 상승은 4이고 거리는 2이므로 기울기는 $\frac{4}{2}=2$이다. C점과 D점 사이에서 상승은 -1이고 거리는 4이므로 기울기는 $\frac{-1}{4}=-0.25$이다.

그래프 싱에 있는 선의 기울기는 경제가 한 재화를 더 생산하기 위해 다른 재화를 얼마나 포기해야 하는지, 가격 변화가 공급량과 수요량에 어떤 영향을 미칠지와 같은 중요한 정보를 드러낼 수 있다. 임의의 두 점을 잇는 선의 기울기를 계산하기 위해서는 '상승 나누기 거리' 공식을 이용할 수 있다. 상승(rise)은 y변수의 변화분(즉 새로운 y변수 값 빼기 원래 y변수 값)이고, 거리(run)는 x변수의 변화분(마찬가지로 새로운 값 빼기 원래 값)이다.

$$기울기 = \frac{상승}{거리} = \frac{y변수\ 변화분}{x변수\ 변화분}$$

그림 1A.4의 선은 직선이 아니기 때문에 선을 따라 움직일 때 기울기가 변한다. A점과 B점은 곡선의 우상향하는 부분에 놓여 있으므로 이 점들 간 기울기는 양수가 된다. A점에서 B점으로 가면 상승은 $7-3=4$이고 거리는 $3-1=2$이므로, 이 두 점 간 기울기는 다음과 같다.

$$기울기 = \frac{4}{2} = 2$$

이 선은 C점과 D점 사이에서 우하향하므로 x변수가 증가할 때 y변수가 감소한다. 기울기 공식에서 y변수의 감소는 상승에 음의 값을 줌으로써 나타낸다. C점에서 D점으로 갈 때, 상승은 7−8＝−1이고 거리는 9−5＝4이다. 이 값들을 기울기 공식에 대입하면 다음을 얻는다.

$$기울기 = \frac{-1}{4} = -0.25$$

기울기의 유용성을 보기 위해 제1장에서 설명한 생산가능곡선(PPF)에 대해 생각해보자. 생산가능곡선의 한 형태가 그림 1A.5에 나타나 있다. 가로축으로 측정되는 재화, 이 경우 피자의 기회비용은 생산가능곡선 기울기의 절댓값(음의 부호가 없는 값)이다. 예를 들어 E점에서 F점으로 가면, 피자를 하나 더 만들게 하는 '거리' 1은 −2의 '상승'을 수반한다. 여기서 −2의 상승은 더 이상 생산될 수 없는 탱크톱 2장을 나타낸다. 따라서 E점과 F점 사이의 기울기는 $\frac{-2}{1} = -2$이다. 음의 기울기 값은 이 두 변수 사이의 음의 관계 또는 역의 관계를 나타내는데, 이는 두 변수 중 하나가 증가하면 다른 하나는 감소함을 뜻한다. 구체적인 기울기 값, 이 경우 −2는 추가적인 피자 1판의 기회비용이 탱크톱 2장임을 알려준다.

면적

점과 기울기로 전달되는 정보에 더하여, 그래프 상의 면적은 기업의 이윤, 정부의 조세수입, 소비자가 재화 구매로부터 얻는 순이득의 값과 같은 중요한 값을 나타낸다. 관심 영역이 직사각형이나 삼각형이면 간단한 공식을 이용해 면적을 구할 수 있다. 그림 1A.6은 러프 스무디숍의 이윤을 나타내는 직사각형을 보여준다. 후속 장에서 이 그래프에 대해 더 이야기하겠지만, 여기서 이 그래프는 면적이 앞으로 공부할 경제학 개념과 연관된다는 것을 보여주기 위해 등장했다. 직사각형의 면적을 구하려면 다음 공식을 이용한다.

$$직사각형의\ 면적 = 길이 \times 너비$$

그림 1A.6에 나오는 직사각형의 길이는 100이고 너비는 $4.00−$2.50＝$1.50이므로, 러프 스무디숍의 이윤은 100×$1.50＝$150이다.

그래프 상의 삼각형 면적도 중요한 값을 나타내며, 계산하기에 어렵지 않다. 면적을 구하려면 먼저 길이를 구할 변을 하나 고르고 그 변을 **밑변**이라고 부른다. 그다음에 그 삼각형이 밑변이 아래로 놓이면 높이가 얼마가 될지 알아낸다. 이 정보를 이용해 면적을 다음과 같이 구할 수 있다.

$$삼각형의\ 면적 = \frac{1}{2} \times 밑변 \times 높이$$

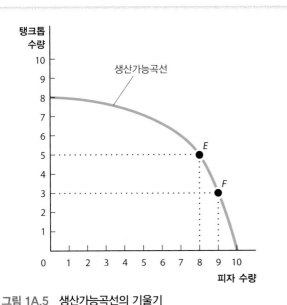

그림 1A.5 생산가능곡선의 기울기
생산가능곡선의 기울기는 더 이상 생산될 수 없는 다른 재화 단위로 표시한 한 재화 생산의 기회비용을 나타낸다.

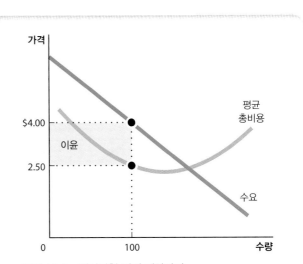

그림 1A.6 직사각형 면적 계산하기
이 그래프의 직사각형 면적은 러프 스무디숍의 이윤 크기를 나타낸다. 직사각형 면적을 구하려면 길이를 너비로 곱하면 된다.

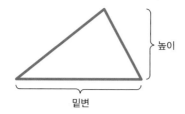

이제 그림 1A.7에 나오는 삼각형에 대해 생각해보자. 이 그래프도 후속 장에서 다시 보게 될 것이다. 노란색 삼각형은 재화의 과다생산으로 인한 사회의 순손실을 나타낸다. 이 삼각형의 오른쪽 변이 그래프 상의 정보로부터 길이를 알아내기 쉬우므로 그것을 밑변이라고 부르자. 밑변이 가격 10달러에서 시작해 가격 15달러에서 끝나므로 밑변의 길이는 $15−$10=$5이다. 밑변이 아래로 놓이면 이 삼각형의 높이는 30−20=10이 될 것이므로 삼각형의 면적, 즉 과다생산에 따른 사회적 순손실은 $\frac{1}{2}×$5×10=25이다.

다른 종류의 그래프

유용한 그래프는 여러 형태와 방식을 띤다. 경제학 관련 읽을 거리에서 곡선 그래프 이외에도 막대도표, 파이도표, 산포도를 보게 될 것이다. 이 절에서는 이런 종류의 그래프 각각을 개관한다.

> **막대도표(막대그래프)**
> 독립변수의 각 값에 대해 직사각형 막대가 종속변수 값을 니티내는 도표

막대도표

막대도표(bar chart) 혹은 **막대그래프**(bar graph)에서 직사각형 막대는 독립변수의 각 값에 대해 종속변수 값을 나타낸다. 이베이에서 판매자 계정을 열면 막대도표 형식의 판매 보고서를 받을 것이다. 주요 소매업체는 비슷한 도표를 이용해 시간에 따른 판매량을 추적한다. 이런 도표에서 독립변수는 월이나 연 같은 시간 척도이고, 독립변수는 지정된 기간 동안의 판매량 척도이다. 그림 1A.8에서 각 막대는 특정 연도에 위치하며 막대의 높이는 그 해에 몇 달러어치의 스무디가 판매되었는지 나타낸다. 예를 들어 러프 스무디는 2017년에 스무디 200만 달러어치를 판매했고 2018년에는 300만 달러어치를 판매했다.

막대도표는 여러 종류의 비교에서 유용하다. 예를 들어 러프 스무디 소유주는 막대도표를 이용해 같은 해의 복숭아, 딸기, 바나나 스무디 판매량을 비교하거나, 회사 각 종업원의 주간 판매량을 비교하거나, 각 달의 전기 사용량을 비교할 수 있다. 어떤 막대그래프는 수평 막대를 이용해 종속변수 값을 막대의 높이가 아니라 길이를 이용해 나타낸다. 그림 1A.9에서 수평 막대는 러프 스무디 각 지역의 2018년 판매량을 보여준다.

파이도표

파이도표(pie chart)는 파이 조각을 닮은 형태로 구성된 원형 도표이다. 조각들은 큰 값이 작은 조각으로 나뉘는 것을 보여준

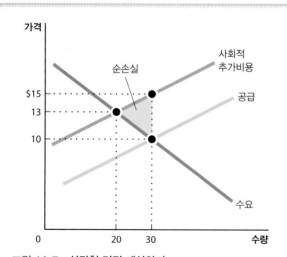

그림 1A.7 삼각형 면적 계산하기
그래프에서 삼각형은 재화 구입으로부터 소비자가 얻는 순이득이나 위 그래프처럼 재화의 과다생산에 따른 순손실 같은 중요한 값을 나타낸다. 삼각형의 면적은 밑변의 절반을 높이로 곱해 구할 수 있다.

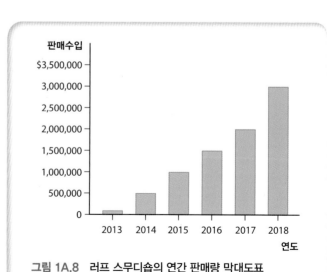

그림 1A.8 러프 스무디숍의 연간 판매량 막대도표
막대도표는 독립변수 각 값에 대해 종속변수 값을 분명하게 나타낸다. 이 도표에서 종속변수는 러프 스무디숍의 판매량이며 독립변수는 연도이다.

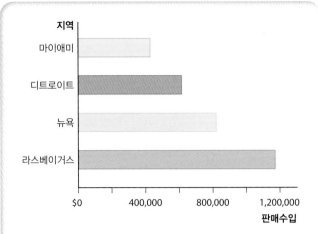

그림 1A.9 2018년 지역별 러프 스무디의 판매량을 나타내는 수평 막대도표

막대도표의 막대는 수평일 수도 있고 수직일 수도 있다. 이 도표에서 수평 막대의 길이는 지역별 러프 스무디의 판매량을 나타낸다.

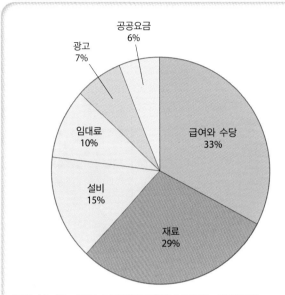

그림 1A.10 러프 스무디의 지출을 나타내는 파이도표

파이도표 상의 조각들은 큰 값이 어떻게 많은 작은 조각으로 나뉘는지 보여준다.

다. 그림 1A.10은 러프 스무디의 지출을 광고, 설비, 재료, 급여와 수당, 임대료, 공공요금 비용으로 나눈 내역을 보여준다. 동일한 정보를 표로도 나타낼 수 있지만, 파이도표는 각 비용 구성요소의 상대적 크기를 시각화하는 데 도움이 된다. 파이도표는 상이한 에너지원으로부터 얻는 에너지의 백분율부터 대학에서 각 전공을 택하는 학생의 백분율에 이르기까지 모든 것을 보여주는 데 사용된다.

산포도

산포도(scatter diagram)는 연결선 없이 여러 점을 보여준다. 때때로 점들은 두 변수 간에 존재할지도 모르는 관계에 대한 유용한 정보를 전달할 수 있는 패턴을 형성한다. 산포도는 경제 데이터를 점으로 표시하기 위해 자주 사용된다. 그림 1A.11은 세계 모든 나라를 나타내는 점이 있는 산포도를 보여준다. x변수는 1인당 소득을 나타내고 y변수는 기대수명을 나타낸다. 우상향하는 점들의 패턴은 두 변수 간에 양의 상관관계가 있음을, 즉 1인당 소득이 높은 나라일수록 일반적으로 기대수명이 높음을 나타낸다.

> **파이도표**
> 큰 값이 작은 조각으로 나뉘는 것을 보여주는, 파이 모양의 조각으로 구성된 원형 도표
>
> **산포도**
> 상관관계를 나타내는 패턴을 보이거나 보이지 않는 많은 데이터 점을 포함한 도표

요약

그래프는 경제학자들이 정보를 신속하고 명확하게 전달하기 위해 즐겨 사용하는 도구이다. 그래프 상의 곡선, 도표 상의 막대와 조각, 산포도 상의 점들은 적은 수의 단어로는 달성할 수 없는 방법으로 변수 간의 관계를 명백히 밝혀준다.

좌표 그래프 상의 각 점은 가로축을 따라 측정되는 x변수 값과 세로축을 따라 측정되는 y변수 값을 나타낸다. 선의 기울기는 x변수가 1만큼 변할 때 y변수의 변화량을 보여준다. 간단한 '상승 나누기 거리' 공식을 이용해 어떤 선의 기울기를 계산하면 추가적 재화 1단위 생산의 기회비용, 추가적 재화 1단위 판매를 위해 필요한 가격 하락, 추가적 노동자 고용을 통해 얻는 추가적 산출량과 같은 유용한 값을 알아낼 수 있다.

그래프 상의 면적도 중요한 정보를 제공한다. 예를 들어 면적은 조세수입, 이윤, 재화 구입으로부터 얻는 순이득의 크기를 나타낸다. 직사각형의 면적은 길이를 너비로 곱해 구할 수

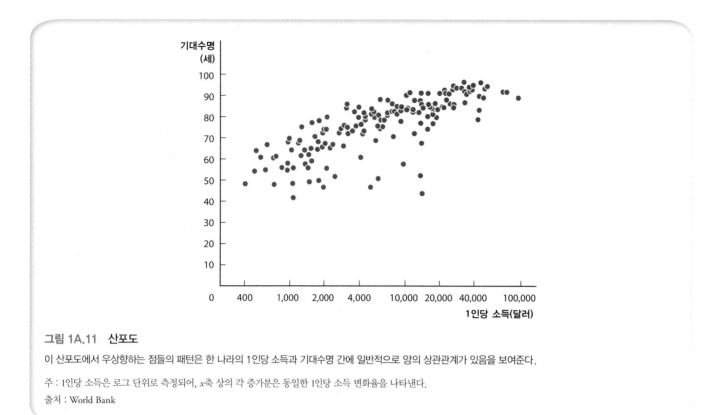

그림 1A.11   산포도

이 산포도에서 우상향하는 점들의 패턴은 한 나라의 1인당 소득과 기대수명 간에 일반적으로 양의 상관관계가 있음을 보여준다.

주 : 1인당 소득은 로그 단위로 측정되어, x축 상의 각 증가분은 동일한 1인당 소득 변화율을 나타낸다.

출처 : World Bank

있다. 삼각형의 면적은 밑변의 반을 높이로 곱해 구할 수 있다.

그래프 구성요소와 친숙해지면 경제학 이외의 주제를 공부

할 때도 정보를 얻을 수 있다. 이 부록에서 설명된 그래프 종류는 뉴스, 웹사이트, 연구요약, 사업 보고서에도 종종 등장한다.

핵심용어

- ✓ 가로축(x축)
- ✓ 기울기
- ✓ 독립변수
- ✓ 막대도표(막대그래프)
- ✓ 변수
- ✓ 산포도
- ✓ 세로축(y축)
- ✓ 원점
- ✓ 점
- ✓ 종속변수
- ✓ 파이도표

복습문제

1. 그래프에 (3, 6), (2, 7) 점을 그려라. 원점, x축, y축을 표시하라.

2. (3, 6)과 (2, 7)을 잇는 선의 기울기를 계산하라.

3. 새 그래프에 기울기가 처음에는 양수지만 결국 음수가 되며 기울기가 계속 감소하는 선을 그려라.

4. 다음 각 쌍의 변수에서 독립변수를 식별하라.
   a. 근무경력 연수와 현재 소득
   b. 밤에 잠을 못 잔 시간과 직전 저녁의 커피 소비
   c. 연사의 심장박동 수와 청중 수

5. I, II, III, IV 각 변수 쌍에 대해 두 변수 간 관계를 정확히

나타내는 곡선 모양을 밝혀라. 다음 모양에서 고르라.

a. 우상향

b. 우하향

c. 수평

d. 수직

e. U자 모양

첫 번째 변수는 그래프의 가로축 상에서, 두 번째 변수는 세로축 상에서 측정된다고 가정하라.

   I.   바깥 기온, 하루 소비하는 냉음료 수

  II.   바깥 기온, 알파벳 글자 수

 III.   한 주간 양치질 횟수, 다음 치과 검진에서 발견될 충치 개수

 IV.   나이, 100미터를 달리는 데 걸리는 시간(초)

6. 다음 그래프의 직사각형은 조세수입을 나타낸다. 직사각형의 면적을 계산하라.

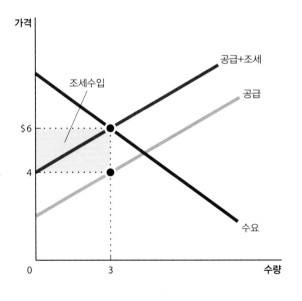

7. 다음 그래프의 삼각형은 재화 구입으로부터 소비자가 얻는 순이득을 나타낸다. 삼각형의 면적을 계산하라.

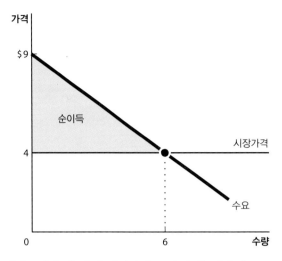

8. 지난 7일간 각 날에 여러분이 공부에 쓴 시간 수를 보여주는 막대도표를 그려라.

9. 이 부록에서 설명한 그래프 종류 중 하나를 골라 하루에 커피 첫잔, 둘째 잔, 셋째 잔을 위해 지불할 용의가 있는 최대 금액을 나타내라.

10. 다음 표는 네 국가의 15~24세 인구의 비율과 연간 인구증가율을 나타낸다. 이 정보를 인구증가율이 세로축에 있는 산포도 상에 나타내라.

국가	15~24세 인구 비율	인구증가율
캐나다	12.7%	0.76%
그리스	9.8	0.01
베네수엘라	18.8	1.42
예맨	21.1	2.72

출처 : CIA World Factbook

시장과 경제

Cary Kalscheuer/Shutterstock

2

학습목표

이 장에서는 다음 내용을 학습한다.

1. 생산요소를 확인한다.

2. 경제 참여자에 대해 논의한다.

3. 가계, 기업, 정부가 경제 내에서 어떻게 상호작용하는지 설명한다.

4. 효율성이 경제학자에게 어떤 의미를 갖는지 설명한다.

5. 전통경제, 시장경제, 통제경제를 비교한다.

몇년 전에 로키 마운틴 건설그룹이 35명의 노동자에게 트럭 몇 대 분량의 목재, 철강, 설비를 공급하여 일리노이주 거니에 있는 놀이공원 식스 플래그 그레이트 아메리카에 세상에서 가장 빠르고 가파르고 높은 목재 롤러코스터를 짓도록 했다. 동일한 용접공, 목수, 기술자가 다리, 야구장, 산책길을 지을 수도 있었다. 그들은 왜 그 대신 롤러코스터를 지었을까? 식스 플래그의 기업가가 사람들이 거대한 롤러코스터를 타기 위해 입장료 60달러를 내고 길게 줄 서 있는 것을 보았기 때문이다. 우리 경제와 같은 *시장경제*에서 한 재화가 가용한 공급에 비해 상대적으로 수요가 높으면 시장의 힘은 그 재화 공급 증가를 자극한다. 이 장에서는 시장 참여자와 그들이 다루는 자원에 대해 배울 것이다. 또한 여러 종류의 경제에서 어떤 영향력 조합이 경제적 결정을 인도하는지 배울 것이다.

왜 알아야
하는가?

미국 경제는 매년 약 20조 달러의 가치가 있는 재화와 서비스를 생산한다. 구입 가능한 제품과 지출 가능한 돈은 경제를 관통하는 자원과 돈의 중대한 흐름에서 비롯된다. 이 흐름은 중앙당국에 의해 계획되는 것이 아니다. 그보다 그 흐름은 일부 정부 개입이 가미된 시장의 힘에 의해 주로 조직화된다. 다행히도 시장은 소비자에게 필요하고 원하는 것을 제공하는 경향이 있다. 이 장에서는 주머니에 돈을, 집에 재화를, 식탁에 음식을, 그리고 때때로 여름 계획에 놀이공원 여행을 가져다주는 시장에 대해 상세히 설명한다.

생산요소

생산요소(factors of production)는 **자원**(resource)이나 **투입요소**(input)라고도 알려져 있으며, 재화와 서비스의 기본 구성요소이다. 노래, 물리치료, 또는 M&M'S®의 광고문구인 '입에서 녹고 손에서는 녹지 않습니다'를 창조하는 데는 사람만 필요할 수도 있다. 우리가 구입하는 산악자전거, 청바지, 놀이공원의 놀이기구 생산에는 많은 생산요소가 필요하다.

단순화를 위해 경제학자들은 생산요소를 토지, 노동, 자본, 기업가정신의 네 가지 일반적 범주로 분류한다.

- **토지**(land)는 땅과 그것에서 나오는 물, 광물, 식물, 동물을 포함한 모든 것을 나타낸다. 롤러코스터를 만드는 데 사용되는 목재도 토지에서 나오므로 토지 범주에 속한다. 초콜릿을 만드는 데 사용되는 카카오 원두도 토지 범주에 속한다.

- **노동**(labor)은 생산과정에 대한 사람들의 육체적, 정신적 기여이다. 기술자, 작곡가, 물리치료사, 초콜릿 제조자는 모두 재화와 서비스 창조에 노동을 기여한다.
- **자본**(capital)은 다른 재화나 서비스 생산에 사용되는 생산품을 가리킨다. 건설장비, 공장, 배달트럭, 초콜릿 주형은 모두 자본의 예다.
- **기업가정신**(entrepreneurship)은 재화와 서비스 생산을 위해 위험을 감수하고, 혁신하고, 생산적 활동을 시작하고, 다른 생산요소를 조직화할 의사와 능력이다. 월트 디즈니와 밀턴 허쉬의 기업가정신이 없었더라면 디즈니 놀이공원과 허쉬 초콜릿은 없을 것이다.

핵심적인 생산요소 하나가 없으면 재화의 이용 가능성이 차단된다. 예를 들어 멜팅팟과 같은 풍듀 식당에 필요한 토지, 노동, 자본은 아마도 사는 곳 근처에서 구할 수 있을 것이다. 하지만 풍듀 식당을 열 의지와 능력이 있는 기업가정신이 없다면 여러분을 위한 멜팅팟은 없을 것이다!

경제 참여자

생산요소는 경제의 기본 구성요소지만, 그것들을 소유하고 재화와 서비스로 전환하는 사람들은 누구인가? 이것이 경제 참여자의 역할이다. 경제 참여자에는 가계, 기업, 정부가 있다.

생산요소
재화와 서비스를 창조하기 위해 사용되는 자원이나 투입요소

토지
땅과 그것에서 나오는 물, 광물, 식물, 동물을 포함한 모든 것

노동
생산과정에 대한 사람들의 육체적, 정신적 기여

자본
다른 재화나 서비스 생산에 사용되는 생산품

기업가정신
재화와 서비스 생산을 위해 위험을 감수하고, 혁신하고, 생산적 활동을 시작하고, 다른 생산요소를 조직화할 의사와 능력

▲ 퐁듀 식당을 마을에 들여오려면 네 가지 생산요소, 즉 토지, 노동, 자본, 기업 가정신이 모두 필요하다.

가계

함께 살며 소득을 공유하는 개인이나 사람들의 집단이 **가계** (household)를 구성한다. 가족은 가계를 구성한다. 혼자 사는 개인도 그렇다. 미국의 1억 2,600만 가계의 구성원은 기업이 재화와 서비스 생산을 위해 필요로 하는 생산요소를 소유하고 있다. 일을 하는 가계 구성원은 기업에 노동과 기업가정신을 제공한다. 토지와 자본의 일부는 가계가 직접적으로 소유하며, 일부는 가계 소유의 기업이 소유한다. 예를 들어 오리지널 하와이안 초콜릿 팩토리에 공급되는 카카오 원두 재배를 위해 사용되는 토지는 밥과 팸 쿠퍼 가계가 소유하고 있다. 허쉬 초콜릿을 만드는 데 사용되는 혼합기는 허쉬 컴퍼니 소유인데, 허쉬 컴퍼니는 대규모 가계 집단이 소유하고 있다. 생산요소에 대한 대가로, 가계는 노동에 대한 임금, 토지와 자본에 대한 임대료 지불금, 성공적인 기업가정신에 대한 보상인 이윤의 형태로 소득을 얻는다.

기업

기업(firm)은 생산요소를 고용하여 재화나 서비스를 판매하는 사업체이다. 로키 마운틴 건설그룹, 네슬레, 여러분 주치의의 사무실, 여러분이 다니는 대학은 모두 기업의 예다. 여러분이 초콜릿 가게를 연다고 하자. 기업을 여러 다양한 방법으로 조직할 수 있다. 예를 들어 1765년에 제임스 베이커와 존 해넌은 베이커스 초콜릿을 판매하기 위해 **합명회사**를 결성했다. 그 회사는 나중에 크래프트 푸드라고 불리는 **주식회사**(corporation)에 인수되었다. 이런 형태의, 그리고 기타 많은 형태의 기업 중 최선의 선택은 여러분이 위험 부담, 이윤 공유, 의사결정 관리

▲ 키즈 초콜릿은 개인기업이다. 이런 형태의 기업은 개인에 의해 소유 · 지배된다.

에 대해 어떻게 느끼는지에 달려 있다. 이 절에서는 베이커, 해넌, 그리고 여러분과 같은 기업가가 어떤 형태의 기업을 결정할지 결정할 때 고려해야 하는, 가장 인기 있는 몇몇 형태의 기업의 장단점에 대해 탐구할 것이다.

개인기업과 합명회사　키즈 초콜릿은 **개인기업**(sole proprietorship) 이다. 이는 기업이 키 링 통 개인에 의해 소유 · 지배됨을 뜻한다. 모든 사업체의 75%가 개인기업이지만 사업체에서 지출되는 돈의 5%만이 개인기업에서 지출되므로, 이런 형태의 기업은 흔하며 일반적으로 소규모이다. 초기 베이커스 초콜릿과 같은 **합명회사**(partnership)는 둘 이상의 사람이 소유 · 지배하고 있다는 점을 제외하고는 개인기업과 비슷하다. 이는 기업 운영에 따른 위험, 의무, 보상이 나뉨을 뜻한다.

　상대적으로 단순한 이런 형태의 기업 소유자는 신속하게 행동을 취할 수 있다. 그들은 더 복잡한 사업 형태와 관련된 이사회와 서류작업 장벽 없이 사업을 시작하고 문제를 해결하며 정책을 바꿀 수 있다. 이런 기업에 대한 조세 부과 역시 상대적

가계
함께 살며 소득을 공유하는 개인이나 사람들의 집단

기업
생산요소를 고용하여 재화나 서비스를 판매하는 사업체

개인기업
개인에 의해 소유 · 지배되는 사업체

합명회사
둘 이상의 사람이 소유 · 지배하고 있다는 점을 제외하고는 개인기업과 비슷한 기업

으로 간단하다. 개인기업과 합명회사는 소유주와 별도로 과세되지 않는다. 그와 달리 소유주는 사업소득에 대해 개인소득세의 일부로 세금을 납부한다.

개인회사와 합명회사의 부정적인 측면은 부채, 회사에 대한 법원판결, 사업에 대한 기타 의무에 대해 소유주가 개인적으로 책임을 진다는 것이다. 또한 이런 기업은 자금원이 제한되어 있다. 소유주가 대출을 신청할 수는 있지만, 몇몇 주식회사처럼 주식이나 채권을 판매하여 사업 운영과 확장에 필요한 돈을 모을 수는 없다.

주식회사 네슬레 같은 **주식회사**(corporation)는 소유주와 별도로 법적실체로 존재하는 기업 형태이다. 주식회사는 미국 모든 사업체의 약 20%를 차지하며, 모든 사업체 수입의 85% 이상을 얻는다. 주식회사를 만들려면 경영자는 주정부에 기업의 이름, 대표자, 위치, 목적을 명시한 정관(articles of incorporation)을 제출한다. 주식회사 설립은 기업에 더 높은 명성과 더 많은 재원을, 그리고 소송이 발생할 경우 소유주에게 더 적은 개인책임을 가져다줄 수 있다. 주식회사에 대한 청구권이 있는 채권자와 소송 당사자는 기업의 자산을 추적해야만 한다. 그들은 일반적으로 기업에 속한 개인의 돈, 집, 기타 자산에 대해서는 접근권이 없다.

주식회사는 사업비를 위한 자금을 모으기 위해 소유권 지분, 즉 **주식**(stock)을 **주주**(shareholder)라고 알려진 투자자에게 판매할 수 있다. 예를 들어 허쉬 주식을 사면 주주가 되어 허쉬 컴퍼니의 일부를 소유할 수 있다. 주주는 이사회를 선출하여 핵심적 전략 결정을 내릴 수 있다. 이사들은 여러 직책 중에서도 회장, 사무국장, 감사를 지명하여 주식회사의 그날그날의 운영을 감독한다. 기업의 성과가 좋으면 주주는 보통 주가 상승으로 이득을 본다. 많은 주식회사는 또한 이윤의 일부를 **배당금**(dividend)이라는 지불금으로 주주에게 분배한다.

주식회사와 마찬가지로 **유한책임회사**(limited liability company, LLC)는 소유주를 채권자 및 소송 당사자로부터 보호하는 별개의 법적 실체이다. 유한책임회사의 소유주는 주주보다는 **사원**(member)이라고 불린다. 유한책임회사는 자금 모금을 위해 주식을 팔 수는 없지만 주식회사보다 서류작업 요건이 적으며 비슷한 법적 편익을 누린다.

Susana González/Bloomberg via Getty Images

▲ 네슬레와 같은 주식회사는 소유주와 별도의 법적 실체이다. 이는 소유주를 채권자와 소송 당사자로부터 보호한다.

주식회사
소유주와 별도로 법적 실체로 존재하는 기업 형태

주식
주식회사의 소유권 지분

주주
주식회사의 주식을 사는 투자자

배당금
기업이 주주에게 분배하는 이윤의 일부

유한책임회사
주식을 팔지 않으며, 소유주를 채권자 및 소송 당사자로부터 보호하는 별개의 법적 실체인 기업

Q&A

비영리기관이란 무엇인가?

대부분의 기업은 이윤을 추구하며, 기업은 이것을 소유주에게 분배하거나 수익성 개선을 위해 기업에 재투자한다. *비영리기관*은 예술, 환경, 교육, 연구, 보건, 스포츠, 평화, 종교에 대한 지원처럼 이윤 이외의 목표를 달성하기 위해 사람들을 공식적으로 모으는 기업이나 협회, 단체이다. 정부 자체가 비영리기관이다. 대부분의 교회, 병원, 대학교, 자선단체는 비영리기관이다. 공정무역미국(Fair Trade USA)은 특정 초콜릿 제조업자와 다른 식량 생산자들이 농부들에게 공정한 임금을 지급하고 아동이나 노예를 고용하지 않음을 보증하는 비영리기관이다. 다른 비영리기관으로는 미국 올림픽 위원회, 그린피스, 국가연구선도협회가 있다.

비영리기관은 기부나 재화와 서비스 판매를 통해 수입을 창출한다. 모든 수령액은 소유주에게 돌아가는 이윤처럼 분배되기보다는 기관의 활동, 봉급, 기타 지출에 쓰인다. 비영리기관이 되면 조세 혜택이 있다. 대부분의 비영리기관은 주(州)소득세와 연방소득세, 재산세, 법인세, 판매세에서 면제되며, 비영리기관에 대한 기부 대부분은 소득공제가 된다.

Brian Baer/Newscom/ZUMA Press/Folsom/CA/USA

▲ 정부는 가계와 기업으로부터 조세를 거두고, 요소시장과 제품시장에서 구매를 하며, 가계와 기업에 재화, 서비스, 이전지출을 제공한다. 예를 들어 이 사진은 캘리포니아주에 있는 정부 소유 교도소에서 만들어지고 있는 자동차 번호판을 보여준다.

정부

정부(government)는 지배권과 통제권을 가진 개인의 조직체이다. 정부는 가계와 기업으로부터 세금을 거두어 정부 프로그램과 활동에 필요한 지출을 뒷받침한다. 미국 정부의 구매에는 학교와 항공모함부터 자동차 번호판을 만드는 데 필요한 재료와 노동, 신규발행 화폐, 공장의 안전검사까지 모든 것이 포함된다. 정부는 또한 가계와 기업에 **이전지출**(transfer payments)을 제공한다. 이전지출은 재화나 서비스의 대가 없이 이루어지는 지급액이다. 이전지출의 예로 대학생에 대한 보조금, 은퇴 노동자에 대한 사회보장지출, 실업보험급여, 농업 보조금을 들 수 있다.

순환

직업을 가진 사람은 봉급으로 돈을 받은 후 재화와 서비스에 돈을 쓴다. 손을 거치는 이러한 돈의 흐름은 시장 참여자에 의한 수취와 지출의 더 큰 순환의 일부이다. 그림 2.1은 한 경제의 재화, 돈, 생산요소의 거래를 나타내는 **순환도**(circular-flow diagram)를 보여준다. 그림 2.1의 아래쪽 절반은 가계가 소득의 대가로 기업에 생산요소, 즉 토지, 노동, 자본, 기업가정신을 제공함을 보여준다. 이런 거래는 **요소시장**(factor market)에서 발생한다. 요소시장은 경제의 모든 생산요소 구매자와 판매자로 이루어진다. 여러분이 만약 내년 여름에 식스 플래그 놀이공원에서 일하면, 여러분은 요소시장에서 노동의 판매자가

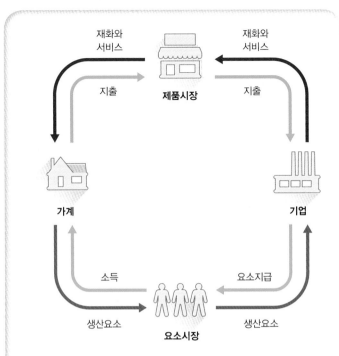

그림 2.1 순환도
순환도는 경제 내의 돈에 관한 한, 나간 만큼 다시 들어옴을 보여준다. 가계는 소득의 대가로 기업에 생산요소를 판매하는데, 가계는 이 소득을 기업으로부터 재화와 서비스를 구매하는 데 쓴다.

되고 식스 플래그는 같은 시장에서 구매자가 될 것이다.

그림 2.1의 위쪽 절반은 가계가 기업으로부터 재화와 서비스를 구매함을 보여준다. 이런 거래는 **제품시장**(product market)에서 발생한다. 제품시장은 경제의 모든 재화와 서비스 생산자와 소비자로 이루어진다. 허쉬 초콜릿바를 구입하면 여러분은 초콜릿 제품시장의 구매자이고 허쉬 컴퍼니는 판매자이다.

그림 2.1의 녹색 화살표는 돈이 제품시장에서 소비자가 구매를 할 때 어떻게 가계에서 기업으로 흘러나가는지, 그리고 요소시장에서 생산요소에 대한 지급액으로 어떻게 다시 가계로 흘러 들어오는지 보여준다. 파란색 화살표는 생산요소가 가계로부터 기업으로 흘러나가는 것을 나타낸다. 보라색 화살표는 기업이 생산요소로 만드는 재화와 서비스가 다시 가계로 판매되는 것을 나타낸다. 달리 말해 집합적으로 이런 화살

정부
지배권과 통제권을 가진 개인의 조직체

이전지출
재화나 서비스의 대가 없이 이루어지는 정부 지급액

순환도
재화, 서비스, 돈이 어떻게 경제 전체를 이동하는지 보여주는 도표

요소시장
경제의 모든 생산요소 구매자와 판매자

제품시장
경제의 모든 재화와 서비스 생산자와 소비자

표들은, 허쉬와 다른 수천 개의 기업이 여러분과 같은 사람들에게 돈을 주어 여러 재화와 서비스 중에서도 초콜릿을 만들도록 하며 그 후 여러분과 같은 사람들이 그 소득을 초콜릿과 다른 물건을 사는 데 사용함을 나타낸다!

순환도는 경제가 잘못될 수 있는 몇몇 경우를 명확히 보여준다. 예를 들어 허쉬와 다른 기업들이 소비자가 초콜릿과 다른 재화와 서비스를 덜 살 것이라고 생각하면, 기업들은 초콜릿 및 다른 재화와 서비스 생산을 위해 여러분과 같은 사람들을 전보다 덜 고용할 것이다. 이는 여러분과 같은 사람들이 구매에 쓸 수 있는 돈이 전보다 적어짐을 뜻한다. 이에 따라 기업의 우려는 실제로 우려한 문제를 낳는다. 마찬가지로, 제품시장에서 판매량 증가에 관한 낙관은 생산 증가와 요소시장에서의 구매증가, 그리고 그에 따라 가계가 제품시장에서 구매를 위해 쓸 수 있는 소득 증가를 가져올 수 있다. 여기서도 기대가 현실을 창조하며, 이로 인해 기대는 경제활동의 중요한 동인이 된다.

정부와 순환도

그림 2.2의 순환도에는 정부가 가계, 기업, 각 유형의 시장과 하는 교환이 포함되어 있다. 요소시장에서 정부로 향하는 파란색 화살표는 가계의 생산요소 일부가 요소시장을 통해 정부로 흘러감을 보여준다. 그에 대한 대가로 정부는 아래로 향하는 녹색 화살표로 나타나는 것처럼 생산요소에 돈을 지급한다. 이런 지급액은 여러분과 여러분 가족 같은 가계 구성원에게 임금, 지대, 이윤의 형태로 돌아온다.

그림 2.2는 또한 정부가 가계와 기업으로부터 조세를 거둠을 보여준다. 정부는 운영을 위해 요소시장에서 생산요소를 구입하고 제품시장에서 재화와 서비스를 구입하는 데 조세수입 일부를 쓴다. 이 단순화된 경제모형에서는 정부예산이 항상 균형을 이루므로 정부가 상환해야 할 부채가 없다. 따라서 나머지 조세수입은 정부 프로그램의 일환으로 가계와 기업에 재화, 서비스, 이전지출을 제공하는 데 쓰일 수 있다.

효율성 목표

효율성(efficiency)은 가계, 기업, 정부가 경제적 결정을 내릴 때 중심이 되는 목표이다. 경제학자들은 이탈리아 경제학자 빌프레도 파레토(Vilfredo Pareto, 1843-1929)의 효율성 지침을 따른다. 파레토는 어떤 배분에 대해, 다른 사람을 나빠지게 하지 않으면서 어떤 사람을 좋아지게 할 수 있는 다른 배분이 존재하지 않는다면 그 배분을 **효율적**(efficient)이라고 간주했다. 여러분은 목재 롤러코스터를 좋아하고 여러분 친구는 금속 롤러코스터를 좋아한다고 하자. 놀이공원에서의 어지러운 하루 끝에, 여러분과 친구 사이에 배분할 입장권 두 장이 있다. 각각은 각 유형의 롤러코스터 입장권이다. 친구가 목재 롤러코스터 입장권을 받고 여러분이 금속 롤러코스터 입장권을 받는다면 그 배분은 비효율적일 것이다. 누구도 나빠지게 하지 않으면서 어떤 사람(이 경우 둘 모두)을 좋아지게 할 수 있기 때문이다. 입장권을 맞바꾸어 각자 좋아하는 유형의 롤러코스터를 타면 여러분과 친구는 효율성을 달성할 수 있다.

올바른 조건하에서 시장은 다음 세 가지 근본적인 경제문제의 효율적인 답을 위한 유인을 만들어낸다.

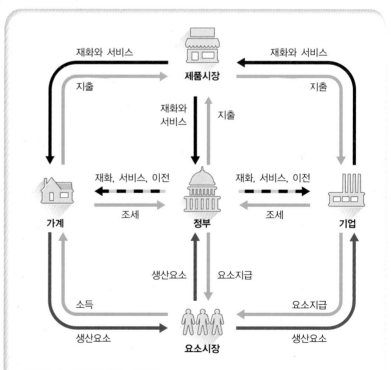

그림 2.2 정부가 있는 순환도

이 확장된 순환도는 가계와 기업이 어떻게 서로서로 그리고 정부와 상호작용하는지 보여준다. 정부는 가계와 기업으로부터 조세를 거두어 그 돈을 정부 프로그램을 위한 생산요소, 재화, 서비스, 이전 비용에 쓴다.

1. 무엇이 생산되어야 하는가?
2. 어떻게 생산되어야 하는가?
3. 누구를 위해 생산되어야 하는가?

다음에서 우리는 이 핵심적인 질문에 대해 간단히 언급하고 이 책의 뒷부분에서 이 문제를 다시 논의할 것이다.

무엇이 생산되어야 하는가

한 경제가 자원을 효율적인 재화와 서비스 조합에 배분함으로써 무엇에 관한 질문에 답하면, 다른 어떤 재화와 서비스 조합도 사회를 더 좋아지게 할 수 없을 것이다. 다음 몇 장에서는 공급과 수요라는 시장의 힘이 어떻게 기업으로 하여금 소비자가 가장 필요로 하고 원하는 재화와 서비스를 더 생산하도록 인도하여 자원배분의 효율성을 가져오는지 배울 것이다. 또한 시장의 힘이 비효율적인 결과를 가져오는 여러 상황에 대해서도 배울 것이다.

어떻게 생산되어야 하는가

효율적 생산방식을 개발하여 어떻게에 관한 질문이 처리된다면, 어떤 재화나 서비스도 다른 무엇인가를 덜 생산하지 않고는 더 생산될 수 없을 것이다. 생산의 효율성은 기업이 희망 산출량의 생산비용을 최소화하는 자본, 노동, 기타 투입요소를 고용할 때 달성된다. 예를 들어 초콜릿 생산에 사용되는 카카오 깍지 줍기에 관해서라면, 기계는 숙성한 깍지를 찾아내어

▲ 생산 효율성을 달성하기 위해 기업은 각 단위 생산비를 최소화하는 올바른 투입요소 조합을 선택해야만 한다. 예를 들어 노동자는 기계보다 낮은 비용으로 카카오 깍지를 수확할 수 있지만, 기계는 노동자보다 낮은 비용으로 초콜릿 재료를 혼합할 수 있다.

나무에서 부드럽게 따는 것에 능숙하지 않다. 노동자가 기계보다 낮은 비용으로 카카오 깍지를 수확할 수 있다. 하지만 기계는 노동자보다 파운드당 더 낮은 비용으로 초콜릿 재료를 혼합할 수 있다. 재료 수송과 같은 다른 많은 생산 단계에서는 노동자와 기계가 둘 다 연관된다. 각 기업이 생산비를 최소화하면 경제 전체의 생산 효율성이 달성된다. 제7장에서는 기업이 생산비를 극소화하기 위해 어떻게 투입요소와 산출량 수준을 선택하는지 설명한다.

누구를 위해 생산되어야 하는가

분배 효율성은 특정 재화와 서비스를 받은 사람이 그것에 가장 높은 가치를 부여하는 사람일 경우 달성된다. 뉴욕 마라톤 대회 출전권 일부를 분배하기 위해 사용되는 복권에 대해 생각해보라. 수천 명의 주자가 지원자 중 무작위로 선택된다. 하지만 복권은 이 경주에서 뛰기를 정말로 **정말로 원하는** 주자들과 약간 원하는 주자를 구별하지 않는다. 복권 승자가 필요나 욕구보다는 운에 의해 결정되기 때문에, 복권은 재화와 서비스를 효율적으로 배분하지 않는다.

가장 높은 가치를 부여하는 사람들에게 물건을 주는 데는 복권보다 다른 배분방식이 더 낫다. 예를 들어 버몬트주의 하틀랜드 제일보편구제회는 연례 초콜릿 경매를 개최한다. 경매는 가장 높은 가격을 지불할 의사와 능력이 있는 사람에게 재화를 분배한다. 다른 조건이 같다면, 경매 물품에 가장 높은 가격을 지불할 의사와 능력이 있는 사람은 그것에 가장 높은 가치를 부여하는 사람이다. 이 경우 초콜릿 경매는 도넛 모양의 초콜릿 케이크와 초콜릿에 담근 바나나를, 그것에 가장 높은 가격을 입찰할 의사와 능력이 있는 사람에게 줌으로써 효율성을 달

▲ 로알드 달의 소설 *찰리와 초콜릿 공장*에서, 운 좋은 5명이 사탕 포장지에서 황금 티켓을 발견하여 공장 견학과 평생 무료 초콜릿을 얻는다. 운에 기반을 둔 배분의 문제점은 재화로부터 가장 낮은 가치를 얻는 사람들이 결국 그것을 얻을 수도 있다는 점이다.

성한다.

하지만 효율적 결과가 반드시 공정하거나 공평한(equitable) 것은 아니다. 제12장에서는 효율성 목표가 어떻게 사람들이 실업, 부상, 빈곤에 대처하는 것을 돕는 목표와 상충될 수 있는지 설명한다. 예를 들어 세상에서 가장 부유한 사람에게 1달러를 거두어 그것을 세상에서 가장 가난한 사람에게 이전하는 조세를 생각해보자. 이 이전이 공평할 수는 있지만 파레토 기준에 따르면 효율적이시 않을 것이다. 가장 가난한 사람은 좋아지게 하지만 가장 부유한 사람은 나빠지기 때문이다.[1] 다음 절은 다양한 경제체제하에서 재화가 어떻게 배분되는지 설명한다.

경제체제

어떤 재화와 서비스가 생산되는지, 어떻게 생산되는지, 누구를 위해 생산되는지는 현행 경제체제에 달려 있다. 대부분 국가의 경제체제는 전통경제, 시장경제, 통제경제의 요소를 내포하고 있다.

> **전통경제**
> 경제적 결정이 관례에 기초하여 이루어지는 경제
>
> **시장경제(자본주의경제)**
> 가계가 생산요소를 소유하는 경제

---

1. 역주 : 이 내용은 오해의 소지가 있다. 조세 도입 이후이 배분 역시 파레토 기준으로 효율적이다. 이 상황에서 어느 한 사람을 좋아지게 하려면 누군가는 나빠져야 하기 때문이다. 조세 도입 전후의 배분이 모두 파레토 기준으로 효율적이다.

전통경제

전통경제(traditional economy)에서는 경제적 결정이 관례에 기초하여 이루어진다. 수천 년 동안 아메리카 원주민은 조상들의 전통을 따랐다. 전통음식을 요리하고 전통의상을 만들고 전통가옥을 지었다. 생산방식은 전통에 기초하여, 남자는 사냥을 하고 여자는 동물 가죽으로 옷을 만들었다. 여자, 남자, 아이, 노인, 족장에 대한 재화와 서비스 분배도 전통에 기초하였다. 오늘날에도 여전히 몇몇 전통경제가 있다. 예를 들어 아미시족은 여전히 경제적 결정을 일부 아메리카 원주민이나 남아메리카, 아프리카, 아시아의 농촌 지역에 사는 일부 사람들처럼 관례에 기초하여 내린다. 전통경제는 소규모의 단순한 사회의 필요를 충족할 수 있다. 최근 세기에는 대부분의 사회가 더 커지고 복잡해졌는데, 이로 인해 경제적 의사결정에서 시장과 정부의 역할이 더 확장되게 되었다.

시장경제

시장경제(market economy) 또는 **자본주의경제**(capitalist economy)에서는 가계가 생산요소를 소유한다. 직원과 경영진 간 협상이 임금률을 결정한다. 기업 소유주는 이윤을 좇아 생산결정을 내리며, 구매자와 판매자는 공급과 수요에 기초하여 결정된 가격에 거래를 하기 위해 시장에서 만난다.

시장경제는 현행가격을 지불할 의사가 있는 사람들에게 재화를 분배한다. 그에 따른 분배는 재화나 서비스에 가장 높은

Brooks Kraft/Sygma/Getty Images

◀ 아미시 공동체의 전통경제에서 현재의 경제적 결정은 과거와 같은 방식으로 이루어진다.

가치를 부여하는 사람들이 가장 많은 돈을 지불할 의사가 있는 한 효율적이다. 이런 효율성의 예외는 재화나 서비스에 가장 높은 가치를 부여하는 사람들이 그것을 구입할 여유가 없을 때이다. 예를 들어 대학교육으로부터 가장 큰 편익을 얻을 사람들 중 일부는 등록금을 감당할 수 없다.

시장에서 확립된 가격은 또한 자원배분의 효율성을 증진시킨다. 생산자와 소비자는 투입요소와 제품의 상대적 희소성과 편익을 반영한 가격에 반응한다. 공급이 수요에 비해 상대적으로 낮으면, 높은 가격은 기업가들에게 위험을 감수하고 혁신을 하도록 그리고 소비자의 필요와 욕구를 충족시키는 데 도움이 되는 사업을 조직화하도록 동기를 부여한다. 예를 들어 디즈니사는 수많은 아시아 여행객들이 미국 놀이공원을 방문하기 위해 높은 가격을 지불할 용의가 있음에 주목한 후 도쿄와 홍콩에 디즈니랜드 리조트를 건설했다.

시장경제에서는 낮은 가격도 중요한 신호를 보낸다. 뉴욕시의 코니아일랜드에는 과거 루나, 드림랜드, 스티플체이스 놀이공원이 있었다. 하지만 이런 놀이공원에 대한 방문이 감소함에 따라 놀이공원 소유주가 입장권에 책정할 수 있는 가격도 하락했다. 기업가들은 놀이공원을 공급에 비해 상대적으로 수요가

▲ 미국 놀이공원 입장권에 대한 아시아 여행객들의 높은 수요는 디즈니사에게 일본과 중국에 놀이공원을 지으면 더 높은 이윤을 얻을 수 있다는 신호였다.

높은 호텔과 아파트로 대체했고, 이에 상응하여 높은 가격이 매겨졌다.

가격은 또한 시장경제에서 소비자들이 효율적 결정을 하도록 인도한다. 어떤 재화 생산에 다량의 투입요소나 특별히 희소한 투입요소가 필요하면, 그 재화 생산의 높은 생산비는 가격을 상승시켜 소비자가 덜 비싼 다른 재화를 고려하도록 만든다. 예를 들어 카카오(초콜릿의 원료 중 하나) 수확에는 노동력이 많이 필요한데, 이로 인해 카카오 함량이 높은 초콜릿은 비싸진다. 카카오 함량이 65%인 초콜릿바는 약 5달러이다. 허쉬의 밀크초콜릿바는 카카오 함량이 약 11%이고 가격은 약 1달러이다. 허쉬 초콜릿바의 더 낮은 가격은 다수의 소비자를 카카오가 더 많이 함유된 비싼 초콜릿바로부터 멀어지게 만든다.

시장경제라고 해서 난제가 없는 것은 아니다. 제11장에서는 국방과 치안, 도로, 학교, 공원, 보건시스템 등 편익이 다수의 소비자에 의해 공유되는 재화와 서비스 공급에서의 빈틈을 메우기 위해 시장기반경제가 정부에 의존함을 설명한다. 순수시장경제는 또한 안전망이 결여되어 있다. 예를 들어 실업, 빈곤, 질병, 고령이나 어린 나이, 편견, 장애로 인해 불리한 사람들은 절박한 상황에 놓여 사회 전체에 부정적인 영향을 끼친다. 하지만 대부분의 시장경제는 인권을 보호하고 거래를 규제하며 실업보험, 산재보상, 식량지원, 사회보장과 같이 조세로 지원되는 사회복지 프로그램을 제공하는 권한을 가진 정부의 관할 하에 작동된다.

통제경제

통제경제(command economy)에서는 무엇을, 어떻게, 누구를 위해 생산할 것인지에 관한 결정이 중앙집권화되어 있다. 시장의 힘보다는 정부나 시민집단이 자원배분을 관리한다. 생산요소는 집단적으로 소유되며, 결정은 노동자 전원 고용과 공평한 소득분배와 같은 목표에 맞춰 내려진다. 통제경제는 **공산주의**와 **사회주의**하에서 존재한다.

공산주의(communisim)하에서는 단독정당인 공산당이 생산수준과 임금률을 결정한다. 공장, 농장, 기타 생산업체는 정부에 의해 소유되며, 재화와 서비스는 필요에 의해 사람들에게 분배된다. 소비자를 더 얻기 위해 경쟁하는 사기업이 없기 때문에 광고에 자원이 덜 들어간다. 그리

통제경제
경제적 의사결정이 중앙집권화되고 의사결정이 시장의 힘보다는 정부나 시민집단에 의해 이루어지는 경제

공산주의
단독정당인 공산당의 입법자가 생산수준과 임금률을 결정하는 경제체제

◀ 공산국가인 북한은 무엇을, 어떻게, 누구를 위해 생산하는지에 관한 결정이 사진에 나온 김정은 위원장과 같은 정부 지도자에 의해 내려지는 통제경제이다.

고 모든 기업의 소유주가 동일하기 때문에 연구개발 편익이 모든 생산자에 의해 공유될 수 있다. 궁극적 목표는 모든 사람이 생산활동의 이득을 똑같이 나누어 사회계급의 구별을 없애는 것이다.

공산주의의 잠재적 위험은, 이러한 공유가 사람들에게 열심히 일하고 기업가들처럼 기업을 위해 위험을 감수하며 새로운 제품과 생산방식을 창조하기 위해 혁신할 유인을 덜 제공한다는 것이다. 지금 듣고 있는 수업에서 모든 학생들의 점수를 평균을 내어 모두 평균 점수를 받는다면 공부에 들이는 노력이 어떻게 될지 생각해보라. 도서관에서 며칠 밤을 새면 점수가 10점 올라갈 수 있지만 수강생이 30명이면 추가적인 노력은 평균 점수를 $10 \div 30 = 0.33$점만 올릴 것이다. 0.33점을 올리기 위해서 10점을 올리기 위해서만큼 여러 밤을 새우며 공부하지는 않을 것이다. 이와 마찬가지로, 한 경제의 주민들이 거의 같은 몫의 생산물을 받는다면 추가적인 노력에 대한 보상이 너무 빈약해져 강한 유인을 제공할 수 없다.

자본주의하에서는 밀턴 허쉬, 앙리 네슬레, 월트 디즈니 같은 사람이 될 수 있다는 가능성이 사람들로 하여금 새로운 사업에 위험성 있는 투자를 하고, 더 오래 일하고, 신제품을 발명하고, 물건을 생산하는 더 좋은 방법을 발견하도록 동기를 부여할 가능성이 높다. 정부가 기업을 소유하고 소득을 나누면 획기적인 일을 할 유인이 강하지 않다. 아마도 그것이 세상에서 가장 위대한 발명들이 모두 대부분 시장기반경제에서 나온

이유일 것이다(표 2.1 참조).

지난 세기에 공산경제는 동유럽, 아프리카, 아시아에 걸쳐 존재했다. 더 최근에 일어난 시장경제로의 전환은, 1990년에

표 2.1　세계에서 가장 위대한 발명의 기원

발명	연도	국가
월드 와이드 웹	1990	미국/영국/프랑스
컴퓨터	1936	독일/영국
페니실린	1928	영국
라디오	1895	이탈리아
영화	1890	영국/미국
자동차	1885	독일
텔레비전	1884	독일/미국
전화기	1875	이탈리아/독일/미국
재봉틀	1830	프랑스
사진기	1814	프랑스
전구	1809	영국/독일
조면기	1794	미국
증기기관	1698	영국
인쇄기	1440	독일

Elena11/Shutterstock.com

◀지난 25년에 걸쳐 러시아는 국영공장과 국영농장이 있는 통제경제에서 강한 사회주의와 자본주의 요소가 있는 혼합경제로 이행하였다.

서독과 통일한 동독과 1991년에 15개의 독립국으로 분할된 소련을 포함해 많은 국가에서 공산주의를 종식시키고 공산국가의 해체를 가져왔다. 오늘날 중국, 쿠바, 라오스, 북한, 베트남만이 강한 공산주의 요소를 유지하고 있다.

사회주의(socialism)는 자본의 국유화, 공정한 분배에 대한 관심, 불충분한 유인이라는 장애물을 공산주의와 공유한다. 하지만 무엇을, 어떻게, 누구를 위하여 생산하는가의 문제에 대한 답은 다르다. 가장 기초적인 사회주의체제하에서는, 노동자와 소비자의 총회와 협의회가 때로는 중앙정부의 관리를 받으며 경제적 결정을 내린다. 일부 사회주의자가 핵심 산업의 국유화를 지지하기는 하지만, 사회주의체제하에서 이것은 기업가의 이윤, 공급과 수요에 의해 정해지는 가격을 포함한 자유시장 구조 내에서 이루어진다.

상당한 정도로 사회주의 요소를 가진 많은 국가에는 벨기에, 핀란드, 아이슬란드, 네덜란드, 뉴질랜드, 스웨덴이 포함된다. 이런 국가에서 세율은 공적자금으로 운영되는 보건, 교육, 기타 서비스 자금을 조달하기 위해 상대적으로 높다. 세계행복보고서와 만족에 대한 유사한 연구에 따르면, 이런 국가들은 또한 국민이 가장 행복한 국가 순위에서 최상위에 있다.

혼합경제

각 유형의 경제체제가 장단점이 있기 때문에 순수하게 전통체제나 자본주의체제, 명령체제하에서 운영되는 현대경제는 사실상 없다. 미국을 포함해 대부분의 국가는 **혼합경제**(mixed economy)이다. 혼합경제는 각 유형의 경제체제 중 바라건대 가장 좋은 특징으로 이루어진 경제이다. 중국, 쿠바, 라오스, 러시아, 베트남 같은 통제경제 국가는 이제 일부 사업체의 민간 지배를 허용하는 혼합경제로 진화하였다. 시장기반경제인 캐나다와 많은 유럽 국가들은 사회주의적 요소를 상당히 가지고 있으며, 미국도 정도는 낮지만 그렇다. 이런 국가에서 정부는 교통시설, 학교, 경찰과 소방, 보건, 국방, 빈곤층과 장애인 및 노령자에 대한 지원의 적어도 일부를 제공한다.

전통은 자본주의에 가까운 국가에서의 정부, 가계, 기업의 결정을 포함해 모든 국가의 일부 경제적 결정에서 여전히 역할을 담당하고 있다. 예를 들어 일본에서는 종신고용의 전통을 따라 어떤 회사들은 판매량이 극적으로 떨어진 뒤에도 노동자를 정리해고하지 않는다. 그리고 매사추세츠주 서머빌에 있는 타자 초콜릿(Taza Chocolate)은 현대적 방식이 더 저렴함에도 불구하고 전통적인 초콜릿 생산기술을 채택하고 있다.

사회주의
노동자와 소비자의 총회와 협의회가 때로는 정부의 관리를 받으며 경제적 결정을 내리는 경제체제

혼합경제
전통경제, 시장경제, 통제경제의 특징을 가지는 경제체제

요약

생산요소인 토지, 노동, 자본, 기업가정신은 재화와 서비스의 구성요소이다. 가계는 기업에 생산요소를 판매하여 그 대가로 임금, 임대료, 이윤의 형태를 띠는 소득을 얻는다. 가계는 소득을 이용해 기업으로부터 재화와 서비스를 구매한다. 순환도는 이에 따른 지급을, 돈이 요소시장을 거쳐 기업에서 가계로 흘러가고 그 후 제품시장을 거쳐 다시 기업으로 흘러오는 것으로 나타낸다. 정부는 또한 제품시장에서 재화와 서비스를 구입하고 요소시장에서 투입요소를 구매한다. 정부 프로그램의 일부인 이전지출과 함께 이런 구매는 가계와 기업으로부터 거둔 조세수입으로 자금이 조달된다.

여러분이 기업가가 되면, 운영할 회사의 유형에 대해 몇몇 선택권이 있을 것이다. 의사결정에 대한 엄격한 통제를 원한다면 개인에 의해 통제되는 개인기업이나 여러분과 1명 이상의 동업자에 의해 소유되고 지배되는 합명회사를 세울 수 있다. 주식회사를 시작하면 그것은 여러분 및 다른 소유주와는 조세와 법적책임 목적상 분리되는 별도의 법적 실체가 된다. 회사가 유한책임회사(LLC)이면 소유주들은 법적책임에서 보호되며, 주식회사에 비해 서류작업 요건이 적을 것이다. 하지만 주식회사와 달리 유한책임회사는 자금 모금을 위해 주식을 판매할 수 없다.

경제학자들은 일반적으로 무엇을, 어떻게, 누구를 위해 생산할 것인가의 결정을 효율성 목표를 염두에 두고 접근한다. 다른 어떤 재화와 서비스 조합도 사회를 더 좋아지게 할 수 없다면 효율적인 조합이 생산된 것이다. 다른 사람들을 나빠지게 하지 않으면서 어떤 사람들을 좋아지게 할 수 있는 방법이 없다면 재화가 효율적으로 분배된 것이다.

경제적 의사결정의 원천은 현행 경제체제의 유형에 달려 있다. 전통경제에서 의사결정은 과거와 같은 방식으로 이루어진다. 시장경제 혹은 자본주의 경제에서는 시장 내에서 만들어진 유인이 의사결정을 인도한다. 공산주의와 사회주의의 통제경제에서는 정부나 시민집단이 무엇을, 어떻게, 누구를 위해 생산할지 결정한다. 이런 각각의 체제는 중요한 장단점이 있다. 오늘날 대부분의 경제는 전통경제, 시장경제, 통제경제의 양상을 결합한 혼합적 접근법을 취한다.

핵심용어

- ✓ 가계
- ✓ 개인기업
- ✓ 공산주의
- ✓ 기업
- ✓ 기업가정신
- ✓ 노동
- ✓ 배당금
- ✓ 사회주의
- ✓ 생산요소
- ✓ 순환도
- ✓ 시장(자본주의)경제
- ✓ 요소시장
- ✓ 유한책임회사
- ✓ 이전지출
- ✓ 자본
- ✓ 전통경제
- ✓ 정부
- ✓ 제품시장
- ✓ 주식
- ✓ 주식회사
- ✓ 주주
- ✓ 토지
- ✓ 통제경제
- ✓ 합명회사
- ✓ 혼합경제
- ✓ 효율적

복습문제

1. 인쇄물 형태의 교과서는 인쇄기, 노동자, 종이를 이용해 생산된다. 이런 각각의 투입요소가 속하는 범주를 식별하라.

2. (정부가 없는) 간단한 순환도를 그리고, 그림에 나타난 관계를 이용해 미래 판매량에 대한 생산자의 낙관이 어떻게 미래 판매량 증가를 가져올 수 있는지 설명하라.

3. 여러분 자신의 행동이 경제순환도의 일부가 되는 두 경로를 설명하라. 그림 2.2에 나타난 순환도의 어느 부분이 그런 행동을 나타내는가?

4. 윙카 초콜릿은 실제로는 네슬레에 의해 판매되지만, 소설 **찰리와 초콜릿 공장**에서 윌리 윙카 회사는 개인기업이었다. 이런 두 형태의 기업의 장단점에 대해 논하고, 윙카 씨가 여러분에게 공장 열쇠를 건넨다면 어느 형태를 선호할지 밝혀라.

5. 왼쪽에 있는 각 형태의 기업을 오른쪽의 장점과 짝지어라.

비영리기관	소유주가 의사결정을 통제함
합명회사	소유주가 채권자로부터 보호됨
유한책임회사	면세임

6. 다음 각 상황에서 효율성을 달성할 수 있는 개선책을 제시하라.
   a. 대학에서 미식축구 입장권을 복권으로 배분한다.
   b. 수백만의 실업 상태 노동자가 있는 국가가 값비싼 자판기에 대량 투자한다.
   c. 건물이 지진으로 완파된 도시에서, 가용한 시멘트를 시장 전용기를 위한 활주로 건설에 쓴다.

7. 100명의 노동자가 있는 경제의 모든 소득이 똑같이 나뉜다고 하자. 자본주의체제와 비교해 이 체제의 장점과 단점을 하나씩 설명하라.

8. 100명의 노동자가 있는 경제의 모든 소득이 똑같이 나뉘면, 추가적 노력에 대한 대가는 산출물에 대한 조세가 몇 퍼센트일 때의 노동에 대한 대가와 동등한가? (힌트 : 개인이 1달러 가치가 있는 산출물을 생산하면 그 산출물 가치의 얼마를 갖게 되는가? 나머지 부분이 조세처럼 포기하는 부분이다.)

9. 초콜릿을 얼마나 많이 생산할지에 대한 결정이 공산주의, 사회주의, 자본주의체제에서 어떻게 내려지는지 설명하라.

10. 이 장에서 '다른 조건이 일정하다면' 재화에 가장 높은 가치를 부여하는 사람이 그것을 얻기 위해 가장 높은 가격을 지불할 의사와 능력이 있는 사람일 것이라고 언급했다. 일정할 수 없어서, 어떤 재화에 가장 높은 가치를 부여하는 사람이 가장 높은 가격을 지불할 의사와 능력이 있도록 하는 것을 막는 것에는 어떤 것들이 있는가?

수요

3

학습목표

이 장에서는 다음 내용을 학습한다.

1. 수요계획을 해석한다.

2. 개인수요와 시장수요 모형을 분석한다.

3. 수요곡선을 이동시키는 요인을 알아낸다.

4. 소비자잉여의 중요성을 설명한다.

커피 애호가들은 뜨거운 자바 커피 한 잔을 마시기 위해 동틀 무렵 허브 커피 하우스에 모여든다. 미국인의 54%는 매일 커피를 마신다. 전 세계적으로 커피 소비는 연간 5,000억 잔을 초과한다. 커피에 대한 막대한 수요로 인해 커피는 석유 다음으로 가장 많이 교역되는 물품이며 물 다음으로 가장 인기 있는 음료이다. 이 장에서는 소비자가 커피에 부여하는 가치가 어떻게 이 소중한 재화에 대한 시장수요로 바뀌는지 배울 것이다. 이후의 장에서는 수요와 공급이 어떻게 결합되어 시장가격과 판매량을 결정하는지 볼 것이다.

왜 알아야
하는가?

라테를 좋아하는가? 피자는? 간으로 만든 소시지는? 아이스크림은? 트롬본 레슨은? 가발은? 이런 재화나 서비스가 여러분이 사는 곳 근처에서 판매되는가? 여러분이 좋아하는 것들이 주변에서 이용 가능하고 좋아하지 않는 것들은 이용 가능하지 않은 것은 단순한 행운이 아니다. **상품의 인기가 높아지면 수요 증가는 기업의 행동을 자극하는 이윤 창출 기회를 만들어낸다.** 실제로 라테에 대한 수요 증가는 기업가 짐 데이비스로 하여금 켄터키주 댄빌에 허브 커피 하우스를 열어 가발이나 간으로 만든 소시지가 아닌 라테를 팔도록 자극하였다. 수요는 데이비스의 메뉴 품목, 책정하는 가격, 공급하는 수량, 채용하는 직원 수, 카페의 영업시간을 결정하는 데 도움이 된다. 수요가 이러한 결정에 미치는 영향 덕분에 여러분은 원하는 것을 얻을 수 있다. 이후의 장에서는 라테와 기타 거의 모든 것을 제공하는 시장에 수요가 미치는 결정적인 영향에 대해 더 배울 것이다. 하지만 먼저 이 장에서 수요 개념에 친숙해질 것이다.

수요계획

지르박 라테는 캐러멜, 에스프레소, 뜨거운 우유를 섞은 것이다. 이것이 매우 유혹적으로 들리겠지만, 라테 애호가들은 커피 음료에 단지 얼마의 금액만을 지불할 용의가 있다. 구입량은 가격에 달려 있다. 수량과 가격 간의 이러한 관계를 **수요계획**(demand schedule)으로 요약할 수 있다. 수요계획은 주어진 기간에 여러 가격대에서 한 재화나 서비스가 구입될 수량을 나타내는 표이다. 단순화를 위해 A, B, C만이 지역 라테 시장의 소비자이고 모든 라테가 동질적이라고 하자. 표 3.1은 각 개인의 개별수요계획과, 이들 모두를 합친 시장수요계획을 보여준다.

A는 하루에 첫 번째 라테 1잔을 위해 6달러를 지불할 용의가 있다. 이것이 그가 라테 1잔에 6달러를 지불하기를 선호한다는 뜻은 아니다. 그가 가장 좋아하는 가격은 0달러이며 가격이 낮을수록 더 좋다. 하지만 A는 첫 번째 라테로부터 6달러어치의 만족도를 얻기 때문에, 만약 그래야 한다면 첫 잔을

위해 6달러를 지불하려 할 것이다. 따라서 A의 수요계획은 그가 7달러에서는 라테를 하나도 안 사고 6달러에서는 1잔을 살 것임을 보여준다. 그는 가격이 4달러로 떨어지면 두 번째 라테를, 가격이 2달러로 떨어지면 세 번째 라테를 살 것이다. 추가적인 라테는 아무런 만족도 주지 않기 때문에, 그는 가격에 상관없이 3잔 이상의 라테는 사지 않을 것이다.

B는 첫 번째 라테를 위해 5달러까지 지불하려 할 것이므로, 그의 수요계획은 가격이 7달러나 6달러일 때는 라테를 하나도 안 사고 5달러일 때는 1잔을 살 것임을 보여준다. 그는 가격이 1달러로 떨어지면 두 번째 라테를 살 것이다. 그 이후로는 추가적인 라테는 가격이 얼마든 그의 관심을 끌지 못한다. C는 첫 번째 라테를 위해 7달러를 지불할 용의가 있으며 가격이 3달러로 떨어지면 두 번째 라테를 사겠지만, 가격이 0달러로 떨어져도 라테를 두 잔을 초과해서는 사지 않을 것이다.

표 3.1의 마지막 열은 **시장수요계획**이다. 그것은 각 가격대에서 이 시장의 총수요량을 나타낸다. 가격이 7달러이면 A만 라테를 한 잔 살 것이므로 시장의 수요량은 1이 될 것이다. 6달러

표 3.1   라테에 대한 개별수요계획과 시장수요계획

라테 1잔당

가격	A의 수요량	B의 수요량	C의 수요량	시장수요량
$7	0	0	1	1
6	1	0	1	2
5	1	1	1	3
4	2	1	1	4
3	2	1	2	5
2	3	1	2	6
1	3	2	2	7
0	3	2	2	7

에서 C는 전과 마찬가지로 1잔을 사려고 하지만 A도 한 잔을 구입하여 시장수요가 2가 된다. 가격이 더 낮아지면 추가적 판매가 이루어져, 가격이 1달러 이하로 떨어지면 시장에서 7잔이 팔릴 것이다.

한계효용체감

A, B, C는 둘째나 셋째 잔보다는 첫 잔에 더 많은 금액을 지불할 용의가 있다. 이것은 여러분에게도 적용되는가? 경제학자들은 그럴 것이라고 기대하는데, 이는 첫 잔이 그 이후의 잔보다 여러분에게 더 큰 필요를 충족시켜주기 때문이다. 라테가 없다면 여러분은 특별히 목이 마르거나 춥거나 카페인의 힘을 필요로 할 수도 있다. 이런 이유로 인해 C는 라테 첫 잔에 7달러를 지불할 용의가 있다. 라테 한 잔을 마시면 목이 덜 마르거나 덜 춥거나 덜 무기력해질 것이다. 둘째 잔은 덜 절박한 욕구를 충족시키므로 C는 둘째 잔에 첫 잔보다 낮은 가치를 매길 것이다. 라테 두 잔을 마신 후 C는 배가 부르고 따뜻하고 생기가 넘칠 것이다. 세 번째 잔은 C에게 아무 도움이 되지 않으므로 C는 그것을 위해 한 푼도 지불하려 하지 않을 것이다.

라테와 마찬가지로 대부분의 재화와 서비스는 1단위 더 가질 때의 가치가 주어진 기간에 소비량이 늘어날수록 떨어진다. 신

Dave Anderson

문, 베이글, 미용실 방문을 생각해보라. 하루의 첫 번째 단위에 대해 지불할 용의가 있는 최대 금액은 두 번째 단위에 지불할 용의가 있는 최대 금액보다 십중팔구 클 것이며, 두 번째 단위에 지불할 용의가 있는 최대 금액은 열 번째 단위에 지불할 용의가 있는 금액보다 십중팔구 클 것이다. 양껏 먹을 수 있는 뷔페는 또 다른 예다. 정해진 가격에 끝없이 먹을 수 있음에도 불구하고 사람들은 양껏 먹을 수 있는 뷔페에 영원히 머무르지는 않는다. 오래지 않아 닭다리를 하나 더 먹거나 미트로프 한 조각을 더 먹는 것이 아무런 만족감도 주지 못한다.

경제학자들은 개인들이 느끼는 만족감이나 행복감을 **효용**(utility)이라고 부른다. 효용을 직접 측정하고 다른 사람의 효용을 비교하는 것은 어렵다. 라테 1잔을 마시는 것이 여러분을 여러분의 친한 친구보다 더 행복하게 만드는가? 그것은 아마도 판단하기 어려울 것이다. 하지만 둘 다 효용을 염두에 두고 수요 결정을 내리며, 라테에 대한 수요계획을 결정하는 것은 각자가 라테 각 잔으로부터 얻는 효용의 가치이다. 따라서 수요를 이해하기 위해 우리는 먼저 재화가 더 소비됨에 따라 무슨 일이 일어나는지 조사한다.

효용
개인이 느끼는 만족감이나 행복감

추가적인 재화 1단위의 소비로부터 얻는 효용을 **한계효용** (marginal utility)이라고 부른다. 이는 그것이 두 수량, 즉 현재의 양과 그것보다 하나 더 많은 수량 사이의 한계에서 얻어지는 효용이기 때문이다. 오늘 커피 1잔을 더 마시는 것으로부터 얻을 수 있는 추가적인 만족감에 대해 생각해보라. 경제학 용어로 여러분은 그것을 커피로부터의 한계효용이라고 묘사할 것이다.

한계효용체감(diminishing marginal utility)은 재화가 더 많이 소비됨에 따라 소비자가 얻는 한계효용이 감소하는 것을 가리킨다. 만약 여러분이 커피 두 번째 잔을 첫 잔보다 덜 즐긴다면 여러분은 한계효용체감을 경험하고 있는 것이다. 드물게는 한계효용체감이 즉시 시작되지 않는 경우도 있다. 소설을 읽거나 영화를 볼 때, 등장인물에 친숙해지거나 흥미로운 부분을 기대할 수 있어서 처음보다 두 번째가 더 즐거울 수도 있다. 롤러코스터도 첫 번째 탈 때보다 두 번째 탈 때 겁을 덜 먹기 때문에 더 즐거울 수도 있다. 그러나 한계효용이 **결국** 감소하지 않는 예를 찾기는 훨씬 더 어렵다. 어떤 소설이든 100번을 읽고 싶지는 않을 것이며, 세상 어느 누구도 리처드 로드리게스보다 더 롤러코스터를 많이 타지 않았다. 그는 401시간 동안 8,000번 탑승이라는 세계기록을 갖고 있다.

이제 우리는 수요계획에 등장하는 숫자의 의미를 더 잘 이해할 수 있다. 한계효용의 가치는 소비자가

> **한계효용**
> 추가적인 재화 1단위의 소비로부터 얻는 효용
>
> **한계효용체감**
> 재화가 더 많이 소비됨에 따라 소비자가 얻는 한계효용이 감소하는 것
>
> **수요곡선**
> 재화의 가격과 수요량 간의 관계를 나타내는 곡선

각 단위에 대해 지불할 용의가 있는 금액의 기초가 된다. 한계효용체감으로 인해 소비자는 추가적인 재화 각 단위에 대해 점점 더 적은 금액을 지불하려고 한다. 예를 들어 A는 라테 첫 잔으로부터 6달러어치의 한계효용을 얻으므로, 수요계획은 A가 라테 1잔에 최대 6달러를 지불할 것임을 보여준다. 한계효용이 라테 둘째 잔과 셋째 잔에 대해 감소하므로 A가 해당 라테에 지불하려는 최대 가격도 감소한다. 즉 둘째 잔에 대해서는 4달러, 셋째 잔에 대해서는 2달러로 감소한다. 한계효용과 수요 간 연결을 이해하면 앞으로 수요계획과 수요그래프에 영향을 미치는 변화요인을 알아내는 데도 도움이 될 것이다.

수요그래프

수요계획에 담긴 정보는 그래프로 나타내면 더 유용해지고 시각적 해석이 용이해진다. **수요곡선**(demand curve)은 재화의 가격과 수요량 간의 관계를 나타낸다. 우리가 논의할 첫 수요'곡선'은 전혀 곡선이 아니고 톱니 모양의 선이다. 앞으로의 논의는 왜 어떤 수요곡선은 계단 모양이고 어떤 수요곡선은 부드러운 선인지 설명해준다. 또한 우리는 수요곡선 특유의 감소하는 기울기와 수요곡선을 주변으로 이동시키는 변화요인에 대해 살펴볼 것이다.

그림 3.1은 A, B, C의 개별수요곡선 세 셋을 합친 시장수요곡선을 보여준다. 이 곡선들은 표 3.1의 수요계획을 시각적으로 나타낸 것이다. 그래프의 수직축은 (오른쪽에 나타난 것처럼) 라테 1잔당 가격을 나타낸다. 가로축은 (아래에 나타난 것처럼) 일일 라테 수량을 나타낸다. A의 수요곡선에서 수량 1 위의 높이인 6달러는 A가 라테 첫 잔에 최대 6달러까지 지불할 용의가 있음을 나타낸다. 수량 2 위의 높이인 4달러는 두 번째 라테에 대해서 A가 최대 4달러를 지불할 것임을 나타낸다. 라테 셋째 잔에 대해 A는 2달러까지 지불할 용의가 있으므로 수량 3에서 수요곡

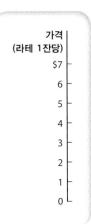

가격 (라테 1잔당)
$7
6
5
4
3
2
1
0

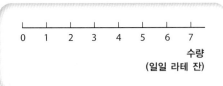

수량
(일일 라테 잔)

▲ 정해진 기간에 어느 재화를 더 많이 소비함에 따라, 그 재화를 1단위 더 소비하는 것의 매력은 감소할 가능성이 크다.

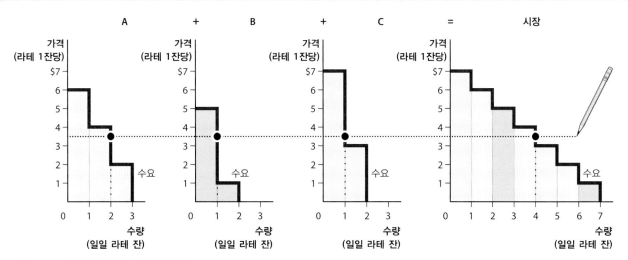

그림 3.1 개별수요곡선과 시장수요곡선

수요곡선은 재화의 가격과 수요량 간 관계를 나타낸다. 특정 가격에서의 수요량을 보려면 그 가격의 높이를 가진 수평선을 그리면 된다. 가격선과 수요곡선의 교차점 바로 아래를 보면 수요량을 찾을 수 있다.

선의 높이는 2달러가 된다.

수요곡선을 보면 각 가격대에서 하루에 구입되는 라테 수량을 알 수 있다. 가령 3.50달러에서 각 개인과 시장에 의한 수요량을 알아내려면 그림 3.1에서처럼 그래프를 가로질러 높이 3.50달러의 수평 점선을 그리면 된다. 수요량은 점선과 각 수요곡선의 교점 바로 아래에서 찾을 수 있다. 예를 들어 점선은 A의 수요곡선과 수량 2 위에서 교차하므로 A는 3.50달러에 라테 2잔을 사려고 할 것임을 알 수 있다. 라테가 3.50달러일 때 시장수요량은 그 가격에서 각 개인의 수요량을 합한 것이다. 3.50달러에 A의 수요량은 2, B의 수요량은 1, C의 수요량은 1이므로 시장수요는 2+1+1=4이다. 같은 숫자를 3.50달러의 가격선과 시장수요곡선의 교차점 아래에서도 찾을 수 있다.

우하향하는 전형적인 수요곡선은 한계효용체감의 결과이다. 한계효용체감으로 인해 각 라테가 그 이전 라테 1잔보다 덜 만족스럽다는 것을 이미 보았다. 한계효용이 체감함에 따라 소비자가 추가적인 라테 1잔을 위해 지불하려는 금액 역시 감소한다. 라테 가격이 떨어짐에 따라 그것은 추가적인 라테의 가치보다 낮아지고 따라서 더 많은 라테가 구입된다.

가격과 수요량 간의 이러한 역의 관계로 인해 수요곡선은 우하향한다. **수요법칙**(law of demand)은 이러한 관계를 요약한다. 즉 다른 요인이 불변일 때 재화나 서비스에 대한 소비자의 수요량은 높은 가격에서보다

> **수요법칙**
> 다른 요인이 불변일 때 재화나 서비스에 대한 소비자의 수요량이 높은 가격에서보다 낮은 가격에서 더 큼을 나타낸다.

Q&A

나는 60달러짜리 폴로 상표 폴로셔츠를 15달러짜리 월마트 상표 폴로셔츠보다 더 많이 산다. 이것은 수요법칙에 위배되지 않는가?

아니다. 이것은 수요법칙에 위배되지 않는다. 가격과 수량 간 역의 관계는 같은 재화에 대해 성립할 것으로 기대되지만, 실제로 다르거나 다르다고 인식되는 두 재화 간에는 성립하지 않는다. 폴로 상표 셔츠와 월마트 상표 셔츠가 다른 면에서는 동질적이라고 하더라도 소비자들이 그 둘을 같은 셔츠로 간주하지는 않을 것이다. 폴로 상표 셔츠에 대한 수요는 소비자들이 폴로 제품이 품질이 높고 명성이 있다고 인식하기 때문에 상대적으로 높다. 따라서 가격이 더 높음에도 불구하고 폴로 상표 셔츠를 더 많이 사려는 것은 놀라운 일이 아니다.

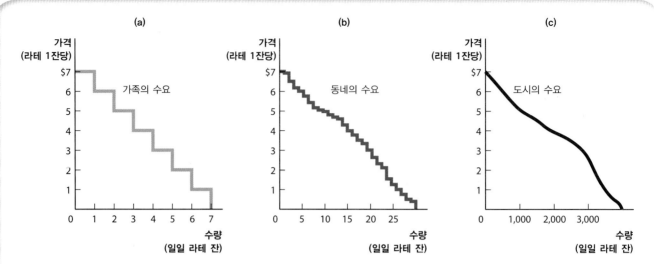

그림 3.2   톱니 모양 수요곡선 대 부드러운 수요곡선

가족의 수요곡선 (a)가 보여주는 것처럼 수요그래프의 가로축을 따라 측정되는 단위 수가 적으면 각 단위를 나타내는 수요곡선의 수평 구간이 충분히 길어 분명히 볼 수 있다. 이 때문에 수요곡선이 계단과 같은 톱니 모양을 띤다. 동네의 수요그래프 (b)처럼 가로축을 따라 측정되는 단위 수가 커지면 각 수평 구간의 폭이 작아진다. 도시의 수요그래프 (c)처럼 단위 수가 크면 수평 구간이 매우 작아 수요곡선이 부드럽게 보인다.

낮은 가격에서 더 크다.

부드러운 수요곡선

지금까지 우리는 개인의 수요곡선과 매우 작은 시장의 수요곡선에 대해 살펴보았다. 그래프에서 가로축을 따라 측정되는 단위 수가 적기 때문에, 각 단위를 나타내는 수요곡선의 수평 부분이 분명하게 볼 수 있을 정도로 충분히 길었다. 이 때문에 수요곡선은 내려가는 계단을 닮은 톱니 형태를 띠었다. 가로축을 따라 측정되는 단위 수가 커지면 각 단위를 나타내는 수평 부분의 너비가 작아진다.

그림 3.2는 라테에 대한 가족, 동네, 도시의 수요곡선을 보여준다. 가족과 동네의 수요곡선은 톱니 모양인데 이는 이 두 집단이 구입하려고 하는 라테 수가 상대적으로 적기 때문이다. 도시의 수요곡선을 나타내는 그래프에서 가로축은 라테 수천 잔을 측정한다. 수량이 커지면 각 단위를 나타내는 수요곡선 구간이 매우 좁아져 그 수평적 성질을 감지할 수 없다. 그 결과 부드러운 선 모양의 수요곡선을 얻게 된다. 이 책에서 살펴볼 시장은 대부분 부드러운 수요곡선을 가진 대규모 시장이다. 소규모 시장에서도 어떤 재화는 많은 작은 단위로 구입 가능하기 때문에 수요곡선이 부드러운 형태를 띤다. 예를 들어

> **수요변화**
> 수요곡선 전체의 이동으로, 각 가격대에서 수요량의 변화를 나타낸다.

휘발유를 갤런 단위 이하로 사거나 커피를 파운드 단위 이하로 살 수 있다. 이렇게 하면 수요곡선에서 각 단위를 나타내는 구간이 매우 작아져 수요곡선이 부드러워진다.

수요의 변화 대 수요곡선 상의 이동

최근의 연구는 커피가 기억 손실, 충치, 당뇨병, 암 예방에 도움을 줄 수 있음을 시사한다. 이러한 잠재적 건강 편익이 여러분으로 하여금 각 가격대에서 더 많은 라테를 사도록 할까? 만약 그렇다면, 여러분은 라테에 대한 수요변화를 경험한 것이다. **수요변화**(change in demand)는 수요곡선 전체를 이동시키며 각 가격대에서의 수요량 변화를 나타낸다. 수요 증가는 수요곡선의 오른쪽 이동으로 나타난다. 오른쪽 이동은 각 가격대에서 더 많은 라테가 구입됨을 나타낸다.

이제 카페인이 심장마비 위험을 증가시킨다는 사실이 발견되었다고 하자. 이는 소비자가 각 라테에 대해 지불할 용의가 있는 금액을 감소시키고 각 가격대에서 라테 수요량을 감소시킬 것이다. 이에 따른 수요 감소는 수요곡선의 왼쪽 이동으로 나타난다.

그림 3.3은 수요 증가와 수요 감소를 나타낸다. 편의상 보통 수요 증가를 오른쪽 이동, 수요 감소를 왼쪽 이동이라고 서술한다. 또한 나중에 조세와 보조금에 대한 논의에서 보게 되듯이, 수요곡선이 위나 아래로 이동하는 것으로 생각하는 것도

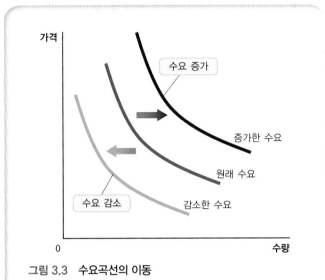

그림 3.3 수요곡선의 이동
수요곡선의 오른쪽 이동은 수요 증가를 나타낸다. 왼쪽 이동은 수요 감소를 나타낸다.

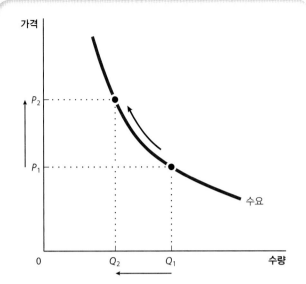

그림 3.4 수요곡선 상의 이동
가격 변화는 수요곡선 상의 변화를 가져온다. 예를 들어 가격이 P_1에서 P_2로 상승하면 수요량은 Q_1에서 Q_2로 감소한다. 수요곡선 상의 이동은 수요량 변화를 가져오지만 수요변화를 가져오지는 않는다. 이에 반해 수요변화는 수요곡선의 이동으로 나타난다.

유용할 수 있다.

던킨 도너츠는 때때로 9월 29일에 전국 커피의 날 기념으로 99센트짜리 라테를 제공한다. 소비자들은 이러한 가격 인하에 라테를 더 많이 구입하는 것으로 대응한다. 가격 변화에 의해 발생하는 수량 변화는 수요변화가 아니다. 수요변화는 수요곡선의 이동과 동의어임을 기억하라. 가격 변화에 따른 수요량의 변화는 **수요곡선 상의 이동**(movement along the demand curve)으로 나타난다. 가격 하락은 수요곡선 상에서 오른쪽 아래로의 이동을 가져온다. 이는 던킨 도너츠의 가격 인하 사례처럼 수요량 증가를 낳는다. 가격 상승은 그림 3.4에서처럼 수요곡선 상에서 왼쪽 위로의 이동을 가져온다. 가격(P)이 P_1에서 P_2로 상승하면 수량(Q)이 Q_1에서 Q_2로 하락한다. 라테 가격 변화는 라테에 대한 수요곡선을 이동시키지 않는다. 이는 수요곡선 자체가 가격과 수요량 간 관계를 담고 있기 때문이다. 이러한 이유로, 가격 변화가 수요곡선 상의 이동을 가져오면 그 결과는 수요의 변화(이동)가 아닌 수요량의 변화이다. 이 개념을 다음과 같이 기억할 수 있다. 수요곡선이 이동하려면 이미 축에 나타난 변수가 아닌 다른 것이 변해야 한다.

수요곡선이 이동하려면 이미 축에 나타난 변수가 아닌 다른 것이 변해야 한다.

수요 이동 요인

스타벅스는 매년 100만 달러 이상을 광고에 지출하는데, 그 주된 이유는 다음과 같다. 회사는 가격을 낮추지 않고도 커피를 더 많이 판매하기를 원하기 때문이다. 그러한 위업은 수요곡선을 오른쪽으로 이동시킴으로써만 달성할 수 있다. 광고, 그리고 어느 재화가 기대하지 않은 편익을 갖고 있다는 뉴스는 그 재화의 수요곡선을 이동시킬 수 있는 요인에 해당한다. 개별수요곡선과 시장수요곡선 모두 다음 요인의 변화로 인해 이동한다.

- 기호
- 기대
- 소득
- 연관재의 가격

시장수요곡선은 다음 요인에 변화가 있을 때도 이동한다.

- 소비자의 수

이러한 수요 이동 요인에 대해 더 자세히 살펴보자.

> **수요곡선 상의 이동**
> 재화의 가격 변화가 수요량을 변화시키는 경우

Q&A

때때로 수요곡선이 곡선이 아니라 직선으로 그려진 것을 보게 된다. 어느 기울기가 맞는가?

현실에서 수요곡선은 거의 언제나 곡선이다. 수요곡선이 왼쪽에서 오른쪽으로 내려가는 것은 소비자가 지불할 용의가 있는 최대 금액이 수량이 증가함에 따라 감소하기 때문임을 기억하라. 그런데 수요곡선이 완전히 직선이려면 수량이 1단위씩 늘어날 때마다 수용 가능한 최대 금액이 같은 양으로 하락해야 하는데, 이는 매우 비현실적이다. 그럼에도 불구하고 단순화를 위해 경제학자들은 종종 수요곡선을 직선으로 그린다. 만약 어느 전형적인 재화의 가격과 수요량 간의 일반적인 관계를 보이기 위해 수요곡선을 그리고 있으며 분석할 구체적인 데이터가 없다면, 직선이든 곡선이든 우하향하는 선만 사용하면 충분하다.

기호

수요는 주로 소비자를 행복하게 만드는 것에 의해 결정된다. 하지만 소비자를 행복하게 만드는 것은 변할 수 있다. 초기 미국 식민지 주민들은 커피보다 차를 좋아했다. 하지만 1773년 영국의 차조례(Tea Act)는 영국의 동인도회사에 미국으로의 차 수출에 대해 실질적인 독점권을 부여했다. 차조례에 대한 분노는 잘 알려진 것처럼 식민지 주민들로 하여금 보스턴 차사건으로 알려진 시위 때 영국 배에 올라타 차 화물을 보스턴 만에 던져버리도록 했다. 차에 대한 분노는 또한 커피가 미국이 선택한 음료가 되는 데 도움이 되었다. 부당한 법과 마찬가지로 광고, 연구 결과, 언론 보도, 유행 등은 모두 기호와 선호에 강력한 영향을 미치며, 이는 결국 재화와 서비스에 대한 수요곡선을 이동시킨다.

기대

미래에 대한 기대 변화는 현재의 수요곡선에 영향을 미친다. 커피 원두 가격이 내일 오를 것으로 예상하게 되면 가격이 오르기 전에 오늘 원두를 더 많이 살 좋은 이유가 생길 것이다. 내일 허리케인이 들이닥칠지도 모른다는 사실을 알게 되면 오늘 생수를 더 많이 사려 할 것이다. 미래의 석유 가격 상승에 대한 기대는 연비가 좋은 차에 대한 현재 수요를 증대시킬 것이다. 그리고 음울한 경제전망과 실직 위협에 따라 발생할 수 있는 미래소득 감소에 대한 기대는 소비자로 하여금 현재의 수요를 감소시키고 미래의 힘든 때를 대비하기 위해 저축을 늘리도록 한다.

소득

소득이 늘어나면 소비자는 자신이 즐기는 것을 위해 더 많은 돈을 지불할 용의가 있게 된다. 스타벅스가 1971년에 시애틀의 파이크 플레이스 마켓에 첫 매장을 열었을 때 미국의 평균소득은 약 3,500달러였는데, 이는 인플레이션을 감안하면 2018년 달러로 21,000달러에 해당한다. 2018년에 평균소득은 34,000달러 이상으로 상승했다. 소득 상승은 더 많은 사람들이 4달러짜리 라테를 구입할 여유를 갖는 것을 가능하게 했으며, 미국

Richard Levine/Alamy

▲ 목이 마른가? 효과적인 광고는 커피 음료에 대한 수요곡선을 이동시킬 수 있다.

GIANLUIGI GUERCIA/AFP/Getty Images

▲ 1971년에서 2008년 사이, 미국의 평균소득은 (인플레이션 조정 후) 대략 50% 증가하여 고급커피에 대한 수요 증가에 기여하였다.

에 스타벅스 매장 수가 급증하여 2018년에 13,000개 이상이 되는 데 도움이 되었다. 스타벅스 커피는 소득이 증가하면 소비자들이 더 많이 사므로 **정상재**(normal good)로 간주된다. 이후의 장에서는 소득이 수요에 어떻게 영향을 주는지 더 논의하고 **열등재**(inferior good)에 대해 알아볼 것이다. 열등재는 소득이 증가하면 소비자들이 덜 사는 재화이다. 예를 들어 소득이 오르면 주유소에서 파는 커피를 덜 사려 할 수 있다.

연관재의 가격

단순히 카페인 한 모금을 원하는 소비자에게 콜라와 커피는 경쟁적인 대안이다. 따라서 커피 가격이 상승하면 커피를 마시는 사람들 중 일부가 콜라로 옮겨갈 수도 있다. 이처럼 커피를 콜라로 대체하는 것은 콜라에 대한 수요를 증가시킬 것이다. 한 재화 가격의 상승이 다른 재화 하나 혹은 여러 개에 대한 수요 증가를 가져오면 그 재화는 **소비대체재**(substitutes in consumption)[1]로 간주된다. 마찬가지로, 두 재화가 소비대체재이면 한 재화의 가격 하락은 다른 재화에 대한 수요 감소를 가져온다. 예를 들어 휴대전화 서비스 가격이 하락함에 따라 유선전화 서비스를 취소한 사람들이 많아졌다. 소비대체재의 다른 사례로 외식과 가정식, 애플의 아이패드와 삼성의 갤럭시 태블릿, 택시 승차와 우버 승차 등이 있다.

한 재화의 가격 하락이 다른 재화에 대한 수요 증가를 가져오면 두 재화는 **소비보완재**(complements in consumption)[2]이다. 철인 3종 경기용 자전거와 철인 3종 경기 참가를 생각해보라. 철인 3종 경기에 참가하고 싶으면 참가비를 내야 하고 자전거가 있어야 한다. 2018년 아이언맨 철인 3종 경기에 참가하는 비용은 700달러 이상이었는데 약 65,000명이 참가했다. 만약 참가비가 감소하면 더 많은 사람이 철인 3종 경기에 참가할 것이고 철인 3종 경기용 자전거에 대한 수요는 증가할 것이다. 그 반대도 성립한다. 참가비가 증가하면 더 적은 사람이 철인 3종 경기에 참가할 것이고 철인 3종 경기용 자전거에 대한 수요는 감소할 것이다. 소비보완재의 다른 사례로는 커피와 크림, 휴대전화와 휴대전화 케이스, 플래시와 건전지, 칠리와 핫소스가 있다.

소비자의 수

지금까지 논의한 요인들은 개인의 수요와 전체적인 시장수요에 모두 영향을 미친다. 시장수요는 모든 개인수요의 합이기 때문에, 소비자가 시장에 참여하면 시장수요는 증가하고 소비자가 시장을 떠나면 시장수요는 감소한다. 예를 들어 C가 라테 시장을 떠나면 C의 수요는 더 이상 시장수요의 일부가 아닐 것이다. 3달러보다 낮은 가격에서는 라테가 2잔 덜 구입될 것이고, 가격이 3~7달러 사이일 때는 라테가 1잔 덜 구입될 것이다. 이것은 시장수요 감소와 시장수요곡선의 왼쪽 이동을 가져올 것이다.

소비자잉여

물건을 살 때 여러분은 지불해야 하는 가격보다 가치가 높은 물건을 찾는다. 라테가 여러분에게 6달러만큼의 가치가 있고 가격이 6달러라면 사도 그만이고 안 사도 그만이다. 하지만 라테 한 잔에 6달러를 지불할 용의가 있는데 가격이 3달러라면 이것은 그냥 지나칠 수 없는 기회이다. 구입을 가치 있게 하는 순이득, 즉 어느 재화에 소비자가 지불할 용의가 있는 최대 금액[3]과 소비자가 실제로 지불하는 금액 간 차이를 **소비자잉여**(consumer surplus)라고 부른다.

그림 3.5에서처럼 라테 가격이 3달러라고 하자. A는 첫 잔에 6달러까지, 둘째 잔에 4달러까지 지불할 용의가 있다. 셋째 잔은 그것이 그에게 주는 가치인 2달러가 가격인 3달러보다 작기 때문에 사지 않을 것이다. 첫 두 잔 각각은 가격이 그가 지불하려는 가격보다 낮기 때문에 A에게 소비자잉여를 제공한다. 그래프에서 소비자잉여는 가격선 위와 수요곡선 아래에서 찾을 수 있다. 그림 3.5에서 음영 표시된 영역이 A의 소비자잉여를 나타낸다. A는 첫 잔으로부터 $6-$3=$3의 소비자잉여를 얻고 둘째 잔으로부터 $4-$3=$1의 소비자잉여를 얻는다. A의 총소비자잉여는 $3+$1=$4이다.

소비대체재
한 재화의 가격 상승이 다른 재화에 대한 수요 증가를 낳는 재화

소비보완재
한 재화의 가격 하락이 다른 재화에 대한 수요 증가를 낳는 재화

소비자잉여
소비자가 어느 재화에 지불할 용의가 있는 최대 금액과 소비자가 실제로 지불하는 금액 간 차이

---

1. 역주 : 제4장에서 등장하는 생산대체재와 구별하기 위해 '소비'를 명시했다. 그냥 '대체재'라고 하면 보통 소비대체재를 의미한다.

2. 역주 : 제4장에서 등장하는 생산보완재와 구별하기 위해 '소비'를 명시했다. 그냥 '보완재'라고 하면 보통 소비보완재를 의미한다.

3. 역주 : 소비자가 재화에 지불할 용의가 있는 최대 금액을 지불용의금액(willingness to pay, WTP)이라고 부른다.

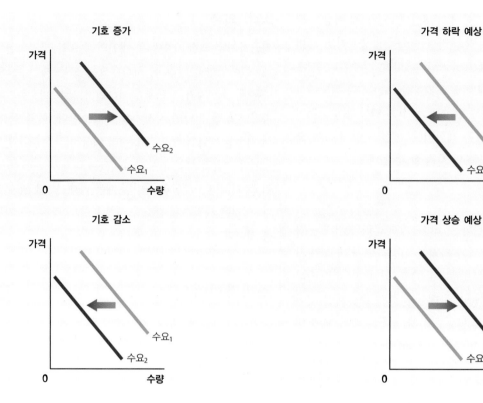

기호 증가

가격

수요₂

수요₁

0 수량

가격 하락 예상

가격

수요₁

수요₂

0 수량

기호 감소

가격

수요₁

수요₂

0 수량

가격 상승 예상

가격

수요₂

수요₁

0 수량

이제 가격이 5달러로 오른다고 하자. A에게는 첫 잔만 5달러 이상의 가치가 있으므로 A는 라테 1잔을 살 것이다. 수요량이 작아지고 가격과 A가 라테 첫 잔에 부여하는 가치 간 차이가 줄어들어서 총소비자잉여는 $6−$5=$1로 하락할 것이다. 남아 있는 소비자잉여는 그림 3.6에서 짙은 파린색으로 니타난

다. 연한 파란색 영역은 가격 상승으로 인한 소비자잉여 상실분을 보여준다. 가격이 5달러에서 3달러로 하락한다면 반대의 효과가 나타나서 소비자잉여는 연한 파란색 부분만큼 증가할 것이다.

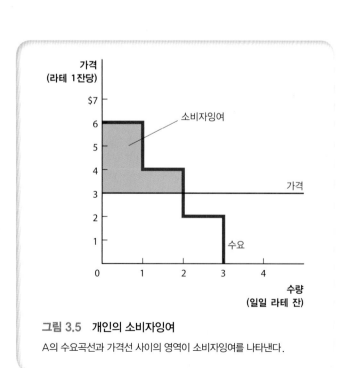

그림 3.5 개인의 소비자잉여
A의 수요곡선과 가격선 사이의 영역이 소비자잉여를 나타낸다.

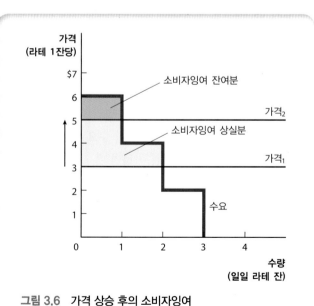

그림 3.6 가격 상승 후의 소비자잉여
라테 1잔 가격이 3달러에서 5달러로 상승하면 연한 파란색 부분만큼 소비자잉여가 감소한다. 짙은 파란색 영역은 라테 가격이 5달러일 때 남아 있는 소비자잉여를 보여준다.

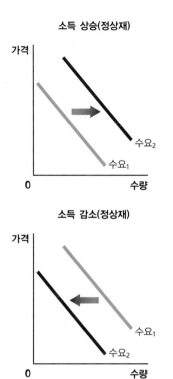

그림 3.7의 파란색 영역은 라테 애호가인 A, B, C가 라테를 한 잔에 3달러에 살 수 있을 때 시장 전체의 소비자잉여를 보여준다. 이 경우 라테는 총 5잔 판매될 것이다. 여기서 다섯 번째 라테는 소비자잉여를 발생시키지 않음에 주목하라. 이는 다섯 번째 잔의 구입자인 C가 그것으로부터 3달러에 해당하는 한계효용을 얻지만 그것을 위해 3달러를 지불하기 때문이다. 시장

의 총소비자잉여는 구입되는 라테 5잔 각각에 대한 소비자잉여를 합하여 구할 수 있다. 즉 $4+$3+$2+$1+$0=$10이다.

수요 관련 문제의 단계적 풀이

수요의 기초를 배웠으므로 관련된 문제를 풀 준비가 되었다. 다음 3단계는 수요에 잠재적으로 영향을 미치는 요인의 효과를 분석하는 데 도움이 될 것이다.

1단계 : 영향을 주는 요인이 수요곡선을 이동시키는지 여부를 파악하라.

재화 가격의 변화는 재화에 대한 수요곡선을 이동시키지 않음을 기억하라. 가격 변화는 재화의 수요량에 영향을 미칠 뿐이다. 이 장에서 설명한 수요곡선의 이동 요인을 기억할 수 없다면, 수요곡선이 한계효용의 가치에 기초하고 있음을 명심하라. 고려하고 있는 변화가 소비자가 재화 각 단위에 지불할 용의가 있는 최대 금액에 영향을 미치는지 자문해보라. 만약 그렇거나, 혹은 그 변화가 소비자 수를 증가시킨다면 수요곡선은 이동한다.

2단계 : 수요곡선이 이동한다면 이동의 방향을 파악하라.

소비자들이 각 단위에 대해 더 많은 금액을 지불할 용의가 있

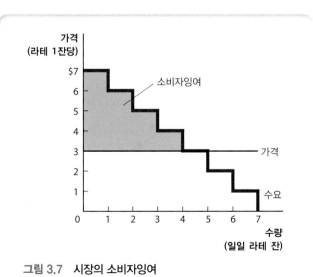

그림 3.7 시장의 소비자잉여
시장의 소비자잉여는 시장수요곡선 아래와 가격선 위 부분에서 찾을 수 있으며, 이 그래프에서 파란색 영역으로 나타난다.

거나 소비자 수가 증가한다면 수요는 증가하고 수요곡선은 오른쪽 위로 이동한다. 반대로 소비자들이 각 단위에 대해 지불할 용의가 있는 금액이 감소하거나 소비자 수가 감소하면 수요는 감소하고 수요곡선은 왼쪽 아래로 이동한다.

3단계 : 그래프를 그려 변화 전의 수요곡선을 나타내라. 그 후 만약 수요가 이동하면 같은 그래프에 새로운 수요곡선을 그려서 변화를 반영하라.

많은 문제에서 수요곡선의 정확한 위치를 알려주는 정보를 얻지 못할 것이다. 수요곡선이 특이한 형태를 띠고 있음을 알려주는 정보가 있지 않은 한, 단순히 우하향하는 선을 그려 수요곡선의 위치와 형태를 대략적으로 나타내라. 이동이 있다면 하나의 그래프를 이용해 이동 전후의 수요곡선을 나타내라. 그렇게 하면 이전의 곡선과 새로운 곡선을 비교해 변화의 효과를 알 수 있을 것이다.

예제

다음 문제는 소니의 플레이스테이션4(PS4) 비디오 게임기에 관한 것이다. 게임기 사용자들이 이용하는 게임은 게임기와 따로 구매된다. PS4 게임기 시장은 매우 커서 수요곡선이 부드러운 선으로 잘 표현된다. 각 문제에 대해 우리는 위에서 개요를 설명한 3단계를 따라 주어진 변화의 효과를 분석할 것이다. 이 장의 제일 끝에 나오는 복습문제에는 독자들이 스스로 풀어볼 수 있는 유사한 문제가 있다.

문제 1

PS4 게임기용 게임의 가격이 하락한다.

1단계 : 가격 변화가 PS4 게임기에 대한 수요곡선을 이동시키는가? 그렇다! PS4 게임기와 PS4 게임은 소비보완재이다. 가격이 하락하면 PS4 게임기용 게임 구입에 돈이 덜 들고, 게임을 더 많이 가지게 되면 PS4 소유에서 얻는 한계효용이 증가한다. 따라서 PS4 게임 가격이 하락하면 소비자는 PS4 게임기에 더 많은 돈을 지불하려고 할 것이고, 모든 가격대에서 더 많은 게임기가 구매될 것이다.

2단계 : 수요곡선이 어느 방향으로 이동하는가? 모든 가격대에서 소비자가 PS4 게임기를 더 많이 사려고 하므로 수요가 증가하고 수요곡선이 오른쪽으로 이동한다. 문제가 구체적인 양을 명시하고 있지 않으므로 이동 규모는 자의적이다. 하지만 다음

그림과 같이 이동을 충분히 크게 해 효과가 분명하게 보이도록 하는 것이 바람직하다.

3단계 : 이동을 나타내는 그림을 그린다.

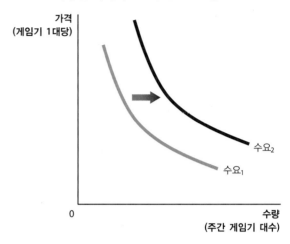

문제 2

PS4 게임기의 가격이 하락한다.

1단계 : PS4 게임기 가격 변화가 PS4 게임기에 대한 수요를 이동시키는가? 그렇지 않다! PS4 게임기 가격의 변화는 PS4 게임기 수요량의 변화를 가져올 뿐이며, 이것은 원래 수요곡선 상의 이동으로 나타난다.

2단계 : 수요에 변화가 없으므로 이동 방향을 생각할 필요가 없다.

3단계 : 이동은 없고 수요곡선 상의 이동만 있는 그래프를 그려 게임기 가격 하락을 나타낸다.

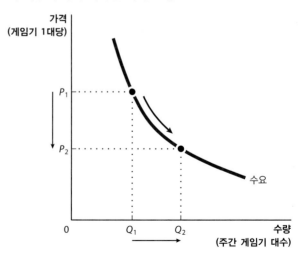

문제 3

경쟁상품인 Xbox 게임기 가격이 하락한다.

1단계 : Xbox 게임기 가격 변화가 PS4 게임기에 대한 수요곡선을 이동시키는가? 그렇다! Xbox 게임기는 PS4 게임기의 소비 대체재이다. Xbox 게임기 가격이 하락하면 PS4 게임기를 샀을 사람 중 일부가 그 대신 Xbox 게임기를 살 것이다.

2단계 : 수요곡선이 어느 방향으로 이동하는가? Xbox 게임기 가격이 하락하면 소비자들은 모든 가격대에서 PS4 게임기를 덜 사게 될 것이다. 따라서 PS4 게임기에 대한 수요는 감소하고 수요곡선은 왼쪽으로 이동한다.

3단계 : 이동을 나타내는 그림을 그린다.

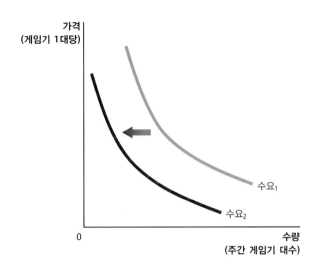

요약

여러분이 사는 동네의 커피숍 주인과 같은 기업가들이 어떤 제품을 팔고 얼마의 가격을 책정할지 결정할 때, 그들은 여러분과 같은 소비자들이 무엇을 사고 싶어 하는지와 여러분이 지불할 의사가 있는 가격을 고려한다. 즉 그들은 수요를 면밀히 살핀다. 수요는 또한 기업이 고용할 직원 수를 결정하는 데도 영향을 준다. 이처럼 수요는 경제의 모든 사람에게 중요하다.

수요계획은 각 가격대에서 소비자들이 구매하려고 하는 재화나 서비스의 양을 나타낸다. 수요계획에 나타난 정보는 재화나 서비스 각 단위로부터 소비자가 얻는 편익에 의해 결정된다. 그러한 추가적인 편익을 한계효용이라고 부른다.

수요곡선은 수요계획을 시각적으로 나타낸 것이다. 사람들은 주어진 기간에 재화를 더 많이 소비함에 따라, 추가적인 1단위로부터 일반적으로 점점 더 적은 추가적 편익을 얻는다. 이러한 한계효용체감은 대부분의 수요곡선이 우하향하는 이유를 설명한다.

수요에 영향을 미치는 다른 요인이 불변인 상태에서, 다음의 경우 그 결과 재화에 대한 수요가 증가하여 수요곡선이 오른쪽으로 이동할 것이다.

- 재화에 대한 선호 증가
- 미래 가격 상승 기대
- (정상재의 경우) 소득 증가
- 소비보완재 가격 하락
- 소비대체재 가격 상승
- 재화 소비자 수 증가

반대로 이런 변화가 거꾸로 발생하면 수요가 감소하고 수요곡선이 왼쪽으로 이동할 것이다. 재화의 가격 변화는 그 재화에 대한 수요곡선을 이동시키지 않는다. 그것은 단지 수요량을 변화시킬 뿐이다.

자신에게 2달러의 가치가 있는 커피 1잔을 위해 3달러를 지불하려 하지는 않을 것이다. 사람들은 구매로부터 얻는 가치가 가격보다 높아 자신에게 순이득을 주는 구매를 추구한다. 그 순이익을 소비자잉여라고 부른다. 수요그래프에서 소비자잉여는 수요곡선 아래와 가격선 위의 영역으로 나타난다. 재화 가격이 떨어지면 소비자잉여는 커지고 재화 가격이 오르면 소비자잉여는 작아진다. 재화와 서비스의 가격은 수요와 공급에 의해 함께 결정되며, 이 공급이 다음 장의 주제이다.

핵심용어

- ✓ 소비대체재
- ✓ 소비보완재
- ✓ 소비자잉여
- ✓ 수요계획
- ✓ 수요곡선
- ✓ 수요곡선 상의 이동
- ✓ 수요법칙
- ✓ 수요변화
- ✓ 한계효용
- ✓ 한계효용체감
- ✓ 효용

복습문제

1. 수요곡선이 일반적으로 우하향하는 것은 다음 중 어느 것에 기인하는가?
   a. 소비보완재 가격 하락
   b. 개인소득 증가
   c. 한계효용체감
   d. 한계비용체감
   e. 미래 가격 하락 예상

2. 광고 성공 이후 B가 각 가격대(최대 7달러)에서 사려고 하는 라테 수량이 1만큼 증가했다고 하자.
   a. 광고 전 B의 수요계획이 아래 표와 같다. B의 새로운 수요계획을 보여주는 표를 새로 작성하라.
   b. 정확히 표시된 그래프에 B의 원래 수요곡선을 그려라. 그 후 다른 색깔을 이용해 광고 성공 후 B의 새로운 수요곡선을 그려라.

라테 1잔당 가격	B의 수요량
$7	0
6	0
5	1
4	1
3	1
2	1
1	2
0	2

3. 한계효용체감의 개념을 이용하여, 커피를 무료로 리필해 주는 카페에서도 왜 손님들이 결국에는 커피를 그만 마시는지 설명하라.

   문제 4~9번을 위해, 부드럽고 우하향하는 차(tea)의 시장 수요곡선을 그려라. 그 후 명시된 각 변화의 효과를 보여라. 각 축의 이름을 반드시 표시하라. 원래 수요곡선을 수요₁이라고 표시하라. 수요곡선이 이동하면 새로운 수요곡선을 수요₂라고 표시하라.

4. 소비자들이 가까운 미래에 차 가격이 상당히 증가할 것으로 기대한다.

5. 소비자의 소득이 증가한다.

6. 차의 대체재인 커피 가격이 하락한다.

7. 차 가격이 상승한다.

8. 새로운 연구에 의하면 차를 마시는 사람은 감기에 덜 걸린다.

9. 영국의 유람선이 보스턴에 정박하여 차를 좋아하는 수천 명의 관광객이 해변으로 와서 티셔츠와 차를 구입한다.

10. 문제 2번 b문항에서와 같이 라테에 대한 B의 원래 수요곡선을 그려라.
    a. 라테 1잔 가격이 4달러일 때 B의 소비자잉여를 나타내는 영역을 가로 줄무늬를 이용해 표시하라.
    b. 라테 1잔 가격이 4달러에서 2달러로 떨어질 때 소비자잉여 증가분을 나타내는 영역을 세로 줄무늬를 이용해 나타내라.

11. 최근 여러분이 구매한 것 중 어느 것에서 가장 큰 소비자잉여를 얻었는가?

12. 많은 공공 수영장은 수영장을 무제한으로 여러 번 이용해도 단일한 일일 입장료만 부과한다. 왜 대부분의 사람들은 그럼에도 불구하고 수영장을 하루에 한 번만 가는가? 이것은 수영장 방문에 대한 소비자의 일일 수요곡선에 대해 무엇을 나타내는가?

공급

Vladimir Pisarenko/Shutterstock

학습목표

이 장에서는 다음 내용을 학습한다.

1. 공급계획을 해석한다.

2. 시각적 모형을 이용해 기업공급과 시장공급을 분석한다.

3. 공급과 한계비용 간 관계를 설명한다.

4. 공급곡선을 이동시키는 요인을 알아낸다.

5. 생산자잉여의 중요성에 대해 논의한다.

미용사들은 머리형을 창조하고 머리를 손질하며, 앞은 짧고 옆과 뒤는 긴 헤어스타일이나 머리 가운데에만 띠 모양으로 머리를 남기는 헤어스타일을 만들어내기도 한다. 미용사들은 현재 가격에서 손님을 지금보다 덜 받거나 더 받을 수 있지만 보통 하루에 8건 정도의 예약을 받는다. 그들은 머리 컬링 한 세트를 더 하면 50달러 정도를 더 벌 수 있는데 왜 그만둘까? 다른 한편으로, 훌륭한 책과 해변이 손짓하는데 왜 지금처럼 머리 손질을 할까? 이 장에서는 재화와 서비스 판매자가 어떻게 각 특정 가격에서의 공급량을 결정하는지 설명한다.

왜 알아야 하는가?

기업의 재화와 서비스 공급은 우리의 현재 생활에 필수적이다. 농부들이 식량을 공급하지 않으면 먹을 것이 없게 될 것이다. 간호사들이 간호를 제공하지 않으면 일부 환자는 생존하지 못할 것이다. 미용사들이 서비스를 제공하지 않으면 머리가 있는 사람은 가위, 이발기, 그리고 사진에 나온 사람처럼 플로우비 진공 머리 손질기를 이용해 스스로 머리를 깎아야 할 것이다.

아마도 여러분은 이미 과외교사나 신문배달원, 바리스타로서 서비스를 제공한 적이 있을지 모른다. 졸업 후에는 현재의 임금률 수준에서 얼마나 많은 시간을 일하는 데 쓸지에 대해 더 많은 결정을 해야 할 것이다. 만약 직업이 아마도 새 브랜드의 운동화 생산자로서 재화를 공급하는 일과 관계된다면, 현재 가격에서 몇 단위를 판매해야 할지도 결정해야 할 것이다. 공급의 경제학에 친숙해지면, 여러분이 공급하는 것이 신발이든 뉴스든 머리 손질이든 이러한 결정을 내리는 데 도움이 될 것이다.

▲ 적절한 미용 서비스 공급이 없으면 여러분은 앞은 짧고 옆과 뒤는 긴 헤어스타일을 하는 데 엄청난 돈을 지불하거나, 또는 플로우비(이발에 쓰이는 진공 기기)를 이용해 스스로 머리를 잘라야 할 수도 있다.

공급계획

미용사들은 머리 손질과 염색에서부터 왁싱, 포일을 이용한 염색에 이르는 여러 서비스를 제공한다. 미용사에게 30분의 시간이 소요되는, 머리를 감겨주고 드라이기로 머리를 말려주는 이발에 대해 생각해보자. 미용사가 하루에 제공할 용의가 있는 이발의 수량은 이발에 지불되는 가격에 달려 있다. 공급에 관한 정보는 **공급계획**(supply schedule)으로 조직화할 수 있다. 이것은 주어진 기간에 여러 가격대에서 공급되는 수량을 나타낸 것이다. 공급계획은 미용사가 각 수량에 대해 얼마의 가격을 책정하기를 가장 **좋아하는지** 나타내는 것이 아니다. 미용사들이 가능한 한 최대의 이윤을 좋아한다고 가정하면 이상적인 가격은 무한대가 될 것이지만, 그것을 얻지는 못할 것이다!

수요계획과 마찬가지로 공급계획은 표 안의 숫자나 그래프 상의 곡선으로 표현할 수 있다. 단순화를 위해 동네 미용시장에 D, E, F가 각각 소유한 미용실 세 곳밖에 없다고 하자. 표 4.1의 가운데 세 열은 이 세 기업의 토요일 오후의 가상적인 공급계획이다. D는 만약 그래야 한다면 첫 번째 이발의

공급계획
주어진 기간에 여러 가격대에서 공급되는 재화나 서비스의 수량을 나타내는 표

가격으로 10달러를 수용할 것이다. 가격이 20달러로 오르면 그날 오후에 이발을 2회 공급하려 할 것이다. 가격이 40달러이면 이발 3회를, 60달러이면 4회를 공급하려 할 것이다. E는 가격이 10달러나 20달러이면 일을 하지 않을 것이지만, 가격이 30달러이면 이발 1회를, 70달러이면 2회를 공급하려 할 것이다. F는 첫 번째 이발에 적어도 20달러를 요구한다. 가격이 50달러이면 이발 2회를, 70달러이면 3회를 공급하려 할 것이다.

이 장의 목적을 위해서 모든 미용사가 동일한 서비스를 제공한다고 하자. 또한 모든 미용사가 같은 가격을 책정한다고 가정할 것이다. 한 미용사가 다른 사람들보다 높은 가격을 책정하려고 하면 그 미용사의 고객은 동일한 서비스를 더 낮은 가격에 제공하는 다른 미용사 중 하나로 옮겨갈 것이다. 제9장에서는 한 기업이 다른 기업들이 제공하는 것과 다른 재화나 서비스를 판매하는 경우 어떤 일이 일어나는지 논의할 것이다.

시장공급계획은 여러 가격대에서 시장에 있는 기업들이 공급하려고 하는 총수량을 나타낸다. 그것은 각 개별기업이 각 가격대에서 공급하려고 하는 수량을 합해서 찾는다. 가격이 10달러이면 D는 이발 1회를 공급하려 하고 다른 사람은 아무도 공급하려 하지 않아 시장공급이 1이 될 것임을 알 수 있다. 20달

표 4.1 이발에 대한 기업의 공급계획과 시장공급계획

이발 1회당 가격	D의 공급량	E의 공급량	F의 공급량	시장총공급량
$10	1	0	0	1
20	2	0	1	3
30	2	1	1	4
40	3	1	1	5
50	3	1	2	6
60	4	1	2	7
70	4	2	3	9

러에서는 D는 이발 2회를 공급하고 E는 공급을 하지 않으며 F는 1회를 공급하려 해 시장공급은 3이 될 것이다. 다른 시장공급 값도 같은 방법으로 정해진다. 표 4.1의 마지막 열은 이발의 시장공급계획을 보여준다.

공급그래프

재화나 서비스의 **공급곡선**(supply curve)은 가격과 기업들이 공급할 용의가 있는 수량 간 관계를 나타낸다. 그림 4.1은 D, E,

F와 시장의 공급곡선을 보여준다. 이 곡선들은 표 4.1의 공급계획을 시각적으로 나타낸 것이다. 가격이 45달러일 때 각 미용사와 시장이 공급하려는 이발 수량을 알고 싶다고 하자. 그림 4.1에 나타난 것처럼 그래프를 가로질러 높이 45달러의 수평 점선을 그림으로써 수량을 찾을 수 있다. 공급될 수량은 점선이 각 공급곡선과 만나는 점의 바로 아래에 나타난다. 교차점은 D에게는 3, E에게는 1, F에게는 1에서 나타난다. 45달러 가격에서 시장은 각 기업 공급량의 합, 즉 3+1+1=5를 공급할 것이다.

추가적 생산에 따른 비용 상승

미용사와 마찬가지로 대부분의 기업들은 가격이 더 높아져야만 더 많은 수량을 공급하려고 한다. 왜 그럴까? 재화나 서비스 1단위를 추가로 더 공급하는 데 드는 비용이 공급량이 늘어남에 따라 증가하는 경향이 있기 때문이다. 제3장에서 경제학자들이 '하나 더'를 뜻하는 데 한계라는 용어를 쓴다는 것을 배웠다. 따라서 재화나 서비스를 1단위 더 공급하는 데 드는 추가적인 비용은 **한계비용**(marginal cost)이다. 한계비용은 산출량이 늘어남에 따라 일반적으로 상승하는데, 이는 주어진 가격에서 기업은 정해진 얼마만을 공급할 것임을 뜻한다. 제7장에서는 왜 한계비용이 때때로 처음에는 하락하지만 결국에는 상승하는지 더 자세히 설명한다.

　D는 특별히 이발하는 것을 좋아하거나 싫어하지 않아, D의 결정은

▲ 이발 가격이 상승함에 따라 미용사들이 공급할 용의가 있는 이발 수량도 증가한다.

공급곡선
재화나 서비스의 가격과 기업들이 공급할 용의가 있는 수량 간 관계를 나타내는 곡선

한계비용
재화나 서비스를 1단위 더 생산하는 데 드는 추가적 비용

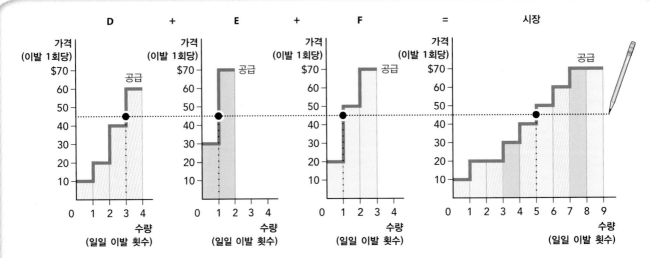

그림 4.1 기업공급곡선과 시장공급곡선

기업의 공급곡선은 주어진 기간에 각 가격대에서 기업이 공급하려는 수량을 나타낸다. 시장공급곡선은 각 가격대에서 시장에 있는 각 기업의 공급곡선을 단순히 합한 것이다.

그가 받는 돈과 서비스를 공급하는 비용에 근거한다고 하자. 우선 D의 시간의 기회비용만이 미용에 소요되는 유일한 중요 비용이라고 가정할 것이다. 이발은 정원 가꾸기, 역도, 친구나 가족과 시간 보내기와 같이 D가 좋아하는 다른 활동에 쓸 수 있는 시간을 잡아먹는다. 여러분이 D의 입장이 되어 보라. 무엇이 여러분으로 하여금 다른 사람을 이발하는 데 30분을 쓸 동기를 부여하겠는가? 여러분이 받는 보수가 그 시간의 최선의 대안이 갖는 가치 이상이어야 한다.

가격이 10달러보다 낮으면 D가 이발을 거부하는 것은, 그에게 다른 활동이 적어도 10달러의 가치가 있음을 의미한다. 아마도 첫 번째 이발은 그가 10달러의 가치를 부여하는 30분짜리 정원 가꾸기를 못하게 할 것이다. 이 경우 D의 첫 번째 이발의 한계비용은 해당 30분 동안 정원 가꾸기를 하지 못하는 데 따른 10달러의 기회비용이다. 이발 가격이 10달러라면 D는 정원 가꾸기와 이발 사이에 무차별할 것이다. 이발 가격이 15달러라면 가격이 시간의 기회비용보다 크므로 기꺼이 이발을 공급할 것이다.

가격이 상승해야만 D가 이발 공급을 늘리는 것은 합리적이다. 이발 공급을 늘림에 따라 하루에서 점점 더 귀중한 시간을 포기해야 하기 때문이다. 그림 4.2는 D의 이발 시간의 한계비용 상승을 보여준다. 첫 번째 이발은 정원 가꾸는 시간에서 나오는데, 이는 그가 두 번째 이발을 할 때 포기해야 하는 운동 시간보다 가치가 낮다. 이것은 두 번째 이발의 기회비용을 첫

번째 이발의 기회비용보다 더 높게 만든다. 추가적인 이발은 점점 더 가치가 높은 대안, 가령 친구와 보내는 시간, 가족과 보내는 시간 등에 장애가 된다. 시간의 기회비용, 즉 이발의 한계비용 증가로 인해 D는 더 높은 가격을 대가로 받아야만 이발

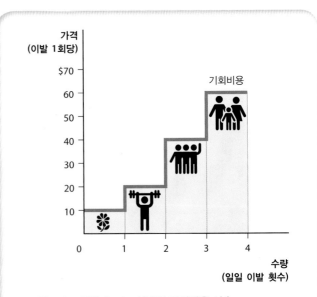

그림 4.2 이발에 드는 시간의 기회비용 상승

이발에 더 많은 시간을 씀에 따라 D는 더욱더 가치 있는 대안을 포기해야 한다. 첫 번째 이발은 정원 가꾸기에 쓸 시간을 잡아먹는다. 두 번째 이발은 그가 역기를 들 수 없음을 의미한다. 세 번째와 네 번째 이발은 그가 친구나 가족과 보낼 시간을 잡아먹는다.

공급을 늘릴 것이다. 이것은 이발의 공급곡선이 우상향하는 이유를 설명한다.

가격이 매우 낮으면 기업은 조업을 중단하고 공급을 전혀 하지 않음으로써 손실을 최소화할 수도 있다. 생산을 하면 기업의 공급곡선은 한계비용곡선이다. 한계비용곡선은 각 단위를 생산하는 데 드는 추가적 비용을 보여준다. 그림 4.3은 왜 공급이 한계비용에 기반을 두는지 보여준다. 추가적 비용(한계비용)이 가격보다 낮은 이발의 판매는 기업의 이윤을 늘리거나 기업의 손실을 줄이는 순이득을 제공한다. 한계비용이 가격보다 큰 단위를 판매하면 한계비용에서 가격을 뺀 값과 같은 크기의 순손실을 가져온다.

D는 순이득을 추구하고 순손실을 회피함으로써 이발을 얼마나 많이 공급할지 결정한다. 가격이 40달러일 때 D가 이발을 얼마나 공급할지 어떻게 결정하는지 분석해보자. 첫 번째 이발의 한계비용은 10달러이므로 40달러의 가격에서 D는 순이득 $40-$10=$30를 얻기 위해 이발을 공급할 것이다. 두 번째 이발도 $40-$20=$20의 순이득을 얻기 위해 공급할 것이다. 세 번째 이발은 한계비용 40달러가 가격과 정확히 같으므로 공급하는 것과 하지 않는 것 사이에 무차별하다. 단순화를 위해 우리는 가격이 한계비용과 같으면 기업이 공급한다고 가정할 것이다.

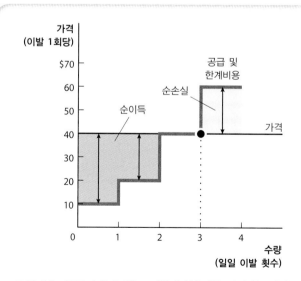

그림 4.3 공급과 한계비용 : 기업이 산출량을 결정하는 방법
D는 한계비용이 고객이 지불하는 가격보다 낮으면 순이득을 얻는다. 한계비용이 가격보다 높은 이발을 공급하면 순손실을 초래한다. 이러한 손실을 회피하기 위해 기업은 한계비용이 가격 이하인 단위만을 공급한다.

D가 네 번째 이발을 40달러에 공급한다면 한계비용 60달러가 가격보다 $60-$40=$20만큼 높다. 이러한 순손실을 회피하려면 한계비용이 가격보다 높은 단위는 공급하지 않을 것이다. 이것이 D가 이발 3회 공급 후 멈추는 이유이다. 가격 상승은 기업이 공급량을 늘리도록 유도할 수 있다. 예를 들어 이발 가격이 65달러로 오르면 이는 D의 네 번째 이발 공급의 한계비용인 60달러를 초과한다. 따라서 D는 $65-$60=$5의 순이득을 얻기 위해 네 번째 이발을 공급할 것이다. 가격과 공급량 간의 이러한 직접적 관계는 **공급법칙**(law of supply)에 의해 요약된다. 즉 세테리스 파리부스(ceteris paribus) 가정하에, 기업들은 가격이 낮을 때보나 높을 때 더 많은 수량을 공급할 것이다.

공급법칙은 공급곡선이 우상향함을 의미하는데, 이는 대부분의 경우 성립한다. 우리가 지금까지 본 공급곡선은 우상향하며 수평 선분과 수직 선분이 있다. 이러한 '곡선' 상의 수평 선분은 각 단위의 한계비용을 나타내며, 수직 선분은 더 많은 단위 공급에 따른 한계비용 상승을 보여준다. 수요곡선과 마찬가지로 공급곡선도 단위 수가 매우 커서 각 단위의 수평 선분이 매우 작은 상황을 나타내는 그래프에서는 부드럽게 보인다.

공급변화 대 공급곡선 상의 이동

학년 말 무도회 시즌이 도래함에 따라 미용에 대한 높은 수요로 이발 가격이 10달러 상승했다고 하자. (수요 증가가 어떻게 가격 상승을 가져오는지는 제5장에서 설명할 것이다.) 이미 배운 것처럼 가격 상승은 미용사들이 이발을 더 많이 공급하도록 유도한다. 이발 수량 증가는 공급계획이나 그에 대응하는 공급곡선 변화에 따른 결과가 아니다. 가격 변화가 공급량 변화를 가져오면 이것은 **공급곡선 상의 이동**(movement along the supply curve)으로 나타난다.

그림 4.4는 현실에서의 기업의 공급곡선과 같은 전형적인 공급곡선을 보여준다. 기업은 공급곡선이 부드럽게 보이는 방식으로 정해진 양을 공급한다. 가격 상승은 기업이 현재 공급곡선의 더 높은 점에서 조업하여 그에 따라 재화나 서비스를 더 많이 공급하도록 유도한다. 예를 들어 가격이 높아지면 미용사는 더 오래 일하고 이발을 더 하려 하는데, 이것은 공급곡선의 형태나 위치의 변화가 아니라 공급곡선 상의 이동에 기인한 것이다.

공급법칙
영향을 미치는 다른 요인이 불변일 때, 기업들은 가격이 낮을 때보다 높을 때 더 많은 수량을 공급할 것이다.

공급곡선 상의 이동
재화나 서비스 가격 변화에 따른 공급량 변화

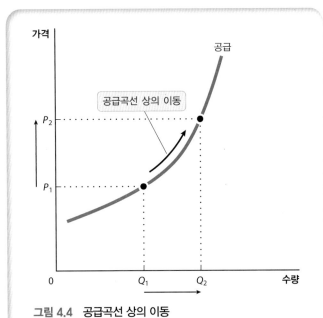

그림 4.4 공급곡선 상의 이동

가격(P) 변화는 공급곡선 상의 이동을 가져온다. 예를 들어 가격이 P_1에서 P_2로 상승하면 공급량은 Q_1에서 Q_2로 상승한다.

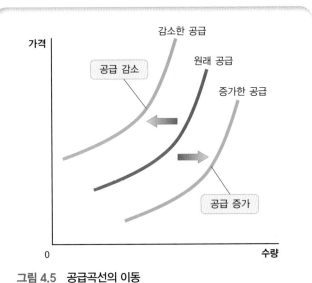

그림 4.5 공급곡선의 이동

공급곡선의 왼쪽 이동은 공급 감소를 나타낸다. 오른쪽 이동은 공급 증가를 나타낸다.

가격 변화가 공급량을 변화시키면 이것은 공급곡선 상의 이동이다.

공급곡선 자체가 이동하면 각 가격대에서 공급량이 변하는데, 이것은 **공급변화**(change in supply)라고 부른다. 공급곡선의 오른쪽 이동은 공급 증가를 나타내며, 각 가격대에서 더 많은 단위가 공급될 것임을 보여준다. (공급 증가는 아래쪽 이동으로 서술되기도 하는데, 이는 공급이 증가하면 기업이 각 단위에 대해 더 낮은 가격을 수용할 것이기 때문이다.) 공급곡

> **공급변화**
> 공급곡선의 이동으로, 각 가격대에서의 공급량에 변화가 있음을 나타낸다.

선의 왼쪽 이동은 공급 감소를 나타내며, 각 가격대에서 더 적은 단위가 공급될 것임을 보여준다. (공급 감소는 공급곡선의 위쪽 이동으로 서술되기도 하는데, 이는 공급이 감소하면 기업이 각 단위에 대해 더 높은 가격을 요구하기 때문이다.) 그림 4.5는 공급 증가와 감소를 나타낸다.

공급을 이동시키는 요인

여러 유형의 변화가 공급곡선의 이동을 일으킨다. 예를 들어 헤어젤, 소독제, 샴푸, 파우더 등 이발에 사용되는 항목의 비용을 고려하여 이발 비용에 대한 논의를 더 현실적으로 만들자. 이런 투입요소가 더 비싸지면 미용사는 각 가격대에서 공급할

Q&A

고객이 많은 양을 구입하면 가게가 가격을 낮춰주는 경우도 있다. 이것은 공급법칙과 모순되는가?

수량할인(volume discounts), 즉 제품을 많이 사면 할인해주는 일은 흔하지만 공급법칙과 모순되지 않는다. 공급계획은 주어진 가격에서 기업이 공급하려는 최대치를 나타낸다. 타이어 가게가 타이어를 150달러에 1개를 팔거나 개당 125달러에 4개를 팔 때, 이는 가게가 150달러에 최대 1개를 팔거나 개당 125달러에 최대 4개를 팔 것이라는 이야기가 아니다. 사

실 가게는 개당 125달러가 아니라 150달러에 4개를 파는 것이 더 좋을 것이다. 그밖에도 가게는 필시 개당 125달러보다는 150달러 가격에 더 많은 타이어를 팔려 할 것이다. 이 가격정책이 기업이 125달러나 150달러에서 공급하려고 하는 최대 수량을 나타내는 것이 아니므로, 이 정책은 공급곡선의 형태를 나타내지 않는다. 그보다 수량할인은 기업이 고객의 수요곡선이 우하향하고 가격이 낮으면 타이어를 더 많이 살 것임을 인식하고 있다는 것을 보여준다.

용의가 있는 이발 수를 줄일 것이다. 따라서 이발 공급이 감소하고 공급곡선이 왼쪽으로 이동할 것이다. 더 일반적으로, 기업의 공급곡선은 다음 항목의 변화 결과 이동할 수 있다.

- 투입요소 비용
- 기대
- 자연이나 날씨
- 연관재 및 서비스의 가격

시장공급곡선은 위의 항목 중 어느 하나라도 변하면, 그리고 다음 항목이 변하면 이동할 수 있다.

- 기업의 수

이 절의 나머지 부분은 이러한 공급 이동 요인에 대해 더 자세히 탐구한다.

투입요소 비용

대부분의 재화나 서비스를 생산하기 위해서는 기업이 투입요소 비용을 지불해야만 한다. 미용실의 헤어 드라이기를 위한 전기, 슈퍼마켓의 계산대 점원, 탄산음료 캔의 알루미늄, 주택 건축을 위한 목재 같은 것들이 투입요소이다. 새로운 발견이나 새로운 생산방식은 투입요소 비용을 바꿀 수 있다. 예를 들어 알루미늄의 원료인 보크사이트 광석 산지를 새로 발견하면 알루미늄 비용이 낮아질 것이다. 투입요소 비용이 변하면 공급도 변한다. 투입요소 비용이 낮아지면 공급곡선이 오른쪽으로 이동한다. 생산비용이 줄어들면 기업이 모든 가격대에서 더 많은 단위를 공급할 것이기 때문이다.

투입요소로부터 재화나 서비스를 만드는 방법인 기술(technology)은 투입요소 비용에 직접적인 영향을 미친다. 예를 들어 판자를 더 빠르고 낭비가 적게 자르는 것을 가능하게 하는 제재소 기술의 발전은 목재를 생산하는 비용을 감소시켰다. 자동화된 셀프 계산대는 슈퍼마켓에서 노동비용을 감소시켰다. 그리고 전기 이발기는 가위만으로 이발했을 때보다 훨씬 더 빨리 이발하는 것을 가능하게 하여 이발사의 시간을 절약했다. 기술이 기업의 한계비용을 낮추면 공급이 증가하고 기업의 공급곡선이 오른쪽으로 이동한다.

투입요소 비용이 상승할 수도 있다. 전쟁, 환경문제, 정부규제, 노동자 부족은 투입요소 비용 상승의 원인에 속한다. 전쟁으로 인해 가장 값싼 산지로부터 보크사이트 원석 공급이 중단되면 알루미늄 생산 비용이 상승할 것이다. 통나무 좀벌레가

▲ 전기 이발기는 미용비를 낮추는 기술 형태이다. 전기 이발기가 없다면 이발 공급에 시간이 더 들어 이발 공급이 왼쪽으로 이동할 것이다.

광범위하게 퍼지면 목재 생산의 투입요소인 통나무를 얻는 것이 더 어렵고 비싸진다. 미국의 산업안전보건청은 슈퍼마켓이 직원들의 부상 방지법 훈련에 대한 비용을 지불하도록 규정한다. 그리고 2015년 호주에서 발생한 것과 같은 미용사 부족 현상은 미용실에서 더 많은 직원을 고용하려면 더 높은 임금을 지불해야 하도록 만든다. 투입요소 가격 상승은 공급곡선을 왼쪽으로 이동시킨다. 재화나 서비스 생산에 드는 비용이 증가하면 기업이 모든 가격대에서 더 적은 단위를 공급하기 때문이다.

기대

바나나처럼 썩기 쉬운 재화나 미용과 같은 서비스와 달리, 목재나 탄산음료 캔은 시간이 지나도 보관이 가능하다. 보관이 가능한 재화는 판매자가 재화를 지금 판매할지 나중에 판매할지 선택할 수 있다. 가까운 장래에 가격이 오를 것이라고 기대하는 목재 회사는 적어도 일부 판매를 가격이 오른 후로 미룰 것이다. 기업은 적절한 판매 시점까지 재화를 재고(inventory), 즉 일시저장으로 보유함으로써 판매를 연기할 수 있다. 가격 상승에 대한 기대로 기업들이 더 많은 재화를 재고로 보유하면 현재의 공급곡선은 왼쪽으로 이동할 것이다. 기업이 가까운 장래에 가격이 하락할 것으로 기대하면 반대가 성립한다. 즉 기업은 더 많은 재화를 지금 판매하려고 할 것이다. 예를 들어 목

재 가격 하락이 기대되면 목재 공급곡선은 오른쪽으로 이동한다.

자연재해와 날씨

자연재해와 악천후는 생산비용을 증가시키고 공급을 감소시킬 수 있다. 예를 들어 가뭄이 들면 농부는 나무에 물을 주는 데 더 많은 시간과 돈을 들일 수밖에 없다. 그러면 각 나무를 생산하는 데 드는 비용이 증가하기 때문에 농부들은 각 가격대에서 나무를 전처럼 많이 공급하려 하지 않을 것이다. 그 결과 나무 공급이 감소하고 나무의 공급곡선이 왼쪽으로 이동한다. 마찬가지로 자연재해는 어떤 재화나 서비스의 공급을 줄일 수 있다. 2017년 허리케인 하비가 강타했을 때 텍사스의 정유공장이 폐쇄되었다. 그 결과 석유 공급곡선은 왼쪽으로 이동했다. 그 반대도 성립한다. 즉 날씨가 특별히 좋으면 생산비가 줄고 공급이 증가하여 공급곡선이 오른쪽으로 이동한다. 예를 들어 2016년에 비가 충분히 내려 캔자스 밀이 풍작을 이루자 그 결과 밀 공급곡선이 오른쪽으로 이동했다.

> **생산대체재**
> 공급에 사용되는 투입요소가 다른 재화나 서비스를 더 많이 공급하는 데 쓰일 수 있는 재화나 서비스

연관재 및 서비스의 가격

미용사는 기술을 이용해 머리를 자르고 염색하고 파마를 하고 기타 다

▲ 가뭄 기간에 나무 경작자들은 작물에 더 많은 시간과 돈을 써야만 한다.

양한 다른 서비스를 제공할 수 있다. 이발, 염색, 파마는 **생산대체재**(substitutes in production)이다. 이들 각 서비스를 제공하는 데 사용되는 투입요소가 다른 서비스를 더 많이 공급하는 데 사용될 수 있기 때문이다. 이발의 기회비용 일부는 미용사가 염색에 쓸 수도 있는 시간을 이발이 잡아먹는다는 것이다. 염색이 더 인기가 높아지고 가격이 오르면 미용사는 염색으로

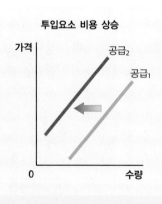

투입요소 비용 상승

가격

공급2 · 공급1

0   수량

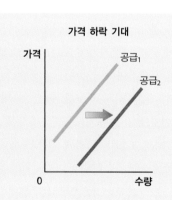

가격 하락 기대

가격

공급1 · 공급2

0   수량

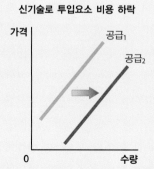

신기술로 투입요소 비용 하락

가격

공급1 · 공급2

0   수량

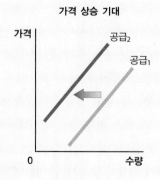

가격 상승 기대

가격

공급2 · 공급1

0   수량

돈을 더 많이 벌 수 있기 때문에 이발 공급을 줄일 것이다.

종이와 목재도 생산대체재이다. 통나무로 종이도 생산할 수 있고 목재도 생산할 수 있기 때문이다. 생산대체재의 다른 예로 치즈와 아이스크림(우유를 다른 용도로 이용), 옥수수 에탄올과 옥수수 시럽(옥수수를 다른 용도로 이용) 등이 있다. 수요 증가로 이런 재화나 서비스 중 하나의 가격이 상승하면 가격이 상승한 제품에 투입요소가 더 많이 투입되기 때문에 대체재의 공급은 감소한다. 그 반대도 성립한다. 한 재화의 공급은 그 재화의 생산대체재 가격이 하락하면 증가한다.

동일한 투입요소를 이용해 함께 생산되는 재화나 서비스는 **생산보완재**(complements in production)이다. 예를 들어 생우유는 크림과 탈지유로 분리된다. 탈지유가 더 많이 만들어지면 부산물로 크림이 더 많이 만들어진다. 따라서 가격이 높아져 탈지유 생산이 증가하면 크림 공급이 늘어날 것이다. 맥주 생산은 동물 사료로 쓸 수 있는 곡물 부산물을 낳으므로, 맥주 생산 증가는 동물 사료 공급 증가를 가져온다. 생산보완재의 다른 예로 가죽과 고기, 닭 가슴살과 닭다리, 석유와 천연가스가 있다. 수요 증가로 이런 재화 중 하나의 가격이 상승하면 그 재화의 보완재 공급이 증가할 것이다. 그 반대도 성립한다. 수요 감소로 이런 재화 중 하나의 가격이 떨어지면 그 재화의 보완재의 공급도 떨어질 것이다.

Macmillan Learning

▲ 이 기계는 원유를 크림과 탈지유로 분리한다. 동일한 자원을 이용해 함께 생산되기 때문에 이 두 재화는 생산보완재이다.

기업의 수

지금까지 논의한 요인들은 개별기업의 공급곡선과 시장공급곡선을 둘 다 이동시킨다. 시장에 있는 기업 수가 변하면 이것도 시장공급곡선을 이동시킬 것이다. 새로운 미용사 G가 네 번째 미용실을 열어 그 미용실이 D, E, F가 운영하는 미용실과 경쟁한다고 하자. 시장공급곡선은 각 가격대에서 개별 미용실의 공급량을 더해서 찾을 수 있다는 것을 알고 있다. 새

생산보완재
동일한 투입요소를 이용해 함께 생산되는 재화나 서비스

자연재해에 따른 생산 지체

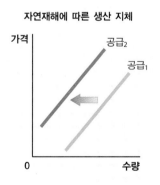

좋은 날씨에 따른 생산 증가

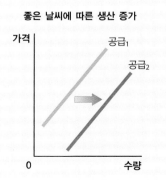

생산보완재 가격 상승

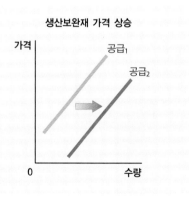

생산대체재 가격 상승

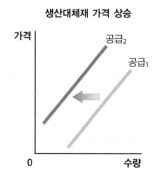

로운 미용실을 다른 미용실에 의해 공급되는 이발에 더하면 시장공급곡선은 오른쪽으로 이동한다. 예를 들어 가격이 45달러일 때 원래 미용실들은 이발을 총 5회 공급할 것이다. 만약 G가 45달러에 이발 2회를 공급할 용의가 있다면 시장공급량은 이제 5+2=7이 된다. 시장의 기업 수 증가가 시장공급을 증가시키는 것과 마찬가지로, 기업 수의 감소는 시장공급을 감소시킨다.

생산자잉여

다른 미용사와 마찬가지로 F는 가격이 해당 이발 공급에 드는 추가적 비용보다 낮으면 이발을 공급하지 않을 것이다. 그는 가격이 한계비용보다 훨씬 높은 것을 선호할 것이다. 가격이 판매되는 각 단위의 한계비용을 초과하는 금액은 **생산자잉여**(producer surplus)라고 불리는 순이득을 낳는다. 이발 가격이 그림 4.6에서처럼 60달러라고 하자. F가 첫 번째 이발을 공급하는 데 드는 한계비용은 20달러, 두 번째 이발을 공급하는 데 드는 한계비용은 50달러이다. 이 2회의 이발 각각은 가격이 한계비용보다 크기 때문에 F에게 생산자잉여를 안겨준다. 세 번째 이발 공급의 한계비용인 70달러는 가격 60달러보다 크므로 F는 2회의 이발 후

> **생산자잉여**
> 가격이 판매되는 각 단위의
> 한계비용을 초과하는 금액

멈출 것이다.

그래프에서 생산자잉여를 나타내는 영역은 가격선 아래와 공급곡선 위에서 찾을 수 있다. 그림 4.6에서 F의 생산자잉여는 음영 표시된 영역으로 나타난다. F는 첫 번째 이발로부터 $60−$20=$40의 생산자잉여를, 두 번째 이발로부터 $60−$50=$10의 생산자잉여를 얻는다. 따라서 그의 총생산자잉여는 $40+$10=$50이다.

이제 가격이 45달러로 떨어진다고 하자. 첫 번째 이발만이 그 한계비용이 45달러 이하이므로 F는 이발을 1회만 공급할 것이다. 총생산자잉여는 그림 4.7에서 더 짙게 음영 표시된 영역으로 나타난 것처럼 $45−$20=$25로 하락할 것이다. 연하게 음영 표시된 영역은 가격 하락에 따른 생산자잉여 상실분을 보여준다. 가격이 가령 45달러에서 60달러로 상승하면 반대의 효과가 나타나 연하게 음영 표시된 영역만큼 생산자잉여가 증가할 것이다.

그림 4.8에서 음영 표시된 영역은 세 미용실이 60달러에 이발을 판매할 때 시장 전체의 생산자잉여를 보여준다. 이 가격에서 이발이 7회 판매된다. 7번째 이발은 한계비용도 60달러이고 가격도 60달러이므로 생산자잉여를 가져오지 않음에 주목하라. 시장의 총생산자잉여는 7회 이발 각각의 생산자잉여를 더해 얻을 수 있으며, 그 값은 $50+$40+$40+$30+$20+$10+$0=$190이다.

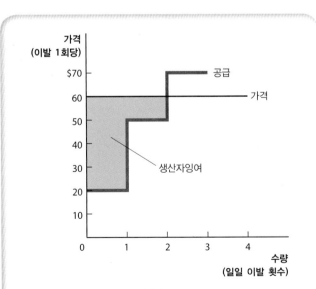

그림 4.6 기업의 생산자잉여
생산자잉여는 가격과 판매되는 각 단위의 한계비용 간 차이이다. 그래프에서 생산자잉여를 나타내는 영역은 가격선 아래와 공급곡선 위에서 찾을 수 있다.

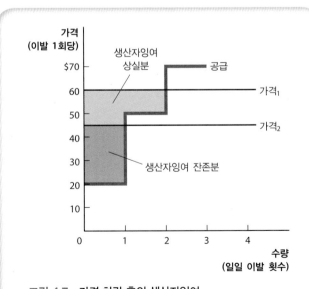

그림 4.7 가격 하락 후의 생산자잉여
이발 가격이 60달러에서 45달러로 하락하면 F의 생산자잉여는 연하게 음영 표시된 영역만큼 줄어든다. 짙게 음영 표시된 영역은 가격이 45달러로 떨어진 후 남게 되는 생산자잉여를 보여준다.

생산자잉여는 이윤(profit)과 같지 않다. 이윤은 번 돈에서 모든 비용을 뺀 후의 기업의 순이득이다. 생산자잉여는 기업이 번 돈에서 각 단위의 한계비용만을 빼서 얻어진다. 미용실의 한계비용은 미용사의 시간, 헤어젤, 샴푸처럼 미용실이 이발을 1회 추가로 제공할 때 소요되는 것들의 비용임을 기억하라. 미용실이 이발을 1회 추가 제공할 때 가게 임대료나 광고, 보험에 추가로 돈을 더 쓰지 않으므로, 이런 유형의 비용은 한계비용의 일부가 아니다. 고객이 지불한 돈에서 각 이발의 한계비용과 다른 모든 비용을 빼고도 남는 돈이 있다면 미용실은 이윤을 얻은 것이다.

공급 관련 문제의 단계적 풀이

다음 단계는 공급에 잠재적으로 영향을 미치는 요인을 분석하고 그러한 변화의 효과를 그래프로 나타내는 데 도움이 될 것이다.

1단계 : 영향을 주는 요인이 공급곡선을 이동시키는지 여부를 파악하라.

재화 가격의 변화는 그 재화의 공급곡선을 이동시키지 않음을 기억하라. 공급곡선을 이동시키는 유일한 비용 변화는 한계비용을 변화시키는 것이다. 임대료, 장비 비용, 판매량과 무관한 세금의 변화는 공급을 이동시키지 않는다. 각 추가적 단위 공급에 드는 비용이 변하지 않는 한 한계비용은 변하지 않는 것이다. 예를 들어 미용사의 연간 면허료는 미용사의 비용을 증가시키지만, 이발을 5회에서 6회 공급하는 데 따른 한계비용을 증가시키지는 않는다.

2단계 : 공급곡선이 이동하면 왼쪽(위쪽)으로 이동해서 공급 감소를 나타내는지, 아니면 오른쪽(아래쪽)으로 이동해서 공급 증가를 나타내는지 파악하라.

한계비용이 증가하거나 재화 가격이 가까운 장래에 증가할 것이라고 기대되면 기업의 공급곡선은 왼쪽 위로 이동한다. 한계비용이 감소하거나 재화 가격이 가까운 장래에 하락할 것이라고 기대되면 기업의 공급곡선은 오른쪽 아래로 이동할 것이다. 기업의 공급곡선이 이동하면 시장공급곡선도 같은 방향으로 이동한다. 시장공급곡선은 또한 기업의 수가 감소하면 왼쪽으로 이동하고 기업의 수가 증가하면 오른쪽으로 이동한다.

3단계 : 그래프를 그려 변화 전의 공급곡선을 나타내라. 다음으로 공급이 이동하면 같은 그래프에 새로운 공급곡선을 그려서 변화를 나타내라.

많은 문제에서 그림 4.4와 4.5에 나타난 것과 같은 추상적인 공급곡선을 분석할 것이다. 이런 곡선들은 정확한 숫자를 제공하기보다는 상대적인 변화를 나타낸다. 공급곡선의 형태와 위치에 관한 구체적인 정보가 있는 경우가 아니라면 단순히 우상향하는 선을 그려 공급곡선을 나타내라. 이동이 발생하면 이동한 공급곡선을 원래 공급곡선과 같은 그래프에 그려, 두 곡선을 쉽게 비교하고 또 이동이 가격과 공급량 간 관계에 미치는 영향을 쉽게 비교할 수 있게 하라.

예제

문제 1~3번을 위해서 먼저 이발에 대한 이발사의 우상향하는 공급곡선을 그려라. 단순화를 위해 공급곡선이 직선이라고 가정하라. 변화가 효과가 있다면, 같은 그래프에 그 효과를 나타내라.

문제 1

이가 유행하자, 이발사가 고객 간 이를 옮길 수 있는 재사용 가능한 직물 보자기가 아니라 고객의 옷을 머리털로부터 보호해주는 일회용 위생 보자기를 사용하게 되었다. 일회용 보자기 하나의 가격은 1달러이다.

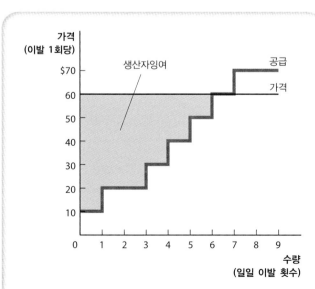

그림 4.8 시장의 생산자잉여
기업의 생산자잉여와 마찬가지로 시장의 생산자잉여는 이 그래프에서 음영 표시된 영역처럼 가격선 아래와 수요곡선 위에서 찾을 수 있다.

1단계 : 이 변화는 공급곡선을 이동시키는가? 그렇다! 추가적인 각 이발 비용이 1달러 커져 각 이발의 한계비용이 1달러 상승한다.

2단계 : 공급곡선이 어느 방향으로 이동하는가? 한계비용 1달러 증가는 공급 감소를 가져온다. 구체적으로 말하면 공급곡선은 위쪽으로 1달러만큼 이동한다.

3단계 : 이동을 보여주는 그래프를 그린다.

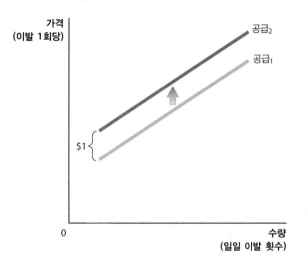

문제 2

이발용 가위 가격이 개당 10달러 상승한다.

1단계 : 이 변화는 공급곡선을 이동시키는가? 그렇지 않다! 이발사가 다음에 가위를 살 때 10달러를 더 내야 하는 것은 맞지만, 그 구매가 이발을 한 사람 더 하는 데 드는 비용에 영향을 주는 것은 아니다. 예를 들어 이발사가 5회가 아니라 6회의 이발을 제공한다면 6회째 이발의 한계비용은 가위 가격 상승으로 인해 증가하지 않는다.

2단계 : 공급에 변화가 없으므로 이동의 방향을 생각할 필요가 없다.

3단계 : 공급 이동이 없는 그래프를 그린다.

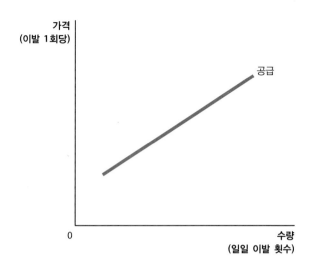

문제 3

외모 관리를 장려하기 위해 정부가 이발사에게 이발 1회당 3달러를 지급하는 방식으로 이발에 보조금을 지급한다.

1단계 : 이 변화는 공급곡선을 이동시키는가? 그렇다! 이발사에 대한 이발 보조금은 이발 제공의 한계비용을 3달러 감소시킨다.

2단계 : 공급곡선이 어느 방향으로 이동하는가? 보조금이 한계비용을 낮추므로 공급곡선은 아래로 3달러만큼 이동한다.

3단계 : 이동을 나타내는 그래프를 그린다.

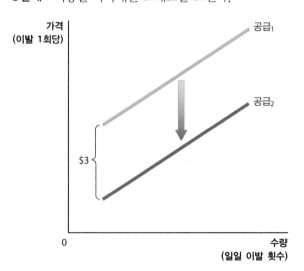

문제 4

이발 시장의 공급곡선을 그리고 동네의 새로운 이발소 개업의 효과를 나타내라.

1단계 : 이 변화가 시장공급곡선을 이동시키는가? 그렇다! 새 이발소 진입으로 기업의 수가 증가했다.

2단계 : 공급곡선이 어느 방향으로 이동하는가? 시장공급곡선은 각 가격대에서 새 이발소가 공급할 이발 수량을 기존 이발소가 공급할 숫자에 합해서 구할 수 있다. 이동의 크기에 대한 구체적인 정보는 없지만 시장공급곡선이 오른쪽으로 이동한다는 것은 알 수 있다.

3단계 : 공급 증가를 나타내는 그래프를 그린다.

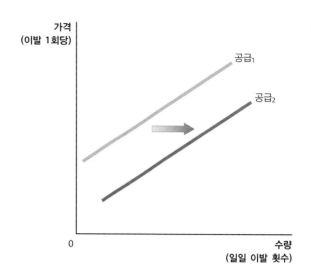

요약

자동차 범퍼에 붙이는 스티커에서 읽은 것처럼 "음식을 좋아하면 농부에게 감사하라." 그리고 "이 글을 읽을 수 있으면 선생님에게 감사하라." 농장과 학교는 가치 있는 재화와 서비스를 공급함으로써 우리의 생활수준을 향상시키는 많은 형태의 기업의 사례이다. 재화나 서비스의 가격은 공급량을 결정하는 데 도움을 준다. 즉 높은 가격은 기업이 더 많은 양을 공급하도록 유인한다. 시장공급은 각 가격대에서 개별기업의 공급량을 더함으로써 구할 수 있다. 공급계획은 여러 가격대에서 몇 단위가 공급될지 보여주며, 표의 형태나 그래프 상의 공급곡선 형태를 띨 수 있다.

공급계획의 기초는 한계비용, 즉 재화나 서비스의 추가적 각 단위 공급에 드는 비용이다. 기회비용의 상승은 대부분의 재화나 서비스가 생산 증가에 따라 한계비용이 궁극적으로 상승하는 이유 중 하나이다. 공급곡선은 일반적으로 우상향하는데, 이는 가격이 충분히 올라 더 많은 생산에 따른 비용을 충당할 수 있어야만 기업이 더 많이 공급할 것이기 때문이다.

기업의 공급곡선은 투입요소 비용, 미래 가격에 대한 기대, 자연, 날씨, 연관재나 서비스의 가격 등이 변하면 이동한다. 각 단위의 재화를 만드는 추가적 비용이 무슨 이유로든 상승하거나 재화 가격이 미래에 더 높을 것이라고 기업이 기대하면, 공급곡선은 왼쪽 위로 이동한다. 각 단위의 재화를 만드는 추가적 비용이 무슨 이유로든 하락하거나 기업이 미래에 가격이 더 낮을 것이라고 예상하면, 공급곡선은 오른쪽 아래로 이동한다. 시장공급은 기존 기업의 공급이 늘고 기업 수가 늘면 증가한다. 마찬가지로 시장공급은 기존 기업의 공급이 줄고 기업 수가 줄면 감소한다.

생산자잉여는 각 단위의 재화에 지불되는 가격과 각 단위 생산의 한계비용 간 차이이다. 생산자잉여는 이윤과 다르다. 이윤은 기업이 버는 돈에서 모든 비용을 제한 후에 얻는 순이득이다. 기계, 광고, 임대료에 대한 지출은 추가적 단위 공급에 드는 비용에는 속하지 않지만 기업의 이윤이나 손실을 알아내기 위해서는 빼야 하는 비용의 예이다. 다음 장에서는 시장공급과 시장수요를 결합하여 가격이 어떻게 결정되고 시장의 변화에 시장이 어떻게 대응하는지 설명한다.

핵심용어

- ✓ 공급계획
- ✓ 공급곡선
- ✓ 공급곡선 상의 이동
- ✓ 공급법칙
- ✓ 공급변화
- ✓ 생산대체재
- ✓ 생산보완재
- ✓ 생산자잉여
- ✓ 한계비용

복습문제

1. 공급곡선이 일반적으로 우상향하는 것은 다음 중 어느 것에 기인하는가?

   a. 한계효용

   b. 한계비용

   c. 임대료 비용

   d. 광고비

   e. 수요

2. D의 건물주가 D가 제공하는 이발에 회당 5달러의 요금을 부과하기 시작했으며, 그밖에 다른 변화는 없다고 하자.

   a. 첫 4회 이발에 대해 D의 새로운 한계비용을 보여주는 표를 작성하라. 각 이발에 대한 D의 원래 한계비용은 그림 4.3의 공급곡선의 높이를 보면 알 수 있다.

   b. D의 새로운 공급계획을 보여주는 표를 작성하라. 이때 표 4.1에 나타난 각 가격대별 수량을 포함시켜라.

   c. D의 원래 공급곡선과 건물주에게 이발 1회당 5달러를 지불해야 하게 된 후의 새로운 공급곡선을 그려라.

   문제 3~6번을 위해서 비누 판매기업의 부드럽고 우상향하는 공급곡선을 그려라. 그 후 명시된 각 변화의 효과를 그래프에 나타내라. 원래 공급곡선을 '공급₁'으로 표시하라. 공급곡선이 이동하면 새로운 공급곡선을 '공급₂'로 표시하라.

3. 비누의 원료인 잿물 비용이 감소한다.

4. 비누 제작자들이 비누 가격이 다음 달에 훨씬 높을 것으로 기대한다.

5. 수요 증가로 비누 가격이 상승한다.

6. 비누의 생산대체재인, 비누 생산에 사용되는 것과 동일한 기름을 함유하는 보습크림에 대한 수요가 증가하여 비누 가격이 상승한다.

7. 전체 비누 시장을 나타내는 부드럽고 우상향하는 곡선을 그리고 '공급₁'이라고 표시하라. 비누 시장의 기업들이 손실을 겪어 일부가 조업을 중단한다고 하자. 원래 그래프에 새로운 시장공급곡선을 그리고 '공급₂'라고 표시하라.

8. 이발 가격이 18달러일 때 D는 공급곡선에 따르면 이발 1회를 공급할 것이다. 하지만 그가 회당 18달러에 이발 2회를 공급하면 총 36달러를 벌 것이다. 이발 2회 제공의 비용은 첫 번째 이발의 한계비용인 10달러와 두 번째 이발의 한계비용인 20달러밖에 없으므로 총합이 30달러이다. 수취액 36달러가 총비용 30달러보다 큰데도 왜 D가 이발 2회를 공급하려 하지 않는지 설명하라.

9. 이 장에서 본 F의 공급곡선을 그리고 다음을 나타내라.

   a. 가격이 이발 1회당 40달러일 때 생산자잉여를 가로 줄무늬로 표시

   b. 가격이 이발 1회당 40달러에서 60달러로 상승할 때 생산자잉여의 증가분을 세로 줄무늬로 표시

10. 여러분이 사는 지역 사람들이 대학생을 고용해 정원 일을 시킨다고 하자.

   a. 여러분이 내일 저녁 오후 5시부터 10시 사이에 첫 번째, 두 번째, 세 번째, 네 번째, 다섯 번째 시간에 각각 정원 일을 제공하기 위해 받아들일 용의가 있는 시간당 최저 임금을 나타내는 표를 작성하라. 내일 저녁에 할 수 있는 다른 일들을 고려하라.

   b. 첫 번째 시간의 정원 일을 위해 받아들일 최저 금액과 다섯 번째 시간의 정원 일을 위해 받아들일 최저 금액 간 차이가 있다면 그에 대해 설명하라.

   c. 정원 일에 대한 여러분의 공급곡선을 그려라.

   d. 이 상황에서 여러분의 공급곡선을 이동시킬 변화가 하나 있다면 무엇이겠는가? 이 변화가 공급곡선을 어느 방향으로 이동시키겠는가?

시장균형

Jetta Productions/Getty Images

학습목표

이 장에서는 다음 내용을 학습한다.

1. 시장이 어떻게 균형가격과 균형수량에 도달하는지 설명한다.

2. 가격상한과 가격하한의 효과에 대해 논한다.

3. 공급과 수요의 이동이 시장균형에 어떤 영향을 주는지 보인다.

4. 시장균형과 관련된 문제를 푼다.

타 이어용 고무는 도로와 만나기 전에 캘리포니아주 파소 로블레스에 있는 앤서니스 타이어 스토어 소유주인 앤서니 찬리 같은 사람을 만난다. 앤서니는 미국에서 연간 200억 달러어치 이상의 타이어를 판매하는 약 18,000명의 타이어 판매업자 중 1명이다. 이 시장의 수요 측에는 2억 5,000만 대 이상의 자동차 소유자가 있다. 타이어 시장이 작동하는 덕분에 앤서니스 타이어 스토어 같은 판매점에서 고객이 긴 줄을 서는 일은 거의 없지만, 타이어 판매점에 손님이 없는 일도 거의 없다. 그 이유는 타이어 수요량이 공급량과 대략 같기 때문이다. 이 장에서는 시장가격이 어떻게 두 수량의 균형을 맞추는지 설명한다. 이 장에서는 또한 시장결과가 정책입안자, 앤서니 찬리 같은 판매자, 그리고 여러분과 같은 구매자에게 주는 함의를 소개한다.

왜 알아야 하는가?

여러분이 구입하는 많은 물건이 거래되는 시장에서, 공급과 수요 모형은 여러분이 지불하는 가격과 기업이 생산하는 수량을 설명한다. 희소성으로 인해 여러분은 원하는 휴가, 아이스크림, 디지털 기구 모두를 공짜로 가질 수는 없지만, 시장은 다음과 같은 놀라운 위업을 달성한다. 즉 시장은 현재 가격에서 재화나 서비스를 구입하려는 사람이 모두 자발적인 판매자를 찾을 수 있는 가격을 확립한다. 공급과 수요 모형은 대중음악에서부터 생명을 구하는 제약까지 모든 것의 이용 가능성에 통찰력을 제시한다. 그 모형은 또한 왜 물은 싸고 다이아몬드는 비싸며 유가는 위아래로 널뛰는지 설명한다. 다이아몬드를 얻기 위해 펄쩍펄쩍 뛰든 말든, 여러분은 물이 다이아몬드보다 싸다는 사실을 경축할 수 있다.

공급과 수요의 결합

라테나 이발, 그리고 다른 대부분의 물건의 시장에서처럼 타이어의 수요곡선은 우하향하고 타이어의 공급곡선은 우상향한다. 그림 5.1은 모든 타이어가 동질적인 가상적인 시장의 공급곡선과 수요곡선을 보여준다. 두 곡선을 하나의 그래프에 설합하면 각 가격대에서 소비자가 수요하려는 수량과 기업들이 공급하려는 수량을 비교할 수 있다. 수요량과 공급량 간의 평형은 수요곡선과 공급곡선이 만나는 점인 **균형점**(equilibrium point)에서 달성된다.

시장을 균형점으로 이끄는 가격을 **균형가격**(equilibrium price)이라고 부른다. 균형가격을 찾기 위해서는 균형점에서 왼쪽으로 가서 가격을 재는 수직축과 만나는 점을 찾는다. 그림 5.1에 나타난 타이어 시장에서 균형가격은 100달러이다. 균형가격에서의 수요량이자 동시에 공급량인 수량을 **균형수량**(equilibrium quantity)이라고 부른다. 균형수량을 찾기 위해서는 수량을 재는 가로축 중 균형점 바로 아래 점을 찾는다. 그림 5.1에서 균형수량은 타이어 500개이다.

균형점
그래프에서 공급곡선과 수요곡선이 교차하는 점

균형가격
시장을 균형점으로 이끄는 가격

균형수량
균형가격에서의 수요량이자 동시에 공급량

시장이 균형점을 향해 끌려갈 것으로 기대할 수 있다.

시장이 균형점을 향해 끌려갈 것으로 기대할 수 있다. 왜 그런지 보기 위해 타이어 1개당 가격이 40달러밖에 안 된다고 하

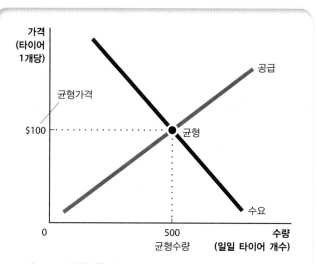

그림 5.1 시장균형
균형점은 공급곡선과 수요곡선의 교차점이다. 오직 이 점에서만 수요량과 공급량이 일치한다. 균형가격은 균형점 바로 왼쪽의 세로(가격)축을 보면 알 수 있다. 균형수량은 균형점 바로 아래의 가로(수량)축을 보면 알 수 있다.

자. 그림 5.2는 소비자가 타이어 725개를 사려고 하지만 기업들은 200개만 공급할 것임을 보여준다. 시장에서 725−200＝525개만큼 부족분이 발생하여 타이어 판매점 바깥에 고객들이 긴 줄을 설 것이다. 그림 5.2에서 부족분은 40달러의 가격에서 공급곡선과 수요곡선 간 수평 거리로 나타난다.

현재 가격에서 자신이 팔려고 하는 것보다 사람들이 타이어를 훨씬 더 많이 사려고 하면 타이어 판매업자 앤서니 찬리가 무엇을 할 것이라고 생각하는가? 그가 가격을 올릴 것이라고 생각한다면 여러분은 훌륭한 직관을 가지고 있다! 40달러의 가격으로 인해 생긴 부족분은, 타이어 판매업자로 하여금 고객들이 더 이상 자신이 공급하려는 것보다 더 많은 타이어를 사기 위해 긴 줄을 서지 않을 때까지 가격을 올리게 할 것이다. 그림 5.2에서 가격이 오름에 따라 공급곡선과 수요곡선 간 수평 차이가 좁아짐에 주목하라. 균형가격인 100달러에서 공급곡선과 수요곡선이 교차하며, 수요량과 공급량이 일치하기 때문에 부족분이 제거된다.

이제 타이어 개당 가격이 140달러라고 하자. 그림 5.3은 가격이 140달러일 때 판매업자들이 타이어 700개를 공급하려고 하지만 고객들은 350개만 사려고 함을 보여준다. 그 결과 700−350＝350개의 타이어 잉여분이 발생한다. 이러한 잉여분은 그래프에서 가격이 140달러일 때의 수요곡선과 공급곡선 간 수평 거리로 나타난다. 초과된 타이어가 창고에 쌓임에 따라 판매업

▲ 타이어 판매점은 타이어 잉여분이 있으면 가격을 낮추는 경향이 있다. 이것은 가격이 균형가격을 달성하는 데 도움을 준다.

자가 무슨 일을 할지 쉽게 짐작할 수 있다. 그렇다, 가격을 낮출 것이다. 구글에서 '재고 할인'을 검색하면 이것이 현실에서 실행되고 있음을 알게 될 것이다. 즉 소매업자들은 잉여분 때문에 비행기에서부터 지퍼백까지 모든 것의 가격을 낮춘다. 타이어 가격이 하락함에 따라 수요량이 증가하고 공급량은 감소해 결국 잉여분은 100달러의 가격에서 사라질 것이다.

타이어 시장에서 책정되는 가격을 타이어의 시장가격(market price)이라고 부를 것인데, 이 가격은 부족분과 잉여분에 대한 이러한 자연스러운 대응에 의해 균형가격으로 수렴해 간다. 일

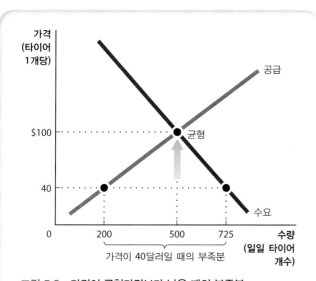

그림 5.2 가격이 균형가격보다 낮을 때의 부족분
40달러처럼 균형가격보다 낮은 가격에서는 타이어 수요량이 공급량을 초과한다. 이런 부족분은 타이어 판매업자가 가격을 높이도록 유도한다. 균형가격이 달성될 때까지 가격이 오를 것이다.

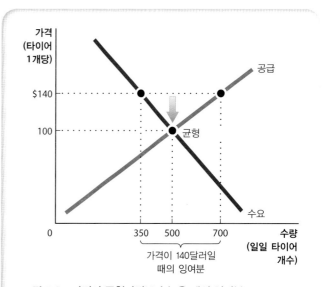

그림 5.3 가격이 균형가격보다 높을 때의 잉여분
140달러처럼 균형가격보다 높은 가격에서는 공급량이 수요량을 초과한다. 이러한 잉여분은 균형가격이 달성되어 타이어 공급량이 수요량과 같아질 때까지 판매업자들이 가격을 낮추도록 유도한다.

Q&A

왜 어떤 물건은 필수품인데도 그렇게 싸고, 어떤 물건은 아무도 필요로 하지 않는데 그렇게 비쌀까?

모든 소비자에게 필수적인 물이 사실상 무료라는 사실은 호기심을 자아낸다. 반면 다이아몬드는 누구도 생존을 위해 필요로 하지 않는데도 매우 비싸다. 그림 5.4는 왜 이런 역설이 발생하는지 보여준다. 그림 (a)는 물에 대한 수요곡선을 보여주는데, 처음 몇 단위의 물은 매우 귀중하므로 수요곡선이 매우 높은 점에서 시작한다. 물 공급이 부족하면 가격도 높을

것이다. 실제로는 대부분의 지역에서 물 공급이 매우 풍부해 균형가격을 거의 0으로 낮춘다.

고객들은 첫 단위의 다이아몬드에 대해 생존을 가능하게 하는 첫 잔의 물만큼 많은 돈을 지불하려 하지 않을 것이다. 하지만 다이아몬드 공급은 물 공급보다 더 제한되어 있다. 따라서 그림 (b)에 나타나듯이, 상대적으로 높은 가격을 발생시키는 것은 이처럼 상대적으로 적은 다이아몬드의 공급이다.

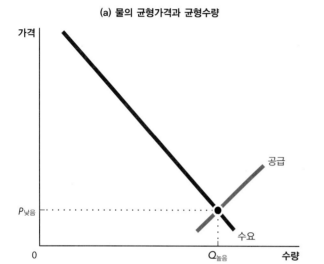

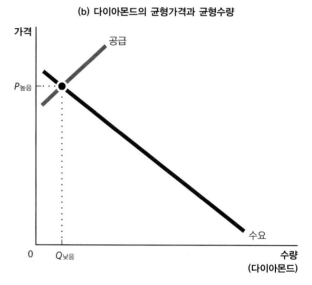

그림 5.4 물-다이아몬드 역설

물은 생활에 필수적이기 때문에 고객들은 첫 몇 단위의 물에 대해 매우 높은 가격을 지불하려 할 것이다. 하지만 풍부한 물 공급은 물의 균형가격을 거의 0으로 낮춘다. 고객들은 다이아몬드를 필요로 하지 않아 첫 단위의 다이아몬드에 대해 첫 잔의 물만큼 많은 돈을 지불하려 하지 않을 것이지만, 상대적으로 적은 다이아몬드 공급은 상대적으로 높은 균형가격을 발생시킨다.

단 균형가격이 달성되면 수요량이 공급량과 같아져, 공급이나 수요에 변화가 없는 한 추가적인 가격 인상이나 인하는 일어나지 않는다. 시장이 균형점으로 끌려갈 것임을 알기 때문에, 균형가격과 수량이 어떻게 되는지 추적하여 공급과 수요변화의 효과를 알아낼 수 있다. 그리고 여러 다른 재화 시장의 균형을 분석함으로써 왜 어떤 가격은 높고 어떤 가격은 낮은지 알아낼 수 있다. Q&A 글상자는 균형 개념을 이용해 매우 이상하게 보일 수 있는 가격에 대해 설명한다.

가격상한
재화나 서비스 가격에 대한 인위적인 상한

가격규제

시장균형은 개입이 없을 때 재화나 서비스의 가격을 결정한다. 하지만

때때로 정부는 가격에 상한이나 하한을 설정하여 가격을 통제한다. 이런 **가격규제**(price controls)는 그에 따른 편익이 있지만 이 절에서 보듯이 문제점도 만들어낸다.

가격상한

가격상한(price ceiling)[1]은 재화나 서비스 가격에 대한 인위적인 상한이다. 아르헨티나, 러시아, 중국, 프랑스는 빈곤층을 돕기 위해 빵이나 쌀 가격에 상한을 설정한 국가들의 사례이다. 미국에서는 인플레이션을 억제하기 위한 가격상한으로 1940년대

---

1. 역주 : 이 책에서 가격상한은 문맥에 따라 가격상한을 설정하는 제도를 지칭하기도 하고 상한으로 설정된 가격을 지칭하기도 한다. 가격상한을 최고가격이라고도 부른다.

임금과 식품 가격에 대한 상한, 1970년대 석유 가격에 대한 상한이 있다. 리처드 닉슨 대통령은 1971년에 임금과 가격에 대해 더 일반적인 동결을 시행했다. 그리고 수백만의 미국인이 정부에 의해 임대료가 통제되는 아파트와 이동식 주택에 거주하고 있다.

소비자가 지불하는 가격에 영향을 미치려면 가격상한은 시장의 균형가격 아래에서 설정되어야 한다. 균형가격 위에서 설정된 가격상한은 효과가 없는데, 이는 어쨌든 기업이 균형가격보다 높은 가격을 책정하기를 원하지는 않기 때문이다! 균형가격보다 높은 가격은 잉여분을 초래하고 기업이 가격을 낮추도록 유도함을 기억하라. 예를 들어 그림 5.5에 나타난 타이어 시장에 가격상한으로 120달러가 설정되면, 타이어 판매자들은 그보다 낮은 균형가격 100달러를 더 선호하기 때문에 아무런 영향도 받지 않는다.

기업이 책정한 가격이 균형가격보다 낮으면 부족분이 발생함을 보았다. 균형가격보다 낮게 설정된 가격상한은 동일한 효과를 가진다. 즉 수요량이 공급량보다 커지게 만든다. 하지만 가격상한이 부과되면 기업은 부족분을 제거하기 위해 가격을 높일 수 없다. 그림 5.5는 가격상한이 60달러로 설정되면 기업이 가격을 균형가격인 100달러로 올릴 수 없음을 보여준다.

부족분을 초래하는 것 이외에, 가격상한에 따른 인위적으로 낮은 가격에는 어떤 문제가 있을까? 가격상한이 초래하는 문제점 몇 가지를 살펴보자.

암시장 그림 5.5에서처럼 60달러로 가격상한이 설정되면 기업들은 타이어를 300개만 공급할 용의가 있다. 하지만 소비자는 첫 649개의 타이어에 대해 60달러보다 많은 돈을 지불할 용의가 있다. 수요곡선이 첫 649개의 타이어에 대해 60달러보다 높기 때문이다. 소비자가 현재 가격보다 높은 가격을 지불할 용의가 있기 때문에, 어떤 판매자는 **암시장**(black market)이라고 알려진 불법 시장에서 가격상한보다 높은 가격을 책정하려고 할 수 있다. 암시장은 가격상한이 있고 특정 재화나 서비스 판매가 금지된 경우 나타나기 쉽다. 예를 들어 스포츠 팀이 학생과 소득이 제한된 다른 사람들이 게임에 참석할 수 있도록 입장권 가격을 균형가격 아래로

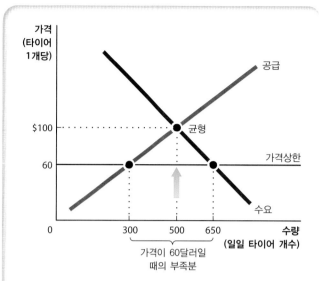

가격
(타이어
1개당)

공급

$100 ---------- 균형

60 ---------- 가격상한

수요

0   300   500   650   **수량**
(일일 타이어 개수)

가격이 60달러일
때의 부족분

그림 5.5 가격상한에 따른 부족분 발생
균형가격보다 낮게 설정된 가격상한은 수요량이 공급량을 초과하도록 만들며, 기업은 가격을 높여 그에 따른 부족분을 없앨 수 없다.

제한하면 흔히 암시장이 발생한다. 올림픽 때 암시장의 암표상들은 원래 가격의 10배 가격에 입장권을 팔기도 한다. 2016년 리우데자네이루 올림픽 기간에 브라질 정부는 이러한 문제를 줄이기 위해 원래 입장권 가격의 100배에 달하는 암표 벌금을 부과했다.

줄서기 비용 효과적인 감시활동으로 암시장이 사라지면 어떤 소비자들은 줄을 섬으로써 가격상한과 지불용의금액 간 차이를 결국 지불하게 된다. 재화 구매를 위해 줄(queue)을 섬으로써 고객이 잃게 되는 시간의 가치는 **줄서기 비용**(queueing cost)이다. 듀크대학교에서 대학원생은 균형가격보다 훨씬 낮은 가격에 농구경기 시즌티켓을 살 수 있어서, 학생들은 시즌티켓을 구입하기 위해 며칠씩 진을 친다. 듀크대학교가 스스로 부과한 입장권 가격상한에 의해 발생하는 줄서기 비용은 입장권 가격에 덧붙여지는 상당한 비용을 나타낸다.

줄서기 비용은 가용한 물량을 누가 살 수 있는지 명시하는 배급 기술을 이용해 최소화할 수 있다. 뉴욕

균형점 밑에 있는 집을 상상하여 가격상한이 있어야 하는 위치를 기억하라.

가격

공급

균형

가격상한

수요

0   **수량**

암시장
불법 시장

로드 러너스[2] 클럽은 인기 있는 마라톤 대회 참가권 일부를 복권을 이용해 배급한다. 제1, 2차 세계대전 기간 많은 재화들이 공급이 부족하여 정부는 배급쿠폰(rationing coupons)을 배부했다. 정부는 가용한 재화 공급량을 구입할 수 있을 정도로만 배급쿠폰을 나눠주었다. 미국 정부가 1979년에 휘발유에 대해 가격상한을 실시했을 때, 몇몇 주는 휘발유 배급제를 실시했다. 번호판이 짝수인 사람들은 짝수 날에만 휘발유를 살 수 있었고 번호판이 홀수인 사람들은 홀수 날에만 휘발유를 살 수 있었다.

품질 저하   인위적으로 낮은 가격에 따른 초과수요는 기업이 제품의 품질을 유지할 유인을 훼손한다. 예를 들어 뉴욕시와 기타 지역에서 시행되는 아파트 가격상한은 집주인으로 하여금 유지비용을 줄이도록 한다. 그리고 프랑스에서 빵 가격에 상한이 부과되었을 때, 주민들은 자신들에게 익숙한 딱딱한 껍질의 바게트 빵과는 거의 비교가 안 되는 설구워진 덩어리를 제빵사들이 만들어냈다고 불평했다.

> **가격하한**
> 재화나 서비스에 대한 인위적인 하한
>
> **자중손실**
> 비효율적 산출량에 따른 소비자잉여나 생산자잉여의 손실

산업 쇠퇴   높은 가격은 기업이 더 많이 생산하도록 유도한다. 가격상한은 그 반대 역할을 한다. 즉 기업이 더 적은 수량을 생산하도록 유도한다. 말레이시아는 2008년에 시멘트에 대한 가격상한을 중단했는데, 이는 가격상한이 시멘트 생산을 억제하고 개발사업을 늦췄기 때문이다. 경제학자 렉스포드 상테르와 존 버넌은 만약 1981년에서 2000년 사이 제약업에 가격규제가 실시되었다면 미국 시장에서 신약이 198개 덜 출시되었을 것이라고 추정한다.

가격하한

가격하한(price floor)[3]은 재화나 서비스 가격에 대한 인위적인 하한이다. 정부는 노동자나 산업을 지원하기 위해 가격하한을 부과한다. 제11장에서 논의하는 최저임금제는 저소득 노동자를 지원하도록 고안된, 노동에 대한 가격하한이다. 그림 5.6은 타이어 시장에서 가격하한의 영향을 나타낸다. 가격하한이 효과를 가지려면 균형가격보다 높은 수준으로 설정되어야 한다. 타이어에 대한 가격하한이 균형가격보다 낮게, 가령 90달러로 설정되면 타이어 판매업자들이 그보다 높은 가격인 100달러를 책정할 것이기 때문에 아무 영향도 없을 것이다. 하지만 가격하한이 균형가격보다 높게 설정되면 영향이 있을 것이다. 가격하한이 120달러로 설정되면 가격은 하한이 없을 경우 타이어에 책정될 가격인 100달러보다 높아질 것이다. 그런데 가격이 120달러일 때 소비자들은 타이어를 425개만 구입하는 데 비해 판

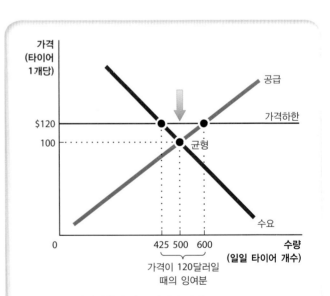

그림 5.6   가격하한에 따른 잉여분 발생
균형가격보다 높게 설정된 가격하한은 공급량이 수요량을 초과하도록 만들며, 기업은 가격을 낮춰 그에 따른 잉여분을 없앨 수 없다.

ClassicStock/Alamy stock photo

▲ 제1, 2차 세계대전 기간 시민들은 배급쿠폰이 있어야만 특정 재화를 살 수 있었다. 배부된 쿠폰 수를 제한함으로써 정부는 줄서기 비용을 제한했다.

---

2. 역주 : 뉴욕의 비영리 마라톤 조직

3. 역주 : 이 책에서 가격하한은 문맥에 따라 가격하한을 설정하는 제도를 지칭하기도 하고 하한으로 설정된 가격을 지칭하기도 한다. 가격하한을 최저가격이라고도 부른다.

매업자들은 타이어 600개를 공급하려고 할 것이다. 따라서 가격하한은 타이어 잉여분을 발생시킨다.

1949년 이래로 미국의 유제품가격지지제도는 우유와 기타 유제품에 대해 가격하한을 설정해오고 있다. 단순히 최저가격을 규정하는 최저임금제나 다른 정책과 달리, 유제품제도는 지정된 최저가격에 농부로부터 유제품을 구입하는 정부의 계속 판매신청(standing offer)을 통해 가격을 지지한다. 정부는 가격하한으로 인해 생기는 우유, 버터, 치즈 잉여분을 구입하여 그 제품을 영양 프로그램, 인디언 보호구역, 학교급식제도에 기부한다.

인도네시아의 생산자들은 최근 타이어 등급의 고무에 가격하한을 설정하였다. 가격하한의 결과 소비자잉여와 생산자잉여가 어떻게 되는지 살펴봄으로써 이러한 가격규제에 따른 비효율을 시각화할 수 있다. 그림 5.7(a)는 가격규제가 없는 고무 시장을 나타낸다. 균형가격은 1.00달러이고 균형수량은 3,500kg이다. 제3장에서 본 것처럼 가격 위면서 수요곡선 아래인 영역이 소비자잉여임을 기억하라. 제4장에서는 가격 아래이면서 공급곡선 위인 영역이 생산자잉여를 나타냄을 설명했다.

그림 5.7(b)는 고무 1kg당 1.45달러의 가격하한이 수요량을 2,000kg으로 감소시킴을 보여준다. 이 경우 2,000kg을 넘어서는 고무는 1.45달러에 구매되지 않기 때문에, 그에 대한 소비자잉여와 생산자잉여는 잃게 될 것이다. 그림 (b)에서 노란색 삼각형은 균형가격인 1.00달러에서는 구매되지만 가격하한인 1.45달러에서는 구매되지 않는 3,500−2,000=1,500kg에서 오는 소비자잉여와 생산자잉여의 손실을 나타낸다. 우리는 **자중손실**(deadweight loss)이라는 용어를 사용해, 가격하한이 있을 때 판매되는 고무 2,000kg처럼 비효율적인 산출량에 의해 야기되는 소비자잉여와 생산자잉여의 손실을 나타낸다.

그림 5.7(c)는 kg당 0.70달러의 가격상한의 결과, 비효율적으로 낮은 동일한 일일 수량 2,000kg이 초래됨을 보여준다. 가격상한이 있으면 하루에 2,000kg으로 감소하는 것은 공급량이며, 그로 인해 소비자는 그 수량보다 더 많이 살 수 없게 된다. 여기서도 2,000kg을 넘는 고무로부터 나오는 소비자잉여와 생산자잉여를 잃게 된다. 0.70달러의 가격상한으로 인한 자중손실은 1.45달러의 가격하한으로 인한 자중손실과 같은데, 이는 이 경우에도 2,000kg을 넘는 단위로부터의 잉여가 손실되기 때문이다. 하지만 가격상한이 있을 때 남아 있는 잉여는 다르게 나눠질 것이다. 즉 상대적으로 낮은 0.70달러의 가격상한은 가격하한이 있어 1.45달러를 지불할 때 얻는 것보다 더 큰 소비자

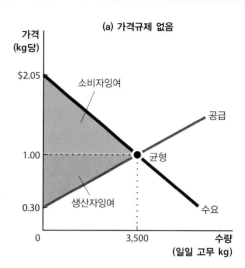

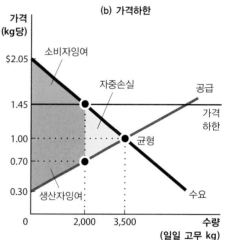

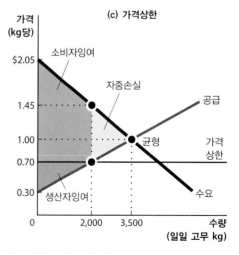

그림 5.7　가격규제에 따른 자중손실

그림 (a)는 가격규제가 없는 고무 시장의 소비자잉여와 생산자잉여를 보여준다. 그림 (b)는 가격하한이 자중손실이라고 알려진 소비자잉여와 생산자잉여의 손실을 가져옴을 보여준다. 그림 (c)의 가격상한은 그림 (b)의 가격하한과 동일한 자중손실을 초래하지만, 소비자와 생산자 간 잉여의 분배는 다르다.

잉여를 소비자에게 준다. 생산자들은 상대적으로 낮은 가격을 받기 때문에 그에 따라 더 적은 생산자잉여를 얻을 것이다.

공급이나 수요의 이동

공급이나 수요가 변하면 균형점도 변한다. 재화나 서비스의 균형점을 추적하면 가격과 수량이 어떻게 변하는지 알 수 있다. 이 절에서는 다양한 형태의 공급·수요곡선의 이동과 그것이 시장에 미치는 영향을 살펴볼 것이다.

수요 증가

세찬 눈보라가 전국의 여러 지역을 강타한다고 하자. 스노타이어가 없는 운전자들은 길을 벗어나 위태롭게 달리며 가파른 언덕을 오르는 데 어려움을 겪고 있다. 이런 상황은 스노타이어의 한계효용 가치를 높이므로 스노타이어에 대한 수요가 증가한다. 그림 5.8은 그에 따라 스노타이어에 대한 수요곡선이 오른쪽 이동하여 균형점(E)이 E_1에서 E_2로 이동함을 보여준다. 한 균형에서 다른 균형으로의 이동은 시장을 원래 균형점으로 이끈 것과 동일한 힘에 의해 발생한다. 수요 증가 후, 원래 균형가격인 타이어 개당 100달러 수준에서는 수요량이 공급량을 초과한다. 그에 따른 부족분은 기업들로 하여금 더 높은 가격을 책정하도록 한다. 가격이 상승함에 따라 공급량이 상승하고 수요량은 하락하여, 결국 개당 120달러의 가격과 수량 600개

에서 새로운 균형이 달성된다.

수요 감소

픽스어플랫이라는 제품은 운전자들이 캔에 든 밀폐제와 공기를 타이어에 분무하여 펑크 난 타이어를 임시로 수리할 수 있게 해준다. 개선된 새로운 픽스어플랫 제조법이 펑크 난 타이어를 영구히 수리하여 타이어를 교환할 필요가 전혀 없게 되었다고 하자. 그러면 타이어에 대한 수요가 감소할 것이다. 그림 5.9는 타이어 수요 감소가 균형을 E_1에서 E_2로 이동시킴을 보여준다. 처음에 수요 감소는 원래 가격인 100달러에서 타이어 잉여분을 초래한다. 기업들은 이에 대응하여 더 낮은 타이어 가격을 책정한다. 타이어 시장에서 가격이 하락함에 따라 수요량이 증가하고 공급량이 하락하여 결국 가격 80달러와 수량 400개에서 새로운 균형이 달성된다.

공급 증가

토요 타이어 & 러버 컴퍼니는 타이어 생산공정에 혁신을 일으킨 획기적인 기술을 사용하였다. 조지아주에 위치한 토요 공장은 로봇과 자동생산시스템을 이용해 타이어 품질을 향상시키고 노동비용을 감소시킨다. 다른 타이어 제조업자들도 비슷한 비용절감 기술을 채택했다. 비용 절감으로 타이어 회사들은 모든 가격대에서 타이어를 전보다 더 많이 공급할 용의가 있게 되었고, 따라서 타이어의 시장공급곡선이 오른쪽으로 이동했

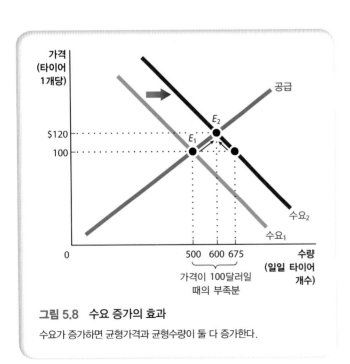

그림 5.8 수요 증가의 효과
수요가 증가하면 균형가격과 균형수량이 둘 다 증가한다.

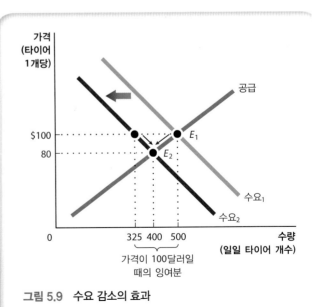

그림 5.9 수요 감소의 효과
수요가 감소하면 균형가격과 균형수량이 둘 다 감소한다.

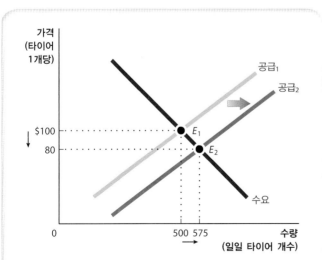

Bloomberg/Getty Images

▲ 개선된 기술은 타이어 생산 비용을 낮추고 타이어 공급곡선을 오른쪽으로 이동시킬 수 있다.

다. 그림 5.10에 나타난 것처럼 공급 증가는 균형을 E_1에서 E_2로 이동시킨다. 처음에는 원래 균형가격인 100달러에서 잉여분이 발생하지만, 그 후 앞에서 이미 논의한 시장의 힘에 의해 시장에서 더 낮은 균형가격과 더 높은 균형수량이 나타난다.

공급 감소

수입관세(import tariff)는 다른 나라로부터 구입하는 재화나 서비스에 대한 조세이다. 미국은 중국에서 수입되는 타이어에 보통 4%의 수입관세를 부과한다. 2009년부터 2012년까지 버락 오바마 대통령은 타이어에 대한 관세를 35%까지 인상하였다. 관세 인상은 수입 타이어 비용을 높였으며, 외국과의 경쟁을

낮추어 미국 타이어 생산자들이 국내산 타이어에도 더 높은 가격을 책정할 수 있도록 했다. 새로운 관세로 인해 미국 타이어 판매점이 각 타이어에 지불하는 가격이 20달러 상승했다고 하자. 그림 5.11은 각 타이어에 대한 판매점 비용 20달러 상승의 효과를 보여준다. 비용 상승은 공급곡선을 위로 20달러만큼 이동시킨다. 제4장에서 배운 것처럼 위쪽이나 왼쪽으로 이동하는 공급곡선은 공급 감소를 나타낸다. 이 경우 공급이 감소하면 균형은 E_1에서 E_2로 이동하여 시장에서 균형가격이 높아지고 균형수량은 낮아진다.

공급곡선과 수요곡선이 둘 다 이동하는 경우

두 곡선이 동시에 이동하면 균형가격과 균형수량 중 하나에 미치는 효과는 분명하지만 다른 변수에 미치는 효과는 이동의 상대적 크기에 달려 있다. 그림 5.12의 균형점 E_1에서 시작하여, 만약 공급이 증가하고 수요가 감소하면 새로운 균형점은 음영 표시된 영역 어딘가에서 형성될 것이다. 공급 증가와 수요 감소는 둘 다 균형가격을 낮추므로 가격에 미치는 효과는 분명히 가격을 낮추는 방향으로 작용한다. 하지만 공급 증가는 균형수량을 위로 올리고 수요 감소는 균형 수량을 아래로 떨어뜨린다. 균형수량에 미치는 종합적인 효과는 이동의 상대적인 크기에 달려 있다.

그림 5.12는 수요 감소가 공급 증가보다 상대적으로 작은 경우를 보여준다. 새로운 균형점 E_2에서는 가

> **수입관세**
> 다른 나라로부터 구입하는 재화나 서비스에 대한 조세

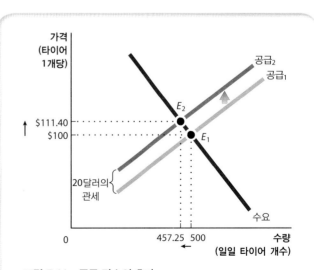

그림 5.10 공급 증가의 효과
공급이 증가하면 균형가격은 하락하고 균형수량은 증가한다.

그림 5.11 공급 감소의 효과
공급이 감소하면 균형가격이 증가하고 균형수량은 감소한다.

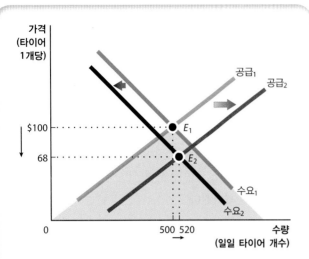

그림 5.12 이중 이동 : 공급 증가와 수요 감소

균형점 E_1에서 시작하여, 만약 공급이 증가하고 수요가 감소하면 새로운 균형점은 음영 표시된 영역 어딘가에 있을 것이다. 두 이동 모두 가격을 낮추므로 균형가격은 확실히 하락할 것이다. 균형수량이 어떻게 되는지는 이동의 상대적 크기에 달려 있을 것이다. 위 경우에는 공급 이동이 수요 이동보다 크므로, 새로운 균형점 E_2에서 수량이 전보다 크다.

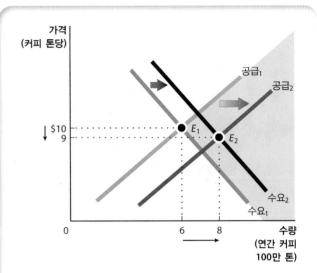

그림 5.13 공급과 수요가 둘 다 증가하는 경우

공급과 수요가 둘 다 증가할 때 새로운 균형점은 음영 표시된 영역 어딘가에 있을 것이다. 두 이동 모두 수량을 증가시키므로 균형수량은 확실히 증가할 것이다. 하지만 균형가격은 두 이동의 상대적 크기에 따라 증가할 수도 있고 감소할 수도 있다. 위 경우에는 공급 증가가 수요 감소보다 크므로, 새로운 균형점 E_2에서 가격이 전보다 낮다.

격 하락과 수량 순증가가 나타난다. 만약 수요 감소가 공급 증가보다 상대적으로 컸다면 균형수량은 이와 달리 감소했을 것이다.

커피 시장에서 에스프레소 커피의 인기는 커피 원두에 대한 수요를 증가시켰다. 그것이 이야기의 끝이라면, 그에 따른 수요곡선의 오른쪽 이동은 커피 원두의 균형수량과 균형가격을 둘 다 증가시킬 것이다. 하지만 커피 원두를 생산하는 농장 수 역시 크게 증가하였다. 이러한 공급 증가는 그것 단독으로는 균형수량을 증가시키고 균형가격을 하락시킬 것이다. 에스프레소 커피의 인기 상승과 커피 원두 생산 농장 수의 증가는 합쳐지면 균형수량을 확실하게 증가시킨다.

공급 감소는 균형가격을 하락시키고 수요 증가는 균형가격을 상승시키는데, 그렇다면 균형가격은 어떻게 될까? 답은 어느 이동이 큰지에 따라 균형가격이 상승할 수도 있고 하락할 수도 있다는 것이다. 그림 5.13의 E_1에서 시작하여, 새로운 균형점은 음영 표시된 영역 어딘가에 있을 것이다. 지난 20년간 커피 원두의 전 세계 공급의 증가가 수요 증가를 앞질렀다. 공급이 수요보다 더 많이 증가하면 그림 5.13의 균형점 E_2가 예시하는 것처럼 균형가격은 하락한다.

이동이 이중으로 발생하면 항상 이와 비슷한 애매한 상황이 발생한다. 이중 이동은 드물며 별개의 두 영향, 즉 공급에 대한 영향과 수요에 대한 영향이 있어야 함에 주의하라. 곡선 하나에만 영향을 주는 변화에 대해 두 곡선을 모두 이동시키는 것은 학생들이 흔히 저지르는 실수이다.

시장균형 관련 문제의 단계적 풀이

시장균형을 추적할 때 시장의 변화에 대한 여러 형태의 문제와 씨름할 수 있다. 다음 단계를 따르면 공급이나 수요 이동이 시장균형에, 그리고 따라서 균형가격과 균형수량에 어떤 영향을 주는지 알아낼 수 있다.

1단계 : 어느 곡선이 이동하는지 파악하라.

한계비용(추가적인 각 단위를 생산하는 비용), 미래 가격에 대한 기대, 공급자의 수 등에 영향을 주는 요인이 있으면 공급곡선이 이동함을 기억하라. 각 단위에 대한 소비자의 지불용의금액이나 소비자의 수에 영향을 주는 요인이 있으면 수요곡선이 이동한다.

2단계 : 이동의 방향을 파악하라.

공급곡선은 한계비용이 증가하거나 미래의 기대 가격이 상승하거나 기업 수가 감소하면 왼쪽 위로 이동한다(공급 감소). 이런 변화가 반대로 일어나면 공급이 증가해 공급곡선이 오른쪽 아래로 이동한다. 수요곡선은 각 단위에 대한 소비자의 지불용의금액이 증가하거나 소비자의 수가 증가하면 오른쪽 위로 이동한다(수요 증가). 소비자의 지불용의금액이나 소비자의 수가 감소하면 수요가 감소하여 수요곡선이 왼쪽 아래로 이동한다.

3단계 : 공급과 수요 그래프를 그리고 원래 균형가격과 수량을 표시하라. 그 후 같은 그래프에 이동을 나타내고 새로운 균형가격과 수량을 표시하라.

새로운 균형가격 및 균형수량을 원래 균형가격 및 균형수량과 비교함으로써 변화가 시장에 미치는 영향을 알 수 있다.

예제

마모된 타이어는 미끄러운 표면에서 마찰력을 잃기 때문에 사람들이 생각했던 것보다 훨씬 더 운전을 위험하게 만든다는 사실을 뉴스 기사가 밝힌다고 하자. 이 뉴스 기사가 단기에 새로운 타이어의 균형가격과 수량에 어떤 영향을 미칠지 그래프로 보여라.

1단계 : 어느 곡선이 이동하는가? 뉴스 기사가 타이어 생산비에 영향을 주지 않으며, 새로운 타이어 판매점이 단기에 개업할 수 없으므로 공급곡선은 이동하지 않는다. 뉴스는 새 타이어에 대한 소비자들의 지불용의금액을 증가시키므로 수요곡선이 이동한다.

2단계 : 어느 방향으로 이동하는가? 기사는 새 타이어에 대한 소비자들의 지불용의금액을 증가시키므로 수요곡선이 오른쪽 위로 이동한다.

3단계 : 그래프를 그려 이동이 균형가격과 균형수량에 미치는 효과를 나타내라.

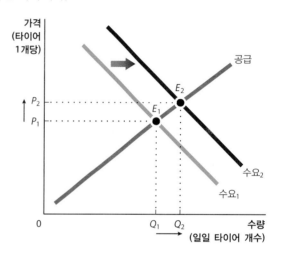

요약

재화나 서비스 시장에서 공급량과 수요량은 균형가격에서 같아진다. 시장가격이 처음에 균형가격보다 높거나 낮게 설정되면 그 수준에서 오랫동안 계속 지속될 수 없다. 가격이 균형가격보다 높게 설정되면 재화 잉여분이 발생해 기업들은 더 낮은 가격을 책정하게 된다. 가격이 균형가격보다 낮게 책정되면 부족분이 발생하여 기업들은 더 높은 가격을 책정하게 된다.

가격상한이나 가격하한은 정부나 기관의 정책에 의해 설정된, 가격에 대한 인위적인 제한이다. 가격상한으로 인해 재화나 서비스의 가격이 균형가격보다 낮게 유지되면 지속적인 부족분으로 인해 불법 암시장, 산업 쇠퇴, 품질 저하, 줄서기 비용(소비자들이 구매를 위해 줄을 서야 하기 때문에)이 발생할 수 있다. 가격하한으로 인해 재화나 서비스의 가격이 균형가격

보다 높게 유지되면, 그 가격에서는 판매자들이 소비자들이 희망하는 것보다 더 많은 양을 공급할 것이기 때문에 잉여분이 발생한다.

시장상황이 변할 때 재화의 가격과 수량이 어떻게 변하는지 알아내기 위해서는 균형점에 주목하라. 수요만 증가하거나 감소하면 가격과 수량은 수요와 같은 방향으로 변한다. 공급만 증가하거나 감소하면 균형수량은 공급과 같은 방향으로 움직이지만 균형가격은 공급과 반대 방향으로 움직인다. 공급과 수요가 둘 다 이동하면 균형가격과 균형수량 중 하나에 대한 효과는 분명하지만 다른 변수에 대한 효과는 이동의 상대적 크기에 달려 있다.

✓ 가격상한　　　✓ 균형가격　　　✓ 균형점　　　✓ 암시장

✓ 가격하한　　　✓ 균형수량　　　✓ 수입관세　　　✓ 자중손실

복습문제

1. 재화 가격은 자연스럽게 다음 어느 수준으로 끌려가는가?
   a. 공급곡선과 세로축의 교차점
   b. 수요곡선과 세로축의 교차점
   c. 공급곡선과 수요곡선의 교차점
   d. 수요곡선과 가로축의 교차점
   e. 공급곡선의 최고점

2. 가격상한이 시장에서 효과가 있으려면 어떻게 설정되어야 하는가?
   a. 균형가격보다 높게
   b. 균형가격보다 낮게
   c. 균형가격과 같게
   d. 공급량과 수요량이 같게
   e. 위 어느 것도 아님

3. 아래 그래프를 다시 그려 다음 각각을 표시하라.

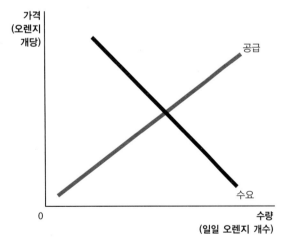

   a. 균형점
   b. 균형가격과 균형수량
   c. 시장에서 책정되는 가격을 달라지게 할 가격하한 수준
   d. c문항에서 그린 가격하한에서 잉여분을 나타내는 수평 거리

4. 가격상한의 편익은 무엇인가? 가격상한의 의도치 않은 결과 네 가지를 밝혀라.

5. 가격상한에 대한 찬반양론을 고려할 때, 여러분이 결정권자라면 뉴욕시의 아파트 임대료에 대해 가격상한을 실시하겠는가? 그 이유는 무엇인가?

6. 공급곡선이 우상향하고 수요곡선이 우하향하는 산악자전거 시장에 대해 공급과 수요 그래프를 그려라. 균형가격과 균형수량을 각각 P_1, Q_1으로 표시하라. 십대 아이들이 활짝 웃으며 목가적인 숲속 오솔길을 질주해 내려오는 광고의 성공이 산악자전거 균형가격과 균형수량에 어떤 영향을 미칠지 보여라. 새로운 균형가격과 균형수량을 각각 P_2, Q_2로 표시하라. 곡선 이동의 배후에 있는 논거를 설명하라.

7. 공급곡선이 우상향하고 수요곡선이 우하향하는 컴퓨터 메모리칩의 공급과 수요 그래프를 그려라. 균형가격과 균형수량을 각각 P_1, Q_1으로 표시하라. 칩 생산비용을 감소시킨 획기적 디자인 발전이 균형가격과 균형수량에 어떤 영향을 미칠지 보여라. 새로운 균형가격과 균형수량을 각각 P_2, Q_2로 표시하라. 곡선 이동의 배후에 있는 논거를 설명하라.

8. 미국 전화 이용자의 거의 절반이 여전히 전통적인 '유선전화' 서비스를 이용한다. 유선전화 서비스는 전선을 이용해 통화를 전송한다. 공급곡선이 우상향하고 수요곡선이 우하향하는 유선전화 서비스의 공급과 수요 그래프를 그려라. 균형가격과 균형수량을 각각 P_1, Q_1으로 표시하라. 많은 소비자에게 휴대전화 서비스는 유선전화 서비스를 대체할 수 있다. 휴대전화 가격 하락이 유선전화 서비스 시장의 균형가격과 균형수량에 어떤 영향을 미칠지 보여라. 새로운 균형가격과 균형수량을 각각 P_2, Q_2로 표시하라. 곡선 이동의 배후에 있는 논거를 설명하라.

9. 공급곡선이 우상향하고 수요곡선이 우하향하는 초콜릿 칩 스콘의 공급과 수요 그래프를 그려라. 균형가격과 균형수량을 각각 P_1, Q_1으로 표시하라. 초콜릿 칩 가격이 오르고, 동시에 초콜릿이 건강에 주는 편익을 널리 알리는 연구가 나왔다고 하자. 그래프에서 새로운 균형점이 놓일 수 있는 영역을 모두 음영으로 표시하라. 새로운 균형가격과 균형수량에 대해 우리가 아는 것과 알지 못하는 것에 대해 설명하라.

10. 표의 정보를 이용해 소고기 육포의 공급곡선과 수요곡선을 그리고 다음 질문에 답하라.

가격 (파운드당)	수요량 (파운드)	공급량 (파운드)
$1	50	5
2	40	10
3	30	15
4	20	20
5	10	25
6	0	30

   a. 균형가격은 얼마인가?

   b. 균형수량은 얼마인가?

   c. 2달러의 가격상한이 시행될 경우,

   　i. 소고기 육포 공급량은 몇 파운드가 되겠는가?

   　ii. 소고기 육포 수요량은 몇 파운드가 되겠는가?

   d. 가격상한이 없지만 모든 가격대에서 소고기 육포 수요량이 원래 수량의 절반으로 떨어진다고 하자. 그래프에 새로운 수요곡선을 그려라. 새로운 균형가격과 균형수량은 얼마인가?

11. 공급곡선이 우상향하고 수요곡선이 우하향하는 대학교육 시장의 수요와 공급 그래프를 그려라. 등록금을 대학교육의 가격으로 간주하라. 균형가격과 수량을 각각 P_1, Q_1으로 표시하라. 단순화를 위해 각 대학에서 제공되는 교육은 동일하다고 가정하라.

   a. 이 시장의 소비자잉여와 생산자잉여를 나타내는 영역을 그래프에 음영으로 나타내고 표시하라.

   b. 정부가 대학등록금에 가격상한을 실시한다고 하자. 수평선을 이용해 시장에 변화를 가져오는 가격상한 수준을 나타내라.

   c. 가로, 세로 줄무늬를 이용해 그래프에서 가격상한으로 인한 자중손실 영역을 나타내라.

   d. 세로 줄무늬를 이용해 그래프에서 가격상한 시행 후의 소비자잉여를 나타내는 영역을 표시하라.

   e. 가로 줄무늬를 이용해 가격상한 시행 후의 생산자잉여를 나타내는 영역을 표시하라.

   f. 가격상한으로 인해 모든 학생들이 이득을 보는가? 그 이유는 무엇인가?

   g. 자중손실 이외에도, 대학교육 시장에서 가격상한으로 인해 발생할 수 있는 또 다른 문제점은 무엇인가?

탄력성

6

Christopher Woods

학습목표

이 장에서는 다음 내용을 학습한다.

1. 소비자들이 가격에 어떻게 반응하는지 평가한다.
2. 공급의 가격탄력성 값을 해석한다.
3. 재화가 보완재인지 대체재인지 파악한다.
4. 재화가 정상재인지 열등재인지 파악한다.
5. 탄력성과 조세정책과의 관련성에 대해 논의한다.

크리스토퍼 우즈는 테네시주 채터누가 근처의 공방에서 수제기타를 판매한다. 그는 머틀리 크루 같은 전설적인 밴드를 위한 기타도 제작하지만, 그의 고객들 대부분은 덜 유명하고 덜 부유하다. 그의 고객들은 크리스토퍼가 만든 기타 소리를 매우 좋아하지만 또한 가격과 할인에 대해 듣고 싶어 한다. 크리스토퍼는 가격을 정할 때 개인소득 추세에도 맞추어야 한다. 고객의 소득이 오르거나 떨어지면 고가 기타의 판매량도 같이 변한다. 지난 불황 때 그의 최고급 기타 판매량은 미끄럼을 탔다. 그리고 앰프나 다른 전기기타 부대용품 가격이 오르면 기타 판매량은 눈에 띄게 하락한다. 그러므로 크리스토퍼 우즈의 열망은 좋은 악기를 만드는 것이지만 경제학에 대한 무지는 그를 경각의 위험에 처하게 할 것이다.

왜 알아야 하는가?

이 장은 가격과 소득 변화의 효과에 관한 것이다. **물건을 팔 때, 이윤극대화 가격은 고객들이 높고 낮은 가격에 어떻게 반응하는지에 달려 있다.** 가게가 여러분이 주로 사는 물건 가격을 올리면, 대체재를 받아들이거나 시간을 들여 발품을 팔아 더 좋은 거래를 찾는 것처럼 높아진 가격을 피하는 방법들이 있다. 사람들이 가격 변화에 어떻게 반응하는지는 공동체 구성원이나 정책입안자의 입장에서도 중요할 수 있다. 예를 들어 미국에서 대부분의 주는 복권을 이용해 공공 프로그램 자금 마련을 돕는다. 음악을 좋아하는 사람은 복권 가격을 5% 인상해 지역사회의 음악 프로그램 기금을 마련하자고 제안할 수 있다. 하지만 이 전략의 성공 여부는 소비자들이 높아진 복권 가격에 어떻게 반응하는지에 달려 있다. 소비자들이 동일한 수의 복권을 산다면 수입은 5% 증가할 것이다. 하지만 가격 인상으로 복권 판매가 5% 감소한다면 복권 수입 증가는 0이 될 것이다. 이 장은 여러분이 특히 판매자, 쇼핑객, 음악 애호가로서 현명한 결정을 내리고 곤란을 피하는 데 도움이 될 것이다.

수요의 가격탄력성

크리스토퍼 우즈가 기타 가격을 낮추면 전보다 기타를 더 많이 팔 것으로 예측할 수 있다. 하지만 가격 인하가 판매와 이윤에 미치는 영향은 고객들이 얼마나 가격 변화에 민감한지에 달려 있다. 크리스토퍼가 가격을 약간 낮춰 기타를 훨씬 많이 팔 수 있다면 그것은 매력적인 변화이다. 가격을 대폭 인하해도 수요량이 조금만 증가한다면 그것은 이윤을 더 얻기 위한 길이 아니다. **수요의 가격탄력성**(price elasticity of demand)은 가격 변화에 대한 소비자의 민감도를 측정한다. 그것은 재화나 서비스 가격이 오르내릴 때 수요량과 판매수입이 어떻게 변하는지에 대한 귀중한 지표이다. 수요의 가격탄력성을 계산하려면 다음 비를 이용한다.

$$\text{수요의 가격탄력성} = \frac{\text{수요량 변화율}}{\text{가격 변화율}}$$

> **수요의 가격탄력성**
> 가격 변화에 대한 소비자의 민감도를 재는 척도

변화율을 계산하는 가장 간단한 방법은 변화분(새로운 값 빼기 원래 값)을 원래 값으로 나누는 것이다. 따라서 수요의 가격탄력성을 다음과 같이 계산할 수 있다.

$$\text{수요의 가격탄력성} = \frac{\dfrac{\text{새로운 수량} - \text{원래 수량}}{\text{원래 수량}}}{\dfrac{\text{새로운 가격} - \text{원래 가격}}{\text{원래 가격}}}$$

이 공식을 적용하면 그림 6.1에서 A점과 B점 사이의 수요의 가격탄력성은 다음과 같다.

$$\text{수요의 가격탄력성} = \frac{\dfrac{5-6}{6}}{\dfrac{10-8}{8}} = \frac{\dfrac{-1}{6}}{\dfrac{2}{8}} = -\frac{\dfrac{1}{6}}{\dfrac{1}{4}} = -\frac{2}{3}$$

우하향하는 수요곡선 상에서는 가격과 수요량 간에 역의 관계가 있다. 즉 가격 상승은 수요량 감소를 가져오며, 가격 하락은 수요량 증가를 가져온다. 수량 변화율과 가격 변화율 중 하나는 언제나 음수이고 다른 하나는 양수이므로, 수요의 가격탄력성은 언제나 음수이다. 단순화를 위해 음수 부호를 생략하는 것이 일반적이다. 예를 들어 수요의 가격탄력성이 '1.2'라고 하는 것은 실제로는 수요의 가격탄력성이 −1.2임을 의미한다. 이 책에서는 이러한 관례에 따라 수요의 가격탄력성을 모두 양

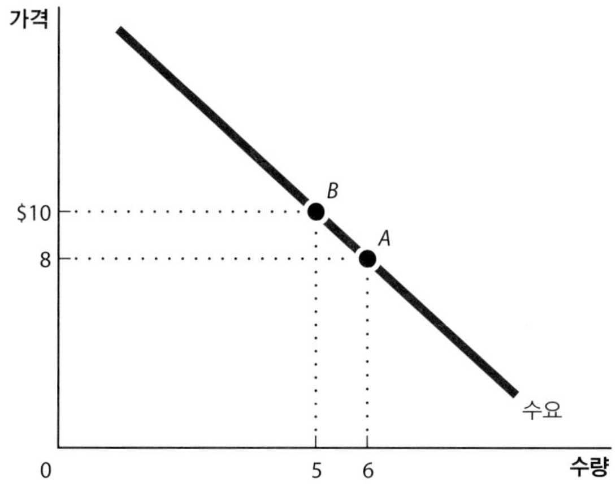

그림 6.1　수요의 가격탄력성 알아내기
수요의 가격탄력성을 알아내려면 수량의 변화율을 가격의 변화율로 나누면 된다.

표 6.1　식품 품목에 대한 수요의 가격탄력성

식품	가격탄력성
포도	1.180
토마토	0.622
소고기	0.621
치즈	0.247
버터	0.243
사과	0.190
커피와 차	0.176
달걀	0.110
상추	0.090
설탕	0.037
마가린	0.009

출처 : Economic Research Service; U.S. Department of Agriculture

수로 표현할 것이다.

표 6.1은 여러 종류의 식품에 대한 수요의 가격탄력성을 보여준다. 어느 재화에 대한 수요의 가격탄력성이 상대적으로 크다면 그 재화의 가격 변화는 상대적으로 큰 수량 변화를 가져온다. 예를 들어 표 6.1에 있는 식품 가격이 각각 1% 증가하면 포도 수요의 가격탄력성이 가장 크므로 포도 수요량 감소율이 가장 클 것이다(1.180%). 마찬가지로 마가린 수요량 감소율이 가장 작을 것이다(0.009%). 다음에서는 수요의 가격탄력성을 해석하는 법에 대해 더 많이 알아볼 것이다.

탄력적, 비탄력적, 단위탄력적 수요

가격 변화에 대한 소비자의 반응으로 수요량이 상대적으로 소폭 변한다면 수요의 가격탄력성이 1보다 작고 수요는 **비탄력적**(inelastic)으로 간주된다. 예를 들어 급하게 구입해야 하는 재화는 수요가 비탄력적이기 쉽다. 응급의료가 필요하다면 가장 좋은 가격을 찾기 위해 이곳저곳 발품을 팔지는 않을 것이다. 또 마지막 순간에 임박해서 교과서를 살 때는 가격 변화에 민감하지 않을 것이다. 연필처럼 애초에 값이 얼마 되지 않는 재화에 대한 수요도 마찬가지로 비탄력적인데, 이는 20%나 30% 증가라고 해도 몇 푼 되지 않기 때문이다. 소비자가 어떤 재화를 사는 것 말고 다른 선택이 거의 없을 때도 수요는 비탄력적이다. 출퇴근을 위해 필요한 자동차 같은 필수재, 담배처럼 소비자가 중독되는 재화, 야구장 구내매점의 음식처럼 대체재가 거의 없는 재화가 이러한 사례이다.

가격 변화에 대한 소비자의 반응으로 수요량이 상대적으로 크게 변한다면 수요의 가격탄력성이 1보다 크고 수요는 **탄력적**(elastic)으로 간주된다. 고급 자동차나 이국적 휴가처럼 값비싼 재화나 서비스에 대한 수요는 보통 탄력적이다. 유람선 여행을 고려하고 있는데 가격이 대폭 오르면 그 대신 집에서 쉬며 휴가를 보낼 것이다. 대형 푸드코트에서 파는 햄버거처럼 대체재가 많은 재화에 대한 수요는 탄력적이다. 여러 식당이 한 장소를 공유하면 한 식당이 가격을 높일 경우 고객들은 저렴한 대안을 찾아 근처 식당으로 갈 것이다. 소비자들이 구매를 위한 시간이 많은 경우에도 재화에 대한 수요는 탄력적이기 쉽다. 시간이 충분히 주어지면 소비자들은 여러 방법으로 덜 비싸진 제품을 찾을 수 있으며, 비싸진 제품에 대한 저렴한 대체재를 찾을 수 있다. 예를 들어 미국에서 정부의 가격지지로 인해 설탕 가격이 상승했을 때 소비자들은 처음에는 다른 선택권이 없었다. 하지만 시간이 지남에 따라 소비자들은 옥수수 시럽이나 인공감미료 같은 저렴한 대체재를 찾아냈다.

가격 변화에 따라 수요량이 비례적으로 변하면 수요의 가격탄력성이 1이고 수요는 **단위탄력적**(unit elastic)으로 간주된다. 예를 들어 항

비탄력적 수요
제품에 대한 수요의 가격탄력성이 1보다 작은 경우

탄력적 수요
수요의 가격탄력성이 1보다 큰 경우

단위탄력적 수요
수요의 가격탄력성이 1인 경우

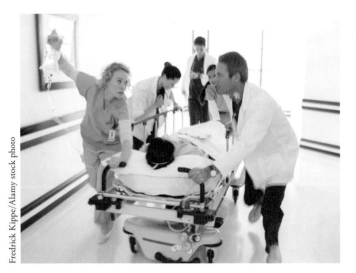

Fredrick Kippe/Alamy stock photo

migstock/Alamy

▲ 재화나 서비스가 급하게 필요하면 수요는 비탄력적이기 쉽다.

▲ 경쟁 식당이 많은 경우 한 식당이 가격을 올리면 고객들은 다른 식당으로 갈 것이다.

공권 가격이 10% 인상되어 항공권 구매량이 10% 감소하면 수요는 단위탄력적이다. 아르바이트 학생에게 지출할 수 있는 예산이 고정되어 있는 대학에 대해서도 생각해보라. 아르바이트 학생의 가격인 시급이 10% 증가하면 대학은 이에 대응하여 아르바이트생을 10% 덜 고용할 것이다.

요약하면, 다음과 같은 재화에 대한 수요는 비탄력적일 가능성이 높다.

- 연필, 신문, 풍선껌처럼 **소비자 소득의 아주 작은 부분으로 살 수 있는 재화**
- 의료나 필수 교과서처럼 **필수품인 재화**
- 휘발유나 컴퓨터 운영체제처럼 **대체재가 거의 없는 재화**
- 담배나 술처럼 **중독성이 있는 재화**
- 자동차 수리나 장례절차처럼 **급히 구입해야 하는 재화**

다음과 같은 재화에 대한 수요는 탄력적일 가능성이 높다.

- 집이나 골프장 회원권처럼 소비자 소득의 큰 부분이 필요한 재화
- 명품 시계나 유명한 디자이너의 옷처럼 사치품인 재화
- 버거킹 햄버거나 나이키 상표 축구공처럼 대체재가 많은 재화
- 미용 서비스나 운동화처럼 여러 대안에 대해 생각하고 한참 후에 살 수 있는 재화

표 6.2는 수요의 가격탄력성이 0과 1 사이인지, 1보다 큰지, 정확히 1인지에 따라 수요를 비탄력적, 탄력적, 단위탄력적으로 분류하여 요약한 것이다.

표 6.2 비탄력적, 탄력적, 단위탄력적 재화 : 요약

수요의 종류	의미	예	수요의 가격탄력성
비탄력적	수요가 가격 변화에 대해 별로 탄력적이지 않음	응급의료	1.0보다 작음
탄력적	수요가 가격 변화에 대해 매우 탄력적임	버거킹 햄버거	1.0보다 큼
단위탄력적	수요가 가격 변화에 대해 비례적으로 탄력적임	20달러어치 아이튠즈 선물카드를 이용한 음악 다운로드와 같이 엄격한 예산 제약하에 구입하는 재화	1.0

총수입과 수요의 가격탄력성

총수입(total revenue)은 기업이 재화 판매로부터 얻는 총금액이다. 총수입은 재화 가격을 판매량으로 곱해 쉽게 얻을 수 있다. 만약 크리스토퍼 우즈가 기타 1대당 100달러를 책정하여 하루에 기타 20대를 판매한다면 총수입은 $100×20=$2,000가 된다. 크리스토퍼는 가격이 높아지면 기타 수요량이 감소한다는 것을 알고 있지만, 가격 인상이 총수입에 미치는 영향은 수요의 가격탄력성에 달려 있다. 만약 가격 변화에 대한 소비자의 민감도로 인해 수요가 탄력적이면, 가격 인상은 총수입 감소를 가져온다. 이것은 가격 증가율이 기업의 판매량 감소율보다 작기 때문에 발생한다. 예를 들어 기타 한 대당 가격이 100달러에서 120달러로 20% 상승한 결과 크리스토퍼의 매상이 하루 기타 20대에서 8대로 60% 하락했다고 하자. 수요의 가격탄력성은 60%÷20%=3이고 크리스토퍼의 총수입은 가격 인상의 결과 하루 2,000달러에서 960달러로 하락한다. 그림 6.2(a)에서 바둑판 모양으로 표시된 영역은 처음 100달러 가격에서의 총수입을 나타내며, 녹색 영역은 120달러의 가격에서 전보다 작아진 총수입을 나타낸다. 크리스토퍼에게 경쟁자가 많다면 그의 기타에 대한 수요가 실제로 탄력적이어서 가격 인상이 총수입 감소를 가져올 가능성이 높다.

> 가격 변화에 대한 소비자의 민감도로 인해 수요가 탄력적이면, 가격 인상은 총수입 감소를 가져온다.

Bruce yuanyue Bi/Alamy

▲ 수요가 탄력적이면 가격 변화는 수요량에 상대적으로 큰 영향을 미친다. 이는 가게가 가격을 높이면 총수입이 줄고 가격을 낮추면 총수입이 늘어남을 의미한다.

이제 크리스토퍼의 누이인 로빈이 외진 마을의 유일한 기타 거래업자이며 그녀로부터 기타를 구입하는 것의 유일한 대안은 멀리 떨어진 도시까지 차를 몰고 가서 기타를 사는 것이라고 하자. 경쟁이 없으므로 로빈의 기타에 대한 수요는 비탄력적이 되고, 따라서 가격 인상은 비례적인 것보다 작은 수요량 감소를 가져온다. 가격 인상에 대해 상대적으로 작은 반응이 있으므로 총수입은 증가한다. 예를 들어 가격이 100달러에서 120달러로 20% 상승한 결과 로빈의 매상이 기타 20대에서 19대로 5% 떨어졌다고 하자. 수요의 가격탄력성은 5%÷20%=0.25이고, 로빈의 총수입은 가격 인상의 결과 2,000달러에서 2,280달러로 증가한다. 그림 6.2(b)는 이런 시나리오를 나타낸다.

크리스토퍼와 로빈의 남동생인 배리가, 기타에 대한 수요가 단위탄력적인 세 번째 마을에서 기타를 판매한다고 하자. 배리가 기타 가격을 20% 올리면 수요량은 기타 20대에서 16대로 20% 감소하여 그의 총수입은 결국 전과 같다. 가격을 인하해도 수요량이 가격 감소율과 같은 비율로 증가하기 때문에 마찬가지로 총수입에 영향이 없다. 그림 6.2(c)는 이런 시나리오를 나타낸다.[1]

이윤(profit)은 총수입에서 **총비용**(total cost), 즉 기업의 모든 비용의 합을 뺀 것이다. 수요가 비탄력적이면 가격 인상은 수요량 감소를 가져오지만 총수입을 증가시킨다는 것을 배웠다. 수량이 감소하면 생산비도 낮아진다. 덜 생산하면 비용이 덜 들기 때문이다. 총수입 증가와 비용 감소를 결합하면 기업의 이윤은 확실히 증가한다. 따라서 비탄력적 수요에 직면한 기업은 가격을 인상해야 한다. 단위탄력적인 수요에 직면한 기업도, 가격을 올리면 총수입은 그대로지만 비용이 하락해서 기업이윤이 증가할 것이기 때문에 가격을 인상해야 한다. 반면 수요가 탄력적이면 가격 인상은 수요량 감소와 총수입 감소를 가져온다. 수량 감소

> **총수입**
> 기업이 재화 판매로부터 얻는 총금액

---

1. 변화율 계산을 위해 우리가 사용한 간단한 공식에 근거하면 총수입은 미소하게 변한다. 하지만 중점 공식(midpoint formula)을 이용하면 그렇지 않다. 중점 공식은 변화분을 시작 값과 끝 값의 평균으로 나누어 변화율을 계산한다. 시작 값과 끝 값이 멀리 떨어져 있는 경우. 두 점의 평균을 사용하는 것은 변화율 계산 시 둘 중 어느 한 값을 분모로 사용하는 것에 대한 절충이 된다. 중점 공식을 적용하면 20%의 가격 상승률은 예를 들어 90달러에서 110달러로의 인상에서 온다. 즉 변화분 20달러를 평균인 100달러로 나누면 0.200이 된다. 20%의 수량 감소는 예를 들어 22개에서 18개로의 감소에서 온다. 변화분 4를 평균인 20으로 나누면 0.200이 된다. 원래 총수입은 $90×22=$1,980이다. 가격 변화 후의 총수입은 $110×18=$1,980이다.

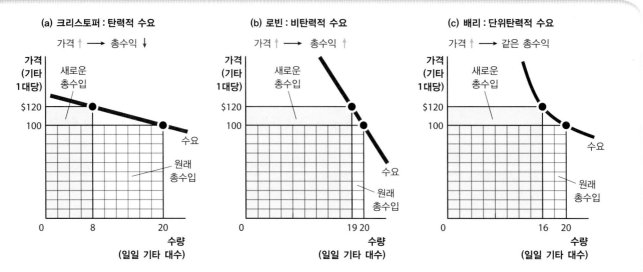

그림 6.2 수요의 가격탄력성에 따른 총수입의 변화

(a) 수요가 탄력적이면 수량 감소율이 가격 증가율보다 크기 때문에 가격 인상은 총수입 감소를 가져온다. (b) 수요가 비탄력적이면 가격 증가율이 수량 감소율보다 크기 때문에 가격 인상은 총수입 증가를 가져온다. (c) 수요가 단위탄력적이면 수량 감소가 가격 증가에 비례하기 때문에 가격 인상은 총수입을 변화시키지 않는다.

는 앞에서처럼 비용을 줄이지만 이윤에 미치는 효과는 불확실하다. 총수입 감소가 비용 감소보다 클 수도 있고 작을 수도 있다. 기업들이 어떻게 이윤극대화 가격과 수량을 찾는지는 제8장에서 설명한다.

완전비탄력적 수요

소비자들의 재화 수요량이 가격에 관계없이 동일하다면 수요곡선은 희망 수량에서 수직이다. 수직 수요곡선은 **완전비탄력적 수요**(perfectly inelastic demand)를 나타낸다. 시장 전체가 완전비탄력적 수요를 가질 가능성은 낮지만 개인이 그러한 수요를 가지는 것은 얼마든지 가능하다. 그림 6.3은 알래스카주로 이주하여 겨울에 출근을 위해서 스노타이어가 필요한 어느 소비자의 스노타이어에 대한 완전비탄력적 수요곡선을 나타낸다. 이 사람은 타이어가 4개 필요하므로, 감당할 수 있는 범위 내에서의 가격 변동은 스노타이어 수요량을 변화시키지 않을 것이다. 수요의 가격탄력성이 수량 변화율을 가격 변화율로 나눈 값임을 기억하면, 이 경우의 탄력성을 알아내는 것은 간단하다. 수량 변화율이 0이며 0을 어떤 변화율로 나누어도 탄력성

은 0이 된다. 목숨을 구해주는 수술에 대한 이 소비자의 수요도 마찬가지이다. 즉 수술이 1회 필요하다면 가격에 관계없이 수술 수요량은 1이 될 것이다. 현실적으로는, 이 각 경우에 가격이 너무 높아져 소비자가 구입을 할 여력이 완전히 없어지면 수요량은 0으로 떨어질 것이다.

완전비탄력적 수요
가격에 관계없이 재화 수요량이 동일한 경우

완전탄력적 수요
가격을 조금만 올려도 재화 수요량이 0으로 떨어지는 경우

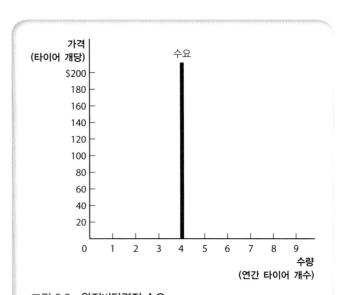

그림 6.3 완전비탄력적 수요
수직 수요곡선은 가격에 관계없이 수요량이 동일함을 나타낸다. 이 경우 수요는 완전비탄력적이다.

완전탄력적 수요

수평 수요곡선은 **완전탄력적 수요**(perfectly elastic demand)를 나타낸다. 그림 6.4는 크리스토퍼의 기타에 대한 완전탄력적 수요를 보여준다. 수요곡선이 이렇게 생기면 크리스토퍼는 개당 100달러에 기타를 얼마든지 팔 수 있다. 그러나 가격을 인상하면 수요량이 0으로 떨어질 것이다. 이는 가격이 증가하면 증가율이 얼마이든 수요량 변화율이 무한대가 되어 수요의 가격탄력성이 무한대가 되기 때문이다. 가격 변화에 대해 이 정도로 민감한 것이 비현실적으로 보일 수도 있지만, 많은 기업들이 실제로 완전탄력성에 가까운 수요곡선에 직면한다. 만약 어느 기타 판매점이 대도시에 있는 150개의 매우 비슷한 기타 판매점 중 하나라면, 크리스토퍼는 현재 가격에서 원하는 만큼 기타를 판매할 수 있다. 하지만 그가 가격을 조금이라도 올리면 같은 기타를 더 싸게 파는 경쟁자들에게 손님을 거의 모두 뺏길 것이다. 100달러에 원하는 만큼 팔 수 있기 때문에 그보

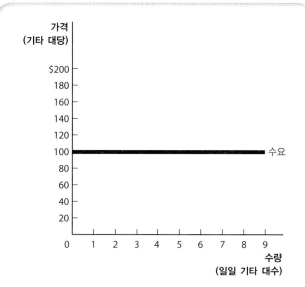

그림 6.4 완전탄력적 수요

수평 수요곡선은 수요곡선이 완전탄력적임을 나타낸다. 여기 나타난 완전탄력적 수요곡선에 직면하면 기업은 개당 100달러에 기타를 얼마든지 팔 수 있다. 그러나 가격이 조금이라도 오르면 수요량이 0으로 떨어질 것이다.

Q&A

수요의 가격탄력성은 수요곡선의 기울기와 같은가?

그렇지 않다. 가격탄력성이 기울기와 관계가 있지만, 탄력성과 기울기의 차이를 이해하는 것이 중요하다. 여기에 기울기와 탄력성 공식을 비교한 것이 있다.

$$기울기 = \frac{가격\ 변화분}{수량\ 변화분}$$

$$가격탄력성 = \frac{\dfrac{수량\ 변화분}{수량}}{\dfrac{가격\ 변화분}{가격}}$$

이 공식들을 혼동하지 않도록 주의하라. 그림 6.5처럼 우하향하는 직선 수요곡선 상에서 기울기는 전혀 변하지 않는다. 기울기는 이 선의 어디에서든 −2이다. 하지만 가격탄력성은 0부터 무한대까지 변한다. 이는 수량과 가격이 탄력성 공식의 일부이며, 선을 따라 움직이면 그 값이 변하기 때문이다. 수요곡선의 왼쪽 끝에서는 가격은 높고 수량은 낮다. 가격이 14달러에서 16달러로 상승하면 수량이 0에서 1로 무한대의 비율로 변해 수요의 가격탄력성이 무한대가 된다. 수요곡선의 중점에서 수요의 가격탄력성은 1이다. 가격이 8달러에서 6달러로 25% 변하면 수량은 4에서 5로 25% 변한다. 수요곡선의 오른쪽 끝에서는 가격은 낮고 수량은 높다. 가격이 0달러에서 2달러로 무한대의 비율로 증가하면 수량이 8에서 7로 12.5% 감소한다. 변화율이 얼마이든 무한대로 나누면 0이므로 수요곡선의 오른쪽 끝에서 수요의 가격탄력성은 0이다.

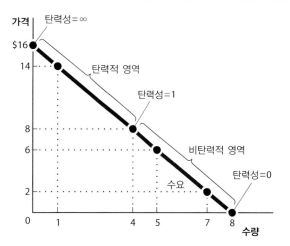

그림 6.5 우하향하는 직선 수요곡선의 탄력성

우하향하는 직선 수요곡선 상에서 수요의 가격탄력성은 왼쪽 끝의 무한대에서 오른쪽 끝의 0까지의 범위를 갖는다. 곡선의 중점에서 수요는 단위탄력적이어서 탄력성 값이 1이다.

탄력성과 기울기의 개념은 같지는 않지만 연결되어 있다. 예를 들어 어느 특정 점에서 수요곡선의 기울기가 완만하면, 같은 점에서 기울기가 가파른 경우에 비해 가격탄력성이 높다. 이러한 연관관계로 인해 수요곡선의 기울기가 탄력성이라고 잘못 생각하지 않도록 하라.

다 낮은 가격을 책정할 이유는 없을 것이다.

또 다른 예로 동질적인 농산품을 판매하는 수천의 판매자를 들 수 있다. 농부들은 양배추 시장에서 균형가격에 원하는 만큼의 양배추를 팔 수 있다. 그러나 한 농부가 포기당 조금이라도 높은 가격을 책정하려고 하면, 슈퍼마켓 주인은 같은 물건을 더 싸게 파는 다른 수천 명의 농부들 중 1명으로부터 양배추를 살 것이다.

공급의 가격탄력성

공급의 가격탄력성(price elasticity of supply)은 기업이 자신이 판매하는 재화 가격 변화에 얼마나 민감하게 반응하는지 측정한다. 공급의 가격탄력성이 클수록 가격 상승에 따른 공급량 증가가 커진다. 계산은 탄력성 공식에서 수요량 대신에 공급량을 쓴다는 점 말고는 수요의 가격탄력성과 같다.

$$\text{공급의 가격탄력성} = \frac{\text{공급량 변화율}}{\text{가격 변화율}}$$

공급의 가격탄력성은 추가적인 재화 공급의 비용에 달려 있다. 만약 경기장의 좌석이나 엠파이어스테이트 빌딩의 사무실, 음반계약을 할 수 있는 테일러 스위프트처럼 공급이 고정되어 있다면, 공급은 가격이 10달러이든 10,000,000달러이든 같을 것이다. 이 경우 공급곡선은 가용한 수량에서 수직이다. 이는 가격이 어떻게 변하든 수량 변화가 0이어서 공급이 완전비탄력적이 됨을 의미한다. 수요와 마찬가지로 공급도 일반적으로 시간이 지남에 따라 더 가격탄력적으로 된다. 장기적으로는 경기장도 확대될 수 있고 건물도 확장될 수 있다. 이런 변화는 좌석과 사무실 공급의 가격탄력성을 0에서 어떤 양수로 변화시킨다. 복제 가능성을 제외하면 테일러 스위프트의 공급은 완전비탄력적으로 남을 것이다.

완전탄력적인 공급곡선은 수평이며, 이는 특정 가격에서 재화나 서비스가 무제한으로 공급되지만 가격이 낮아지면 공급량이 0으로 떨어짐을 나타낸다. 수백만의 미숙련 노동자가 있는 나라를 생각해보자. 이들은 노동의 가격인 임금이 집에서 일하며 자가소비를 위해 식량을 재배하는 시간의 가치보다 높으면 노동을 공급한다. 전형적 노동자

> **공급의 가격탄력성**
> 판매하는 재화의 가격 변화에 기업들이 얼마나 민감하게 반응하는지 재는 척도
>
> **수요의 교차가격탄력성**
> 한 재화 가격이 다른 재화 수요량에 어떤 영향을 미치는지 재는 척도

▲ 단기적으로 사무실 공간 공급의 가격탄력성은 0이다. 새로운 건물을 짓는 데 시간이 걸리기 때문이다. 장기적으로는 가격이 충분히 높으면 사무실이 더 지어지므로 공급의 가격탄력성은 양수가 된다. 가격이 얼마이든 테일러 스위프트를 1명 더 고용할 수는 없는데, 이는 테일러 스위프트 공급의 가격탄력성을 장기에도 0으로 만든다.

가 집에서 보내는 시간의 가치가 시간당 0.99달러라면 시간당 1.00달러에 수백만의 노동자가 고용될 수 있다. 하지만 임금이 조금이라도 떨어지면 노동 공급량이 거의 0으로 떨어질 것이다. 많은 개발도상국의 상황과 비슷한 이 시나리오에서 노동 공급은 완전탄력적이다.

수요의 교차가격탄력성

한 재화 가격 하락이 소비자들로 하여금 다른 재화를 더 사고 싶어 하게 만들면 이 재화들을 소비보완재라고 부른다는 것을 제3장에서 배웠음을 기억하라. 예를 들어 기타 가격이 떨어져 사람들이 기타를 더 많이 사면 악보도 더 많이 산다. 소비보완재의 다른 예로 땅콩버터와 젤리, 여행과 여행가방, 차와 설탕이 있다.

한 재화 가격 하락이 다른 재화 수요 감소를 가져오면 이 재화들을 소비대체재라고 부른다는 것도 배웠다. 예를 들어 자동차 가격이 하락하여 더 많은 소비자가 차를 사면 버스 서비스에 대한 수요가 감소한다. 다른 소비대체재로 햄버거와 핫도그, 케이블 TV와 위성 TV, 커피와 차가 있다.

앞에서 배운 탄력성 척도를 살짝 변형하면 한 쌍의 재화가 보완재인지 대체재인지 알 수 있다. **수요의 교차가격탄력성**(cross-price elasticity of demand)은 한 재화의 가격이 다른 재화의 수요량에 미치는 영향을 측정한다. 그 공식은 수요의 가격탄력성 공식과 매우 비슷하다. 즉 한 재화(재화 A)의 수요량

▲ 커피와 차는 대체재이다. 하나의 가격이 오르면 다른 하나에 대한 수요가 증가한다. 커피와 크림은 보완재이다. 하나의 가격이 오르면 다른 하나에 대한 수요가 감소한다.

변화율을 다른 재화(재화 B)의 가격 변화율로 나눈 것이다.

$$수요의 \ 교차가격탄력성 = \frac{재화 \ A의 \ 수요량 \ 변화율}{재화 \ B의 \ 가격 \ 변화율}$$

수요의 가격탄력성과 달리 수요의 교차가격탄력성은 양수가 될 수도 있고 음수가 될 수도 있다. 탄력성의 부호는 두 재화가 보완재인지 대체재인지 나타낸다. 한 재화 가격 상승이 다른 재화에 대한 수요를 감소시키면 수요의 교차가격탄력성은 음수이고 두 재화는 보완재이다. 기타 가격이 10% 오르고 높아진 가격에서 기타가 덜 구매되어 악보가 3% 덜 팔린다고 하자. 이러면 기타와 악보 간 수요의 교차가격탄력성은 −3%÷10%= −0.3이 된다. 교차가격탄력성 값이 음수라는 것은 기타와 악보가 보완재임을 확인해준다.

한 재화 가격 상승이 다른 재화에 대한 수요량을 증가시키면 수요의 교차가격탄력성은 양수이고 두 재화는 대체재이다. 새 기타 가격이 10% 오르자 중고 기타 수리에 대한 수요가 20% 증가한다고 하자. 그러면 기타와 기타 수리 간 수요의 교차가격탄력성은 20%÷10%=2이다. 새 기타와 기타 수리는 대체재이므로 이 숫자는 양수이다. 표 6.3은 교차탄력성에 근거한 대체재와 보완재 분류를 요약한 것이다.

수요의 소득탄력성

봉급 인상에 따라 스테이크, 고급 커피, 외제차, 신선한 과일, 유명 디자이너의 옷을 더 많이 사게 되면 이런 재화는 정상재이다. **정상재**(normal goods)는 소득이 오르면 더 많이 사는 재화이다. **열등재**(inferior goods)는 소득이 오르면 덜 사는 재화이다. 동일한 재화가 어떤 사람에게는 정상재이고 다른 사람에게는 열등재가 될 수도 있다. 소득이 오르면 여러분은 티셔츠를 더 많이 사지만 부모님은 덜 살 수도 있다. 많은 사람들에게 적용되는 열등재로 햄버거, 주유소 커피, 중고차, 통조림 과일, 할인판매점의 옷이 있다.

수요의 소득탄력성(income elasticity of demand)은 소득 변화가 재화 수요에 미치는 영향을 측정한다. 소득탄력성 공식은 가격 대신 소득을 쓴다는 것 말고는 가격탄력성 공식과 같다.

$$수요의 \ 소득탄력성 = \frac{수요량 \ 변화율}{소득 \ 변화율}$$

음의 소득탄력성은 재화가 열등재임을 나타낸다. 양의 소득탄력성은 재화가 정상재임을 나타낸다. 정상재는 추가적으로 필수재와 사치재로 분류된다. **필수재**(necessity)는 소득탄력성이 0과 1 사이인 재화이다. 소득이 오르면 사람들은 기초식품이

정상재
소득이 오르면 더 많이 사는 재화

열등재
소득이 오르면 덜 사는 재화

수요의 소득탄력성
소득 변화가 재화 수요에 미치는 영향을 재는 척도

필수재
소득탄력성이 0과 1 사이인 재화

표 6.3 대체재와 보완재 : 요약

관계	의미	예	교차가격탄력성 값
대체재	하나의 가격 상승이 다른 하나에 대한 수요를 증가시킨다.	펜더 기타와 깁슨 기타	양수
보완재	하나의 가격 상승이 다른 하나에 대한 수요를 감소시킨다.	기타와 기타줄	음수

BW Folsom/Shutterstock.com

▲ 신선한 과일이 통조림 과일보다 훨씬 비싸기 때문에 많은 사람들은 소득이 낮을 때보다 높을 때 신선한 과일을 더 많이 산다. 이 사람들에게 신선한 과일은 정상재이고 통조림 과일은 열등재이다.

표 6.5 식품 수요의 소득탄력성

식품	소득탄력성
사과	−0.362
마가린	−0.336
설탕	0.006
달걀	0.287
상추	0.372
소고기	0.392
치즈	0.418
버터	0.539
포도	0.561
커피와 차	0.818
토마토	0.918

출처 : Economic Research Service; U.S. Department of Agriculture

나 옷과 같은 필수재를 더 많이 사지만, 이런 품목의 구입은 소득에 비례하는 것보다 적게 증가한다. **사치재**(luxury)는 소득탄력성이 1보다 큰 재화이다. 소득이 오름에 따라 외식이나 항공권과 같은 사치재 구입은 소득에 비례하는 것보다 크게 증가한다. 표 6.4는 수요의 소득탄력성에 근거하여 재화를 정상재, 열등재, 필수재, 사치재로 분류한 것을 요약한 것이다.

소득탄력성에 대한 이해는 경기가 좋을 때와 나쁠 때 어느 제품을 홍보할지 결정해야 하는 영업 관리자에게 중요하다. 불경기에 패스트푸드 체인점은 간단한 핫도그나 햄버거로 이루어진 특가메뉴를 더 강조한다. 그리고 옷가게는 턱시도 같은 사치재보다는 양말이나

사치재
소득탄력성이 1보다 큰 재화

허리띠 같은 필수품을 홍보한다. 표 6.5는 다양한 식품의 소득탄력성을 보여준다.

학습내용의 응용 : 탄력성과 조세

탄력성과 경제정책과의 연관성을 보기 위해, 수요와 공급의 가격탄력성이 조세부담에 미치는 영향을 분석해보자. 모든 수준의 정부는 공립학교, 도로, 질병관리, 경찰, 소방서, 국립공원

표 6.4 소득탄력성에 따른 재화 유형 : 요약

재화의 종류	의미	예	소득탄력성 값
열등재	소득이 오르면 덜 구입된다.	중고차, 집에서 보내는 휴가, 주유소 커피	음수
정상재	소득이 오르면 더 구입된다.	신차, 유람선, 고급 커피	양수
필수재	구매 증가율이 소득 증가율보다 작다.	기초식품, 옷, 의료	0과 1.0 사이
사치재	구매 증가율이 소득 증가율보다 크다.	외식, 항공권	1.0보다 큼

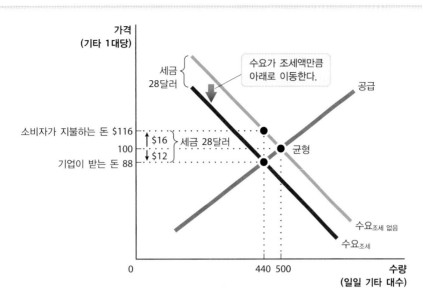

그림 6.6　조세가 소비자에게 미치는 영향
정부가 소비자로부터 세금을 징수하면, 조세가 부과된 재화 각 단위에 대해 소비자가 기업에 지불할 용의가 있는 금액이 조세액만큼 감소한다. 이는 수요곡선을 조세액만큼 아래로 이동시킨다.

과 같은 재화와 서비스에 대한 비용 마련을 위해 조세를 거둔다. **조세의 귀착**(tax incidence)은 조세부담이 관련 당사자 사이에 나눠지는 방법을 말한다. 이 절에서는 재화나 서비스에 부과된 조세의 귀착이 조세를 구매자가 납부하는지 판매자가 납부하는지에 달려 있지 않음을 볼 것이다. 대신 그것은 공급과 수요의 탄력성에 달려 있다.

재화와 서비스는 다양한 조세의 대상이 될 수 있다. **판매세**(sales tax)는 광범위한 재화와 서비스에 적용된다. 판매세는 보통 판매가격의 일정 비율로 소비자로부터 거둔다. 판매세가 6%인 150달러짜리 기타를 사면 150달러에 더해 150달러의 6%인 9달러를 세금으로 낸다. 따라서 판매자에 대한 총지급액은 159달러가 된다. 그러면 판매자는 여러분이 낸 세금 9달러를 정부에 보내고 150달러를 갖는다.

물품세(excise tax)는 특정 재화나 서비스에 부과되는 조세이다. 술과 담배에 부과되는 추가 조세는 물품세의 예이다. 대부분의 경우 물품세는 종량세(per-unit tax), 즉 판매되는 각 단위에 대해 정부가 일정 금액을 거두는 조세이다. 예를 들어 테네시 주정부는 타이어 판매업자로부터 종량 물품세를 거둔다. 물품세는 일반적으로 판매자가 납부해야 하지만, 높은 가격의 형태로 조세가 소비자에게 전가될 수 있다. 어떤 경우에는 물품세를 판매세처럼 소비자로부터 직접 거둔다. 인디애나주는 기

타에 대한 종량 물품세를 소비자가 납부해야 하는 주 중 하나이다.

조세의 귀착이 누가 실제로 조세를 납부하는지와 왜 무관한지 살펴보기 위해 다음 두 조세의 효과를 비교해보자. 하나는 기타에 대한 물품세 28달러를 소비자가 납부하는 경우이고, 다른 하나는 동일한 세금을 생산자가 납부하는 경우이다. 이 세금이 소비자에게서 징수되면 소비자의 지불용의금액에 영향을 미친다. 그림 6.6의 연한 보라색 선이 조세가 없을 때의 기타 수요곡선이라고 하자. 언제나 그런 것처럼, 각 단위의 수요곡선의 높이는 해당 단위에 대해 소비자가 지불할 용의가 있는 최고 금액을 나타낸다. 조세가 소비자의 지불용의금액에 영향을 주지는 않지만, 세금을 내야 하면 소비자가 세금 이외에 지불할 용의가 있는 가격은 하락한다. 예를 들어 다섯 번째 기타에 최고 200달러를 지불할 용의가 있는 소비자는 이제는 172달러까지만 가격을 지불하려고 할 것이다. 이 가격에 세금 28달러를 더하면 200달러가 되기 때문이다. 마찬가지로, 각 단위에 대해 소비자가 기업에 지불할 용의가 있는 최고 가격은 28달러 감소한다.

조세의 귀착
조세부담이 관련 당사자 사이에 나눠지는 방법

판매세
광범위한 재화와 서비스에 적용되는 조세

물품세
특정 재화나 서비스에 부과되는 조세

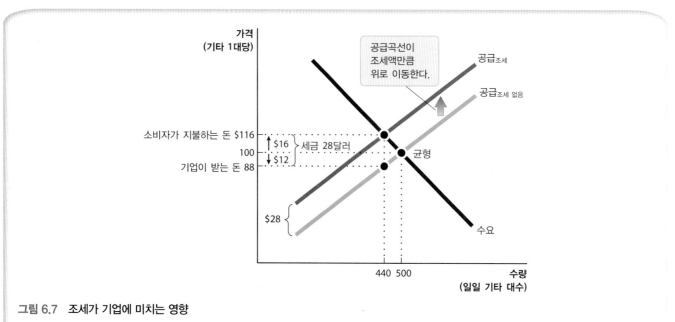

그림 6.7   조세가 기업에 미치는 영향

정부가 기업으로부터 조세를 징수하면 재화 각 단위에 대해 기업이 받아야만 하는 금액이 조세액만큼 증가한다. 이는 공급곡선을 조세액만큼 위로 이동시킨다.

따라서 조세는 기업이 직면한 수요곡선을 조세액만큼 아래로 이동시키며, 이는 짙은 보라색 수요곡선으로 나타난다.

원래 균형에서 가격은 100달러이고 소비자는 기타를 500대 구입한다. 수요 이동 후 시장은 새로운 균형수량인 기타 440대에 도달한다. 기업은 기타 1대당 88달러를 받는데, 이 가격은 기업이 정부로 보내야 하는 세금을 포함하지 않은 가격이다. 소비자는 88달러의 가격에 세금 28달러를 더하여 총 116달러를 지불한다. 소비자가 지불하는 총금액이 조세액인 28달러보다 적게 상승하였음에 주목하라. 낮아진 균형가격은 소비자가 지불하는 금액이 조세액 전액만큼 증가하는 것을 막고, 소비자에게 부과된 판매세 부담의 일부를 재화 판매자에게 지운다. 중요한 교훈은, 누가 세금 납부 책임이 있는지와 상관없이 보통 조세부담은 세금으로 인해 전보다 더 많은 돈을 내야 하는 구매자와 전보다 적은 돈을 받는 판매자 사이에 적절히 나뉜다는 것이다.

이제 기타에 대한 세금 28달러를 기타 판매점이 납부한다고 하자. 이 경우 소비자는 조세 납부 책임이 없으므로 조세는 수요곡선에 영향을 주지 않는다. 하지만 그렇다고 해서 조세가 소비자에게 영향을 주지 않는 것은 아니다. 기업에 대한 조세는 각 기타 공급의 한계비용을 28달러 증가시킨다. 만약 크리스토퍼 우즈가 다섯 번째 기타를 50달러에 공급할 용의가 있고 각 기타에 대해 세금 28달러를 납부해야만 한다면, 그는 그 기타 가격으로 50달러를 받아들이지는 않을 것이다. 그는 다섯 번째 기타로부터 적어도 50달러는 확보해야 할 필요가 있다. 정부에 세금 28달러를 납부해야 한다면 그는 적어도 \$50+\$28=\$78는 되어야 다섯 번째 기타를 공급할 것이다. 이렇게 해야 세금 납부 후에 50달러를 확보할 수 있다. 기업이 각 기타에 대해 추가적으로 28달러가 필요하므로, 기타에 대한 세금은 그림 6.7에서처럼 기타 공급곡선을 위로 28달러만큼 이동시킨다. 공급곡선 이동 후 균형공급량은 440이다. 소비자는 기업에 116달러의 가격을 지불하여 조세부담을 나눈다. 28달러의 세금 납부 후 기업은 88달러를 얻는다.

그림 6.6과 6.7로부터, 종량세가 소비자에게 부과되든 기업에 부과되든 소비자가 지불하는 금액, 기업이 얻는 금액, 균형수량은 모두 같음을 알 수 있다. 조세의 귀착이 누가 세금 납부 책임이 있는지와 무관하다면, 조세부담의 배분을 결정하는 것은 무엇일까? 바로 공급과 수요의 가격탄력성이다. 그림 6.8은 그림 6.6, 6.7과 같은 기타 시장의 균형을 보여주는데, 한 가지 차이는 수요가 전보다 더 탄력적이라는 것이다. 그 결과 조세부담의 일부가 소비자로부터 기업으로 이동한다. 수요곡선이 더 탄력적이면 소비자는 대당 116달러가 아니라 108달러를 지불하며, 기업은 대당 88달러가 아니라 80달러를 받는다. 반면 만약 공급곡선이 더 탄력적이라면 조세부담은 소비자에게로 더 많이 이동한다. 여기 그려진 것보다 더 가파르거나 완만한

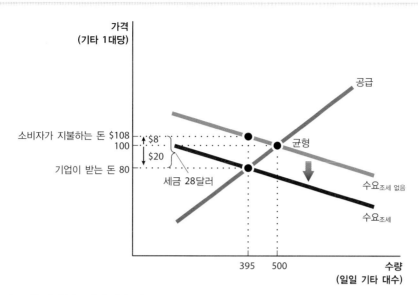

그림 6.8 조세의 귀착 : 중요한 것과 중요하지 않은 것

조세의 귀착, 즉 누가 조세부담을 지는지는 누가 조세 납부에 대한 책임이 있는지와 무관하다. 대신 그것은 공급과 수요의 가격탄력성에 달려 있다. 이 그림을 그림 6.6과 비교하면, 수요의 가격탄력성이 증가하면 소비자의 조세부담이 감소하고 기업의 조세부담이 증가함을 알 수 있다.

수요곡선과 공급곡선을 몇 개 그려 조세의 귀착이 어떻게 변하는지 분석해보라.

탄력성 문제의 단계적 풀이

탄력성 값 계산과 해석에 관한 질문을 받으면 다음 단계를 따르면 된다.

1단계 : 어떤 종류의 탄력성이 적절한지 파악하라.

계산해야 하는 탄력성의 종류가 문제에 명시되어 있지 않다면 계산의 목표로부터 그것을 추론할 수 있다.

- 재화에 대한 수요가 탄력적인지, 단위탄력적인지, 비탄력적인지 알아내려면 수요의 가격탄력성을 계산하라.
- 재화의 공급이 탄력적인지, 단위탄력적인지, 비탄력적인지 알아내려면 공급의 가격탄력성을 계산하라.
- 두 재화가 대체재인지 보완재인지 알아내려면 수요의 교차가격탄력성을 계산하라.
- 재화가 정상재인지 열등재인지 알아내려면 수요의 소득탄력성을 계산하라.

2단계 : 적절한 값을 탄력성 공식에 집어넣어 탄력성을 구하라.

$$수요의\ 가격탄력성 = \frac{수요량\ 변화율}{가격\ 변화율}$$

$$공급의\ 가격탄력성 = \frac{공급량\ 변화율}{가격\ 변화율}$$

$$수요의\ 교차가격탄력성 = \frac{재화\ A의\ 수요량\ 변화율}{재화\ B의\ 가격\ 변화율}$$

$$수요의\ 소득탄력성 = \frac{수요량\ 변화율}{소득\ 변화율}$$

3단계 : 다음 수직선은 탄력성 값에 대한 해석을 요약한 것이다.

수요의 소득탄력성

예제

여러분이 기타 판매점을 소유하고 있다고 하자. 근처 판매점에서 드럼 세트를 판다. 기타와 드럼 세트는 대체재일 수도 있고 보완재일 수도 있다. 즉 드럼 세트 가격이 하락하면 사람들이 기타 대신 드럼 세트를 사기 때문에 기타 판매가 감소할 수도 있다. 또는 드럼 세트 가격이 하락하면 기타 연주자를 필요로 하는 밴드가 더 많이 생길 수도 있다. 드럼 세트 가격이 400달러에서 300달러로 떨어지면 일일 드럼세트 판매가 10에서 11로 증가하고 일일 기타 판매가 20에서 21로 증가한다. 기타와 드럼 세트가 대체재인지 보완재인지 나타내는 탄력성을 계산하고, 찾아낸 결과를 해석하라.

1단계 : 어떤 종류의 탄력성이 적절한지 알아내라. 재화가 대체재인지 보완재인지 알려주는 것은 수요의 교차가격탄력성이므로 그것이 적절한 탄력성 개념이다. 드럼 세트에 대한 수요의 가격탄력성을 계산할 수 있는 정보도 충분히 있지만 그것은 이 문제가 묻고 있는 것이 아니다.

2단계 : 적절한 값을 탄력성 공식에 집어넣어 탄력성을 구하라.

$$수요의\ 교차가격탄력성 = \frac{기타의\ 수요량\ 변화율}{드럼\ 세트의\ 가격\ 변화율}$$

$$= \frac{\dfrac{21-20}{20}}{\dfrac{300-400}{400}} = \frac{.05}{-.25} = -.2$$

3단계 : 결과를 해석하라. 수요의 교차가격탄력성이 음수이므로 기타와 드럼 세트는 보완재이다.

수요의 교차가격탄력성

요약

수요의 가격탄력성은 소비자들이 가격 변화에 얼마나 민감한지 나타낸다. 이 척도가 (절댓값으로, 즉 음수 부호를 제거했을 때) 1보다 크면 수요는 탄력적이다. 이는 소비자의 수요량 변화율이 가격 변화율보다 크다는 것을 뜻한다. 수요의 가격탄력성이 1보다 작으면 수요는 비탄력적이다. 이는 수요량 변화율이 가격 변화율보다 작음을 뜻한다. 가격탄력성이 1이면 수요는 단위탄력적이고 수요량은 가격 변화에 비례하여 변한다.

비탄력적 수요에 직면한 경영자는 가격을 올리면 이윤을 증가(또는 손실을 감소)시킬 수 있다. 판매수입이 증가하고 동시에 물건이 덜 팔리므로 비용은 감소한다. 마찬가지로 단위탄력적인 수요에 직면한 경영자는 가격을 올리면 금전적으로 득을 볼 수 있다. 이 경우 판매수입은 불변이지만 비용이 하락할 것이다. 수요가 탄력적이면 가격 상승은 판매수입 감소와 비용 감소를 가져오므로, 가격 상승이 이윤에 미치는 영향은 판매수입과 비용 중 어느 것이 더 많이 떨어지는지에 달려 있다.

탄력성 공식을 수정하면 공급의 가격탄력성, 수요의 교차가격탄력성, 수요의 소득탄력성을 구할 수 있다. 공급의 가격탄력성은 가격 변화에 대한 공급량의 민감도를 측정한다. 제품 공급은 탄력성이 1보다 크면 탄력적이고 탄력성이 1보다 작으면 비탄력적이다. 수요의 교차가격탄력성은 한 재화에 대한 수요가 다른 재화 가격에 어떤 영향을 받는지 측정한다. 수요의 교차가격탄력성이 양수이면 두 재화는 대체재이다. 예를 들어 대형 샌드위치와 피자는 대체재이다. 수요의 교차가격탄력성이 음수이면 두 재화는 보완재이다. 콜라와 피자는 보완재의 예이다.

수요의 소득탄력성은 소득 변화가 재화 수요에 미치는 영향을 측정한다. 재화는 수요의 소득탄력성이 음수인지 양수인지에 따라 열등재나 정상재로 분류된다. 주유소 커피나 중고차 같은 열등재는 소득탄력성이 음수이다. 고급 커피나 신차 같은 정상재는 소득탄력성이 양수이다. 정상재는 소득탄력성이 1보다 작은지 큰지에 따라 필수재나 사치재로 분류된다.

판매세는 광범위한 재화와 서비스에 적용되는 조세로, 보통 판매가격의 일정 비율로 소비자로부터 거둔다. 물품세는 특정 재화나 서비스에 부과되는 조세로, 보통 판매되는 각 단위에 대해 일정 금액을 판매자로부터 징수한다. 조세 종류가 둘 중 어느 것이든, 조세부담은 누가 직접적으로 조세 납부 책임이 있는지에 의해 결정되지 않는다. 그보다 조세부담은 수요와 공급의 가격탄력성에 의해 결정된다. 예를 들어 수요의 가격탄력성이 낮으면 소비자들이 상대적으로 가격 변화에 둔감하여, 기업이 높아진 가격의 형태로 소비자들에게 조세를 더 전가한다.

핵심용어

- ✓ 공급의 가격탄력성
- ✓ 단위탄력적 수요
- ✓ 물품세
- ✓ 비탄력적 수요
- ✓ 사치재
- ✓ 수요의 가격탄력성
- ✓ 수요의 교차가격탄력성
- ✓ 수요의 소득탄력성
- ✓ 열등재
- ✓ 완전비탄력적 수요
- ✓ 완전탄력적 수요
- ✓ 정상재
- ✓ 조세의 귀착
- ✓ 총수입
- ✓ 탄력적 수요
- ✓ 판매세
- ✓ 필수재

복습문제

1. 어쿠스틱 기타에 대한 수요가 단위탄력적이라고 하자. 크리스토퍼 우즈가 어쿠스틱 기타에 책정하는 가격을 올리면, 수요의 가격탄력성이 변하지 않는다고 가정할 때 총수입이 어떻게 되겠는가? 답에 대해 설명하라.

2. 일반적인 자동차 타이어에 대한 수요의 가격탄력성과 비교해 다음 각 제품에 대한 수요탄력성은 어떠하겠는가? 답에 대해 설명하라.
   a. 스노타이어(필수재는 아니지만 눈 오는 날 유용함)
   b. 통학버스 타이어(정해진 계획에 따라 세금으로 구입)
   c. 자전거 타이어(소득에서 차지하는 비중이 자동차 타이어보다 작음)
   d. 가장 이름 있는 회사의 타이어(필수재라기보다는 사치재에 가까움)

3. 다음 각 시나리오에 대해 그래프를 그려 공급 증가가 균형 가격과 수량에 어떤 영향을 미치는지 보여라.
   a. 수요는 완전비탄력적이고 공급은 우상향
   b. 수요는 완전탄력적이고 공급은 우상향
   c. 수요는 우하향하고 공급은 완전비탄력적

4. 주유소에서 파는 핫도그 가격이 15% 오르자 주유소에서 구입하는 핫도그 양이 20% 감소했다고 하자. 주유소에서 파는 핫도그 수요의 가격탄력성은 얼마인가?

5. 친구의 소득이 25,000달러에서 50,000달러로 오르고 그 결과 친구가 구입하는 에너지 드링크의 수량이 일주일에 4에서 10으로 증가한다고 하자. 에너지 드링크에 대한 친구의 수요의 소득탄력성은 얼마인가?

6. 일반 뉴스 웹사이트에 올리는 광고 가격이 1,000달러에서 800달러로 떨어지고, 그 결과 뉴스 웹사이트 광고 수량이 10% 증가하고 신문 광고 수량이 3% 감소한다고 하자.
   a. 신문 광고와 뉴스 웹사이트 광고가 보완재인지 대체재인지 알려주는 탄력성 개념은 무엇인가?
   b. a문항에서 택한 탄력성을 계산하고 결과를 해석하라.

7. 다음 각 재화에 대해 본문에서 언급되지 않은 예를 하나 들라.
   a. 정상재
   b. 열등재
   c. 대체재인 두 재화
   d. 보완재인 두 재화
   e. 사치재
   f. 필수재

   위에 나온 각 재화에 대해 다음에 답하라.

i. 한 재화가 어떻게 분류되는지 확인하기 위해 사용할 수 있는 탄력성의 종류를 밝혀라.

ii. 명시된 탄력성에 대해 재화가 그 범주로 분류되게 하는 값의 범위를 밝혀라.

8. 다음 진술의 진위 여부를 판별하라 — 어느 특정 점에서든 수요곡선의 기울기는 그 점에서의 수요의 가격탄력성과 같다. 답에 대해 설명하라.

9. 타이어 시장에 대해 우상향하는 공급곡선과 우하향하는 수요곡선을 그려라. 균형가격과 수량을 P_1, Q_1으로 표시하라. 이제 정부가 낡은 타이어 처리 비용을 마련하기 위해 소비자에게 새 타이어에 개당 5달러의 세금을 부과한다고 하자. 그래프의 곡선들이 조세 부과의 결과 어떻게 변하는지 나타내라. 새로운 균형수량을 Q_2로, 소비자가 (세금을 포함해) 타이어 1개당 지불하는 새로운 금액을 P_C로, 기업이 (세금을 제외하고) 받는 가격을 P_F로 표시하라.

10. 어떤 의약품에 대한 수요가, 소비자들이 생존을 위해 그 약이 필요하기 때문에 매우 비탄력적이다. 그로 인해 어떤 제약회사들은 그 약 하루치 분량에 1,000달러 이상을 책정하는 것이 가능하게 되었다. 여러분 생각에는 제약회사가 어떤 약에 대해 소비자가 지불할 용의가 있는 최고 금액을 가격으로 책정하는 것이 용인될 수 있는가? 그 답은 제약회사가 이윤을 신약 개발에 대한 자금으로 쓰는 것에 따라 달라지는가? 약값에 가격상한제를 실시하는 것에 대한 찬성과 반대 의견을 하나씩 설명하라.

소비자 행동

Jessie Walker/Media bakery

학습목표

이 장에서는 다음 내용을 학습한다.

1. 한계효용과 총효용을 구별한다.

2. 예산제약의 중요성에 대해 논의한다.

3. 최적소비규칙을 이용해 효용을 극대화한다.

4. 소득효과와 대체효과를 설명한다.

5. 사람들을 행복하게 만드는 요인에 대해 행동경제학 분야로부터 얻는 통찰력을 설명한다.

포스터가 없는 학생 방은 꽃잎이 없는 꽃과 같다. 각각의 포스터는 공간, 시간, 돈을 어떻게 하면 가장 잘 활용할 것인지에 대한 여러 선택의 결과이다. 소비자로서 여러분은 어떤 포스터를 침대 위에 붙이고 어떤 포스터를 문을 열고 들어오면 보이게 할지 결정한다. 여러분은 포스터 박람회에 갈지, 그리고 굉장히 좋은 포스터를 구하기 위해 얼마나 오래 쇼핑해야 하는지 결정한다. 또한 여러분은 질이 더 좋거나 크기가 더 큰 포스터를 구하기 위해 돈을 더 쓸지, 아니면 그 돈을 원하는 다른 것에 쓸지 결정한다. 선택은 많은데 안내는 거의 없다. 지금까지는 그랬다. 이 장에서는 주어진 돈으로 어떻게 행복을 극대화하는지 설명한다.

왜 알아야 하는가?

David Levene/eyevine/Redux

여러 재화와 서비스 중에서도 미술품을 구입하는 데는 과학이 있다. 기숙사 방을 영화 포스터로 꾸미든 아니면 대저택을 빈센트 반 고흐의 걸작으로 장식하든, 모든 구입은 다른 것, 즉 그 돈을 가장 잘 사용하여 얻을 수 있는 다른 대안을 희생하여 얻는 것이다. 동일한 20달러를 포스터와 외식에 동시에 사용할 수는 없다. 선택을 해야 한다. 포스터와 식사, 컴퓨터와 댄스 교실, 옷과 스마트폰 앱 등 여러분의 선택이 무엇에 관한 것이든, 소비자 행동의 경제학에 대한 이해는 여러분의 행복을 증진할 수 있다.

▲ 유틸이 많은 것이 항상 더 좋지만, 이런 주관적인 행복의 단위는 엄밀하게 해석할 수 없다. 두 사람이 모두 가수 에드 시런의 포스터로부터 100유틸을 받는다고 말해도, 그것이 두 사람이 똑같이 행복함을 의미하지는 않는다.

효용극대화

제3장에서 **효용**이 행복이나 만족감을 의미함을 배웠다. 소비자로서 사람들의 궁극적인 목표는 쓸 수 있는 돈으로부터 최대한의 효용을 얻는 것이다. 사람들의 효용 수준은 자신의 선호에, 그리고 자신을 행복하게 만드는 것을 성공적으로 얻는 데 달려 있다. 소비자가 다르면 동일한 재화와 서비스로부터 얻는 효용 수준이 다를 가능성이 높기 때문에, 동일한 금액을 어떻게 쓸지에 대한 선택은 소비자마다 다르다. 대학 구내서점에서 50달러를 가지고 여러분의 룸메이트는 에드 시런 포스터와 에너지바 두 상자를 사지만, 여러분은 운동복 상의와 찰스 디킨스 소설을 더 좋아할 수도 있다.

소비자의 효용 수준을 개인들이 얻는 **유틸**(util) 측면에서 이야기할 수 있다. 유틸은 표준적 해석이 없는 행복의 주관적 척도이다. 유틸이 많은 것이 항상 더 좋지만, 사람들마다 행복이나 효용의 의미가 다르기 때문에 개인들 간에 효용을 비교하는 것은 적절하지 않다. 예를 들어 여러분의 교수가 유틸 100단위보다 101단위를 선호한다고 말하는 것은 안전하다. 하지만 여러분과 교수 각각이 동일한 포스터로부터 100유틸을 얻는다고 말해도, 그것이 포스터가 두 사람에게 동일한 양의 행복감을 안겨준다는 것을 뜻하지는 않는다. 여러분이 행복 100유틸이라고 묘사하는 것이

교수가 그렇게 묘사하는 것과 매우 다를 수 있다. 하지만 특정인에 대한 효용 수준의 비교로부터, 그리고 개인이 재화와 서비스로부터 얻는 효용에 부여하는 가치로부터 중요한 결론을 얻을 수 있다.

한계효용과 총효용

한계효용은 추가적인 1단위의 재화나 서비스로부터 얻는 추가적인 효용을 의미함을 기억하라. 한계효용체감, 즉 재화나 서비스를 더 많이 소비할 때 추가적인 1단위로부터 얻는 편익이 감소하는 것에 대해서도 배웠다. 포스터와 외식은 한계효용체감의 사례를 보여준다. 방을 꾸미기 위해 구입하는 첫 번째 포스터는 빈 벽 이외에 뭔가 볼거리를 제공한다. 하지만 다섯 번째 포스터는 이미 있는 포스터를 덮을 뿐이다. 마찬가지로, 하루의 첫 번째 외식은 허기를 만족시키지만 다섯 번째 외식은 그렇지 않다. 그리고 50번째 외식은 고려하고 싶지도 않을 것이다.

재화나 서비스로부터 얻는 **총효용**(total utility)은 소비되는 모든 단위로부터 개인이 얻는 효용을 합한 것이다. 총효용과 한계효용의 차이 때문에, 또는 행복에 대한 이 두 척도가 반대 방향으로 움직이는 경향이 있다는 사실 때문에 혼동하지 말기 바란다. 표 7.1은 학생 E가 여러 수량의 포스터 구입으로부터 얻는 총효용과 한계효용의 가상적 수준을 보여준다. E가 포스터를 1장만 가질 경우 총효용과 한계효용은 같다. 그 포스터로

표 7.1   한계효용과 총효용

포스터 수	한계효용	총효용
1	55	55
2	50	105
3	40	145
4	20	165
5	−5	160

부터 얻는 55유틸이 그 포스터로부터의 한계효용인 동시에 (다른 포스터가 없으므로) 모든 포스터로부터의 총효용이기 때문이다.

두 번째 포스터는 E의 총효용을 55에서 105로 증가시킨다. 두 번째 포스터에서 얻는 한계효용이 50이고 55+50=105이기 때문이다. 두 번째 포스터와 마찬가지로 세 번째, 네 번째 포스터는 각각 그 이전의 포스터보다 E의 총효용을 덜 증가시키기 때문에, E가 포스터로부터 얻는 한계효용은 체감한다. 하지만 이 포스터들로부터 얻는 한계효용은 여전히 양수이므로 E의

총효용은 계속 증가한다(그림 7.1 참조). 하지만 다섯 번째 포스터는 E의 방에서 창문 말고는 붙일 곳이 없고 창문에 포스터를 붙이면 더 안 좋아지기 때문에, 그것으로부터 얻는 한계효용은 음수이다. 다섯 번째 포스터로부터 얻는 음의 한계효용은 E의 총효용을 감소시킨다.

총효용곡선의 높이는 가로축에 나타난 수량까지의 모든 포스터로부터 얻는 누적된 효용량을 나타낸다. 예를 들어 포스터가 4장이면 총효용은 첫 번째부터 네 번째 포스터로부터 얻는 효용의 합, 즉 55+50+40+20=165이다. 한계효용곡선의 높이는 각 특정 포스터로부터 얻는 추가적인 효용을 나타낸다. 그러므로 수량이 포스터 4장일 때의 한계효용은 네 번째 포스터로부터 얻는 20유틸이다. 총효용곡선은 한계효용이 양수이면 항상 증가하고 한계효용이 음수이면 감소한다.

총가치와 한계가치의 차이를 더 잘 이해하기 위해, 아이스크림을 통에서 그릇으로 떠내고 있다고 상상해보자. 통 바닥이 가까워짐에 따라 한 번에 떠내는 아이스크림 양이 그전보다 작아질 수 있지만, 그릇에 쌓이는 아이스크림 더미는 마지막에 떠내는 양이 0이 될 때까지 계속 증가한다. 한계효용은 매번 떠내는 아이스크림 양처럼 감소하지만, 총효용은 그릇에 쌓이는 아이스크림 더미처럼 증가한다.

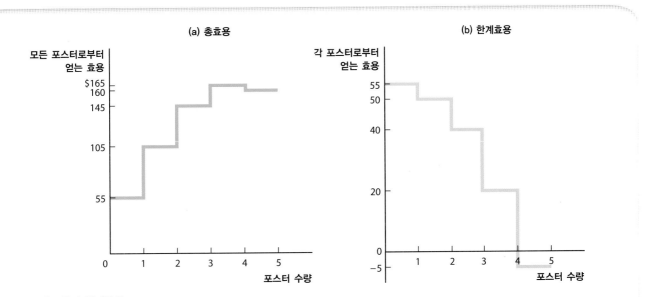

그림 7.1   총효용과 한계효용

E가 포스터로부터 얻는 총효용이 (a)에 나타나 있는데, 이 값은 (b)에 그려진 각 포스터로부터 얻는 한계효용을 더해 구할 수 있다. E의 한계효용이 양수인 한 총효용은 계속 증가한다. 네 번째 포스터 이후 E의 한계효용이 음수가 되면 총효용이 감소하기 시작한다.

Q&A

두 번째나 세 번째 포스터보다 첫 번째 포스터에서 더 많은 효용을 얻는다면, 포스터를 1장만 소비해서 한계효용을 극대화해야 하는 것 아닌가?

추가적인 1단위로부터 얻는 효용인 한계효용을 소비된 각 단위로부터의 한계효용의 합인 총효용과 혼동하기 쉽다. 우리의 목표는 총효용을 극대화하는 것이지 한계효용을 극대화하는 것이 아니다. 한계효용을 극대화하느라 포스터를 1장만 소비한다면 추가적 포스터로부터 얻을 수 있는 잠재적 이득을 놓치게 된다. 추가적 포스터로부터 얻는 한계효용이 포스터 가격보다 더 가치 있다면, 그 포스터가 첫 번째 포스터보다 총효용을 덜 증가시키더라도 그것을 사는 것이 이득이다.

예산제약

행복 추구에는 제약이 따른다. 한정된 시간, 한정된 양의 아이스크림, 포스터를 붙일 수 있는 한정된 공간, 그리고 예산에서 외식, 포스터, 아이스크림, 그리고 다른 모든 것에 쓸 수 있는 한정된 돈만 존재한다. 이 절에서는 소비결정을 제약하는 예산제약에 대해 살펴볼 것이다. 경제학자들은 비슷한 모형을 이용해 모든 종류의 제약을 검토한다.

이번 주에 개당 가격이 10달러인 패스트푸드 식사와 장당 가격이 20달러인 포스터에 쓸 수 있는 돈이 100달러 있다고 하자. 돈을 전부 패스트푸드 식사에 쓰면 10×$10=$100이므로 10단위를 살 수 있다. 하지만 포스터도 조금 사고 싶다고 하자. 포스터 가격이 식사 가격의 2배이므로 포스터 1장당 식사 2단위를 포기해야 한다. 포스터를 1장 사면 $100−$20=$80가 남아 식사 8단위를 살 수 있다. 포스터를 2장 사면 60달러가 남아 식사 6단위를 살 수 있다. 다른 포스터 수량에 대해서도 마찬가지다. 구입할 수 있는 포스터 최대 수량은 5장이다. 5×$20=$100이기 때문이다.

그래프 상의 점을 이용해 식사와 포스터의 조합을 나타낼 수 있다. 예를 들어 그림 7.2에서 A점은 식사 8단위와 포스터 1장을 나타낸다. 예산을 소진하는 모든 점을 잇는 선을 그리면 **예산제약**(budget constraint)을 시각적으로 나타낼 수 있다. 그림 7.2의 예산제약 상의 각 점은 총비용이 100달러인 식사와 포스터 수량 조합을 나타낸다.

예산제약 상의 점들은 예산을 전부 사용할 때 구입할 수 있는 재화의 조합을 보여준다. 예산제약 아래에 있는 점들은 예산의 일부를 안 쓰고 남기는 조합을 보여준다. 예를 들어 그림 7.2의 B점과 같이 식사 3단위와 포스터 1장을 사면 (3×$10)+

> **예산제약**
> 소비자의 예산을 모두 소진해 구입할 수 있는 두 재화 조합 전체를 나타내는 그래프 상의 점들의 집합

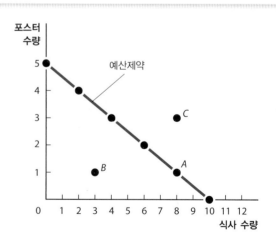

그림 7.2 예산제약
예산제약은 정해진 예산으로 구입할 수 있는 두 재화의 조합을 모두 보여준다. 10달러짜리 패스트푸드 식사와 20달러짜리 포스터에 쓸 수 있는 돈이 100달러 있다면, 식사 10단위나 포스터 5장, 또는 예산제약 상의 점으로 표시되는 어떤 재화 조합도 구입할 수 있다.

▲ 한계효용은 아이스크림과 같다. 아이스크림을 조금이라도 떠낼 수 있다면 총량은 증가한다.

TinasDreamworld/Alamy stock photo

(1×$20)=$50를 쓰는데, 이것은 예산 100달러의 절반밖에 되지 않는다. 예산제약 위쪽에 있는 점에서 소비하려면 지출 가능한 것보다 더 많은 돈이 필요하다. 예를 들어 C점처럼 식사 8단위와 포스터 3장을 구입하려면 (8×$10)+(3×$20)=$140가 필요한데, 이것은 예산 100달러를 초과한다.

예산이 증가하면 예산제약이 바깥쪽으로 이동하는데, 이는 포스터와 식사를 전보다 더 많이 구입할 수 있음을 나타낸다. 예산이 120달러로 증가했다고 하자. 그러면 식사는 12단위까지, 포스터는 6장까지, 혹은 그림 7.3의 짙은 보라색 예산제약 상에 있거나 그 아래에 있는 포스터와 식사 조합 어느 것이든 구입할 수 있다. 마찬가지로, 예산이 80달러로 감소하면 그림에서 연한 보라색 선으로 나타난 것처럼 예산제약이 안쪽으로 이동한다. 어느 경우이든 예산제약은 선택할 수 있는 옵션을 나타낸다. 다음 절에서는 어떻게 선택해야 최대한의 효용을 얻을 수 있는지 설명한다.

최적소비규칙

효용극대화는 최고의 가성비를 얻는 것에 관한 것이다. 여러분은 각 달러로부터 최대한의 만족을 얻고자 한다. 어떤 재화에 지출된 달러당 한계효용이 다른 재화보다 높다면, 달러당 한계효용이 가장 높은 재화를 더 사고 달러당 한계효용이 가장 낮은 것은 덜 사는 것이 타당하다.

가격이 각각 20달러와 10달러일 때 포스터 3장과 패스트푸드 4단위 구입을 고려하고 있다고 하자. 세 번째 포스터로부터 얻는 한계효용이 40이고 네 번째 식사로부터 얻는 한계효용이 30이라고 하자. 이는 100달러를 지출하는 한 방법이지만 행복을 극대화하는 방법은 아니다. 포스터로부터 얻는 한계효용이 식사로부터 얻는 한계효용보다 1/3 높지만, 포스터 가격은 식사 가격의 2배이다. 20달러를 세 번째 포스터를 사는 데 써서 40유틸을 얻는 대신, 식사 2단위, 즉 다섯 번째와 여섯 번째 식사를 각 10달러에 살 수 있다. 첫 번째 추가적 식사의 효용이 28유틸이고 두 번째 추가적 식사의 효용이 25유틸이라고 하자. 이 두 단위의 식사는 총효용을 53유틸 증가시키는데 이것은 포스터를 포기함으로써 잃는 40유틸보다 크다. 여기서 얻는 교훈은 그냥 한계효용이 아니라 **지출된 달러당** 얻는 한계효용이 중요하다는 것이다.

정해진 금액으로 효용을 극대화하려면, **최적소비규칙**(optimal consumption rule)을 따라 각 재화에 지출된 달러당 한계효용이 같도록 하라. 포스터와 패스트푸드 식사만 구입하는 경우, 예산 전체가 지출되고 다음 식이 성립하면 최적소비규칙이 만족된다.

> **최적소비규칙**
> 각 재화에 지출하는 달러당 한계효용이 같아지게 하는 구매를 선택해야 함을 나타낸다.

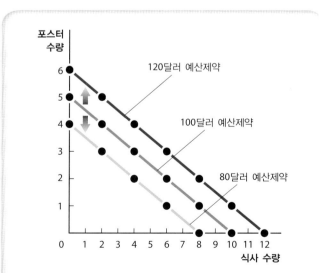

그림 7.3 예산제약의 이동
소득이 증가하면 예산제약이 바깥쪽으로 이동한다. 소득이 감소하면 예산제약이 안쪽으로 이동한다.

▲ 돈으로 모든 것을 살 수는 없지만, 돈으로 살 수 없는 것에 관한 이 포스터는 살 수 있다. 그래서 이 포스터를 사야 할까? 포스터에 지출하는 달러당 한계효용이 다른 재화에 지출된 달러당 한계효용보다 높을 때만 그렇다.

$$\frac{식사의 \ 한계효용}{식사 \ 가격} = \frac{포스터의 \ 한계효용}{포스터 \ 가격}$$

효용을 극대화하려면… 각 재화에 지출된 달러당 한계효용이 같게 하라.

최적소비규칙을 앞에서 제안된 포스터 3장과 패스트푸드 식사 4단위에 적용해보자. 포스터의 효용은 달러당 40÷$20=2유틸이고 식사의 효용은 달러당 30÷$10=3유틸이다. 그림 7.4는 이 경우 달러당 얻는 효용이 포스터보다 식사에서 더 크기 때문에 효용극대화를 하고 있지 않음을 보여준다.

식사를 더 구입하고 포스터를 덜 구입함에 따라, 한계효용체감에 의해 식사의 한계효용은 하락하고 포스터의 한계효용은 상승할 것이다. 이러한 가용 자금의 재배분은 각 재화의 달러당 한계효용이 같아질 때까지 계속되어야 한다. 포스터 2장과 패스트푸드 식사 6단위 구입을 생각해보자. 표 7.1로부터 두 번째 포스터의 한계효용이 50임을 알 수 있으므로 두 번째 포스터에 지출된 달러당 한계효용은 50÷$20=2.5이다. 이것은 여섯 번째 식사에 지출된 달러당 한계효용 25÷$10=2.5와 같다. 예산을 이 두 재화에 지출했고 각 재화에 지출된 달러의 한계효용이 같기 때문에, 이 조합은 최적소비규칙을 만족한다. 즉 예산제약하에 효용을 극대화한 것이다. 세 번째 포스터로부터의 한계효용 40유틸을 포기함으로써 다섯 번째와 여섯 번째 식사로부터 53유틸을 얻어 13유틸의 순이득을 얻는다. 물론 유틸을 실제로 세지

> **대체효과**
> 두 재화의 상대가격 변화로 인한 소비 변화

는 않지만 현명한 소비자는 가성비가 최고가 되도록 구매할 것이다.

대체효과와 소득효과

가격 변화는 최적소비 선택의 판도를 바꿀 수 있다. 포스터 가격이 20달러에서 10달러로 떨어지지만 패스트푸드 식사 가격은 계속 10달러라고 하자. 이 변화는 구별되는 두 효과를 갖는다. 첫째, 추가적 포스터 1장을 얻기 위해 패스트푸드 식사를 2단위가 아니라 1단위만 포기해도 된다. 이러한 새로운 상충관계(trade-off)는 포스터를 전보다 매력적으로 만든다. 그것은 또한 식사를 덜 매력적으로 만드는데, 이는 각 패스트푸드 식사의 기회비용이 포스터 1/2장이 아니라 1장이기 때문이다. 두 재화의 상대가격 변화에 따른 소비 변화를 **대체효과**(substitution effect)라고 부른다. 대체효과는 항상 가격이 하락한 재화의 소비 증가를 촉진한다.

▲ 빈센트 반 고흐 작품의 포스터 같은 정상재 가격이 떨어지면 소비자들은 두 가지 이유로 그 재화를 더 사려고 한다. 하나는 *대체효과*이다. 구매자들은 상대가격 변화로 인해 다른 재화를 덜 산다. 다른 이유는 소득효과이다. 구매자들은 같은 금액으로 더 많이 살 수 있으므로 더 부유해진 것처럼 느낀다.

패스트푸드   **포스터**

40유틸

30유틸

= 달러당 **2**유틸

= 달러당 **3**유틸

$20

$10

그림 7.4   중요한 것은 달러당 한계효용이다.
한계효용이 가장 큰 재화가 반드시 달러당 한계효용이 가장 큰 재화인 것은 아니다.

두 번째 효과는 전보다 낮아진 새로운 포스터 가격에 따른 구매력 확장으로부터 나온다. 가격이 하락하면 전에는 구입할 수 없었던 포스터와 패스트푸드 식사 조합을 구매할 수 있기 때문에 더 부자가 된 것처럼 느껴진다. 즉 이제는 포스터를 더 많이 사거나 식사를 더 많이 사거나 혹은 둘 다 더 많이 살 수 있다! 가격 변화 후 소비자 소득의 구매력 변화에 따른 소비 변화를 **소득효과**(income effect)라고 부른다. 정상재의 경우, 구매력이 증가하면 소비를 더 하게 되고 구매력이 감소하면 소비를 덜 하게 된다.

가격 변화의 총효과는 대체효과와 소득효과를 합친 것이다. 정상재의 경우, 대체효과와 소득효과 모두 가격이 상승하면 수요량을 감소시키고 가격이 하락하면 수요량을 증가시킨다는 점에서 두 효과는 서로를 강화한다.

열등재라면 이야기가 달라진다. 소비자들은 전보다 부유하다고 느끼면 저급 햄버거 같은 열등재를 덜 구매함을 기억하라. 열등재의 경우, 소득효과는 구매력이 증가하면 소비 감소를 가져오고 구매력이 감소하면 소비 증가를 가져온다. 열등재 가격이 하락하면 대체효과와 소득효과가 반대 방향으로 작용한다. 대체효과는 수요량 증가를 가져오지만 소득효과는 사람들이 열등재를 덜 사도록 만든다. 열등재 가격 하락의 순효과는 이론적으로는 불명확하다. 실제로는 대체효과가 소득효과보다 커서 가격 하락으로 인해 수요량이 증가하는 경우가 많다. 마찬가지로, 열등재 가격 상승은 일반적으로 수요량 감소를 가져온다.

행동경제학의 교훈

경제학자들은 일반적으로 사람들이 스스로에게 가장 큰 이익이 되도록 행동한다고 가정하지만, 사람들의 이익 중 어떤 것은 우리의 기대와는 다르며 때때로 소비자들은 실수를 한다. **행동경제학**(behavioral economics)은 경제적 결정이 어떻게 인간정신의 한계에 의해 영향을 받는지 연구한다. 행동경제학자들은 소비자 선택에 관한 데이터를 조사해 인간 정신의 욕망과 결함을 밝혀내려고 한다. 이 절에서는 행동경제학자들의 발견에 대해 살펴본다.

소비자는 균형을 원한다

균형 잡힌 식사가 육체 건강에 좋은 것처럼, 정신도 균형을 좋아한다. 한 시간 동안 벽에 붙은 포스터를 보고 나면, 다음 한

시간은 타코벨에 저녁을 먹으러 가는 것처럼 뭔가 다른 일에 쓰려고 할 것이다. 하지만 점심을 타코벨에서 먹었다면 저녁으로 피자나 버거를 먹으려 할 것이다. 균형 잡힌 소비 추구는 한계효용체감의 법칙으로부터 온다. 타코벨이 가장 좋아하는 식당이더라도, 좋은 것을 너무 많이 먹으면 물린다. 조만간 다른 거의 모든 식당에서 하는 식사가 고급 브리또보다 더 큰 만족을 줄 것이다.

균형에 대한 관심은 왜 사람들이 늘 같은 헤어스타일을 하거나 같은 옷을 입거나 같은 휴가 장소로 여행 가지 않는지 설명해준다. 따라서 기업들은 때때로 다른 모습을 보여주는 것이 현명하다. 예를 들어 새로운 메뉴를 추가하는 식당은 고객을 길 건너 경쟁 식당으로 보내지 않고도 그들이 반복의 지루함을 피할 수 있도록 해준다. 따라서 우리는 종종 맥도날드 메뉴에서 맥립을, 배스킨라빈스에서 새로운 맛을, 피자헛에서 새로운 피자 도우를, 스타벅스에서 새로운 라테를 보게 된다.

소비자는 선택권을 원하지만 너무 많은 것은 싫어한다

소비자들은 다양한 선택 가능성을 제공하는 가게와 식당을 좋아한다. 이는 소비자들이 이따금 새로운 무언가를 시도하는 것을 좋아하기 때문이기도 하고, 또 선택권이 있으면 각 개인의 선호를 더 잘 맞출 수 있기 때문이기도 하다. 하지만 선택권이 너무 적으면 제약을 느끼는 것과 마찬가지로, 소비자들은 선택

> **소득효과**
> 가격 변화 이후 소비자의 구매력 변화로 인한 소비 변화
>
> **행동경제학**
> 경제적 결정이 어떻게 인간 정신의 한계에 의해 영향을 받는지에 대한 연구

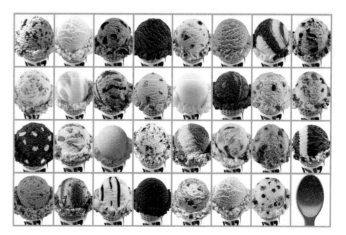

▲ 배스킨라빈스는 1945년 이래 1,000개가 넘는 맛을 내놓았다. 그렇게 많은 선택은 소비자를 혼란스럽게 하고 매장의 공간 제약을 초과할 것이다. 소비자는 얼마나 많은 선택을 원할까? 배스킨라빈스는 맛 선택권이 대략 31개일 때가 가장 좋다고 결정했고, 그래서 회사는 한 번에 대략 그 정도 개수만 제공한다.

David Crausby/Alamy

▲ 와퍼를 손님의 요구대로 만들 수 있는 방법이 221,184개나 있지만, 소비자들이 더 적은 선택권을 선호하므로 버거킹은 그중 몇 가지만 메뉴에 올린다.

Fairfax Media/Getty Images

▲ 돈이 전부는 아니다. 이타주의, 공평성, 호혜주의, 죄책감, 공정성도 사람들이 무엇을 사고 제품에 얼마를 지불할 용의가 있는지에 영향을 준다. 예를 들어 많은 소비자들은 노동자들이 공정한 임금을 받는 것을 보장하기 위해, 그림에 있는 축구공 같은 공정무역 제품에 필요 이상의 금액을 지불한다.

권이 너무 많아도 혼란을 느낄 수 있다.

심리학자 쉬나 이엥거와 마크 레퍼는 제한된 선택과 광범위한 선택의 효과를 알아내기 위해 몇 차례 실험을 실시했다. 그중 한 실험에서 그들은 선택할 수 있는 잼 종류가 6개인 경우와 24개인 경우에 대해 다양한 샘플을 슈퍼마켓 손님에게 제공하고, 잼을 구입한 손님 수를 추적했다. 6종의 잼을 제공받은 손님은 거의 30%가 구입을 했다. 반면 24종의 잼 선택권을 제공받은 손님은 3%만이 구입을 했다.

두 번째 실험에서 이엥거와 레퍼는 한 대학 수업을 듣는 학생들에게 추가 점수를 얻을 수 있는 과제물을 작성할 수 있는 기회를 주었는데, 선택할 수 있는 과제의 주제로 6개를 제시하거나 30개를 제시했다. 6개의 주제를 받은 학생 중 74%가 추가 점수 과제물을 작성한 반면, 30개의 주제를 받은 학생은 60%만이 과제물을 작성했다.

감당할 수 있는 선택권 수를 가지는 것의 매력은, 왜 자동차 회사가 신차의 옵션 패키지를 너무 많지 않게 몇 개만 제공하는지, 왜 케이블 TV 회사가 채널 묶음 옵션을 너무 많지 않게 몇 개만 제공하는지, 왜 버거킹이 손님의 주문대로 와퍼를 만들 수 있는 221,184개의 방법 중 몇 가지만 메뉴에 올리는지 설명하는 데 도움이 된다.

소비자는 공정성을 원한다

지난 30년간 여러 번 되풀이된 유명한 실험에서, 경제학자 베르너 귀스, 롤프 슈미트버거, 베른트 슈바르체는 공정성이 돈에 관한 사람들의 결정에 어떤 영향을 미치는지 보기 위해 나섰다. 그들은 두 경기자 1, 2가 있는 **최후통첩게임**(ultimatum game)을 고안했다. 경기자 1은 일정 금액, 가령 10달러를 자신

과 경기자 2 사이에 나눈다. 배분이 이루어진 후, 경기자 2는 제안된 배분을 받아들이거나 거부할 수 있는데, 거부할 경우 두 경기자는 모두 한 푼도 받지 못한다. 돈이 유일한 관심사라면 경기자 1은 경기자 2에게 가능한 최소한의 금액, 즉 1센트를 제안할 것이며, 경기자 2는 아무것도 못 받는 것보다는 조금이라도 받는 것이 낫기 때문에 그 제안을 받아들일 것이다.

실제로는 경기자 1은 보통 경기자 2에게 2.50~5.00달러의 돈을 제안한다. 이런 상당히 큰 제안은 경기자 1이 공정성에 관심이 있음을 뜻하거나, 아니면 경기자 1이 생각하기에 경기자 2가 불공정한 제안을 한 경기자 1을 처벌하기 위해 자신의 몫을 희생할 것임을 뜻한다. (제안이 거부되면 두 사람 다 한 푼도 얻지 못함을 기억하라.) 많은 낮은 제안은 실제로 거부되었다. 어떤 경기자들은 복수심에서 낮은 제안을 거부한다. 즉 그들은 낮은 제안을 한 경기자도 한 푼도 못 받도록 차라리 한 푼도 받지 않을 것이다.

소비자들이 얼마나 공정성에 관심이 있는지 보기 위해, 경제학자 대니얼 카너먼(Daniel Kahneman), 잭 네치(Jack Knetsch), 리처드 세일러(Richard Thaler)는 독재자게임(dictator game)을 개발했다. 독재자게임에서 경기자 1은 어느 배분이든 선택할 수 있고 경기자 2는 그것을 받아들이는 것 말고는 다른 선택권이 없다. 따라서 경기자 1은 위험 부담 없이 돈을 전부 가질 수 있다. 그럼에도 불구하고 경기자 1은 평균적으로 경기자 2에게 전체 돈의 약 20%를 준다. 여기서 얻는 교훈은 인간 행동의 동인은 돈을 넘어선다는 것이다. 여러 윤리적 고려사항 중에서도 이타주의, 공평성, 호혜주의, 죄책감, 공정성도 사람들의 의사

결정에 영향을 준다.

소비자 행동의 윤리적 구성요소는 기업들이 지역사회, 노동자, 생태계를 위해 봉사할 새로운 방법을 찾을 동기를 부여했다. 전 세계의 소비자들은, 상대적으로 가격은 높지만 개발도상국가의 노동자에게 더 높은 임금을 제공하는 **공정무역**(fair-trade) 제품에 50억 달러 이상을 지출한다. 월마트는 자연분해되는 비닐 포장을 실험 중에 있고, 스바루는 쓰레기 매립지에 폐기물을 보내지 않기로 한 방침을 홍보하고 있다. 아웃도어 의류를 만드는 파타고니아는 유기농 목화로 만든 옷처럼 비싸지만 환경친화적인 제품을 판매해 화학 살충제, 제초제, 비료 사용을 줄이는 데 성공했다.

소비자는 실수를 한다

제한된 합리성(bounded rationality)은 사람들의 제한된 인지기술, 정보, 시간에서 기인하는 최적의사결정의 한계를 말한다. 자격이 없거나 정보가 불충분하거나 너무 서둘러서 결정을 내렸다고 느꼈던 적이 있을 것이다. 제한된 합리성은 다음과 같은 여러 유형의 실수를 야기할 수 있다.

- **과도한 낙관주의** : 모든 새로운 사업의 절반 이상이 5년 안에 실패하는데, 이는 기업가들이 성공에 대해 과도하게 낙관적임을 보여준다. 마찬가지로 많은 범죄자들은 범죄를 저지를 때 잡히지 않을 것이라고 비합리적으로 낙관한다.
- **부정확한 위험평가** : 사람들은 작업 관련 사고와 같이 흔하지만 공표되지 않는 사건에 대해서는 위험을 과소평가하고 비행기 추락, 지진, 살인과 같이 흔하지 않지만 극적이거나 널리 공표되는 사건에 대해서는 위험을 과대평가하는 경향이 있다.
- **틀짜기에 대한 민감성** : 가격이나 제품이 제시되는 방법, 즉 틀짜기(framing) 방식이 소비자들의 결정에 영향을 줄 수 있다. 예를 들어 판매자들은 19.99달러처럼 '99'로 끝나는 가격을 책정하는 경우가 많다. 왜 그럴까? 구매자들이 가격에서 센트 단위보다는 달러 단위를 더 중시하는 경향이 있음을 알기 때문이다. 19.99달러를 책정하면 20.00달러를 책정하는 것보다 판매자가 훨씬 더 좋은 거래를 제시하는 것처럼 보인다.

행복은 또한 **제한된 의지력**(bounded willpower), 즉 어렵지만 가치 있는 목표를 달성하는 것을 막는 자제력 한계의 방해를 받는다. 예를 들어 제한된 의지력으로 인해 돈을 너무 많이 쓰고, 너무 많이 먹고, 숙제를 너무 조금 하고, 체육관에서 너무 적은 시간을 보내게 된다. 제한된 의지력은 왜 미국 소비자의 3분의 1 이상이 저축액보다 큰 신용카드 빚을 지고 있는지 설명할 수도 있다.

> **제한된 합리성**
> 사람들의 제한된 인지기술, 정보, 시간에 기인하는 최적 의사결정의 한계
>
> **제한된 의지력**
> 사람들이 어렵지만 가치 있는 목표를 달성하는 것을 막는 자제력의 한계

요약

행복을 추구할 때 올바른 목표에 초점을 맞추는 것이 중요하다. 한계효용극대화를 추구해서는 안 된다. 한계효용은 추가적인 1단위의 재화나 서비스로부터 얻는 편익이다. 그 대신 주어진 지출로부터 얻는 총효용을 극대화해야 한다.

예산제약 상의 점들은 재화 구입을 위해 예산을 짠 금액만큼을 정확히 사용해서 구입할 수 있는 재화 조합을 나타낸다. 예산제약 위쪽의 점들은 구입할 여유가 없는 재화 조합을 나타낸다. 예산제약 아래쪽의 점들은 예산 일부를 안 쓰고 남기는 조합을 나타낸다.

예산제약이 얼마이든, 돈으로부터 최대한의 행복을 얻는 전략이 있다. 지출된 달러당 한계효용이 가장 큰 재화를 더 사는 것이다. 그 재화를 더 사서 예산을 초과하게 된다면, 달러당 한계효용이 가장 작은 재화를 덜 사도록 하라. 재화를 더 구입함에 따라 그 재화로부터 얻는 한계효용은 하락한다. 그러면 다른 재화가 더 매력적이 되고 모든 재화에 지출된 달러당 한계효용이 균등하게 되는 데 도움이 된다. 예산이 모두 지출되고 구입하는 모든 재화에 대해 달러당 한계효용이 같아질 때까지 이 전략을 따르라. 현실에서 이 승리전략을 적용할 때 소비자들이 실제로 유틸 수를 세지는 않지만, 현명한 구매자는 실제로 가성비가 가장 높은 재화를 산다.

가격이 바뀌면 최선의 상품 조합도 바뀐다. 가격 변화의 효과는 대체효과와 소득효과로 분리할 수 있다. 대체효과는 다른 재화 가격과 비교한 한 재화 가격의 변화에 따른 것이다. 예를 들어 가격 하락의 대체효과는 상대적으로 싸진 재화를 더 소비하고 상대적으로 비싸진 재화를 덜 소비하게 만든다. 소득효과는 가격 변화 후의 소비자 소득의 구매력 변화에 기인한다. 재화 가격의 하락은 소비자 소득의 구매력을 높여 두 재화 중 하나 혹은 둘 모두를 더 많이 살 수 있게 한다. 가격 하락 후 소득효과는 고급식당에서의 외식과 같은 정상재 소비를 늘게 하고 패스트푸드 식사와 같은 열등재 소비를 줄이게 한다.

행동경제학은 경제적 의사결정이 어떻게 인간 정신의 한계에 의해 영향을 받는지에 대한 연구이다. 소비자들은 선택할 수 있는 폭넓은 선택권을 희망한다. 그것이 배스킨라빈스가 31개의 아이스크림 맛 선택권을 제공하는 이유이다. 하지만 연구에 따르면 너무 많은 선택권은 소비자가 감당하기 어려울 수 있으며, 이것이 배스킨라빈스가 그들이 보유한 1,000개 이상의 맛 중 한 번에 31개를 초과하여 제시하지 않는 이유 중 하나이다. 이타주의, 공평성, 호혜주의, 죄책감, 공정성도 사람들이 구입하는 것과 제품에 대해 지불할 용의가 있는 금액에 영향을 미친다.

불완전한 지성이나 불완전한 정보에 의해 야기되는 최적의 사결정의 한계를 제한된 합리성이라고 부른다. 제한된 합리성의 결과에는 과도한 낙관주의, 부정확한 위험평가, 가격이나 제품이 제시되는 방법에 대한 비합리적 반응 등이 있다. 제한된 의지력은 소비자가 어렵지만 가치 있는 목표를 달성하는 것을 방해하는 결단력 한계를 나타낸다. 제한된 의지력은 어떤 사람들로 하여금 지출을 너무 많이 하고, 돈을 너무 적게 벌고, 일을 미루고, 과식하고, 감정 통제력을 상실하고, 숙제를 너무 조금 하게 만든다. 이 장을 끝마칠 정도의 의지력을 가진 점을 치하한다!

핵심용어

- ✓ 대체효과
- ✓ 소득효과
- ✓ 예산제약
- ✓ 제한된 의지력
- ✓ 제한된 합리성
- ✓ 총효용
- ✓ 최적소비규칙
- ✓ 행동경제학

복습문제

1. 이 장에서 소비자들이 재화와 서비스 소비에서 균형을 선호한다고 설명했다. 균형 추구가 여러분의 소비행동에 어떤 영향을 미치는지 예를 하나만 들라.

2. 여러분과 여러분 이웃이 동네의 공원으로부터 매달 1,000 유틸을 얻는다고 말한다고 하자. 그렇다고 해서 두 사람이 공원으로부터 동일한 양의 행복감을 얻는다고 말할 수는 없는 이유를 설명하라.

3. 다음 진술의 참, 거짓, 불확실 여부를 판별하라 — 한계효용이 감소하면 총효용은 감소한다.

4. 스무디로부터 얻는 한계효용과 총효용의 빠진 값을 채워라.

스무디 수량	한계효용	총효용
1	100	100
2	95	
3		280
4	50	
5		340
6	−30	

5. 이번 주말에 운동용품점에 가서 75달러짜리 상품권으로 15달러짜리 축구공과 컬레당 5달러짜리 양말 조합을 사려 한다고 하자. 양말 컬레 수를 가로축에, 축구공 수량을 세로축에 놓고 예산제약을 그려라. 양 축에 점선을 그려 예산제약 상의 각 점이 나타내는 각 재화 수량을 나타내라.

6. 5번의 그래프에, 축구공 가격이 25달러로 오르고 양말 가격이 컬레당 5달러로 그대로일 때의 새로운 예산제약을 그려라. 가격 변화 후 구입 가능한 두 재화의 모든 조합을 나타내는 영역을 그래프에 음영 표시하라.

7. 현재의 한 주간 소비 수준에서 베이글 빵으로부터의 한계효용이 100이고 오렌지로부터의 한계효용이 75라고 하자. 베이글은 개당 1.00달러이고 오렌지는 개당 0.50달러이다. 다음 주에 모든 가격과 베이글 빵 및 오렌지에 쓸 수 있는 예산이 그대로라면 다음 중 어떤 것을 소비해야 하는가?
   a. 각 재화를 동일한 양을 구입함
   b. 베이글 빵을 더 구입하고 오렌지를 덜 구입함
   c. 오렌지를 더 구입하고 베이글 빵을 덜 구입함

8. 휘발유 가격은 보통 0.9센트로 끝난다. 갤런당 2.49달러의 가격이 갤런당 2.50달러의 가격보다 좋아 보인다면, 이것은 다음 중 어느 것의 결과이겠는가?
   a. 휘발유가 열등재임
   b. 균형에 대한 선호
   c. 공정성에 대한 선호
   d. 제한된 합리성
   e. 제한된 의지력

9. 행동경제학자들이 밝혀낸, 소비자들이 원하는 세 가지, 즉 (1) 균형, (2) 적당히 많지만 과도하지는 않은 선택권, (3) 공정성에 대해 이 장에서 설명했다. 이 중 어느 것이 소비자들이 돈을 필요 이상으로 지출하거나 특정 게임을 이기도록 유도하는가? 예를 2개 제시하되 그중 하나는 자신의 경험에서 나온 예를 제시하라.

10. 여러분의 의사결정은 최적소비규칙과 닮았는가? 지출방식을 바꾸어 가성비를 높일 수 있는 방법이 있는가?

생산비용

8

학습목표

이 장에서는 다음 내용을 학습한다.

1. 회계적 이윤과 경제적 이윤의 차이를 설명한다.

2. 생산함수를 해석한다.

3. 투입요소의 비용극소화 조합을 알아낸다.

4. 기업이 직면하는 다양한 종류의 비용을 정의한다.

5. 규모의 경제의 원천에 대해 논의한다.

미국에는 빵집이 거의 9,000개 있다. 손님들이 빵, 케이크, 쿠키에 매해 330억 달러를 쓰기 전에, 빵집은 수십억 달러의 자기 돈을 제빵사, 오븐, 가게, 광고, 전기, 밀가루, 설탕, 버터, 그리고 잊어서는 안 되는 초콜릿 칩에 쓴다! 빵집이 비용을 주의해서 살피지 않으면 고객들이 높은 가격으로 고통을 받을 수 있고, 더 나쁜 것은 종업원들이 직업을 잃고 주민들이 가장 맛있는 음식의 원천을 잃어버릴 수 있다는 것이다. 이 장에서는 빵집 주인과 다른 기업가들이 어떻게 제빵사나 오븐 같은 투입요소의 생산성과 비용을 검토할 수 있는지 설명한다.

왜 알아야
하는가?

빵이나 다른 것을 먹을 때, 몸무게 증가는 섭취하는 열량과 사용하는 열량 간의 차이다. 마찬가지로 빵집이나 다른 사업을 시작하면, 이윤은 벌어들이는 돈과 쓰는 돈 간의 차이다. 따라서 빵집 주인이 빵 반죽을 치댈 때, 그들은 또 다른 형태의 '반죽', 즉 혼합기나 효모 같은 것에 지출하는 형태의 것에도 유념해야 한다. 버는 것보다 많이 쓴다면 주인은 돈을 잃는다. 장기적으로 지속되는 손실은 더 이상 어느 형태의 반죽도 없을 것임을 의미한다. 빵집이 파산하기 때문이다. 새로 생기는 음식점의 약 4분의 1이 첫해에 파산한다. 이 때문에 식당 주인 같은 사업주가 자신이 벌어들이는 돈과 지출하는 돈에 주의를 기울이는 것이 특히 중요하다.

이윤극대화

기업은 고객들로부터 얻는 총금액 극대화를 추구하지 않는다. 그것이 주인이 갖게 되는 것이 아니기 때문이다. 여러분이 생일 케이크를 사면 빵집은 여러분이 지불한 돈의 대부분을 비용을 충당하는 데 쓴다. 주인이 갖게 되는 것, 따라서 그들이 극대화하려고 하는 것은 이윤이다. 이 절에서는 이윤을 계산하는 흔한 방법 두 가지를 배울 것이다.

회계적 이윤과 경제적 이윤

여러분이 하와이에서 해변 점포를 샀고 거기에서 자신만의 빵집인 아일랜드 베이커리를 열 생각을 하고 있다고 상상하라. 아일랜드 베이커리가 장기적으로 돌아가게 하려면 빵 판매로부터 얻는 총수입이 적어도 총비용과 같아야만 할 것이다. 이상적으로는 많은 이윤을 얻고 싶을 것이다. 기업의 **이윤**(profit)은 다음과 같이 총수입과 총비용 간의 차이다.

이윤 = 총수입 - 총비용

음의 이윤은 손실(loss)이다. 이윤 공식은 간단하지만 그 공식을 잘못 쓰면 다음에서 보듯이 개업 여부에 대해 잘못된 결정을 내릴 수 있다.

> **이윤**
> 총수입에서 총비용을 뺀 값
>
> **명시적 비용**
> 실제로 돈의 지불을 필요로 하는 비용
>
> **회계적 이윤**
> 총수입에서 명시적 비용을 뺀 값

빵 판매로 매년 260,000달러의 총수입을 얻을 것이라고 추정하고 있다고 하자. 연간 총비용은 인건비 100,000달러, 재료비 70,000달러, 장비 임차 25,000달러이다. 이런 것들은 **명시적 비용**(explicit costs)의 예이다. 명시적 비용은 실제로 돈의 지불을 필요로 하는 비용이다. 회계사들이 기업의 이윤을 계산할 때 명시적 비용만 사용하므로 기업의 **회계적 이윤**(accounting profit)은 다음과 같이 총수입에서 총 명시적 비용을 뺀 값이다.

회계적 이윤 = 총수입 - 총 명시적 비용

아일랜드 베이커리에 대한 수입과 비용 추정치가 정확하다고 가정하면, 연간 회계적 이윤은 다음과 같을 것이다.

회계적 이윤 =   판매수입 $260,000
          − 인건비 $100,000
          − 재료비 $70,000
          − 장비 임차 $25,000
        = $65,000

이 정보에 입각하여 아일랜드 베이커리 개업을 진행해야 할까? 아니다. 최선의 의사결정을 위해서는 모든 비용과 편익에 관한 완전한 정보가 필요한데, 그중 일부는 아직 고려되지 않았다.

Dave Anderson

▲ 자신의 빵집을 여는 기회비용 중 하나는 다른 곳에 고용되어 일해서 벌 수 있는 소득을 포기한다는 것이다.

$$
\begin{aligned}
\text{경제적 이윤} =\ & \text{총수입 } \$260{,}000 \\
& - \text{인건비 } \$100{,}000 \\
& - \text{재료비 } \$70{,}000 \\
& - \text{장비 임차 } \$25{,}000 \\
& - \text{건물 사용의 기회비용 } \$60{,}000 \\
& \underline{- \text{시간의 기회비용 } \$40{,}000} \\
=\ & -\$35{,}000
\end{aligned}
$$

계산에 암묵적 비용을 포함시키면 아일랜드 베이커리를 개업함으로써 매년 35,000달러를 잃게 될 것이라는 점이 명백해진다. 호놀룰루 쿠키 컴퍼니 매니저를 하는 것이 가장 큰 돈을 벌 수 있는 방법이다.

어떤 기회비용은 암묵적 비용이 아니다. 돈을 쓰는 데도 기회비용이 있다.

자신만의 빵집을 운영하기로 마음을 굳히고 있었는가? 결정을 내릴 때 모든 비용과 편익이 고려되어야 함을 기억하라. 여기에는 자신의 사업을 소유하는 데서 얻는 만족감의 가치도 포함된다. 아일랜드 베이커리 운영의 기쁨이 연간 소득 35,000달러 감소보다 여러분에게 더 가치가 있다면, 한번 부딪쳐보라.

생산함수

빵집이 빵 몇 개를 만들까? 어떤 투입요소를 이용해 만들까? 빵집과 다른 기업의 이윤을 극대화하는 결정은 재화에 대한 수요, 투입요소 비용, 그러한 투입요소의 생산성에 달려 있다.

제빵 사업에 뛰어들기로 결정했다고 하자. 빵집에 해가 뜨기 전에, 빵을 몇 개 구울지와 그 과정에서 어떤 투입요소를 사용할지 결정해야 한다. 종업원을 고용하고 오븐을 임차하는 비용에 관한 얻기 쉬운 정보는 그 결정에 영향을 줄 것이다. 빵을 팔 수 있는 가격 역시 그럴 것이다. 그러나 이윤을 극대화하는 빵 수량과 비용을 극소화하는 각 투입요소 수량을 결정하기 위해서는 투입요소의 생산성(productivity)을 알 필요가 있다. 투입요소의 생산성은 **생산함수**(production function)에 나타난다.

여러분이 아일랜드 베이커리가 입주할 건물의 주인이더라도 그것을 사용하면 비용, 즉 그 건물을 다른 누군가에게 임대할 수 없는 데서 오는 기회비용이 발생한다. 그리고 아일랜드 베이커리를 운영하는 데 시간과 정력을 쓴다면 차선의 일을 하지 못하는 데서 오는 기회비용에 직면한다. 이러한 기회비용은 **암묵적 비용**(implicit costs)의 예이다. 암묵적 비용은 직접적인 돈의 지출을 필요로 하지 않는 비용이다. 어떤 기회비용은 암묵적 비용이 아님에 주의하라. 돈을 쓰는 것도 그 돈을 다른 데 쓸 기회를 포기하는 것이기 때문에 기회비용이 있다.

경제학자들은 이윤을 계산할 때 명시적 비용과 암묵적 비용을 모두 고려한다. 여러분도 빵집을 열지 결정하기 전에 그렇게 해야 한다. **경제적 이윤**(economic rent)은 다음과 같이 총수입에서 총비용을 뺀 값인데, 총비용에는 두 종류의 비용이 포함된다.

경제적 이윤 = 총수입 − (총 명시적 비용 + 총 암묵적 비용)

빵집을 열지 않을 경우 가장 돈을 많이 벌 수 있는 다른 기회는 근처의 호놀룰루 쿠키 컴퍼니의 매니저로 일해 연간 40,000달러를 받는 것이라고 하자. 그리고 빵집을 열지 않을 경우 해변 점포를 다른 누군가에게 연간 60,000달러를 받고 임대할 수 있다고 하자. 따라서 아일랜드 베이커리를 여는 암묵적 비용은 연간 $40,000 + $60,000 = $100,000이다. 그러므로 경제적 이윤은 다음과 같을 것이다.

암묵적 비용
직접적인 돈의 지출을 필요로 하지 않는 비용

경제적 이윤
총수입에서 총비용을 뺀 값으로, 총비용에는 총 명시적 비용과 총 암묵적 비용이 둘 다 포함된다.

생산함수
기업이 사용하는 각 투입요소 수량과 그 결과 기업이 생산할 수 있는 산출량을 보여주는 관계

▲ 빵집 생산함수는 다양한 제빵사 수량으로 빵 몇 덩이를 생산할 수 있는지 보여준다.

생산함수는 기업이 사용하는 투입요소 수량과 그 결과 기업이 생산할 수 있는 산출량 간 관계를 나타내는 것이다.

단순화를 위해 빵집에 투입요소가 노동과 오븐 두 가지만 있다고 가정하자. 사용하는 오븐과 노동 수량을 얼마나 빨리 바꿀 수 있는지에 따라 이런 투입요소를 유용하게 분류할 수 있다. **장기**(long run)는 모든 투입요소의 수량이 변할 수 있는 기간을 나타낸다. 장기에는 가장 낮은 비용

장기
모든 생산요소 수량이 변할 수 있는 기간

단기
적어도 하나의 투입요소가 변할 수 없는 기간

고정투입요소
단기적으로 수량이 변할 수 없는 투입요소

가변투입요소
단기적으로 수량이 변할 수 있는 투입요소

에 여러 산출량 수준을 생산할 수 있도록 오븐과 노동자 수가 조정될 수 있다.

단기(short run)는 적어도 하나의 투입요소 수량이 변할 수 없는 기간을 말한다. 산출량은 단기에 조정될 수 있지만, 기업의 생산비용은 하나 이상의 투입요소가 너무 많거나 너무 적으면 최소화될 수 없을 것이다. 얼마간의 기간이 지나면 단기가 장기가 되는 그런 특정 기간은 존재하지 않는다. 단기의 길이는 상황에 달려 있다. 빵집을 확장하고 새 오븐을 장착하는 데, 또는 오븐 수를 줄이기 위해 오븐 임차 계약을 해지하는 데 6개월이 걸린다면, 단기의 지속 기간은 6개월이다.

고정투입요소와 가변투입요소

오븐과 같은 투입요소는 단기에 수량을 바꿀 수 없기 때문에 **고정투입요소**(fixed input)로 간주된다. 건물과 다른 형태의 자본 대부분은 고정생산요소이다. 노동은 단기에 수량을 바꿀 수 있기 때문에 **가변투입요소**(variable input)이다. 어느 특정한 날에 빵집 고객 수에 따라 노동자들에게 초과근무나 조기퇴근을 요청할 수 있다. 필요하다면 노동자를 매우 신속하게 고용하거나 해고할 수도 있다. 장기는 모든 투입요소가 가변인 기간이라고 정의되므로 장기에는 고정투입요소가 없다.

한계생산

아일랜드 베이커리에 노동자가 1명만 있다면 그 사람은 바닥 청소, 반죽, 손님 주문 받기, 물품 주문 넣기 등 모든 일을 해야 할 것이다. 그 사람은 재능이 크레이프(crêpe)보다 얇게 퍼져 어

▲ 단기에는 적어도 하나의 투입요소 수량이 바뀔 수 없다. 빵집에서 노동, 재료, 다른 가변요소 수량은 단기에 바꿀 수 있지만, 빵 오븐과 같은 고정투입요소 수량은 장기에만 바꿀 수 있다.

▲ 모든 일을 해야 하는 노동자 1명이 어느 한 업무에 특별히 능숙해지기는 쉽지 않다. 노동자가 몇 명 더 고용되면 특화의 편익으로 인해 산출량에 대한 각자의 기여도가 전보다 커질 수 있다. 하지만 결국 중복과 혼잡으로 인해 추가적 노동자의 기여도는 하락한다.

느 한 업무에 특별히 능숙해지지 않을 것이다. 빵집에 두 번째 노동자가 생기면 1명은 주방, 반죽과 굽기, 바닥 청소에 집중하고 다른 1명은 손님 서빙과 주문에 집중할 수 있다. 특화를 통해 두 노동자는 각자의 역할에서 더 많은 전문기술을 발전시킬 수 있고, 노동자 1명이 할 수 있는 일의 2배보다 더 많은 일을 달성할지도 모른다.

고용 결정에 대한 정보를 얻기 위해서는 노동과 같은 투입요소 각 단위의 기여도를 측정하는 것이 유용하다. 투입요소의 **한계생산**(marginal product)은 다른 투입요소의 수량이 불변인 상태에서 그 투입요소의 추가적 1단위로부터 얻는 산출량 증가이다. 예를 들어 **노동의 한계생산**은 추가적 노동 1단위로부터 얻는 산출량 증가이다. 빵집 사례에서는 노동 단위를 하루에 고용된 노동자 수로 측정할 것이다. 노동 단위를 종업원이 일하는 시간 수로 측정할 수도 있다. 장기에는 자본량도 변할 수 있으므로, 오븐 수 변화도 산출량에 영향을 줄 것이다. 노동량을 고정한 상태에서 추가적 자본 1단위로부터 얻는 산출량 증가를 **자본의 한계생산**이라고 부른다. 먼저 우리는 자본량이 고정된 단기에서 노동량 변화를 분석할 것이다.

표 8.1의 첫 번째 열은 아일랜드 베이커리가 하루에 고용할 수 있는 노동자 수에 대한 선택권을 보여준다. 두 번째 열은 노동자 1, 2, 3, 4, 5명으로 생산할 수 있는 빵 개수를 보여준다. 세 번째 열은 각 노동자의 노동의 한계생산을 보여준다. 노동자가 1명밖에 없으면 총산출량과 노동의 한계생산은 둘 다 30이다. 노동자 1명이 생산한 30개가 전체 산출량이기 때문이다. 노동자가 2명이면 총산출량은 70인데, 이것은 노동자가 1명일 때의 총산출량보다 40 증가한 것이다. 따라서 두 번째 노동자

의 한계생산은 40이다. 마찬가지로 세 번째, 네 번째, 다섯 번째 노동자의 한계생산은 각 노동자가 추가될 때의 총산출량 변화분이다.

한계생산체감

앞에서 첫 번째 노동자보다 두 번째 노동자가 총생산에 더 많이 기여함을 보았다. 이는 노동자 1명이 모든 일을 하지 않고 두 노동자가 다른 업무를 하여 존재하는 특화의 기회로부터 온 것이다. 하지만 더 많은 노동자가 빵집 직원으로 추가되면 새로운 특화의 기회가 점점 줄어들고 혼잡과 중복의 문제가 점점 커진다. 앞서 언급한 것처럼 빵집 규모와 오븐 수는 단기적으로 고정되어 있으므로, 노동자가 많아질수록 노동자 1인당 공간이 작아지고, 어느 순간에 가서는 오븐 사용을 위한 줄이 생길 것이다. 이런 이유로, 표 8.1에서 보듯이 노동의 한계생산은 두 번째 노동자는 40이었지만 세 번째, 네 번째, 다섯 번째 노동자에 대해서는 각각 35, 25, 10으로 감소한다.

그림 8.1은 표 8.1의 정보를 나타낸다. 그림 8.1(a)는 아일랜드 베이커리에서 첫 5명의 노동자에 대한 총산출량을 보여준다. 5명의 노동자 모두에 대해 총산출량은 증가하는데, 이는 각 노동자의 기여분이 직전 노동자보다 작더라도 양수이기 때문이다. 예를 들어 다섯 번째 노동자의 한계생산인 10단위는

> **한계생산**
> 다른 투입요소의 수량은 불변인 상태에서 한 투입요소의 추가적 1단위로부터 얻는 산출량 증가

표 8.1   아일랜드 베이커리의 일일 총산출량과 노동의 한계생산

노동자 수	총산출량 (일일 빵 개수)	노동의 한계생산 (일일 빵 개수)
1	30	30
2	70	40
3	105	35
4	130	25
5	140	10

Billy Hustace/Getty Images

▲ 제빵사가 너무 많으면 반죽을 망치지 않을지는 모르지만 필시 할 일이 없어져 서로 방해가 될 것이다. 이로 인해 노동의 한계생산은 감소하게 된다.

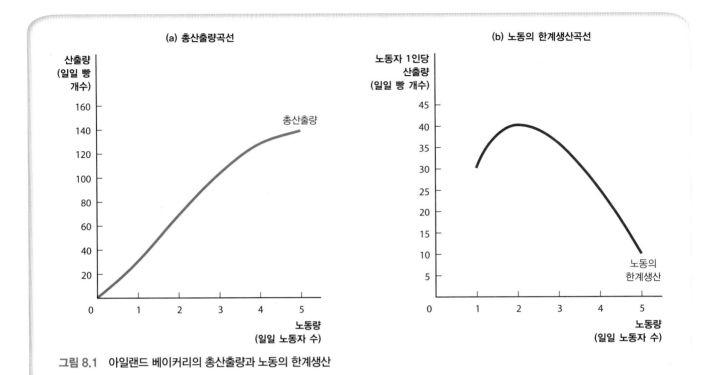

그림 8.1   아일랜드 베이커리의 총산출량과 노동의 한계생산
노동의 한계생산은 잇따른 각 단위의 노동에 의한 총산출량 추가분이다. 한계생산이 감소해도 한계생산이 양수인 한 총생산은 증가한다.

한계수익체감의 법칙
노동과 같은 가변투입요소가 오븐과 같은 고정투입요소에 더해지면 가변투입요소의 한계생산이 결국 감소한다는 내용의 '법칙'

임금
노동 1단위의 비용

임차료율
자본 1단위의 비용

네 번째 노동자의 한계생산인 25단위보다 작지만, 두 기여분이 모두 양수여서 총산출량은 증가한다. 한 노동자가 아마도 농담과 담소로 다른 노동자를 방해하고 주의를 흩뜨려서 한계생산이 음수일 때만 총산출량이 감소할 것이다.

그림 8.1(b)는 첫 5명의 노동자의 한계생산을 보여준다. 여기서 세 번째 노동자부터 한계생산이 하락함을 분명하게 볼 수 있다. 이러한 하락은 **한계수익체감의 법칙**(law of dimin-ishing returns)과 부합한다. 이 법칙은 노동과 같은 가변투입요소가 오븐과 같은 고정투입요소에 더해지면 가변투입요소의 한계생산이 결국 감소한다는 내용이다. 빵집에 노동자가 더해질 때 발생하는 혼잡과 중복이 다른 대부분의 생산 환경에서도 발생하기 때문에 이것을 '법칙'이라고 기술한다. 강의실에 교수 1명을 추가하거나 정원에 비료 몇 포대를 추가해보라. 오래지 않아 다음 하나는 그 전의 것에 비해 총산출량에 대한 기여도가 작을 것이다.

비용극소화 투입요소 조합

빵은 다양한 자본과 노동의 조합을 이용해 만들 수 있다. 한쪽 극단으로, 빵은 거의 전적으로 자본을 이용해 만들 수 있다. 제빵기계로 빵을 혼합하고 치대고 구울 수 있어, 소비될 때까지 사람 손이 안 갈 수 있다. 다른 쪽 극단으로, 빵은 거의 전적으로 손으로 만들 수 있다. 비용극소화 투입요소 조합은 비용 대비 각 투입요소의 생산성에 달려 있다. 노동 1단위의 비용은 **임금**(wage)이다. 자본 1단위의 비용은 생산에 사용되는 건물이나 장비를 임차하기 위해 매기 지불해야 하는 **임차료율**(rental rate)이다. 아일랜드 베이커리의 사례에서 논의한 것처럼, 기업이 건물이나 다른 자본을 소유하고 있더라도 임차료율은 여전히 적용된다. 기업이 자신의 자본을 사용하지 않는다면 다른 누군가에게 임대할 수 있기 때문에, 임차료율은 자본 사용의 기회비용이다.

제7장에서 소비자들이 지출된 각 달러로부터 최대한의 효용을 얻음으로써 효용을 극대화한다는 것을 배웠다. 기업은 같은 방법으로 비용을 극소화할 수 있다. 아일랜드 베이커리가 지불하는 임금률이 시간당 12.50달러라고 하자. 노동을 1시간 더 고용할 때 빵집의 빵 생산이 25개 늘어난다면, 노동의 한계생산은 25이고 추가적 노동 1시간에 지출된 달러당 빵 25÷$12.50

Q&A

투입요소나 재화 단위의 일부를 구입한다고 말하는 것이 현실적인가?

많은 경우 투입요소나 재화 1단위의 일부를 사는 것이 가능하다. 노동자들은 상근으로 고용되지 않아도 된다. 반일제로 근무하거나 초과 근무를 하거나 다른 다양한 시간 동안 근무할 수 있다. 임대회사는 이와 유사한 탄력적 임대기간 선택권을 제공하여 기업이 건물, 장비, 땅을 한 기간의

일부만 임차할 수 있게 한다. 마찬가지로 밀가루, 휘발유, 치즈와 같은 재화는 무한히 나눌 수 있다. 심지어 빵도 여러 크기로 구입할 수 있다. 바게트 빵 반 조각과 소량의 톡 쏘는 맛의 체다 치즈 조합보다 좋은 것은 없다. 제3장에서 논의한 것처럼 재화와 투입요소의 가분성으로 인해 이 장에 나오는 것과 같은 부드러운 곡선을 이용해 비용과 생산성 수준을 그리는 것은 적절하다.

=2개를 얻게 될 것이다.

다른 선택은 자본을 더 많이 임차하는 것이다. 우리 이야기에서 자본은 오븐으로 대표된다. 오븐 임차료율이 시간당 20달러라고 하자. 오븐을 1시간 더 임차하면 빵집 생산이 50개 증가할 것이고, 자본에 지출된 달러당 빵 50÷\$20=2.5개를 얻게 될 것이다. 이 경우 자본의 달러당 한계생산(2.5)이 노동의 달러당 한계생산(2)보다 크기 때문에 오븐을 더 많이 임차하고 노동을 덜 고용해야 한다. 투입요소에 지출된 달러당 산출량을 높이기 위한 이러한 조정은 주어진 어떤 산출량에 대해서도 그 생산비용을 감소시킬 것이다. 더 일반적으로 말하면, 기업은 달러당 한계생산이 가장 높은 투입요소를 더 고용하고 달러당 한계생산이 가장 낮은 투입요소를 덜 고용함으로써 비용을 낮출 수 있다.

한계수익체감으로 인해, 자본의 한계생산은 자본을 더 사용할수록 감소하고 노동의 한계생산은 노동을 덜 사용할수록 증가한다. 자본과 노동에 지출되는 달러당 한계생산이 같을 때까지 각 투입요소 수량을 계속 조정하라. 그러면 비용극소화 투입요소 조합을 얻게 될 것이다. 즉 임의의 산출량에 대해 각 투입요소에 지출된 달러당 한계생산이 같을 때 생산비용이 최소가 되므로, 주어진 산출량 수준에 대한 비용극소화 조건은 다음과 같다.

$$\frac{\text{자본의 한계생산}}{\text{임차료율}} = \frac{\text{노동의 한계생산}}{\text{임금}}$$

투입요소 수가 얼마든 같은 조건이 적용된다. 기업가로서 비용을 극소화하는 비결은 소비자로서 효용을 극대화하는 비결과 같음에 주목하라. 그것은 달러당 편익 극대화에 초점을 맞추는 것이다.

비용에 대한 자세한 분석

비용은 빵집과 다른 기업에 매우 중요하다. 공급곡선이 각 단위 생산에 드는 비용에 근거하고 있고 비용에 대한 정보가 없으면 기업의 이윤을 알아낼 수 없음을 이미 보았다. 어떤 기업들은 비용이 제품에 책정할 수 있는 가격에 비해 너무 높아 폐업을 결정한다. 이 절에서는 몇몇 중대한 비용 유형을 면밀히 살펴보고 그 비용들과 기업과의 관련성에 대해 설명한다.

고정비용과 가변비용

아일랜드 베이커리가 굉장한 성공을 거두어 손님 줄이 길게 늘어서는 일이 자주 있다고 하자. 빵 생산을 늘리고 싶겠지만 고정투입요소가 있다는 것을 기억하라. 단기에는 오븐 수를 변화시킬 수 없다. 따라서 오븐에 지출하는 금액은 단기에는 산출

Ken James/Bloomberg via Getty Images

▲ 빵은 많은 다른 자본과 노동의 조합을 이용해 만들 수 있다. 예를 들어 제빵기계가 사람 손을 쓰지 않고 빵을 혼합하고 치대고 구울 수도 있으며, 아니면 사람 손으로 모든 작업을 다 할 수도 있다. 비용극소화 투입요소 조합을 찾으려면 기업은 달러당 빵 생산 증가량이 가장 큰 투입요소를 더 고용해야 한다. 이 과정은 희망하는 수량만큼 빵이 만들어지고 각 투입요소의 달러당 빵 생산 증가량이 동일할 때까지 계속된다.

표 8.2 러브 로브즈의 빵 생산비용

(1) 빵 개수	(2) 고정비용	(3) 가변비용	(4) 총비용	(5) 평균총비용	(6) 한계비용
0	$10.00	$0.00	$10.00	—	—
1	10.00	8.20	18.20	$18.20	$8.20
2	10.00	12.20	22.20	11.10	4.00
3	10.00	13.70	23.70	7.90	1.50
4	10.00	14.80	24.80	6.20	1.10
5	10.00	16.80	26.80	5.36	2.00
6	10.00	20.00	30.00	5.00	3.20
7	10.00	25.00	35.00	5.00	5.00
8	10.00	32.80	42.80	5.35	7.80
9	10.00	44.00	54.00	6.00	11.20
10	10.00	59.00	69.00	6.90	15.00

량에 관계없이 일정하고, 이로 인해 오븐 비용은 고정비용이 된다. 즉 기업의 **고정비용**(fixed cost)은 고정투입요소의 비용이다.

단기에 빵을 더 굽기 위해서는 가변투입요소 사용을 늘려야 한다. 예를 들어 제빵사를 더 많이 고용하거나 기존 제빵사의 하루 작업 시간을 늘리거나 할 수 있다. 이것이 장기에 빵을 가장 저렴하게 만드는 방법은 아닐지 모르지만, 그렇게 하면 기존의 오븐으로 빵을 더 많이 구울 수 있을 것이다. 단기에 노동량을 늘려 산출량을 늘린다면 노동에 대한 지출은 가변비용이다. 기업의 **가변비용**(variable cost)은 노동과 같이 산출량을 변화시키기 위해 단기에 사용량을 바꿀 수 있는 모든 가변투입요소의 비용이다. 기업의 **총비용**(total cost)은 다음과 같이 고정비용에 가변비용을 더한 값이다.

총비용 = 고정비용 + 가변비용

평균총비용

아일랜드 베이커리의 총비용을 알아내면 빵 1개를 만드는 평균적인 비용을 알아낼 수 있다. 이 값, 즉 **평균총비용**(average total cost)은 다음과 같이 기업의 총비용을 산출량으로 나눔으로써 구할 수 있다.

$$평균총비용 = \frac{총비용}{산출량}$$

예를 들어 빵 40개를 만드는 데 100달러가 든다면, 평균총비용은 $100 \div 40 = \$2.50$이다. 평균총비용은 기업에게 중요한 기준점이다. 빵 1개를 만드는 평균총비용이 빵에 지불되는 가격보다 낮다면 아일랜드 베이커리는 이윤을 얻기 때문이다.

한계비용

빵 생산의 한계비용은 다음과 같이 빵을 하나 더 만들 때 기업의 총비용 증가분임을 배웠다.

$$한계비용 = \frac{총비용 \ 변화분}{산출량 \ 변화분}$$

산출량이 늘어날 때 한계비용이 어떻게 변하는지 더 잘 이해하기 위해, 노동 고용량이 늘어날 때 노동의 한계생산이 어떻게 되는지 상기하라. 노동의 한계생산은 보통 처음 몇 명의 노동자에 대해서는 증가하지만, 그 이후 중복과 혼잡으로 인해 감소한다. 노동의 한계생산이 증가함에 따라 산출량을 1단위 늘리는 데 드는 추가적 노동이 감소하고, 따라서 한계비용이 감소한다. 그리고 노동의 한계생산이 감소함에 따라 산출량을 1단위 늘리는 데 필요한 노동 증가분이 더 커진다. 이처럼 노동량 증가분이 커짐으로 인해 총비용도 더 크게 증가하고, 따라서 한계비용이 증가한다. 그러므로 한계비용은 노동의 한계생산

고정비용
자본처럼 단기에는 수량을 바꿀 수 없는 고정투입요소의 비용

가변비용
노동처럼 산출량을 변화시키기 위해 단기에 수량을 바꿀 수 있는 가변투입요소의 비용

총비용
고정비용과 가변비용을 더한 값

평균총비용
총비용을 산출량으로 나눈 값

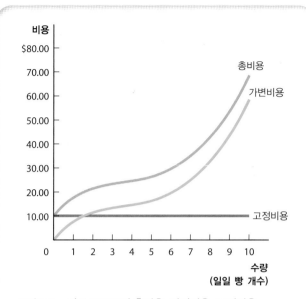

그림 8.2 러브 로브즈의 총비용, 가변비용, 고정비용

고정비용은 모든 산출량에 대해 불변이므로 고정비용곡선의 높이는 10 달러로 일정하다. 기업이 산출량을 늘리기 위해 노동과 다른 가변투입 요소에 돈을 더 많이 지출함에 따라 가변비용곡선은 상승한다. 총비용 곡선의 높이는 고정비용곡선과 가변비용곡선을 합한 것과 같다.

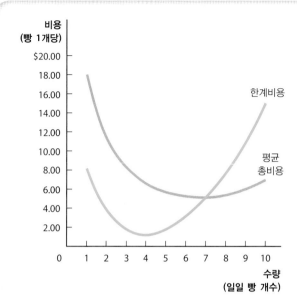

그림 8.3 러브 로브즈의 한계비용과 평균총비용

평균총비용곡선은 한계비용곡선이 평균총비용곡선 밑에 있으면 항상 감소 하고, 한계비용이 평균총비용곡선 위에 있으면 항상 증가한다. 두 곡선은 평균총비용곡선의 최저점에서 교차한다. 이 점에서 한계비용은 평균비용 을 낮추는 상태에서 높이는 상태로 전환한다.

이 감소하면 증가하고, 노동의 한계생산이 증가하면 감소한다.

표와 곡선을 이용한 비용 요약

영국 울버코트의 정원 헛간에서 운영하는 러브 로브즈는 아마 도 세상에서 가장 작은 빵집일 것이다. 러브 로브즈의 작은 규 모를 이용해 몇몇 구체적인 비용을 간단히 살펴볼 것이다. 표 8.2는 러브 로브즈가 하루에 생산하는 빵 첫 10개에 대해 가상 적인 비용을 열거하고 있다. 러브 로브즈의 일일 오븐 임차료 율은 10.00달러이므로, 표의 두 번째 열에 나타난 것처럼 빵 산 출량에 관계없이 10달러가 기업의 고정비용이다.

세 번째 열은 노동과 재료의 가변비용을 보여준다. 고정비용 과 달리 가변비용은 빵을 더 많이 만들수록 증가한다. 빵을 더 많이 만들려면 노동과 재료가 더 많이 필요하기 때문이다. 네 번째 열에 있는 총비용은 고정비용 10.00달러와 빵 수량에 따 라 달라지는 가변비용의 합이다. 예를 들어 빵이 2개면 가변비 용이 12.20달러이므로 총비용은 $10.00+$12.20=$22.20이다. 여기 요령이 하나 있다. 산출량이 0일 때 기업의 총비용은 기업 의 고정비용을 알려준다. 생산이 되지 않으면 고정비용이 유일 한 비용이기 때문이다.

다섯 번째 열은 평균총비용을 보여준다. 평균총비용은 앞에

서 배운 것처럼 총비용을 산출량으로 나눈 값이다. 마지막 열 에 나타난 것처럼 특정 단위에 대한 한계비용은 해당 단위를 생산할 때의 총비용 변화분이다. 이것은 또한 해당 단위가 만 들어질 때의 가변비용 변화분이기도 하다. 예를 들어 다섯 번 째 단위가 만들어지면 총비용은 24.80달러에서 26.80달러로 2달러 증가한다. 가변비용 역시 14.80달러에서 16.80달러로 2.00달러 증가한다. 따라서 다섯 번째 단위의 한계비용은 2달 러이다.

그림 8.2는 러브 로브즈의 총비용곡선, 가변비용곡선, 고정 비용곡선을 보여준다. 고정비용곡선은 높이가 10.00달러로 일 정한데, 이는 이 금액이 러브 로브즈가 오븐과 건물을 임차하 기 위해 빵 산출량에 관계없이 단기에 지불해야 하는 금액이기 때문이다. 빵을 더 만들기 위해 노동과 재료에 더 많은 돈이 지 출될수록 가변비용곡선은 상승한다. 총비용곡선의 높이는 고 정비용곡선의 높이와 가변비용곡선의 높이를 합한 값이다. 총 비용곡선과 가변비용곡선의 차이는 언제나 고정비용인 10.00 달러이기 때문에, 이 두 곡선은 모든 수량에 대해 이 금액만큼 떨어져 있다.

그림 8.3은 러브 로브즈의 한계비용곡선과 평균총비용곡선 을 보여준다. 한계비용곡선은 평균총비용곡선을 평균총비용곡

Robert F. Leahy/Shutterstock.com

▲ 신선하지 않은 계피빵을 비싸다는 이유로 먹을 것인가? 그래서는 안 된다. 이미 지출한 돈은 무시해야 하는 매몰비용이다.

Richard Levine/Alamy Stockphoto

▲ 빵을 대량으로 만듦으로써 빔보 제빵 그룹은 비용 일부를 수백만 개의 빵에 분산시킬 수 있고, 이를 통해 평균총비용을 낮춘다.

선의 최저점에서 가로지른다. 왜 그런지 알아보기 위해, 시험을 하나 더 본 후 평균 시험 점수가 어떻게 되는지 생각해보라. 추가적인 시험 점수가 평균보다 낮다면 평균은 감소할 것이다. 추가적인 시험 점수가 평균보다 높다면 평균은 올라갈 것이다.

동일한 관계가 한계비용과 평균총비용에 대해 성립한다. 추가적 1단위의 비용, 즉 한계비용이 평균비용보다 낮으면 평균총비용은 감소한다. 그리고 한계비용이 평균총비용보다 높으면 평균총비용은 증가한다. 한계비용과 평균총비용은 항상 평균총비용곡선의 최저점에서 교차하게 된다. 이 평균총비용의 최저점이 한계비용이 평균총비용을 낮추는 상태에서 다시 높이는 상태로 전환하는 점이다.

이 관계를 그림 8.3에서 볼 수 있다. 수량 7에서 나타나는 두 곡선의 교차점은 한계비용과 평균총비용이 같아지는 점을 보여준다. 7보다 낮은 수량에서는 한계비용이 평균총비용보다 아래에 있어 값을 낮추기 때문에 평균총비용이 감소한다. 7보다 높은 수량에서는 좋은 시험 점수가 평균점수를 올리는 것과 마찬가지로 한계비용이 총비용을 올린다.

매몰비용의 무관성

매우 중요한 몇 가지 유형의 비용을

한계비용

평균총비용

한계비용은 언제나 평균총비용곡선의 최저점에서 그것과 교차한다.

매몰비용
이미 지불되었고 회수할 수 없는 비용

살펴보았다. 발생 후에 무시해야 하는 비용도 있다. 먹음직스러운 계피빵을 사는 데 10달러를 썼는데 먹을 때쯤 되니 너무 신선하지 않아서 즐거움을 얻을 수 없게 되었다고 하자. 그것을 사는 데 많은 돈을 썼기 때문에 어쨌든 먹을 것인가? 그래서는 안 된다! 최선의 방책은 지출을 완전히 무시하고 빵을 던져버리는 것이다. 여기서 10달러는 **매몰비용**(sunk cost)인데, 이는 그것이 이미 지불되었고 회수할 수 없음을 의미한다. 어떤 결정의 비용과 편익을 잴 때, 매몰되지 않은 비용만 고려하라. 빵을 사기 전에는 10달러가 매몰되지 않았으며, 빵이 최소한 10달러의 가치가 있을 때 사야 한다. 빵을 소유하게 된 후에는 빵을 먹는 데 드는 추가적 비용이 0달러이다. 빵으로부터 즐거움을 아주 조금이라도 얻을 수 있다면 그것을 먹어라. 빵이 불쾌감을 준다면 그것을 개에게 먹여라.

소비자와 마찬가지로 기업도 매몰비용을 무시해야 한다. 아일랜드 베이커리의 주인으로서 신규 제빵사를 채용하고 훈련시키기 위해 1,000달러를 지출했는데, 그 사람이 신뢰할 수 없는 사람인 것으로 판명되었다고 하자. 일을 더 잘하는 제빵사를 구할 수 있다면, 단지 많은 돈을 썼다는 이유로 신뢰할 수 없는 그 제빵사를 계속 고용하고 있어야 한다는 의무감을 느끼지 말라. 채용 및 훈련비용은 어떻게 해도 회수할 수 없는 매몰비용이다. 마찬가지로 신제품 개발에 많은 돈을 썼는데 그 제품이 고객에게 인기가 없다면, 제품 생산 중단 여부를 결정할 때 매몰된 개발비용은 무시하라.

규모의 경제와 불경제

빔보 제빵 그룹은 러브 로브즈보다 낮은 평균총비용으로 빵을 만든다. 빔보는 어떻게 단위당 더 낮은 비용을 달성할까? 차이의 일부는 다른 재료를 사용하는 것과 관련 있다. 차이의 대부분은 대량 생산에 따른 비용 이점에서 온다. 빔보 제빵 그룹은 매년 빵을 수백만 개 만든다. 이에 비해 러브 로브즈는 수천 개만 만든다. 임차, 보험, 행정직원, 광고에 드는 비용과 같은 지출이 더 많은 산출량에 분산될 수 있다면, 기업의 평균총비용은 감소한다. 게다가 큰 기업들은 투입요소를 대량으로 구매하므로 협상을 통해 공급자로부터 낮은 가격을 받아낼 수 있다. 130억 달러어치의 빵 제품을 만들기 위해 빔보가 매년 구입하는 밀가루 양을 상상해보라!

산출량 증가가 기업이 장기에 직면하는 평균총비용 감소를 가져오면 **규모의 경제**(economies of scale)가 존재한다. 장기란 기억하고 있듯이 모든 투입요소가 변할 수 있는 기간이다. 그림 8.4는 빵집의 장기평균총비용이 취할 수 있는 형태를 보여준다. 첫 1,000만 개의 빵에 대해 우하향하는 곡선은 1,000만 개까지는 규모의 경제가 있음을 나타낸다. 대부분의 기업에서 규모의 경제는 결국 끝난다. 이 기업의 경우, 규모의 경제는 1,000만 개째 빵 이후 끝난다. 때때로 규모의 경제는 기업이 매우 빨리 성장해서 값비싼 새 건물과 새로운 경영 수준이 필요하기 때문에 끝난다. 성장하는 기업들도 생산물 품질을 관리하고 직원들이 열심히 일하도록 동기를 부여하는 데 점점 더 어려움을 느낀다.

규모의 경제가 끝나는 점에서 기업은 **최소효율규모**(minimum efficient scale)에 도달한다. 최소효율규모는 기업의 장기평균총비용이 최소가 되는 최저 수량이다. 그림 8.4에서 장기

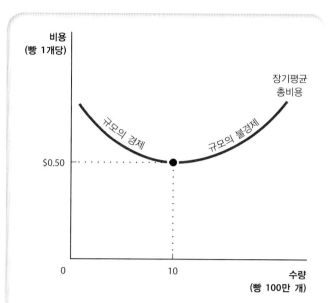

그림 8.4 규모의 경제와 불경제
산출량이 증가함에 따라 기업의 장기평균총비용이 감소하면 규모의 경제가 존재한다. 이 그래프는 연간 빵 수량 1,000만 개까지 규모의 경제가 있는 가상적인 빵집에 대한 그래프이다. 이 점을 지나면 기업은 규모의 불경제를 겪게 된다.

평균총비용곡선은 최소효율규모인 1,000만 개에 도달한 직후 우상향한다. 그런데 어떤 경우에는 장기평균총비용곡선이 일정 범위의 산출량에서 최소를 유지하다가 그 후 증가한다. 장기평균총비용 상승은 산출량이 증가함에 따라 비용이 산출량 증가율보다 더 큰 비율로 증가함을 나타낸다. 기업의 장기평균총비용이 산출량 수준에 따라 증가하면 기업이 **규모의 불경제**(diseconomies of scale)를 겪는다고 말한다.

규모의 경제
산출량 증가가 기업이 장기에 직면하는 평균총비용 감소를 가져오는 경우 존재하는 경제

최소효율규모
기업의 장기평균총비용이 최소가 되는 최저 수량

규모의 불경제
산출량 증가가 기업이 장기에 직면하는 평균총비용 증가를 가져오는 경우 존재하는 불경제

일과가 끝나면 빵집 주인은 일이 잘 된 데서 오는 만족감과, 쿠키와 빵을 팔아 얻은 이윤을 얻는다. 기업의 회계적 이윤은 총수입에서 총 명시적 비용을 뺀 값이다. 여기서 총 명시적 비용은 노동, 밀가루, 임차료, 광고와 같이 기업이 실제로 그 대가로 돈을 지불하는 것들의 비용을 말한다. 기업의 경제적 이윤은 총수입에서 총비용을 뺀 값이다. 기업의 총비용은 명시적 비용과 암묵적 비용을 모두 포함한다. 여기서 암묵적 비용은 다른 사람에게 임대할 수 있었던 자본 사용의 비용과 같이 직접적으로 지불되지 않는 비용을 말한다.

당분간 계속 운영을 하려는 기업은 투입요소 비용과 각 투입요소 수량에 따른 산출량 변화에 유의해야만 한다. 생산함수는 투입요소와 산출량 간 관계를 나타낸다. 단기에는 빵집의 오븐 같은 몇몇 투입요소의 수량은 고정되어 있으며, 이런 투입요소 비용이 기업의 고정비용이 된다. 다른 투입요소는 제빵사나 밀가루와 같이 단기에 수량이 바뀔 수 있다. 이런 투입요소 비용이 기업의 가변비용이 된다. 장기에는 모든 투입요소가 가변이다.

제빵사와 같은 가변투입요소가 고정된 공간과 오븐에 더 많이 투입됨에 따라, 혼잡과 중복으로 인해 결국 새로운 제빵사는 그 전 제빵사보다 기여도가 떨어지게 된다. 그 결과 수익체감이 발생하는데, 이는 노동이 더 많이 고용됨에 따라 한계생산이 결국 감소함을 뜻한다. (다른 투입요소에 대해서도 수익체감이 발생한다.) 하지만 총산출량은 한계생산이 감소해도 계속 증가한다. 예외적인 경우는 기업이 어리석게도 한계생산이 음인 투입요소를 쓰는 경우이다. 추가된 노동자가 할 일이 없어 다른 사람의 일을 방해한다면 그 노동자의 한계생산은 음이 되고, 총생산은 그 노동자가 고용되면 감소할 것이다.

생산비용을 극소화하려면 기업은 지출된 달러당 산출량을 가장 많이 늘리는 투입요소를 더 사용하고 지출된 달러당 산출량을 가장 적게 늘리는 투입요소를 덜 사용해서, 결국에는 지출된 달러당 한계생산이 두 투입요소에 대해 같아지도록 해야 한다. 예를 들어 지출된 달러당 생산된 추가적인 빵 개수가 제빵용 쟁반에 비해 혼합기의 경우 더 높다면, 혼합기는 더 임차하고 제빵용 쟁반은 덜 임차해야 한다. 이러한 투입요소의 변화가 일어나면 혼합기의 한계생산은 감소하고 제빵용 쟁반의 한계생산은 증가할 것이다. 각 투입요소에 대해 지출된 달러당 한계생산이 같고 희망 산출량을 생산할 정도로 투입요소가 충분하다면, 투입요소 변화는 중단되어야 한다.

평균총비용은 산출량 1단위 생산의 평균비용이다. 이것은 총비용을 산출량으로 나눠서 얻을 수 있다. 기업은 평균총비용이 생산물 가격보다 낮으면 이윤을 얻을 수 있다. 평균총비용은 1단위 더 생산하는 비용, 즉 한계비용이 평균총비용보다 낮으면 감소하고 평균총비용보다 높으면 증가한다. 평균총비용곡선과 한계비용곡선은 평균총비용곡선의 최저점에서 교차한다.

어떤 것에 아무리 지출을 많이 했더라도, 그것을 반납하고 환불받을 수 없다면 매몰비용이다. 의사결정 시 매몰비용은 무시해야 한다. 아일랜드 베이커리에서 배달용 트럭에 6,000달러를 썼고 트럭이 그 후 멈춰 섰다고 하자. 수리 비용이 1,200달러이고 트럭을 추가적으로 사용하여 겨우 700달러에 해당하는 가치만 얻게 된다면, 그 트럭이 평화롭게 녹슬도록 내버려두라.

산출량 증가가 장기평균총비용곡선 감소를 가져오면 규모의 경제가 존재한다. 규모의 경제는 임차료나 보험과 같은 투입요소 비용을 더 커진 산출량에 분산시킴으로써 달성된다. 산출량 증가가 장기평균총비용곡선 증가를 가져오면 규모의 불경제가 발생한다.

- ✓ 가변비용
- ✓ 가변투입요소
- ✓ 경제적 이윤
- ✓ 고정비용
- ✓ 고정투입요소
- ✓ 규모의 경제
- ✓ 규모의 불경제
- ✓ 단기
- ✓ 매몰비용
- ✓ 명시적 비용
- ✓ 생산함수
- ✓ 암묵적 비용

✓ 이윤   ✓ 장기   ✓ 평균총비용   ✓ 회계적 이윤

✓ 임금   ✓ 총비용   ✓ 한계생산

✓ 임차료율   ✓ 최소효율규모   ✓ 한계수익체감의 법칙

복습문제

1. 다음 사진에서 적어도 2개의 고정투입요소와 2개의 가변 투입요소를 찾아내라.

2. 연봉 60,000달러를 받고 오케스트라에서 바순을 연주하는 사람이 있다. 그는 음악가로서의 직업을 그만두고 그 대신 베이글 가게를 열 생각을 하고 있다. 그가 추정하기에 베이글 가게는 매년 190,000달러어치의 베이글을 판매하고 다음과 같은 연간 비용을 부담한다.

인건비(본인 제외) $70,000

재료비 $45,000

건물 임차료 $15,000

장비 임차료 $5,000

이 추정치가 정확하다고 가정하라.

a. 이 베이글 가게의 연간 회계적 이윤을 계산하라.

b. 이 베이글 가게의 연간 경제적 이윤을 계산하라.

c. 이 사람의 목표가 최대한 많은 돈을 버는 것이라면 그는 베이글 가게를 열어야 하는가?

3. 다음 표는 아일랜드 베이커리에 있는 로봇의 일일 생산성에 대한 정보를 제공한다.

로봇 수	한계생산 (빵 개수)	총산출량 (빵 개수)
1	100	
2		220
3	110	
4		420
5	60	

a. 로봇의 일일 한계생산과 총산출량의 빠진 값을 채워 넣어라.

b. 로봇의 한계생산곡선을 그려라.

c. 단위가 늘어남에 따라 왜 로봇과 같은 투입요소의 한계생산이 결국에는 떨어지는가?

4. 다음 표는 아일랜드 베이커리에서 만드는 첫 5개의 빵에 대한 비용 정보를 제공한다. 빠진 값을 채워 넣어라.

빵 개수	고정비용	가변비용	총비용	평균총비용	한계비용
0	$25.00			$∞	—
1					$5.00
2					4.00
3					2.00
4					4.00
5					7.50

5. 문제 4번의 표에 있는 정보를 이용해 아일랜드 베이커리에서 만드는 첫 5개의 빵에 대해 한계비용곡선과 평균총비용곡선을 그려라. 더 많은 빵 개수에 대해 이 곡선들을 계속 그리면 두 곡선이 만나는 점에 대해 어떤 말을 할 수 있는가?

6. 현재의 투입요소 사용 상황에서 노동의 한계생산이 100, 자본의 한계생산이 12, 임금이 25달러, 임차료율이 2달러라고 하자. 투입요소를 조정하여 기업이 비용을 낮출 수 있는가? 만약 그렇다면 어떻게 하면 되는가?

7. 비싼 호텔에서 무료로 아침식사를 제공하기 때문에 여러분 가족이 그곳에 숙박하기로 했다고 하자. 다음 날 아침 길 건너편의 훌륭한 빵집에서 더 좋은 아침을 제공하는 것을 알게 된다. 부모님은 호텔에 숙박하는 데 많은 돈을 썼으므로 호텔에서 먹어야 한다고 주장한다. 이 결정을 내릴 때 고려해야 할 것과 고려해서는 안 될 것에 대해 설명하라.

8. 다음 진술의 참, 거짓 여부를 판별하라 — 평균총비용곡선이 우하향하면 한계비용곡선은 항상 우하향한다. 답에 대해 설명하라.

9. 다음 진술의 참, 거짓 여부를 판별하라 — 규모의 불경제는 한계비용이 상승하는 산출량 범위 전체에서 존재한다. 답에 대해 설명하라.

10. 다음 각각이 암묵적 비용인지 명시적 비용인지 밝혀라.
    a. 대학을 다니지 않는다면 벌 수 있는 돈
    b. 대학 등록금으로 내는 돈
    c. 차를 다른 사람에게 대여하여 벌 수 있는 돈
    d. 식당에서 외식을 할 때 내는 세금

11. 노동과 같은 투입요소의 한계생산체감을 목격한 실제 상황을 기술하라.

완전경쟁

9

학습목표

이 장에서는 다음 내용을 학습한다.

1. 완전경쟁시장의 특성을 기술한다.

2. 완전경쟁시장에서 기업의 진입과 탈퇴가 이윤에 어떤 영향을 주는지 보인다.

3. 기업이 어떻게 조업중단 여부를 결정하는 지 설명한다.

4. 완전경쟁시장의 효율성에 대해 논의한다.

캘리포니아의 윈드폴 팜은 미국의 약 18,600개의 면화 농장 중 하나이다. 이 농장의 면화가 시장에 출시될 준비가 되면, 농장주인 프랭크 윌리엄스와 마크 피켓은 판매가격 흥정에 많은 시간을 쓰지 않는다. 윈드 폴 팜은 거대한 면화 시장의 작은 일부분이고, 시장가격은 수천의 판매자와 구매자의 공급과 수요의 조합에 의해 정해진다. 윌리엄스와 피켓이 수확물을 면화상에게 가져가면 그들이 받는 가격은 그러한 수많은 구매자와 판매자에 의해 정해진다. 시장가격에 팔 용의가 있는 경쟁자가 충분히 많기 때문에, 어느 한 농부가 성공적으로 더 높은 가격을 책정하는 것은 불가능하다. 이것은 구매자들에게 좋은 일이다. 치열한 경쟁의 결과 낮은 가격을 지불하기 때문이다.

왜 알아야 하는가?

▲ 면화는 우리 몸을 말리고 옷을 입히고 잘 때 우리를 감싼다. 이 안락한 직물의 가격을 적당하게 만드는 것은 바로 경쟁이다.

면화는 전 세계적으로 직물을 만들기 위해 사용되는 섬유의 39%를 차지한다. 면화는 필시 여러분의 옷과 이불에 있을 것이다. 면화는 또한 지갑 안에 있는 지폐의 75%를 만든다. 세계 에너지 사용의 37%를 차지하는 석유처럼 면화는 국제무역에서 핵심 원자재이다. 하지만 석유와 면화의 차이는 흑과 백처럼 크다. 우선 대규모 석유회사는 소수인 반면, 면화는 미국의 수만 개 농장과 해외의 셀 수 없이 많은 농장에서 재배된다. 다음 장에서는 소수의 대규모 경쟁자들이 있는 석유 시장에 대해 이야기한다. 이 장에서는 면화에 집중하여, 경쟁하는 다수의 생산자들의 영향에 대해 논한다. **경쟁이 우리가 먹는 음식이나 우리가 하루 24시간 동안 이런저런 방식으로 접촉하고 있는 면화와 같은 재화의 가격을 어떻게 견제하는지 알게 될 것이다.**

경쟁이 시장에 미치는 영향

사람들은 오랫동안 기업 간 경쟁의 미덕을 알려왔다. 1776년에 스코틀랜드 경제학자 애덤 스미스는 '경쟁이 자유롭고 일반적일수록' 시장의 편익이 커진다고 썼다. 미국의 연방통상위원회는 경쟁 증진을 위해 1914년에 설립되었으며 현재도 그 임무를 수행하고 있다. 이것이 무슨 말인지 알아보기 위해 경쟁이 면화-청바지 산업에 어떤 의미를 가지는지 생각해보라. 우선 경쟁은 고품질 제품을 가져온다. 경쟁자들이 바로 코앞에 있는 상황에서, 제조자들은 더 질기고 더 부드러우며 덜 줄어들고 더 멋진 청바지를 생산하기 위해 고생한다. 경쟁은 또한 가격을 낮춘다. 한 기업이 청바지 생산의 평균비용보다 훨씬 높은 가격을 책정하면 경쟁기업은 낮은 가격을 제시하여 높은 가격을 책정한 기업의 시장 점유율을 차지할 것이다.

경쟁은 기술혁신도 자극한다. 1794년에 미국 면화 산업이 다른 곳의 면화 생산자와 경쟁하느라 악전고투하고 있을 때, 엘리 휘트니는 면화 섬유에서 씨를 제거하는 비용을 절감한 기계인 조면기를 발명했다. 이 발명으로 인해 한때 악전고투하던 많은 미국 면화 농장들이 번성하기 시작했다. 경쟁은 또한 효율성을 불러온다. 사실 지금까지 이 책에서 공부한 공급과 수요 모형, 즉 기업들로 하여금 비용 이상의 편익을 주는 단위는 전부 생산하게 하는 그 모형은, 경쟁이 매우 심한 시장에만 적용된다.

다음 장에서는 독점 및 경쟁이 부족한 다른 시장 형태에서는 가격이 오르고 산출량이 효율적인 수준 아래로 떨어짐을 볼 것이다. 높은 품질과 수량, 더 많은 기술혁신과 효율성, 낮은 가

▲ 국제 면화 시장의 극심한 경쟁에 자극을 받아, 엘리 휘트니는 1794년에 조면기를 발명했다.

격은 애덤 스미스와 다른 이들을 그렇게나 흥분시켰던 경쟁의 결실이다. 이제 경제학 세계의 가장 중요한 목표인 경쟁의 비밀에 대해 파헤쳐보자.

대부분의 경제에는 표 9.1에 나온 것처럼 경쟁의 정도가 다양한 **시장구조**(market structure)가 있다. 한쪽 극단에는 기업이 하나만 있는 **독점**(monopoly)이 있다. 암트랙은 미국에서 장거리 여객철도 서비스의 유일한 공급자로서 독점의 사례이다. **복점**(duopoly)은 콜라 시장의 코카콜라와 펩시콜라처럼 두 기업에 의해 지배되는 시장이다. 석유 시장은 소수의 대규모 기업에 의해 지배되므로 **과점**(oligopoly)이다. **독점적 경쟁시장**(monopolistically competitive market)에는 다른 종류의 패스트푸드나 옷처럼 비슷하지만 동질적이지는 않은 제품을 판매하는 다수의 기업이 있다. 이 장에서는 **완전경쟁시장**(perfectly competitive market)에 초점을 맞춘다. 완전경쟁시장은 독점의 반대 극단이다. 완전경쟁시장은 다음 특성을 만족한다.

- 다수의 구매자와 판매자가 있다.
- 모든 기업이 동일한 표준화된 제품을 판매한다.
- 구매자와 판매자는 제품과 가격에 대한 완전정보를 갖는다.
- 기업들의 시장 진입과 탈퇴가 용이하다.

모든 측면에서 완전경쟁인 시장은 없지만 거의 완전경쟁인 시장은 다수 있다. 그러한 사례로 밀, 당근, 면화 같은 농산품 시장, 회사주식 시장, 노점에서 판매하는 핫도그 및 그와 비슷한 재화 시장이 있다. 완전경쟁의 각 특징의 중요성에 대해 살펴보자.

다수의 구매자와 판매자

시장이 완전경쟁이 되게 하는 마법의 기업 수는 없지만, 어렸을 때의 사례를 이용해 기업 수 증가의 효과에 대해 생각해보자. 어렸을 때 차고 진입로 끝에 레모네이드 가판대를 세웠던 적이 있을 것이다. 레모네이드 한 컵의 평균총비용이 1달러이고 각 컵을 2달러에 팔았다고 하자. 무더운 날 근방의 유일한 레모네이드 판매자로서 그 가격에 상당한 매상을 올렸을 수도 있다. 하지만 길 건너편 아이가 레모네이드 가판대를 열고 한 컵에 1.50달러를 책정하면 어떻게 될까? 가격을 낮추지 않으면 장사를 접어야 했을 것이다.

이제 동네의 더 많은 아이들이 레모네이드 사업으로부터 이윤을 얻는 것을 보고 가판대를 열었다고 하자. 동네의 모든 아이가 레모네이드 한 컵에 1달러를 받는다면 여러분은 1.05달러를 받을 수 있었을까? 완전경쟁의 조건이 충족되었다면 그럴 수 없었을 것이다. 경쟁자가 너무 많아 시장가격 1달러보다 많이 받을 수 없었다면 '다수의 판매자'가 있었던 셈이 된다. 옥수수, 쌀, 밀, 면화 같은 농작물 대부분은 판매자가 다수이다. 다수의 판매자는 완전경쟁이 되기 위한 필요조건이지만 그것만으로는 가격을 견제할 수 없을 것이다.

완전경쟁시장
(1) 다수의 구매자와 판매자가 있고 (2) 모든 기업이 동일한 표준화된 제품을 판매하며 (3) 구매자와 판매자가 제품과 가격에 대한 완전정보를 갖고 있고 (4) 기업들의 시장 진입과 탈퇴가 용이한 시장

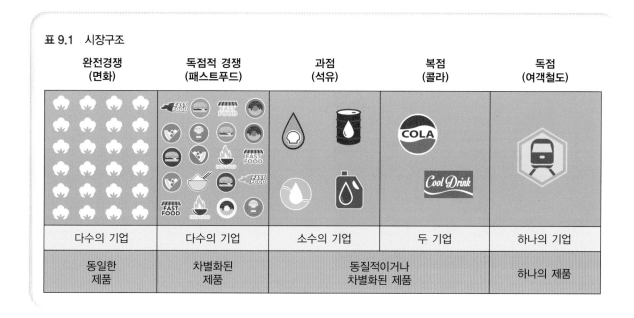

표 9.1 시장구조

완전경쟁 (면화)	독점적 경쟁 (패스트푸드)	과점 (석유)	복점 (콜라)	독점 (여객철도)
다수의 기업	다수의 기업	소수의 기업	두 기업	하나의 기업
동일한 제품	차별화된 제품	동질적이거나 차별화된 제품		하나의 제품

▲ 레모네이드를 판매하는 젊은 기업가로서 아마 경쟁을 경험했을 것이다. 길 건너편 아이가 레모네이드 가격을 낮게 책정하면 할 수 없이 가격을 낮춰야 했다.

표준화된 제품

이제 레모네이드 한 컵에 2달러를 받고 있는데 동네 아이가 경쟁 가판대를 열고 한 컵에 1.50달러를 받는다고 하자. 그런데 그쪽은 분말로 레모네이드를 만들지만 우리 레모네이드는 생과일로 만든 것이다. 판매되고 있는 제품이 표준화되지 않았다. 분말로 만든 레모네이드는 생과일 레모네이드의 완전대체재가 아니다. 그 결과 레모네이드를 계속 2달러에 팔 수 있다. 완전경쟁시장에서는 다수의 기업이 동질적인 제품을 팔기 때문에 한 기업에 다른 기업보다 더 높은 가격을 지불할 이유가 없다. 면화 시장에서 면화의 등급과 종류가 다르면 경쟁이 완전경쟁 수준 이하가 된다. 그래도 같은 종류의 면화를 파는 판매자가 다수 있어 면화 시장은 완전경쟁시장과 거의 비슷하게 된다.

완전정보

여러분과 경쟁자가 동일한 레모네이드를 팔고 있지만 경쟁자

가 막다른 길 끝에 위치하고 있어 소수의 사람만 찾을 수 있다면 어떻게 될까? 잠재적 고객이 경쟁자의 존재와 가격에 대해 불완전한 정보를 갖고 있는 한, 여러분은 손쉽게 같은 종류의 레모네이드를 더 높은 가격에 팔 것이다. 아니면 경쟁자가 책정한 것과 같은 가격에 더 안 좋은 레모네이드를 팔 수도 있다. 이 시나리오에서 시장은 완전경쟁이 아니다. 완전경쟁시장에서 구매자와 판매자는 가용한 제품과 가격에 대한 모든 중요한 정보를 갖는다. 예를 들어 표 9.2는 여러 등급의 면화와 가격에 대해 미국 농무부 웹사이트에서 손쉽게 얻을 수 있는 정보 유형을 보여준다.

기업의 진입과 탈퇴의 용이성

동네 아이들이 여러분이 레모네이드 시장에서 이윤을 내는 것을 보고 가판대를 열었던 것을 기억하는가? 이는 레모네이드 가판대를 세우는 것이 쉽기 때문에 가능했다. 그리고 더 많은 아이들이 레모네이드 시장에 진입함에 따라 가격이 떨어졌다. 이 예는 완전경쟁시장에서 이윤을 추구하는 새로운 기업들의 진입이 어떻게 가격을 억제하는지 보여준다. 이 과정에서 경쟁기업들이 쉽게 시장에 진입하는 능력이 매우 중요하다. 농사는 작은 규모로 진입하기에 상대적으로 쉬운 사업이다. 종자와 토지는 엄청나게 비싸지 않으며, 많은 사람들이 자신의 정원을 갖고 있다. 하지만 자동차 산업이나 원자력 산업에 진입하는 것을 상상해보라. 이 산업들은 진입이 매우 어렵기 때문에 제품 시장이 훨씬 덜 경쟁적이다.

현실 검증

현실에서, 완전성은 이상이지만 현실인 경우는 거의 없다. 이것은 완전경쟁시장 개념에도 적용된다. 수천 개의 기업에 의해 생산된 제품은 일반적으로 똑같지 않지만, 많은 산업에서 제품은 매우 비슷하다. 마찬가지로, 일반적으로 정보에 어느 정도

▲ 한 나라의 식량을 조달하기 위해서는 다수의 농부가 필요하며, 다수의 농부는 높은 경쟁에 기여한다.

표 9.2 특정 유형 · 등급 면화의 일일 가격

> 75.61
> 고지대 면화 파운드당 센트 평균 현물가격(색조 41, 잎 4, 섬유장 34)
> 일자 : 2018년 2월 1일 목요일

출처 : USDA Market News

의 불완전성이 있으며, 기업의 시장 진입이나 탈퇴에도 어느 정도 비용이 든다. 그래도 완전경쟁 모형은 시장에서 경쟁의 불완전성이 작을 때 무엇을 기대할지에 대한 유용한 지침이다.

대부분의 현실 시장에 있는 여러 불완전성을 포함하는 모형은 복잡하고 다루기 어려울 것이다. 완전경쟁 모형의 단순화가 과장된 경우도 있지만, 단순화한 상황에 대한 분명한 조망이 현실에 대한 이해할 수 없는 조망보다 더 교육적으로 유익할 수 있다.

▲ 경쟁적인 면화 시장의 기업들은 가격수용자이다. 기업들은 가격을 설정하는 대신 전체 면화 시장의 공급과 수요에 의해 정해진 가격을 받아들인다.

완전경쟁시장의 가격과 이윤

경쟁시장에 수천 개의 기업이 있지만 시장 활동은 그래프 2개로 살펴볼 수 있다. 하나는 시장 전체에 관한 그래프이고, 다른 하나는 시장에 있는 다른 기업들과 유사한 대표적 기업에 관한 그래프이다. 이 절에서는 두 종류의 그래프를 모두 살펴보고 그 둘이 어떻게 연결되어 있는지 알아볼 것이다.

가격수용자로서의 기업

면화는 앨라배마주의 67개 카운티 중 59개를 포함하여 미국 남부 전역에서 생산된다. 앨라배마주 몽고메리 카운티에 있는 농부가 면화를 팔고 싶으면 웨일 브라더스 면화 주식회사 같은 면화상에게 면화를 가져가는데, 거기서 당일의 면화 시가를 알

게 될 것이다. 완전경쟁시장에서 가격은 시장균형에 의해 결정되는데, 시장균형은 그림 9.1(a)에 나타난 것처럼 시장공급곡선과 시장수요곡선이 만나는 점에서 찾을 수 있다.

면화 시장의 각 개별 농부는 시장의 매우 작은 부분만을 대표하므로 시장가격에 영향을 미칠 수 없다. 그 대신 완전경쟁시장의 각 기업은 **가격수용자**(price taker)이다. 이는 기업이 시장균형가격을 주어진 것으로 받아들임을 의미한다. 균형가격이 그림 9.1에 나타

> **가격수용자**
> 시장균형가격을 주어진 것으로 받아들이는 기업

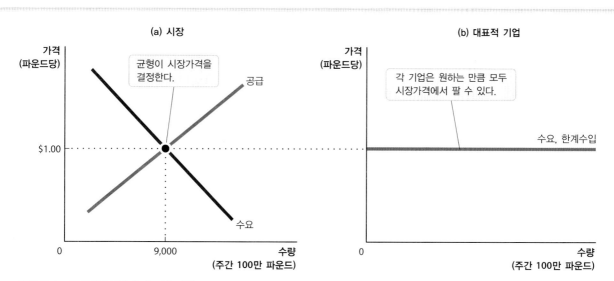

그림 9.1   완전경쟁시장과 대표적 기업

그림 (a)에 나타난 것처럼 완전경쟁시장의 가격은 시장균형에 의해 정해진다. 그림 (b)는 완전경쟁시장의 기업이 시장균형가격에서 원하는 만큼 팔 수 있지만 그보다 높은 가격에서는 하나도 팔 수 없음을 보여준다. 따라서 기업의 수요곡선은 시장가격에서 수평의 형태를 띤다. 각 단위가 시장가격인 1달러에 판매되기 때문에, 그 가격은 또한 각 단위의 한계수입이다.

난 것처럼 파운드당 1달러라고 하자. 그러면 파운드당 1달러 가격에서의 수요량은 그 가격에서의 공급량과 같다. 한 농부가 파운드당 1달러보다 조금 더 받으려고 하면, 구매자는 다른 많은 농부들이 면화를 파운드당 1달러에 팔 것임을 알기 때문에 인상된 가격을 거부할 것이다. 농부가 면화를 시장가격보다 낮게 팔 이유도 없다. 농부들이 시장가격에서 공급할 용의가 있는 모든 단위를 소비자들이 사기 때문이다.

수요와 한계수입

완전경쟁시장의 각 기업은 시장균형가격에서 원하는 만큼 팔 수 있지만 더 높은 가격에서는 하나도 팔 수 없다. 그림 9.1(b)는 시장가격 1달러에서 수평인, 대표적 면화 농장의 수요곡선을 통해 이 상황을 나타낸다. 1달러보다 높은 가격에서 이 기업은 수요가 없으므로, 수요곡선은 1달러 높이보다 더 위에서는 나타나지 않는다. 이 기업이 파운드당 1달러보다 낮은 가격에 면화를 팔 수도 있지만, 원하는 만큼 모두 파운드당 1달러 가격에 팔 수 있기 때문에 그렇게 할 이유가 없다. 이로 인해 1달러 아래의 수요곡선은 무의미해지며, 그러므로 그래프 상에 그려지지 않는다.

면화가 모두 1달러 가격에 팔리기 때문에, 농부가 1단위 더 판매하여 얻는 추가적 수입, 즉 한계수입도 매 파운드의 면화에 대해 1달러이다. 따라서 면화에 대한 이 기업의 한계수입은 1달러에서 수평이며, 수요곡선과 일치한다. 시장이 완전경쟁이 아니면 수요곡선이나 한계수입곡선 어느 것도 수평이 아니므로, 수평선이 모든 시장구조에서 나타나는 일반적인 것이라고 생각해서는 안 된다.

이윤극대화

이윤이 전부는 아니다. 제2장에서 이윤 이외의 목표를 가진 비영리 기업에 대해 논했다. 영리를 추구하지만 높은 시장 점유율에 따른 명성이나 가능한 최고의 제품을 만드는 즐거움을 위해 이윤을 희생하는 기업도 있다. 하지만 완전경쟁시장에서 이런 다른 목표는 개연성이 낮은데, 이는 어떤 기업도 시장점유율이 크지 않고 모든 재화가 동질적이기 때문이다. 따라서 기업은 이윤극대화를 추구한다고 가정할 것이다.

최적산출량의 선택

이윤을 극대화하거나 손실을 극소화하는 수량을 찾으려면, 기업은 얼마나 사고 먹고 자고 다른 일을 해야 할지에 관한 개인의 결정에 지침을 주는 전략과 동일한 전략을 따라야 한다. 즉 증가분의 추가적 편익이 추가적 비용보다 작아질 때까지 수량을 늘리는 것이다.

얼마나 많이 생산할지 결정하는 기업에게 추가적 편익은 한계수입의 형태로 나타나며, 추가적 비용은 그 재화를 만드는 데 드는 한계비용이다. 따라서 기업은 추가적 1단위로부터의 한계수입이 한계비용보다 작아질 때까지 산출량을 늘려야 한다. 한계수입과 한계비용이 같은 점에서 이러한 이윤극대화나 손실극소화 수량을 찾을 수 있다. 완전경쟁기업의 한계수입은 가격과 같으므로, 가격과 한계비용이 같은 점에서 최적수량을 찾을 수 있다고 말해도 된다. 예외는 기업의 손실이 너무 커서 이윤극대화를 위해 완전히 조업을 중단해야 하는 경우인데, 이러한 선택은 이 장의 뒷부분에서 논의할 것이다.

그림 9.2는 완전경쟁시장에 있는 어느 면화 농장의 한계수입곡선과 한계비용곡선을 보여준다. 첫 600,000파운드의 면화에 대해 파운드당 1.50달러의 가격은 생산의 한계비용보다 크다. 따라서 이 기업은 첫 600,000파운드의 면화를 생산함으로써 이윤을 증가시키거나 손실을 감소시킬 것이다. 예를 들어 100,000번째 파운드의 면화가 생산에 0.80달러가 들고 1.50달러에 팔린다면 해당 파운드는 기업의 이윤을 0.70달러 증가시킬 것이다. 하지만 600,000번째 파운드를 넘어가면 각 파운드의 면화는 판매가격 1.50달러보다 생산에 비용이 더 들고, 따라서 해당 단위를 생산하는 것은 이 농장의 이윤을 줄이거나 손실을 늘릴 것이다. 예를 들어 700,000번째 파운드가 생산에 1.75달러가 들고 1.50달러에 팔리면 농장은 해당 파운드 판매로 0.25달러를 손해 볼 것이다. 따라서 이 농장은 면화를 600,000파운드 생산해야 하고 더 생산해서는 안 된다.

단기의 이윤과 손실

최적산출량을 찾는 방법은 알게 되었는데, 기업의 이윤이나 손실은 얼마일까? 평균총비용곡선을 추가하면 그림 9.2와 같은 그래프에 직사각형으로 이윤이나 손실을 나타낼 수 있다. 그림 9.3은 시장가격이 1.50달러일 때 면화 농장의 이윤을 보여준다. 직사각형의 너비는 0에서 판매량까지의 수평 거리이다. 직사각형의 높이는 판매량에서의 평균총비용곡선과 가격 간의 수직 거리이다.

평균총비용곡선은 생산량에 따른 각 단위 생산의 평균비용을 보여줌을 상기하라. 그림 9.3은 이윤극대화 수량인 목화

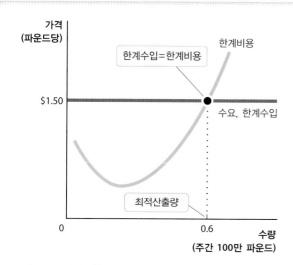

그림 9.2 최적산출량

기업은 한계수입이 한계비용과 같아지는 수량을 생산함으로써 이윤을 극대화하거나 손실을 극소화할 것이다. 유일한 예외는 기업의 손실이 너무 커서 완전히 조업을 중단하는 것이 더 나은 경우이다.

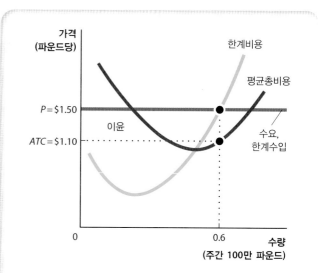

그림 9.3 이윤 직사각형

기업의 단기이윤은 녹색 직사각형으로 나타난다. 직사각형의 너비는 판매량이고 높이는 판매량에서의 평균총비용을 가격에서 뺀 값이다.

600,000파운드에서 파운드당 평균총비용이 1.10달러임을 보여준다. 이 산출량 수준에서 가격(P) 1.50달러가 평균총비용(ATC) 1.10달러보다 크므로 농부는 이윤을 얻는다.

이윤 직사각형의 높이, 즉 가격에서 평균총비용을 뺀 값은 단위당 평균이윤을 보여준다. 따라서 생산량이 600,000파운드일 때 파운드당 평균이윤은 $1.50 - $1.10 = $0.40이다. 직사각형의 면적은 600,000파운드를 전부 팔아서 얻는 이윤을 나타낸다. 그 이윤의 금액을 알아내기 위해서는 다음과 같이 단순히 직사각형의 너비(판매량 600,000)를 높이(단위당 평균이윤 0.40달러)로 곱한다.

이윤 = 600,000파운드 × 단위당 평균이윤 $0.40 = $240,000

완전경쟁시장의 기업들은 단기에 이윤을 얻을 수 있다. 하지만 장기적으로는 신규 기업이 이윤을 좇아 시장에 진입할 시간이 있다. 예를 들어 그림 9.4(b)에 나타난 것과 같은 면화 시장의 이윤은 면화를 더 재배할 농부들을 끌어들인다. 면화 농장 수 증가는 그림 9.4(a)와 같이 면화의 시장공급곡선을 오른쪽으로 이동시켜 시장가격을 떨어뜨린다. 농장 수는 이윤의 유혹이 제거될 때까지 증가한다. 시장가격이 농장의 최저 평균총비용

인 파운드당 1달러 수준까지 떨어지면 각 농장은 비용을 충당할 정도로만 돈을 벌며 다른 농장이 시장에 진입할 유인이 없다.

이제 가격이 그림 9.5에서처럼 평균총비용보다 낮다고 하자. 이 경우 그림 9.4(b)의 직사각형 면적은 기업의 손실을 나타낸다. 직사각형의 높이는 단위당 평균손실이고 직사각형의 너비는 판매량이다. 400,000단위가 단위당 0.80달러에 팔리고 이 생산량에서 단위당 평균총비용이 1.05달러라고 하자. 직사각형의 너비는 400,000이고 직사각형의 높이는 단위당 평균손실로 $1.05 - $0.80 = $0.25이다. 직사각형의 면적은 기업의 손실로 400,000 × $0.25 = $100,000이다.

면화 기업이 대규모의 혹은 지속적인 손실을 겪으면 몇몇 농장은 문을 닫을 것이다. 기업 수의 감소는 그림 9.5(a)처럼 시장 공급곡선을 왼쪽으로 이동시키고 면화 시장가격을 상승시킬 것이다. 농장의 탈퇴와 그에 따른 면화 가격 상승은 남아 있는 농장이 더 이상 손실을 겪지 않게 될 때까지 계속된다. 시장가격이 농장의 최저 평균총비용인 파운드당 1달러까지 상승하면 농부들이 추가적으로 시장을 떠날 유인이 사라진다.

장기균형

이윤이 존재하면 결국 더 많은 기업들이 시장에 진입하고, 이에 따라 시장가격이 낮아지고 모든 기업의 이윤이 작아짐을 보았다. 반대로 손실이 존재하면 일부 기업들이 시간이 지남에 따라 시장을 떠나게 되고, 이에 따라 시장가격이 오르고 남아

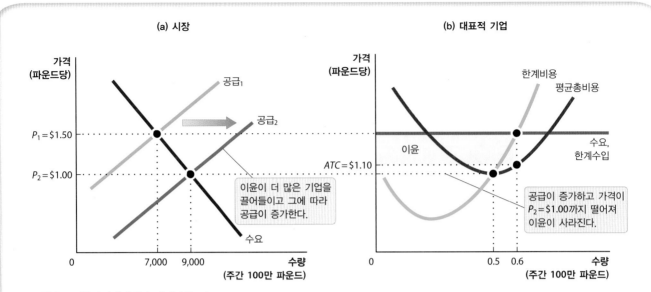

그림 9.4   완전경쟁시장과 단기이윤

기존 기업이 그림 (b)에서와 같이 이윤을 얻으면 신규 기업이 이윤을 나눠 갖기 위해 시장에 진입할 것이다. 신규 기업의 진입은 그림 (a)에서처럼 공급곡선을 오른쪽으로 이동시키고, 가격이 최저 평균총비용인 1달러와 같아져 이윤이 제거될 때까지 시장가격을 하락시킬 것이다.

있는 기업의 손실이 낮아진다. 장기적으로 기업이 시장 조건에 대응하여 들어오거나 나갈 시간을 가진 후, 이윤과 손실은 제거된다.

그림 9.6은 **장기균형**(long-run equilibrium)을 보여주는데, 장기균형에서는 각 기업이 0의 이윤을 얻으므로 어떤 기업도 시장 진입이나 탈퇴의 유인이 없다. 대표적 기업이 이 장기균형에서 최적수량인 500,000파운드를 생산하면, 시장가격인 1달러가 기업의 평균총비용인 1달러와 같아져 이윤이나 손실을 나타내는 직사각형의 높이가 0이 된다. 이것은 0의 경제적 이윤임에 유의할 필요가 있다. 이는 기업의 관련된 모든 명시적 비용과

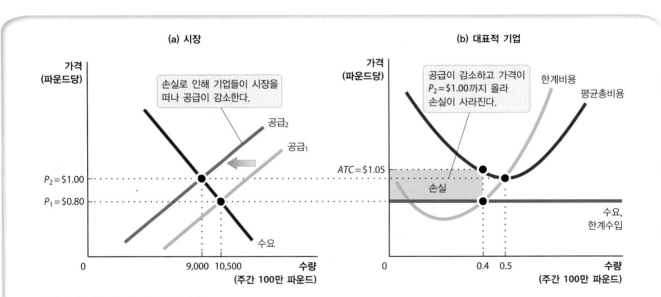

그림 9.5   완전경쟁시장과 단기손실

완전경쟁시장의 기업이 손실을 겪게 되면 몇몇 기업은 시장에서 나갈 것이다. 기업의 탈퇴는 공급곡선을 왼쪽으로 이동시키고, 가격이 최저 평균총비용인 1달러와 같아져 손실이 제거될 때까지 시장가격을 상승시킬 것이다.

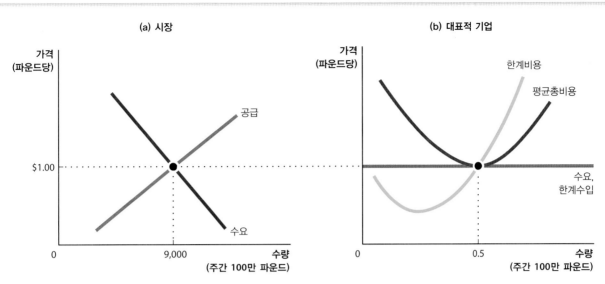

그림 9.6 완전경쟁시장과 장기균형
기업들이 이윤을 추구하기 위해 시장에 진입하거나 손실을 피하기 위해 시장에서 탈퇴함에 따라, 완전경쟁시장은 결국 기업들이 0의 이윤을 얻는 장기균형에 도달할 것이다.

암묵적 비용이 충당됨을 의미한다. 다음 Q&A 글상자에서는 왜 기업들이 0의 경제적 이윤을 받아들일 수 있는지 설명한다.

0의 경제적 이윤을 얻는 사람이라면 누구든 다른 일을 해서 돈을 더 벌 수 없다.

조업중단 결정

사업을 할 것인가 말 것인가? 그것이 문제로다. 기업의 조업중단 결정은 시장가격으로 가변비용을 회수할 수 있는지 여부에 달려 있다. 기업이 모든 비용을 충당하지 못하면 손실을 입게 되지만, 단기적으로 고정비용은 매몰비용이다. 조업중단 여부를 결정할 때는, 더 많이 생산할수록 증가하는 비용인 가변비용만이 고려되어야 한다. 예를 들어 단기에 면화 농장은 면화를 생산하든 하지 않든 고정투입요소인 토지, 창고, 트랙터에 대한 비용을 반드시 지불해야 한다. 면화 가격이 이러한 가변투입요소 비용을 충당하지 못하면 농장은 즉시 조업을 중단해야 한다. 그런데 장기에는 모든 비용이 가변이므로 농

> **장기균형**
> 어느 기업도 시장에 진입하거나 시장을 탈퇴할 유인이 없는 상황

Q&A

왜 기업은 이윤을 얻지 못하는 시장에 남아 있으려고 할까?

경제학자에게 이윤은 *경제적 이윤*을 의미함을 기억하라. 경제적 이윤은 기업의 모든 명시적 비용과 암묵적 비용을 판매수입에서 빼서 계산한다. 어느 농부의 최선의 대안이 부동산 판매로 매년 150,000달러를 버는 것이라고 하자. 그 기회비용은 농부의 경제적 이윤을 계산할 때 판매수입에서 빼는 암묵적 비용이다. 이 농부가 0의 경제적 이윤을 얻는다면, 농장의 판매수입은 모든 비용을 충당할 정도가 되는 것이다. 여기서 모든 비용은 그가 다른 일을 해서 벌 수 있는 150,000달러를 포함한다. 달리 말

해, 0의 경제적 이윤을 얻으려면 그는 부동산 판매 소득을 포기하는 기회비용을 충당하기 위해 농부로서 150,000달러의 소득을 얻어야만 한다. 그 결과 0의 경제적 이윤을 얻는 사람은 누구든 다른 일을 해서 돈을 더 벌 수 없다.

'0'이 이상하게 들리기는 하지만, 경제적 이윤이 0인 기업 소유주의 소득이 0인 것은 아니다. 그 대신 그들은 다른 최선의 직업에서 벌 수 있는 만큼 벌고 있는 것이다. 이것이 0이라는 단어가 경제적 이윤 앞에 와도 괜찮은 충분한 이유가 된다. 물론 사람들은 이윤과 관련해서라면 '더 큰'이라는 단어를 더 좋아할 것이다.

Chris Bennett/Farm Press

▲ 단기에 면화 농장은 토지, 창고, 트랙터 비용을 반드시 지불해야만 한다. 따라서 단기 조업중단 결정은 농장의 판매수입이 노동, 종자, 비료, 트랙터 연료 같은 가변투입요소 비용을 충당할 수 있는지에만 의존해야 한다.

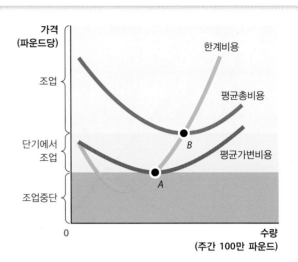

그림 9.7 조업중단 결정

기업은 시장가격이 붉은색 구역에 속하면 즉시 조업을 중단해야 한다. 조업을 위해 필요한 가변투입요소 비용이 기업의 판매수입보다 크기 때문이다. 시장가격이 노란색 구역에 속하면 기업의 가변비용 전부와 고정비용의 일부가 충당된다. 기업은 단기에 조업을 중단해 고정비용을 전혀 충당하지 못하기보다는 조업을 해서 고정비용의 일부를 갚아야 한다. 시장가격이 장기에 노란색 구역에 머무른다면 기업은 조업을 중단해야 한다. 시장가격이 녹색 구역에 속한다면 기업은 이윤을 얻기 때문에 조업을 계속해야 한다.

장은 모든 투입요소 비용을 충당하지 못하면 조업을 중단해야 한다.

기업은 제품의 시장가격을 제품 생산의 **평균가변비용**과 비교하면 간단히 조업중단 결정을 내릴 수 있다. 기업의 **평균가변비용**(average variable cost)은 다음과 같이 가변비용을 산출량으로 나눈 값이다.

$$평균가변비용 = \frac{가변비용}{산출량}$$

예를 들어 한 기업의 가변투입요소 비용이 100,000달러이고 생산량이 10,000이라면, 평균가변비용은 $100,000÷10,000=$10이다.

그림 9.7은 조업을 중단할지 여부를 결정할 때 기업이 이용할 수 있는 정보를 나타낸다. 가격이 붉은색 구역에 속해 평균가변비용곡선의 최저점인 *A*점보다 낮다면 이 기업은 즉시 조업을 중단해야 한다. 이는 기업이 단위당 얻는 수입이 가변투입요소에 평균적으로 지출하는 것보다 작기 때문이다. 달리 말해 기업이 각 단위에 대해 손실을 보고 있는 것이다. 더 많이 생산할수록 손실이 커지므로 0단위를 생산하는 것이 기업에게 최선이다.

이제 가격이 평균총비용곡선의 최저점인 *B*점보다 낮지만 평균가변비용의 최저점인 *A*점보다는 높은 노란색 구역에 속한다고 하자. 노란색 구역에서 기업은 손실을 보고 있지만 가격이 평균가변비용보다는 높다. 이는 기업이 가변비용 전부와 고정비용 일부를 충당

평균가변비용
기업의 가변비용을 산출량으로 나눈 값

할 수 있음을 뜻한다. 조업을 계속하여 고정비용 일부를 충당하는 것이, 조업을 중단해 고정비용을 전혀 충당하지 못하는 것보다 낫다. 따라서 기업은 단기에 조업을 해야 한다.

하지만 가격이 장기에 노란색 구역에 머무른다면 기업은 조업을 중단해야 한다. 이 결정이 장기에 다른 이유는, 장기에만 기업이 건물과 장비 임차 계약과 같이 단기적으로 고정된 비용에서 벗어나 손실을 제거할 수 있기 때문이다. 가격이 평균총비용곡선의 최저점인 *B*점 위의 녹색 구역에 있다면 기업은 이윤을 내고 있으며 단기와 장기 모두 조업해야 한다.

가격이 단기에 평균가변비용과 **정확히** 같다면 어떻게 될까? 그 경우 기업은 조업을 하는 것과 중단하는 것 사이에 무차별하므로, 동전 던지기를 이용해 결정을 내려도 좋을 것이다. 기업이 가변비용 전부를 충당하고 있으므로 조업을 통해 손실을 입지는 않는다. 하지만 기업이 고정비용은 전혀 충당하지 못하므로 조업을 통해 그 비용을 덜어낼 수는 없다. 현실에서 기업의 결정은 필시 가까운 미래에 가격이 오를지 내릴지에 대한 기대에 달려 있을 것이다. 경제학적 분석에서 일반적인 관례는 가격이 평균가변비용과 같다면 기업이 영업을 할 것이라고 가정하는 것이다. 마찬가지로 장기에 가격과 평균총비용이 같다

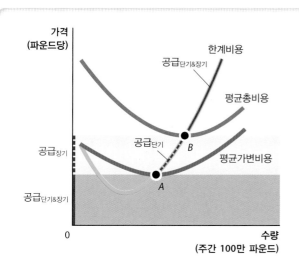

그림 9.8　기업의 공급곡선

시장가격이 녹색 구역에 속하면 기업이 가격이 한계비용과 같아지는 점의 수량을 판매할 것이므로 기업의 공급곡선은 한계비용곡선이다. 시장가격이 노란색 구역에 속하면 기업이 단기에는 영업을 하지만 장기에는 하지 않을 것이므로 기업의 공급곡선은 단기에는 한계비용곡선이고 장기에는 세로축(수량이 0인 곳)일 것이다. 시장가격이 붉은색 구역에 속하면 기업이 즉시 조업을 중단할 것이므로 기업의 공급곡선은 장기와 단기 모두 세로축과 일치할 것이다.

▲ 경쟁은 비용을 절감하는 기술혁신을 장려한다. 예를 들어 사진의 토요타 에어 제트 직기는 '최고 품질의 직물을 최저 비용으로' 짜기 위해 개발되었다.

면 기업이 영업을 할 것이라고 가정한다.

기업의 공급곡선

기업이 공급량을 어떻게 선택하고, 언제 조업하고 언제 조업을 중단할지를 어떻게 결정하는지 알기 때문에, 기업의 공급곡선을 알아낼 수 있다. 녹색 구역에서는 시장가격이 평균총비용의 최저점보다 높으므로 기업은 단기에도 장기에도 생산을 할 것이다. 이윤극대화 수량은 시장가격이 한계비용과 같은 점에서 찾을 수 있고, 따라서 기업의 공급곡선은 그림 9.8에서 녹색 구역의 붉은 실선과 같이 한계비용곡선과 일치할 것이다.

노란색 구역에서는 시장가격이 평균가변비용의 최저점보다 높지만 평균총비용의 최저점보다는 높지 않아 공급이 단기와 장기에 다르다. 기업은 단기에는 노란색 구역에서 영업을 할 것이다. 그렇게 하면 가변비용 전부와 고정비용 일부를 충당할 수 있다. 시장가격이 한계비용과 같은 점이 손실극소화 수량이기 때문에, 노란색 구역의 단기공급곡선은 한계비용곡선이며, 이는 그림 9.8에서 '공급_{단기}'라고 표시된 붉은 점선과 같이 나타난다. 장기에는 기업이 노란색 구역에서 영업을 하지 않으므로 기업의 장기공급곡선은 수량이 0인 세로축을 따라 있는 붉은 점선이다.

기업이 그림 9.8의 붉은색 구역에서는 영업을 하지 않을 것임을 알고 있다. 붉은색 구역에서는 시장가격이 평균가변비용의 최저점보다 낮아 큰 손실이 초래된다. 그 가격 범위에서 공급량이 0이므로 붉은색 구역에서 장·단기공급곡선은 수량이 0인 세로축을 따라 있는 붉은 점선으로 나타난다.

완전경쟁의 효율성

완전경쟁시장의 산출량은 공급과 수요가 만나는 점에서 찾을 수 있음을 배웠다. 이는 재화가 소비자에게 주는 가치를 나타내는 수요곡선이 추가적인 재화 생산비용을 나타내는 공급곡선 아래로 내려갈 때까지 기업이 계속 생산함을 의미한다. 생산비보다 가치가 높은 단위를 모두 생산하고 가치보다 비용이 더 드는 단위를 하나도 생산하지 않음으로써 완전경쟁시장은 자원배분에서 효율성을 달성한다.

장기에서 완전경쟁은 재화 가격이 재화 생산의 평균총비용과 같아지도록 한다는 것도 보았다. 생산비를 극소화하는 투입요소와 방법을 쓰지 않는 기업들은, 비용을 극소화해 가격을 낮추고 더 많은 고객을 끌어들이는 기업들에 의해 문을 닫게 될 것이다. 이러한 비용극소화 유인은 완전경쟁시장의 기업들이 생산의 효율성을 달성하는 데 도움이 된다.

경쟁에 자극받아 조면기, 에어 제트 직기, 저비용 데님 마모를 위한 생물효소 같은 기술혁신이 면직물 의류 생산비용을 낮췄다. 새로운 생산공정에 따른 비용 절감으로 몇몇 기업들은 적어도 단기에 이윤을 얻을 수 있게 된다. 장기에는 경쟁자들이 비용 절감 공정을 복제할 수 있을지도 모른다. 그러나 기업이 특허, 자원 통제, 혹은 다른 장벽을 이용해 경쟁자들이 우월한 방법을 채택하는 것을 막으면, 그 기업은 다음 장에서 설명하는 것처럼 독점을 구축해 장기에서도 이윤을 얻을 수 있다.

요약

완전경쟁시장은 다수의 구매자와 판매자, 표준화된 제품, 제품과 가격에 대한 완전정보, 기업 진입과 탈퇴의 용이성이라는 특징을 갖는다. 경쟁은 가격을 낮게 억제하고 생산자들이 재화와 서비스 품질을 향상하도록 자극하기 때문에 소비자에게 소중하다.

완전경쟁시장의 기업은 시장에 비해 매우 작아 독자적으로 시장가격에 영향을 미칠 수 없다. 그 대신 그들은 가격수용자인데, 이는 기업이 시장균형가격을 주어진 것으로 받아들임을 의미한다. 각 기업은 시장가격에 원하는 만큼의 산출량을 모두 판매할 수 있지만, 가격을 올리려고 하면 고객을 경쟁기업에 잃게 될 것이다. 이 때문에 기업의 공급곡선은 시장가격에서 수평이 된다. 모든 단위가 같은 가격에 팔리므로 가격은 또한 각 단위에 대한 한계수입이다.

시장가격이 높아 기업이 이윤을 얻으면 더 많은 기업이 시장에 진입할 것이다. 이는 시장공급을 증가시키고 시장가격을 낮추어 결국 모든 기업이 0의 이윤을 얻게 된다. 시장가격이 낮아 기업이 손실을 입게 되면 기업 일부가 시장을 떠날 것이다. 이는 시장공급을 감소시키고 시장가격을 높여 결국 남아 있는 모든 기업은 0의 이윤을 얻게 된다. 이윤과 손실에 대한 이러한 반응으로 인해 완전경쟁시장의 장기균형에서 기업은 0의 이윤을 얻는다. 우리가 논의하고 있는 이윤은 기회비용을 고려한 경제적 이윤이므로 0의 이윤을 얻는 기업은 누구든 다른 일을 해서 돈을 더 벌 수 없음을 기억하라.

단기에 완전경쟁시장에 있는 기업의 공급곡선은 평균가변비용의 최저점 위에 있는 한계비용곡선이다. 고정비용은 단기에 매몰비용이므로, 기업은 가변비용을 충당하는 한 손실에도 불구하고 단기에 영업을 계속할 것이다. 가변비용을 초과하여 번 돈은 기업의 고정비용 지불에 쓰일 수 있다. 단기에 가격이 평균가변비용의 최저보다 낮으면 기업은 조업을 중단할 것이다. 그렇지 않으면 기업은 생산하는 매 단위에 대해 손실을 볼 것이고, 생산을 많이 할수록 손실이 커질 것이다. 기업이 조업을 중단하게 하는 가격 범위에서 기업의 공급곡선은 수량이 0인 세로축을 따라 놓인다. 장기에는 모든 투입요소가 가변이고, 기업은 가격이 평균총비용의 최저보다 낮다면 조업을 중단할 것이다.

완전경쟁시장의 기업은 배분의 효율성을 달성할 수 있는데, 이는 기업이 생산비용보다 소비자에게 돌아가는 가치가 더 높은 단위는 모두 생산하고 가치보다 생산비가 더 높은 단위는 하나도 생산하지 않기 때문이다. 완전경쟁은 또한 기업으로 하여금 주어진 산출량에 대한 생산비용을 극소화하는 투입요소와 방법을 사용하도록 자극한다. 이는 결국 생산의 효율성을 가져온다. 다음 장에서는 왜 경쟁의 결여가 비효율을 초래하고 우리가 가게에서 지불하는 가격을 올리는지 설명한다.

핵심용어

✓ 가격수용자   ✓ 완전경쟁시장   ✓ 장기균형   ✓ 평균가변비용

복습문제

1. 다음 중 완전경쟁시장의 특징이 아닌 것은?

   a. 다수의 구매자와 판매자가 있다.

   b. 기업들이 차별화된 제품을 판매한다.

   c. 기업이 가격수용자이다.

   d. 구매자와 판매자가 제품과 가격에 대한 완전정보를 갖고 있다.

   e. 기업의 시장 진입과 탈퇴가 용이하다.

2. 복숭아가 완전경쟁시장에서 재배되고 복숭아 농장의 비용곡선이 본문에 나온 것과 같이 생겼다고 가정하라. 이윤을 얻는 복숭아 농장 그래프를 그려라. 축을 표시하고 수요, 한계수입, 평균총비용, 한계비용에 대한 곡선도 표시하라. 복숭아 가격을 'P'로, 농장이 생산할 복숭아 수량을 'Q'로 표시하라. 농장의 이윤을 음영으로 나타내고 표시하라.

3. 완전경쟁시장에 있는 기업들이 단기에 손실을 입고 있다고 하자. 이 시장이 어떻게 장기균형에 도달할지 설명하라. 시장과 대표적 기업 그래프를 나란히 그려 답을 나타내라.

4. 완전경쟁시장에 있는 기업들이 단기에 이윤을 얻고 있다고 하자. 이 시장이 어떻게 장기균형에 도달할지 설명하라. 시장과 대표적 기업 그래프를 나란히 그려 답을 나타내라.

5. 다음 진술의 참, 거짓, 불확실 여부를 판별하라 — 다른 시장구조에 있는 기업의 한계수입과 달리 완전경쟁기업의 한계수입곡선은 수평이다. 답에 대해 설명하라.

6. 다음 진술의 참, 거짓, 불확실 여부를 판별하라 — 몇몇 기업이 손실을 입고 있던 시장을 떠난 후 남아 있는 기업들은 다른 기업들이 떠나기 전과 동일한 산출량을 생산할 것이다. 시장과 대표적 기업 그래프를 나란히 그려 답에 대해 설명하라.

7. 어느 면화 농장이 연간 550,000달러의 판매수입을 얻고 있다고 하자. 이 농장의 연간 가변비용은 300,000달러이고 연간 고정비용은 150,000달러이다. 면화 시장이 장기균형에 있는가? 어떻게 알 수 있는가?

8. 복숭아 농장을 시작했는데 0의 이윤을 얻게 되었다고 하자. 이것이 왜 농장 조업을 중단할 타당한 이유가 아닌지 설명하라.

9. 다음 진술의 참, 거짓, 불확실 여부를 판별하라 — 기업은 한계비용이 가격보다 최대한 낮은 수량에서 생산함으로써 이윤을 극대화한다. 답에 대해 설명하라.

10. 다음 진술의 참, 거짓, 불확실 여부를 판별하라 — 기업은 단기에 손실을 입고 있음에도 불구하고 영업을 할 것이다. 답에 대해 설명하라.

11. 동네의 햄버거 시장이 완전경쟁적 산업과 공유하고 있는 특징은 무엇인가? 완전경쟁의 어떤 조건들이 위배되는가?

12. 이 장에서 논의되지 않은 것 중 완전경쟁시장과 매우 유사한 예를 하나만 들라.

시장지배력

학습목표

이 장에서는 다음 내용을 학습한다.

1. 시장지배력의 원천을 알아낸다.

2. 독점기업이 이윤을 극대화하기 위해 어떻게 가격과 수량을 선택하는지 설명한다.

3. 보수행렬을 이용해 과점에서 상호의존성이 의사결정에 어떤 영향을 주는지 보인다.

4. 독점적 경쟁시장의 특징을 파악한다.

완전경쟁만이 유일한 시장 형태는 아니다. 면화 농장은 셀 수 없이 많을지도 모르지만, 미국의 운동화 제조사는 수를 헤아릴 수 있다. 자동차, 휴대전화, 워드 프로세서, 철강, 제약, 냉장고 생산자도 마찬가지다. 석유 생산자가 적지 않게 있기는 하지만, 소수의 대기업들이 시장을 지배한다. 엑슨모빌과 쉐브론은 미국의 주요 경기자이다. 국제적 수준에서는 세계에서 가장 큰 회사 10개 중 6개가 석유회사이다. 이는 에너지 사업에 존재하는 큰 지배력에 기여한다.

왜 알아야 하는가?

▲ 경쟁이 불완전하면 한 기업이 고객 전부를 잃지 않으면서도 다른 기업보다 높은 가격을 책정할 수 있다.

영향력 있는 판매자는 가격을 높이고 산출 수준을 낮출 수 있다. 그러면 구매자는 어려워진다. 야구장이나 공항에서 음식을 사본 적이 있다면, 경쟁자가 적을 때 가격이 높아짐을 보았을 것이다. 어떤 경우에는 경쟁 결여가 소비자에게 유리하게 작용한다. 경쟁이 이윤을 통한 보상을 빠르게 제거한다면 어떤 제약회사도 위험을 무릅쓰고 새로운 신약 실험에 수억 달러를 쓰지 않을 것이다. 그리고 누구도 수백 개의 전기회사가 발전소를 건설하고 같은 마을 전역에 걸쳐 독자적인 전선망을 운영하기를 원하지는 않을 것이다. 이 장에서는 시장지배력에 대해 배우고, 시장지배력이 바람직한 경우 그것을 뒷받침하는 정부 정책에 대해 알아볼 것이다. 제12장에서는 시장지배력이 바람직하지 않을 경우 그것을 제한하는 정책에 대해 설명할 것이다.

시장지배력의 원천

완전경쟁시장에서는 똑같은 재화나 서비스를 판매하는 다수의 동질적 기업이 있어 시장지배력이 존재하지 않는다. 완전경쟁시장의 기업은 가격수용자임을 기억하라. 시장가격보다 높은 가격을 책정하면 기업은 물건을 하나도 팔 수 없다. 반면 책정하는 가격에 영향을 미칠 수 있으면 기업은 **시장지배력**(market power)을 갖는다. 한 주유소가 다른 주유소보다 높은 가격을 책정하는 것을 아마도 보았을 것이다. 높은 가격을 책정할 수 있는 주유소는 일정 정도의 시장지배력을 갖는다. 이는 아마도 경쟁자들이 이 주유소의 서비스, 명성, 위치에 필적할 수 없기 때문일 것이다. 이 절에서는 이런 종류의 불완전경쟁에 대해, 그리고 법적 진입장벽, 자원 통제, 전략적 장벽, 규모의 경제와 같은 시장지배력의 원천에 대해 자세히 살펴볼 것이다.

> **시장지배력**
> 소비자가 재화에 대해 지불하는 가격에 영향을 미칠 수 있는 기업의 능력
>
> **특허**
> 정해진 기간 동안 한 발명품의 유일한 판매자가 되게 하는 권리 허가
>
> **저작권**
> 독창적인 작품의 창작자에게 주어지며 그 작품의 유일한 판매자가 되게 하는 법적 권리

법적 진입장벽

이윤은 생산자에게 효과적인 유혹물이다. 사회가 기술혁신이 필요한 무엇인가를 더 원한다면, 그것이 힙합 음악이든 질병 치료약이든 예술이든 컴퓨터 운영체제든, 생산자는 시장지배력을 가질 수 있는 기회에 의해 고무될 수 있다. 기업은 특허, 저작권, 상표 승인을 통해 기업에 시장지배력을 제공한다.

특허(patent)는 정해진 기간 동안 한 발명품의 유일한 판매자가 되게 하는 권리 허가이다. 미국에서 한 회사가 기술혁신에 대해 특허를 보유하면 경쟁기업은 20년 동안 같은 재화나 서비스 판매가 법적으로 금지된다. 특허 보호의 이용 가능성은 기업에 기술혁신의 유인을 제공한다. 엑슨모빌은 유출된 기름 분산에 도움이 되는 반죽이나 지하 석유 매장지를 발견하는 데 도움이 되는 측량 방법과 같은 수백 개의 기술혁신 특허를 가지고 있다. 제약회사들은 각각의 성공적인 신약 개발과 시험에 평균적으로 10억 달러 이상을 지출한다. 특허가 신제품 개발자를 경쟁으로부터 한동안 보호해줌으로써 이윤을 가능하게 하지 않는다면, 그 정도 규모의 지출은 일어나지 않을 것이다.

저작권(copyright)은 독창적 작품의 창작자에게 그 작품을 판매할 배타적인 권리를 부여한다. 노래, 글, 미술품, 소프트웨어, 건축물, 영화, 사진은 저작권의 보호를 받는 작품의 예이다. 저작권은 일반적으로 창작자가 살아 있는 동안과 사후 70년간 지속된다. 이는 여러분이 시간을 들여 훌륭한 스마트폰

Richard B. Levine/Avalon.red/Photoshot

▲ 언더아머는 자사 로고에 대한 배타적 권리를 보유하고 있는데, 이 로고는 이 회사의 운동복을 경쟁제품과 구분되게 한다.

앱이나 소설을 만들면, 오랫동안 다른 사람들이 여러분의 승인 없이는 법적으로 그것을 복제하고 판매할 수 없기 때문에 시장지배력에 의해 보상받음을 뜻한다.

상표(trademark)는 한 기업의 제품을 경쟁사의 제품과 구분하는 말, 어구, 상징, 디자인을 말한다. 미국 특허상표국에 상표를 등록하면 서류 갱신이 필요하기는 하지만 무기한으로 독점적인 권리를 얻는다. 스타벅스 인어 로고와 리바이스 청바지 뒷주머니의 솔기는 상표의 예이다.

상표 소유자는 상표를 면밀히 보호한다. 맥도날드에서 일하지 않는다면 '맥'으로 시작하는 제품 이름을 만들 생각도 하지 말라. 스모크저러스(Smokes R Us)와 어덜처러스(Adults R Us)는 토이저러스(Toys 'R' Us)가 소유한 ''R' Us'를 사용하려고 했다가 실패한 신생 기업의 사례이다. 토이저러스가 2018년 폐업을 결정한 후, 친숙한 토이저러스 상표와 그것이 전달하는 시장지배력을 사기 위해 온라인 소매상들이 독수리처럼 원을 그리며 맴돌았다.

자원 통제

생산성 있는 자원의 배타적 통제도 시장지배력을 전달한다. 석유수출국기구(OPEC)는 세계에서 가장 풍부한 석유 매장량의 대부분을 통제하고 있으며, 이는 OPEC이 석유 시장에서 가격에 영향을 미치는 것을 가능하게 한다. 저스틴 비버도 시장지배력이 있다. 자기 자신이라는 유일하고 귀중한 인적자원을 통제하기 때문이다. 휴대전화 안에 있는 충전용 건전지는 리튬으로 만드는데, 리튬의 세계 공급은 크게 4개의 공급자에 의해 통제된다. 그중 하나인 광산회사 SQM은 현재 알려진 세계 리튬

공급의 4분의 1 이상이 매장된 칠레의 오래된 호수 바닥에서 리튬을 채굴할 권리를 보유하고 있다.

전략적 장벽

시장재배력은 경쟁 상대로부터의 경쟁을 제한하려는 기업들의 불법적 전략으로부터 나올 수도 있다. 1909년 미국 법무부는 스탠더드 오일 컴퍼니를 불공정 경쟁 혐의로 고소했다. 이 불공정 경쟁에는 '경쟁 억제에 필요한 수준으로 지역 가격 인하, … 사업 경쟁자에 대한 스파이 행위, 경쟁을 가장한 독립 유령 기업 운영' 등이 포함되었다. 더 최근에 월마트와 다른 거대 미국 소매상은 **약탈적 가격책정**(predatory pricing) 혐의로 기소되었다. 약탈적 가격책정은 경쟁사를 폐업시키기 위해 일시적으로 가격을 비용보다 낮추는 관행을 말한다. 그리고 거대 라디오 채널인 클리어채널은 자사 공연기획사인 라이브네이션과 계약을 맺은 밴드의 음악만 틀어주겠다고 위협하여 공연 산업 독점화를 시도했다는 이유로 기소되었다. 제12장에서는 이런 관행을 금지하는 법에 대해 논의한다.

규모의 경제

산출량 증가가 장기에 평균총비용을 하락시키면 기업에 **규모의 경제**가 있다고 제8장에서 배웠다. 규모의 경제가 존재하면 소수의 대기업이 다수의 소기업보다 더 낮은 단위당 비용으로 생산할 수 있다. 이는 정유업에 적용되는데, 정유소를 건설하는 데 드는 대략 5억 달러의 비용은 그 비용이 대규모 산출량에 분산될 수 있어야만 정당화할 수 있기 때문이다. 휘발유 생산을 위해 원유가 더 많이 정유됨에 따라, 보관탱크, 기술자, 배관계통, 처리장비 비용이 더 많은 산출량 단위에 분산되고, 그 결과 휘발유 단위당 평균총비용이 하락한다.

어떤 시장에서는 규모의 경제의 결과로 최적 기업 수가 1이 된다. 가정과 사업체로부터 나오는 하수가 안전하게 다시 자연환경으로 돌아갈 수 있도록 처리하는 회사를 생각해보자. 정수장을 건설하고 가정과 사업체로 통하는 지하 수도관을 운영하는 데는 수천만 달러가 든다. 다수의 정수장이 작은 마을에서 수도관을 건설하고 고객 경쟁을 한다면 엄청난 돈이 들 것이다. 하지만 정수장이 하나만 있으면 높은 초기비용을 대규모의 산출량에 분산시킬 수 있어 평균총비용이 감당 가능한 수준이 된다. 높은 초기비용과 그에 따른 규모의 경제는 **자연**

> **상표**
> 한 기업의 제품을 경쟁사의 제품과 구분하는 말, 어구, 상징이나 디자인

Dave Anderson

▲ 완전경쟁은 정유 시장에서는 가능하지 않다. 규모의 경제로 인해, 소수의 대규모 정유사만 있으면 휘발유 단위당 평균총비용이 훨씬 낮다.

독점(natural monopoly)의 특징이다. 자연독점은 한 기업의 장기평균총비용이 시장의 적정 희망 수준 내에서 산출이 증가할수록 감소하는 시장이다.

작은 마을에 정수장, 버스 회사, 전화 회사, 발전소, 병원, 고등학교가 일단 하나만 있으면, 초기비용이 큰 기업 2개를 지탱할 만한 고객이 없기 때문에 경쟁자의 진입 가능성이 낮다. 시장지배력을 억제하는 법률은 기업이 중대한 규모의 경제를 이용할 수 있도록 자연독점에 대해서는 완화된다. 기업이 시장지배력을 활용해 과도하게 높은 가격을 책정하는 것을 막기 위해 정부는 종종 자연독점 기업이 평균총비용에 가까운 가격을 책정하도록 요구한다. 그렇게 하면 기업이 손실을 입지 않지만 경제적 이윤도 얻지도 못한다. 다음 절에서는 지금까지 논의한 독점의 원천에 의해 형성된 독점의 특징에 대해 설명한다.

독점

시장지배력의 극단적 형태가 **독점**(monopoly)이다. 독점은 기업이 하나만 있는 시장이다. 독점시장의 유일한 기업을 **독점기업**(monopolist)이라고 부른다. 고객들은 독점기업이 가격을 올려도 다른 경쟁자로 옮길 수 없다. 하지만 독점기업은 가격을 너무 높이 설정하지 않도록 주의해야 한다. 독점기업도 결국 수요법칙에서 자유롭지 않다. 제품 가격이 올라감에 따라 소비자

> **자연독점**
> 한 기업의 장기평균총비용이 시장의 적정 희망 수준에서 산출량이 증가함에 따라 감소하는 시장
>
> **독점**
> 기업이 하나만 있는 시장

Andrew Palochko

▲ 독점은 네바다주 칼리엔테 크기의 마을에는 흔하다. 이런 마을은 너무 작아서 주유소, 슈퍼마켓, 미용실 등을 여러 개 유지할 수 없기 때문이다.

의 수요량은 내려간다. 다음에서 독점기업이 어떻게 이윤극대화 수량과 가격을 찾으며 경제학자들이 어떻게 시장지배력으로 인해 발생하는 비효율을 알아내는지 배울 것이다.

독점기업의 이윤극대화 수량과 가격

제리 주유소는 네바다주 칼리엔테의 유일한 주유소이다. 칼리엔테의 휘발유 시장은 **지역독점**(local monopoly)의 예이다. 먼 도시에서 다른 주유소가 휘발유를 팔기는 하지만 제리 주유소가 지역시장의 유일한 주유소이기 때문이다. 독점기업은 시장의 유일한 기업으로 우하향하는 전체 시장수요곡선에 직면한다. 그림 10.1은 독점기업의 수요곡선이 완전경쟁시장의 기업이 직면하는 수요곡선과 어떻게 다른지, 그리고 그 결과 기업의 판매수입이 어떻게 다른지 보여준다. 그림 10.1(a)는 완전경쟁기업의 수평 수요곡선을 보여준다. 시장가격에서 기업은 원하는 만큼 팔 수 있기 때문에 각 단위를 팔 때 기업이 얻는 추가적 수입, 즉 한계수입은 단순히 가격과 같다. 예를 들어 어느 기업이 애초에 A점에서 휘발유 5갤런을 갤런당 3.90달러에 팔고 있다고 하자. 노란색 직사각형은 이 기업의 총판매수입인 $5 \times \$3.90 = \$19.50$를 나타낸다. 이 기업이 B점으로 이동하기로 결정해 6갤런을 갤런당 3.90달러에 팔면 이 기업의 총판매수입은 $6 \times \$3.90 = \$23.40$가 된다. 이 기업의 한계수입은 $\$23.40 - \$19.50 = \$3.90$인데, 이는 녹색 직사각형으로 나타난 것처럼 재화 가격이다.

그림 10.1(b)는 제리 주유소의 우하향하는 수요곡선을 보여준다. 우하향하는 수요곡선의 어느 점에서 시작하든, 독점기업은 가격을 낮춰야만 더 많은 단위를 팔 수 있다. 그래서 1단위를 더 판매하여 얻는 추가적 판매수입은 단순히 그 단위로부터

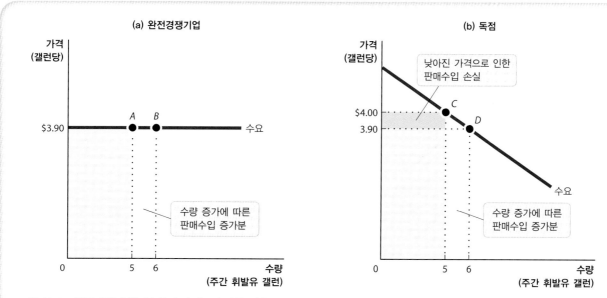

그림 10.1 독점기업의 한계수입이 가격보다 낮은 이유

완전경쟁기업은 시장가격에서 원하는 만큼 팔 수 있기 때문에 1단위를 더 판매하여 얻는 한계수입이 가격과 같다. 독점기업은 더 많은 단위를 팔려면 가격을 낮춰야만 하므로, 한계수입은 더 높은 가격에서 팔 수 있었던 단위의 가격을 낮춤으로 인해 생긴 손실을 새로운 가격에서 뺀 값이다.

얻는 전보다 낮아진 새로운 가격이 아니다. 그 결과 한계수입은 더 높은 가격에서 팔 수 있었던 단위로부터의 판매수입 감소를 새로운 가격에서 뺀 값이다.

제리 주유소가 그림 10.1(b)에서 C점에서 영업하여 주간 5갤런을 갤런당 4.00달러의 가격에 팔고 있다고 하자. 1갤런을 더 팔려면 D점처럼 가격을 갤런당 3.90달러로 낮춰야만 한다. 이 주유소는 여섯 번째 갤런에 대해 녹색 직사각형으로 표시된 것처럼 3.90달러를 얻는다. 하지만 한계수입은 3.90달러보다 작다. 0.10달러의 가격 인하로 인해, 소비자에게 더 높은 가격인 갤런당 4.00달러에 팔 수 있었던 첫 5갤런에 대한 판매수입이 $5 \times \$0.10 = \$0.50$ 감소하기 때문이다. 이 손실은 그림 10.1(b)에서 오렌지색 직사각형으로 나타난다. 따라서 여섯 번째 갤런의 한계수입은 $\$3.90 - \$0.50 = \$3.40$이다.

1단위 더 판매될 때의 기업의 총판매수입 변화를 계산해서 한계수입을 구할 수도 있다. 이 주유소가 5단위를 4.00달러의 가격에 팔면 총수입은 그림 10.1(b)의 노란색과 오렌지색 직사각형으로 나타난 것처럼 $5 \times \$4.00 = \$20.00$이다. 6단위를 3.90달러의 가격에 팔면 총판매수입은 노란색과 녹색 직사각형으로 나타난 것처럼 $6 \times \$3.90 = \$23.40$이다. 따라서 여섯 번째 단위의 판매는 이 주유소의 총판매수입을 $\$23.40 - \$20.00 = \$3.40$ 증가시킨다.

독점기업의 비용곡선은 보통 완전경쟁기업의 비용곡선과 같은 모양을 가진다. 그림 10.2는 제리 주유소의 가상적인 한계비용곡선을 나타낸다. 모든 유형의 기업과 마찬가지로 독점기업은 기업의 한계수입과 한계비용을 같게 만드는 수량을 선택함으로써 이윤을 극대화(또는 손실을 극소화)한다. 그림 10.2에서 독점기업의 이윤극대화 수량인 Q_M은 한계수입과 한계비용이 만나는 점 바로 아래의 가로축에서 찾을 수 있다.

독점기업의 한계수입이 가격보다 낮다는 것을 이미 보았다. 가격은 수요곡선 상에 있으므로 한계수입곡선은 수요곡선 아래에 놓여야만 한다. 정확히 말하면, 수요곡선이 직선이면 한계수입곡선은 그림 10.2에 나타난 것처럼 수요곡선과 세로축의 중간에 놓인다. 또한 한계수입곡선이 결국에는 가로축 밑으로 내려감에 주목하라. 이는 한계수입이 음수가 됨을 나타낸다. 이러한 상황은 1단위 더 판매할 수 있는 가격이 1단위 더 팔기 위해 필요한 가격 인하에서 오는 손실보다 작을 때 발생한다.

가격을 선정할 때 기업은 지침을 얻기 위해 수요곡선을 살핀다. 수요곡선의 높이가 기업이 각 특정 수량에 대해 책정할 수 있는 최고가격을 나타내기 때문이다. Q_M 단위에 대해 기업이 책정할 수 있는 최대치를 찾으려면, 독점기업은 Q_M에서 수직으로 위로 가서 수요곡선과 만나고 그 후 왼쪽으로 가서 가격축과 만나는 직선을 따라가면 된다. 거기에서 Q_M단위가 최고

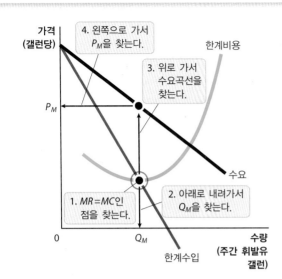

그림 10.2 독점기업의 이윤극대화 수량과 가격 알아내기

다른 모든 종류의 기업과 마찬가지로, 독점기업은 한계수입(*MR*)곡선과 한계비용(*MC*)곡선이 만나는 점 바로 아래의 가로축에서 이윤극대화 수량 Q_M을 찾을 수 있다. 독점기업이 Q_M에 대해 책정할 수 있는 최고가격은 Q_M 위의 수요곡선 높이로 찾을 수 있다.

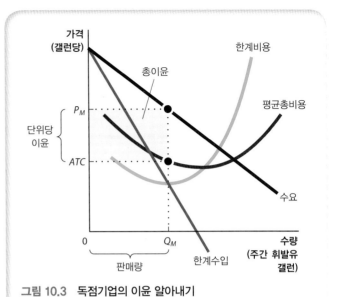

그림 10.3 독점기업의 이윤 알아내기

독점기업의 총이윤은 녹색 직사각형으로 나타난다. 총이윤을 찾으려면 먼저 단위당 이윤(직사각형의 높이로 나타남)을 알아내고, 그 후 그것을 판매량(직사각형의 너비로 나타남)과 곱하라.

P_M 가격에 팔릴 수 있음을 알게 된다. 따라서 이윤을 극대화하려면 제리 주유소는 Q_M단위를 P_M의 가격에 팔 것이다.

이윤극대화 수량과 가격을 선택함으로써 독점기업이 얼마의 이윤을 얻을까? 그에 대한 답은 이 산출량에 대한 기업의 단위당 평균총비용(*ATC*)에 달려 있다. 총판매수입을 알아내기 위해서 먼저 단위당 평균총비용을 단위당 가격에서 빼면 다음과 같이 단위당 이윤을 얻는다.

$$단위당 \; 이윤 = P_M - ATC$$

다음으로 단위당 이윤을 판매량으로 곱한다.

$$총이윤 = 단위당 \; 이윤 \times 판매량$$

그림 10.3의 녹색 직사각형은 이윤극대화 산출량 판매를 통해 얻는 총이윤을 나타낸다. 이 직사각형의 높이는 단위당 이윤이고 너비는 판매량이어서 직사각형 면적인 높이×너비가 총이윤 공식과 일치하기 때문이다.

효율성과 시장지배력

소비자들이 추가적 1단위에 지불할 용의가 있는 가격(*P*)이 그 단위를 생산하는 한계비용(*MC*)과 같아질 때까지 각 재화가 생산되면, 자원배분은 사회적 관점에서 효율적이다.

$$사회적으로 \; 효율적인 \; 수량에서 \; P = MC$$

유감스럽게도 사회적으로 최선의 수량은 독점기업의 이윤을 극대화하는 수량이 아니다. 그림 10.4에서 Q_S가 사회적으로 효율적인 수량이다. 가격이 P_S이면 수요량이 이 수준이 될 것이다. 이윤극대화 수량은 Q_M이다. Q_M에서 수요곡선이 한계수입곡선의 위에 있기 때문에, 소비자들이 추가적 단위에 대해 한계비용보다 더 높은 가격을 지불할 용의가 있음을 알 수 있다. 그러므로 사회적 관점에서 독점기업은 수량을 Q_M으로 제한하고 가격을 P_M으로 책정함으로써 재화 생산에 자원을 너무 적게 배분한다.

$$독점의 \; 경우, \; P > MC$$

앞선 장에서, 경제학자들이 **자중손실**이라는 용어를 써서 자원이 효율적으로 배분되지 않을 때 사회에 발생하는 손실을 나타냄을 배웠음을 기억하라. 독점기업이 사회적 최적산출량보다 적게 생산하여 발생하는 자중손실을 측정할 수 있다. 추가적 1갤런의 휘발유가 소비자에게 3.50달러의 가치가 있고 2.50달러의 비용으로 생산될 수 있다면, 사회는 $3.50 - $2.50 = $1.00의 순이득을 놓치게 된다. 각 단위는 그 단위 위의 수요곡선 높이에 해당하는 편익을 제공하며, 그 단위 위의 한계비용

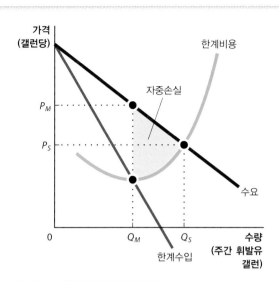

그림 10.4 독점에 따른 자중손실

완전경쟁시장과 비교하면, 독점기업은 동일 비용의 완전경쟁시장보다 가격은 더 높게 책정하고 판매량은 더 적다. 독점기업은 산출량을 Q_M으로 제한함으로써 사회에 자중손실을 초래한다. 이 손실은 사회적 최적수량인 Q_S가 생산된다면 달성할 수 있는 순이득과 같다.

곡선 높이에 해당하는 비용으로 생산된다. Q_M과 Q_S 사이의 단위는 생산에 드는 비용보다 소비자가 얻는 가치가 더 크다. 따라서 독점기업이 Q_M만 생산하면, Q_M과 Q_S 사이에서 수요곡선 아래와 한계비용곡선 위의 음영 표시된 영역이 그에 따른 자중손실을 나타낸다. 다음에서 보듯이 자중손실이 발생하지 않는 독점도 있다.

가격차별

같은 기업에서 같은 재화를 살 때 모든 고객이 같은 가격을 지불하는 것이 보통이다. 제리 주유소에서 모든 사람은 가게 앞의 큰 간판에 붙은 갤런당 가격을 지불한다. 그러나 기업이 **가격차별**(price discrimination)을 시행하면, 같은 재화가 다른 고객들에게 다른 가격에 판매된다. 비행기를 타보았다면 주위에 앉은 사람이 항공권 가격을 여러분과 다르게 지불했을 가능성이 매우 높다. 대학은 선택된 학생들에게 장학금이나 다른 형태의 등록금 감면을 제공함으로써 가격차별을 시행한다. 그리고 영화 입장권에 학생할인을 받는다면 극장은 가격차별을 시행하고 있는 것이다.

가격차별을 하면 기업은 지불용의금액이 가장 높은 소비자에게 높은 가격을 책정함으로써 이윤 증대를 추구한다. 많은 학생과 노인들은 소득이 제한되어 있으므로, 영화 관람권 가격

이 높으면 관람권을 불균형적으로 덜 사게 될 것이다. 달리 말해 이렇게 가격에 민감한 집단에 속한 소비자는 보통 영화 관람권에 대해 상대적으로 탄력적인 수요를 보인다. 가격차별을 하면 기업은 수요가 탄력적이어서 낮은 가격만을 지불할 고객을 잃지 않고도 수요가 비탄력적인 소비자에게 높은 가격을 책정할 수 있다.

가격차별을 하려면 기업은 다음 사항이 가능해야 한다.

1. 가격수용자여서는 안 되며 가격에 영향을 미쳐야 한다. 즉 기업이 일정 정도의 시장지배력을 가져야 한다.
2. 수요가 상대적으로 탄력적인 고객을 식별한다.
3. 재화가 한 집단에서 다른 집단으로 재판매되는 것을 막는다.

영화관은 어떤 사람이 학생인지 노인인지 확인하기 위해 신분증을 검사할 수도 있고, 할인 관람권의 재판매를 막기 위해 색으로 표시된 관람권을 인쇄할 수도 있다. 항공사도 다양한 가격탄력성을 가진 고객들을 가격차별할 방법이 있다. 출장자의 항공권 수요는 상대적으로 비탄력적이다. 업무 회의의 경우 정해진 시간에 정해진 장소에 있어야만 하며, 대부분의 경우 고용주가 항공권 비용을 지불하기 때문이다. 여행객은 스스로 항공권 비용을 지불해야만 하며 여행 시간, 장소, 방법에 많은 선택권이 있기 때문에 가격에 더 민감하다. 항공사에게 편리하게도, 출장자는 주말에 귀가하려는 경향이 있고 여행객은 보통 주말에 여행하는 것을 더 선호한다. 그래서 항공사는 토요일 밤 체류를 포함하지 않는 여행에 더 높은 가격을 책정함으로써 출장자로부터 더 많은 판매수입을 얻을 수 있다.

슈퍼마켓은 신문과 웹사이트에서 쿠폰을 받을 수 있게 하여 가격차별을 한다. 식료품에 대한 수요가 탄력적이어서 가격에 민감한 고객은 시간을 들여 쿠폰을 도려내거나 출력하여 가게로 가져와 낮은 가격을 받는다. 식료품 가격에 덜 신경 쓰는 고객은 귀찮게 쿠폰에 구애받지 않을 가능성이 높다. 따라서 쿠폰이 있으면 슈퍼마켓은 수요의 탄력성에 따라 자기선택(self-select)하는 다른 고객들에게 같은 재화를 다른 가격에 팔 수 있게 된다.

완전가격차별(perfect price discrimination)이라는 극단적 경우에는 각 고객에게 각자가 지불할 용의가 있는 최고 가격이 책정된다. 여러분이 주유소를 설계하는 건축가이고, 대형 휘발유 펌프와 소형 화장실을

> **가격차별**
> 같은 재화가 다른 고객들에게 다른 가격에 팔리는 경우
>
> **완전가격차별**
> 각 고객에게 지불할 용의가 있는 최고 가격이 책정되는 경우

적절하게 배치하는 데 여러분만 한 재주를 가진 사람이 많지 않아 여러분이 시장지배력을 갖는다고 하자. 각 고객과 따로따로 설계비를 협상하므로, 큰손을 식별할 수 있다면 예산이 더 많은 고객에게 높은 가격을 책정할 수 있다. 자동차나 집과 같은 고가품 판매자는 고객들에게 직업, 거주지, 과거 구매이력, 그리고 보다 직접적으로 예산을 물어봄으로써 가격차별을 하는 경우도 있다. 자동차를 사면 "얼마나 쓰려고 하십니까?" 같은 질문을 들을 가능성이 높다. 물론 여러분은 0을 쓰고 싶다. 판매원이 실제로 묻고자 하는 것은 "지불할 용의가 있는 최대 금액이 얼마입니까?"이다.

실화 하나를 소개한다. 칼리엔테와 마찬가지로 와이오밍주 척워터에는 주유소가 호턴스 코너 하나만 있었다. SUV 한 대가 이 주유소에 충돌한 후 불이 나서 주유소가 전소했다. 그후 그 부동산이 척척이라는 주유소를 지을 계획을 가진 새 주인에게 팔렸다. 그 주인이 척척 건물 설계에 건축가에게 최대 10,000달러를 지불할 용의가 있다고 하자. 주유소 주인이 되려고 하는 다른 사람은 설계에 25,000달러까지 지불할 용의가 있다. 그림 10.5는 여러분이 소유한 건축회사에 대한 가상적인 수요곡선을 나타낸다. 이런 정보가 있다면 각 설계를 구매자가 지불할 최대가격에 팔 수 있을 것이다. 25,000달러를 지불할 용의가 있는 고객은 25,000달러를 지불할 것이고 척척 주인은 10,000달러를 지불할 것이며, 다른 지불용의금액을 가진 사람도 마찬가지다.

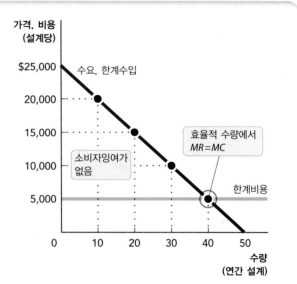

그림 10.5 완전가격차별

완전가격차별을 하는 기업은 각 고객에게 그 고객의 지불용의금액을 책정한다. 이로 인해 소비자잉여가 사라지지만 산출량은 효율적이게 된다.

완전가격차별의 결과 중 하나는 소비자의 지불용의금액과 지불하는 가격의 차이, 즉 소비자잉여가 0이라는 점이다. 지불용의금액이 25,000달러인데 가격이 가령 15,000달러라면, 그 고객의 소비자잉여는 $25,000 - $15,000 = $10,000이다. 하지만 25,000달러를 지불해야 한다면 그 고객은 0의 소비자잉여를 얻는다.

Q&A

완전가격차별 기업은 정확히 어떻게 소비자의 지불용의금액을 알아내는가? 그리고 고객은 어떻게 하면 너무 많은 금액을 지불하는 것을 피할 수 있을까?

재화나 서비스의 가격을 협상하러 갈 때, 비싼 옷을 입거나 고급차를 타고 가거나 하지 않는 것이 현명하다. 판매자는 옷이나 차로부터 사람들이 얼마나 지불할 용의와 능력이 있는지에 대한 단서를 얻는다. 사는 곳이나 직업에 대해 면밀한 질문을 던질 수도 있고, 보통 얼마나 쓸 수 있는지 물어본다. 이런 질문에 대한 답은 그들이 고객의 지불용의금액에 초점을 맞추는 데 도움을 준다. 특히 예산이나 흥미 정도에 대한 정보를 누설하면 그렇다.

현대기술의 사용은 정보를 더 많이 드러낼 수 있다. 웹서핑이나 온라인 쇼핑을 하고 포인트 적립카드를 쓸 때 선호나 지출 습관을 드러내는 정보 흔적을 남기게 된다. 이런 정보를 담은 데이터 세트는 빅데이터라고 불리기도 하는데, 판매자가 고객을 실제로 만나지 않고도 지불용의금액을 더 잘 파악하는 것을 용이하게 해준다.

여행 웹사이트인 프라이스라인닷컴은 또 다른 전술을 사용한다. 이 회사는 구매자들로 하여금 비행기 여행, 자동차, 휴가 패키지 같은 고가품에 대한 지불용의금액을 밝히도록 요구한다. 프라이스라인닷컴은 구매자의 지불용의금액과 판매자의 수용용의금액을 파악하여, 판매자가 큰손으로부터는 높은 가격을 받고 동시에 예산이 빠듯한 고객으로부터는 (가격이 너무 낮지만 않다면) 낮은 가격을 받는 것이 가능하게 해준다.

가격차별을 하려고 하는 판매자와 상대할 때 가장 좋은 전략은 예산이 빠듯한 척하는 것이다. 실제로는 그렇지 않더라도 말이다. 협상 테이블에 갈 때 제일 오래된 청바지를 입고 가장 값싼 시계를 차서 돈이 남아도는 사람처럼 보이지 않게 하라. 그 제품을 꼭 갖고 싶다면 그것을 비밀로 하라. 그리고 지불용의금액에 대한 질문에 답해야만 한다면, 그들이 수용할 만한 가장 낮은 최선의 추정치 말고는 드러내지 말라.

완전가격차별의 또 다른 영향은 각 단위의 가격이 그 단위의 한계수입과 같다는 것이다. 이것이 성립하는 이유는 완전가격차별을 행하는 기업은 더 많이 팔기 위해 다른 단위의 가격을 낮출 필요가 없기 때문이다. 여러분 소유의 건축회사가 20번째 설계를 15,000달러에 팔 때 더 높은 가격을 받는 첫 19개 설계의 가격을 낮출 필요가 없으므로, 20번째 설계의 한계수입은 15,000달러 가격 전체이다. 이는 중요한 함의를 갖는다. 이 장의 앞에서, 사회적 관점에서는 가격이 한계비용과 같으면 자원배분이 효율적임을 배웠다. 기업은 한계수입이 한계비용과 일치하는 수량에서 생산하여 이윤을 극대화한다. 그런데 완전가격차별을 할 때 한계수입은 다름 아닌 가격이다. 따라서 수량 40단위에서 한계수입이 한계비용인 5,000달러와 같을 때, 가격도 한계비용과 같아진다. 즉 사회적으로 효율적인 수량을 생산함으로써 이윤을 극대화하게 된다.

▲ 자동차 시장은 소수의 기업에 의해 지배되므로 과점이다. 각 기업이 시장에 비해 충분히 커서 사업전략이 다른 기업에 영향을 미칠 수 있다. 예를 들어 제너럴 모터스가 가격을 상당히 낮추면 포드는 수요 감소를 겪을 것이다.

과점

완전경쟁과 독점의 양 극단 사이에는 덜 극단적이고 더 흔한 두 가지 시장구조, 즉 과점과 독점적 경쟁이 있다. **과점**(oligopoly)은 소수의 기업에 의해 지배되는 시장이다. 미국 휴대전화, 자동차, 교과서, 영화 시장은 과점이다. 중간 규모 도시의 휘발유 시장도 그렇다. 과점시장의 각 기업을 **과점기업**(oligopolist)이라고 부른다. 과점시장에는 경쟁이 있지만 기업의 시장지배력을 없앨 만큼 충분하지는 않다. 예를 들어 휴대전화 과점시장에 동일한 제품을 파는 기업이 수백 개 있는 것이 아니므로 몇몇 과점기업은 휴대전화에 다른 기업보다 높은 가격을 책정할 수 있다.

복점(duopoly)은 두 기업에 의해 지배되는 시장이다. 컴퓨터 운영체제 시장의 마이크로소프트와 애플, 콜라 시장의 코카콜라와 펩시콜라, 비행기 시장의 에어버스와 보잉이 그런 예이다.

과점기업의 게임

완전경쟁기업과 달리 과점기업은 기업 수가 적어 각 기업의 사업전략이 다른 기업에 영향을 준다는 점에서 상호의존적이다. 예를 들어 델타 항공의 성공적인 광고전은 사우스웨스트 항공의 항공권 판매에 영향을 줄 수 있으며, 엑슨모빌의 가격 인하는 BP의 휘발유 판매에 타격을 가할 수 있다. 경제학자들은 과점기업의 전략을 **게임이론**(game theory)이라는 도구를 이용해 분석한다. 게임이론은 의사결정이 상호의존적인 경기자 간의 행동에 대한 연구이다.

상호의존성이 있는 고전적 게임인 **죄수의 딜레마**(prisoner's dilemma)는 두 범죄자의 맥락에서 기술된다. 죄수의 딜레마에서 얻는 교훈은 법을 준수하는 과점기업과 대학생에게도 적용된다. 두 범죄자 제시와 스카우트가 주유소를 턴 후 체포되었다. 그들에게 불리한 증거는 불충분하다. 경찰이 이 범죄자들을 별도의 조사실로 데려가는데, 여기서 각자는 범죄를 자백할지 아니면 연루를 부인할지 독립적으로 결정해야 한다.

보수행렬(payoff matrix)은 어느 게임에서 각 경기자에게 가능한 모든 결과와, 그 결과가 각 경기자의 전략에 어떻게 달려 있는지를 보여준다. 그림 10.6은 강도 가담을 자백하거나 부인하는 각 범죄자의 전략에 따라 제시와 스카우트가 교도소에서 보내야 할 햇수를 나타낸다. 제시의 전략이 자백이면 결과는 보수행렬 왼쪽 열에 놓고, 제시의 전략이 가담 부인이면 결과는 오른쪽 열에 놓는다. 마찬가지로, 스카우트의 전략이 자백이면 결과는 보수행렬의 위 행에 놓고 스카우트의 전략이 가담 부인이면 결과는 아래 행에 놓는다.

각 상자 안에서 스카우트의 결과는 왼쪽에 붉은색으로 표시되어 있고, 제시의 결과는 오른쪽에 파란색으로 표시되어 있다. 두 범죄자 모두

과점
소수의 기업에 의해 지배되는 시장

복점
2개의 기업에 의해 지배되는 시장

게임이론
의사결정이 상호의존적인 경기자 간의 행동에 대한 연구

자백하면 둘 다 각자 교도소에서 5년을 보낼 것이다. 둘 다 연루를 부인하면 증거가 불충분하므로 2년이라는 상대적으로 낮은 형기를 받을 것이다. 그런데 만약 한 사람은 자백하고 다른 사람은 부인하면 자백한 사람은 경찰의 사건 해결을 가능하게 해준 데 대한 고마움의 표시로 1년형이라는 매우 가벼운 선고를 받을 것이다. 반면 자백하지 않아 거짓으로 부인했다는 것이 알려진 범죄자는 7년이라는 긴 시간을 교도소에서 보내야 할 것이다.

다른 경기자의 행동에 관계없이 어떤 동일한 전략이 최선이라면 경기자는 **우월전략**(dominant strategy)을 갖는다. 죄수의 딜레마 게임에서 각 범죄자는 자백이라는 우월전략을 갖는다. 만약 제시가 자백한다면 스카우트는 자백을 해서 5년형을 받는 것이 부인해서 7년형을 받는 것보다 낫다. 만약 제시가 부인한다면 스카우트는 자백해서 1년형을 받는 것이 부인해서 2년형을 받는 것보다 낫다. 그러므로 제시가 무엇을 하든 스카우트는 자백하는 것이 낫다. 마찬가지로 스카우트가 무엇을 하든 제시는 자백을 하는 것이 낫다. 각 범죄자가 자백이라는 우월전략을 따르면 그 결과 각 범죄자는 5년형을 받게 된다.

제시와 스카우트가 둘 다 범죄 연루를 부인하기로 한 협정을 이행할 수 있다면 각자는 2년만 복역하면 되겠지만, 이는 조정과 상호 신뢰를 필요로 한다. 또한 그들 각자는 그 협정을 위반할 유인을 가질 것

우월전략
다른 경기자의 행동에 관계없이 최선인 전략

이다. 혼자만 자백하면 1년형이라는 보상을 받기 때문이다.

과점기업이 가격 인하, 광고 증대, 새로운 서비스 제공, 품질 개선의 여부를 결정할 때, 죄수의 딜레마와 비슷한 상황이 흔히 발생한다. 쉐브론과 BP가 각자 휘발유 가격을 낮게 책정할지 높게 책정할지 결정하려고 한다고 하자. 그림 10.7은 각자가 채택하는 가격전략에 따른 이 회사들의 가상적인 연간 이윤을 100만 달러 단위로 보여주고 있다. 가능한 각 전략으로부터 얻는 BP의 보수가 쉐브론의 전략 선택과 어떤 관련이 있는지 생각해보자. 만약 쉐브론이 낮은 가격을 택하면, BP는 낮은 가격을 책정하면 1,000만 달러를 얻고 높은 가격을 택하면 (고객을 쉐브론에 잃어) 500만 달러를 얻을 것이다. 따라서 이 시나리오에서 BP는 낮은 가격이 더 좋다. 만약 쉐브론이 높은 가격을 책정하면, BP는 낮은 가격을 책정하면 (쉐브론 고객 다수를 가져와) 3,000만 달러를 얻고 높은 가격을 책정하면 2,000만 달러를 얻을 것이다. 따라서 이번에도 낮은 가격이 BP에게 좋다.

쉐브론이 어떻게 하든 BP는 낮은 가격을 책정하는 것이 좋기 때문에, 낮은 가격 책정이 BP에게 우월전략이다. 같은 이유로 낮은 가격은 쉐브론에게 우월전략이다. 각자가 낮은 가격 책정이라는 우월전략을 따른다면 각자는 1,000만 달러를 얻을 것이다. 하지만 이들이 행동을 조율하여 둘 다 높은 가격을 책정하면 이윤이 2배가 될 것이다.

죄수의 딜레마의 영향력을 필시 직접 느껴보았을 것이다. 예를 들어 구직 면접 시 누구도 격식을 차린 옷을 입지 않는다면,

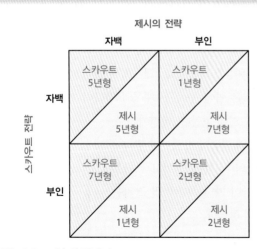

그림 10.6 죄수의 딜레마
죄수의 딜레마에서 유인은 두 경기자 모두에게 협력적 전략에 따른 결과보다 열등한 결과를 가져온다.

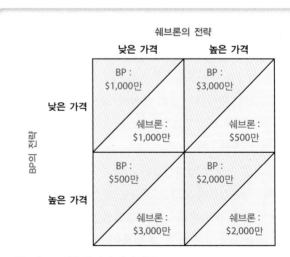

그림 10.7 석유회사의 게임이론
각 회사의 우월전략은 낮은 가격을 책정하는 것이지만, 이들이 행동을 조율해 둘 다 높은 가격을 책정하면 이윤이 증가할 것이다.

모든 지원자가 더 편한 옷을 입고 면접 복장에 쓰는 돈을 절약할 수 있을 것이다. 하지만 우월전략은 격식을 갖춰 입는 것이다. 왜냐하면 다른 취직 지원자가 격식을 갖춰 입었으면 편한 복장을 입을 경우 상대적으로 나쁘게 보일 것이고, 다른 지원자가 편하게 입었으면 격식을 갖춰 입음으로써 돋보일 수 있기 때문이다. 국가들도 죄수의 딜레마에 직면한다. 예를 들어 다른 나라가 최신 무기체계를 보유하고 있으면 자국도 국방을 위해 그런 체계를 갖추려고 한다. 그리고 다른 나라가 최신 무기체계를 보유하고 있지 않으면 자국은 우월한 위치를 점하기 위해 최신 무기체계를 보유하려고 한다. 그러므로 각국의 우월전략은 최신 무기체계에 투자하는 것이다. 하지만 누구도 이런 체계를 보유하지 않는 것이 모두가 그것을 가지는 것보다 돈이 덜 들고 거의 확실하게 더 안전할 것이다.

게임이 반복되면 가능한 전략이 확대되어 다른 경기자의 과거 전략에 대한 대응을 포함할 수 있다. 예를 들어 **앙갚음 전략**(tit-for-tat strategy)에서 경기자는 처음에는 상대와 협조하고 다음에는 다른 경기자가 지난번에 택한 것과 동일한 전략을 채택한다. 앙갚음 전략을 따르면 BP는 쉐브론이 지난번에 높은 가격을 책정했으면 높은 가격을 책정하고, 쉐브론이 지난번에 낮은 가격을 책정했으면 낮은 가격을 책정할 것이다. BP의 앙갚음 전략은 쉐브론으로 하여금 다음번에 BP가 낮은 가격을 책정하여 처벌하는 것을 피하기 위해 협력하여 높은 가격을 책정하도록 장려한다.

앙갚음 전략은 **엄중한 방아쇠 전략**(grim trigger strategy)보다 너그럽다. 엄중한 방아쇠 전략을 따르면 BP는 처음에는 (높은 가격을 책정함으로써) 협력하지만, 쉐브론이 한 번이라도 가격을 낮춰 BP보다 낮은 가격에 팔면 이후 모든 시기에 낮은 가격을 책정할 것이다. 엄중한 방아쇠 전략은 사전에 발표되거나 예상되면 비협조를 강하게 억제할 수 있지만, 화해의 가능성을 배제한다.

가격전쟁을 피하기 위해 어떤 과점기업은 가격경쟁을 회피하고, 그 대신 서비스나 위치와 같은 다른 영역에서 경쟁한다. 과점기업은 또한 담합을 통해 더 좋은 결과를 추구한다. 하지만 많은 형태의 담합은 불법이다. 예를 들어 다수의 유명대학이 1990년대에 학생 재정지원 패키지에 대한 담합 혐의로 고소되었다. 법 관련 문제를 피하기 위해 어떤 기업들은 **암묵적 담합**(tacit collusion)을 하는데, 이는 기업들이 동일한 전략을 논의 없이 무언의 혹은 암시적 협정의 일부로 따름을 의미한다. 예를 들어 어떤 과점기업들은 **가격선도자**(price leader) 역할을 하는 기업의 인도에 따라 가격전략을 조율한다. 마을의 가장 큰 주유소는 그 지역 다른 주유소들의 가격선도자가 될 수 있다. 자동차 제조사와 항공사도 가격선도자의 전략을 따르는 경향이 있다.

카르텔

과점기업은 독점기업처럼 이윤을 얻기를 원한다. 미국에서는 불법이지만 다른 어떤 곳에서 과점기업들은 함께 뭉쳐 독점기업처럼 행동하는 카르텔 형성을 시도할 수 있다. **카르텔**(cartel)은 산출량 제한과 이윤 증대를 위해 공모하는 생산자 집단이다. 예를 들어 OPEC은 13개국 석유 생산자로 구성된 카르텔이다. OPEC 회원국들이 협정을 준수하여 시장에 공급하는 산유량을 제한하면, 그들은 독점기업이 책정할 가격을 책정하여 총이윤을 극대화하고 그 이윤을 회원국 간에 나눠 가질 수 있을 것이다. 때때로 그 협정은 1973년에 OPEC이 성공적으로 석유 공급량을 제한하여 유가를 치솟게 했던 것처럼 잘 작동한다.

카르텔에는 안 되었지만 고객들에게는 다행스럽게도, 카르텔 회원은 협정을 몰래 위반할 유인이 있다. 독점기업의 이윤극대화 가격이 한계비용보다 높다는 것을 보았는데, 이는 추가적 단위가 이윤극대화 가격보다는 낮지만 이 단위 생산에 드는 비용보다는 높은 가격에 팔릴 수 있음을 의미한다. 위반 유

> **암묵적 담합**
> 여러 기업이 무언의 혹은 암시적 협정의 일부로 동일한 전략을 따르는 경우
>
> **카르텔**
> 산출량 제한과 이윤 증대를 위해 공모하는 생산자 집단

▲ 이 OPEC 회의에서 석유장관들은 2018년 목표 산출량 감축에 대해 논의했다. 산출량 제한에 합의하면 카르텔 회원들은 독점기업처럼 행동하여 그에 따른 이윤을 공유할 수 있다. 하지만 협정을 몰래 위반하여 비밀스럽게 더 많이 판매하려는 유인으로 인해 카르텔이 붕괴할 수도 있다.

인으로 인해 다수의 카르텔 회원이 비밀스럽게 생산량을 늘리면, 카르텔은 독점 산출량 수준을 유지할 수 없어 가격과 이윤이 폭락할 것이다. 이는 독점기업처럼 운영하려는 카르텔 계획의 붕괴를 가져올 수도 있다.

독점적 경쟁

어떤 대도시에는 주유소가 너무 많아 각 주유소가 시장의 작은 일부만을 대표한다. 식당, 헬스클럽, 미용실, 기념품점도 마찬가지다. 이런 시장에서는 완전경쟁시장과 마찬가지로 기업의 수가 많아 과점에 존재하는 기업 간 상호의존성이 사라진다. 어느 한 기업의 가격전략이 다른 기업에 미치는 영향이 너무 작아 고려의 대상이 되지 않는다. 하지만 이런 기업도 위치, 제품, 고객 서비스 수준이 다를 수 있으므로 약간의 시장지배력을 갖는다. 예를 들어 시애틀에 많은 카페가 있지만 어떤 카페가 편리성, 분위기, 라테, 서비스 등이 다른 카페보다 더 좋아서 다른 곳보다 더 높은 가격을 책정할 수도 있다. **독점적 경쟁**(monopolistic competition)은 다음

> **독점적 경쟁**
> 다음 세 조건을 만족하는 시장에 존재하는 경쟁 — (1) 기업의 시장 진입과 탈퇴가 용이하다. (2) 시장에 다수의 기업이 있다. (3) 기업과 제품이 동질적이지 않다.

과 같은 세 조건이 충족되는 시장에 존재한다.

1. 기업의 시장 진입과 탈퇴가 용이하다.
2. 시장에서 경쟁하는 다수의 기업이 있다.
3. 기업과 제품이 동질적이지 않다.

이런 조건은 독점적 경쟁시장에 다른 시장구조와 혼합된 특징을 부여한다. 독점적 경쟁시장에서 기업이 판매하는 제품은 차별적이기 때문에, 기업은 과점과 독점시장의 기업과 같이 우하향하는 수요곡선에 직면한다. 그림 10.8은 장기의 독점적 경쟁기업의 그래프를 보여준다. 수요곡선이 우하향하므로 독점 그래프와 유사하다. 핵심적 차이는 이윤의 부재이다. 독점기업은 장기에도 이윤을 얻을 수 있다. 독점기업과 마찬가지로 독점적 경쟁기업은 사회적 최적산출량보다 적게 생산한다. 독점적 경쟁시장에 쉽게 진입할 수 있다는 사실은 경제적 이윤이 조금이라도 발생하면 새로운 경쟁자가 이에 이끌릴 것임을 의미한다. 장기에 경쟁은 각 기업의 수요를 감소시켜 결국 가격이 평균총비용과 같아진다. 그 결과 독점적 경쟁시장의 기업들은 장기에 0의 이윤을 얻는데, 이는 완전경쟁시장에서도 일어나는 일이다.

독점적 경쟁시장의 기업들은 시장지배력 증대를 위해 우월한 품질과 서비스를 제공하려고 노력하며, 자사 제품과 경쟁사 제품 간 차이를 강조하기 위해 광고에 투자한다. 이를 **제품차별화**(product differentiation)라고 한다. 예를 들어 지미 존스 샌드위치 가게는 집으로 배달을 해주는데, 많은 경쟁자들은 이런 서비스를 제공하지 않는다. 그리고 버거킹은 모든 햄버거가 똑같이 만들어지지 않는다는 사실을 잊지 않게 해준다. 다음번에 고속도로를 타면 얼마나 많은 광고판이 독점적 경쟁시장에서 팔리는 제품을 광고하고 있는지 살펴보라. 자사 제품이 다른 제품보다 낫다는 확신을 심어줄 수 없다면, 소비자가 그런 시장의 다수의 경쟁자 사이에서 특정 기업을 선택할 이유가 별로 없다.

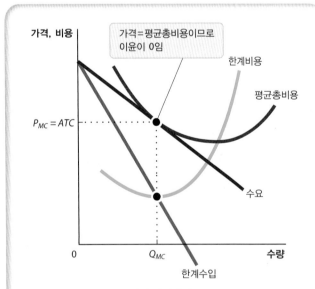

그림 10.8 장기의 독점적 경쟁기업
이윤은 신규 기업을 독점적 경쟁시장으로 끌어들일 것이다. 장기에 새로운 경쟁자의 진입은 기존 기업의 제품에 대한 수요를 감소시켜 결국 각 기업은 0의 경제적 이윤을 얻게 된다.

▲ 독점적 경쟁시장의 기업들은 자사 제품과 경쟁사 제품 간 차이를 강조하여 시장지배력 증대를 꾀한다.

표 10.1 시장구조

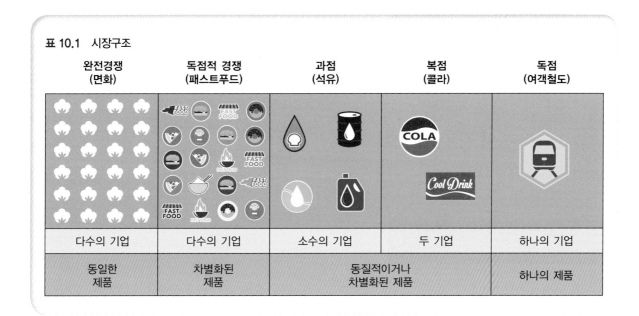

완전경쟁 (면화)	독점적 경쟁 (패스트푸드)	과점 (석유)	복점 (콜라)	독점 (여객철도)
다수의 기업	다수의 기업	소수의 기업	두 기업	하나의 기업
동일한 제품	차별화된 제품	동질적이거나 차별화된 제품		하나의 제품

표 10.1은 제9장에서 본 시장구조 요약을 반복한 것이다. 다음 장에서는 시장구조에 대해 배운 내용의 일부를 노동과 다른 생산요소시장에 적용할 것이다.

요약

시장지배력은 기업이 제품 가격을 결정하는 데 일정 정도의 결정권을 부여한다. 시장지배력은 특허, 저작권, 상표와 같이 경쟁자들의 시장 진입을 막는 법적 장벽을 통해 달성할 수 있다. 어떤 기업들은 비용보다 낮은 가격을 책정하여 다른 경쟁자를 시장에서 몰아냄으로써 시장지배력을 추구하기도 한다. 제품에 필요한 자원을 통제하는 기업은 시장지배력을 누린다. 기업의 초기비용이 매우 커서 여러 기업이 동일한 시장에서 영업하는 것이 실행 불가능한 경우에도 마찬가지다.

기업이 하나만 있는 시장은 독점이다. 이윤극대화를 위해 독점기업은 동일 비용의 완전경쟁시장보다 가격을 높이고 생산을 줄일 것이다. 이로 인해 독점의 산출량 수준은 비효율적으로 낮고 자중손실이라고 불리는 사회적 순손실이 초래된다. 예외적인 경우는 독점기업이 완전가격차별자인 경우이다. 이는 각 고객에게 지불용의금액과 일치하는 가격이 책정됨을 의미한다. 이 경우 독점기업은 효율적 산출량을 생산하지만 소비자잉여는 사라진다.

독점과 완전경쟁 사이의 시장지배력 범위에 과점과 독점적 경쟁의 시장구조가 속한다. 과점은 소수의 상호의존적인 기업이 있는 시장이다. 과점기업들은 행동을 조율할 수 있으면 소득을 높일 수 있다. 어떤 경우에는 암묵적 담합에 의해 이런 일이 달성된다. 가격선도자로 행동하는 기업으로부터 가격 책정 신호를 받는 무언의 협정이 그런 예이다. 담합이 미국에서는 합법이 아니지만, 몇몇 다른 나라에서는 기업들이 카르텔로 함께 뭉칠 수 있다. 카르텔은 독점기업처럼 가격 책정과 산출 결정을 하는 주체이다. 담합을 하지 않는 과점기업은 죄수의 딜레마의 희생자가 될 수도 있다. 죄수의 딜레마 상황에서 이기적이고 조율되지 않는 행동은 각 기업에게 열등한 결과를 가져온다.

독점적 경쟁시장에서 다수의 기업은 비슷하지만 동질적이지 않은 제품을 판매한다. 기업이 매우 많아 각 기업은 다른 기업에 거의 영향을 주지 못한다. 시장지배력을 증대하기 위해, 기업은 자사 제품을 경쟁사 제품과 차별화하려고 광고에 투자할 것이다. 장기에 독점적 경쟁시장의 기업들은 경제적 이윤을 계속 유지할 수 없는데, 이는 진입장벽이 낮고 신규 기업이 진입하여 기존 기업과 경쟁해 결국 각 기업이 0의 경제적 이윤을 얻게 되기 때문이다.

✓ 가격차별
✓ 게임이론
✓ 과점
✓ 독점

✓ 독점적 경쟁
✓ 복점
✓ 상표
✓ 시장지배력

✓ 암묵적 담합
✓ 완전가격차별
✓ 우월전략
✓ 자연독점

✓ 저작권
✓ 카르텔
✓ 특허

복습문제

1. 다음 중 어느 유형의 기업에서 한계수입이 가격과 같은가? (해당하는 것은 모두 골라라.)
   a. 완전경쟁시장의 기업
   b. 모든 고객에게 같은 가격을 책정하는 독점기업
   c. 완전가격차별자

2. 가격차별을 위해 필요한 세 가지 조건은 무엇인가? 고객들이 같은 재화나 서비스에 대해 다른 가격을 지불하는 것을 목격한 사례로 이 책에 언급되지 않은 상황을 하나 기술하라.

3. 특허로 인해 여러분이 새로운 감기 치료약의 유일한 판매자가 되었다고 하자. 이 독점이 전형적인 독점과 닮았다고 가정하고 이를 나타내는 그래프를 그려라. 수요, 한계수입, 한계비용, 평균총비용을 나타내는 곡선을 포함하라. 이윤과 자중손실을 나타내는 영역을 음영으로 나타내고 표시하라. 이윤극대화 가격과 수량을 P_M과 Q_M으로 표시하라.

4. 문제 3번에서 독점기업이 보유한 특허가 만료되어 다수의 경쟁자가 시장에 진입하였다고 하자. 독점적 경쟁으로 인해 장기적으로 다음 중 어느 것이 사라질 것인가?
   a. 자중손실
   b. 이윤
   c. 한계수입곡선과 수요곡선의 괴리

   장기에 나타날 이 기업의 그래프를 새로 그려라. 이윤극대화 가격과 수량을 P_{MC}와 Q_{MC}로 표시하라.

5. 다음 표는 한 기업의 산출량, 고정비용, 한계비용, 한계수입을 보여준다. 이 표의 수치들은 이 기업이 독점기업임을 나타내는가, 아니면 완전경쟁시장의 일부임을 나타내는가? 그것을 어떻게 알 수 있는가?

빵 개수	고정비용	한계비용	한계수입
1	$25.00	$5.00	$9.50
2	25.00	4.00	9.50
3	25.00	2.00	9.50
4	25.00	4.00	9.50
5	25.00	7.50	9.50
6	25.00	10.50	9.50

6. 다음 진술의 참, 거짓, 불확실 여부를 판별하라 — 완전경쟁시장에서 기업들은 상호의존적이고, 경제학자들은 게임이론을 이용해 기업행동을 분석한다. 답에 대해 설명하라.

7. 죄수의 딜레마의 경우, 각 경기자가 우월전략을 채택할 때의 결과가 협력에 의해 달성될 수 있는 결과보다 나쁘다. 다음 보수행렬은 광고 여부 결정에 따른 시트고와 셸의 가상적인 일일 이윤을 100만 달러 단위로 보여준다.
   a. 각 기업에 우월전략이 존재한다면 그것은 무엇인가?
   b. 이 게임을 죄수의 딜레마 상황으로 나타내는 것이 적절한가? 그 이유는 무엇인가?

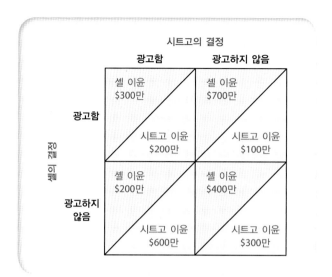

8. 어떤 시장구조에서 기업들이 약간의 시장지배력을 누리는가?

9. 다음 각 제품의 시장지배력의 원천은 무엇인가?

a. 작가 스티븐 킹

b. 케이블 TV 공급자인 스펙트럼

c. 페리에 생수 생산자이며 페리에 수원지를 소유하고 있는 네슬레

10. 클리블랜드에는 경쟁하는 빨래방이 많이 있는데, 어떤 빨래방은 옷을 세탁하고 개어주며, 어떤 빨래방은 무료 음료를 제공하고, 어떤 빨래방은 와이파이를 제공한다. 클리블랜드 빨래방을 특징짓는 시장구조는 무엇인가?

11. 독점이 자중손실을 초래하는데 왜 정부는 기업에 독점력을 부여하는 특허와 저작권을 승인하는가?

12. 이 장에서 언급되지 않은 독점적 경쟁시장의 예를 하나 들어보라. 이 시장의 기업들이 어떻게 자사 제품을 차별화하고 자사 브랜드에 대한 소비자의 충성도를 높이기 위해 노력하는지 논의하라.

요소시장

11

학습목표

이 장에서는 다음 내용을 학습한다.

1. 생산요소에 대한 파생수요를 설명한다.

2. 노동공급곡선의 모양과 공급곡선을 이동 시키는 요인에 대해 논의한다.

3. 노동시장의 변화가 노동의 균형임금과 균 형수량에 어떤 영향을 미치는지 알아낸다.

4. 임금이 노동자 사이에 다른 이유를 알아보 고 소득불평등을 다루기 위해 사용되는 정 책에 대해 논의한다.

5. 토지시장을 노동시장과 비교하고 차이점 을 알아본다.

Terry Harris/Alamy stockphoto

지프투어는 하와이주 마우나 케아 화산부터 애리조나주 그랜드캐니언 둘레까지 미국의 가장 경치가 좋은 장소에 고객을 데려간다. 이런 관광 상품을 판매하는 회사들은 자신들도 구매를 해야만 한다. 그들은 다른 재화나 서비스 생산에 사용되는 재화나 서비스인 생산요소를 구입한다. 산후안 시닉 지프 투어스의 기업가 인 그렉 피퍼 같은 기업가는 가이드, 예약 담당자, 차량 정비사를 고용하고 여러 대의 상업용 지프를 구입한다. 기업가는 또한 매표소와 지프 차고를 위한 부동산을 구입하거나 임차해야 한다. 이 장에서는 기업이 재화나 서 비스 생산에 필요한 투입요소를 찾는 요소시장 영역을 여행할 것이다.

왜 알아야
하는가?

제2장에서 본 것처럼 생산요소는 일반적으로 토지, 노동, 자본, 기업가정신의 네 가지 범주로 나뉨을 기억하라. 이 장에서는 여러분이 (아직 그러지 않았다면) 곧 진입할 요소시장인 노동시장을 분석하여 요소시장의 작동에 대해 설명할 것이다. 여러분이 노동자가 될 때 내려지는 결정과 같은 생산요소 구매자와 판매자에 의한 결정은 임금과 다른 요소 지불액을 결정한다. 이런 결정은 결국 모든 재화와 서비스의 가격에 영향을 미친다. 요소시장은 또한 어떻게 하면 높은 소득을 얻을 수 있는지에 대한 단서를 제공한다. 그리고 소득불평등을 다루는 정책에 관심이 있다면 요소시장을 연구함으로써 다양한 정책의 장단점을 알아낼 수 있다. 이 장은 재화의 구매자, 노동의 판매자, 경제정책에 대한 투표자, 잠재적인 미래의 고용주로서의 여러분에게 영향을 미치는 요소시장에 대해 더 잘 이해하도록 해줄 것이다.

생산요소에 대한 파생수요

스릴을 맛보고 싶다면 유타주에 있는 헬스 리벤지 트레일이나 콜로라도주에 있는 블랙 베어 패스를 따라 여행하는 지프 관광을 시도해보라. 그런 스릴을 제공하기 위해 여행사는 지프, 가이드, 예약 담당자, 관광 루트, 다양한 생산요소를 결합할 기업가정신이 필요하다. 지프투어 회사가 고용하는 이러한 요소의 수량은 지프투어에 대한 수요에 달려 있다. 지프투어 수요가 증가하면 이런 요소에 대한 수요가 증가한다. 요소에 대한 수요가 그 요소의 생산물에 대한 수요로부터 파생되는 것이기 때문에, 요소수요는 **파생수요**(derived demand)라고 부른다. 이 절에서는 노동을 예로 들어 생산요소에 대한 수요에 대해 알아볼 것이다.

▲ 지프투어 가이드에 대한 수요는 지프투어에 대한 수요로부터 파생된다. 소비자들이 지프투어 상품을 더 많이 구매하면 그것을 판매하는 기업은 가이드를 더 많이 고용할 것이다.

기업의 노동수요

재화에 대한 수요는 그 재화 각 단위에 대해 소비자가 지불할 용의가 있는 최대 금액에 의해 결정된다는 것을 알고 있다. 요소수요도 다르지 않다. 노동에 대한 기업의 수요는 기업이 각 단위 노동에 대해 지

> **파생수요**
> 요소의 생산물에 대한 수요로부터 파생되는 요소수요

불할 용의가 있는 최대치에 의해 결정된다. 기업이 추가적 노동자의 한 시간의 서비스에 대해 얼마나 지불할 용의가 있을까? 기업은 그 노동자가 기업의 시간당 판매수입에 기여하는 금액 이상은 지불하려 하지 않을 것이다.

생산요소 1단위가 더 사용될 때 생산되는 추가적 산출량을 그 요소의 **한계생산**이라고 부른다는 것을 기억하라. 그러므로

추가적 노동자 1명에 의해 생산되는 추가적 산출량이 노동의 한계생산이다. 두 번째 노동자를 고용해 지프투어 회사가 추가적으로 시간당 6명의 고객에게 지프투어를 더 제공할 수 있다면, 두 번째 노동자의 노동의 한계생산은 6이다. 그런데 고용 결정을 위해 기업은 단지 추가적 노동자가 산출량에 얼마를 기여하는지만 알고 싶은 것이 아니라, 그 노동자가 판매수입에 얼마나 기여하는지 알고 싶어 한다. 기업의 판매수입에 대한 추가적 노동자의 기여도를 **한계수입생산**(marginal revenue product, MRP)이라고 부른다. 따라서 각 소비자로부터 얻는 한계수입이 시간당 15달러라면, 두 번째 노동자의 한계수입생산은 그 노동자에 의해 가능해진 추가적인 6명의 고객에 시간당 한계수입인 15달러를 곱한 값, 즉 6×$15=$90이다.

더 일반적으로 다음이 성립한다.

한계수입생산 = 한계생산 × 한계수입

그림 11.1에 딸린 표는 지프투어 회사에 의해 시간당 고용되는 첫 7명의 가이드의 한계수입생산을 알아내는 법을 보여준다. 한계수입생산을 알아내려면 먼저 각 노동자의 한계생산을 알아내라. 한계생산은 총산출량에 대한 각 노동자의 기여도이다. 제8장에서 설명된 한계수익체감의 법칙을 기억하라. 자본, 토지, 그리고 각 노동자가 사용할 수 있는 가용한 다른 자원의 양이 제한되어 있기 때문에, 노동자의 한계생산은 더 많은 노동자가 고용됨에 따라 결국 하락한다. 지프투어의 경우 지프와 관광 루트가 점점 붐비게 되면 추가적으로 더 적은 수의 투어만 가능해지기 때문에, 새로 고용된 각각의 가이드는 이전 가이드에 비해 더 적은 수의 투어에 기여한다. 가이드의 한계수입생산을 알아내려면 가이드의 노동의 한계생산을 지프투어당 한계수입으로 곱한다.

기업의 노동수요곡선은 그 기업의 한계수입생산곡선과 일치한다. 노동수요곡선이 다른 수요곡선과 마찬가지로 친숙한 우하향하는 형태를 띨 것으로 기대할 수 있는데, 이는 노동자가 더 많이 고용됨에 따라 한계수입생산을 구성하는 요소인 한계생산과 한계수입 중 하나 혹은 모두가 하락할 것이기 때문이다. 왜 그럴까? 한계생산은 수익체감에 의해 하락할 것이다. 그리고 제10장에서 시장이 완전경쟁이 아니면 한계수입은 산출량이 증가할 때 하락한다고 배웠는데, 노동자가 더 많이 고용되면 이런 일이 발생한다. 한계생산이 하락하고 한계수입이 하락하거나 그대로이면, 한계수입생산은 하락할 것이다. 따라서 노동수요곡선은 그림 11.1에서처럼 우하향한다.

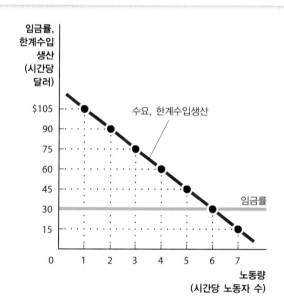

노동량 (노동자 수)	총산출량	노동의 한계생산	×	한계수입	=	한계수입생산
1	7	7		$15		$105
2	13	6		15		90
3	18	5		15		75
4	22	4		15		60
5	25	3		15		45
6	27	2		15		30
7	28	1		15		15

그림 11.1　기업의 고용 결정

기업의 노동수요는 노동의 한계수입생산에 의해 결정된다. 기업은 추가적 노동자에게 지불되는 임금이 노동의 한계수입생산을 초과할 때까지 노동자를 더 고용할 것이다.

기업은 추가적으로 고용되는 노동자에 의한 기업의 판매수입 증가분이 비용 증가분보다 크다면 노동자를 더 고용할 것이다. 지프투어 회사가 가이드에게 시간당 30달러의 임금을 지불한다고 하자. 그림 11.1에서 첫 몇 명의 가이드는 싸게 고용한 것임을 알 수 있다. 예를 들어 두 번째 가이드는 시간당 90달러의 한계수입생산을 제공하고 시간당 30달러를 지급받는다. 그런데 여섯 번째

한계수입생산(MRP)
기업의 판매수입에 대한 추가적 노동자 1명의 기여도

가이드는 시간당 판매수입에 30달러를 기여하고 시간당 30달러를 지급받기 때문에 기업은 여섯 번째 가이드 이후에는 고용을 멈춰야 한다. 기업은 일곱 번째 노동자를 고용하기 위해 시간당 30달러를 지불하려고 하지 않을 것이다. 일곱 번째 노동자는 시간당 판매수입에 고작 15달러만 보태기 때문이다. 그러므로 최적노동량은 추가적 노동자의 비용, 이 경우에는 시간당 임금이 한계수입생산과 같아지는 점에서 찾을 수 있다.

각 노동자의 가치 증가, 즉 한계수입생산의 상승은 기업의 노동수요를 증가시켜 노동수요를 오른쪽으로 이동시킬 것이다. 그림 11.2는 이로 인해 기업이 어떻게 노동자를 더 많이 고용하게 되는지 보여준다. 한계수입생산 상승은 노동의 한계생산 증가에 따라 발생할 수 있는데, 이는 노동자가 생산성이 증가하면 기업의 판매수입에 더 많이 기여하여 기업에 더 귀중해지기 때문이다. 예를 들어 더 많은 투어 루트나 좌석이 더 많은 지프가 이용 가능해지면 혼잡문제가 줄어들어 투어 가이드의 한계생산이 증가할 것이다. 더 일반적으로, 작업자 훈련이나 노동자가 사용하는 기술이 발전하면 노동자의 생산성이 올라가서 노동자의 한계수입생산이 늘어날 것이다.

각 노동자의 한계수입 상승은 또한 노동자가 생산하는 재화나 서비스 가격의 상승에 따라 발생할 수도 있다. 가격 상승이 결국 기업의 판매수입을 증가시키기 때문이다. 반대로 노동의 한계생산이나 재화나 서비스의 가격(따라서 한계수입) 하락은 기업의 한계수입생산을 감소시켜 노동수요곡선을 왼쪽으로 이동시킬 것이다. 그림 11.2는 노동수요곡선의 왼쪽 이동으로 인해 기업이 어떻게 노동자를 덜 고용하게 되는지 보여준다.

시장노동수요

시장노동수요는 다음 요인에 달려 있다.

- 시장에 있는 기업의 노동의 한계수입생산
- 시장에 있는 기업의 수

한계수입생산이 변하여 기업의 노동수요곡선이 이동하면 시장노동수요곡선도 같은 방향으로 이동한다. 시장노동수요는 또한 기업 수가 증가하면 늘어나고 기업 수가 감소하면 줄어든다. 예를 들어 미국에 있는 소매점 수는 110만 개이고 더 늘어나고 있다. 더 많은 가게가 개점함에 따라 영업관리자와 판매원에 대한 수요는 증가한다. 그래서 몬스터닷컴과 같은 구직 사이트를 보면 영업관리와 판매 부문에서 수천 개의 채용 공고를 볼 수 있을 것이다.

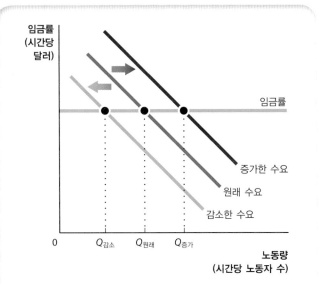

그림 11.2 기업의 노동수요곡선 이동

각 노동자의 한계수입생산이 상승하면 노동수요곡선이 오른쪽으로 이동하여 기업이 노동자를 더 고용한다. 각 노동자의 한계수입생산이 하락하면 노동수요곡선이 왼쪽으로 이동하여 기업이 노동자를 덜 고용한다.

노동공급

우리는 소득과 자유시간 간에 상충관계에 직면한다. 더 일할수록 소득은 커지지만 공부나 여가에 쓸 시간은 줄어든다. 그리고 더 일할수록 그를 위해 포기해야만 하는 행동은 더 귀중해진다. 우리가 보통 빈둥거리며 보내는 최소 가치를 가진 시간에는 일을 조금 할 수 있다. 하지만 하루 종일 일한다면 교육, 가족, 친구, 좋아하는 취미, 그리고 다른 최우선 사항에 전념할 시간이 없을 것이다. 이런 피할 수 없는 상충관계가 노동공급을 결정짓는다.

개인의 노동공급

더 많은 시간을 일에 씀에 따라 한 시간의 기회비용이 증가하기 때문에, 짧은 시간 일할 때는 낮은 시간당 임금을 받아들일지 모르지만, 더 높은 임금을 받지 않는다면 오랜 시간은 일하려 하지 않을 것이다. 이로 인해 노동공급곡선은 우상향할 것이다. 그림 11.3은 가상적인 일일 노동공급곡선을 보여준다. 시간당 임금이 8달러일 때, 하루 중 가장 덜 생산적인 여가시간, 즉 일하지 않는다면 빈둥거리고 보낼 시간을 포기하고 그 대신 일을 하려고 한다고 하자. 임금이 시간당 13달러이면 운동과 취미에도 시간을 덜 쓰고 하루에 총 2시간을 일할 것이다. 시간당 18달러에서는 더 일찍 일어나고 SNS에도 시간을 덜 써서 하

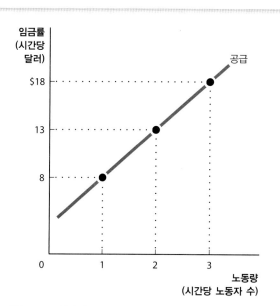

그림 11.3　개인의 노동공급곡선

사람들이 일을 더 많이 함에 따라 일하는 데 쓰는 시간의 기회비용이 증가하기 때문에, 노동자들은 보통 임금이 낮을 때보다 높을 때 더 오래 일하려고 한다. 그 결과 대부분의 사람들은 노동공급곡선이 우상향한다.

루 총 3시간의 짬을 낼 것이다.

　일의 기회비용이 감소하거나 소득의 중요성이 증가하면 노동공급이 오른쪽으로 이동할 것이다. 예를 들어 학교를 졸업하면, 장시간 일을 하기 위해 교육을 포기하지 않아도 되기 때문에 일의 기회비용이 감소할 것이다. 일의 기회비용은 또한 도시화와 같은 인구구조 변화로 인해 바뀔 수도 있다. 1810년에는 미국 가정의 90%가 농가에서 살았다. 거기서 모든 가족 구성원은 대단히 중요한 집안일을 했다. 오늘날 미국 가정의 80% 이상이 도시지역에 산다. 거기서 사람들이 집에서 하는 일은 생계에 덜 중요하다. 따라서 기업에 취직되어 일하는 것의 기회비용이 더 낮고, 그 결과 도시 거주자들은 더 많은 노동을 공급할 용의가 있다.

모든 일은 상충관계를 수반한다. 일을 더 많이 하면 소득이 늘지만 여가는 줄어든다.

소득

여가

시장노동공급

제4장에서 재화의 시장공급곡선은 각 가격대에서 각 기업에 의

해 공급되는 수량을 더해 구할 수 있다고 설명했다. 마찬가지로 시장노동공급곡선은 각 임금 수준에서 각 노동자에 의해 공급되는 노동량을 더해 구할 수 있다. 따라서 시장노동공급곡선은 다음 경우에 이동한다.

- 개별 노동자의 공급곡선이 이동하는 경우
- 노동자 수가 변하는 경우

노동자 수는 출생률이나 사망률, 타국으로의 이민, 자국으로의 이주 등의 변화와, 연령이나 교육수준과 같은 인구구조의 변화로 인해 바뀔 수 있다. 더욱이 도시화와 문화변동은 개별 노동자의 노동공급 증가 의사와 노동인구 중 전반적 노동자 수 모두에 영향을 미칠 수 있다. 예를 들어 문화변동은 지난 세기에 걸쳐 여성의 노동공급에 영향을 미쳤다. 여성이 집 밖에서 일하는 것이 점점 더 용인되었고, 세탁기나 식기 세척기와 같이 시간을 절약해주는 발명품 덕분에 여성들이 시간을 더 많이 낼 수 있게 되었다. 이런 진보는 정규교육 접근성 개선과 더불어 여성 기술자, 법률가, 의사, 기타 전문직 종사자의 공급을 극적으로 증가시켰다. 또한 부분적으로 교육 접근성 개선의 결과인 평균 가임연령 증가는, 그렇지 않았더라면 집에서 육아를 하였을 젊은 여성에게 일의 기회비용을 감소시켰다. 이러한 이유 및 이와 관련된 이유로, 노동인구에 참여한 생산가능여성의 비율은 1950년 34%에서 2018년 57%로 증가했다. 시장노동공급곡선은 기존 노동자가 노동공급을 늘리거나 신규 노동자가 시장에 진입하면 오른쪽으로 이동한다. 예를 들어 졸업 때가 되면 많은 젊은이들이 상근직 근무가 가능하기 때문에 시장노동공급이 증가한다. 노동자들이 노동공급을 줄이거나 일부 노동자가 노동시장을 떠나면 시장노동공급곡선이 왼쪽으로 이동한다. 예를 들어 장기불황 기간에는 일부 노동자들이 낮은 구직 가능성에 좌절하여 노동인구에서 빠져나가기 때문에 노동공급이 감소한다. 그림 11.4는 이러한 시장노동공급곡선의 이동을 보여준다.

노동시장의 균형

완전경쟁 노동시장은 완전경쟁 제품시장처럼 움직인다. 시장

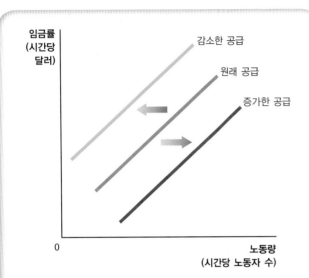

그림 11.4   시장노동공급곡선의 이동

시장노동공급곡선은 신규 노동자가 노동인구에 진입하거나 기존 노동자가 모든 임금 수준에서 전보다 노동을 더 많이 공급하려고 하면 오른쪽으로 이동한다. 시장노동공급곡선은 일부 노동자가 노동인구를 떠나거나 기존 노동자가 모든 임금 수준에서 전보다 노동을 덜 공급하면 왼쪽으로 이동한다.

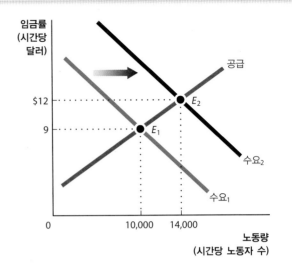

그림 11.5   노동시장의 균형

노동시장의 균형은 임금률과 노동고용량을 결정한다. 공급곡선이나 수요곡선의 이동은 균형을 변화시켜 임금률과 노동고용량도 변화시킨다. 예를 들어 노동수요가 증가하면 임금률과 노동고용량이 증가한다.

균형은 고용되는 노동량과 노동의 가격인 **임금률**을 결정한다. 그림 11.5는 최초 균형 E_1에서 시간당 임금률이 9달러이고 기업이 노동자를 시간당 10,000명 고용하고 있는 노동시장을 보여준다. 제5장에서 논의된 제품시장과 마찬가지로, 공급곡선이나 수요곡선의 이동은 균형점의 위치를 변화시킨다. 예를 들어 그림 11.5에서처럼 수요곡선이 오른쪽으로 이동하면 새로운 균

형점은 E_2가 된다. 균형임금률은 시간당 12달러로 오르고 균형노동량은 시간당 노동자 14,000명으로 증가한다.

완전경쟁 제품시장의 기업은 가격수용자임을 기억하라. 이는 기업이 시장에 비해 매우 작아서 시장가격을 주어진 것으로 받아들여야만 함을 의미한다. 완전경쟁 노동시장의 기업은 **임금수용자**이다. 기업이 너무 작아 독립적으로 임금률에 영향을 미칠 수는 없지만, 시장임금률에서 원하는 만큼 노동을 고용할 수 있다. 그림 11.6의 그래프는 이 상황을 나타낸다. 그림 11.6(a)는 균형노동량을 보여준다. 그림 11.6(b)는 기업이 균형임금률 수준에서 수평인 노동공급곡선에 직면하고 있음을 보여준다.

임금률이 다른 이유

완전경쟁 노동시장에서 임금률이 공급과 수요의 균형에서 결정된다는 것을 알고 있기 때문에, 임금이 어떤 노동시장에서는 높고 다른 시장에서는 낮은 이유를 쉽게 이해할 수 있다. 수요에 비해 노동자 공급이 큰 노동시장에서는 균형임금이 상대적으로 낮다. 패스트푸드 식당 노동자 시장이 한 예이다. 미국의 패스트푸드 산업은 햄버거와 감자튀김을 요리하고 서빙할 직원이 300만 명 이상 필요하지만, 노동인구의 거의 전원이 이 직업을 위한 자격을 갖추고 있기 때문에 충분한 노동자 공급이

▲ 지난 수 세기에 걸쳐, 전문학교와 전문직에 여성을 받아들이는 문화적 수용으로 인해 숙련노동을 필요로 하는 많은 직업에서 노동공급이 증가했다. 예를 들어 오늘날 기술자의 약 20%는 여성이다.

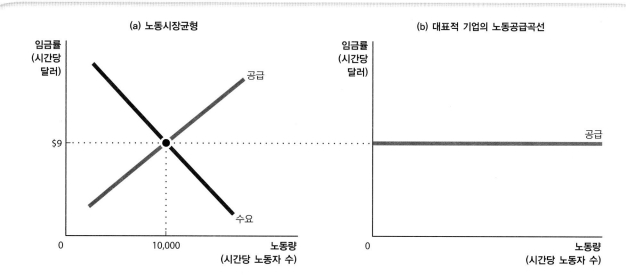

그림 11.6   노동시장균형과 기업의 노동공급곡선

완전경쟁 노동시장의 각 기업은 시장에 비해 매우 작아서 시장균형에 의해 결정된 임금률 수준에서 원하는 만큼 노동을 고용할 수 있다. 시장균형은 그림 (a)에서 시장노동공급곡선과 시장노동수요곡선의 교점으로 나타난다. 이는 기업의 노동공급곡선이 그림 (b)에서처럼 균형임금 수준에서 수평임을 의미한다.

있다. 이렇게 상대적으로 큰 노동자 공급은 패스트푸드 직업의 평균임금을 시간당 9.03달러로 낮춘다. 그림 11.7(a)는 패스트푸드 노동자 공급이 충분하면 균형임금이 어떻게 낮아지는지 보여준다.

수요에 비해 노동자 공급이 작은 시장에서는 균형임금률이 상대적으로 높다. 마취과 의사 시장이 한 예이다. 수술을 집도하는 사람이라면 거의 누구나 고통을 완화하는 약물을 관리할 마취과 의사가 필요하다. 이런 직업에 필요한 길고 돈이 많이 드는 훈련, 마취과 의사의 긴 노동시간, 환자에게 생사의 문제가 될 수 있는 업무로부터 오는 스트레스로 인해 마취과 의

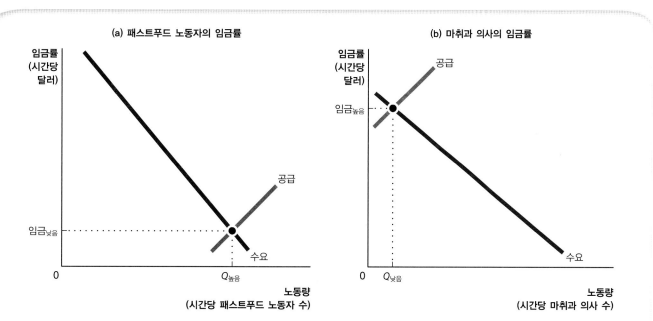

그림 11.7   패스트푸드 노동자가 마취과 의사보다 돈을 적게 버는 이유

노동공급이 노동수요에 비해 큰 시장에서 임금률은 그림 (a)에서처럼 낮다. 높은 임금은 (b)에서처럼 노동공급이 노동수요보다 작은 경우에 발생한다.

사 공급은 상대적으로 낮다. 그 결과 마취과 의사는 시간당 약 111.94달러를 버는데 이는 미국에서 가장 높은 임금률 중 하나이다. 그림 11.7(b)는 제한된 마취과 의사 공급이 어떻게 마취과 의사가 높은 균형임금을 받을 수 있게 하는지 보여준다.

높은 임금을 받고 싶다면 공급에 비해 노동수요가 큰 직업을 택하는 것이 도움이 된다는 점이 명백하다. 패스트푸드 노동자의 예는 수요가 높은 것만으로는 높은 임금을 보장하는 데 충분하지 않다는 것을 보여준다. 노동공급만 낮은 것도 마찬가지로 충분하지 않다. 예를 들어 미국에서 미용실에서 머리 감겨주는 사람이 14,000명도 안 되지만, 대부분의 사람들은 스스로 머리를 감을 수 있기 때문에 머리 감겨주는 사람에 대한 수요가 높지 않다. 직업적으로 머리 감겨주는 사람들은 상대적으로 낮은 수요로 인해 패스트푸드 노동자보다도 적은 시간당 평균 8.94달러를 번다.

높은 임금을 받고 싶다면 공급에 비해 노동수요가 높은 직업을 택하는 것이 도움이 된다.

보상적 임금격차

어떤 시장의 노동공급은 직업이 다음 특징을 갖고 있기 때문에 낮다.

- 교각 도장처럼 위험하다.
- 채굴처럼 더럽다.
- 항공우주공학처럼 어렵다.

이런 특성을 가진 직업에 종사하는 노동자는, 노동수요는 비슷하지만 근무 환경이 더 바람직해서 노동공급이 큰 시장의 노동자보다 일반적으로 돈을 더 많이 받는다. 특정 직업의 특별한 부담을 보상해주는 임금 할증을 **보상적 임금격차**(compensating wage differential)라고 부른다. 예를 들어 미국의 시간당 평균임금은 22달러지만 교각 도장공은 28달러, 채굴기 기사는 25달러, 항공우주공학 기술자는 50달러의 평균임금을 받는다.

어떤 다른 노동시장에서는 직업이 깨끗하고 안전하고 쉽거나 또는 다른 방식으로 매력도가 높기 때문에 노동공급이 높다. 예를 들어 많은 사람들이 아름다운 자연 환경이 있는 야외에서 일하는 것을 즐기므로 공원 경비원은 공급이 충분하다. 그 결과 공원 경비원

> **보상적 임금격차**
> 직업의 특별한 부담을 보상
> 해주는 임금 할증

▲ 보상적 임금격차는 위험하고 더럽고 어려운 일을 하는 노동자에 대한 보상이다.

의 시간당 평균임금(18달러)은, 자격요건은 비슷하지만 덜 바람직한 작업장에서 일하는 직업에 비해 낮다.

고용차별

편견이 이윤에 우선하면, 표적이 된 집단에 속한 노동자들에 대한 수요가 그들의 생산성에 관계없이 차별로 인해 낮아질 수 있다. 차별을 하지 않는 기업은 차별의 근거가 되는 개인적 특성을 고려하지 않고 더 큰 잠재적 가용 인력에서 종업원을 뽑을 수 있기 때문에 성공 가능성이 더 높다. 차별은 또한 이윤극대화 기업에서 기업의 고객 측의 편견의 결과 발생할 수 있다. 예를 들어 여성 미용사가 머리 손질을 해주기를 선호하는 잠재적 고객을 가진 미용실은 이윤극대화를 위해 남자 미용사를 차별할 유인이 있다. 편견의 원천이 기업이든 고객이든, 차별은 표적이 된 집단에 속한 노동자에 대한 수요를 감소시키며, 따라서 그 노동자들이 받는 임금률을 낮출 수 있다.

인종, 성별, 임신 여부, 종교, 출신 국가, 장애, 군복무 여부, 나이 등에 근거한 차별 대부분을 금지하고 있는 법률에도 불구하고 차별은 계속된다. 예를 들어 소니아 구맨(Sonia Ghumman)과 앤 마리 라이언(Ann Marie Ryan)의 최근 연구는 미국에서 구직 면접 시 이슬람 두건을 한 여성이 채용 과정에서 다음 단계로 진행될 가능성이 상대적으로 낮음을 발견했다. 그리고 2015년 미국 대법원은 의류회사인 애버크롬비 & 피치가 십대 이슬람교도 사만사 일로프의 구직 지원을, 그녀가 종교적 이유로 두건을 하고 있다고 명시적으로 말하지 않았음에도 불구하고 두건 때문에 불합격시킨 것은 잘못되었다고 판결하였다.

하지만 어떤 경우에는 차별이 합법이다. 1964년의 민권법 VII장은 그 특징이 **진정직업자격**(bona fide occupational qualification, BFOQ)이라면 종교, 성별, 출신 국가에 근거해 차별하는 것을 허용하고 있다. BFOQ는 '특정 사업이나 기업의 정상적 운영을 위해 필요 타당함'을 의미한다. 예를 들어 가톨릭교회는 가톨릭 성직자를 채용할 때 비가톨릭교도 지원자를 합법적으로 차별할 수 있다. 고용연령차별금지법은 이 BFOQ 예외를 연령에 근거한 차별로 확장한다. 예를 들어 연방항공국은 비행기 조종사가 65세에 은퇴하도록 법으로 규정하고 있다. 키, 몸무게, 외모에 근거한 고용차별도 대부분의 주에서 합법이며, 연구에 따르면 크고 날씬하고 매력적인 노동자의 평균임금이 더 높다.[1]

소득분배

임금률 차이는 미국에서 가구 간 큰 폭의 소득 차이를 가져오며, 부유한 나라와 가난한 나라의 전형적인 가구 간 소득격차는 더 크게 만든다. 세계은행은 전 세계적으로 120억 명 이상이 하루에 1.25달러 이하의 비용으로 살고 있다고 보고하고 있다. 그림 11.8의 각 띠의 폭은 미국 가구 각 20%의 소득점유율을 위쪽의 부유층에서부터 아래쪽의 빈곤층까지 보여준다. 1980년에서 2016년 사이에 최빈곤가구 20%의 소득은 5.3%에서 3.1%로 하락했다. 같은 기간 최부유층 20%의 소득은 41.1%에서 51.5%로 증가했다.

어느 정도의 소득불평등이 '용인 가능'한가? 정부가 빈곤층을 어떻게 도와야 할까? 소득불평등을 완화하는 정책은 상충관계를 수반하기 때문에 이런 질문은 논란을 불러일으킨다. 한편으로 고른 소득분포는 평등을 달성하지만, 만약 모든 사람이 동일한 소득을 얻는다면 사람들이 열심히 일하고 기술혁신을 하고 위험을 감수하며 사업을 할 이유가 거의 없을 것이다. 다른 한편으로 극심한 소득불평등은 극빈, 불황, 범죄를 가져오는데, 이 모든 것들은 부유하든 가난하든 경제 구성원 모두의 삶을 악화시킨다. 수용 가능한 불평등 수준에 대해서는 의견 차이가 있지만, 이 문제를 어떻게 다룰지에 대한 논의에 정보를 제공하기 위해 경제학의 도구를 사용할 수 있다. 다음으로, 종종 논의되는 접근법인 최저임금 인상의 장단점을 분석할 것이다.

1. 이 연구의 요약을 보려면 다음 사이트를 방문하라. www.stlouisfed.org/publications/regional-economist/april-2005/so-much-for-that-merit-raise-the-link-between-wages-and-appearance.

그림 11.8 미국 가구의 소득점유율

이 그래프에서 각 띠의 폭은 1980년 이후 미국 가구 각 20%의 소득점유율을 나타낸다. 녹색 띠는 최부유층 20%의 소득을 나타내며 붉은색 띠는 최빈곤층 20%의 소득을 나타낸다.

최저임금법

미국에서 첫 연방 최저임금법은 1938년에 시행되었다. 최초의 최저임금은 시간당 0.25달러였는데, 이는 인플레이션을 감안하면 2018년 달러로 약 4.35달러이다. 인플레이션을 감안한 최저임금은 1968년에 11.25달러로 최고치를 기록했고 2018년에는 7.25달러였다. 미국 주의 절반 이상과 워싱턴 DC는 연방 최저임금보다 높은 독자적 최저임금을 갖고 있다. 최저임금의 효과는 노동의 공급곡선과 수요곡선의 모양에 달려 있다. 그림 11.9는 균형점에서 공급과 수요가 상대적으로 탄력적인 노동시장을 보여준다. 최저임금이 없으면 시장임금은 7달러이고 노동고용량은 시간당 노동자 1,500명이다.

10달러의 최저임금이 시행되면 가격하한제의 역할을 하여 기업이 노동자에게 그보다 더 낮은 임금률을 지불하지 못하게 한다. 시간당 10달러에서 노동공급량은 2,000명이지만 노동수요량은 1,100명밖에 되지 않는다. 그 차이인 900명이 실업노동량이다. 이 900명 중 일부는 시장임금인 7달러에서는 고용되었을 사람들이며, 일부는 전보다 높아진 10달러의 임금에 이끌린 사람들이다. 따라서 최저임금은 엇갈린 결과를 낳는다. 시간당 10달러를 받는 1,100명은 임금률이 시간당 3달러 상승하기 때

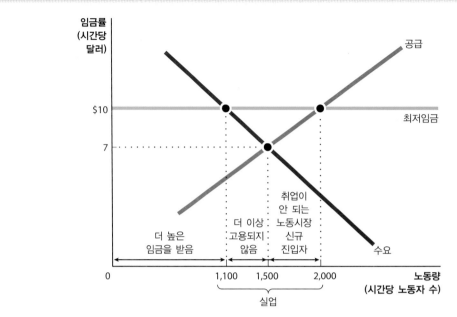

그림 11.9 최저임금이 있는 노동시장

균형임금보다 높게 설정된 최저임금은 최저임금을 받는 노동자의 소득을 증가시킨다. 최저임금은 또한 일부 사람들의 실직을 유발하고 높아진 새로운 임금률에서 일하기를 원하는 더 많은 사람들의 노동시장 진입을 가져옴으로써 실업을 야기할 수 있다.

문에 최저임금이 없을 때보다 좋아진다. 실업자가 되지만 최저임금이 없었더라면 고용되었을 1,500−1,100＝400명은 나빠

▲ 맥도날드는 셀프서비스 무인계산대를 실험하고 있다. 노동자의 좋은 대체재가 되는 기계는 노동수요를 상대적으로 탄력적으로 만든다.

진다. 그리고 시간당 10달러에서는 취업을 원하지만 시간당 7달러에서는 일할 생각이 없는 2,000−1,500＝500명은 실업 상태가 된다. 이들은 최저임금이 없었더라도 고용되지 않았을 것이기는 하지만 말이다.

최저임금이 각 범주, 즉 개선, 개악, 노동 희망으로 보내는 노동자 수는 노동공급곡선과 노동수요곡선의 탄력성에 달려 있다. 그리고 노동수요곡선의 탄력성은 결국 기업에 가용한 기간과 선택권에 달려 있다. 장기에 기업은 만약 가용하다면 노동절약적 자본을 사용할 기회가 있으므로, 노동자가 쉽게 기계로 대체될 수 있다면 노동수요는 상대적으로 탄력적일 것이다. 노동자에 대한 좋은 대체재가 없거나 비싸다면 노동수요는 상대적으로 비탄력적일 것이다. 최저임금이 있든 없든 동일한 수의 노동자가 고용된다면 노동에 대한 수요는 완전비탄력적이다. 예를 들어 만약 맥도날드에서 각 교대조에 노동자 5명이 필요하고 회사가 애초에 5명을 초과하여 고용하지 않는다면, 맥도날드는 최저임금의 결과로 노동자 고용을 줄일 수 없을 것이다.

경제학자 데이비드 카드와 앨런 크루거는 뉴저지주에서 최저임금을 약 19% 올렸는데도 뉴저지주 패스트푸드 산업 고용이 유의하게 줄지 않았음을 발견했다. 이는 상대적으로 비탄력

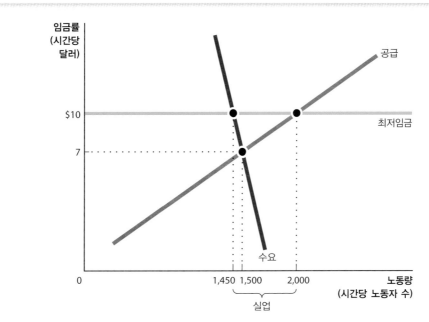

그림 11.10 상대적으로 비탄력적인 노동수요와 최저임금

최저임금에 따른 노동수요량 감소는 노동수요곡선의 기울기에 달려 있다. 노동에 대한 수요가 비탄력적이면 고용 감소는 임금 상승에 비해 작을 것이다. 그렇기는 하지만 높아진 임금에서는 노동을 공급하려는 노동자가 더 많아지므로 실업이 크게 증가할 수도 있다.

적인 노동수요곡선으로 설명할 수 있다. 그림 11.10은 노동수요곡선이 상대적으로 비탄력적이면 고용주가 최저임금에서 고용하는 노동자 수가 균형임금에서 고용하는 노동자 수와 거의 같을 것임을 보여준다. 그림 11.10에서 최저임금에 따른 노동고용량 감소는 50명밖에 되지 않는다. 그림 11.9에서는 노동에 대한 수요가 **탄력적**이어서 최저임금에 따른 노동고용량 감소가 400이었음을 상기하라.

노동에 대한 수요가 상대적으로 비탄력적이거나 완전비탄력적일 때 최저임금이 여전히 실업을 발생시킬 수 있지만, 이는 거의 혹은 전적으로 높아진 임금에서 노동공급을 원하는 노동자가 늘어난 때문이다. 실직하게 되는 노동자가 거의 없다면, 최저임금의 재정적 부담은 주로 높아진 임금을 지불해야 하는 기업에 떨어진다. 하지만 다른 생산비 증가와 마찬가지로 기업은 부담의 일부를 높아진 가격의 형태로 소비자에게 전가할 것이다.

균형임금보다 높은 임금의 장단점이 반드시 최저임금법에서 비롯되는 것은 아니다. **노동조합**은 노동자가 작업환경 개선, 직업 안정성, 부가 혜택, 임금을 협상할 때 힘을 실어주기 위해 결성된 조직이다. 노동조합 활동은 40,000명의 버라이즌 노조원들이 회사가 임금 인상에 합의할 때까지 일을 거부한 2016년

에 잘 드러났다. 6주간의 협상 후 버라이즌과 노조원들은 4년에 걸친 10.9%의 임금 인상에 합의했다. 노동조합이 협상을 통해 노조원의 임금 인상에 성공하면 인상된 임금을 받는 노동자는 더 좋아진다. 하지만 늘 그렇듯이 승자와 패자가 존재한다. 임금이 높아지면 기업의 이윤이 줄고 소비자가 더 높은 가격을 지불하며 기업이 노동 고용을 줄일 수도 있다. 노동조합은 종종 합의안의 조항을 이용해 일시해고(layoff)의 위험에 대처한

▲ 전국의 노동자들이 최저임금 인상과 노동조합 증설을 위해 집회를 열었는데, 최저임금과 노동조합은 모두 장단점이 있다.

Q&A

최저임금 외에 빈곤 노동자와 가족을 돕기 위한 다른 프로그램으로 어떤 것들이 있는가?

미국 정부는 극빈층이 될 수 있는 노동자를 위해 최저임금 말고도 다른 안전망을 제공한다. 그중 가장 큰 것은 공적연금제도로, 흔히 *사회보장*(Social Security)이라고 불린다. 이 프로그램은 은퇴연령기 사람들, 장애노동자, 사망하거나 장애인이 된 노동자의 가족에게 재정지원을 제공한다. 자격요건을 갖춘 실직자에 대한 지원은 *실업보험* 프로그램에서 나오며, 보통 6개월까지 지속된다. *산재보상* 프로그램은 직업 관련 부상이나 사망을 당한 노동자를 지원한다. *근로장려세제*는 자녀가 있는 중저소득 노동자와 자녀가 없는 저소득 노동자 다수에게 조세 감면이나 조세 환급을 제공한다.

곤란가족임시지원(Temporary Assistance for Needy Families, TANF) 프로그램은 빈곤 가정에 재정지원, 일자리 기회, 부모의 근로를 위한 육아를 제공한다. TANF 수혜자 대부분은 지원을 받은 후 2년 이내에 일을 해야만 하며, 어떤 가정도 5년을 초과하여 지원을 받을 수 없다. *영양보충지원프로그램*은 빈곤층이 최소한의 음식을 구입하는 데 도움이 되도록 재정지원을 제공한다. *메디케이드* 프로그램은 저소득자가 건강보험을 구입할 수 있도록 도와준다. 메디케어 프로그램은 65세 이상인 사람이나 장애인에게도 같은 지원을 제공한다. 이런 각 프로그램은 자격요건이 엄격하다. 다양한 교육과 직업훈련 프로그램도 국민들이 양질의 취업을 할 전망을 높이는 역할을 수행한다. 제18장에서는 이와 관련된 주제로 개발도상국의 빈곤층 지원 프로그램에 대해 논의한다.

다. 버라이즌의 최종 협상안은 1,400명의 직원을 추가적으로 고용할 것을 규정하고 있다.

다른 요소시장

토지시장과 자본시장도 노동시장과 매우 유사하게 작동한다. 각 요소에 대한 수요는 그 요소의 한계수입생산에 의해 결정되고, 각 요소의 가격은 그 요소가 거래되는 시장의 공급과 수요의 균형에 의해 결정된다. 두 시장 간 차이는 요소의 공급곡선과 관계있다. 예를 들어 토지 수량을 증가시키는 것은 그다지 용이하지 않기 때문에, 토지의 공급곡선은 노동공급곡선보다 덜 탄력적이다. 하지만 토지 가격이 오르면 판매용 토지 수량도 증가한다. 이는 대개 시장에 나오지 않았던 토지가 토지가격 상승으로 인해 판매용으로 나오기 때문이다. 때로는 토지가격이 상승하면 생산적 용도로 부적합했던 토지가 용도변경이 될 수도 있다. 관개시스템에 의해 사막이 농토로 바뀌거나 불도저가 울퉁불퉁한 땅을 평지로 바꾸는 것이 그 예이다. 어

▲ 토지 가격이 상승하면 토지 공급량이 여러 가지 방법으로 증가할 수 있다. 어떤 경우에는 아랍에미리트연합에 새로 생긴 섬들의 예처럼 물이 있던 곳에 새 토지가 실제로 창조된다.

떤 경우에는 물이 있던 곳에서 토지가 정말로 창조된다. 수백 개의 섬이 아랍에미리트연합 해변에 만들어졌으며, 수천 에이커의 땅이 해안을 확장하여 뉴욕시에 더해졌다. 그리고 스페이스엑스처럼 인간의 화성 토지 이용을 가능하게 하려는 기업의 계획이 있다…

요약

여러분 소유의 회사가 콜로라도강을 따라 내려가는 가이드가 있는 래프팅 체험을 제공한다면, 래프팅 체험에 대한 고객들의 일일 수요가 커짐에 따라 더 많은 가이드를 고용하고 더 많은

뗏목을 임차해야 할 것이다. 이로 인해 생산요소에 대한 수요는 **파생수요**가 된다. 즉 수요가 재화나 서비스에 대한 수요로부터 파생된다. 요소에 대한 수요곡선은 그 요소의 한계수입생산

곡선과 일치한다. 한계수입생산은 요소의 한계생산을 그 요소의 생산물의 한계수입으로 곱해 구할 수 있다. 강 래프팅 가이드의 경우, 각 가이드의 한계수입생산은 그 가이드에 의해 가능해진 추가적 승객 수를 각 승객에서 얻는 추가 수입으로 곱해 구할 수 있다. 가이드의 한계수입생산은 그 가이드가 기업의 총판매수입에 기여하는 금액이고, 따라서 그것은 기업이 그 가이드를 고용하기 위해 지불할 용의가 있는 최대치이다.

대부분의 생산요소는 한계생산이 체감하므로, 생산요소에 대한 수요곡선은 재화나 서비스의 수요곡선처럼 보통 우리에게 친숙한 우하향하는 형태를 띤다. 기업은 추가적 1단위의 한계수입생산이 추가적 1단위의 비용 아래로 떨어질 때까지 생산요소를 계속 더 고용한다.

대부분의 생산요소는 공급곡선이 우상향한다. 이는 추가적 요소 제공의 비용이 일반적으로 증가하기 때문이다. 노동의 경우, 비용 증가는 주로 일을 더 오래 할수록 사람들이 겪는 기회비용 증가에서 온다. 시장노동공급곡선은 개별 노동자의 공급곡선이 이동하거나 노동자 수가 변할 때 이동한다. 노동자 수는 출생률과 사망률의 변화, 타국이나 자국으로의 이민, 국민의 연령이나 교육수준과 같은 인구구조 변화 등으로 인해 변할 수 있다. 도시화와 문화변동은 개별 노동자의 노동공급 의사와 노동인구에 속하는 전반적인 노동자 수에 모두 영향을 줄 수 있다.

완전경쟁 제품시장의 재화 가격처럼, 완전경쟁 노동시장의 요소 가격도 그 재화의 공급과 수요의 균형에 의해 결정된다. 완전경쟁 요소시장에서 고용하는 기업은 시장에 비해 매우 작아서 시장가격에서 원하는 만큼 요소를 고용할 수 있다. 이는 기업이 수평의 요소공급곡선에 직면함을 의미한다.

노동자에게 지불되는 임금과 같은 요소지불액은, 요소에 대한 수요가 요소 공급보다 높은 시장에서 더 높다. 예를 들어 뛰어난 농구선수는 높은 임금을 받는데, 이는 최고 선수는 있기가 높아 소수의 스타 선수에게 수요가 집중되기 때문이다. 다른 시장에서는 노동자가 생산하는 제품에 대한 낮은 수요나 낮은 노동자 생산성, 차별로 인해 노동에 대한 수요가 상대적으로 낮을 수 있다. 위험하고 더럽고 어려운 일에 대한 노동공급은 상대적으로 낮다. 따라서 그런 직업에 종사하는 노동자들은 안전하고 깨끗하며 쉬운 직업에서 받는 임금보다 높은 보상적 임금격차를 받는다.

임금률 차이는 미국에서 가구 간 큰 폭의 소득 차이를 가져오며, 부유한 나라와 가난한 나라의 전형적인 가구 간 소득격차는 더 크게 만든다. 미국에서 소득 상위 20% 가구의 소득점유율은 소득 하위 20% 가구의 소득점유율의 6배이다. 빈곤 노동자와 가족을 위한 안전망으로 음식, 재정지원, 건강보험, 그리고 취업전망 개선을 위한 교육 및 직업훈련을 제공하는 정부 프로그램이 있다. 연방정부와 주정부는 또한 최저임금률을 설정했다. 최저임금을 받는 노동자는 이런 법에 의해 더 좋아지지만, 최저임금법은 실업을 야기할 수도 있다. 따라서 언제나 그렇듯이 상충관계가 존재한다.

토지시장과 자본시장도 노동시장과 매우 유사하게 작동한다. 각 요소에 대한 수요는 그 요소의 한계수입생산에 의해 결정되고, 각 요소의 가격은 그 요소가 거래되는 시장의 공급과 수요의 균형에 의해 결정된다. 한 가지 차이는, 토지 공급을 늘리는 것이 상대적으로 어려우므로 토지의 공급곡선이 노동의 공급곡선보다 상대적으로 덜 탄력적이라는 것이다.

핵심용어

✓ 보상적 임금격차   ✓ 파생수요   ✓ 한계수입생산(MRP)

복습문제

1. 각 변화에 대해 별도의 그래프를 이용하여 다음 변화가 시장노동수요곡선에 미칠 영향을 보여라. (힌트 : 각 변화는 시장노동수요곡선의 이동을 일으킬 수도 있고 곡선 상의 이동을 일으킬 수도 있다. 다른 곡선은 그리지 않아도 된다.)

   a. 임금률 상승

   b. 노동자가 생산하는 재화 가격의 상승

   c. 노동의 한계생산 감소

   d. 기업 수 감소

2. 다음 표에서 빠진 숫자를 채워 넣어라.

노동량 (노동자 수)	총산출량	노동의 한계생산	한계수입	한계수입생산
1	22	22	$2	
2	45		2	
3		20	2	
4	80		2	
5		10	2	

   임금률이 25달러라면 기업은 노동자를 몇 명 고용해야 하는가?

3. 각 변화에 대해 별도의 그래프를 이용하여 다음 변화가 시장노동공급곡선에 미칠 영향을 보여라.

   a. 임금률 감소

   b. 일하는 시간의 기회비용 증가

   c. 노동의 한계생산 감소

   d. 노동자 수 증가

4. 30년간 링글링 브라더스와 바넘 & 베일리 서커스(미국의 유명 유랑 서커스단)는 광대 대학을 운영했다. 광대 대학의 등록금이 2배가 되어 광대 자격을 받는 것이 어려워졌다고 하자. 다음 각각은 어떻게 되겠는가?

   a. 광대의 시장노동공급곡선

   b. 광대의 시장노동수요곡선

   c. 균형임금률

   d. 균형노동고용량

5. 해먹에 대한 수요가 증가한다고 하자. 해먹 제작자 시장에서 다음 각각은 어떻게 되겠는가?

   a. 시장노동공급곡선

   b. 시장노동수요곡선

   c. 균형임금률

   d. 균형노동고용량

6. 바이더시쇼어라는 가게가 완전경쟁 조개시장에서 조개를 팔고 있고, 완전경쟁 노동시장에서 노동을 고용하고 있다고 하자. 통상적인 형태를 가정하고 이 가게가 직면하는 노동수요곡선과 노동공급곡선을 그려라. 그리고 시장노동공급 감소가 그래프에 어떤 영향을 미칠지 보여라. 노동공급 감소 전후의 노동고용량을 각각 L_1, L_2로 표시하라.

7. 완전비탄력적(수직) 노동수요곡선과 우상향하는 노동공급곡선이 있는 노동시장 그래프를 그려라. 균형노동량을 L_e로, 균형임금률을 W_e로 표시하라. 균형가격보다 높게 설정된 최저임금 수준에서 점선을 그려라. 최저임금을 W_m, 그 최저임금에서의 노동공급량을 L_m으로 표시하라. 실업을 나타내는 길이를 가로축을 따라 표시하라.

8. 다음 직업에 종사하는 노동자들은 평균임금보다 많은 돈을 번다. 노동수요를 상대적으로 높이거나 노동공급을 상대적으로 낮춰 임금이 높아지도록 하는 각 직업의 특징을 지적하라.

   a. 소방

   b. 로켓 과학

   c. TV 방송

   d. 농업

9. 채용 과정의 차별이 다음 성격을 띠는 상황 중 이 장에서 언급되지 않은 예를 하나 들어라.

   a. 기업의 이윤극대화와 상충한다.

   b. 진정직업자격(BFOQ)에 따라 용인 가능하다.

10. 최저임금의 장단점은 무엇인가? 최저임금 상승이 소득불평등을 완화할 적절한 방법이라고 믿는가? 그 이유는 무엇인가?

11. 자동화와 로봇공학의 발전은 어떤 직업을 사라지게 했다.

셀프 계산대에 의해 대체된 출납원과 로봇팔에 의해 대체된 생산노동자가 그 예이다. 동시에 이런 기술발전은 새로운 시스템을 만들고 팔고 지원하는 기술자, 소프트웨어 개발자, 기타 노동자를 위한 새로운 직업을 창조했다. 노동자들이 이런 새로운 직업에 요구되는 교육수준을 얻기 위

한 유인으로 어떤 것들이 있을까? 이런 유인이 적절하다고 믿는가? 더 많은 노동자들이 첨단기술직을 위해 필요한 교육과 훈련을 받도록 장려하기 위해 시행할 새로운 정부 정책이나 프로그램을 하나 설명해보라.

시장실패와 정부실패

12

학습목표

이 장에서는 다음 내용을 학습한다.

1. 시장실패의 원천을 알아본다.
2. 시장실패에 대한 가능한 해결책에 대해 설명한다.
3. 정부실패의 원인과 결과를 설명한다.
4. 정부실패의 해결책에 대해 논의한다.

수두나 독감 예방접종을 받으면 이런 병에 걸려 전염시키지 않기 때문에 다른 사람들이 편익을 얻는다. 백신 접종을 얼마나 받을지 결정할 때 백신 접종으로부터 다른 사람들이 얻는 편익을 고려하는가? 그렇지 않다면 사회적 관점에서 볼 때 백신을 과소하게 접종받고 독감에 너무 자주 걸리는 것이다.

'예방주사를 사랑해요(I-♥-immunizations)'라고 쓰인 티셔츠를 구입하여 입으면 다른 사람들에게 영향을 준다. 한편으로 그 메시지는 더 많은 사람들이 백신 예방주사를 접종받도록 권장할 수 있는데, 이는 그들이 병을 타인에게 퍼트릴 가능성이 낮아짐을 의미한다. 다른 한편으로 그 티셔츠가 유기농 면화로 만든 것이 아니라면, 티셔츠를 더 많이 구입하면 면화 작물에 사용되는 잠재적으로 위험한 살충제, 제초제, 비료가 더 많이 사용되게 된다. 여러분과 지구상의 다른 70억 면화 소비자가 이런 효과를 의사결정에 고려하지 않는다면, 그 결과 티셔츠가 비효율적으로 과다해질 것이다.

왜 알아야 하는가?

시장이 자원을 효율적으로 배분하는 데 실패하면 그 결과 교육, 예방접종, 경찰의 보호처럼 우리가 대체로 그 진가를 인정하는 것들은 너무 적어지고, 쓰레기, 독소, 교통체증처럼 우리가 대체로 별로 원하지 않는 것들은 너무 많아질 수 있다. 좋은 소식은 정부 정책이 때로 시장실패에 대한 해결책을 제공할 수 있다는 점이다. 나쁜 소식은 정부 정책도 실패할 수 있다는 점이다. 시장이 언제 어떻게 제대로 작동하지 않는지, 그리고 시장실패를 막으려는 정부의 노력이 언제 실패하기 쉬운지 더 잘 이해하면, 실패는 적어지고 해결책은 많아질 수 있다.

시장실패 : 원천과 해결책

올바른 조건하에서 시장은 소비자와 기업이 자원을 효율적으로 배분할 유인을 제공한다. 효율성을 위한 올바른 조건은 다음과 같다 — (1) 기업이 완전경쟁적이다. (2) 소비자와 기업은 시장에서의 결정에 필요한 모든 정보를 갖는다. (3) 소비자는 비용 지불 없이는 어떤 재화나 서비스도 이용할 수 없다. (4) **외부효과**(externalities)가 없다. 외부효과는 그 효과를 일으키는 사람 이외의 사람들이 느끼는 부수효과이다. 그러한 부수효과의 예로 예방접종에 따른 편익, 공해에 의한 피해 등이 있다.

유감스럽게도 현실세계는 이런 조건들이 만족되기 어려운 불완전한 곳이다. 시장이 자원을 효율적으로 배분하지 않는 데 따른 결과를 **시장실패**(market failure)라고 부른다. 시장은 또한 공정하거나 **공평한**(equitable) 결과를 달성하지 못할 수 있다. 제8장에서 논의한 것처럼 소비자들은 이런 결과를 강하게 희망한다. 이 절에서는 시장실패의 원천과 가능한 해결책에 대해 배울 것이다.

긍정적 외부효과

긍정적 외부효과(positive externalities)는 어떤 효과를 발생시킨 결정에

Allen Creative/Steve Allen/Alamy stockphoto

▲ 시장실패의 원인에는 어떤 효과를 발생시키는 결정에 관여하지 않은 사람들이 느끼는, 외부효과라고 불리는 전이효과(spillover effect)가 포함된다. 예를 들어 운전 결정은 도로 정체와 공해라는 외부효과를 발생시킨다.

관여하지 않은 사람들이 느끼는 바람직한 효과이다. 예방접종은 질병 확산을 감소시킴으로써 긍정적 외부효과를 낳는다. 교육을 잘 받은 사람들은 주위 사람들에게 지식을 전하고 투표자와 지역사회 구성원으로서 정보에 근거한 결정을 함으로써 긍정적 외부효과를 낳는다. 그러므로 대학 진학은 긍정적 외부효과의 원천이 된다. 긍정적 외부효과의 다른 원천으로 공기 중에 달콤한 냄새를 내보내는 빵집, 지나가는 사람들이 즐기는 아름다운 정원을 가꾸는 집주인, 온라인에 귀중한 정보를 무료로 게시하는 블로거가 있다.

외부효과
어떤 효과를 일으키는 사람 이외의 사람들이 느끼는 부수효과

시장실패
시장이 자원을 효율적으로 배분하지 않는 상황

긍정적 외부효과
어떤 효과를 발생시킨 결정에 관여하지 않은 사람들이 느끼는 바람직한 효과

▲ 꽃 심기는 지나가는 사람들에게 아름다움이라는 긍정적 외부효과를 발생시킨다. 꽃을 얼마나 심을지 결정하는 사람들이 그 결정의 모든 편익을 다 얻는 것이 아니기 때문에, 그들이 사회적으로 최선인 수량을 심을 가능성은 낮다.

대학 진학은 긍정적 외부효과의 원천이 된다.

외부효과를 분석할 때, 그것을 분해하여 재화 각 단위의 외부편익이나 외부비용을 고려하는 것이 도움이 된다. 재화 1단위를 더 구입함에 따라 발생하는 외부편익의 증가분을 **한계외부편익**(marginal external benefit)이라고 부른다. 백신 접종 1회가 구매자로부터 독감이 옮는 위험을 줄여서 구매자 이외의 사람들에게 10달러의 가치가 있다고 하면, 각 독감백신 접종의 한계외부편익은 10달러이다.

물론 구매자도 백신 접종으로부터 편익을 얻는다. 추가적 재화 1단위로부터 얻는 구매자의 편익을 **사적한계편익**(marginal private benefit)이라고 한다. **사회적한계편익**(marginal social benefit)은 추가적 1단위 구입에 의해 영향을 받는 모든 사람의 추가적 편익이므로, 그것은 다음과 같이 사적한계편익과 한계외부편익을 더한 값이다.

사회적한계편익 = 사적한계편익 + 한계외부편익

50번째 백신 접종 구매자가 25달러 가치의 편익을 얻고, 앞에서처럼 다른 사람들이 각 독감백신 접종으로부터 10달러 가치의 편익을 얻는다고 하자. 이는 50번째 독감백신 접종이 사적한계편익 25달러, 한계외부편익 10달러, 사회적한계편익 $25＋$10＝$35를 제공함을 의미한다. 마찬가지로, 다른 모든 독감백신 접종자의 사회적한계편익은 사적한계편익에 비해 한계

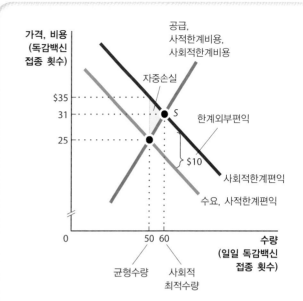

그림 12.1 긍정적 외부효과에 따른 자중손실
독감백신 접종과 같은 재화가 긍정적 외부효과를 낳으면, 각 단위의 재화는 구매자나 판매자가 받지 않는 편익을 *사회*에 제공한다. 따라서 구매량은 사회적으로 최선인 수량보다 작으며 그 결과 자중손실이 발생한다.

외부편익인 10달러만큼 크다. 그림 12.1은 한계외부편익이 사회적한계편익곡선을 사적한계편익곡선 위로 10달러만큼 들어올림을 보여준다.

기업이 독감백신 접종을 1단위 더 제공하는 데 드는 비용을 **사적한계비용**(marginal private cost)이라고 부른다. 다음 절에서는 부정적 외부효과가 있으면 사회적한계비용이 사적한계비용을 초과함을 배울 것이다. 하지만 이 예에서 백신 접종은 긍정적 외부효과만 발생시키므로 이 두 비용 간에 차이가 없다.

앞의 장들에서 재화의 공급곡선과 수요곡선은 재화의 한계비용과 한계편익에 기반을 둔다고 설명했다. '사적'편익과 '사회적'편익을 구분하였으므로, 재화의 사적한계비용과 사적한계편익이 공급과 수요의 기초임을 명확하게 해둘 필요가 있다. 그림 12.1은 공급(사적한계비용)곡선과 수요(사적한계편익)곡선의 교점에서의 시장균형을 보여준다. 균형가격

한계외부편익
추가적 재화 1단위 구입에 따라 발생하는 외부편익의 증가분

사적한계편익
추가적 재화 1단위로부터 얻는 구매자의 편익

사회적한계편익
추가적 1단위 구입에 의해 영향을 받는 모든 사람의 추가적 편익으로, 사적한계편익과 한계외부편익의 합과 같다.

사적한계비용
기업이 1단위 더 공급하는 데 드는 비용

은 25달러이고 균형수량은 백신 접종 50회이다. 하지만 백신이 50회만 접종되므로 그다음 10회의 백신 접종이 제공할 수 있는 순이득, 즉 사회적한계편익과 사회적한계비용 간 차이를 사회적으로 놓치게 된다. 이는 자중손실을 가져오며, 백신 50회와 60회 사이의 범위에서 사회적한계편익과 사회적한계비용의 사이에 있는 노란색 영역으로 나타난다.

자중손실을 없애는 사회적 최적수량은 60이다. 사회적 최적수량은 사회적한계비용과 사회적한계편익의 교점인 S점 아래의 수량축에서 찾을 수 있다.

긍정적 외부효과의 해결책

어떤 사람들은 독감백신 접종을 간절히 바라며 그를 위해 시장가격보다 훨씬 많은 돈을 지불할 용의가 있다. 다른 사람들은 독감백신 성분에 강한 알레르기가 있어 절대 독감주사를 맞으면 안 된다. 이 양극단 사람들 사이에, 백신의 시장가격을 지불할 만큼 충분한 사적편익은 못 느끼지만 백신 접종으로부터 사회가 얻는 편익 전체를 자신이 받는다면 백신을 사려고 할 사람들이 있다. 그림 12.1에서 51~60번째 백신 접종자들이 그런 경우이다. 긍정적 외부효과를 다루는 정책의 목표는 이런 상황에 있는 사람들이 재화를 구매하여 사회가 그에 따른 이득을 얻을 수 있도록 장려하는 것이다.

정부는 구매자나 판매자에게 **보조금(subsidy)**이라고 불리는 지불금을 제공하여 긍정적 외부효과를 낳는 재화의 구매를 장려할 수 있다. 각 독감백신 접종자가 정부로부터 10달러의 보조금을 받으면, 구매자는 자신의 결정에 따른 편익 전체를 내부화(internalize)하여, 즉 개인적으로 체감하여 사회적으로 최선의 행동을 취한다. 즉 보조금을 백신의 한계외부편익과 같게 설정함으로써 소비자는 사적한계편익과 사회적한계편익의 차이만큼의 금액을 받는다. 이는 사적한계편익(수요)곡선을 효과적으로 이동시켜 사회적한계편익과 같게 만든다. 그림 12.1에서 새로운 수요곡선은 사회적한계편익과 일치하며, 수량 60에서 공급곡선과 만난다. 그 결과 다행히도 소비자는 사회적비용보다 큰 사회적편익을 제공하는 백신을 모두 구입한다.

보조금이 없을 때 백신 접종에서 얻는 사적한계편익이 23달러라고 하자. 이 경우 백신 접종이 사회적으로 $23+$10=$33의 가치가 있더라도, 자신에게 23달러의 가치밖에 없는 독감예방 접종을 위해 시장가격인 25달러를 지불하려고 하지 않을 것이다. 보조금은 소비를 증가시킴으로써 그림 12.1의 S점에서 새로운 균형을 만들어낸다. 새로운 균형가격은 31달러이다. 하지만 보조금 수령 후 실제로 지불하는 금액은 $31-$10=$21이다. 23달러의 가치가 있는 백신 접종에 21달러는 지불하려 할 것이므로, 보조금은 사람들에게 사회적으로 최선인 행동을 취하도록 동기를 부여한다.

제6장에서 조세의 효과는 그것을 구매자에게서 징수하든 판매자에게서 징수하든 같다고 설명했다. 마찬가지로 보조금의 효과도 그것이 구매자에게 지급되든 판매자에게 지급되든 같다. 어느 쪽이든 한계외부편익과 같은 크기의 보조금은 사회적한계편익과 사회적한계비용 간 간극을 좁혀서 사회적 최적수량을 만들어낸다. 보조금은 특히 교육, 백신 접종, 태양전지판, 묘목 등의 시장에서 효율성 달성을 위해 사용된다. 유감스럽게도 달콤한 냄새가 나는 빵집에 대한 보조금은 아직 없다.

긍정적 외부효과에 대처하는 두 번째 방법은, 정부가 외부효과를 일으키는 재화나 서비스의 특정 수량을 법으로 요구하는 것이다. 모든 주는 개인의 건강 상태, 종교적 믿음, 철학적 의견 차이에 기초한 여러 예외를 두고 있기는 하지만, 적어도 어느 정도의 예방접종을 요구한다. 모든 주는 또한 일정 정도의 교육을 요구한다. 정책입안자가 이런 재화나 서비스의 사회적 최적수량을 요구하는 데 성공하면, 그 결과 자원이 효율적으로 배분될 수 있다. 하지만 사회적 최적수량을 찾으려면 많은 정보가 필요하다. 정부는 한계외부편익과 함께 사회적한계편익, 사회적한계비용에 대한 정확한 추정치가 필요하다. 반면 보조금 정책에서는 정부가 한계외부편익만 추정하면 된다. 정확한 보조금이 시행되면, 구매자와 판매자가 알고 있는 자신의 사적

▲ 나무가 아름다움과 깨끗한 공기라는 긍정적 외부효과를 낳기 때문에, 사적 유인은 소비자가 사회적으로 최선의 나무 수량을 구입하도록 유도하지 않는다. 이에 대한 해결책으로 어떤 지방정부는 나무 가격의 일부를 지불해줌으로써 시민들의 나무 구입에 보조금을 지급한다.

편익과 사적비용이 균형을 사회적 최적수량으로 안내할 것이다.

부정적 외부효과

여러분이 다닌 고등학교에는 필시 외설적인 내용으로 장식된 티셔츠를 못 입게 하는 규칙이 있었을 것이다. 구매자는 아마 그런 티셔츠를 좋아하겠지만 다른 어떤 사람들은 그것을 보고 불쾌감을 느낀다. 불쾌감을 주는 티셔츠는 **부정적 외부효과**(negative externalities)를 발생시킨다. 부정적 외부효과는 그런 효과를 발생시킨 결정에 관여하지 않은 사람들이 느끼는 바람직하지 않은 효과이다.

티셔츠 및 다른 대부분의 재화의 생산과 운반은 부정적 외부효과를 발생시킨다. 예를 들어 폴리에스테르 생산에 사용되는 석유 같은 원자재 채취와 처리는 야생동물에 악영향을 끼치고 독성 화학물질을 방출한다. 휘발유나 경유 원료 1갤런의 연소는 18~22파운드의 이산화탄소 방출을 초래하는데, 이산화탄소는 지구 온난화의 원인이 되는 온실가스이다. 미국에서 수송의 95% 이상이 화석연료에서 동력을 얻는다. 경유 연료, 휘발유, 석탄은 면화 재배지의 트랙터, 면화를 시장으로 수송하는 트럭, 면화를 직물과 티셔츠로 만드는 공장, 티셔츠를 해외로 운반하는 화물선, 셔츠를 매장으로 나르는 기차와 트럭, 쇼핑객이 티셔츠를 사려고 쇼핑몰에 갈 때 타는 자동차의 동력을 제공한다. 부정적 외부효과는 이런 모든 활동의 여파이다.

특정 재화의 생산이나 사용이 사회에 비용을 지운다고 해서 그런 재화를 만들어서는 안 된다는 것은 아니다. 사회에 미치는 한계비용이 한계편익보다 작은 한, 외설적인 티셔츠라고 하더라도 생산하는 것이 효율적이다. 부정적 외부효과의 문제점은 사회가 지불하는 비용이 의사결정자가 지불하는 비용보다 커진다는 것이다. 추가적 1단위가 증가시키는 외부비용의 크기를 **한계외부비용**(marginal external cost)이라고 부른다. 추가적 1단위 생산이 사회에 미치는 비용 전체인 **사회적한계비용**(marginal social cost)은 다음과 같이 사적한계비용과 한계외부비용의 합이다.

사회적한계비용 = 사적한계비용 + 한계외부비용

티셔츠 1장의 한계외부비용이 2달러라고 하자. 그림 12.2는 한계외부비용으로 인해 사회적한계비용이 사적한계비용보다 커짐을 보여준다. 공급곡선과 수요곡선의 교점에서 발생하는 시장균형에서 균형가격은 15달러이고 균형수량은 100이다. 그러므로 시장은 사회적 최적수량인 80과는 다른 수량을 생산한다. 사회적 최적수량은 사회적한계비용곡선과 사회적한계편익곡선의 교점인 S에서 찾을 수 있다.

첫 80장의 티셔츠는 사회적한계비용 이상의 사회적한계편익을 제공하므로 그에 따른 2달러의 한계외부비용에도 불구하고 생산되어야 한다. 80장을 넘는 티셔츠는 해당 단위의 사회적한계비용곡선이 사회적한계편익곡선보다 위에 있는 것에서 나타나듯이, 각 티셔츠가 제공하는 편익보다 큰 비용을 사회에 지운다. 두 곡선 사이의 자중손실이라고 표시된 노란색 영역은 사회적으로 최적인 80장이 아니라 100장의 티셔츠를 생산한 결과 발생하는 사회적 순손실을 보여준다.

부정적 외부효과의 해결책

첫 몇 장의 티셔츠는 비용보다 훨씬 큰 가치를 제공한다. 여러분에게 가장 가치가 높은 티셔츠는 첫 5km 경주, 가장 좋아하는 공연, 가장 좋아하는 스포츠 팀의 티셔츠일 수 있다. 하지만 그다음에는 바닷가로 휴가를 갔다가 비가 오는 바람에 심심하고 값이 싸서 산 티셔츠가 있다. 여러분과 사회에 발생하는 비용이 여러분

> **부정적 외부효과**
> 효과를 발생시킨 결정에 관여하지 않은 사람들이 느끼는 바람직하지 않은 효과
>
> **한계외부비용**
> 추가적 1단위가 증가시키는 외부비용의 크기
>
> **사회적한계비용**
> 사적한계비용과 한계외부비용의 합

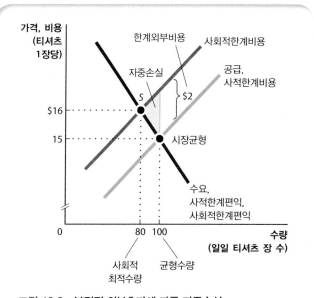

그림 12.2 부정적 외부효과에 따른 자중손실
부정적 외부효과가 있으면 각 단위의 재화는 사회에 구매자나 판매자가 지불하지 않는 한계외부비용을 지운다. 그 결과 재화가 너무 많이 소비된다.

이 얻는 편익보다 큰 그런 셔츠가 존재하면 사회는 나빠진다.

한 가지 해결책은 기업이 한계외부비용을 포함하여 생산물의 전체 비용을 지불하도록 하는 것이다. 재화에 한계외부비용과 같은 크기의 물품세를 부과하면, 티셔츠 이야기에서는 2달러를 부과하면 이렇게 할 수 있다. 소비자의 관점에서, 조세 2달러는 공급곡선을 2달러만큼 위로 올려 사회적한계비용과 같아지게 한다. 새로운 공급곡선은 그림 12.2의 사회적한계비용과 일치하며, 더 높아진 균형가격인 16달러에서 수요곡선과 만난다. 이 예에서는 긍정적 외부효과가 없으므로 수요곡선은 또한 사회적한계편익곡선이다. 새로운 균형수량은 사회적 최적수량인 80장이다. 티셔츠에 물품세가 부과되면, 가장 좋아하는 것들은 여전히 사겠지만 사회적 비용보다 가치가 적은 것들은 사지 않을 것이다. 이런 물품세는 술, 담배, 휘발유 등 부정적인 외부효과를 발생시키는 많은 재화에 이미 존재한다.

규제는 부정적 외부효과에 대한 두 번째 해결책이다. 예를 들어 (여러 나라 중에서도) 미국에서 정부는 발전소가 방출할 수 있는 아황산가스 양과 특정 수로에서 잡을 수 있는 어획량을 제한한다. 정부는 사회적 최적수량을 추정하여 산출량을 그 수량으로 제한한다. 긍정적 외부효과를 낳는 백신과 같은 재화나 서비스 구입에 대해 정부가 요건을 정하는 것과 마찬가지로, 정부가 사회적 최적수량을 정확하게 알아내면 제한 설정은 자원의 효율적 배분을 달성할 수 있다. 하지만 적절한 제한을 설정하려면 정부는 한계외부비용과 더불어 사적한계편익과 사적한계비용에 대한 적절한 추정치가 필요하다. 조세를 이용한 해결책에서는 정부가 한계외부효과에 대한 추정치만 필요하다. 앞에서 본 것처럼 한계외부비용과 같은 크기의 물품세는 소비자가 사회적 최적수량을 구입하는 데 필요한 유인을 제공하기 때문이다.

어떤 경우에 정책입안자들은 제한을 설정할 충분한 정보를 갖고 있다고 판단한다. 극단적인 경우, 정책입안자들은 첫 번째 단위도 사회적한계편익보다 사회적한계비용이 크다고 추정한다. 이런 제품의 최적수량은 0이다. 이것이 예를 들어 헤로인이나 코카인 같은 치명적인 마약의 판매, 납(독성이 있음)을 함유한 페인트와 휘발유의 제조, 멸종위기 동물로 만든 제품의 판매를 금지하는 법이 있는 이유이다.

불완전정보

시장의 다른 모든 것이 이상적이어도 정보가 부족하면 시장실패가 발생할 수 있다. 기업이 소비자의 수요에 대해 충분한 정보를 갖고 있지 않다면 사회의 필요와 욕구에 부응하지 않을 것이다. 소비자가 어떤 재화와 서비스가 이용 가능한지 혹은 어디서 가장 싸게 살 수 있는지 모른다면 행복을 극대화하는 선택을 할 수 없을 것이다. 그리고 소비자가 재화나 서비스의 편익을 완전히 알지 못한다면 그에 대한 수요가 너무 낮을 것이다. 예를 들어 아보카도가 건강에 주는 편익을 모르는 소비자는 아보카도를 필요한 만큼 사지 않는다. 그리고 연구자들은 아프리카에서 학교 출석률을 높이는 가장 좋은 방법은 교육이 사람들의 삶을 어떻게 개선할 수 있는지에 대한 정보를 퍼뜨리는 것이며, 이것이 음식, 돈, 의료로 유혹하는 것보다 더 좋다는 사실을 발견했다.

구매자나 판매자 중 한쪽이 다른 쪽보다 정보를 많이 갖고 있으면 **비대칭정보**(asymmetric information)가 존재한다. 판매자는 자신의 제품에 대해 구매자보다 더 많은 식견을 갖고 있는 경우가 많다. 판매자가 구매자에게 제품이 실제보다 좋다고 확신시키면 그에 대한 수요는 부적절하게 높을 것이다. 고급 휴가 상품을 합리적인 가격에 구입한다고 생각했지만 결국 형편없는 해변에 있는 엉망인 호텔에 너무 많은 돈을 지불했음을 알게 된 사람들을 아마 알고 있을 것이다.

비대칭정보 문제 중 **역선택**(adverse selection)은 어떤 사람이 무엇을 사거나 팔지 결정할 때 결여된 정보를 다른 사람이 이용하는 상황이다. 예를 들어 건강 문제의 위험이 특히 높은 사람이 건강보험을 구입할 가능성이 더 높다. 보험회사가 고위험

> **비대칭정보**
> 구매자나 판매자 중 한쪽이 다른 쪽보다 정보를 더 많이 갖고 있는 상황
>
> **역선택**
> 어떤 사람이 무엇을 사거나 팔지 결정할 때 결여된 정보를 다른 사람이 이용하는 상황

▲ 어떤 티셔츠는 소유자에게 아주 귀중하다. 하지만 생산과정에서 발생하는 부정적 외부효과의 결과 어떤 티셔츠는 가치보다 사회적 비용이 더 크다.

Q&A

정부가 공해나 낚시에 정확히 어떻게 제한을 설정하는가?

어떤 경우에는 공장당 연간 아황산가스 100톤 제한이나 배 한 척당 연간 1,000마리의 물고기 어획량 제한과 같이, 부정적 외부효과의 각각의 원천에 구체적인 제한이 부과된다. 상대적으로 새로 생긴 *배출권 거래제*(cap-and-trade) 접근법은 피규제 기업에게 더 높은 유연성과 더 좋은 유인을 제공한다. 예를 들어 미국의 석탄 화력발전소는 매년 특정량의 아황산가스를 방출할 수 있는 *거래가능 배출허가권*(tradable emissions permit)을 받는다. 한 발전소가 배출을 충분히 줄여 거래가능 배출허가권 전부가 필요하지는 않다면, 남는 허가권을 다른 발전소, 아마도 더 오래되고 여과시스템이 덜 효율적이어서 배출 저감에 더 큰 애로가 있는 발전소에 판매할 수 있다. 그러면 모든 발전소는 배출을 저감하는 데 적절한 비용만 든다면 배출을 저감할 유인을 갖게 된다. 배출을 줄일수록 발전소가 허가권을 더 많이 팔 수 있거나 허가권을 덜 사도 되기 때문이다. *양도성 개별할당량*(individual transferable quotas)이라고 불리는 유사한 허가권 제도가 일부 상업적 어업에 시행되고 있다.

고객을 식별할 수 없다면, 구매자가 지닌 위험을 반영하는 가격을 책정할 수 없다.

경제학자 조지 애컬로프는 중고차 판매자가 자신의 차에 대해 잠재적 구매자보다 더 많이 알면 역선택이 중고차 시장을 '레몬', 즉 큰 결함이 있는 차로 채울 수 있음을 지적한다. 좋은 중고차는 20,000달러의 가치가 있고 레몬 중고차는 10,000달러의 가치가 있다고 하자. 구매자는 10,000달러 가치밖에 없을지도 모르는 중고차에 20,000달러를 지불하려고 하지 않는다. 불완전정보로 인해 좋은 중고차의 가치 이하로 판매자가 가격을 책정해야 하기 때문에, 좋은 중고차 주인은 판매를 하지 못하게 된다. 하지만 구매자는 중고차에 10,000달러를 지불할 것이고, 차가 좋은 차일지도 모른다고 생각하면 더 높은 가격을 지불할 것이다. 따라서 레몬 중고차 소유자는 차 판매에 만족하고, 레몬 중고차가 시장을 지배하게 된다.

불완전정보는 또한 보험 고객이 부담하는 위험에 문제를 발생시킨다. 스마트폰은 교체하는 데 1,000달러 이상이 들 수도 있지만, 교체비용을 현격히 낮추는 보험을 구입할 수 있다. 보험이 있다면 보험이 없을 때처럼 스마트폰에 주의를 기울일까? **도덕적 해이**(moral hazard)는 사람들이 결과에 대비한 보험에 들어 있을 경우 더 많은 위험을 감수하는 문제이다.

> 도덕적 해이
> 사람들이 결과에 대비한 보험에 들어 있을 경우 더 많은 위험을 감수하는 문제

Cartoon Resource/Shutterstock.com

"내 보험의 보장 범위를 극적으로 늘리기를 기대합니다."

◀ 오토바이를 타고 긴 줄로 늘어선 차를 뛰어넘을 준비를 하는 이 사람처럼, 사람들은 자신의 보험 필요성에 대해 보험회사보다 더 잘 안다. 이런 비대칭정보는 역선택을 야기할 수 있으며, 보험회사가 책정한 가격이 고객이 감수하는 위험을 반영하지 않으면 시장실패를 불러올 수 있다.

▲ 보험회사가 고객의 행동에 대해 불완전한 정보를 가지기 때문에, 보험회사가 높은 위험을 감수하는 고객에게 항상 가격을 높일 수 있는 것은 아니다. 이는 피보험자가 과도하게 위험을 감수하는 도덕적 해이 문제를 초래한다.

고객이 스마트폰을 얼마나 주의 깊게 다루는지 감시할 수 없기 때문에, 보험회사는 스마트폰을 함부로 던지거나 바닷가에 가져가거나 잠그지 않은 차에 두는 고객에게 더 높은 가격을 책정하는 데 어려움이 있다.

도덕적 해이는 건강보험, 화재보험, 도난보험을 포함한 여러 형태의 보험에 존재하는 문제이다. 도난보험은 사람들이 귀중품의 안전에 더 큰 위험을 감수하도록 한다. 이는 또한 보험에 들어 있거나 정부 보호를 받는 기업에 발생하는 문제이다. 예를 들어 금융위기 때 미국 정부가 베어 스턴스와 같은 금융기관을 파산으로부터 보호했을 때, 경제학자들은 잘못된 투자에 대해 정부의 구제 금융이 있을 것이라고 기대하면 금융기관이 과도한 위험을 감수할 수도 있음에 주목했다.

불완전정보의 해결책

보험회사는 비대칭정보 문제에 대한 유용한 접근법 몇 가지를 발전시켜 왔다. 건강보험회사는 상이한 가격에 상이한 수준의 보상 범위를 제공함으로써 건강한 고객과 그렇지 않은 고객을 분리하려고 노력한다. 미국의 건강보험개혁법은 브론즈, 실버, 골드, 플래티넘의 네 가지 수준의 보장 범위를 제공한다. 생활방식이 건강한 사람들은 브론즈 플랜의 적은 보장 범위를 선호해 낮은 가격을 낼 것이다. 스스로 건강하지 않다는 것을 아는 사람들은 실버, 골드, 플래티넘 플랜의 더 높은 보장 범위를 택해 스스로를

공동부담
보험에 의해 보장되는 비용을 발생시킬 때마다 피보험자가 매번 지불해야 하는 정해진 금액

공동보험
발생한 비용의 일정 비율을 피보험자가 지불하는 경우

공제
보험이 비용 보장을 개시하기 전에 보험 고객이 지불해야만 하는 금액

드러내고 더 높은 가격을 지불할 것이다.

생명보험회사는 보통 신규고객에게 생명을 위협하는 기존 질병이 없다는 것을 확인하기 위해 건강진단을 요구한다. 자동차보험회사는 (여러 가지 중에서도) 운전자의 연령, 성별, 운전자교육수업 참여, 학교 성적, 차종 등에 관한 정보를 이용해, 발생 가능한 비용에 따라 새로운 보험 상품의 가격을 책정할 것이다. 시간이 지남에 따라 각 운전자의 사고, 과속 딱지, 관련사고 경험에 기초하여 추가적 가격조정이 일어난다.

도덕적 해이를 막기 위한 또 다른 계통의 방어책에는 피보험자가 위험 감수의 부담 일부를 지도록 요구하는 **공동부담**, **공동보험**, **공제**가 있다. **공동부담**(copayment)은 보험에 의해 보장되는 비용을 발생시킬 때마다 보험 가입자가 매번 지불해야 하는 정해진 금액이다. 예를 들어 처방약을 살 때마다 매번 15달러를 지불하도록 하는 의료보험이 있을 수 있다. **공동보험**(coinsurance)의 경우에는 발생한 비용의 일정 비율을 피보험자가 지불한다. 예를 들어 기초 메디케어 의료보험이 있는 환자는 치료비용의 20%를 지불한다. **공제**(deductible)는 보험이 비용보장을 개시하기 전에 보험고객이 지불해야만 하는 금액이다. 예를 들어 2018년에 메디케어 병원보험이 있는 환자는 보험이 비용을 보장해주기 전에 청구서의 첫 1,340달러를 지불해야 했다. 공동부담, 공동보험, 공제는 어떤 사람들이 흡연을 시작하거나 헬멧을 쓰지 않고 오토바이를 타기 전에 한 번 더 생각하도록 만들 수 있다.

현대 기술은 또한 정보 문제에 대한 몇몇 해결책을 제공한다. 예를 들어 인도의 정어리잡이 어부들은 과거에 몇몇 도시에 의도치 않게 물고기를 너무 많이 공급하곤 하여, 가격이 곤두박질치고 어부들이 다량의 정어리를 폐기해야 했다. 어부들이 몰랐던 것은 이웃 도시에서는 정어리가 훨씬 더 비싼 가격에 팔린다는 것이다. 오늘날 어부들은 모두 휴대전화가 있어 여러 도시의 가격을 확인하고 수요가 가장 높은 곳에 물고기를 가져갈 수 있다. 경제학자 로버트 젠슨은 인도 어부들에 의해 휴대전화가 널리 쓰이게 된 후 정어리 가격이 더 안정되고 어부들이 더 높은 이윤을 얻으며 낭비되는 물고기가 줄어들었음을 발견했다.

인터넷은 거의 모든 것에 대해 매우 많은 정보가 있어 **정보 고속도로**라고 불려왔다. 인터넷상의 정보는 결코 완벽한 것은 아니지만 시장 효율성에 크게 기여한다. 아마존, 크레이그리스트, 이베이, 질로우 같은 웹사이트는 다른 방법으로는 만나지 못했을 구매자와 판매자를 만나게 하는 데 도움을 준다. 앤지

▲ 색다른 무언가를 찾고 있는가? 이베이 같은 경매 사이트나 아마존 같은 온라인 소매상은 다른 방법으로는 만날 수 없는 구매자와 판매자를 연결시켜준다. 그리고 온라인 리뷰는 구매자가 자신의 구매품을 이해하는 데 도움을 준다. 불행히도 많은 웹사이트의 사실 확인 과정이 불충분하기 때문에, 인터넷은 잘못된 정보 확산을 촉진하기도 한다.

스 리스트, 옐프, 트립어드바이저, 베터 비즈니스 뷰로, 컨슈머 리포트의 온라인 리뷰는 소비자가 구입 물품의 품질을 더 잘 이해하는 데 도움을 준다. 그리고 스놉스닷컴과 같이 잘못된 믿음을 타파하는 웹사이트는 잘못된 정보가 매우 많은 주제에 관한 사실을 바로잡기 위해 노력한다.

그렇지만 인터넷상의 정보 대부분은 최고의 신문, 잡지, 책 출판인들 사이에서는 흔하게 이루어지는 철저한 사실 확인 과정을 거치지 않음을 기억하는 것이 중요하다. 불행히도 잘못된 정보는 사실만큼 빨리, 혹은 아마도 그보다 더 빨리 정보 고속도로를 통과한다. 예를 들어 리뷰를 싣는 웹사이트들은 판매자들이 자신의 재화와 서비스에 대해 극찬하는 리뷰를 올리지 못하게 하기 위해 분투한다. 그래도 신뢰할 만한 웹사이트의 확산은 정보를 찾는 이들에게 의심할 여지없는 편익을 제공한다.

데이터 수집의 발전은 마케팅 세계를 바꾸고 있다. 고객에 관한 정보를 모으기 위해 많은 판매자는 신용카드 번호, 이름, 이메일 주소, 포인트 적립 카드 정보를 이용해 고객의 구매 이력을 추적한다. 한 여성이 임신 테스트기를 사고 그다음에 임산부 비타민제를 사면, 가게는 그 사람에게 기저귀와 이유식 쿠폰을 보내기 시작해야 함을 안다. 더 많은 정보가 온라인 검색과 쇼핑에 의해 드러난다. 클릭은 좋아하는 스타일, 스포츠, 시리얼을 드러내며, 판매자는 관련 제품 광고를 이용해 후속조치를 취할 것이다.

정보가 여전히 매우 중요하고 값비싸며 불완전하기 때문에, 정부는 소비자가 좋은 구매 결정을 내리기 위해 필요한 정보를 반드시 갖추도록 노력한다. 예를 들어 연방통상위원회는 SNS 상의 '클릭'이나 '좋아요'를 포함한 제품 홍보의 대가로 리뷰어가 받는 보상이 있다면 이를 밝히도록 요구하고 있다. 식품안전에 관한 정보를 밝히기 위해 대부분의 주에서 식당은 고객들이 볼 수 있도록 식품안전 점수를 게시해야 한다. 여행 시장의 경쟁을 조장하기 위해 유럽 대부분의 나라에서 호텔은 지나가는 사람들이 쉽게 발견할 수 있는 정문 밖에 객실요금을 게시해야만 한다. 전문직 서비스 공급자 사이에서 만족스러운 수준의 전문기술이 보장되도록, 각 주는 여러 직업 중에서도 교사, 스포츠 에이전시, 전기기사, 회계사, 의사, 변호사에게 해당 분야 자격증을 취득하도록 요구한다. 그리고 다양한 정부기관이 소비자, 노동자, 기업에게 가용한 정보를 증진시키기 위해 일한다. 표 12.1은 몇몇 연방정부기관과 그들이 소비자와 기업에 제공하는 정보를 나열하고 있다.

불완전경쟁

현실의 독감백신 시장에는 소수의 기업만 있다. 이는 이 시장의 경쟁을 불완전하게 만든다. 동일한 문제가 아침식사용 시리얼부터 수면제에 걸쳐 여러 재화에 존재한다. 상점 선반에서 보는 많은 제품은 소수의 기업에 의해 생산된다. 예를 들어 켈로그, 포스트, 제너럴 밀스, 퀘이커 오트는 일반적인 슈퍼마켓에 있는 대부분의 시리얼을 만든다. 이는 이런 제품이 거래되는 시장은 완전경쟁이 아니며 기업이 어느 정도의 시장지배력을 가짐을 의미한다.

제10장에서 불완전경쟁기업은 한계비용 이상으로 가격을 책정하며 사회적 최적수량보다 더 적게 생산함을 배웠다. 그러므로 긍정적, 부정적 외부효과와 마찬가지로 불완전경쟁의 결과는 자중손실이다. 이러한 사회적 손실 및 이와 연관된 높은 가격과 낮은 수량은 경제학자들을 수백 년간 괴롭혔다. 다음에서는 이런 함정을 제한하기 위해 제정된 법령에 대해 논의할 것이다.

표 12.1 연방정부기관과 각 기관이 제공하는 정보

기관	제공되는 정보
소비자금융보호국(CFPB)	금융기업의 기만적 행위 회피, 대학 등록금 조달, 집 소유, 은퇴 계획의 방법에 관한 정보
소비자제품안전위원회(CPSC)	안전교육과 리콜, 규제, 제품시험, 제품안전에 관한 최신 연구에 대한 정보
연방통상위원회(FTC)	소비자 사기에 대한 경보, 소비자와 기업의 권리와 책임, 신용사기를 피하는 법에 대한 조언
식품의약국(FDA)	약과 음식을 통한 소비자의 건강 유지 및 증진에 도움이 되는 연구 기반 정보
직업안전보건국(OSHA)	노동자와 기업이 안전하고 위생적인 작업 환경을 만드는 데 도움이 되는 작업장 안전에 관한 교육과 훈련

셔먼 반독점법
여러 회사를 결합하여 한 기업체의 통제하에 두는 트러스트 같은 기업의 반경쟁적 행위를 제한하는 법령

클레이턴 반독점법
시장의 경쟁을 현저히 저하시킬 때 가격차별, 합병, 기업 간 배타적 거래 계약과 같은 반경쟁적 행위를 금지하는 법령

배타조건부거래계약
구매자가 특정 판매자의 경쟁자로부터 물건을 구매하는 것을 막는 계약

껴안기 계약
구매자가 두 번째 제품을 판매자로부터 구매할 것을 요구하는 계약

불완전경쟁의 해결책

시장지배력을 제한하기 위한 첫 번째 연방법에 선행하여, 1세기도 전에 활기를 띤 석유시장의 불완전경쟁에 따른 문제점이 있었다. 1890년에 오하이오주의 스탠더드 오일은 미국에서 정유된 석유의 거의 90%를 장악했다. 같은 해 의회는 **셔먼 반독점법**(Sherman Antitrust Act)을 통과시켰다. 이 법은 스탠더드 오일이 여러 회사를 결합하여 한 기업체의 통제하에 둔 **트러스트**(trust) 같은 기업의 반경쟁적 행위를 제한하는 법령이다. 이 법의 입안자인 상원의원 존 셔먼은 이 법의 목적이 '재화의 비용을 소비자에게 전가하도록 고안된 장치를 방지함으로써 소비자를 보호하는 것'이라고 썼다. 달리 말해 그는 시장지배력으로 인해 소비자가 불필요하게 높은 가격을 지불하는 것을 원하지 않았다. 이 법의 즉각적 효과는 스탠더드 오일이 기업을 34개의 독립회사로 분할하여 기업의 시장지배력을 낮춘 것이었다. 엑슨모빌, 코노코필립스, 쉐브론은 스탠더드 오일의 분할에서 나온 기업의 일부이다.

불완전경쟁은 자중손실을 초래함을 상기하라.

1914년에 의회는 셔먼법이 해결하지 못한 반경쟁 행위를 억제하기 위해 **클레이턴 반독점법**(Clayton Antitrust Act)을 통과시켰다. 클레이턴법은 다음과 같은 행위를 (모든 경우는 아니지만 시장의 경쟁을 현저히 저하시킬 때) 금지한다.

- 동일인이 경쟁기업의 이사회에 올라가는 것
- 가격차별(제10장에서 논의됨)
- 여러 기업을 하나로 합치는 인수합병
- 기업 간 배타적 거래 계약

클레이턴법은 여러 유형의 반경쟁적 거래 협정을 다룬다. **배타조건부거래계약**(exclusive dealing agreement)은 구매자가 특정 판매자의 경쟁자로부터 물건을 구매하는 것을 막는다. 예를 들어 미국 대 덴츠플리 인터내셔널 주식회사 소송은 클레이턴법하에서 치과 판매업자 고객이 경쟁상표 치아를 판매하는 것을 의치 제조사가 막을 수 없음을 확고히 하였다. **껴안기 계약**(tying agreement)은 구매자가 두 번째 제품을 판매자로부터 구매할 것을 요구한다. 예를 들어 이스트만 코닥 컴퍼니 대 이미지 테크니컬 서비스 소송은 코닥이 복사기 부품 구매자에게 수리 서비스도 구매하도록 요구할 수 없음을 확고히 하였다. 1914년에 의회는 또한 연방통상위원회를 설립하였다. 이 기관은 기업 인수합병과 같은 반독점 행위를 감시하고 소비자에게 정보를 제공한다.

공공재

토네이도가 오클라호마 시티를 관통하면 181개의 토네이도 사이렌을 가진 그 지역의 450만 달러짜리 시스템이 시민들에게 피난 경보를 발령한다. 미국 전역에 대략 20,000개의 사이렌이 대기 상태로 있지만, 이런 옥외 사이렌은 사적 개인이 구매한 것이 아니다. 왜 그런지 생각해보자. 우선 토네이도 사이렌은 비경합재화이다. **비경합재화**(non-rival good)는 2명 이상이 동시에 동일한 단위의 재화를 사용할 수 있다. 사이렌이 이웃사람에게 경보를 발령하면 여러분도 경보를 들을 것이다. 반면 티셔츠는 경합재화이다. 이웃사람이 그것을 입는 동안 여러분은 그것을 입을 수 없기 때문이다. 토네이도 사이렌은 또한 **배제불가능**하다. **배제불가능재화**(non-excludable good)는 한 사람에 의해 사용되면 그것을 다른 사람들이 사용하는 것을 막을 방법이 없다. 토네이도 사이렌처럼 비경합적이고 배제불가능한 재화를 **공공재**(public good)라고 부른다. 다른 공공재의 예로 가로등, 소방서, 질병관리 노력, 불꽃놀이, 범죄예방, 건강 및 안전 검사, 군사 방어 등이 있다. 티셔츠, 휘발유, 캔디바처럼 경합적이고 배제가능한 재화를 **사적 재화**(private good)라고 부른다.

토네이도가 접근하면 경보 사이렌이 목숨을 구한다. 하지만 사람들이 가게로 가서 이런 종류의 공공경보시스템을 스스로 구매하지는 않는다. 동네의 누군가가 토네이도 사이렌을 구입하면 그 구매에 무임승차할 수 있다. **무임승차**(free ride)는 비용 지불 없이 재화의 편익을 누리는 것이다. 무임승차의 기회는 동네의 모든 사람이 사이렌에 돈을 쓰는 것을 꺼리게 만들고, 따라서 사적 개인이 사이렌을 구매하는 유일한 주체라면 너무 적은 사이렌만 있게 될 것이다. 마찬가지로 다른 사람의 구매에 무임승차할 수 있다고 생각한다면, 사람들은 가로등, 불꽃놀이, 순찰차를 너무 적게 구매할 것이다. 이런 공공재에 자원이 덜 배분되므로 공공재는 시장실패의 원천이 된다.

무임승차 문제의 해결책

앞에서 언급한 공공재 모두가 때때로 혹은 항상 정부에 의해 공급되고 조세수입으로 재원이 조달됨을 알아차렸을지도 모른다. 대부분의 시민이 조세를 납부하도록 요구하여 광범위한 편익이 있는 재화와 서비스가 공급되게 함으로써 무임승차가 제한된다. 이 해결책은 모든 수준의 정부에서 실행된다. 예를 들어 연방정부는 군사 방어와 질병관리본부를 제공한다. 주정부는 교도소를 제공하고 건강 및 안전 기준을 집행한다. 시와 카운티 정부는 소방서와 가로등을 제공한다. 마찬가지로 많은 지역 단체는 거주자들이 화단, 방범 카메라, 운동장 및 다른 공공재 구입에 사용되는 부과금을 낼 것을 요구한다.

불평등

제1장에서 세 가지 근본적 경제문제를 소개했는데, 그중 마지막 질문은 다음과 같다 — 누구를 위해 재화를 생산해야 하는가? 시장경제는 가장 높은 가격을 지불할 의사와 능력이 있는 사람들에게 재화를 분배한다. 어떤 경우에는 가장 높은 가격을 지불할 수 있는 사람이 재화로부터 가장 많은 이득을 얻을 수 있는 사람이 아니다. 그리고 때때로 시장은 소득과 재화를 공정하지 않은 방법으로 분배한다. 예를 들어 시장은 불경기에 일시적으로 해고되었거나 작업

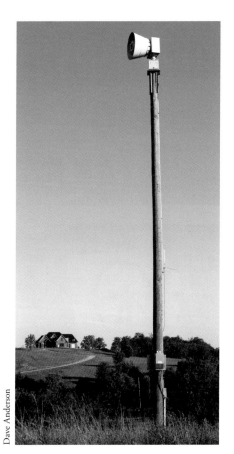

Dave Anderson

▲ 무임승차자가 비용 지불 없이 토네이도 사이렌의 보호를 받을 수 있기 때문에, 이런 공공재는 사적 시장에서 공급되면 너무 적게 구매될 것이다.

비경합재화
동일한 단위가 2명 이상에 의해 동시에 사용될 수 있는 재화

배제불가능재화
다른 사람이 사용으로부터 배제될 수 없는 재화

공공재
비경합적이고 배제불가능한 재화

사적 재화
경합적이고 배제가능한 재화

무임승차
비용 지불 없이 재화의 편익을 누리는 것

관련 부상으로 불구가 된 노동자에게 소득을 제공하지 않는다. 그 사람이 아무것도 갖지 못하는 것이 공정한지 여부는 규범적 질문이다. 불평등이 실제로 존재할 때, 그것을 다룰 방법이 있지만 해결책은 상충관계를 수반한다.

불공평의 해결책

정부는 보통 부유한 시민으로부터 조세를 불균형적으로 거두어 혜택을 받지 못하는 시민을 위한 프로그램의 재원으로 조세 수입을 사용하는 방법으로 형평성 목표에 대처한다. 예를 들어 고소득 노동자는 저소득 노동자에 비해 높은 비율의 소득을 연방소득세로 낸다. 이런 그리고 다른 조세로부터 얻는 수입은 사회보장, 메디케어, 메디케이드, 실업보험, 곤란가족임시지원(TANF)과 같이 평등 제고를 위해 고안된 프로그램의 재원이 된다. 앞 장에서는 형평성을 목표로 제정된 최저임금 정책과 반차별법에 대해 설명하였다.

형평성과 효율성 간의 갈등은 정책결정을 복잡하게 만든다. 예를 들어 형평성을 증진하는 소중한 프로그램의 재원이 비효율성을 초래하는 조세에 의해 마련된다. 판매세가 세금이 없었더라면 소비자와 기업을 이롭게 할 판매를 막아 자중손실을 초래함을 이미 보았다. 최저임금도 마찬가지로 고용된 노동자 수를 효율적 수준 이하로 줄이며, 소득세는 일할 유인을 줄인다. 이런 비효율성의 원천은 개선된 교육기회, 보건시스템, 직업훈련 프로그램에서 나오는 형평성 개선에 불리하게 작용한다. 어느 프로그램에 재원을 공급할 것인지의 규범적 결정은 일반적으로 정책입안자와 투표자에게 맡겨지지만, 경제학자들은 특정 프로그램의 비용과 편익을 측정함으로써 의사결정자에게 유용한 정보를 제공할 수 있다.

정부실패 : 원천과 해결책

시장실패의 해결책은 종종 정부 정책을 수반하지만, 정부 역시 실패할 수 있다. 정부가 자원을 비효율적으로 배분하는 정책을 시행하면 그 결과는 **정부실패**(government failure)이다. 정부실패의 원천으로 다음과 같은 것들이 있다.

> **정부실패**
> 정부가 자원을 비효율적으로 배분하는 정책을 시행하는 경우

- 불완전정보 : 정부가 더 좋은 결정을 내리는 데 도움이 되는 어떤 정보는 취득이 엄두도 못 낼 정도로 비싸거나 불가능하다.
- 상충하는 관점과 목표 : 정부 정책

입안자와 선거구민 간 의견 불일치는 시간, 정력, 돈을 소진하는 갈등을 낳는다.

- 관료주의적 비효율 : 정부조직은 더 생산적인 활동에 쓰일 수 있는 시간과 돈을 잡아먹는 문서업무, 행정사무, 의사소통을 필요로 한다.

이 절에서는 정부실패의 이러한 그리고 연관된 원천에 대해 알아볼 것이다. 제18장에서 논의하는 것처럼 부패는 정부와 기업 양자의 비효율의 원천임에 주목하라.

불완전정보

효율성을 추구할 때 정책입안자는 도전적인 희망 정보목록에 직면한다. 휘발유에 대한 조세나 묘목에 대한 보조금처럼 외부효과 문제를 교정하기 위해 조세나 보조금의 크기를 결정할

Jeff Malet/Jeff Malet Photography/Washington DC United States of America/Newscom

Alex Menendez/AP Images

▲ 어떤 사람들은 정부가 너무 크다고 느낀다. 다른 사람들은 현존하는 문제를 해결하기 위해 정부가 더 많은 일을 하기를 원한다.

때, 정책입안자는 외부효과의 크기를 추정해야만 한다. 다양한 형태의 공해에 상한을 설정할 때, 사회적으로 최선의 수량을 찾기 위해 정책입안자는 공해의 외부비용뿐 아니라 공해의 사적비용과 사적편익도 추정해야만 한다. 자연독점기업의 비용 충당을 가능하게 하는 가격을 설정할 때, 정책입안자는 독점기업의 평균총비용을 추정해야만 한다. 그리고 최적 공공재 공급량을 결정할 때, 정책입안자는 그 재화를 사용하는 모든 사람이 얻는 편익을 추정해야만 한다.

정부는 정책결정에 필요한 정보를 찾는 데 도움을 주는 수천 명의 과학자, 경제학자, 기타 다른 전문가를 고용한다. 하지만 정보 추구에는 돈이 많이 들며, 연구방법, 데이터 가용 여부, 결과의 해석은 모두 불완전하다. 자동차용 휘발유 사용의 외부비용에 관한 몇몇 기존연구에 대해 생각해보라. 경제학자 윈스턴 해링턴, 이안 패리, 마거릿 월스는 외부효과가 갤런당 약 3달러라고 추정한다. 국제기술평가센터는 외부비용이 7~10달러 사이라고 추정한다. 따라서 휘발유 갤런당 물품세를 얼마로 해야 휘발유 비용이 사회적 비용 전체와 같아질지 불분명하다. 2018년 현재 휘발유 갤런당 물품세는 국세가 0.184달러, 주세 및 지방세가 평균 0.310달러여서 갤런당 총 0.494달러이다. 그러므로 실제 한계외부비용이 기존 추정치 범위 어딘가에 속한다면 정부실패와 과소비가 있는 것이다. 이런 실패는 부분적으로는 불완전정보에서, 부분적으로는 다음에서 우리가 논의할 유형의 문제에서 기원한다.

상충하는 관점과 목표

합기도 수련생들은 충돌이 정력을 고갈시키고 전진을 제공하지 않기 때문에 공격자와 정면으로 맞서지 말라고 배운다. 국가 공무원이 다른 공무원을 직접적으로 반대하는 데 정력을 쓴다면, 시간 및 돈과 함께 정력도 마찬가지로 낭비될 것이다. 학생, 은퇴자, 다양한 산업, 교육자, 환경주의자 등의 특수이익집단 역시 정부 정책을 유리하게 바꾸기 위해 많은 시간, 정력, 돈을 쓴다. 적당한 의견 불일치가 반드시 문제가 되는 것은 아니다. 반대자가 중요한 쟁점을 제기하여 정책입안자로 하여금 결함이 있는 계획을 재고하도록 할 수도 있다. 그리고 정부기관은 타협의 정신으로 진보할 수 있다. 하지만 심각한 갈등은 정체와 정부실패를 가져올 수 있다.

경제학 세계에서 필요한 상충관계는 정책결정 문제를 혼란에 빠뜨리고 목적이 다른 사람들 간에 긴장을 낳을 수 있다. 예를 들어 정책입안자는 경제의 낮은 인플레이션과 낮은 실업 목표 사이에서 상충관계에 직면한다. 왜 그럴까? 인플레이션을 낮추는 정책은 실업을 증가시키는 경향이 있는 반면, 실업을 낮추는 정책은 인플레이션을 올리는 경향이 있기 때문이다. 이로 인해 정책입안자는 두 목표 사이에서 선택을 해야만 한다.

최선의 목표가 명확한 경우에도 그것을 달성할 최선의 방법은 명확하지 않을 수 있다. 불경기에는 정책목표가 일자리 창출이어야 한다는 일반적인 합의가 있다. 하지만 어떻게 하면 그것을 가장 잘 달성할 것인지에 대해서는 필연적으로 의견 차이가 있다. 어떤 사람들은 불경기에는 정부가 지출을 늘려 일자리를 창출해야 한다고 믿는다. 다른 사람들은 정부가 일자리 창출이라는 희망을 가지고 보건규제 및 환경규제를 완화해야 한다고 믿는다. 따라서 많은 경우 목적 달성을 위한 수단에 대해 논쟁하느라 시간, 정력, 돈이 소비된다.

관료주의적 비효율

정부 규모가 커짐에 따라, 정부 활동을 조직화하고 정부 목표 달성을 위해 적절한 사람들이 서로 접촉하도록 배치하는 것이 점점 더 어려워진다. 국회의원이나 정부기관처럼 정보 교환을 통해 이득을 볼 수 있는 개인이나 집단이 있다. 예를 들어 많은 범죄예방 기관이 완전한 정보를 가지려면 연방수사국, 중앙정보국, 교통안전위원회, 국가안전보장국, 비밀수사국 및 연방·주·지역 경찰서 간에 의사소통이 있어야만 한다. 여러 집단이나 당사자 간에 정보교환을 위해 필요한 의사소통의 수는 당사자 수가 늘어남에 따라 지수적으로 증가한다.

그림 12.3은 당사자가 둘이면 의사소통이 1회만 필요함을 보여준다. 당사자가 넷이면 의사소통이 6회 필요하다. 당사자가

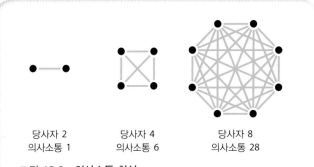

당사자 2　　　　당사자 4　　　　당사자 8
의사소통 1　　　의사소통 6　　　의사소통 28

그림 12.3　의사소통 회선
아이디어와 정보의 흐름은 정부가 커짐에 따라 복잡해진다. 각 당사자가 다른 모든 당사자와 정보를 공유하기 위해 필요한 의사소통의 수는 관련된 당사자 수보다 더 빨리 증가한다.

여덟이면 28회의 의사소통이 필요하다.

경제학자들은 **거래비용**(transaction cost)이라는 용어를 이용해, 재화 가격 자체를 제외하고 정책 협상이나 재화 구입과 같은 거래를 완결하는 데 드는 비용을 나타낸다. 거래비용에는 필요한 정보 수집, 의사소통, 수송에 드는 비용이 포함된다. 주택을 구입하는 경우, 거래비용에는 지불하는 수수료 말고도 조사관, 변호사, 은행원을 만나는 데 쓰는 시간도 포함된다.

정부의 경우, 거래비용은 여러 부담 중에서도 입법 과정의 정치적 문제, 법 준수 감시 및 집행 노력, 정부거래 문서화에 따른 관료적 형식주의, 국민 교육이라는 난제 등에서 기인한다. 정부가 커짐에 따라 거래비용도 커진다. 여러분은 아마도 조세 납부, 입법 통과, 분쟁 해결의 거래비용을 살짝 경험했을 것이다. 납세자보호서비스는 미국 납세자들이 연간 61억 시간을 납세 준비에 쓰고 있다고 추정한다. 이는 티셔츠를 만들거나 예방주사를 맞는 데 쓰일 수 없는 많은 시간이다!

> **거래비용**
> 재화 가격 자체를 제외하고 정책 협상이나 재화 구입과 같은 거래를 완결하는 데 드는 비용(예 : 필요한 정보 수집, 의사소통, 수송에 드는 비용)

정부실패의 해결책

경제학 도구가 모든 정치적 논쟁을 해결할 수는 없지만, 공정한 비용-편익분석과 효율성에 대한 주목은 올바른 방향으로 가기 위한 단계이다. 정부는 정보 수집에 더 투자하고 더 많은 목표를 추구하고 관료주의적 장벽을 축소하여 이런 행위의 한계편익이 한계비용과 같아지게 해야 한다. 미심쩍은 정부 프로그램에 대한 최선의 구체적 접근법은 관련된 상충관계로 인해 명확하지 않다. 문서 요구조건, 규제, 조세, 정부지출을 포함한 정부개혁 대상은 목적이 있어서 존재하는 것이다. 어려운 문제는 목적이 비용을 정당화하는지 여부이다. 비용-편익비교는 정치 영역에서는 정치인, 기업, 특수이익집단이 경쟁적인 의제 및 상충하는 정보를 제시하기 때문에 혼란스러워진다.

경제학에서 얻는 중요한 교훈은, 편익이 크더라도 프로그램의 존재를 정당화할 수 없으며 비용이 크더라도 프로그램 폐지를 정당화할 수 없다는 것이다. 더 정확히 말하면, 프로그램은 관련된 모든 편익과 비용에 대한 주의 깊은 비교에 기초하여 존폐가 결정되어야 한다. 예를 들어 콜로라도 주정부는 다른 어떤 주보다 화재예방에 돈을 많이 쓰지만, 그러한 대규모 지출은 파괴적인 산불에 취약한 주가 소방으로부터 얻는 더 큰 편익에 의해 정당화된다. 최근 발생한 통제 불능의 한 산불은 산림 14,280에이커와 주택 509채를 파괴했다.

<hr>

요약

시장의 결과는 이상적 조건하에서는 효율적이지만, 현실세계는 덜 이상적이다. 외부효과, 불완전정보, 불완전경쟁, 무임승차 문제는 시장 효율성에 장애가 된다. 느리고 악취를 풍기는 트럭 뒤에서 운전을 한 적이 있거나 이웃의 화단을 보고 경외감을 느낀 적이 있다면, 외부효과를 경험한 것이다. 시장은 부정적 외부효과를 낳는 재화는 과다공급하고 긍정적 외부효과를 낳는 재화는 과소공급한다. 마찬가지로, 제품에 대해 부적절한 정보를 갖고 있는 구매자는 그것을 너무 많이 사거나 너무 적게 살 수 있다.

정보는 기업에도 중요하다. 예를 들어 고객의 건강에 대해 제한된 정보를 가진 건강보험회사는 보험상품에 대해 잘못된 가격을 책정할 수 있다. 시장은 또한 불완전경쟁으로 인해 비효율적으로 높은 가격과 낮은 수량이 초래되면 실패한다. 그리고 공공재는 비경합적이고 배제불가능하기 때문에, 무임승차자는 다른 사람들이 구입한 것으로부터 편익을 얻기를 바란다. 이는 공공재의 과소한 사적 구매를 초래한다.

시장실패의 각 원천에 대해 정책적 접근법이 존재한다. 긍정적 외부효과를 발생시키는 재화와 서비스 사용을 증진하기 위해, 정부는 교육이나 백신의 경우처럼 보조금을 지급하거나 특정한 최저사용량을 요구할 수 있다. 부정적 외부효과를 발생시키는 재화와 서비스 사용을 줄이기 위해, 정부는 몇몇 수역에서 잡히는 물고기의 경우처럼 조세를 부과하거나 수량을 제한할 수 있다. 소비자제품안전위원회 같은 정부기관은 소비자가 정보에 근거한 결정을 내리도록 돕는다. 비대칭정보로 인해 보험회사가 보험 제공에 특별히 돈이 많이 드는 고객에 대해 취약해지면, 보험회사는 공동부담, 공동보험, 공제를 요구할 수 있다. 생명보험회사는 보통 신규고객에게 생명을 위협하는 기존 질병이 없다는 것을 확인하기 위해 건강진단을 요구한다.

셔면 반독점법, 클레이턴 반독점법을 포함한 반독점 입법은 기업의 반경쟁 행위를 대상으로 한다. 이러한 법의 지원하에 연방통상위원회는 소비자에게 해가 될 수 있는 기업 인수와 합병, 가격설정 관행 및 기타 행위를 면밀히 조사한다. 공공재와 관련된 무임승차 문제를 억제하기 위해, 정부는 조세수입을 이용해 전투기, 가로등, 안전검사와 같은 재화와 서비스를 구입한다.

효율적인 시장도 소득과 재화를 불공정한 방식으로 분배할 수 있다. 불공평에 대처하는 흔한 방법은 부유층으로부터 조세를 불균형적으로 거두어 혜택을 받지 못하는 시민을 위한 프로그램의 재원으로 쓰는 것이다. 하지만 형평성과 효율성 간 상충관계가 의사결정을 복잡하게 만든다. 예를 들어 형평성을 증진하는 프로그램의 재원에 사용되는 조세 징수가 비효율적으로 낮은 수준의 소비나 고용을 가져올 수 있다.

시장과 마찬가지로 정부도 실패할 수 있다. 정부는 사회적으로 최적인 조세, 보조금, 규제, 공공재의 수준을 결정할 때 불완전정보에 직면한다. 사람들이 정부의 역할에 대해 상이한 우선권과 다양한 관점을 갖고 있기 때문에, 정부의 최적규모와 범위를 정확히 정하기는 어렵다. 상충하는 목표와 특수이익집단의 영향으로 인해 입법자들은 서로 갈등관계에 놓이는데, 이는 전진에 쓰일 시간과 돈을 다른 곳으로 돌린다. 여러 거래비용의 원천 중에서도 과도한 행정적 잡무와 문서업무로 인해 추가적 비효율이 발생한다. 경제학 도구가 모든 정치적 논쟁을 해결할 수는 없지만, 공정한 비용-편익분석은 올바른 방향으로 가기 위한 단계이다.

핵심용어

- ✓ 거래비용
- ✓ 공공재
- ✓ 공동보험
- ✓ 공동부담
- ✓ 공제
- ✓ 긍정적 외부효과
- ✓ 껴안기 계약
- ✓ 도덕적 해이
- ✓ 무임승차
- ✓ 배제불가능재화
- ✓ 배타조건부거래계약
- ✓ 부정적 외부효과
- ✓ 비경합재화
- ✓ 비대칭정보
- ✓ 사적 재화
- ✓ 사적한계비용
- ✓ 사적한계편익
- ✓ 사회적한계비용
- ✓ 사회적한계편익
- ✓ 셔면 반독점법
- ✓ 시장실패
- ✓ 역선택
- ✓ 외부효과
- ✓ 정부실패
- ✓ 클레이턴 반독점법
- ✓ 한계외부비용
- ✓ 한계외부편익

복습문제

1. 다음 진술의 참, 거짓, 불확실 여부를 판별하라—완전경쟁시장은 자원을 효율적으로 배분한다. 답에 대해 설명하라.

2. 다음 각 진술이 긍정적 외부효과, 부정적 외부효과, 불완전정보, 불완전경쟁, 공공재에 의해 발생하는 문제와 관련 있는 것인지, 혹은 이 중 어느 것과도 관련이 없는 것인지 밝혀라.
   a. 사람들이 웃는 얼굴이 그려진 티셔츠를 더 많이 입으면 그들을 보는 사람들의 기분이 밝아져 사회가 더 좋아질 것이다.
   b. 사람들이 변변찮은 상표의 티셔츠를 그것이 3주 후에 뜯어질 것을 깨닫지 못하기 때문에 너무 많이 산다.
   c. 모기를 잡아먹는 박쥐를 동네로 유인할 박쥐 집을 사는 데 기부하는 사람들이 너무 적다.
   d. 시장가격이 셔츠를 만들고 운반하는 데 드는 공해비용을 포함하지 않기 때문에, 사람들이 *I ♥ New York* 티셔츠를 너무 많이 산다.
   e. 작은 마을에 있는 유일한 슈퍼마켓이 오렌지주스 1쿼트에 7달러 이상의 가격을 책정한다.

3. 다음 각 해결책이 다루는 시장실패의 원천을 밝혀라.

   a. 보험고객이 지불하는 공동부담

   b. 반독점 입법

   c. 중고차에 대한 기계적 검사의 사전구입

   d. 보조금

   e. 연방통상위원회

   f. 배출권 거래제

   g. 공교육

4. 정원을 장식하는 크리스마스 전구 줄이 완전경쟁시장에서 생산되고 있으며, 구입되는 각 줄은 이웃이 느끼는 시각적 매력으로 인해 1달러의 긍정적 외부효과를 발생시킨다고 하자.

   a. 공급곡선은 우상향하고 수요곡선은 우하향하는 크리스마스 전구 시장의 가상적 그래프를 그려라. 다음을 표시하라.

     i. 사적한계비용곡선

     ii. 사회적한계비용곡선

     iii. 사적한계편익곡선

     iv. 사회적한계편익곡선

     v. 시장가격

     vi. 균형수량

     vii. 사회적 최적수량

   b. 모든 크리스마스 전구가 이웃이 볼 수 없는 실내에 걸리면 그래프가 어떻게 바뀔지 설명하라.

5. 어번 딕셔너리는 간접 랩(second-hand rap)을 '시끄러운 자동차 스테레오를 가진 어떤 천치가, 온 동네 사람들이 자신들의 음악, 대화, 내적 평화가 차가 부서질 정도의 진동 소리로 인해 들리지 않기를 바란다고 믿을 때 발생하는 현상'이라고 정의한다. 시끄러운 자동차 스테레오가 완전경쟁시장에서 생산되고, 각 스테레오가 50달러의 부정적 외부효과를 발생시킨다고 하자.

   a. 공급곡선은 우상향하고 수요곡선은 우하향하는 이 시장의 가상적 그래프를 그려라. 다음을 표시하라.

     i. 사적한계비용곡선

     ii. 사회적한계비용곡선

     iii. 사적한계편익곡선

     iv. 사회적한계편익곡선

     v. 시장가격

     vi. 균형수량

     vii. 사회적 최적수량

   b. 사회적 최적수량의 자동차 스테레오를 달성할 수 있는 구체적 해결책 두 가지를 서술하라.

6. 콜로라도주 제퍼슨 카운티 정부는 숲을 사서 주변 주민들이 자연경관을 즐길 수 있도록 그것을 '녹색공간'으로 보존한다. 이런 경관은 비경합적이고 배제불가능하다.

   a. 녹색공간의 사적 시장이 있다면 그에 따른 녹색공간 규모는 효율적일 것인가, 과다할 것인가, 과소할 것인가? 답에 대해 설명하라.

   b. 이 장에서 언급되지 않은 공공재를 하나 밝히고, 누가 그것을 공급하고 비용 조달은 어떻게 이루어지는지 설명하라.

7. 시장실패를 교정하는 정책입안을 위해서는 정부가 사적한계비용, 사적한계편익, 한계외부비용, 한계외부편익 같은 값을 추정해야 한다. 다음 각 접근법을 이용해 자원을 효율적으로 배분하려면 이런 값들 중 어떤 것이 정확히 추정되어야만 하는지 밝혀라.

   a. 부정적 외부효과의 교정을 위해 사용되는 조세

   b. 긍정적 외부효과의 교정을 위해 사용되는 보조금

   c. 외부효과를 발생시키지 않는 공공재의 정부에 의한 공급

   d. 부정적 외부효과를 발생시키는 사적 재화에 대한 수량 제한

8. 친구들 사이에 의제가 상충됨을 확인하기 위해, 친구 5명에게 다음 각 범주의 정부지출에 대해 어떤 선택지에 투표할지 물어보라.

   a. 군비지출 증가/감소/현상유지

   b. 공교육 지출 증가/감소/현상유지

   c. 태양열 발전에 대한 보조금 증가/감소/현상유지

   경제학자라면 이런 정책결정을 어떻게 내리라고 추천하겠는가?

9. 과도한 문서 요구조건은 정부실패의 원천이 될 수 있다.

   a. 학교, 직장, 정부와 관련하여 여러분이 완료해야 하는 문서작업을 밝혀라.

   b. 문서작업의 편익은 무엇인가?

   c. 문서작업을 요구하는 관리자가 문서작업을 얼마나 요구할지 결정할 때 거래비용을 고려한다고 생각하는가?

d. 문서작업 완성의 한계편익이 한계비용보다 크다고 생각하는가?

e. 문서작업 양이 종종 비효율적으로 많은 이유는 무엇이라고 생각하는가?

10. 이 장에서 언급되지 않은 것으로 여러분이 사는 곳에서 발생하며 긍정적 혹은 부정적 외부효과를 발생시키는 행위에 대해 설명하라. 그 행위는 왜 시장실패를 초래하는가? 여러분의 견해로는 이 시장실패에 대한 최선의 해결책이 무엇인가?

11. 형평성과 효율성 목표가 서로 상충하는 구체적인 상황에 대해 설명하라. 서술한 상황에서 형평성을 제고하기 위해 약간의 효율성을 포기하겠는가? 그 이유는 무엇인가?

경제의 성과 측정

13

학습목표

이 장에서는 다음 내용을 학습한다.

1. 여러 가지 경제발전의 지표에 대해 해석하고 비평한다.

2. 명목가치와 실질가치의 차이에 대해 이해한다.

3. 인플레이션의 영향에 대해 기술한다.

4. 물가가 어떻게 측정되는지에 대해 설명한다.

5. 여러 가지 실업 형태를 파악하고 설명한다.

밀물은 배를 부상시킨다. 부상하는 경제 역시 매출, 임금, 이윤, 투자, 자선 기부, 조세수입을 증가시키고 사기를 북돋는 등 이와 유사한 효과를 갖는다. 조수를 이해하는 선장은 바다를 항해할 수 있는 예지력을 갖고 있다. 거시경제 지표를 정확하게 해석하고 경제성장, 물가안정과 완전고용을 달성할 수 있도록 경제를 인도하는 사람도 이와 마찬가지 혜택을 누린다. 여러분은 경제 전체의 물가, 생산, 고용을 포함하여 경제의 큰 그림을 측정하기 위한 지표들에 대해 배울 것이다. 이러한 지표에 기초하여 경영자들은 종업원을 고용할 것인지 또는 해고할 것인지를, 소비자들은 지출을 할 것인지 또는 저축을 할 것인지를, 근로자들은 휴가를 쓸 것인지 또는 잔업을 할 것인지를 결정한다. 또한 이들 지표에 따라 정치인들은 표를 얻기도 하고 잃기도 하며 정책입안자들은 경제정책의 방향타를 회복 쪽으로 잡을 것인지 긴축 쪽으로 잡을 것인지를 결정한다.

왜 알아야 하는가?

매일 언론에서는 경제의 맥박에 관해 수많은 숫자가 쏟아져나온다. 경제의 성과가 신문의 머리기사가 될 수 있는 이유는 무엇일까? 이는 경제가 트레이시 버드의 노래 '엄마가 행복하지 않으면 아무도 행복하지 않아'에서의 엄마와 같기 때문이다. 경제가 고통을 받으면 거의 모두가 고통을 받으며 많은 근로자들은 수입이 줄거나 아예 일자리를 잃는다. 소득이 줄면 가계는 지출을 줄인다. 소비지출이 감소하면 기업의 매출과 이윤이 줄어든다. 경제가 하강함에 따라 주식시장에서의 주가도 하락한다. 뉴욕 증권거래소와 나스닥 증권거래소에서 거래되는 주식들은 10조 달러가 넘는 규모의 투자를 대표한다. 이들 투자의 가치가 하락하면 가계, 대학, 병원, 교회는 물론 노후 자금 마련을 위해 이들에 투자한 투자자들의 재산이 감소한다. 간단히 말해 **경제의 건강은 근로자나 기업에게만 중요한 것이 아니라 학생과 퇴직자는 물론 이들 사이에 있는 거의 모든 사람에게도 중요하다.**

경제 진보의 지표

자동차를 모는 운전자가 가질 수 있는 목표에는 여러 가지가 있다. 꾸준한 전진을 원할 수도 있고, 안락한 주행을 원할 수도 있으며, 사고 방지를 원할 수도 있다. 이들 목표 중 어떤 것들은 달성 여부를 측정하기가 쉽다. 예를 들어 속도계는 전진 속도에 대한 객관적 자료를 제공한다. 반면에 안락은 주관적이다. 같은 차량에 타고 있는 승객이라 해도 안락의 정도에 대해 상이한 의견을 낼 수 있다. 사람마다 관심사와 우선순위가 다르기 때문이다. 아마도 여러분은 실내온도, 창문의 높이, 라디오 음량 등에 대해 동승한 승객과 서로 의견이 일치하지 않던 경험이 있을 것이다. 한편 속도계는 얼마나 빠른 속도로 주행이 이루어지고 있는지에 대해 완벽하지는 않아도 비교적 간단한 척도를 제공한다.

경제의 운전대를 잡고 있는 정책입안자들은 경제의 꾸준한 전진, 안락한 국민의 삶, 주가 폭락의 회피를 원한다. 운전의 목표와 마찬가지로

Alexander Davidyuk/Shutterstock.com

▲ 복잡한 상황에서는 일들이 어떻게 진행되고 있는지에 대한 객관적이고 쉽게 계량화할 수 있는 지표들을 강조하는 것이 일반적이다. 자동차 운행에서는 속도가 이러한 지표다. 경제에서는 일반적으로 생활수준에 초점을 둔다.

경제의 목표들 역시 측정의 난이도에 있어 다양한 차이가 있다. 제1장에서 사람들이 안락하게 사는 것을 가능케 하는 물질적 풍요에 대한 지표라 정의했던 생활수준이 얼마나 향상했는지를 측정하기란 비교적 쉽다. 시민들이 향유하는 안락과 만족 정도에 대한 보다 광범위한 지표인 **삶의 질**(quality of life)은 수

삶의 질
부분적으로는 생활수준에 의해 결정되지만 건강, 여가, 환경의 질, 자유, 안전, 가족관계 등 보다 주관적인 원천에 의해 결정되기도 하는 시민의 안락과 만족에 대한 보다 광범위한 척도

량화하기가 더 어렵다. 삶의 질은 부분적으로는 생활수준에 의해 결정되지만 더욱 주관적인 행복의 원천인 건강, 여가, 환경의 질, 자유, 안전, 원만한 가족관계 등에 의해 결정되기도 한다.

삶의 질에 대한 부분적인 지표에 불과하지만 생활수준은 많은 주목을 받는데 그 이유는 (1) 비교적 계산하기가 쉽고, (2) 객관적인 지표이며, (3) 삶의 질을 결정하는 핵심 요소라는 데 있다. 이 절에서는 가장 보편적인 생활수준의 척도인 **국내총생산**에 대해 강조해서 설명할 것이다. 다음 절에서는 국내총생산의 결점에 대해 설명하고 한 사회의 후생수준을 측정하기 위한 대안들을 제시할 것이다.

국내총생산

한 국가의 생활수준 향상은 국내총생산에 의해 측정되는 재화와 서비스의 생산이 증가함으로써 가능하다. **국내총생산**(gross domestic product, GDP)은 대개 1년으로 대표되는 주어진 기간 동안 한 국가의 국경 내에서 생산된 **최종생산물인 재화와 서비스**의 총 가치를 말한다. **최종생산물인 재화와 서비스**(final goods and services)란 다른 생산물을 생산하기 위해 기업에 의해 구매되지 않고 궁극적인 소비자에 의해 구매되는 생산물을 말한다. **중간재**(intermediate goods)란 기업에 의해 구매되어 다른 재화의 일부가 되거나 다른 재화를 생산하는 데 소모되는 생산물을 말한다. 타이어를 만드는 재료로 사용되는 고무나 자동차에 들어가는 엔진이 중간재의 예다.

중간재에 대한 지출은 자동차와 같이 완성된 생산물의 가치에 포함되기 전에는 국내총생산으로 계산되지 않는다. 고무와 엔진의 가치는 자동차 가치의 일부. 따라서 중간재의 가치를 계산하고 또 이들 중간재를 포함하고 있는 최종생산물의 가치를 계산하는 것은 중간재의 가치를 이중 계산하는 셈이다. 중고품에 대한 지출 역시 국내총생산으로 계산되지 않는데 이는 중고품의 가치는 이들이 처음 생산되었을 때 국내총생산으로 계산되었기 때문이다.

국내총생산은 어떻게 계산되나 미국의 GDP는 미국 상무부의 산하기관인 경제분석국에 의해 계산된다. 경제분석국은 경제에서 최종생산물인 재화와 서비스에 대한 지출을 합산하는데 이는 다음의 네 범주로 나뉜다.

- **가계의 소비지출** : 미국에서 대부분의 지출은 재화와 서비스에 대한 다음 세 가지 유형의 소비지출이다.
  - 자동차, 텔레비전, 열기구와 같이 3년 이상 지속될 것으로 예상되는 재화인 내구재
  - 잡지와 양말처럼 3년 미만 동안만 지속될 것으로 예상되거나 또는 치즈버거와 기름처럼 소비자가 한 번만 쓸 수 있는 재화인 비내구재
  - 의료, 교육, 운동, 오락과 같은 서비스
- **기업의 투자지출** : 국내총생산의 구성요소인 투자지출은 장비, 기계 및 다른 자본재에 대한 기업의 지출을 포함한다. 여기에는 새로 건축된 건물이나 주택의 가치가 포함되며, 생산이 되어 미래 매출을 위해 재고로 보관 중인 재화의 가치도 포함된다. 주식과 채권의 매수나 은행에 돈을 예금하는 것은 투자라고 불리기는 하지만 국내총생산에는 포함되지 않는데 이는 이들은 생산활동이 아니기 때문이다.
- **재화와 서비스에 대한 정부지출** : 이것은 공립학교, 도로, 공원, 교도소, 군대에 대한 연방정부, 주정부, 지방정부의 지출을 포함한다. 여기에는 정부가 그 대가로 재화나 서비스를 수취하지 않는 이자지급, 사회보장급여, 실업급여 지출 및 기타 개인이나 기업에 대한 정부의 화폐 이전은 포함되지 않는다.
- **순수출(수출 빼기 수입)** : **수출**(export)은 해외의 구매자에게 팔린 재화와 서비스다. 수출은 국내에서 생산된 생산물이기 때문에 국내총생산에 포함된다. **수입**(import)은 해외의 기업으로부터 **구매된** 재화와 서비스다. 수입품은 국내에서 생산되지 않기 때문에 미국의 국내총생산으로 계산되지 않는다. 1980년 이래 미국의 순수출은 매년 적자를 기록했는데 이는 매년 미국 소비자들이 수입품에 지출한 금액이 다른 국가들이 미국의 수출품에 지출한 금액보다 더 큼을 의미하다.

GDP의 수치는 경제가 가고 있는 방향을 읽기 위해 정부기관이나 민간회사들에 의해 광범위하게 이용된다. 미국의 중앙은행인 연방준비제도는 경제가 얼마나 성과를 내고 있는지에 대한 척도와 정책 결정을 위한 기초자료로 국내총생산을 이용한

국내총생산(GDP)
대개 1년으로 대표되는 주어진 기간 동안 한 국가의 국경 내에서 생산된 최종생산물인 재화와 서비스의 총 가치

최종생산물인 재화와 서비스
다른 생산물을 생산하기 위해 기업에 의해 구매되지 않고 궁극적인 소비자에 의해 구매되는 재화와 서비스

중간재
기업에 의해 구매되어 다른 재화의 일부가 되거나 다른 재화를 생산하는 데 소모되는 재화

수출
해외의 구매자에게 팔린 재화와 서비스

수입
해외의 기업으로부터 구매된 재화와 서비스

다. 대통령과 의회는 연방예산을 세우기 위해 이를 이용한다. 주식 투자자들은 경제활동에 대한 지표로 이를 이용한다. 그리고 중앙정보국은 인플레이션에 대해 조정된 1인당 국내총생산을 전 세계 국가들의 생활수준에 대한 기준으로 이용한다.

명목가치 대 실질가치

헤드벌룬사는 가장 작은 열기구의 가격으로 23,190달러를 받는다. 이 열기구 가격을 비롯하여 판매자가 제시하는 모든 가격은 **명목가격**인데 이는 소비자가 실제로 지불하는 가격이다. 보다 일반적으로 **명목가치**(nominal value)는 실제로 지불되고 수취되는 금액을 의미한다. 가격표에 제시된 가격은 명목가격이다. 고용계약에 명시된 임금은 **명목임금**이다. 은행 창구에서 제시하는 이자율은 **명목이자율**이다. 그리고 신문이 최근 경제에서 생산된 재화와 서비스의 가치를 게재한다면 이 역시 명목가치다.

명목가치의 문제는 시간에 따른 비교를 할 때 발생한다. 1948년과 1955년 사이에 대략 750만 달러어치의 햄버거를 판매한 맥도날드를 생각해보자. 오늘날 맥도날드는 매일 750만 달러에 달하는 햄버거를 판매한다. 그렇다면 맥도날드는 1948년부터 1955년까지 판매한 것과 동일한 숫자의 햄버거를 매일 팔고 있는 것인가? 아니다. 이전에 맥도날드는 햄버거를 15센트에 팔았다. 따라서 750만 달러는 5,000만 개의 햄버거를 판 대가였다. 오늘날 맥도날드에서 햄버거는 1달러가량에 팔린다. 이는 오늘날 750만 달러가 하루에 5,000만 개가 아니라 750만 개의 햄버거 판매로부터 나옴을 의미한다. 햄버거 명목가격이 15센트에서 1달러로 변했기 때문에 명목 매출액이 맥도날드 햄버거 판매량보다 더 빠르게 증가한 것이다.

이제 1955년에 15,000달러의 연봉을 지급했던 일자리를 생각해보자. 당시에는 이 돈으로 10만 개의 햄버거를 살 수 있었다. 2019년에 같은 일자리가 50,000달러의 연봉을 지급한다면 명목임금은 35,000달러 증가한 셈이다. 그렇지만 이 연봉의 **구매력**(purchasing power), 즉 이 돈을 가지고 살 수 있는 것은 실제로 크게 감소할 것이다. 2019년에 50,000달러의 연봉으로는 단지 5만 개의 햄버거만을 살 수 있는데, 이는 1955년에 15,000달러의

▲ 열기구에는 기구 내의 공기를 데우기 위한 버너가 필요하다. 버너가 열기구 제작자에게 판매될 때 버너의 가치가 GDP에 포함되고, 열기구가 최종 소비자에게 판매될 때 또다시 GDP에 포함된다면 버너의 가치는 두 번 계산되는 셈이다. 이러한 유형의 이중 계산을 피하기 위해 GDP의 계산에는 최종 소비자가 구매하는 재화와 서비스의 가치만이 포함된다.

연봉으로 살 수 있었던 햄버거 수의 절반에 불과하다. 따라서 명목가치를 생산 증가율이나 구매력의 척도로 사용할 경우에는 오류를 범할 우려가 있다.

헬륨으로 부풀려진 풍선과 마찬가지로 인플레이션이 발생하면 가격과 명목임금이 상승한다. **인플레이션**(inflation)은 재화와 서비스의 가격이 일반적으로 상승하는 현상이다. 풍선에 바람을 넣을 경우 풍선이 더 커 보이지만 풍선에 들어간 고무재료의 양은 증가하지 않는 것처럼 인플레이션으로 인한 명목임금 상승은 소득의 구매력을 증가시키지 않는다. 단지 소득이 더 커 보일 뿐이다. 햄버거 가격이 1달러일 때 여러분이 시간당 8달러를 벌었다고 하자. 이 시간당 임금으로는 햄버거 8개를 살 수 있었을 것이다. 만일 인플레이션으로 인해 여러분의 임

명목가치
재화나 서비스에 실제 지불되거나 수취되는 금액

구매력
주어진 금액의 돈으로 살 수 있는 것들로 표현된 가치

인플레이션
재화와 서비스의 가격이 일반적으로 상승하는 현상

davelogan/E+/Getty Images

▲ 맥도날드 햄버거의 가격은 다른 재화와 서비스와 마찬가지로 시간이 흐름에 따라 부풀려졌다.

금과 햄버거 가격이 모두 2배가 된다면, 소득은 더 커 보이겠지만 햄버거의 새 가격이 2달러이므로 16달러의 임금으로는 여전히 햄버거 8개밖에 살 수 없을 것이다.

인플레이션의 반대 현상, 즉 재화와 서비스의 가격이 일반적으로 하락하는 현상을 **디플레이션**(deflation)이라 한다. 디플레이션은 인플레이션만큼 흔한 현상이 아니지만, 일본과 몇몇 유럽 국가는 최근 물가 하락을 경험한 적이 있다. 이 장에서는 인플레이션과 디플레이션이 어떻게 측정되는지를 배울 것이다. 다음 장에서는 인플레이션과 디플레이션의 원인에 대해 설명할 것이다.

경제학자들은 인플레이션을 감안하여 명목가치를 조정한다. **실질가치**(real value)는 인플레이션의 영향이 제거되도록 조정된 명목가치다. 시간당 임금이 8달러에서 16달러로 증가한 것은 실제로 수령하는 금액이 증가한 것이므로 명목임금의 증가가 분명하다. 그렇지만 인플레이션으로 인해 더 높아진 임금으로 더 많은 재화와 서비스를 살 수가 없다면 앞서 보여준 햄버거의 예에서와 마찬가지로 실질임금은 변하지 않은 것이다. 명목가치 대신 실질가치를 봄으로써 달러 금액의 변화가 구매력의 변화를 의미하는지 여부에 대한 혼동을 방지할 수 있다. 즉 실질임금이 증가할 때에만 더 많은 햄버거를 살 수 있다. 이 장에서는 물가지수를 이용하여 실질가치를 구하는 방법에 대해 배울 것이다.

국내총생산은 실질가치나 명목가치로 측정될 수 있다. 실질국내총생산의 증가는 생산이 증가했음을 나타낸다. 명목국내총생산의 증가는 생산량이 증가했거나 또는 물가가 상승했음을 의미할 수 있다. 미국의 명목국내총생산이 어떤 해에 20조

달러로부터 다음 해에 24조 달러로 20% 증가했다고 하자. 인플레이션이 같은 기간 동안 가격들을 20% 상승시켰다면 생산물 가치의 증가는 모두 가격 상승으로 인한 것이다. 다시 말해서 첫해에 20조 달러에 팔렸던 재화와 서비스와 동일한 양의 재화와 서비스가 둘째 해에 24조 달러에 팔린 것이다. 그림 13.1의 가장 위쪽 풍선들이 보여주듯이 실질국내총생산에는 변함이 없다.

만일 첫해와 둘째 해 사이에 물가에 변화가 없었다면 두 해 사이에 명목국내총생산이 20% 증가한 것은 생산량이 20% 증가한 것으로밖에 설명할 수 없다. 생산물의 달러 가치 증가가 전적으로 생산량의 증가로 인한 것이기 때문에 명목국내총생산과 실질국내총생산은 모두 그림의 가운데 풍선들이 보여주듯이 동일한 비율(이 경우는 20%)만큼 상승했다.

어떤 해로부터 다음 해 사이에는 가격과 생산량이 모두 증가하는 것이 더 보편적이다. 실질국내총생산이 20% 증가했고, 같은 기간 동안 물가가 10% 증가했다고 하자. 이전의 물가에서는 생산량의 가치가 20조 달러로부터 24조 달러로 20% 증가했을 것이다. 하지만 물가가 상승했기 때문에 새 생산량은 10% 더 큰 26조 4,000억 달러의 가치를 가질 것이다. 따라서 20조 달러로부터 26조 4,000억 달러로의 명목국내총생산의 증가는 부분적으로는 생산 증가로 인한 것이고 부분적으로는 물가 상승으로 인한 것이다. 이는 그림의 가장 아래 풍선들에 의해 예시되어 있는데, 이는 물가와 생산량이 모두 증가할 경우 명목국내총생산이 실질국내총생산보다 더 큰 폭으로 증가함을 보여준다. 여러분은 그 이유가 무엇인지를 마음속에 새겨야 한다. 생산량의 변화와 가격의 변화는 모두 명목국내총생산에 영향을 주는 반면 생산량 변화만이 실질국내총생산에 영향을 준다. 인플레이션은 생산량에 변화가 없더라도 명목국내총생산을 변화시키기 때문에 시간에 따른 생산 수준의 비교는 명목국내총생산이 아니라 실질국내총생산에 의해 이루어져야 한다.

생산량의 변화와 가격의 변화는 모두 명목국내총생산에 영향을 주는 반면 생산량 변화만이 실질국내총생산에 영향을 준다.

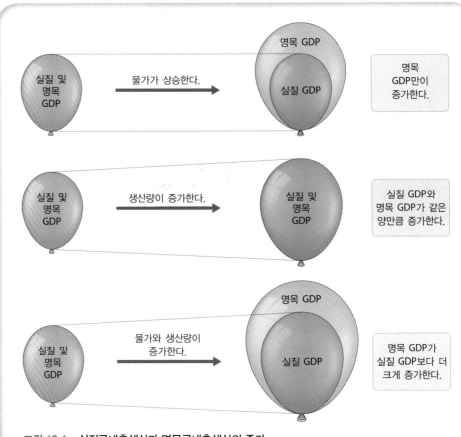

그림 13.1 실질국내총생산과 명목국내총생산의 증가

맨 위의 풍선들은 물가의 변화는 명목국내총생산을 증가시키지만 실질국내총생산은 증가시키지 못함을 보여준다. 가운데의 풍선들은 생산량의 증가는 실질국내총생산과 명목국내총생산을 모두 같은 비율로 증가시킴을 보여준다. 맨 아래 풍선들은 물가와 생산량이 모두 증가하면 실질국내총생산이 증가하고 명목국내총생산은 이보다 더 크게 증가함을 보여준다.

경기순환
경제의 생산 수준이 번갈아가며 팽창하고 수축하는 현상

정점
팽창으로부터 수축으로의 경기 전환

저점
수축으로부터 팽창으로의 경기 전환

경기후퇴
경제활동이 경제 전반에 걸쳐 수개월 이상 크게 둔화되는 현상

불황
매우 급격한 경기 하강으로 대략적으로 생산량이 1년에 걸쳐 10% 이상 감소하는 현상으로 정의됨

호황
경제활동이 크게 팽창하는 시기

국내총생산과 경기순환

실질국내총생산은 부침을 거듭한다. **경기순환**(business cycle)은 경제의 생산 수준이 번갈아가며 팽창하고 수축하는 현상이다. 그림 13.2에서 보듯이 팽창으로부터 수축으로의 전환은 **정점**(peak)을 형성한다. 수축으로부터 팽창으로의 전환은 **저점**(trough)을 형성한다. 오랜 기간 지속되는 수축을 경기후퇴라 부르기도 한다. 미국에서는 NBER(National Bureau of Economic Research)이 수축이 경기후퇴에 해당하는지 여부를 판별한다. NBER에 따르면 **경기후퇴**(recession)는 '경제활동이 경제 전반에 걸쳐 수개월 이상 크게 둔화되는 현상'이다.

매우 급격한 수축을 **불황**(depression)이라 부르는데 이는 대략적으로 생산량이 1년에 걸쳐 10% 이상 감소하는 현상으로 정의된다. 미국은 1929년부터 1933년까지 생산이 33% 가까이 감소하는 불황을 경험했고, 또다시 1937년부터 1938년까지 생산이 18.2% 감소하는 불황을 경험했다. 반면에 경제활동이 크게 팽창하는 시기를 **호황**(boom)이라 부른다. 호황에 대해서는 협의의 정의가 없지만 경제성장의 속도에 대한 보편적인 만족을 특징으로 한다.

실질국내총생산은 생산성 이외에도 많은 목표와 연관성이 있다는 점에서 중요하다. 생산물의 가치는 소득의 가치에 대한 근사치를 제공하는데 이는 대부분의 수입이 재화와 서비스의 판매로부터 나오기 때문이다. 실질국내총생산의 변화는 고용

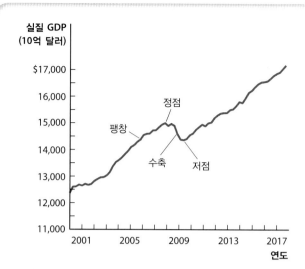

그림 13.2 경기순환

경제의 생산량은 시간이 흐름에 따라 팽창하기도 하고 수축하기도 한다. 경기순환에서 가장 높은 점을 정점이라고 부르고 가장 낮은 점을 저점이라고 부른다.

출처 : Bureau of Economic Analysis

표 13.1은 몇몇 국가에 있어 2017년의 국내총생산, 1인당 국내총생산, 실업률을 보여준다.[1] 여러 나라의 생활수준을 비교할 때는 국내총생산과 1인당 국내총생산을 구분하는 것이 매우 중요하다. 예를 들어 중국과 미국의 국내총생산은 비슷하지만 중국의 인구가 미국의 4배를 넘기 때문에 중국의 1인당 국내총생산은 미국에 비해 낮다. 미국의 1인당 국내총생산이 더 높다는 사실은 국민들이 평균적으로 더 높은 소득을 벌고 더 많은 재화와 서비스를 구매할 수 있다는 점에서 생활수준이 더 높음을 의미한다. 그림 13.3은 1960년 이래로 미국의 1인당 실질국내총생산이 일반적으로 증가했음을 보여준다.

> **1인당 실질국내총생산**
> 실질국내총생산을 인구로 나눈 값

국내총생산과 삶의 질

국내총생산은 생활수준에 대한 유용한 지표이기는 하나 삶의 질을 결정하는 보다 광범위한 요소 중 많은 것들을 포착하지 못한다. 정책입안자와 언론이 하나같이 국내총생산의 증가를 근사한 사건으로 여기지만 국내총생산의 증가가 사회의 행

의 변화에 상응하는데 이는 일반적으로 생산량을 늘리기 위해서는 근로자가 더 필요하기 때문이다. 실질국내총생산이 인구보다 빠른 속도로 증가하면 실질국내총생산을 인구로 나눈 값인 **1인당 실질국내총생산**(real GDP per capita)이 증가한다.

---

1. 한 해만을 보기 때문에 실질가치와 명목가치를 구분하기 위해 인플레이션에 대해 조정을 할 필요는 없다. 그렇지만 이 값들은 이들 국가가 사용하는 화폐 간 구매력의 차이에 대해 조정되었다.

표 13.1 2017년의 GDP, 1인당 GDP, 실업률의 국제 비교(각국 화폐의 구매력 차이에 의해 조정됨)

지역	GDP(10억 달러)	1인당 GDP	실업률
중국	$23,120	$16,600	4.0%
미국	19,360	59,500	4.4
인도	9,447	7,200	8.8
브라질	3,219	15,500	13.1
프랑스	2,826	43,600	9.5
멕시코	2,406	19,500	3.6
캐나다	1,764	48,100	6.5
아르헨티나	912	20,700	8.1
남아프리카	757	13,400	27.6
그리스	300	27,800	22.3

출처 : The World Factbook

Q&A

어떤 재화가 올해 생산되고 다음 해에 판매된다면 어느 해의 국내총생산에 포함되는 걸까?

포드사가 올해 12월에 생산한 자동차가 다음 해 1월까지 판매되지 않는다고 하자. 이 자동차는 올해의 국내총생산에 포함되어야 하는데 미국의 경제분석국은 이를 다음과 같은 방법으로 처리한다. 경제통계국은 기업 제품 재고의 변화에 대한 자료를 수집한다. 따라서 포드사가 자동차를 제조할 때 이 회사의 재고 수준이 증가하고, 자동차는 국내총생산으로 계산된다. 다음 해 자동차가 판매될 때 이 차의 가치는 소비지출의 일부로 계산되는 대신 재고가치로부터 차감될 것이다. 이런 식으로 지출 증가와 재고 감소가 서로를 상쇄하고, 국내총생산에 있어서 실제 변화는 자동차가 제조된 해에만 발생하게 된다.

복 수준 증가를 의미할 수도 있고 그렇지 못할 수도 있는 것이 바로 이런 이유에서다. 제18장은 소득의 분배에 따라서는 인구 중 매우 작은 일부만이 국내총생산 증가의 혜택을 누릴 수도 있음을 설명한다. 한편 생산물의 질적 향상이 가격에 반영되지 않는 경우에는 국내총생산이 증가하지 않더라도 삶의 질이 개선될 수 있다. 예를 들어 몇 년 전에는 400달러짜리 시계가 시간과 날짜를 알려주는 기능밖에 없는 신분의 상징에 불과했다. 오늘날 이와 똑같이 국내총생산을 400달러 증가시킬 수 있는 시계는 인터넷과 연결이 되고, 몇 마일을 뛰었는지 가르쳐 주며, 호텔 방의 잠금장치를 열어주는 한편 가장 가까운 치폴레 가게의 위치를 가르쳐 준다. 이 절은 국내총생산이 어떤 점에

서 삶의 질에 대한 지표로서 불완전한지를 설명하고 이 목적을 더 만족스럽게 달성할 수 있는 대안에 대해 상세히 설명할 것이다.

사회가 더 궁핍해질 때 증가하는 지출　어떤 재화와 서비스는 범죄, 자연재해, 질병, 공해, 전쟁과 같이 사회를 궁핍하게 만드는 문제를 해결하기 위해 구입된다. 예를 들어 보통 한 해에 5,500달러에 달하는 미국의 국내총생산이 경찰, 교도, 보안 시스템을 비롯하여 범죄가 없다면 필요하지 않을 것들을 구매하기 위해 지출된다. 범죄문제가 심화될 경우 국내총생산에서 이들 항목의 가치가 증가하겠지만 사회는 더 궁핍해진다.

2017년에 허리케인 하비와 어마가 미국 남부에 1,000억 달러 이상의 피해를 입혔을 때 미국의 국내총생산은 증가했다. 응급 의료 처방, 가옥 보수와 지역사회 재건 노력에 투입된 특별

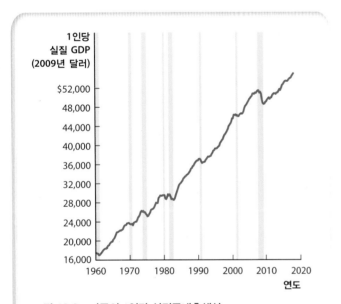

그림 13.3　미국의 1인당 실질국내총생산

1인당 실질국내총생산은 한 국가의 실질국내총생산을 인구로 나누어 구해진다. 1인당 실질국내총생산이 증가하면 평균적인 국민이 더 많은 소득을 벌고, 구매할 수 있는 재화와 서비스가 더 많아진다. 그림에서 음영으로 표시된 부분은 경기후퇴를 나타낸다.

▲ 얼마 전까지만 해도 400달러짜리 시계는 시간과 날짜를 알려 주는 기능밖에 없는 신분의 상징에 불과했다. 오늘날 400달러짜리 시계는 여러분을 세계와 연결해 준다. 질적 향상으로 인해 동일한 가격으로도 소비자가 더 큰 만족을 누릴 수 있는 경우에는 이에 상응하는 국내총생산의 증가가 발생하지 않는다.

한 지출들은 태풍으로 인해 문제가 더 커졌음을 나타내며 소비자들이 즐길 수 있는 재화와 서비스의 양적인 증가를 의미하는 것은 아니었다. 사회후생 수준을 더 정확하게 측정하려면 이러한 재건 지출을 국내총생산에서 차감해야 하지만 실제로는 그렇게 하지 않는다.

이에 더하여 국내총생산에는 마모된 장비, 기계, 건물 등을 교체하기 위한 지출이 포함된다. 경제학자들은 생산과정에서 발생하는 자본재의 마모를 **고정자본 소모**(capital depreciation)라 부른다. 마모된 기계를 대체하기 위한 지출은 범죄와 공해로 인한 문제를 해결하기 위한 지출과 유사한 성격을 가진다. 즉 이러한 지출은 국내총생산의 일부지만 사회를 더 잘 살게 만드는 재화와 서비스의 증가를 의미하지 않는다.

가령 어떤 풍선 제조사가 100만 달러어치의 풍선을 만든 다음 2만 달러에 달하는 기계를 교체해야 한다고 하자. 국내총생산은 102만 달러만큼 증가하지만 사회가 순수하게 얻는 이득은 100만 달러어치의 풍선뿐일 것이다. 2만 달러어치의 풍선 제조기계는 단지 이 회사의 자본을 원래 수준으로 되돌려 놓을 뿐이다. 미국 정부는 **국민순생산**(net national product, NNP)을 발표하는데 이는 국내총생산에서 고정자본 소모를 차감하여 계산된다. 국민순생산은 사용할 수 있는 재화와 서비스의 증가를 나타내므로 국내총생산보다 더 나은 삶의 질의 지표가 될 수 있지만, 이 절에서 소개된 여타 국내총생산의 문제는 해결하지 못한다.

국내총생산에 포함되지 않지만 바람직한 재화와 서비스 지금까지 우리는 점점 심각해지는 문제들을 해결하기 위해 재화와 서비스를 구입할 때조차도 국내총생산이 증가함을 보았다. 한편 국내총생산에 포함되지 않지만 사회후생을 증가시키는 재화와 서비스도 많이 존재한다. 예를 들어 지난주에 여러분이 세탁한 옷은 대가를 받지 않고 행해지는 가사, 정원 가꾸기, 육아, 손수 하는 주택 개선과 마찬가지로 국내총생산에 포함되지 않는다. 마찬가지로 교회, 무료급식소, 양로원, 학교 등에서 행해지는 자원 봉사도 국내총생산에 포함되지 않는다. 하지만 이와 똑같은 서비스가 전문가에 의해 유료로 행해지고 정부에 보고된다면 국내총생산으로 계산된다.

또한 미국에서는 매년 1조 달러에 달하는 **지하경제**라 불리는 생산이 국내총생산에 포함되지 않는다. 지하경제에서의 생산은 정부에 보고되지 않기 때문에 국내총생산의 일부로 계상될 수 없다. 예를 들어 누군가가 마리화나를 불법적으로 재배하여 판매한다면 이는 자신이 받은 봉사료를 소득으로 보고하지 않는 종업원이나 현금으로 받은 수선비를 소득으로 보고하지 않는 수선공과 마찬가지로 지하경제의 일부가 된다. 삶의 질에 대한 보다 나은 척도라면 이와 같은 비시장성 재화와 서비스의 가치에 대한 추정치가 포함되어야 한다.

국내총생산 계산에서 빠지는 요소에는 여가 시간도 있다. 모든 사람이 모든 시간을 일하는 데 할애한다면 실질국내총생산은 더 높아질 것이다. 하지만 이 경우 더 생산된 생산물을 즐길 시간이 사라진다.

> **고정자본 소모**
> 생산과정에서 발생하는 자본재의 마모

Kattiya.L/Shutterstock.com

▲ 풍선 제조기계가 마모되면 사진에 보이는 것과 같은 기계를 교체하기 위한 지출이 GDP에 포함되게 된다. 그렇지만 이러한 지출은 자본의 양을 현재 수준으로 유지시킬 뿐이고 사용 가능한 재화와 서비스의 증가를 의미하지는 않는다.

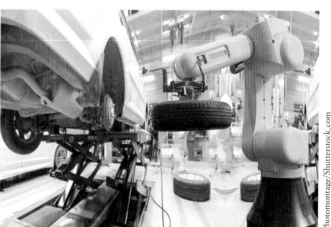

Photomontage/Shutterstock.com

▲ 실질국내총생산의 증가가 여가 시간과 환경의 질에 미치는 영향은 이것이 어떻게 달성되는가에 달려 있다. 예를 들어 실질국내총생산 성장이 로봇이나 다른 형태의 기술을 새롭게 이용한 결과라면 노동자들이 즐기는 여가 시간은 이전과 동일하거나 증가할 것이다.

근로자들은 주말, 휴가, 조기 퇴직 등에 고무되지만 여가의 가치는 국내총생산의 계산에 포함되지 않는다. 실질국내총생산의 증가는 이것이 어떻게 달성되는지에 따라 여가 시간을 감소시킬 수도 있고 그렇지 않을 수도 있다. 예를 들어 컴퓨터, 운송 수단, 로봇의 발전은 근로자들이 더 적게 일하고도 더 많은 생산물을 생산하는 것을 가능케 했다. 실제로 1900~2018년 사이에 미국 제조업에서의 평균 주당 근로시간은 53시간에서 41시간으로 감소했지만 1인당 실질국내총생산은 큰 폭으로 증가했다. 삶의 질에 대한 이상적인 척도는 이를 포함하여 여가 시간의 변화를 포착할 수 있어야 한다.

삶의 질에 대한 척도

경제학자들은 국내총생산에 대한 몇 가지 대안을 삶의 질에 대한 보다 광범위한 척도로 제시했는데, 그 예는 다음과 같다.

- 순수진보지수(Genuine Progress Indicator, GPI)
- 인간개발지수(Human Development Index, HDI)
- 순국민후생(Net National Welfare, NNW)
- 지속가능한 경제후생지수(Index of Sustainable Economic Welfare, ISEW)

이들 척도는 국내총생산에서 출발하여 사회후생을 증가시키지만 포함되지 않는 지출을 더하고 날로 심각해지는 문제를 해결하기 위한 지출을 빼서 만들어진다. 예를 들어 순국민후생은 다음과 같이 계산된다.

NNW=GDP+비시장성 생산물−외부경제 비용−공해 경감 및 정화 비용−고정자본 소모(숲이나 매장된 원유와 같은 천연자본 포함)

이들 척도 중 일부는 아예 처음부터 계산을 시작한다. 예를 들어 지속가능한 경제후생지수의 산식은 개인소비 및 가사노동의 가치에서 출발하여 건강이나 고속도로와 같이 유익한 공공지출의 가치를 더하고 환경훼손이나 교통사고와 같은 문제의 비용을 뺀다.

국내총생산에서 바람직하지 않은 요소들을 걷어내고 국내총생산에서 포착되지 않는 바람직한 것들을 더해서 계산된 이들 대안들은 대부분 지난 수십 년 동안 국내총생산으로부터 점점 더 멀어지는 모습을 보였다. 예를 들어 그림 13.4는 1977년 이후 20년 동안 1인당 국내총생산은 극적으로 상승했어도 1인당 순수진보지수는 대부분 하향추세를 따랐음을 보여준다. 이는

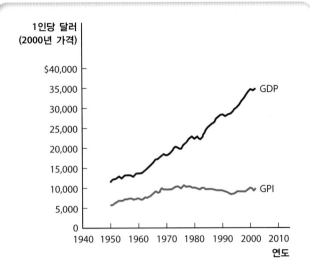

그림 13.4 국내총생산과 순수진보지수 비교
1인당 국내총생산은 지속적으로 상승했지만 순수진보지수에 대한 1인당 수치는 1977년 이후 하향 추세를 따랐다.

출처 : rprogress.org

사회가 피하기를 원하는 범죄 및 질병에 대한 지출처럼 순수진보지수를 계산함에 있어 국내총생산으로부터 제거되는 요소들이 국내총생산 성장에서 상당 부분을 차지함을 의미한다. 지금은 국가 수준의 순수진보지수는 계산되지 않지만 미국의 많은 주들은 삶의 질을 더 정확하게 추적하기 위해 이 지수를 사용하고 있다.

인플레이션

1998년에는 뉴욕시에서 치즈피자 한 조각을 사는 데 1.5달러가 들었다. 2018년에는 치즈피자 한 조각의 평균 가격이 약 3달러다. 여러분이 재화와 서비스의 일반적인 가격 수준의 상승이라 기억하고 있을 인플레이션은 가격이 이전과 같지 않은 가장 주된 이유다. 모든 가격과 모든 사람의 소득이 같은 비율만큼 상승한다면 인플레이션은 사소한 골칫거리에 그칠 것이다. 예를 들어 어떤 근로자가 1998년에 시간당 6달러를 벌었다고 하자. 당시에 이 근로자는 자신의 시간당 임금을 갖고 1.5달러짜리 피자 네 조각을 살 수 있었다. 1998년과 2018년 사이에 이 근로자의 임금이 2배가 되어 시간당 12달러가 되었고 같은 기간 동안 피자 가격이 2배가 되어 3달러가 되었다면 이 근로자는 자신의 시간당 임금으로 여전히 피자 네 조각(조각당 3달러짜리 피자 네 조각은 12달러)을 살 수 있을 것이다. 따라서 이 근로

▲ 인플레이션은 현금의 구매력을 잠식한다. 인플레이션율이 높을 때에는 소비자들이 현금을 더 적게 보유하고 이를 이자를 지급하는 은행 계좌에 예금함으로써 돈의 가치를 유지하려 든다.

자가 자신의 시간당 임금으로 살 수 있는 피자의 양에는 변함이 없다.

그렇다면 왜 인플레이션에 대해서 야단법석을 떠는 걸까? 불행히도 인플레이션의 현실은 이렇게 간단하지가 않다. 물가 상승은 승자와 패자를 동시에 발생시킨다. 인플레이션은 물가가 상승하더라도 소득이 증가하지 않는 사람들에게 손실을 입히는데 이는 가격이 상승할 경우 이들의 소득으로는 이전과 같은 양을 살 수가 없기 때문이다. 예를 들어 피자 한 조각의 가격이 1.5달러에서 3달러로 2배가 되었지만 어떤 근로자의 시간당 임금은 6달러로 일정하다면 시간당 임금으로는 피자 네 조각이 아니라 두 조각밖에 살 수 없을 것이다. 고용계약은 보통 임금을 한 해 또는 그 이상 일정 수준으로 고정시키며 많은 가계가 퇴직연금이나 확정소득 투자로부터 매달 일정한 금액을 지급받는다.

인플레이션이 발생할 때의 승자는 학자금 대출의 상환이나 장기 임차계약의 이행에서와 같이 고정된 금액의 빚을 지고 있는 사람들이다. 인플레이션은 채무 금액의 가치를 감소시키는데 이는 동일한 채무액으로 살 수 있는 물건의 양이 감소하기 때문이다. 가령 여러분이 누군가에게 200달러를 빚지고 있고, 열기구를 타는 데 50달러가 든다고 하자. 여러분은 열기구를 네 번 탈 수 있는 금액을 빚지고 있는 셈이다. 그런데 이 부채를 갚기 전에 물가가 2배가 된다면 열기구를 타는 가격은 100달러가 되고 부채 200달러의 실질가치는 반으로 감소할 것이다. 왜 그럴까? 열기구를 네 번 탈 수 있는 금액 대신 두 번 탈 수 있는 금액만 갚으면 되기 때문이다. 반면에 돈을 빌려 준 사람은 인플레이션이 발생하지 않았을 때에 비해 더 상황이 악화될 것이다. 열기구를 네 번 타기에 충분한 돈을 받는 대신 두 번밖에 탈 수 없는 돈을 받을 것이기 때문이다.

인플레이션은 또한 두 가지 거래비용(transaction cost)을 발생시킨다. **메뉴비용**(menu cost)은 인플레이션에 따라서 가격을 조정하기 위해 기업에 발생하는 비용이다. 고전적인 예로 인플레이션으로 인해 가격이 상승함에 따라 메뉴판을 다시 만드는 데 드는 비용을 들 수 있다. 마찬가지로 많은 가게들은 가격이 변할 때마다 간판, 가격표, 컴퓨터 프로그램을 새로 고쳐야 한다.

구두창비용(shoe-leather cost)은 인플레이션으로 인해 돈의 가치가 침식되는 것을 최소화하기 위해 치르는 비용이다. 사람들은 가격이 빠른 속도로 상승할 때에는 가능한 한 현금을 적게 보유함으로써 인플레이션으로 인한 손실을 막으려 한다. 현금 대신 부동산이나 금처럼 가치가 유지될 수 있는 자산에 투자하거나 이자를 지급하는 은행 계좌에 예금한다. 그렇지만 현금을 적게 보유할 경우 돈을 인출하기 위해 은행이나 현금인출기를 더 자주 방문해야 한다. 이러한 추가적인 방문은 구두창을 닳게 만들 것인데 이것이 바로 이러한 거래비용이 상징적으로 구두창비용이라 불리는 이유다. 이러한 은행 거래를 위해서 소요되는 귀중한 시간은 더 큰 부담이다.

베네수엘라는 2018년에 때에 따라서는 하루에 5%를 넘어서는 인플레이션율을 경험했다. 브라질이 1990년대에 높은 인플레이션율을 겪었을 때 식료품 가게 종업원들이 쉴 틈 없이 진열대를 오가면서 더 높은 가격이 쓰인 가격표를 붙였고, 고객들은 새로운 가격표에 쓰인 더 높은 가격을 내는 것을 피하기 위해 종업원들을 앞서려 뛰어다녔다는 얘기가 있다. 이 얘기는 가게의 메뉴비용과 고객의 구두창비용이라는 두 종류의 거래비용이 동시에 발생함을 보여준다.

그림 13.5는 지난 세기 중 미국의 연간 인플레이션율을 보여준다. 2~3%의 인플레이션에서도 음식점들이 때때로 새 메뉴를 인쇄해야 한다면, 가끔 발생한 두 자릿수의 인플레이션율은 확실히 구두창을 닳게 만들었을 것이다. 일부 국가들은 **초인플레이션**(hyperinflation)이라 알려진 매우 높은 인플레이션율을 겪었다. 여기에는 지난 30년 중 아르헨티나, 브라질, 베네수엘라, 유고슬라비아를 비롯한 몇몇 국가들이 겪었

메뉴비용
인플레이션에 따라서 가격을 조정하기 위해 기업에 발생하는 비용

구두창비용
인플레이션으로 인해 돈의 가치가 침식되는 것을 최소화하기 위해 치르는 비용

초인플레이션
매우 높은 인플레이션율을 특징으로 하는 기간

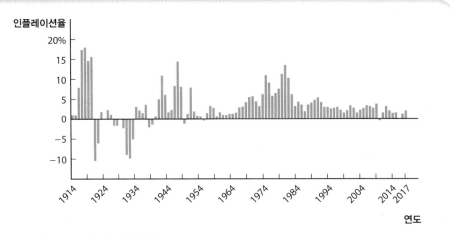

그림 13.5 미국의 인플레이션율
미국은 지난 세기 중 서로 다른 시기에 두 자릿수의 인플레이션과 디플레이션을 겪었다.

출처 : Bureau of Labor Statistics

▲ 1920년대 독일의 인플레이션은 아이들이 지폐를 갖고 연을 만들 정도로 화폐의 구매력을 하락시켰다.

던 가끔은 50%를 넘어서는 **급성 인플레이션**(galloping inflation)도 포함된다. 2008년 11월에 짐바브웨는 물가가 거의 하루 만에 2배가 되는 역사상 최악의 인플레이션을 겪었다. 1920년대에 독일에서 발생한 급성 인플레이션은 벽지나 연의 재료로 쓰일 정도로 지폐의 가치를 하락시켰다. 사람들은 대금 지급에 필요한 돈을 나르기 위해 손수레를 끌고 다니기도 했다.

소비자물가지수(CPI)
평균적인 소비자가 구매하는 재화와 서비스의 전반적인 가격 수준 변화에 대한 척도

소비자물가지수

미국 정부는 인플레이션을 추적하기 위해 **소비자물가지수**(Consumer Price Index, CPI)를 계산하는데 이는 평균적인 소비자가 구매하는 재화와 서비스의 전반적인 가격 수준 변화에 대한 척도다. 소비자물가지수는 가장 널리 사용되는 물가지수다.[2] 이를 계산하기 위해 노동통계국은 매달 대표적인 '바구니'에 포함된 시리얼, 남성용 셔츠, 대학 등록금 등 약 8만 가지의 재화와 서비스 가격을 수집한다. 이들 가격은 87개 도시지역에 소재한 약 23,000개의 기업으로부터 수집된다. 가격에는 판매세와 소비세가 포함되며 주식이나 채권과 같은 투자의 가격이나 소득세는 포함되지 않는다. 특정한 달의 소비자물가지수 값은 그 달의 바구니 비용을 미리 선택된 기준 기간의 바구니 비용으로 나눈 후 100을 곱해서 계산되는데, 현재 기준 기간은 1982~1984년이다. 예를 들어 이 달의 바구니 비용이 300만 달러고 기준 기간의 비용이 100만 달러라면 이 달의 소비자물가지수는 (300만 달러÷100만 달러)×100=300이다.

소비자물가지수는 생계비 수준에 대한 중요한 척도이기 때문에 아파트 임대료, 사회보장 수혜액, 육아보조금을 포함하여 많은 종류의 가격과 지급액을 결정하는 데 사용된다. 한 해와 그다음 해 사이의 소비자물가지수 증가율은 이 기간 중 인플레이션율을 나타낸다. 예를 들어 2015년 5월에는 소비자물가지수가 237.8이었고 2016년 5월에는 240.2였다. 이들 숫자를 간단한 공식에 대입함으로써 소비자물가지수의 증가율과 이 두

---

2. 이와 관련된 목적으로 사용되는 다른 물가지수로는 *GDP 디플레이터*와 *생산자물가지수*가 있다.

해 사이의 인플레이션율을 구할 수 있다. 첫해(Year 1)와 둘째 해(Year 2) 사이의 인플레이션율을 구하는 일반 공식은 다음과 같다.

$$\text{인플레이션율} = [(\text{CPI}_{Year\,2} \div \text{CPI}_{Year\,1}) - 1] \times 100$$

2015년과 2016년 사이의 인플레이션율은 다음과 같이 계산된다.

$$\begin{aligned}\text{인플레이션율} &= [(\text{CPI}_{2016} \div \text{CPI}_{2015}) - 1] \times 100 \\ &= [(240.2 \div 237.8) - 1] \times 100 \\ &= 1.01\%\end{aligned}$$

따라서 이 기간 중에는 1.01%의 인플레이션이 있었다.

소비자물가지수는 명목가치를 인플레이션에 대해 조정하여 실질가치를 구하는 데 사용될 수 있다. 여러분은 오래된 간판에서 펩시콜라를 5센트에 광고하는 것을 본 적이 있을지도 모른다. 이것은 실제로 1940년의 가격이었는데 이 가격은 과연 엄청나게 싼 가격이었을까? 이 질문에 대한 답은 소비자물가지수에 달려 있다. 우리는 한 해(Year 1)의 가격을 다른 해(Year 2)의 물가를 반영하여 조정할 수 있다. 우리는 다른 해의 물가로 조정했음을 나타내기 위해 이를 'Year 2 달러 가격'이라 부른다. 실질가격을 구하는 공식은 다음과 같다.

$$\begin{aligned}\text{Year 2 달러 실질가격} &= \text{Year 1의 명목가격} \\ &\quad \times (\text{CPI}_{Year\,2} \div \text{CPI}_{Year\,1})\end{aligned}$$

이 공식으로 가격과 소득을 비롯한 모든 가치를 인플레이션의 영향을 반영하여 조정할 수 있다. 앞서 보았듯이 이러한 조정은 서로 다른 해의 가치를 비교할 때 중요하다. 가치는 어떤 해의 물가로도 조정될 수 있지만 보통은 금년의 물가 수준을 반영하여 조정되는 것이 일반적이다. 이 공식을 이용하여 1940년의 펩시콜라 가격을 2017년 가격으로 조정해보자. 1940년의 소비자물가지수는 14.0이었고, 2017년에는 245.1이었다. 가격 5센트를 1940년과 2017년 사이의 인플레이션에 대해 조정하기 위해서는 5센트에 2017년 CPI를 곱한 후 1940년 CPI로 나누면 된다.

$$\begin{aligned}0.05\text{달러} \times (\text{CPI}_{2017} \div \text{CPI}_{1940}) &= 0.05\text{달러} \times (245.1 \div \\ &\quad 14.0) = 0.88\text{달러}\end{aligned}$$

따라서 1940년의 5센트는 아주 싼 값은 아니었다. 이는 2017년의 88센트에 해당하는 가격이었다.

▲ 1940년에 펩시콜라는 5센트에 팔렸는데, 인플레이션에 대해 조정하면 지금의 88센트에 해당한다는 사실을 깨닫기 전까지는 엄청나게 싼 가격인 것처럼 보일 것이다.

실업

경기순환이 진행됨에 따라 대부분 국민들은 생활수준의 향상과 저하를 경험한다. 하지만 일자리를 잃는 근로자의 소득은 바닥을 치게 된다. 실업은 또한 근로자의 사기를 바닥으로 떨어뜨리기도 한다. 실업률이 증가하면 빈곤, 알코올 중독, 범죄, 자살률 등이 증가한다. 바로 이런 이유에서 경제학자들은 실업의 척도를 면밀하게 주시하는데, 이 절에서는 이에 대해 설명할 것이다. 실업을 감소시키기 위한 정책에 대해서는 제15장과 제17장에서 설명될 것이다.

실업률

실업자가 된다는 것은 일을 하지 않고 있다는 것 이상의 문제다. 실업자로 간주되기 위해서는 일을 할 의사와 능력이 있어야 하고, 적극적으로 일자리를 구해야 한다. 다시 말해서 **경제활동인구**(labor force)의 일부가 되어야 한다는 것인데 이는 다음과 같은 사람으로 구성된다.

- 16세 이상
- 현역군인이 아닐 것
- (교도소나 요양원 같은) 보호시설에 수용되어 있지 않을 것
- 취업 중이거나 지난 4주간 직장 탐색활동을 하고 있었을 것

실업률(unemployment rate)은 경제활동인구 중에서 실업상태에 있는 사람의 비율이다. 실업률은 실업자

경제활동인구
16세 이상이고, 현역군인이 아니며, 보호시설에 수용되어 있지 않고, 취업 중이거나 최근 일자리를 찾아본 모든 사람

실업률
경제활동인구 중에서 실업상태에 있는 사람의 비율

의 수를 경제활동인구로 나눈 후 100을 곱해서 구할 수 있다.

$$실업률 = \frac{실업인구}{경제활동인구} \times 100$$

예를 들어 대후퇴(Great Recession)가 극도에 달했던 2007~2009년 동안 미국의 경제활동인구는 1억 5,400만 명이었고, 이 중 1,570만 명이 실업자였다. 따라서 실업률은 (1570÷15400)×100＝10.2%였다.

매달 미국 노동통계국은 6만 가구에 걸쳐 약 11만 명에 대해 고용상태를 조사해서 구한 자료를 갖고 미국의 실업률을 추정한다. 그림 13.6은 1928년 이래 미국의 실업률을 보여준다. 가장 최악의 실업은 단연 1930년대의 대공황과 그 이후 두 자릿수의 실업률이 10년간 지속되었을 때였다.

공식적인 실업률은 일자리를 구하는 것을 포기한 실망실업자를 감안하지 않는다. 미국 노동통계국은 **실망실업자**(discouraged workers)를 일을 할 의사와 능력이 있으며 지난 1년 중 구직활동을 한 적이 있지만, 지난 4주간은 구직활동을 하지 않은 사람들로 정의한다. 최근의 추정치

실망실업자
일을 할 의사와 능력이 있으며 지난 1년 중 구직활동을 한 적이 있지만 지난 4주간은 구직을 포기했기 때문에 구직활동을 하지 않은 사람들

과소취업 근로자
원하는 것보다 적은 시간밖에 일하지 못하는 사람들이나 직책에 비해 과도한 자격을 갖춘 사람들

에 따르면 실망실업자를 경제활동인구에 포함시킬 경우 실업률이 1%포인트의 절반 정도 증가할 것이라 한다.

실업률은 또한 **과소취업 근로자**(underemployed worker), 즉 원하는 것보다 적은 시간밖에 일하지 못하는 사람들이나 직책에 비해 과도한 자격을 갖춘 사람들의 문제를 포착하지 못한다. 전일제 직장을 선호하나 시간제로 일하는 근로자나 피자 배달을 하는 대학 졸업자는 과소취업 근로자다. 노동통계국의 추정치에 따르면 2018년에 경제활동인구의 3% 이상이 시간제로 일을 하고 있었지만 전일제 일자리를 더 선호하고 있었다. 노동통계국은 피자 배달을 하는 대학 졸업자나 다른 종류의 과도한 자격을 갖춘 근로자의 수를 추정하지 않는다.

공식적으로 보고되는 실업률을 **상향** 왜곡시키는 문제들이 더 있다. 자신의 취업현황을 정부에 보고하지 않는 근로자는 노동통계국의 실업률 계산에서 실업자로 간주된다. 이런 근로자들 중에는 적법한 직업을 가졌지만 세금을 회피하기 위해 정부에 보고되지 않도록 현금만을 수취하는 근로자는 물론이고 마약 거래업자, 매춘부, 기타 불법 취업자가 포함된다. 리처드 케블라와 에드거 페이지라는 두 경제학자는 미국에서 보고되지 않는 소득이 매년 약 2조 달러에 달한다고 추정했다. 더 광범위하게는 국제노동기구가 개발도상국 근로자의 70% 정도가 경제활동인구로 계산되지 않는다고 추정했다.

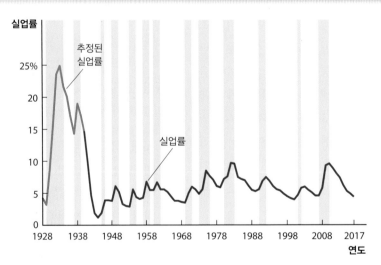

그림 13.6 미국 실업률의 역사
실업률 변동의 대부분은 경기순환에 따른 경기변동에 연유한다. 가장 높은 실업률은 경기후퇴나 경기침체 때 발생하는데 이 시기는 그림에서 음영으로 표시되어 있다.

출처 : Bureau of Labor Statistics, TheBalance.com, InfoPlease.com

실업의 종류

실업에는 몇 가지 종류가 있는데, 종류마다 다른 원인과 효과를 갖는다. 근로자가 겪고 있는 실업의 종류는 실업의 지속 기간과 가능한 대책에도 영향을 미친다. 이 절은 가장 보편적인 실업의 종류를 소개한다.

마찰적 실업(frictional unemployment)은 근로자와 고용주가 서로를 찾기 위해 시간이 걸리기 때문에 발생한다. 경기가 좋을 때조차 근로자가 자신의 능력과 관심에 가장 적합한 직장을 찾고, 고용주가 자신의 필요에 가장 적합한 근로자를 찾는 데 시간이 걸린다. 마찰적 실업은 다른 종류의 실업만큼 오래 지속되지 않는다. 일자리를 구하는 근로자가 비어 있는 일자리를 찾기만 하면 되기 때문이다. 몬스터닷컴과 같은 직장탐색 웹사이트는 직장을 구하는 근로자와 빈 일자리를 전국에 알리는 것을 도와준다. 어느 정도의 마찰적 실업은 실제로 바람직할 수 있다. 시간을 들여 여러 직장을 보러 다님으로써 근로자는 자신에게 더 만족스럽고, 더 높은 급여를 지급하고, 집에서 더 가까운 직장을 구할 수 있으며, 고용주들은 더 생산적이고 헌신적인 근로자를 찾을 수 있다.

구조적 실업(structural unemployment)은 근로자가 갖고 있는 기능과 고용주가 원하는 기능이 서로 일치하지 않기 때문에 발생한다. 때로는 이 문제가 장소의 문제일 수도 있다. 즉 근로자가 현재 자신의 기능을 필요로 하는 지역에 살고 있지 않을 때다. 다른 경우는 나라 안 어디에도 특정한 기능을 가진 근로자를 모두 고용할 만큼 충분한 일자리가 없는 경우다. 미국 경제가 제조업으로부터 서비스업으로 전환되는 경향은 많은 제조업 종사 근로자들을 구조적 실업자로 만들었는데, 이들이 가진 기능은 보건, 교육, 금융을 비롯한 서비스업에서 필요로 하는 기능과 다르기 때문이다. 경기를 하기에 너무 나이가 든 프로 미식축구 선수들은 제2의 기능을 습득하지 않는 한 구조적 실업자가 된다. 구조적 실업은 기술의 변화로 인해 발생하기도 한다. 예를 들어 온라인으로 소식을 듣는 사람들이 늘어남에 따라 신문 인쇄기를 조작하는 사람들의 실업이 증가하고 있다. 구조적 실업은 마찰적 실업에 비해 더 오래 지속되는 경향이 있는데 이는 근로자들이 새 기능을 습득하는 데 시간이 걸리기 때문이다.

경기적 실업(cyclical unemployment)은 경제가 수축함에 따라 발생한다. 경기수축기에는 기업의 생산이 감소하기 때문에 필요한 근로자의 수가 감소한다. 그 결과 경제 전체에서 일자리가 부족하게 된다. 중앙은행이나 정부의 경제정책 중 다수가 경기수축과 이로 인해 발생하는 경기적 실업의 크기를 최소화하는 데 초점이 맞춰져 있다. 경제가 회복하는 데 얼마나 시간이 걸리는지에 따라 경기적 실업은 수개월부터 수년에 걸쳐 지속되기도 한다.

계절적 실업(seasonal unemployment)은 계절에 따라 근로자에 대한 수요가 변하기 때문에 발생한다. 겨울에는 아이스크림이 잘 팔리지 않기 때문에 많은 아이스크림 가판대가 날씨가 따뜻해질 때까지 영업을 하지 않거나 종업원을 줄인다. 마찬가지로 인명구조원이나 과일 수확 인부는 겨울에 실업자가 될 가능성이 높다. 스키 강사나 보일러 수리공은 여름에 일감을 구하기가 어렵다. 백화점이나 택배회사는 명절에 근로자를 추가로 고용하고 버몬트주의 호텔들은 단풍을 보기 위해 관광객이 몰려드는 가을에 직원을 추가로 고용한다. 고용에 있어서 이와 같은 모든 계절적 변동이 계절적 실업의 원인이 된다. 표 13.2는 실업의 종류와 원인을 요약해서 보여준다.

> **마찰적 실업**
> 근로자와 고용주가 서로를 찾기 위해 시간이 걸리기 때문에 발생하는 실업
>
> **구조적 실업**
> 근로자가 갖고 있는 기능과 고용주가 원하는 기능이 일치하지 않기 때문에 발생하는 실업
>
> **경기적 실업**
> 경제가 수축하기 때문에 발생하는 실업
>
> **계절적 실업**
> 계절에 따라 근로자에 대한 수요가 변하기 때문에 발생하는 실업

▲ 단풍이 드는 가을에는 버몬트주에 관광객들이 몰려든다. 그렇지만 관광객들이 집으로 돌아가면 관광업에 종사하는 근로자의 상당수가 계절적 실업자가 된다.

Jeff Carpenter/Shutterstock

완전고용과 자연실업률

어느 정도의 실업 발생은 불가피하다. 언제든지 직장을 옮기는 과정에 있는 근로자가 있고, 새로 경제활동인구가 되어 새

직장을 찾기까지 시간이 필요한 근로자가 있기 때문에 마찰적 실업은 항상 존재한다. 이에 더하여 근로자들은 끊임없이 변하는 제품과 제품 생산과정을 따라잡기 위해 재훈련이 필요하기 때문에 구조적 실업자도 언제든 존재한다. 이와 같은 이유에서 실업자가 영이 되는 상태를 달성하는 것은 불가능하다. 그렇지만 **완전고용**은 현실적으로 가능하다. **완전고용**(full employment)은 경기적 실업이 존재하지 않는 상태를 의미한다. 경제에서 완전고용이 달성될 때의 실업률을 **자연실업률**(natural rate of unemployment)이라 부른다. 대부분의 경제학자들은 미국의 자연실업률이 5% 인근이라는 데 동의한다. 앞

완전고용
경기적 실업이 존재하지 않는 상태

자연실업률
경제가 완전고용을 달성할 때의 실업률

표 13.2 실업 종류의 요약

실업의 종류	원인
마찰적	근로자와 일자리를 짝짓는 데 걸리는 시간
구조적	근로자가 가진 기능과 고용주가 필요한 기능 간의 불일치
경기적	경제의 하강
계절적	계절의 변화에 따른 종업원 수요의 변화

으로 소개될 장들에서는 완전고용을 달성하기 위해 고안된 경제정책에 대해 설명할 것이다.

요약

국내총생산(GDP)은 한 국가에서 생산되는 모든 재화와 서비스의 최종생산물의 가치다. 국내총생산은 한 경제 내의 생활수준에 대한 척도로는 유용하지만 삶의 질에 대한 지표로는 미흡하다. 삶의 질을 더 정확하게 측정하기 위해 경제학자들은 순수진보지수(GPI)와 순국민후생(NNW)과 같은 대체 지표를 개발했다. 대체 지표들은 보통 환경훼손, 질병, 자연재해와 같은 문제들을 바로잡기 위한 지출을 빼고 급여를 받지 않고 제공되는 근로나 여가 시간, 건강, 교육 등이 제공하는 무형의 혜택처럼 국내총생산 계산에 포함되지 않지만 혜택을 주는 활동의 가치를 포함시킨다.

여러분이 실제로 가격, 소득, 또는 이자율로 지불하고 수취하는 금액은 명목가치다. 일반적으로 명목가치는 인플레이션이나 디플레이션이 있을 경우 시간에 따라 변한다. 실질가치는 전체 물가 변화의 영향을 제거하기 위해 조정된다. 기간 간 가치를 비교하기 위해서는 명목가치가 아니라 실질가치를 보는 것이 중요하다.

인플레이션은 경제 전체의 재화와 서비스 가격을 상승시킨다. 인플레이션은 또한 임금을 상승시키되, 어떤 사람에게는 손실을 입히고 다른 사람들에게는 이득을 준다. 예를 들어 고정된 소득을 받는 사람들은 인플레이션이 발생함에 따라 그들의 소득으로는 이전만큼의 물건들을 살 수가 없다. 반면에 고정된 금액을 상환해야 하는 사람들은 인플레이션에 의해 도움을 받는데, 이는 이들이 상환해야 하는 금액의 구매력이 감소하기 때문이다. 기업들은 인플레이션에 맞춰서 메뉴, 가격표, 간판, 가격 목록 등을 새로 만드는 데 드는 메뉴비용을 치러야 한다. 인플레이션이 보유 현금에 미치는 침식 효과를 줄이기 위해 사람들은 현금을 덜 보유하고 은행을 더 자주 방문해야 하는 구두창비용을 치른다.

소비자물가지수는 미국 전역의 도시 지역에 걸쳐 전형적인 소비자가 구매하는 약 8만 가지 재화와 서비스의 전반적인 가격 수준을 포착한다. 소비자물가지수의 값을 간단한 공식에 대입함으로써 인플레이션율을 계산하고 명목가치를 실질가치로 전환할 수 있다.

실업률은 일을 하고 있지 않은 경제활동인구의 비율이다. 경제활동인구로 간주되기 위해서는 일을 할 의사와 능력이 있어야 하고, 적극적으로 일자리를 구하고 있어야 한다. 마찰적 실업은 근로자가 자신의 능력과 관심에 맞는 일자리를 탐색하고 고용주가 필요로 하는 근로자를 찾는 데 시간이 걸리기 때문에 존재한다. 구조적 실업은 근로자가 가진 기능과 고용주가 찾는 기능이 일치하지 않기 때문에 발생한다. 경기적 실업은 경제가 하강함에 따라 전체 일자리의 수가 부족해지기 때문에 발생한다. 계절적 실업은 계절의 변화에 따라 일부 유형의 근로자에

대한 수요가 감소하기 때문에 발생한다. 마찰적 실업과 구조적 실업은 언제든 존재하기 때문에 실업률은 결코 영이 될 수 없다. 달성 가능한 목표는 완전고용인데, 이는 경기적 실업이 존재하지 않는 상태를 의미한다. 완전고용이 달성될 때의 실업률을 자연실업률이라 한다.

실업률 수치는 직장탐색을 포기한 실망실업자와 일자리에 비해 과도한 자격을 갖추거나 더 긴 시간을 일하기 원하는 과소취업 근로자를 감안하지 않는다. 이들 근로자가 실업률 계산에서 제외되기 때문에 공식적으로 보고되는 실업률은 실업의 문제를 실제보다 축소시키는 경향이 있다. 이와 동시에 자신의 고용상태를 정부에 불법적으로 보고하지 않는 근로자들로 인해 실업률은 모든 근로자가 보고할 때에 비해 더 높아진다.

핵심용어

- ✓ 경기순환
- ✓ 경기적 실업
- ✓ 경기후퇴
- ✓ 경제활동인구
- ✓ 계절적 실업
- ✓ 고정자본 소모
- ✓ 과소취업 근로자
- ✓ 구두창비용
- ✓ 구매력
- ✓ 구조적 실업
- ✓ 국내총생산(GDP)
- ✓ 디플레이션
- ✓ 마찰적 실업
- ✓ 메뉴비용
- ✓ 명목가치
- ✓ 불황
- ✓ 삶의 질
- ✓ 소비자물가지수(CPI)
- ✓ 수입
- ✓ 수출
- ✓ 실망실업자
- ✓ 실업률
- ✓ 실질가치
- ✓ 완전고용
- ✓ 인플레이션
- ✓ 1인당 실질국내총생산
- ✓ 자연실업률
- ✓ 저점
- ✓ 정점
- ✓ 중간재
- ✓ 초인플레이션
- ✓ 최종생산물인 재화와 서비스
- ✓ 호황

복습문제

1. 다음 중 삶의 질에는 기여하나 생활수준에는 기여하지 않는 것은? (맞는 답을 모두 고르라.)
   a. 양말
   b. 깨끗한 공기
   c. 수박
   d. 여가 시간
   e. 자유

2. 다음 각각에 대해 중간재인지 또는 최종생산물인지를 밝혀라.
   a. 칫솔
   b. 풍선을 채우기 위해 서커스단에 팔리는 헬륨
   c. 휴대전화기 화면을 만들기 위해 삼성에 팔리는 유리
   d. 식당물품 공급회사가 도미노 피자에 판매한 밀가루
   e. 식료품 가게가 여러분의 가족에 판매한 밀가루

3. 전형적인 근로자로 이혼을 당하고 같은 해에 심장수술을 받은 실업자, 그리고 행복한 은퇴자를 생각해보자. 전형적인 근로자는 연간 11만 달러어치의 산출물을 생산한다. 이혼소송비용은 약 5만 달러가 들고, 심장수술비용은 약 10만 달러가 든다. 은퇴자는 다시 일자리로 돌아가서 연간 11만 5,000달러의 급여를 벌 수 있지만 그 대신 자신의 정원을 가꾸고 봉사활동을 하는 것을 선택했다.
   a. 이들 중 누가 국내총생산을 가장 많이 증가시키는가?
   b. 이들 중 누가 가장 행복할 것이라 생각하는가?
   c. 행복한 은퇴자의 국내총생산에 대한 기여는 얼마인가?

4. 다음 표는 2018년의 허풍 섬의 가상적인 자료를 제공한다. 허풍 섬의 국내총생산은 얼마였는가?

범주	가치(100만 달러)
가계지출	$200
기업의 투자지출	100
재화와 서비스에 대한 정부지출	50
수출	15
수입	25
이전지출	20
고정자본 소모	5
자원봉사	10

5. 2020년에 점포 주인이 연봉 5만 달러의 관리자직을 제안한다고 하자. 주인은 2010년에 고용된 지난 관리인이 초봉으로 5만 달러를 기꺼이 수락했다고 한다. 제안에 대한 주인의 해명은 합리적인가? 합리적인 이유 또는 합리적이지 않은 이유를 설명하라.

6. 1981년의 연방최저임금은 3.35달러였다. 2018년에는 7.25달러였다. 그렇지만 어떤 사람들은 2018년의 연방최저임금이 1981년의 연방최저임금보다 낮았다고 말한다. 이 주장이 옳을 수 있는 근거는 무엇인가?

7. 아래에 제시된 소비자물가지수의 값을 이용하여 주어진 해 사이의 인플레이션율을 계산하라.
   a. $CPI_{1973} = 44.4$, $CPI_{1974} = 49.3$
   b. $CPI_{2011} = 224.9$, $CPI_{2012} = 229.6$

8. 2017년에 소비자물가지수는 245.1이었고 슈퍼볼 입장권은 2,200달러였다. 다음에 주어진 CPI 값과 슈퍼볼 입장권의 명목가격을 이용하여 2017년 달러로 표현된 1967년, 1984년, 2015년 슈퍼볼 입장권의 실질가격을 계산하라.
   a. $CPI_{1967} = 33.4$, 입장권 가격 = 12달러
   b. $CPI_{1984} = 103.9$, 입장권 가격 = 60달러
   c. $CPI_{2015} = 237.0$, 입장권 가격 = 800달러

9. 다음 사람들이 경제활동인구의 일부인지 아닌지를 구분하라.
   a. 첫 직장을 구하고 있는 새 대학졸업생 제시
   b. 검안사로 일하고 있는 70세의 린
   c. 교도소에 수감되어 있으면서 일하지 않고 있는 그렉
   d. 이전 직장에서 해고당하고 두 달 전에 마지막 입사지원서를 제출했던 실비아
   e. 야구장에서 시간제로 일하는 후안

10. 어떤 섬에 1만 명의 사람이 살고 있다고 하자. 이 섬의 경제활동인구는 6,000명이며 이 중 2,000명이 실업상태에 있다. 이 섬의 실업률을 계산하라.

11. 다음 사람들 각각이 공식적인 실업률이 실제 실업문제를 과대평가하게 만드는지 또는 과소평가하게 만드는지를 밝혀라.
   a. 마약을 불법으로 판매하는 존
   b. 1년 동안 일자리를 구하기 위해 노력하다가 정말로 일을 하고는 싶지만 일자리 구하는 것을 중단한 트리시
   c. 전일제로 일하기를 원하지만 시간제로 일하고 있는 레지
   d. 현금을 받고 소매로 차를 판매하고 있지만 정부에 보고하지 않는 안셀

12. 다음 사람들이 마찰적 실업자, 구조적 실업자, 경기적 실업자, 계절적 실업자 중 어느 범주에 속하는지 밝혀라.
   a. 꽃집 점원으로서의 직장을 잃은 클로에
   b. 겨울에 실외 아이스링크에서 정빙기를 몰지만 여름에는 일자리가 없는 클레어
   c. 캔자스주에서 일을 그만두고 켄터키주에서 일자리를 구하고 있는 미구엘
   d. 텔레비전 수리공으로 훈련을 받았으나 현대 '스마트' TV에 대한 기술이 없는 카레나

총수요와 총공급

14

Franck Fotos/Alamy Stock Photo

학습목표

이 장에서는 다음 내용을 학습한다.

1. 총수요곡선의 모양과 이동에 대해 설명한다.

2. 승수효과가 어떻게 총수요를 증가시키는지에 대해 기술한다.

3. 총공급곡선의 모양과 이동에 대해 설명한다.

4. 거시경제균형의 변화가 어떻게 물가와 실질국내총생산에 영향을 주는지에 대해 토론한다.

5. 경제성장을 그림으로 보여주기 위해 장기 총공급곡선을 이용한다.

텍사스주에서는 모자와 스테이크로부터 자동차와 농장에 이르기까지 모든 것이 크다는 말이 있다. 거시경제학은 경제학의 텍사스주라고 생각할 수 있다. 거시경제학은 국내총생산, 실업, 인플레이션과 같이 큰 규모의 주제를 다룬다. 거시경제학의 큰 주제를 분석하기 위해 우리는 수요와 공급 모형을 크게 확대하여 모든 재화와 서비스에 대한 수요와 공급 모형을 설정한다. 이 모형은 총수요-총공급 모형이라 불린다. 이 모형으로 경제의 큰 문제를 설명할 수 있고, 경제의 큰 목표를 달성하기 위해 고안된 정책의 효과를 분석할 수 있다.

왜 알아야 하는가?

여러분은 인플레이션, 실질국내총생산, 그리고 실업의 중요성에 대해 학습했다. 이 장은 총수요와 총공급에 대해서 논할 것이다. 이들은 함께 인플레이션, 실질국내총생산, 경기적 실업의 수준을 결정하기 때문에 매우 중요하다. 풍향의 변화를 알려주는 풍향계처럼 총수요-총공급 모형은 물가와 총생산의 변화 방향을 알려준다. **우리는 이 모형을 이용하여 시행을 검토 중인 정책 변화가 인플레이션, 실질국내총생산, 그리고 실업에 어떤 영향을 미칠지를 알 수 있다.** 총수요곡선과 총공급곡선을 제대로 이해하지 않고 여러분이 지급하는 가격 수준, 여러분이 구매할 수 있는 산출물의 수준, 여러분이 감당해야 할 실업에 대해 이해하려는 것은 올가미 밧줄 없이 황소를 잡으려는 것과 같다.

▲ 총수요는 모든 재화와 서비스를 묶어서 소비자, 기업, 정부가 구매하는 모든 것에 대한 단일화된 수요의 척도로 만든 것이다. 총수요에는 수출이 포함되나 수입은 제외된다.

Masterfile; Santi Rodriguez/Alamy; Sergey Kravchenko/Alamy Stock Photo; goir/Shutterstock.com; pawel.gaul/Getty Images; magicoven/Shutterstock.com; bestv/Shutterstock.com; jondpatton/Getty Images

총수요

이 장에서는 경제 전체의 물가와 생산량을 결정하는 모형을 배울 것이다. 이 모형에 나오는 곡선들의 모양은 경제 내의 구매자와 판매자의 결정에 의해 형성되는데, 앞서 특정한 생산물 시장에서의 구매자와 판매자에 대한 모형을 이미 배웠기 때문에 이는 우리에게 익숙한 영역이다. **총**(aggregate)이란 단어는 많은 부분이 결합되어 형성되는 무엇인가를 말한다. 총수요는 재화와 서비스에 대한 여러 부문의 수요를 결합하여 형성되는데, 여기에는 소비자, 기업, 정부에 의해 구매되는 모든 것은 물론 다른 경제의 소비자가 수요로 하는 수출이 포함되는 한편 다른 경제에서 생산된 재화와 서비스의 수입은 제외된다. 특정한 재화에 대한 수요와 경제의 모든 재화에 대한 수요에는 유사점들이 있는 반면 중요한 차이점도 있는데 이에 대해서는 다음에 학습할 것이다.

총수요곡선이 우하향하는 기울기를 갖는 이유

총수요곡선
각 물가 수준에서 한 경제가 수요로 하는 모든 최종생산물인 재화와 서비스의 양을 보여주는 곡선

여러분은 제13장에서 물가가 모든 재화와 서비스의 가격에 대한 척도라고 했음을 기억할 것이다. **총수요곡선**(aggregate demand curve)은 각 물가 수준에서 수요로 하는 모든 최종생산물인 재화와 서비스의 양을 보여준다. 그림 14.1은 (a)에 모자에 대한 수요곡선과 (b)에 총수요곡선을 비교하여 보여준다. 총수요곡선은 모자에 대한 수요곡선과 마찬가지로 우하향하는 기울기를 갖고 있지만 두 그래프에서 축이 서로 다르다는 점에 주목하라. 총수요곡선 그래프의 수직축은 단일 재화의 가격(P)을 나타내는 것이 아니라 경제의 전체 물가(PL)를 나타낸다. 그리고 총수요곡선 그래프 상의 수평축은 단일 재화의 양(Q)이 아니라 경제에서 생산되는 모든 최종생산물인 재화와 서비스의 합인 실질국내총생산(Y)을 나타낸다.

총수요곡선이 음의 기울기를 갖는 것은 경제의 물가가 상승함에 따라 경제가 수요로 하는 최종생산물인 재화와 서비스의 총량이 감소함을 나타낸다. 그렇지만 총수요곡선의 모양에 대한 설명은 수요곡선의 모양에 대한 설명과 다르다. 카우보이 모자의 가격만이 상승한다면 카우보이 모자에 대한 수요량이 감소한다. 모자 가격이 오르면 카우보이들은 모자를 더 적게 사거나 부츠나 스테이크처럼 아직 가격이 오르지 않은 재화를 더 구매한다.

총수요곡선의 이야기는 이와 다르다. 총수요곡선이 음의 기울기를 갖는 것은 한 재화를 더 비싼 가격에 사는 것을 피하기 위해 다른 재화로 대체한 결과가 아니다. 경제의 전체 물가가 변할 때에는 모자, 부츠, 스테이크를 포함하여 모든 재화의 가

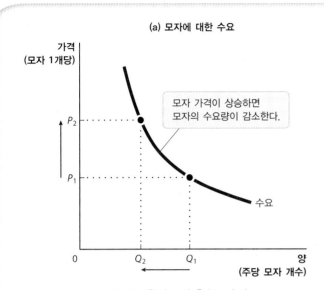

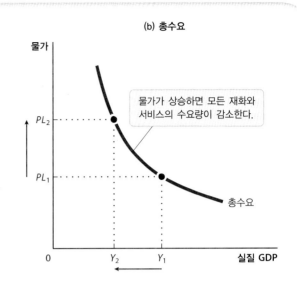

그림 14.1 단일 재화에 대한 수요와 총수요의 비교

패널 (a)에 제시된 수요곡선은 모자의 가격과 수요량 간의 관계를 보여준다. 패널 (b)에 제시된 총수요곡선은 경제의 전체 물가와 최종생산물인 재화와 서비스에 대한 수요량 간의 관계를 보여준다.

격이 대체로 동일한 비율로 변하기 때문에 한 재화의 다른 재화에 대한 상대가격은 거의 변하지 않는다. 그렇지만 총수요곡선이 마치 모자 수요곡선처럼 우하향하도록 만드는 효과가 세 가지 있는데 바로 실질재산 효과, 이자율 효과, 그리고 국제무역 효과다. 다음에는 이들 효과 각각이 어떻게 물가와 모든 재화에 대한 수요량(즉 실질국내총생산에 대한 수요) 간 역의 관계를 가져오는지에 대해 알아본다.

실질재산 효과 물가가 상승함에 따라 여러분의 주머니나 은행에 있는 돈으로 살 수 있는 재화와 서비스의 양이 적어진다. 여러분의 재산이 가치를 잃음에 따라 여러분은 더 궁핍하다고 느낄 것이고 그 결과 소비를 억제하게 된다. **실질재산 효과**(real wealth effect)는 인플레이션으로 인해 소비자의 실질재산이 감소함에 따른 재화와 서비스 수요량의 감소다. 인플레이션으로 인해 잠식되는 재산의 규모는 재산이 어떤 형태로 보유되느냐에 달려 있다. 대부분의 재화와 서비스 가격과 마찬가지로 토지와 금과 같은 자산의 가격은 전체적인 물가와 함께 오르고 내리는 것이 일반적이다. 따라서 이들 자산으로 보유되는 재산의 가치는 인플레이션이나 디플레이션의 영향으로부터 보호될 수 있다. 다양한 종류의 은행 예금이 지급하는 이자는 인플레이션율에 따라 조정되기 때문에 이들 예금의 실질가치를 보존하는 데 도움이 된다. 그렇지만 현금이나 이자를 지급하지 않는 예금으로 보유되는 재산은 인플레이션이 발생함에 따라 가

치가 하락한다. 실질재산 효과는 다음과 같이 요약될 수 있다.

물가 ↑ → 재산의 가치 ↓ →
　소비자가 더 가난하다고 느낌 →
　소비 ↓ → 실질국내총생산에 대한 수요 ↓

　실질재산 효과는 가격이 더 비싸진 특정 재화의 대체가 아니라 물가가 더 비싼 현재 소비로부터 물가가 더 싼 미래 소비로의 대체라 할 수 있다.

이자율 효과 물가가 상승함에 따라 소비자는 주어진 재화와 서비스를 구매하기 위해 더 많은 화폐를 필요로 하고 이에 따라 화폐에 대한 수요가 증가한다. 제17장은 화폐시장이 스테이크와 같은 전형적인 재화시장과 매우 유사함을 설명한다. 즉 두 시장 모두 수요 증가가 가격을 상승시킨다. 차이는 화폐의 가격은 대부자가 차입자에게 징수하는 이자율이라는 점이다. 물가 상승에 따라 화폐수요가 증가하면 스테이크 수요 증가가 스테이크 가격을 상승시키듯이 이자율을 상승시킨다.

　이자율 변화는 건물이나 기계와 같은 자본에 대한 기업의 투자지출을 변화시키기 때문에 대체로 총수요에 영향을 준다. 기업은 흔히 투자지출을 하기 위해 자금을 빌린다. 기업이 자신의 자금을 투자에 사용한

실질재산 효과
인플레이션으로 인해 소비자의 실질재산이 감소함에 따른 재화와 서비스 수요량의 감소

다 해도 투자에 자금을 사용하는 데 대한 기회비용이 이자율과 같다. 이 자금을 이자를 받고 다른 곳에 대출할 수도 있기 때문이다. **이자율 효과**(interest rate effect)는 물가 상승이 이자율을 상승시킬 때 발생하는 투자지출의 감소다. 예를 들어 더 높아진 물가가 이자율을 상승시킬 때 댈러스에 고층건물을 짓기 위해 자금을 빌리는 비용이 증가하며 그 결과 고층건물에 대한 투자가 감소한다. 고층건물과 같은 투자재는 실질국내총생산을 구성하는 최종생산물인 재화와 서비스 중 하나다.

이자율 효과가 어떻게 작동되는지를 요약해보자. 물가 상승은 화폐수요를 증가시키고 그 결과 이자율이 상승한다. 더 높아진 이자율은 투자를 감소시키고 이는 실질국내총생산에 대한 수요를 감소시킨다. 이는 다음과 같이 더 간결하게 요약될 수 있다.

물가 ↑ → 화폐수요 ↑ → 이자율 ↑ → 투자 ↓
　　→ 실질국내총생산에 대한 수요 ↓

이미 설명했듯이 이자율이 상승하면 투자하기 위해 자금을 차입하는 것이 더 이상 바람직하지 않게 된다. 동시에 이자율 상승은 이자를 버는 계좌에 자금을 저축하는 것을 더 바람직하게 만든다. 따라서 물가 상승의 이자율 효과는 본질적으로 차입에서 저축으로의 대체라 할 수 있다. 이자율 효과는 반대 방향으로도 작동한다. 즉 물가 하락은 화폐수요를 감소시키고 그 결과 이자율이 하락한다. 이자율 하락은 투자를 위해 자금을 차입하는 것을 더 바람직하게 만들고 그 결과 실질국내총생산에 대한 수요를 증가시킨다. 그 결과 나타나는 물가와 실질국내총생산 간의 역의 관계로 인해 총수요곡선이 음의 기울기를 갖는다.

국제무역 효과　미국의 물가가 상승하면 다른 국가에서 생산되는 재화가 상대적으로 더 싸진다. 동시에 텍사스산 원유나 항공기와 같은 미국의 수출품이 더 비싸진다. **국제무역 효과**(foreign trade effect)는 물가가 상승할 때 발생하는 국내 재화와 서비스로부터 해외 재화와 서비스로의 대체다. 다시 말해서 국내 소비자들은 물가가 더 싼 곳으로부터의 수입품을 더 많이 구매하고, 국내 생산자들은 더 비싸진 수출품을 더 적게 팔게 된다. 수입의 증가와 수출의 감소는

Bill Cobb/SuperStock

▲ 국가 간 상대적인 물가 수준이 텍사스주에 소재한 이 항구를 포함하여 여러 항구들의 활동에 영향을 준다. 미국의 물가가 상승하면 미국의 소비자들이 해외로부터 더 많은 재화를 수입하고 미국의 생산자들은 다른 나라에 더 적은 양의 재화를 수출한다. 그 결과 미국의 생산물에 대한 순수요가 감소하는데 이를 국제무역 효과라 한다.

모두 미국의 실질국내총생산에 대한 수요를 감소시킨다. 물가 상승의 국제무역 효과를 다음과 같이 요약할 수 있다.

국내물가 상승 ↑ →
　수입품은 상대적으로 싸지고 수출품은
　상대적으로 비싸짐 →
　수입 ↑ 수출 ↓ →
　실질국내총생산에 대한 수요 ↓

반대의 경우도 마찬가지다. 미국의 물가가 하락하면 수출이 증가하고 수입이 감소하며 미국의 실질국내총생산에 대한 수요가 증가한다. 따라서 국제무역 효과는 물가와 실질국내총생산에 대한 수요 간 음의 관계를 더 강화한다.

실질재산 효과, 이자율 효과, 그리고 국제무역 효과는 함께 총수요곡선이 음의 기울기를 갖도록 만든다. 전체 물가의 변화가 재화 간 대체를 유발하지 않더라도 현재 소비와 미래 소비 간 대체, 차입과 저축 간 대체, 내국재와 외국재 간 대체를 유발하고 그 결과 물가와 실질국내총생산에 대한 수요 사이에 역의 관계를 낳는다.

총수요곡선을 이동시키는 요인들

국내총생산은 소비(C), 투자(I), 재화와 서비스에 대한 정부지출(G), 그리고 수출(X)에서 수입(M)을 뺀 순수출로 구성된다고 했다.

$$GDP = C + I + G + (X - M)$$

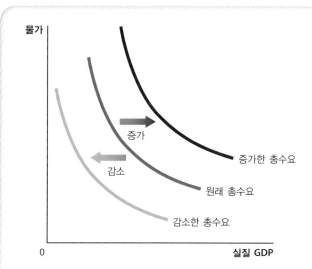

그림 14.2 총수요곡선의 이동
물가 변화 이외에 소비, 투자, 재화와 서비스에 대한 정부지출, 또는 순수출을 증가시키는 다른 모든 변화들은 총수요곡선을 오른쪽으로 이동시킨다. 이와 반대로 물가 변화 이외에 소비, 투자, 재화와 서비스에 대한 정부지출, 또는 순수출을 감소시키는 다른 모든 변화들은 총수요곡선을 왼쪽으로 이동시킨다.

그림 14.2가 보여주듯이 이들 국내총생산의 구성요소 중 어느 하나라도 증가시키거나 감소시키는 것은 거의 모두 총수요곡선을 오른쪽 또는 왼쪽으로 이동시킨다. 단 물가 변화는 예외인데, 물가 변화는 앞서 설명한 효과들로 인해 총수요곡선의 이동이 아니라 총수요곡선 상의 이동 요인이 되기 때문이다. 이 절에서는 총수요곡선을 이동시키는 변화에 대해 설명한다.

소비 변화 소비를 크게 증가시키는 요인이 무엇인지를 이해하기 위해 여러분이 쇼핑하러 갈 기분이 나도록 만드는 것이 무엇인지 생각해보라. 물가에 변함이 없이 여러분의 소득이 증가한다면 차를 더 좋은 것으로 바꾸기를 원할 것이다. 소득, 재산, 소비에 대한 세금이 감소한다면 쓸 수 있는 돈이 더 많아지고 외식을 더 자주 하려 들 것이다. 집권당, 정부 정책, 평화 전망의 변화를 포함하여 미래의 소득 증가나 고용 안정에 대해 여러분을 더 낙관적으로 만드는 어떤 변화도 집을 새로 고치는 데 대해 더 자신감을 갖도록 만들 것이다. 유통 중인 화폐의 양이 증가하여 돈을 벌거나 차입하는 것이 쉬워지면 새 노트북 컴퓨터를 사기 위해 돈을 쓰는 것이 더 쉬워질 것이다. 이러한 변화는 모두 소비자가 더 많은 돈을 지출하도록 만들고 총수요를 증가시킨다. 이는 총수요곡선의 오른쪽으로의 이동에 의해 대표된다. 이와 반대되는 변화는 반대로 총수요를 감소시키고

▲ 게임 쇼에서 승리하거나 의대에 합격할 때처럼 사람들이 더 부유해졌다고 느끼거나 미래 소득에 대해 더 낙관적으로 될 때 소비가 증가한다.

총수요곡선을 왼쪽으로 이동시킨다.

투자지출 변화 기업의 투자지출은 보통 차입된 돈으로 지급되며, 이 경우 이자율이 가격이 된다. 이자율이 하락하면 투자는 덜 비싸지고 그 결과 투자사업의 수익성이 높아진다. 따라서 이자율 하락은 투자를 증가시킨다. 기업들은 또한 투자로부터의 수익 전망에 대해 더 낙관적일 때 더 많은 투자를 할 것이다. 이는 기업들이 경제가 개선되거나 친기업적 정책이 시행될 것을 예상할 때 일어날 수 있다. 기업에 대한 조세가 감소하면 기업이 더 이상 정부에 지급할 필요가 없어지는 돈이 투자지출에 쓰일 수 있다. 또한 화폐공급이 증가하면 기업이 돈을 차입하는 것이 쉬워지고 그 결과 투자지출이 증가한다. 이러한 변화는 각각 총수요를 증가시키는데, 이와 반대 방향의 변화는 총수요를 감소시킨다.

정부지출의 변화 정부지출은 재량적 지출, 의무적 지출, 순이자지출의 세 가지 범주로 나뉠 수 있다.

재량적 지출(discretionary spending)은 연간 예산지출법에 의해 승인된다. 재량적 지출의 예로는 공립학교, 고속도로, 연방수사국, 텍사스주 휴스턴에 소재한 항공우주국의 임무통제센터에 대한 지출을 들 수 있다. 재량적 지출은 해에 따라 정책입안자들의 결정에 따라 증가하거나 감소할 수 있다. 재량적 지출의 증가는 총수요를 증가시키고 재량적 지출의 감소는 총수요를 감소시킨다.

의무적 지출(mandatory spending)은 연간 예산지출법이 아닌 다른 법

재량적 지출
연간 예산지출법에 의해 승인되는 지출

의무적 지출
연간 예산지출법이 아닌 다른 법에 의해 요구되는 지출

Q&A

앞서 소비, 투자, 순수출의 증가는 총수요곡선 상의 이동을 가져오는 원인이라 배웠다. 그런데 지금은 이들이 총수요곡선을 이동시키는 원인으로 제시되고 있다. 어떻게 이 두 가지가 모두 가능할까?

앞서 설명한 총수요곡선 상의 이동과 지금 설명하는 총수요곡선의 이동은 근본 원인에 차이가 있다. 재산 효과, 이자율 효과, 그리고 국제무역 효과는 물가 변화가 소비, 투자 및 순수출을 변화시킴으로써 발생한다. 총수요곡선은 물가와 실질국내총생산에 대한 수요 간의 관계를 보여주므로 물가 변화의 결과는 총수요곡선을 이동시킬 필요 없이 총수요곡선의 모양에 반영되어 있다. 소비, 투자, 순수출 또는 정부지출의 변화가 물가 변화 이외의 요인에 의해 발생할 때에만 총수요곡선이 이동하게 된다.

따라서 어떤 변화가 총수요곡선의 이동과 관련이 있는지 또는 총수요곡선 상의 이동을 가져오는지를 판단하려 한다면 근본적인 원인이 물가 변화였는지 물어보라. 물가 변화로 인한 것이었다면 그 결과는 총수요곡선 상의 이동일 것이다. 그렇지 않다면 그 결과는 총수요곡선의 이동일 것이다.

에 의해 요구된다. 의무적 지출의 예로는 사회보장, 노인의료보험, 실업보험, 연방근로자 퇴직 및 장애 혜택, 저소득층 영양보충지원 프로그램(SNAP) 등을 들 수 있다. 이들 프로그램에 대한 지출은 관련된 법이 바뀔 때나 적격수급자에게 혜택을 제공하는 데 드는 비용이 바뀔 때 변한다. 예를 들어 실업보험에 대한 지출은 2007~2009년의 대후퇴 기간 중 실업률이 크게 상승함에 따라 상당히 큰 폭으로 증가했다.

의무적 지출은 총수요를 부추긴다. 그 예로는 복지후생 프로그램 시설이나 종사자에 대한 지출을 들 수 있다. 사회보장이나 실업보험 지출은 정부로부터 개인에게 지급되는 이전지출 중에서 직접적으로 총수요의 일부가 되지 않는 지출이다. 이들 지출은 재화나 서비스의 형태로 이루어지지 않기 때문이다. 그렇지만 이전지출의 증가는 이를 수취한 수령자의 지출을 증가시키는데, 이것이 바로 총수요를 증가시킨다. 마찬가지로 이전지출의 감소는 수령자의 지출을 감소시키고 총수요를 감소시킨다.

순이자 지출(net interest spending)은 정부부채에 대한 정부의 이자 지출에서 정부가 수취하는 이자 수입을 뺀 것이다. 정부의 이자 지출은 재화와 서비스에 대한 지출이 아니기 때문에 총수요의 일부가 되지 않는다.

순수출의 변화   수출에서 수입을 뺀 순수출은 한 국가의 수출이 증가하거나 수입이 감소할 때 증가한다. 예를 들어 캐나다, 멕시코, 또는 중국과 같은 미국의 교역상대국의 경제가 개선되면 미국의 기계, 전자제품, 항공기, 의약품, 그리고 기타 재화와 서비스를 더 수입할 가능성이 높아진다. 미국 교역상대국의 수입은 미국의 수출이다. 수출이 증가하면 총수요가 증가한다.

다른 방향으로의 재화와 서비스 흐름을 보면 수입가격의 상승, 교역에 대한 제약 또는 사람들의 필요나 선호의 변화는 미국 소비자들이 더 적은 양의 재화와 서비스를 수입하고 국내에서 더 많은 지출을 하도록 만들 수 있다. 수출을 증가시키거나 수입을 감소시키는 변화는 한 국가의 순수출을 증가시키고 이는 다시 총수요를 증가시키는 한편 총수요곡선을 오른쪽으로 이동시킨다. 순수출의 감소는 반대 방향의 효과를 갖는다.

표 14.1은 소비, 투자, 정부지출, 순수출 등 총수요의 구성요소를 증가시키고 총수요곡선을 오른쪽으로 이동시키는 변화들을 요약해서 보여준다. 이들 변화와 반대 방향의 변화는 총수요를 감소시키고 총수요곡선을 왼쪽으로 이동시킨다.

승수효과와 총수요

총수요는 지출로부터 유래된다. 그런데 지출은 다시 더 많은 지출을 가져오고, 이는 다시 더 많은 지출을 가져오는 과정이 계속 이어진다. 3만 2,000에이커에 달하는 목초지, 논, 밭을 가진 텍사스주의 피어스 목장을 생각해보자. 멕시코는 미국산 쌀의 주요 수입국이다. 피어스 목장이 멕시코 식품업체에 쌀을 수출하고 받는 100달러마다 목장 소유자가 20달러를 저축한다고 하자. 이는 20%에 해당한다. 목장 소유자는 나머지 80달러를 새 수확장비에 지출한다. 마찬가지로 수확장비 판매업자는 자신이 받는 80달러 중 20%인 16달러를 저축한다고 하자.

순이자 지출
정부부채에 대한 정부의 이자 지출에서 정부가 수취하는 이자 수입을 뺀 것

표 14.1　총수요를 증가시키는 변화

다음 경우에 발생하는 소비 증가
- 소득이나 재산이 증가한다.
- 소득세, 판매세 또는 재산세가 감소한다.
- 소비자가 미래 소득이나 고용 안정에 대해 더욱 낙관적이 된다.
- 화폐공급이 증가한다.

다음 경우에 발생하는 투자 증가
- 이자율이 감소한다.
- 기업이 미래 이윤에 대해 더욱 낙관적이 된다.
- 기업에 대한 세금이 감소한다.
- 화폐공급이 증가한다.

다음 경우에 발생하는 재화와 서비스에 대한 정부지출 증가
- 정책 변화로 인해 재량적 지출이 증가한다.
- 재화와 서비스에 대한 의무적 지출이 증가한다.

다음 경우에 발생하는 순수출 증가
- 외국의 수입(우리의 수출)이 증가한다.
- 국내 소비자들에 의한 수입이 감소한다.

그는 나머지 64달러를 용접공장에서 헬멧을 용접하는 데 쓴다. 이처럼 판매업자가 수입의 일부를 저축하고 나머지를 지출하는 과정은 멕시코로부터 받는 100달러 전부가 저축이 되어 더 이상 지출할 돈이 남지 않을 때까지 계속된다. 표 14.2는 이러한 과정을 보여준다. 최종적으로 처음 100달러의 지출이 이루어진 결과 모두 500달러가 지출되고 100달러가 저축된다. 다음 절에서는 새로운 지출의 총액을 계산할 수 있는 보다 쉬운 방법을 설명한다.

한계소비성향과 한계저축성향

100달러의 지출이 500달러의 지출로 변환되는 이면에는 여러분이 종종 경험하는 경제적 요인들이 작용하고 있다. 여러분은 돈을 수취하면 이 중 일부를 지출하고 일부를 저축할 것이다. 새 소득 중 지출이 되는 부분을 **한계소비성향**(marginal propensity to consume, MPC)이라 한다. 새 소득 중 저축이 되는 부분을 **한계저축성향**(marginal propensity to save, MPS)이라 한다. 모든 소득이 소비에 지출되거나 저축되는 단순한 상황에서는 MPC+MPS=1이다. 따라서 소득 중 지출되지 않는 부분은 저축된다(MPS=1−MPC). 쌀의 예에서는 목장과 목장설비 판매업자가 각각 80% 또는 0.80의 한계소비성향을 갖고 있었고, 따라서 이들의 한계저축성향은 0.20(=1−0.80)이었다.

표 14.2　지출승수

지출된 금액		저축된 금액
$100.00	→	$20.00
↓		
$80.00	→	$16.00
↓		
$64.00	→	$12.80
↓		
$51.20	→	$10.24
↓		
...		...
$500.00		$100.00

한계소비성향(MPC)
새 소득 중 지출이 되는 부분

한계저축성향(MPS)
새 소득 중 저축이 되는 부분

지출승수

지출승수(spending multiplier)는 경제에 새로운 지출로 '주입'되는 매 1달러로부터 발생하는 지출의 총액을 말한다. 지출승수의 공식은 다음과 같다.

$$지출승수 = \frac{1}{1-MPC} = \frac{1}{MPS}$$

이러한 형태의 승수는 모든 소득이 지출 또는 저축된다는 단순화 가정 때문에 '단순' 지출승수라고도 불린다. 승수에 대해 논할 때는 물가도 일정하다고 가정하고 있다. 우리는 나중에 조세와 수입을 더함으로써 더 현실에 가깝게 갈 것이다. 우리는 또한 총공급곡선이 우상향하는 기울기를 가지는 경우에는 총수요의 증가가 물가를 상승시키는데 이 경우에는 승수효과가 감소함을 볼 것이다.

쌀의 예에서 한계저축성향은 0.2였으며, 그 결과 지출승수는 1/0.2=5였다. 따라서 멕시코가 쌀을 구매하고 100달러의 현금을 미국 경제에 주입했을 때 처음 100달러의 지출로부터 발생한 새로운 지출의 총액은 $100×5=$500였다. 모든 것을 합해서 미국은 멕시코에 연간 2,500억 달러 이상을 수출한다. 승수효과 덕분에 이들 수출은 총수요에 더 큰 영향을 미친다.

누출

소득세의 존재는 승수효과를 더 작아지게 만든다. 저축과 마찬가지로 조세는 돈을 경제의 지출과 재지출의 승수과정으로부터 빼내는 **누출**(leakage)이다. 소비자의 소득 중에서 국내 소비에 지출되는 부분은 저축, 조세 또는 제3의 누출 형태인 수입으로 누출되지 않는 부분이다. 예를 들어 미국에서 댐을 설계한 엔지니어가 소득 중 일부를 노르웨이로부터 수입한 스웨터에 지출했다면 이 엔지니어가 수입품을 아무것도 사지 않았을 때에 비해 더 적은 양의 돈이 미국 내에서 지출되고 재지출될 것이다.

누출의 효과는 비유를 통해 분명하게 보일 수 있다. 지출과정을 구매자로부터 판매자에게로 돈을 담은 양동이가 넘겨지고 다시 판매자가 구매자가 되는 식의 과정으로 상상해보자. 이 과정에서 양동이에 담긴

> **지출승수**
> 경제에 새로운 지출로 주입되는 매 1달러로부터 발생하는 지출의 총액
>
> **누출**
> 지출승수의 맥락에서 볼 때 이는 저축, 조세, 수입과 같이 돈을 경제의 지출과 재지출의 순환으로부터 빼내는 것이다.
>
> **단기총공급곡선**
> 여러 물가 수준에서 단기에 공급되는 최종생산물인 재화와 서비스의 총량을 보여주는 곡선

그림 14.3　새는 양동이
지출은 저축, 조세, 수입 등으로 누출되지 않는 소득 부분이다.

IPG Gutenberg UKLtd/Getty Images

돈 중 일부가 저축, 조세, 수입재에 대한 지출 등으로 새나간다(그림 14.3 참조). 누출이 적을수록 양동이는 모든 돈이 새나가기 전까지 더 오랜 시간 동안 넘겨지고 더 많은 국내지출을 창조할 수 있다. 따라서 누출이 적을수록 승수효과가 더 크다.

유일한 누출이 저축이라면 승수효과는 $\frac{1}{MPS}$ 과 같다. 조세와 수입이라는 누출이 더해지면 승수는 $\frac{1}{누출}$ 이 되며 이때 누출은 매 1달러 중에서 저축되거나, 과세되거나, 또는 수입품에 지출되는 부분을 말한다. 만일 20%가 저축되고, 15%가 조세로 납부되고, 5%가 수입품에 지출된다면 승수는 $\frac{1}{0.20+0.15+0.05}$=2.5가 된다. 새는 양동이의 비유에서 예상할 수 있듯이 누출이 증가함에 따라 승수는 작아진다.

단기총공급

총수요가 경제 내의 모든 재화와 서비스에 대한 수요인 것처럼 총공급은 경제 내의 모든 재화와 서비스의 공급이다. **단기총공급곡선**(short-run aggregate supply curve)은 여러 물가 수준에서 단기에 공급되는 최종생산물인 재화와 서비스의 총량을 보여준다.

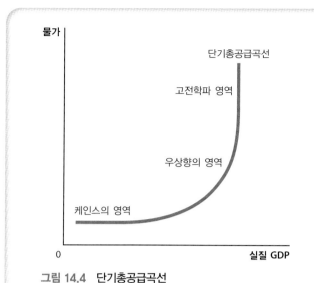

그림 14.4 단기총공급곡선
단기총공급곡선은 케인스의 영역에서는 수평이고, 중간 부분에서는 우상향하고, 고전학파 영역에서는 수직이다.

단기총공급곡선의 모양

그림 14.4는 단기총공급곡선의 일반적인 모양을 보여준다. 실질국내총생산이 낮을 때에는 평평하고, 중간 부분에서는 우상향의 기울기를 가지고, 실질국내총생산이 높을 때에는 가팔라진다. 이 장에서는 단기총공급곡선이 이러한 모양을 가지는 이유와 이러한 단기총공급곡선이 경제의 작동에 대해 어떤 함의를 가지는지에 대해 설명한다.

케인스의 영역   영국의 경제학자 존 메이너드 케인스는 1930년대 대공황 시절 동안의 경제를 연구한 후 물가가 상승하지 않는다 해도 기업은 총수요 증가에 대응하여 더 많은 산출물을 공급할 의향이 있다는 결론을 내렸다. 다시 말해서 케인스의 견해에 따르면 단기총공급곡선은 수평이다. 이러한 결론은 20% 이상의 근로자들이 실업 상태에 있었고 많은 생산공장들이 가동을 중단하고 있었던 대공황 중에는 특히 타당성이 있었다. 이러한 조건하에서는 기업들이 더 높은 물가라는 동기가 부여되지 않는다 해도 총수요 증가를 따라잡기 위해 산출물을 증가시키는 데 만족할 것이다. 경기후퇴나 침체로 인해 실질국내총생산이 매우 낮은 수준으로 감소할 때에도 마찬가지 논리가 적용되며 이에 따라 총공급곡선의 왼쪽 끝부분은 그림 14.4가 보여주듯이 수평선에 가까울 것이다. 총공급곡선 중에서 상대적으로 평평한 부분을 단기총공급곡선에서의 '케인스의 영역'이라 부른다.

우상향의 영역   단기총공급곡선의 중간 부분은 일반적으로 모자와 스테이크에 대한 공급곡선과 마찬가지로 우상향하는 기울기를 갖는다. 그렇지만 그 이유는 상이하다. 단기총공급곡선에서 양의 기울기는 근로자를 비롯한 타 생산요소에 대한 장기계약으로 인해 발생한다. 많은 교사, 자동차 업체 근로자, 농구 선수들의 고용계약은 3년마다 한 차례 협상된다. 다른 근로계약은 인플레이션에 대해 보상하고 근로자에게 성과급을 지급하기 위해 매년 한 차례 조정된다. 자본재와 토지에 대한 리스(lease) 계약도 일반적으로 적어도 1년의 기간을 대상으로 하여 협상된다. 이러한 계약에는 음식점 건물, 사무실용 복사기, 농장, 광산 운영권 등이 포함된다. 여기서 우리는 모든 생산요소를 대표하는 노동의 비용인 임금에 대해 논하고자 한다.

여러분은 시간에 따른 화폐가치를 따질 때 명목가치와 실질가치를 구분하는 것이 얼마나 중요한지를 보았다. **명목임금**(nominal wage)은 근로자가 보상으로 수취하는 실제 달러의 양을 말한다. **실질임금**(real wage)은 인플레이션에 대해 조정된 임금으로 구매력, 즉 임금으로 구매할 수 있는 재화와 서비스의 양을 나타낸다. 물가와 명목임금이 모두 같은 비율(예 : 10%)만큼 상승한다면 근로자가 명목임금을 가지고 살 수 있는 것에는 변화가 없을 것이다. 즉 실질임금은 동일할 것이다. 그렇지만 물가는 상승하고 명목임금에는 변화가 없다면 실질임금은 하락한다. 근로자들이 물가가 오르기 전에 살 수 있었던 만큼의 재화와 서비스를 살 수 없기 때문이다. 간단히 말해서 명목임금은 근로자가 수취하는 달러의 양에 따라 상승하고 하락한다. 실질임금은 이 임금으로 살 수 있는 재화와 서비스의 양에 따라 상승하고 하락한다.

> 명목임금은 근로자가 수취하는 달러의 양에 따라 상승하고 하락한다. 실질임금은 이 임금으로 살 수 있는 재화와 서비스의 양에 따라 상승하고 하락한다.

경제학자들은 신축성이 없거나 가치가 변하기 어려움을 나타내기 위해 **경직적**(sticky)이란 용어를 사용한다. 계약이 재협상될 때에만 변하고 물가가 변할 때마다 변하지는 않는 명목임금은 **경직적 명목임금**(sticky nominal wage)이라 불린다. 경직적

명목임금
근로자가 보상으로 수취하는 실제 달러의 양

실질임금
인플레이션에 대해 조정되어 구매력을 나타내는 임금

명목임금이 리스키즈 스테이크하우스의 주인이 스테이크를 공급할 것인지 여부를 결정하는 데 어떻게 영향을 미치는지 생각해보자. 2017년 시리아에서처럼 물가가 25% 상승한다면 8달러의 비용이 들던 스테이크는 이제 10달러의 비용이 들 것이다. 하지만 장기계약으로 인해 시간당 8달러의 경직적 명목임금을 받던 식당 종업원은 여전히 시간당 8달러를 받을 것이다. 그 결과 스테이크 1개의 비용이 들던 1시간의 노동이 이제는 스테이크의 5분의 4만큼의 비용만 들 것이다. 다시 말해서 실질임금이 하락한 것이다. 낮은 실질임금은 스테이크 1개를 팔 때마다 버는 이윤을 증가시키고 이 음식점이 더 많은 종업원을 고용하여 더 많은 스테이크를 생산할 유인을 제공한다. 물론 이와 유사한 얘기가 경제 내의 모든 기업에 대해서도 적용될 수 있다. 물가가 상승할 때 모든 기업들이 더 많은 양을 공급할 의향이 있다면 물가와 단기총공급 간에는 양의 관계가 존재한다.

물가가 하락할 때에는 장기 임금계약이 물가만큼 빠른 속도로 명목임금이 하락하는 것을 막는다. 그 결과 실질임금은 상승한다. 따라서 기업들은 근로자를 더 적게 고용하고 더 적은

경제가 생산능력의 한계에 도달하면 단기총공급곡선이 수직이 된다.

물가

단기총공급곡선

0   실질 GDP

양을 산출함으로써 물가 하락에 대응한다. 이런 이유로 인해 물가가 상승하든 하락하든 경직적 명목임금은 단기총공급곡선의 중간 부분이 우상향의 기울기를 갖도록 만든다.

고전학파 영역 고전학파라 알려진 경제학자 집단의 이론은 애덤 스미스의 1776년 저서로부터 출발하여 1930년대의 대공황에 이르기까지 주목을 받았다. 고전학파 경제학자들은 경제가 정부 개입의 필요 없이 경기 후퇴로부터 재빨리 회복할 수 있다고 믿었다. 단기총공급곡선이 수직이라면 이 믿음은 옳을 것이다. 물가가 얼마든 관계없이 실질국내총생산이 동일할 것이기 때문이다. 임금과 기타 투입물의 가격이 경직적이지 않고 전체 물가와 동일한 비율로 변할 수 있다면 단기총공급곡선은 수직일 것이다. 그 이유는 무엇일까? 투입물의 가격이 산출물 가격에 상응하여 변동한다면 물가가 변하더라도 기업이 더 많거나 적은 산출물을 공급할 유인이 없기 때문이다. 경제의 회복이 재빠르고 정부의 노력이 필요 없다는 고전학파의 견해는 10년간 지속된 대공황의 현실과 상충된다. 그럼에도 고전학파 이론의 잔재는 오늘날까지 영향력을 갖고 있다.

임금이 경직적이라 해도 단기총공급곡선은 경제의 생산능력이 가진 물리적 한계에서 수직이 된다. 높은 실질국내총생산 수준에서 경제가 물리적 한계에 접근함에 따라 단기총공급곡선은 가팔라진다. 결국 물가와 상관없이 더 이상의 산출물을 생산할 수 없을 때 이 곡선은 수직이 된다. 총공급곡선이 수직인 부분은 총공급의 고전학파 영역이라 알려져 있다.

단기총공급곡선을 이동시키는 요인들

생산자가 물가 변화 이외의 이유로 더 많거나 적은 산출물을 공급하려 할 때 단기총공급곡선이 이동한다. 그림 14.5는 총공급의 증가를 어떻게 총공급곡선의 오른쪽 이동으로 나타낼 수 있는지를 보여주며, 총공급의 감소를 어떻게 총공급곡선의 왼쪽 이동으로 나타낼 수 있는지를 보여준다. 모자와 스테이크의 공급곡선과 마찬가지로 단기총공급곡선은 생산비용이 변할 때 이동한다.

원유와 같이 널리 사용되는 투입물의 비용을 생각해보자. 원

RISCKY'S STEAKHOUSE

philipus/Alamy Stock Photo

▲ 음식점이나 다른 사업체에서의 임금계약은 종업원의 임금을 1년 또는 그 이상의 기간 동안 고정시킨다. 그 결과 물가 변화에 따라 임금이 조정되기까지 오랜 시간이 걸린다.

유 가격의 상승은 대부분의 재화에 있어서 생산 및 운송 비용을 증가시킨다. 이는 이윤을 감소시키고 어떤 물가에서든 기업이 재화를 공급할 의향을 감소시킨다. 이와 유사한 결과가 다른 투입물 가격, 기업에 대한 과세, 규제, 또는 생산성의 변화로부터 발생할 수 있다.

투입물 가격 임금 또는 다른 투입물의 가격이 하락하면 비용 감소로 인해 산출물 단위당 이윤이 증가하고 기업은 더 많은 산출물을 공급할 유인이 생긴다. 이는 단기총공급곡선을 오른쪽으로 이동시킨다. 투입물 가격의 상승은 이와 반대의 효과를 갖는다. 즉 비용이 증가하고 이윤이 감소하며 단기총공급곡선이 왼쪽으로 이동한다. 투입물 가격의 변화는 투입물에 대한 수요와 공급이 변화한 결과다. 예를 들어 새 원유 공급원의 발견은 원유 공급을 증가시키고 유가를 하락시킨다. 비육우 산업의 팽창은 가축 사료의 원료인 옥수수나 다른 곡류의 수요를 증가시키고 이들 투입물의 가격을 상승시킨다.

법인세와 규제 리스키즈 스테이크하우스는 이익에 대한 세금을 낸다. 법인세가 증가하면 이 기업의 세후 이익이 감소하고 그 결과 이 기업은 음식을 팔 의향이 줄어든다. 법인세가 큰 폭으로 증가하면 다른 기업들도 이와 유사한 영향을 받을 것이고

단기총공급곡선은 왼쪽으로 이동할 것이다. 이와 반대로 법인세의 감소는 기업들이 생산을 증가시킬 유인을 강화하고 단기총공급곡선을 오른쪽으로 이동시킨다.

스테이크 전문식당들은 유독성 연기를 배출시키는 배기 후드를 그릴 위에 설치하도록 규제를 받는다. 배기 후드는 수만 달러의 비용이 든다. 만일 규제가 변하여 음식점들이 더 이상 후드를 사용할 것을 요구받지 않는다면 음식점을 열고 그릴에 구운 스테이크를 공급하는 비용이 감소할 것이다.

마찬가지로 일부 제조업체는 유독성 폐기물을 발생시키는데, 이들은 싼 비용으로 공장 근처의 수로에 방출될 수도 있지만 더 안전한 처리 장소로 운송하려면 더 큰 비용이 들 것이다. 규제가 변해서 기업들이 더 많은 유독물을 공기나 수로에 배출할 수 있다면 단기총공급곡선은 오른쪽으로 이동할 것이다. 여러분이 추측하듯이 규제가 강해지면 단기총공급곡선은 왼쪽으로 이동한다.

생산성 변화 여러분은 컴퓨터광들이 경제에 유익하다고 알고 있을 것이다. 과연 그럴까? 기술 진보를 비롯하여 생산방법의 개선은 생산성을 높인다. 예를 들어 텍사스주 의료협회는 전자의료기록으로 인해 환자들이 더 짧은 시간에 더 나은 치료를 받을 수 있다고 보고하고 있다. 전자의료기록 덕분에 기록표가 분실될 염려도 없고, 기록표를 보관할 공간도 필요하지 않고, 알아보기 힘든 글씨를 염려할 필요도 없고, 업무 중복이나 정보 오류의 문제도 적게 발생한다. 더 일반적으로 기술, 교육 또는 운송시스템이 향상되면 기업들은 어떤 물가 수준에서든 더 많은 산출물을 공급할 것이다. 그 결과는 단기총공급곡선의 오

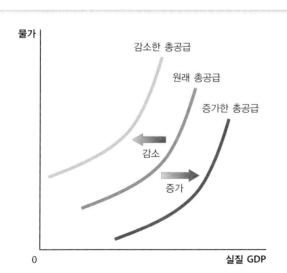

그림 14.5 단기총공급곡선의 이동
투입물 가격이 하락하거나, 조세가 감소하거나, 생산비용을 감소시키는 규제 변화가 발생하거나, 생산성이 높아지면 단기총공급이 증가하고 단기총공급곡선이 오른쪽으로 이동한다. 이들 변화의 반대 방향으로의 변화는 무엇이든 단기총공급을 감소시키고 단기총공급곡선을 왼쪽으로 이동시키는 원인이 된다.

▲ 음식점을 비롯한 영업점들이 종업원이나 고객에게 해가 가지 않도록 유독성 연기를 배출시킬 것을 요구하는 규제처럼 영업비용을 증가시키는 새로운 규제는 총공급곡선을 왼쪽으로 이동시킨다.

TYLER HICKS/The New York Times/Redux

▲ 2016년에 캐나다 맥머리 요새 근처에서 발생한 대형 산불로 인해 이 지역의 원유 생산이 중단되었다. 하루 100만 배럴을 초과하는 원유 생산 손실이 유가를 상승시킴에 따라 다른 많은 재화의 생산 및 운송비용이 증가했고, 단기총공급곡선이 왼쪽으로 이동했다.

표 14.3 총공급을 증가시키는 변화

다음 경우에 발생하는 투입물 가격 하락
- 투입물에 대한 수요가 감소한다.
- 투입물의 공급이 증가한다.

다음 경우에 발생하는 생산비용을 감소시키는 정부정책 변화
- 법인세가 감소한다.
- 생산비용을 증가시키던 규제가 제거된다.

다음 경우에 발생하는 생산성 증가
- 기술이 향상된다.
- 교육이 향상된다.
- 운송시스템이 개선된다.

른쪽 이동이다. 생산성의 하락은 흔히 발생하는 일은 아니지만 전쟁, 자연재해와 질병은 단기총공급곡선을 왼쪽으로 이동시킬 수 있는 비극에 속한다.

총공급의 변화가 예상치 못하게 갑자기 발생할 때 **공급충격**(supply shock)이라는 표현을 쓴다. 공급충격에는 정의 공급충격과 부의 공급충격이 있다. 예를 들어 이상적인 기온과 강우량으로 수천 가지 재화 생산에 있어 투입물이 되는 밀과 옥수수와 같은 작물이 풍작을 이룸에 따라 총공급이 증가하는 것을 정의 공급충격이라 한다. 전쟁이나 화재로 원유 공급이 저해되고 이로 인해 휘발유와 등유 그리고 관련된 투입물 가격이 급등하는 것은 부의 공급충격이다.

표 14.3은 단기총공급을 증가시키고 단기총공급곡선을 오른쪽으로 이동시키는 변화들을 요약해서 보여준다. 이들 변화 각각의 반대 방향의 변화는 단기총공급을 감소시키고 단기총공급곡선을 왼쪽으로 이동시킨다.

거시경제균형

그림 14.6이 보여주듯이 총수요곡선과 단기총공급곡선의 교차점은 경제의 단기 **거시경제균형**(macroeconomic equilibrium)을 결정한다. 이미 한 재화의 시장균형에 대해 배웠던 것들은 경제의 거시경제균형에도

유사하게 적용될 수 있다. 균형은 수요가 되는 산출물의 양과 공급이 되는 산출물의 양이 같을 때 발생한다. 물가가 균형 수준보다 높거나 낮으면 공급 과잉이나 부족이 균형이 달성될 때까지 물가를 조정한다.

공급과 수요의 변화가 한 재화의 균형가격과 양을 변화시킬 수 있듯이 총공급과 총수요의 변화도 한 경제의 물가와 실질국내총생산을 변화시킬 수 있다. 우리는 '변화시킨다' 대신 '변화시킬 수 있다'라는 표현을 쓰는데 이는 무엇이 변하는지가 곡

공급충격
예상치 못하게 갑자기 발생하는 총공급의 변화

거시경제균형
총수요와 총공급이 같을 때 경제의 상태

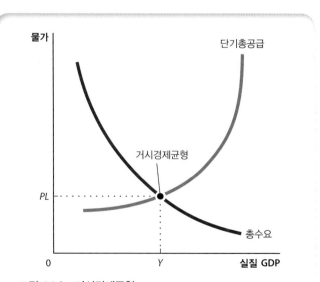

그림 14.6 거시경제균형
총수요곡선과 단기총공급곡선의 교차점인 거시경제균형에서 물가와 실질국내총생산이 결정된다.

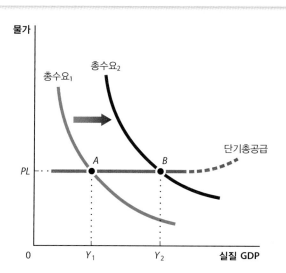

그림 14.7 단기총공급곡선의 케인스의 영역에서 총수요 증가의 효과

단기총공급곡선의 케인스의 영역에서 총수요가 증가하면 실질국내총생산은 증가하나 물가는 변하지 않는다.

선의 형태에 따라 다르기 때문이다. 그림 14.7은 케인스의 영역에서 총수요가 증가할 때 거시경제균형이 A점에서 B점으로 변하고 그 결과 실질국내총생산이 증가하나 물가는 변하지 않음을 보여준다.

그림 14.8은 고전학파 영역에서의 총수요 증가를 보여준다.

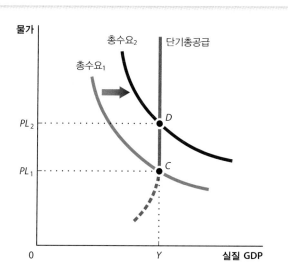

그림 14.8 단기총공급곡선의 고전학파 영역에서 총수요 증가의 효과

고전학파 영역에서 총수요가 증가하면 물가는 상승하나 실질국내총생산은 변하지 않는다.

그 결과 거시경제균형이 C점으로부터 D점으로 이동함에 따라 실질국내총생산의 변화 없이 물가만 상승한다.

이보다 덜 극단적인 상황에서는 단기총공급곡선이 우상향하는 기울기를 가진다. 2017년의 미국 소비자들이 그랬듯이 소비자들이 미래 소득과 고용 안정에 대해 더 낙관적으로 되면 더 많은 소비를 할 것이고 총수요곡선은 그림 14.9에서처럼 오른쪽으로 이동한다. 이는 다시 물가를 PL_1에서 PL_2로 상승시킨다. 물가 상승과 경직적 명목임금으로 인해 실질임금이 하락함에 따라 기업들은 더 많은 산출물을 공급할 의향이 생기고 실질국내총생산은 Y_1에서 Y_2로 증가하며 그 결과 단기 거시경제균형이 E점에서 F점으로 이동한다.

단기에는 근로자들이 고정된 명목임금을 받아들이지만 장기에는 모든 것이 변한다. 근로계약을 새로 협상할 때가 되면 리스키즈 스테이크하우스나 다른 모든 곳의 종업원들은 물가 상승과 더 많은 산출물을 생산하기 위해 증가된 노동수요에 상응하여 더 높은 명목임금을 요구한다. 명목임금이 상승하면 물가 상승에 따른 실질임금 잠식을 해소할 수 있지만 기업의 이윤은 감소한다. 임금과 여타 투입물 가격이 물가 상승에 상응할 만큼 상승함에 따라 어느 물가에서든 기업이 공급할 의향이 있는 산출량이 감소하고 단기총공급곡선이 왼쪽으로 이동한다. 이

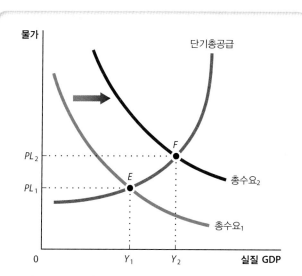

그림 14.9 단기총공급곡선이 우상향하는 기울기를 가진 영역에서 총수요 증가의 효과

단기총공급곡선이 우상향하는 기울기를 가지는 가장 보편적인 영역에서는 총수요가 증가함에 따라 거시경제균형이 E점에서 F점으로 이동한다. 이에 따라 물가는 PL_1에서 PL_2로 상승하고 균형 실질국내총생산은 Y_1에서 Y_2로 증가한다.

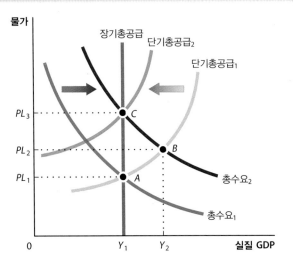

그림 14.10 총수요 증가 후 장기 거시경제균형으로의 조정
총수요가 증가하면 처음에는 물가와 산출량이 모두 증가하고, 거시경제균형은 A점에서 B점으로 이동한다. 이는 투입물 가격에 상승 압력을 가하고 단기총공급을 감소시킨다. 이러한 조정은 단기총공급곡선과 총수요곡선이 장기총공급곡선 상의 C점에서 교차할 때까지 계속된다.

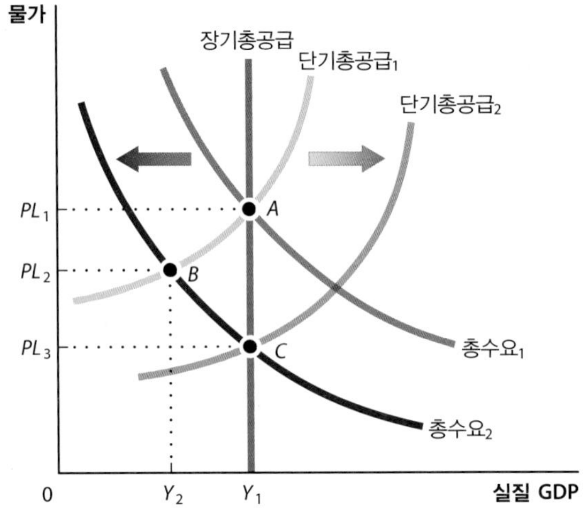

그림 14.11 총수요 감소 후 장기 거시경제균형으로의 조정
총수요가 감소하면 처음에는 물가와 산출량이 모두 감소하고, 거시경제균형은 A점에서 B점으로 이동한다. 이는 투입물 가격에 하락 압력을 가하고 단기총공급을 증가시킨다. 이러한 조정은 단기총공급곡선과 총수요곡선이 장기총공급곡선 상의 C점에서 교차할 때까지 계속된다.

와 같은 조정은 그림 14.10의 C점처럼 단기총공급곡선이 총수요 증가 이전에 생산되었던 것과 동일한 실질국내총생산 수준에서 총수요곡선과 교차할 때까지 계속된다.

A점과 C점은 실질국내총생산과 물가 간의 장기적인 관계를 보여주는 **장기총공급곡선**(long-run aggregate supply curve) 상에 있다. A점과 C점이 모두 동일한 수준의 실질국내총생산을 갖고 있는데 이는 물가의 변화는 경제가 총수요 변화에 적응할 시간을 가진 다음에는 실질국내총생산에 아무런 영향을 주지 못함을 의미한다. 이처럼 실질국내총생산이 물가 변화에 대해 반응하지 않기 때문에 장기총공급곡선은 수직이 된다. 장기총공급곡선에 대해서는 다음 절에서 추가적으로 배울 것이다.

그림 14.11은 총수요 감소가 거시경제균형을 A점에서 B점으로 이동시킨 후 경제가 장기적으로 어떻게 조정되는지를 보여준다. 근로계약이 갱신될 때 물가 하락과 줄어든 산출량을 생산하는 데 필요한 고용 수준 하락이 명목임금을 하락시킨다. 임금을 비롯한 다른 투입물 가격이 하락함에 따라 어떤 물가에서든 기업이 공급하고자 하는 산출량이 증가하고 단기총공급곡선이 오른쪽으로 이동한다. 이와 같은

장기총공급곡선
실질국내총생산과 물가 간 장기적인 관계를 보여주는 곡선

완전고용 산출량
완전고용하에서 생산될 수 있는 실질국내총생산 수준

조정은 그림 14.11의 C점처럼 단기총공급곡선이 총수요 증가 이전에 생산되었던 것과 동일한 실질국내총생산 수준에서 총수요곡선과 교차할 때까지 계속된다.

장기총공급과 경제성장

그림 14.10과 14.11은 장기적으로 물가에는 영향을 주지만 실질국내총생산에는 영향을 주지 않는 변화를 예시적으로 보여주었다. 이들 변화는 수직인 장기총공급곡선 상의 이동만을 가져온다. 장기총공급곡선은 완전고용 상태에서 생산될 수 있는 실질국내총생산 수준에 위치해 있는데 이를 **완전고용 산출량**(full-employment output) 또는 **잠재생산량**(potential output)이라 부른다. 완전고용은 경기적 실업이 존재하지 않는 상태임을 명심하라. 즉 완전고용 상태에서도 항상 마찰적 실업과 구조적 실업이 존재하기 때문에 완전고용은 경제활동인구 모두가 일을 하고 있는 상태를 의미하지는 않는다. 단기적으로는 마찰적 실업을 자연적인 수준 미만으로 낮춤으로써 경제가 완전고용 산출량을 초과하여 생산할 수 있지만 이는 오래 지속될 수 없다. 매우 낮은 실업률 수준에서는 근로자가 희소하기 때문에 임금이 상승한다. 앞서 보았듯이 임금이 상승하면 단기총공급곡선이 왼쪽으로 이동하는데 이는 완전고용 산출량 수준에서

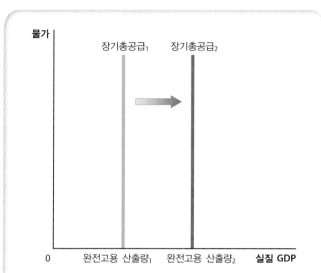

그림 14.12　장기총공급곡선을 이용하여 경제성장을 예시적으로 보이기

경제성장으로 경제가 지속할 수 있는 실질국내총생산 수준이 상승하면 장기총공급곡선이 오른쪽으로 이동한다. 경제성장의 원천은 생산요소의 증가와 이들 요소의 생산성 증가를 포함한다.

표 14.4　장기총공급을 증가시키는 변화

다음 경우에 발생하는 생산요소의 가용성 증가
- 자본에 대한 투자가 증가한다.
- 인구가 증가하여 더 많은 노동을 사용할 수 있다.
- 더 많은 토지를 생산에 사용될 수 있게 된다.

다음 경우에 발생하는 생산성 증가
- 기술이 개선된다.
- 교육 수준이 향상된다.
- 운송시스템이 개선된다.

장기균형이 달성될 때까지 계속된다.

　제1장에서는 이전에 일하지 않고 있던 근로자를 고용함으로써 달성되는 산출량의 증가는 경제성장으로 간주되지 않는다고 설명했다. 마찬가지로 일시적으로 마찰적 실업을 자연적인 수준 미만으로 낮춤으로써 가능한 산출량 증가도 경제성장이 아니다. 경제성장은 경제가 지속할 수 있는 실질국내총생산 수준의 증가, 즉 장기총공급의 증가다. 경제성장은 그림 14.12가 보여주듯이 장기총공급곡선의 오른쪽 이동에 의해 예시될 수 있다. 경제성장의 원천은 자본, 노동, 토지, 그리고 기타 생산요소의 가용성 증가를 포함한다. 경제성장은 또한 앞 절에서 설명했듯이 생산성 증가에 의해 일어날 수 있다. 지난 수십 년간 미국의 실질국내총생산은 연간 2~3% 정도 성장해 왔다.

　표 14.4는 경제성장을 창출하고 장기총공급곡선을 오른쪽으로 이동시키는 변화들을 요약해서 제시한다. 이들 변화 각각의 반대 방향으로의 변화는 장기총공급곡선을 왼쪽으로 이동시킨다. 제18장은 경제성장의 목표에 초점을 둔다.

요약

인플레이션, 생산, 고용과 경제성장에 관해 얘기하기 위해서는 총수요와 총공급의 그래프만 있으면 된다. 총수요곡선은 물가와 경제가 수요로 하는 최종생산물인 재화와 서비스의 양 간의 관계를 보여준다. 총수요곡선은 우하향하는 기울기를 갖지만 스테이크나 원유와 같은 전형적인 재화의 수요곡선이 우하향하는 기울기를 갖게 만드는 원인인 재화 간 대체효과 때문이 아니다. 경제의 물가가 상승하면 스테이크와 원유를 비롯한 대부분의 재화 가격이 상승하기 때문에 총수요의 변화는 상대가격 변화에 기인하지 않는다. 대신 실질재산 효과, 이자율 효과 및 국제무역 효과로 인해 총수요곡선은 우하향하는 기울기를 갖는다.

　실질재산 효과는 인플레이션으로 인해 실질재산이 감소한 결과 나타나는 재화와 서비스 수요량의 감소다. 실질재산 효과는 사람들로 하여금 물가가 높은 현재 소비를 물가가 더 낮을 수 있는 미래 소비로 대체하도록 만든다.

　이자율 효과는 물가 상승이 화폐수요를 증가시키고 이자율을 상승시킴에 따라 나타나는 투자 감소다. 이자율 상승은 사람들로 하여금 차입을 저축으로 대체하도록 만드는데, 저축을 함으로써 더 높은 이자율을 벌 수 있는 반면 차입을 할 경우에는 더 높은 이자율을 지급해야 하기 때문이다.

　국제무역 효과는 국내 물가가 더 높아짐에 따라 발생하는 순수출의 감소다. 국내 물가가 상승하면 소비자들이 국내 재화와 서비스를 덜 구매하고 외국 재화와 서비스를 더 구매한다.

물가 변화가 아닌 다른 원인으로 인한 소비, 투자, 정부지출 또는 순수출의 변화가 있을 때 총수요곡선이 이동한다.

지출 증가는 승수효과로 인해 총수요에 더 큰 영향을 미친다. 새로운 지출이 발생하면 판매자는 일반적으로 수취한 돈의 일부를 지출하고, 그다음 판매자도 그렇게 하는 식으로 계속 이어진다. 돈의 일부는 모든 돈이 저축으로 누출될 때까지 다시 지출된다. 새로운 지출로부터 연유되는 지출 총액은 새로운 지출액에 지출승수를 곱해서 구할 수 있다. 지출승수는 1을 소득 1달러 중 저축되는 부분의 비율로 나누어 구할 수 있다. 조세와 수입이 존재할 때에는 1을 소득 1달러 중 저축, 조세 또는 수입으로 누출되는 부분의 비율로 나누어 지출승수를 구할 수 있다.

총공급곡선은 여러 물가 수준에서 공급되는 최종생산물인 재화와 서비스의 양을 보여준다. 장기계약으로 인해 임금을 비롯한 다른 투입물 가격이 산출물 가격에 비해 느린 속도로 증가하기 때문에 물가가 상승하면 기업들은 단위당 더 많은 수익을 벌게 된다. 그 결과 기업들은 더 많은 단위의 산출물을 공급할 유인이 생긴다. 물가와 총공급 간 정의 관계로 인해 단기총공급곡선은 중간 부분에서 우상향하는 기울기를 갖는다. 실질국내총생산이 낮은 수준에서는 단기총공급곡선이 수평이다. 경제가 생산 가능한 가장 높은 실질국내총생산 수준에서는 단기총공급곡선이 수직이 된다. 단기총공급곡선은 투입물 가격, 법인세, 규제, 또는 생산성의 변화가 있을 때 이동한다.

장기총공급곡선은 완전고용에 해당하는 산출량 수준에서 수직이다. 경제성장이 발생하면 장기총공급곡선이 오른쪽으로 이동한다. 경제성장은 투입물의 가용성 향상 또는 이들 투입물의 생산성 향상에 의해 이루어진다. 예를 들어 가용 자본량이 증가하고 기술이 진보하면 더 많은 자동차를 생산하는 고속 자동차 조립라인으로부터 주점에서 황소타기를 할 수 있는 기계식 황소에 이르기까지 경제 전체에서 더 많은 재화와 서비스가 이용 가능해진다.

핵심용어

- ✓ 거시경제균형
- ✓ 경직적 명목임금
- ✓ 공급충격
- ✓ 국제무역 효과
- ✓ 누출
- ✓ 단기총공급곡선
- ✓ 명목임금
- ✓ 순이자 지출
- ✓ 실질임금
- ✓ 실질재산 효과
- ✓ 완전고용 산출량(또는 잠재생산량)
- ✓ 의무적 지출
- ✓ 이자율 효과
- ✓ 장기총공급곡선
- ✓ 재량적 지출
- ✓ 지출승수
- ✓ 총수요곡선
- ✓ 한계소비성향
- ✓ 한계저축성향

복습문제

1. 다음 진술의 참, 거짓 여부를 판별하라 — 물가가 상승하면 소비자들이 한 재화를 다른 재화로 대체하기 때문에 총수요곡선이 우하향하는 기울기를 갖는다. 답에 대해 설명하라.

2. 다음 진술의 참, 거짓 여부를 판별하라 — 물가가 상승하면 경직적 임금으로 인해 기업들이 더 많은 산출물을 생산할 유인이 생기기 때문에 단기총공급곡선이 우상향하는 기울기를 갖는다. 답에 대해 설명하라.

3. 다음 변화 중 총수요곡선을 왼쪽으로 이동시킬 수 있는 것은? 해당하는 모든 답을 선택하라.
   a. 물가 상승
   b. 재산 감소
   c. 수출 증가

d. 고용 안정에 대한 근로자의 낙관론 감소

e. 이자율 상승

f. 정부지출 감소

4. 다음 변화 중 단기총공급곡선을 오른쪽으로 이동시킬 수 있는 것은? 해당하는 모든 답을 선택하라.

a. 물가 상승

b. 투입물 가격 하락

c. 총수요 증가

d. 법인세 감소

e. 생산성 증가

f. 화폐공급 증가

5. 조세나 수입이 없다고 가정하고 다음 각 경우에 있어서 지출승수를 계산하라.

a. MPS=0.10

b. MPS=0.05

c. MPC=0.75

d. 새 소득의 절반이 저축됨

6. 정부가 철도시스템을 개선하기 위해 수중에 있는 100억 달러를 지출한다고 하자. 한계소비성향이 0.80이라면 승수과정이 완성된 후 지출의 총증가액은 얼마인가?

7. 단기총공급곡선은 케인스의 영역, 우상향의 영역, 고전학파 영역의 세 영역을 갖는다. 어떤 영역에서 총수요의 증가가 다음 결과를 가져오겠는가?

a. 물가와 실질국내총생산 수준이 모두 상승

b. 물가는 상승하나 실질국내총생산은 증가하지 않음

c. 실질국내총생산은 증가하나 물가는 상승하지 않음

8. 총공급곡선은 장기에 다른 모양을 갖는다.

a. 장기총공급곡선을 그리고 $LRAS_1$이라 표시하라.

b. 장기총공급곡선이 수평축과 만나는 점에서의 산출량 수준을 무엇이라 부르는가?

c. 장기에는 물가 상승이 총공급에 영향을 주지 못하는 이유를 설명하라.

d. 같은 그래프에 생산성이 증가할 때 장기총공급곡선에 어떤 일이 발생하는지를 보여라. 새 장기총공급곡선을 $LRAS_2$라 표시하라.

9. 총수요곡선, 단기총공급곡선, 장기총공급곡선의 그래프를 그려라. 물가와 실질국내총생산을 각각 PL_1과 Y_1으로 표시하라.

a. 화폐공급이 감소하면 그래프에 어떤 변화가 생길지를 보여라. 새 물가와 실질국내총생산을 각각 PL_2와 Y_2로 표시하라.

b. 장기에 총수요와 단기총공급곡선의 균형이 다시 장기총공급곡선 상의 점으로 돌아갈 때 어떤 일이 발생하는지를 보여라. 새 물가를 PL_3로 표시하라.

c. b문항에서 여러분이 도출한 변화가 왜 발생했는지 설명하라.

10. 여러분이 살고 있는 국가에서 다음 각각이 발생할 수 있는 원인을 밝히라.

a. 부의 공급충격

b. 정의 공급충격

c. 총수요의 감소

d. 총수요의 증가

11. 여러분이 자신의 국가에서 대통령이고 경제를 활성화시키기 위한 정부 노력에 대해 대중에게 연설을 한다고 하자. 정부지출의 증가가 경제 전체의 지출을 최초의 정부지출보다 더 크게 증가시킬 수 있음을 어떻게 설명할 것인가?

재정정책

학습목표

이 장에서는 다음 내용을 학습한다.

1. 정부지출의 재원이 어떻게 조달되는지에 대해 설명한다.

2. 주요 경제학파를 비교하고 대조한다.

3. 팽창적 재정정책과 수축적 재정정책의 효과를 모형으로 보인다.

4. 재정정책의 사용으로 인한 잠재적 문제를 찾는다.

5. 공급중시 재정정책의 장점과 단점에 대해 논한다.

2007년 말엽에 미국 경제는 1930년대의 대공황 이래 가장 큰 경기후퇴에 빠졌다. 대후퇴가 시작된 지 1년이 지나자 실질국내총생산이 거의 4% 감소했다. 2009년이 되자 실업률이 10%에 달했고 1,500만 명의 근로자가 실업자가 되었다. 정부는 경기후퇴라는 괴물에 대응하기 위해 재정정책이라는 무기를 동원했다. 재정정책은 경제를 안정시키기 위해 정부지출, 조세, 그리고 *이전지출*(실업보험과 등록금 보조와 같은)을 사용하는 것이다. 이 장은 논란의 대상이 되고 있는 이 경제정책의 장점과 약점에 대해 설명한다.

왜 알아야 하는가?

경기후퇴의 하향 소용돌이는 소비자, 근로자, 기업 소유자는 물론 더 광범위한 지역사회에 고통을 준다. 경기후퇴가 전속력으로 진행될 때는 경제적 불행의 길이와 깊이를 예측할 수 없기 때문에 소비자와 기업은 보수적으로 지출을 한다. 경기후퇴가 전 세계 다른 국가로 퍼짐에 따라 수출도 지지부진해진다. 기업의 매출이 감소함에 따라 고용이 감소하고 이는 여러분이 직장을 구하기 어렵게 만든다. 주가가 하락함에 따라 미국 성인의 거의 절반이 보유하고 있는 투자의 가치가 감소한다. 소득 감소는 자선단체, 교회, 정부가 여러분에게 중요할 수 있는 서비스를 제공하는 데 필요한 돈을 걷는 것을 어렵게 만든다.

재정정책은 취약해진 경제에 대한 가능한 해결책을 제공하지만 정책입안자들은 취할 수 있는 가장 좋은 접근방법에 대해 의견을 달리한다. 대후퇴가 한창일 때 미국 하원의 소수당 원내대표인 존 베이너는 "이제는 정부가 허리띠를 조이고 미국 국민에게 우리는 실천한다는 점을 보일 때가 되었다"고 말했다. 베이너의 메시지는 정부가 경기후퇴 동안에 더 적은 돈을 지출해야 한다는 것이었다. 이와는 대조적으로 경제학자이자 노벨상 수상자인 폴 크루그먼은 베이너와 같은 견해에 대해 "지금은 정부가 덜이 아니라 더 지출할 때다. 이러한 직관을 무시하고 정부지출을 삭감한다면 경제는 위축되고 실업이 증가할 것이다"라는 말로 대응했다. 이 장은 재정정책에 대한 중대한 논쟁들의 이면에 깔려 있는 경제학에 대한 새로운 이해를 여러분에게 제공할 것이다. 제17장에서는 한 국가의 중앙은행이 경기후퇴에 대한 또 하나의 방어선인 통화정책을 어떻게 수행할 수 있는지에 대해 설명할 것이다.

정부지출과 조세

재정정책(fiscal policy)의 영향력은 정부지출과 조세로부터 나온다. 그림 15.1은 3조 9,800억 달러에 달하는 2017년 미국 연방정부의 지출 구성을 보여준다. 지출의 3분의 2 정도는 의무적 지출로 사회보장과 노인의료보험 등 기존 법률에 의해 요구되는 프로그램에 지급된다. 지출의 3분의 1보다 작은 규모가 재량적 지출인데, 의회와 대통령이 매년 금액을 선택한다. 재량적 지출은 주로 국방에 대한 지출이다. 재량적 지출의 다른 영역은 교육, 퇴역장병 혜택, 운송, 에너지, 환경 등을 포함한다.

> **재정정책**
> 경제를 안정시키기 위해 정부지출, 조세, 이전지출을 사용하는 것

그림 15.2는 3조 3,200억 달러에 달하는 2017년 연방정부의 주요 수입원을 보여준다. 개인소득세는 수입 중 가장 큰 비중을 차지한다. 두 번째로 큰 비중은 사회보장, 노인의료보험, 실업보험, 그리고 여타 정부 프로그램을 지원하기 위해 종업원의 급여로부터 원천징수되는 급여세가 차지한다. 법인세도 상당히 중요한 연방정부 수입원이다. 판매세와 소비세는 주정부와 지방정부의 주된 수입원이지만 연방정부에는 상대적으로 작은 수입원이다.

역진세, 누진세와 비례세

여러분의 소득이 증가함에 따라 특정한 세금으로 지급하는 부분의 비율이 증가하거나 감소하거나 일정할 수 있다. **역진세**

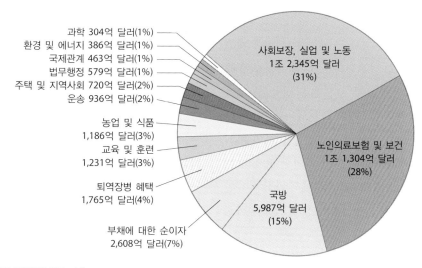

그림 15.1　2017년 미국 연방정부의 지출

연방정부의 가장 큰 지출은 사회보장, 의료보장, 그리고 국방에 대한 지출이다.

출처 : Office of Management and the Budget

(regressive tax)하에서는 저소득자가 고소득자에 비해 소득 중 더 큰 부분을 세금으로 납부한다. 판매세는 역진적인데 저소득자들은 대개 고소득자들에 비해 소득 중 더 많은 부분을 지출하고 이에 따라 소득 중 더 많은 부분을 판매세로 지급하기 때문이다. 5%의 판매세를 생각해보자. A가족이 연간 1만 달러를 벌고 이를 모두 지출한다면 A가족은 소득의 5%인 500달러를

판매세로 지출한다. B가족이 매년 10만 달러를 벌고 이 중 2만 달러를 지출한다면 B가족은 판매세로 1,000달러를 납부한다. B가족의 연간 세금고지서가 A가족의 2배에 달하지만, 1,000달러의 지급액은 B가족 소득의 1%에 불과하다. 따라서

역진세
저소득자가 고소득자에 비해 소득 중 더 큰 부분을 세금으로 납부하는 조세제도

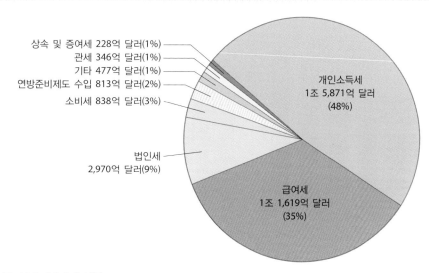

그림 15.2　2017년 미국 연방정부의 수입원

개인소득세는 연방정부의 가장 큰 수입원이며, 그다음은 급여세와 법인세다.

출처 : Office of Management and the Budget

저소득 가구가 고소득 가구에 비해 소득 중 더 큰 부분을 판매세로 납부한다.

누진세(progressive tax)하에서는 고소득자가 저소득자에 비해 소득 중 더 큰 부분을 세금으로 납부한다. 소득이 증가함에 따라 평균세율이 증가하는 세금은 모두 누진세다. 연방소득세가 바로 그 예다. 그림 15.3은 미국 내 소득 집단의 평균세율을 보여준다. 평균세율은 가장 가난한 50%의 개인들의 경우 3.59%에서 가장 부유한 0.1%의 개인들의 경우 27.44%까지 증가한다.

비례세(proportional tax)하에서는 모든 사람이 소득 중 동일한 부분을 조세로 납부한다. 예를 들어 모든 사람에게 동일한 평균세율을 적용하고 예외나 공제를 인정하지 않는 '일률 과세(flat tax)'는 비례세일 것이다. 일률 과세에 대해서는 여러 가지 변형이 제안되었다. 대부분의 제안은 저소득 개인에게 세금을 면제하거나 가족의 규모에 근거한 공제를 제공하는데 이러한 제안은 비례세라기보

다는 누진세라 할 수 있다. 그림 15.4는 역진세, 비례세, 누진세 하에서 소득이 증가함에 따라 가계의 평균세율에 어떤 일이 발생하는지를 보여준다.

예산 불균형 : 흑자, 적자와 부채

정부수입은 정부지출과 일치하는 적이 거의 없다. 수입이 지출을 초과하는 해에는 정부가 **재정흑자**(budget surplus)를 낸다. 지출이 수입을 초과하면 정부는 **재정적자**(budget deficit)를 낸다. 2000년에 미국 연방정부는 2조 300억 달러를 거뒀고 1조 7,900억 달러를 썼으며 그 결과 2,400억 달러의 재정흑자를 냈다. 2017년에는 수입이 3조 3,200억 달러였고 지출이 3조 9,800억 달러로 6,660억 달러의 재정적자를 냈다.

연방 **부채**(debt)는 과거 재정적자의 누적액에서 재정흑자의 누적액을 뺀 것이다. 연간 적자와 누적된 부채를 혼동해서는 안 된다. 각각의 적자는 기존 부채에 더해진다. 예를 들어 2016년 초에 연방 부채는 18조 1,200억 달러였지만 2016년 중 1조 4,200억 달러의 재정적자로 인해 2016년 말에는 부채가 $18.12조＋$1.42조＝$19.54조로 증가했다.

그림 15.5는 1940년과 2018년 사이의 연방 부채를 국내총생산에 대한 비율로 보여준다. 전쟁과 경기후퇴 중의 정부지출 증가는 큰 폭의 적자를 낳고 그 결과 부채가 증가한다. 경기후퇴 중에는 낮은 수준의 소득과 지출이 조세수입을 감소시키고

누진세
고소득자가 저소득자에 비해 소득 중 더 큰 부분을 세금으로 납부하는 조세제도

비례세
모든 사람이 소득 중 동일한 부분을 조세로 납부하는 조세제도

재정흑자
대개 한 해로 주어진 기간에 있어서 정부수입이 정부지출을 초과하는 것

재정적자
대개 한 해로 주어진 기간에 있어서 정부지출이 정부수입을 초과하는 것

부채
과거 재정적자의 누적액에서 재정흑자의 누적액을 뺀 것

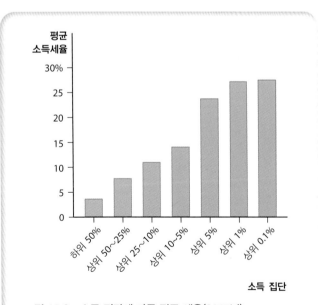

그림 15.3   소득 집단에 따른 평균 세율(2017년)
미국의 연방소득세는 누진적인데 일반적으로 고소득자가 저소득자에 비해 소득 중 더 큰 부분을 조세로 납부한다.

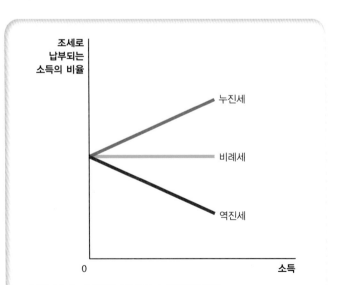

그림 15.4   역진세, 비례세, 누진세의 비교
가계의 소득이 증가함에 따라 소득 중 특정 조세로 납부되는 부분은 조세가 역진적, 비례적, 누진적인지에 따라 감소, 불변, 또는 증가한다.

적자를 더 확대시킨다. 이러한 효과가 1940년대 중반 제2차 세계대전 중과 2007~2009년 대후퇴 기간 중 부채가 크게 증가한 것을 설명해준다. 강한 경제는 소득과 조세수입을 증가시키고 그 결과 흑자와 부채 감소를 가져온다. 이것이 정확히 1990년대 후반에 발생한 일이다.

정부는 부채와 이에 수반되는 이자지급 부담을 피하려 든다. 하지만 개인과 마찬가지로 정부도 때로는 필요가 비용을 정당화할 수 있다고 믿기 때문에 차입된 자금을 사용할 것을 결정한다. 정부로서는 필요가 국방, 자연재해, 경제위기 또는 도로와 교량의 붕괴에 관한 것일 수 있다. 좋은 소식은 정부에게는 어떤 의미에서 부채의 부담이 개인보다는 작다는 것이다. 오랜 부채 상환의 역사를 가진 정부는 부도 위험이 낮은 데 대한 대가로 대부자에게 비교적 낮은 이자율을 지급할 수 있다. 예를 들어 미국 연방정부는 차입금에 대해 부도를 낸 적이 거의 없기 때문에 지급하는 이자율이 평균적인 개인이 지급하는 이자율에 비해 상대적으로 낮다. 이에 더하여 대부분의 정부는 개인보다도 더 오래 존속하기 때문에 차입금 상환을 비교적 더 긴 기간에 걸쳐 분산시킬 수 있다. 또한 정부는 국민에게 세금을 징수하여 차입금 상환을 위한 자금을 마련할 수 있는 독특한 능력을 갖고 있다. 개인들은 이와 같은 호사를 누릴 수 없다. 이러한 이점을 고려할 때 정부가 재정정책을 위한 자금을 차입하는 것은 얼마나 타당한 일일까? 이 질문에 대해서는 다음 절에서 보듯이 여러 학파의 답이 제시되어 있다.

경제학파들

대후퇴가 일어나기 75년 전에 대공황이 세계 경제를 초토화시켰다. 미국의 실업률은 믿기 어려운 수준인 24.9%에 달했다. 가난과 절망의 파고가 전 세계로 퍼져나갔다. 가라앉는 경제가 이러한 고통을 유발하기 때문에 경제학자들은 어떻게 하면 경제가 가라앉지 않게 할 것인지에 관한 이론을 개선하기 위해 노력한다. 인기 있는 이론이 현실 검증에 실패하면 학자들의 관심은 다른 이론으로 돌아선다. 이 절은 3개의 오랜 전통을 가진 경제학파를 소개한다. 현대의 정책 논쟁에서는 아직도 이들 학파의 영향을 느낄 수 있다.

고전학파 이론

고전학파 이론(classical theory)에 따르면 경제를 안정시키기 위해 재정정책은 불필요하다. 애덤 스미스(Adam Smith, 1723-1790)는 고전학파 경제학의 아버지라 여겨진다. 1776년에 스미스는 『국부론』을 발간했는데 이 책은 최소한의 정부 개입만이 있는 **자유시장**(free market)의 장점에 대해 극찬을 했다. 그는 독점력과 비도덕성이 억제될 수 있는 한 자유시장이 사회에 가장 좋은 결과를 낳을 것이라 믿었다.

고전학파 경제학자들은 총수요 감소와 같이 경기를 불안정하게 만드

> **고전학파 이론**
> 경제가 스스로를 안정시킬 수 있다는 아이디어에 근거한 경제 이론

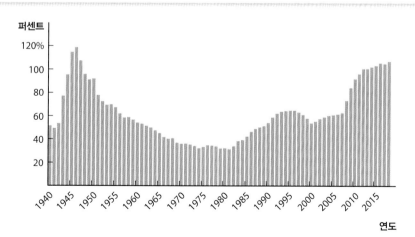

그림 15.5 GDP에 대한 연방 부채의 비율(1940~2018년)
전쟁이나 경기후퇴 기간은 전형적으로 정부가 조세로 거두는 것보다 더 많은 돈을 지출하게끔 만든다. 그 결과 재정적자가 발생하고 연방 부채가 증가한다. 경제가 강할 때에는 조세수입이 정부지출을 초과할 수 있다. 이는 재정흑자를 발생시키고 연방 부채를 감소시킨다.

출처 : Office of Management and Budget

는 사건이 발생하면 경제 내의 자율조정기구가 적당한 기간 내에 실질국내총생산을 완전고용 수준으로 되돌릴 수 있다고 주장한다. 제14장에서는 임금을 비롯한 투입물 가격이 물가 변화에 대해 조정될 수 있을 때 경제가 어떻게 완전고용 산출량을 회복하는지를 설명했다. 이러한 조정이 신속하게 일어난다면 경제는 단기에 완전고용으로 복귀할 수 있다. 고전학파 경제학자들은 임금을 비롯한 가격이 이렇게 신속한 자율조정을 가능하게 하고 따라서 정부 지원을 불필요하게 할 만큼 충분히 신축적이라 믿는다.

프랑스의 사업가이자 경제학자인 세이(Jean-Baptiste Say, 1767-1832)는 경제가 스스로를 보살필 수 있다는 고전학파의 견해를 보강했다. **세이의 법칙**(Say's law)에 따르면 공급은 스스로의 수요를 창조한다. 주어진 수준의 실질국내총생산 산출이 동일한 수준의 실질국내총생산을 구매하는 데 필요한 금액만큼의 소득을 발생시킨다는 것이 이 주장의 근거다. 따라서 소비자들은 경제가 생산하는 모든 산출물을 수요할 준비가 되어 있고 그 결과 총수

세이의 법칙
공급은 스스로의 수요를 창조한다는 이론

요 부족에 따른 경제의 하강을 방지할 준비가 되어 있을 것이다.

소득 중 일부가 소비자에 의해 국내에서 모두 지출되지 않고 조세, 수입, 저축으로 사용된다 해도 지출되지 않은 소득이 정부지출, 수출, 차입된 저축으로 이루어지는 투자에 의해 상쇄된다면 세이의 법칙은 여전히 성립한다. 시장의 힘은 이러한 상쇄작용에 도움을 줄 수 있다. 고전학파 이론에 따르면 이자율이 상승 또는 하락함으로써 투자를 위한 돈의 양이 저축의 형태로 공급되는 돈의 양과 균형을 이루게 된다.

케인스학파 이론

고전학파 이론은 1700년대 중반부터 1930년대 초반까지 경제학설을 지배했다. 1929년에 대공황이 발생하고 국내총생산이 해마다 완전고용 산출량을 밑도는 수준에서 지지부진하자 고전학파 이론이 내세우는 자율조정이 때로는 오랜 시일이 걸릴 수 있다는 점이 분명해졌다. 대공황은 영국의 경제학자 존 메이너드 케인스(1883-1946)가 그의 저서 『고용, 이자, 화폐에 관한 일반이론』에서 제안한 이론으로 정책입안자들의 주의를 돌려놓았다. **케인스학파 이론**(Keynesian theory)은 경제를 안정

▲ 고전학파 경제학자인 애덤 스미스는 조건이 맞는다면 임금과 가격의 자연스러운 조정이 재정정책의 지원 없이도 경제를 신속하게 안정시킬 수 있다고 믿었다.

▲ 존 메이너드 케인스는 경제가 경기후퇴와 인플레이션 시기로부터 벗어나는 것을 돕기 위해 정부의 적극적인 개입을 옹호했다. 그는 적절하지 않은 투자 유인은 물론 경직적 임금과 가격이 경제의 자율조정과정을 저해한다고 주장했다.

시키기 위해 때로는 정부의 개입이 필요하다고 제안한다. 케인스는 경직적 임금을 비롯한 경제 내의 경직성이 고전학파 경제학자들이 기대하는 신속한 자율조정을 막는다고 주장했다. 케인스는 또한 이자율의 조정이 저축과 투자를 같게 만들기에 충분할 것이라 믿지 않았다. 그는 개인들이 때로는 불합리할 정도로 현금을 보유하려 든다고 주장했다. 또한 그는 이자율이 아니라 투자기회가 투자수요의 주된 결정 요인이라 믿었다. 최근의 미국 대통령들은 모두 재정정책 수단을 동원하여 경기후퇴에 적극적인 대응을 할 만큼 케인스학파 이론에 충분히 설득되었었다.

통화론자 이론

고전학파 이론과 마찬가지로 케인스학파 이론은 경제위기 중에 의심을 받기 시작했다. 케인스학파 정책이 1970년대의 심각한 인플레이션과 실업문제를 해결하지 못함에 따라 비교적 새로운 경제학설인 통화론에 기회를 주었다. **통화론자 이론**(monetarist theory)은 화폐공급 증가의 억제를 인플레이션을 통제하는 수단으로 사용할 것을 강조한다. 고전학파 경제학자들과 마찬가지로 통화론자들은 경제가 본질적으로 안정적이며 정부의 개입은 적어야 한다고 믿는다. 이들 역시 소극적인 경제정책을 선호하는데 이는 정부가 경기순환에 대응하여 새 정책을 적극적으로 사용하지 말아야 한다는 것이다.

밀턴 프리드먼(1912-2006)과 안나 슈워츠(1915-2012)는 그들의 저서인 『미국 화폐사, 1867~1960』을 통해 통화론을 성공적으로 홍보했다. 이 책의 교훈 중 하나가 '인플레이션은 언제 어디서나 화폐적 현상이다'였다. 1970년대에 미국은 실질국내총생산의 침체와 인플레이션이 결합된 **스태그플레이션**(stagflation)을 겪고 있었다. 통화론자들은 이 현상이 경제에 화폐가 지나치게 많이 존재할 때 발생할 수 있다고 주장했다. 화폐공급이 실질국내총생산 증가율과 같은 속도로 팽창하기만 한다면 경제에는 인플레이션을 부추길 만큼 남아도는 화폐가 존재하지 않을 것이다. 화폐공급의 꾸준한 증가는 또한 더 적극적인 통화정책이 경제에 미칠 효과의 불확실성을 줄일 수 있다. 미국의 중앙은행인 연방준비제도는 폴 볼커의 지휘하에 1979년부터 1982년까지 통화론자의 원칙을 채택했다. 이 기간 중 화폐공급의 증가를 제한함으로써 연방준비제도는 미국의 인플레이션율을 13.5%에서 6.2%로 끌어내리는 데 성공했다.

놀라운 의견합치와 여전히 남아 있는 의견 불일치

때로는 서로 다른 경제학파의 추종자 간에 적대적인 관계가 팽배하기도 했다. 밀턴 프리드먼은 노벨상 수상자이자 케인스학파 경제학자인 폴 새뮤얼슨과 자주 공개토론을 벌였다. 2009년에 사망하기 얼마 전에

> **케인스학파 이론**
> 경제를 안정시키기 위해 때로는 정부의 개입이 필요하다는 생각을 중심으로 한 경제 이론
>
> **통화론자 이론**
> 화폐공급 증가의 억제를 인플레이션을 통제하는 수단으로 사용할 것을 강조하는 경제 이론
>
> **스태그플레이션**
> 실질국내총생산의 침체와 인플레이션의 결합

▲ 통화론자인 밀턴 프리드먼과 안나 슈워츠는 정부가 경제를 수정하기 위해 노력하는 역할을 최소화해야 하며 화폐공급이 경제성장률과 동일한 비율로 증가해야 한다고 믿었다.

새뮤얼슨은 대후퇴를 프리드먼의 통화론자 이론을 반박하는 증거라 지적했다.

> 오늘날 우리는 시장시스템이 스스로를 규제할 수 있다는 밀턴 프리드먼의 생각이 얼마나 잘못되었는지를 목격하고 있다. 이제는 모든 사람이 이와 반대로 정부가 없이는 해결책이 없음을 이해한다. 재정정책과 적자지출이 시장경제를 인도하는 데 주된 역할을 해야 한다는 케인스학파의 생각이 다시 한 번 받아들여지고 있다.

하지만 각 경제 이론은 오류와 함께 지혜의 보석을 갖고 있다. 시간이 흐름에 따라 현실 검증과 연구가 의견 불일치의 범위를 좁혀주었다. 케인스 스스로가 고전학파 경제학자들이 내세웠던 자유시장의 혜택을 인정하였다. 다른 한편으로는 고전학파 이론이 케인스학파 스타일의 실수를 범할 수 있는 이유를 내포하고 있다고 지적했다. 절충안을 찾아서 그는 다음과 같이 기술했다.

> 현대 고전학파 이론은 스스로 경제적 요인들의 자유로운 활동이 억제되거나 인도될 필요가 있는 여러 가지 조건에 대해 주목할 것을 촉구했다. 하지만 여전히 민간의 주도와 책임이 행사되어야 할 영역이 넓게 존재할 것이다.

이 절에서는 현대 경제학자들 간에 일반적인 의견합치가 이루어진 많은 중요 영역들 중 일부와 여전히 계속되는 의견불일치의 원천에 대해 설명한다.

지배적인 경제 이론이 고전학파로부터 케인스학파로 그리고 통화론자로, 그리고 다시 케인스학파로 변천함에 따라 재정정책의 효과에 대한 견해도 반전을 계속했다. 오늘날 대부분의 경제학자들은 팽창적인 재정정책이 총수요곡선을 오른쪽으로 이동시킨다고 믿는다. 시차와 정치(다음 절에서 설명될 것임)의 문제로 인해 재정정책이 경제안정의 가장 주된 수단이 되는 것이 바람직하지 않음에 대해서도 의견이 합치되어 있다. 하지만 시장의 힘과 통화정책이 경제위기를 해결할 수 없을 때에는 대부분의 경제학자들이 재정정책의 사용을 지지한다.

과거에 고전학파 경제학자들은 재정정책이 실업문제를 해결하는 데 효과가 없다고 생각했다. 케인스학파 경제학자들은 재정정책을 통해 실업률을 낮추고 오랜 기간 동안 실업률을 낮게 유지할 수 있다고 믿었다. 통화론자들은 어떤 정책으로도 실업률을 완전고용 산출량 수준에 상응하는 자연실업률(대체로

▲ 대부분의 경제학자들은 미국회복 및 재투자법과 같은 팽창적 재정정책이 총수요곡선을 오른쪽으로 이동시킨다는 데 동의한다.

5% 수준)보다 낮게 유지시킬 수 없다고 주장했다. 지금은 대부분의 경제학자들이 단기에는 재정정책과 통화정책이 실업률에 영향을 미칠 수 있지만 장기에는 실업을 자연실업률보다 낮게 유지시킬 수 없다는 데 동의한다.

지금은 대부분의 경제학자들이 단기에는 재정정책과 통화정책이 실업률에 영향을 미칠 수 있지만 장기에는 실업을 자연실업률보다 낮게 유지시킬 수 없다는 데 동의한다.

많은 주제에 있어서 의견합치가 있지만 경제학자들 간 일부의 의견불일치가 지속되기도 한다. 고전학파, 케인스학파, 통화론의 개정판에 대한 추종자들이 존재하며, 경제학자들은 여전히 재정정책의 올바른 사용법에 대해 논쟁하고 있다. 폴 그루그먼은 미국의 재정정책 지출이 워싱턴에 있는 정책입안자들과 이들의 자문들이 선호하는 것보다 훨씬 더 큰 규모여야 한다고 믿었다. 또한 연방준비제도가 경제에서 수행해야 할 역할에 대해서도 경제학자들 간에 견해 차이가 있었다. 연방준비제도는 경기변동에 대해 정책 변화를 통해 적극적으로 대응해야 하는가? 연준은 2%와 같은 인플레이션율 목표에 초점을 두어야 하는가? 연준은 주가의 지나친 변동을 방지하려 해야 하는가? 이들 질문에 대한 경제학자들의 답은 일치하지 않는다. 제17장은 연방준비제도의 운영과 통화정책과 관련하여 택할 수 있는 선택들에 대해 설명한다. 이 장의 나머지는 정책을 사용하기로 결정할 경우 재정정책이 어떻게 작동하는지를 설명한다.

재정정책의 유형

여러분이 '몬스터 헌터' 비디오 게임을 해본 적이 있다면 어떤 무기가 전투에 가장 좋은지는 죽이려고 하는 괴물의 유형에 달려 있음을 알고 있을 것이다. 마찬가지로 경제 불안정과의 전투에 가장 좋은 재정정책은 정부가 제거하려 하는 문제의 유형에 달려 있다. 이 절에서는 정책입안자들이 경기후퇴에 맞서기 위해 어떻게 팽창적인 재정정책을 동원하며 경제가 과열될 때 이를 식히기 위해 어떻게 수축적인 재정정책을 사용하는지에 대해 배울 것이다.

팽창적 재정정책

실질국내총생산이 경제의 완전고용 수준 이하로 하락하면 실제 산출량 수준과 완전고용 산출량 수준 사이에 **경기후퇴 갭**(recessionary gap)이 존재한다. 그림 15.6은 Y_1과 Y_2 사이의 경기후퇴 갭을 예시적으로 보여준다. 균형 산출량을 생산하기에 충분한 것보다 더 많은 근로자가 존재하기 때문에 경기후퇴 갭은 경기적 실업을 동반한다.

　정부는 **팽창적 재정정책**(expansionary fiscal policy)을 이용하여 경기후퇴 갭을 메우려 할 수 있는데, 이는 총수요곡선을 오른쪽으로 이동시킨다. 팽창적 재정정책의 수단으로는 정부지출, 조세, 이전지출이 있다. **이전지출**(transfer payments)은 반대급부로 재화나 서비스를 받지 않고 이루어지는 개인이나 기업에 대한 정부의 지급이다. 이전지출의 예로는 사회보장 급여, 저소득층에 식품을 제공하는 저소득층 영양보충지원 프로그램 지급액, 대학생을 위한 무상 장학금 등을 들 수 있다. 경제를 부양하기 위해 정부는 다음과 같이 재정정책 수단을 이용할 수 있다.

- 정부지출을 증가시킨다.
- 이전지출을 증가시킨다.
- 조세를 감소시킨다.

　정부지출 증가는 총수요에 직접적인 영향을 미친다. 이전지출 증가나 조세 감소는 소비자에게 더 많은 돈을 주고 이 중 일부가 소비로 지출되어 총수요를 증가시킴으로써 총수요에 간접적인 영향을 미친다. 그런데 사람들은 보통 이전지출이나 조세 감면을 통해 취득한 돈의 일부를 저축한다. 따라서 한계소비성향이 1(취득한 모든 돈을 지출함을 의미함)이 아닌 한 정부지출 증가가 동일한 금액의 이전지출 증가나 조세 감소보다 총

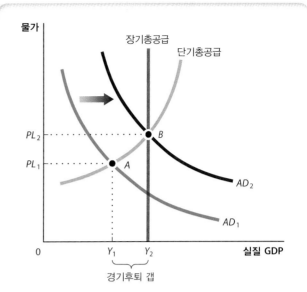

그림 15.6　팽창적 재정정책의 효과

*A*점에서는 실질국내총생산이 완전고용 산출량 수준보다 낮고, 실제 산출량(Y_1)과 완전고용 산출량(Y_2) 사이에 경기후퇴 갭이 존재한다. 정부는 총수요곡선을 오른쪽으로 이동시키고 갭을 메우기 위해 팽창적인 재정정책을 사용할 수 있다. 그 결과 *B*점에서 새로운 장기균형이 달성된다.

수요에 더 큰 영향을 미친다.

　그림 15.6은 경기후퇴 갭을 성공적으로 제거하는 경우 팽창적 재정정책의 효과를 보여준다. 단기균형점인 *A*에서 출발하여 정부지출 증가, 이전지출 증가, 그리고 조세 감소의 결합은 총수요를 AD_1에서 AD_2로 증가시킨다. 그 결과 *B*점에서 새로운 장기균형을 달성하며 실질국내총생산은 완전고용 산출량인 Y_2가 된다.

　미 의회와 버락 오바마 대통령은 대후퇴 기간 중에 미국 회복 및 재투자법을 제정함으로써 팽창적인 재정정책을 사용했다. 이 법은 10년간에 걸쳐 8,310억 달러로 추정되는 지출을 허용했으며 정부지출 증가, 이전지출 증가, 조세 감소의 세 가지 재정정책 수단을 모두 동원했다. 대략 5,500억 달러에 달하는 정부지출 증가에는 학교의 인력 해고를 피하고 학교건물을 현대화하기 위한 536억 달러가 포함되어 있다. 2,880억 달러에 달하는 조세 감

경기후퇴 갭
경제가 완전고용 산출량 수준보다 적은 양을 생산할 때의 실제 산출량 수준과 완전고용 산출량 수준 간의 차이

팽창적 재정정책
총수요곡선을 오른쪽으로 이동시키는 정부 정책

이전지출
반대급부로 재화나 서비스를 받지 않고 이루어지는 개인이나 기업에 대한 정부의 지급

Q&A

무엇이 대후퇴를 초래했나?

문제는 2007년에 유가가 급등하면서 시작되었다. 유가 급등은 총공급곡선을 왼쪽으로 이동시켰고 생산비용과 운송비용을 증가시킴으로써 경제를 취약하게 만들었다. 그 뒤 주택 거품이 터졌다. *거품*은 주택이나 주식과 같은 자산의 가격이 빠르게 그리고 지속될 수 없는 수준으로 상승하는 현상이다. 낮은 이자율, 대출의 용이함, 그리고 주택가격 상승이 지속될 것이라는 낙관론이 2001~2007년 사이에 주택 수요를 증가시켰고 이는 주택가격 거품을 만들었다.

주택가격이 과도하게 상승한 상태에서 이자율이 상승하기 시작했다. 많은 주택소유자들은 변동금리 저당대출을 안고 있었는데 이는 새 대출에 대한 이자율이 상승함에 따라 이자율이 상승하는 대출이다. 그 결과 주택대출을 상환할 수 없는 주택소유자들이 점점 더 늘어났다. 대출기관에 대한 규제 부재와 대출을 쉽게 받을 수 있도록 제정된 법률 덕택에 고위험 주택대출이 누적되어 있었다. 2007~2011년 사이에 압류라 불리는 과정을 통해 대부자들은 대출상환이 연체된 주택 400만 채 이상을 손에 넣었고, 이들을 매각하려 내놓았다. 한편 주택 수요가 감소하고 그 결과 주택가격이 하락함에 따라 주택거품이 터졌다. 많은 주택소유자들이 당시 주택의 가치보다 큰 금액의 주택대출을 안고 있었다. 주택은 가계의 재산 중 중요한 부분이기 때문에 주택가격 하락은 재산을 감소시켰고 그 결과 다른 재화와 서비스에 대한 총수요를 감소시켰다.

주택소유자들이 대출을 상환하지 못하자 주택대출에 대규모로 투자했던 은행과 기타 대출기관들이 피해를 입었다. 물결효과를 통해 주택소유자와 대출기관의 재정 악화가 고객이나 대부자로서 이들에 의존했던 모든 사람에게 퍼져 나갔다. 많은 대부자들이 주택대출을 묶어서 전 세계 투자자들에게 매각함에 따라 위기는 더 광범위하게 퍼져 나갔다. 금융위기의 확산은 기업 이윤, 주가, 그리고 미래의 번성에 대한 신뢰를 추락시켰다. 많은 은행들이 돈을 빌려주기를 꺼림에 따라 소비자와 기업이 대규모 구매를 하는 것이 어려워졌다. 이 모든 사건과 이로 인한 비관론이 경제를 경기후퇴에 빠트렸는데 경기후퇴는 18개월간 지속되었다. 대후퇴에 선행했던 복잡한 투자와 의문시되는 규제에 대한 다채로운 개관을 위해서는 2015년 개봉된 영화 '빅쇼트(Big Short)'를 보면 된다.

▲ 차입자가 주택대출 상환금을 여러 차례 내지 못하면 대부자는 압류 과정을 통해 주택의 소유권을 손에 넣고 이를 매각하려 내놓을 수 있다.

면에는 최초 주택 구입자를 위한 8,000달러의 세액 공제가 포함되어 있다. 그리고 이 법에 의해 허용된 822억 달러에 달하는 이전지출은 실업보험급여 연장을 위한 400억 달러와 저소득층 영양보충지원 프로그램을 위한 199억 달러를 포함하고 있다.

수축적 재정정책

배가 아플 정도로 아이스크림을 너무 많이 먹어본 적이 있다면 좋은 것도 지나치면 나쁜 것이 될 수 있음을 이해할 것이다. 총수요가 지나치게 많이 증가하면 인플레이션과 미래 물가에 대한 불확실성을 초래하기 때문에 좋지 않다. 균형 실질국내총생산이 완전고용 산출량을 넘어서 상승하면 실제 산출량과 완전고용 산출량 사이에 **인플레이션 갭** (inflationary gap)이 발생한다. 그림 15.7은 Y_1과 Y_2 사이의 인플레이션 갭을 예시적으로 보여준다. 정부는 수축적 재정정책을 통해 유해한 수준의 인플레이션에 대응할 수 있다. 경제를 식히고 인플레이션 갭을 메우기 위해 정부는 다음과 같이 정책수단을 이용할 수 있다.

- 정부지출을 감소시킨다.
- 이전지출을 감소시킨다.
- 조세를 증가시킨다.

이들 정책은 각각 총수요를 감소시키는 효과를 갖는다. 정부지출 감소는 가장 효과가 큰데 정부가 지출을 1달러 줄이면 경제 전체의 지출이 1달러 감소하기 때문이다. 이전지출 감소와 조세 증가의 경우에는 소비자가 잃는 돈의 일부는 지출되지 않고 저축이 되었을 돈이다. 소비자가 수취하는 1달러 중 0.25달러를 저축한다면 이전지출 1달러 감소나 조세 1달러 증가는 지출을 0.75달러만 감소시킬 뿐이다.

그림 15.7은 인플레이션 갭을 성공적으로 제거하는 경우의 수축적 재정정책의 효과를 보여준다. 단기균형점인 *A*에서 출발

인플레이션 갭
경제가 완전고용 산출량보다 더 많은 양을 생산할 때 실제 산출량과 완전고용 산출량 사이의 갭

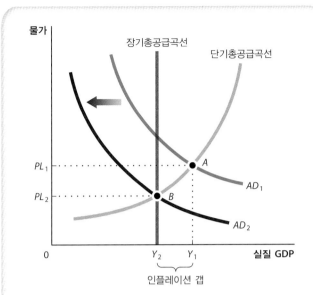

그림 15.7 수축적 재정정책의 효과

실질국내총생산이 완전고용 산출량 수준보다 높을 때 실제 산출량(Y_1)과 완전고용 산출량(Y_2) 사이에 인플레이션 갭이 존재한다. 정부는 총수요곡선을 왼쪽으로 이동시키고 갭을 메우기 위해 수축적인 재정정책을 사용할 수 있다.

▲ 경제가 수축할 때 자동적인 조세 납부액 감소와 영양보충지원 프로그램 급여와 같은 정부 이전지출 증가는 경제를 안정시키는 데 도움이 된다.

하여 정부지출 감소, 이전지출 감소, 그리고 조세 증가의 결합은 총수요를 AD_1에서 AD_2로 감소시킨다. 그 결과 B점에서 새로운 장기균형이 달성되는데 이 점은 완전고용 산출량인 Y_2에 해당한다.

자동안정장치

어떤 재정정책은 새로운 상황에 대응한 정책입안자의 행동이 없이도 경제를 안정시키는 데 도움이 될 수 있다. **자동안정장치** (automatic stabilizer)는 경제활동의 변동을 완화하는 '붙박이' 조세 및 이전지출 정책이다. 경기팽창 중에는 소득 증가가 자동적으로 조세 납부액을 증가시킨다. 그리고 경기팽창 중 일자리 및 소득 증가는 자동적으로 한시적 빈곤가족지원 프로그램, 저소득층 영양보충지원 프로그램, 또는 실업보험 수혜자의 수를 감소시킨다. 경기수축 중에는 소득 감소와 일자리 손실이 자동적으로 근로자의 조세 납부액을 감소시키고 이전지출을 받을 수 있는 적격성을 높인다. 두 경우 모두 자동안정장치는 이 장치가 없을 때에 비해 경기순환의 폭을 축소시킨다. 한 연구에 따르면 개인에게 부과되는 연방세금의 자동적 감소만으로도 최초 실질국내총생산 변화의 8%까지를 상쇄할 수 있다고 한다.

재정정책의 잠재적 문제

재정정책이 사용되어야 한다는 점에 대한 합의가 이루어질 때조차 그 실행은 몇 가지 잠재적 문제를 제기한다. 이 절은 시기의 문제, 정치, 민간지출의 구축 등에 의해 어떻게 재정정책이 저해될 수 있는지에 대해 설명한다.

시기 선택

자동안정장치는 새로운 입법을 할 필요 없이 작동된다. 이것은 자동안정장치의 장점인데 경제위기에 대응하기 위해 개발된 새 정책이 시행되기까지는 매우 긴 시간이 걸릴 수 있기 때문이다. 우선 경제적 문제를 인식하기까지 시간이 걸린다. 문제의 시작과 문제 존재의 인식 간 시차를 **인식시차**(recognition lag)라 부른다. 주목할 만한 경기하강의 인식은 모든 큰 경기수축이 신속히 반전될 수도 있고 반전되지 않을 수도 있는 작은 수축으로부터 시작된다는 사실로 인해 복잡해진다.

경제학자들은 완만한 경기하강과 경제적 재앙의 시작을 구분하기 위

자동안정장치
경제활동의 변동을 완화하는 '붙박이' 조세 및 이전지출 정책

인식시차
문제의 시작과 문제 존재의 인식 간 시차

해 선행지수(leading indicator)라 불리는 조기경보 신호에 대해 연구한다. 표 15.1은 인기 있는 경제활동 예측 지수인 컨퍼런스 보드 경기선행지수(Conference Board Leading Economic Index)에 포함된 10개의 미래 경제 강도에 대한 척도를 보여준다. 예를 들어 목록에서 10번째 항목은 소비자가 얼마나 미래를 낙관적으로 보고 지출 결정을 했는지를 나타내는 미시간대학교 소비자 기대지수(University of Michigan Index of Consumer Expectations)에 근거를 두고 있다.

건설 중인 신축주택의 수는 이보다 더 큰 지출 추세에 대한 선행지표가 된다. 신축주택에 대한 수요는 소비자가 얼마나 낙관적인지와 얼마를 지출할 의향이 있는지에 따라 증감한다. 주택 건설은 또한 새 가구, 조명, 바닥재, 주요 가전제품을 포함하여 많은 다른 구매를 유발한다. 이러한 지표가 있어도 미래가 어떨 것인지에 대해서는 언제나 불확실성이 있기 마련이다.

다가오는 경제문제가 재정정책 대응을 정당화할 수 있다는 점에 대해 충분한 합의가 이루어진다면 정책입안자들은 정책제안을 준비하고 입법 과정을 통해 이를 통과시켜야 한다. 문제의 인식과 해결의 시행 사이의 시차를 **시행시차**(implementation lag)라 부른다. 예를 들어 대후퇴 기간 중에 미국 회복 및

시행시차
문제의 인식과 해결 시행 사이의 시간 차이

외부시차
정책 변화가 경제에 영향을 미칠 때까지 걸리는 시간

재투자법이 상원에 제출된 후 오바마 대통령의 서명에 의해 제정되기까지 42일이 걸렸다. 그리고 이 법이 승인한 첫 자금이 경제를 부양하기 위해 집행될 때까지 또다시 43일이 걸렸다.

정책이 시행된 후에는 **외부시차**(outside lag)가 정책 변화와 경제에 대한 영향 사이에 추가적인 시차를 발생시킨다. 2008년에 경기를 부양하기 위해 미국 정부가 국민들에게 보냈던 960억 달러어치의 수표를 생각해보자. 이 중 3분의 1만이 1년 내에 지출되었다. 국민들은 나머지를 미래의 지출을 위해 저축하거나 부채를 갚는 데 썼다. 어떤 이유에서든 지출이 지연되면 재정정책이 원하는 효과를 내는 것을 지연시키고 외부시차를 증가시킨다.

인식시차, 시행시차와 외부시차는 새로운 재정정책의 효과가 더디게 나타나는 원인이 된다. 경제위기가 여러 해 동안 지속될 경우에는 재정정책이 위기가 자연적으로 종료되기 전에 상황을 개선할 수 있다. 그렇지만 단기적인 경기수축은 재정정책이 총수요에 완전히 영향을 미치기 전에 종료될 수도 있다. 재정정책이 효과를 내기 전에 경제가 이미 팽창을 시작한다면 늑장 재정정책은 오히려 인플레이션을 유발할 수도 있다.

정치

재정정책을 둘러싼 다툼만큼 정치적 드라마를 파국에 이르도록 한 것은 거의 없다. 2013년에는 연방정부가 16일 동안 부분적으로 폐쇄되었었는데, 하원이 지출 프로그램에 동의하지 않았기 때문이다. 정책입안자에 대한 다양한 압력이 재정정책 결정을 복잡하게 만든다. 선거권자들은 재정정책이 보다 직접적인 혜택을 가져오도록 정책입안자에게 압력을 넣는다. 이러한 압력은 자신의 선거구에서 지출이 이루어지도록 만들기 위한 의원의 선심정치(pork barrel)를 유발한다. 기업과 이익집단도 압력을 행사한다. 책임정치센터(Center for Responsive Politics)에 따르면 이익집단들은 창조예술로부터 국방 분야에 이르기까지 자신의 이익에 유리하도록 정책에 영향을 주기 위해 2018년에만 해도 거의 11,000명의 로비스트를 고용했다. 어떤 개인과 기업은 정책 결정에 영향을 미칠 것을 기대하면서 정치인에게 큰 금액을 기부하기도 한다. 정책입안자들 역시 사회를 위해 가장 좋은 것이 무엇인지에 대해 나름대로의 생각이 있다. 이처럼 다양한 영향력이 정책입안자들을 여러 방향으로 이끌고 있는데, 이들 중 일부는 경제적 효율과 관계가 없을 수도 있다.

표 15.1   미래 경제 강도의 척도

1. 제조업 근로자의 주당 평균 근로시간
2. 첫 실업보험 청구 평균 건수
3. 소비재와 원자재 신규 주문을 위한 제조업체 지출
4. 공급사로부터 판매사로의 신상품 배송 속도
5. 국방과 관계없는 자본재 신규 주문을 위한 지출
6. 주거용 건물 신축허가 건수
7. S&P 500 주가지수
8. 인플레이션에 대해 조정된 화폐공급
9. 장기이자율과 단기이자율 간 차이
10. 사업 여건에 대한 평균적인 소비자 기대

출처 : The Conference Board

구축

미국 정부는 1930~2018년 사이의 87개 연도 중 13개 연도에만 지출을 감당하기에 충분한 금액을 조세와 기타 수입으로 거뒀다. 최근에는 정부지출의 10% 정도가 차입된 돈으로 지불되었다. 정부가 더 많은 돈을 차입함에 따라 자금에 대한 수요가 증가하고 이는 돈의 가격인 이자율을 상승시킨다. 상승한 이자율은 총수요의 구성요소인 민간투자를 감소 또는 '구축'시킨다. 정부지출 증가가 민간투자를 감소시키는 이와 같은 효과를 **구축**(crowding out)이라 부른다.

이론적으로는 투자수요가 이자율 상승에 매우 민감하여 정부지출 증가가 같은 금액만큼의 민간투자 감소를 초래할 수도 있다. 완전구축(complete crowding out)이라 알려진 이와 같은 상황에서는 정부지출 증가가 총수요에 아무런 영향을 주지 못한다. 정부지출 1달러가 민간투자 1달러를 제거할 것이기 때문이다. 실제로는 완전구축이 발생할 가능성은 없다. 대신 **부분구축**은 현실적으로 가능하다.

그림 15.8은 균형이 A점에 있을 때 경기후퇴 갭을 겪고 있는 경제를 보여준다. 적자재정에 의한 정부지출 증가는 총수요곡선을 AD_1에서 AD_2로 이동시켜 B점에서 완전고용 산출량을 가진 새 균형을 달성토록 한다. 그렇지만 부분구축으로 인해 총수요곡선은 AD_2에서 AD_3로 왼쪽으로 이동하며 그 결과 C점에서 균형을 이루는데 이 균형은 완전고용 산출량보다 낮은 산출량에 해당한다. 구축을 감안하면 이와 같은 정부지출의 순효과는 실질국내총생산이 Y_1에서 Y_3로 증가하는 것이다. 이것은 이전보다 개선된 결과이기는 하나 단기적으로는 경기후퇴 갭과 이에 상응하는 경기적 실업이 여전히 남아 있다.

공급중시 재정정책

지금까지 설명된 정책들은 총수요곡선을 이동시킴으로써 실질국내총생산과 물가에 영향을 준다. 총공급곡선의 이동 역시 실질국내총생산과 물가에 영향을 줄 수 있다. **공급중시 재정정책**(supply-side fiscal policy)은 경제의 산출량을 증가시키고 인플레이션율을 낮추기 위해 총공급을 증가시키는 데 초점을 둔다. 공급중시 접근법은 1980년대에 로널드 레이건 대통령과 아서 래퍼와 같은 경제학자들의 지지를

> **구축**
> 정부지출 증가가 민간투자를 감소시키는 효과
>
> **공급중시 재정정책**
> 경제의 산출량을 증가시키고 인플레이션율을 낮추기 위해 총공급을 증가시키는 데 초점을 두는 재정정책

TASOS KATOPODIS/Getty Images

Bloomberg/Getty Images

▲ 재정정책의 변화는 정부 지도자 간 어느 정도의 합의를 필요로 하는데, 이는 말하기는 쉽지만 실행하기가 어렵다. 예를 들어 존 루이스 의원과 도널드 트럼프 대통령은 정책 제안에 대해 종종 의견을 달리한다.

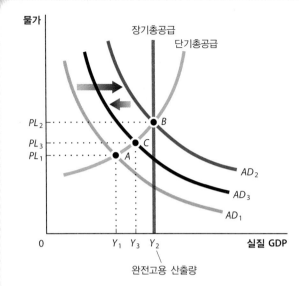

그림 15.8   부분구축

정부가 재정정책의 재원을 조달하기 위해 차입을 하면 증가된 차입이 자금에 대한 수요를 증가시키고 그 결과 이자율이 상승한다. 이자율 상승은 민간투자를 감소, 즉 '구축'시키는데 이는 총수요의 일부다. 구축이 없다면 총수요를 AD_1에서 AD_2로 증가시켰을 재정정책이 구축으로 인해 총수요를 AD_1에서 AD_3로 이동시키는 작은 순효과만을 낸다.

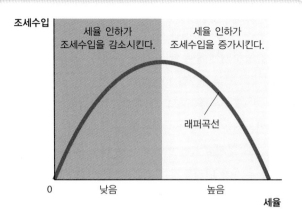

그림 15.9   래퍼곡선

아서 래퍼는 소득세율 인하가 근로자들에게 훨씬 더 많은 소득을 벌려는 유인을 제공할 수 있다면 실제로 조세수입을 증가시킬 수도 있음을 지적했다. 불행히도 처음의 세율이 극단적으로 높을 경우에만 세율 인하가 조세수입을 증가시킬 가능성이 있다.

받음으로써 주목을 받았다. 이 절은 공급중시 정책을 설명하고 그 강점과 약점을 개괄적으로 제시한다.

많은 공급중시 경제학자들은 소득과 이윤에 대한 세율을 낮춤으로써 개인이 일을 하고 기업이 생산을 할 유인을 강화시키려 든다. 소득세 인하는 근로자들이 세금을 납부한 후 지출하거나 저축할 수 있는 소득인 **가처분소득**(disposable income)을 증가시킨다. 근로자들은 근로시간당 더 많은 가처분소득을 벌 수 있을 때 더 많은 시간을 일하려 하는 경향이 있다. 마찬가지로 기업에 대한 세율이 하락하면 기업들은 수취하는 수입 중 더 많은 금액을 보유할 수 있고 그 결과 산출량을 증가시키고 일자리를 창출할 유인이 생긴다.

세율 인하의 부정적인 측면은 정부가 조세수입에 의존한다는 사실이다. 게다가 미국 연방정부는 큰 부채를 안고 있다. 아서 래퍼는 소득세율 인하하는 이로 인해 얼마나 많은 경제

가처분소득
소득 수령자가 세금을 납부한 후 지출하거나 저축할 수 있도록 남아 있는 소득

활동이 창출되는지에 따라 조세수입을 증가시킬 수도 있고 감소시킬 수도 있음을 지적했다. 예를 들어 40%로부터 30%로 세율이 인하됨에 따라 여러분이 더 많은 시간을 일할 유인이 생기고 그 결과 10만 달러가 아니라 15만 달러를 벌게 된다고 하자. 이 경우 여러분의 소득세 납부액은 4만 달러에서 4만 5,000달러로 증가한다. 그림 15.9가 보여주듯이 래퍼는 세율이 매우 높을 때에는 세율 인하가 조세수입을 증가시킬 수 있다는 이론을 제시했다. 매우 높은 세율은 일을 할 유인을 크게 저해하기 때문이다. 낮은 세율은 일할 유인을 저해하는 정도가 더 약하기 때문에 이미 낮은 수준의 세율을 인하하는 것은 조세수입을 증가시킬 만큼 충분히 일하는 시간을 증가시키지 못한다.

레이건 대통령은 1981년에 경제회복조세법에 서명을 함으로써 개인소득세율을 23%로 낮췄다. 불행히도 조세분석실은 이 법이 연방소득세 수입을 법이 통과되지 않았을 때 거뒀을 금액에 비해 13% 감소시켰다고 추정했다. 2001년 조세 삭감 역시 인플레이션에 대해 조정된 조세수입을 감소시켰다. 따라서 미국은 래퍼곡선의 왼쪽에 있을 정도로 세율이 충분히 낮다고 할 수 있다. 그렇지만 보다 낮은 세율은 개인과 기업에게 유인을 제공한다는 점과 공급중시 경제학의 목표에는 장점이 있다는 점에 대해서는 일반적으로 의견이 합치되고 있다.

요약

재정정책은 경제를 안정시키기 위한 정부의 지출, 조세, 이전지출 사용이다. 한 해 동안 정부의 조세수입이 지출을 초과하면 재정흑자가 발생한다. 한 해 동안 정부의 지출이 조세수입을 초과하면 재정적자가 발생한다. 정부의 부채는 과거의 재정적자와 흑자가 누적된 것이다.

대공황 이전에는 정책입안자들이 고전학파 이론에 설득되어 경제가 스스로를 교정하도록 놓아두는 불간섭주의 접근법을 선호했다. 그러다가 1929년에 대공황이 닥쳤고 10년 이상 전 세계를 도탄에 빠트렸다. 경제가 곤경에 처함에 따라 존 메이너드 케인스와 그의 추종자들은 경제에 활력을 불어넣기 위해 재정정책으로 대응할 것을 주장했다. 케인스학파 전략의 인기는 1970년대 들어 이 전략이 인플레이션을 통제하지 못함에 따라 시들해졌고, 통화론이라 불리는 새롭고 보다 소극적인 정책 제안이 명성을 얻게 되었다. 통화론자들은 중앙은행이 경제의 변동에 적극적으로 대응하는 대신 현실적인 경제성장에 맞추어 화폐공급을 점진적으로 증가시켜야 한다고 믿었다.

다양한 경제학파를 지지하는 경제학자들 간에 심한 의견차이가 있기는 하지만 오늘날 많은 분야에서 일반적인 의견합치가 이루어져 있다. 예를 들어 대부분의 경제학자들은 필요할 경우 팽창적 재정정책이 총수요곡선을 오른쪽으로 이동시킴으로써 경제가 경기후퇴를 벗어나게 할 수 있다는 데 동의한다. 총수요를 증가시키기 위해서 정부는 지출을 늘리고, 세금을 낮추고, 이전지출을 증가시킬 수 있다. 이들 행동 중 어느 하나라도 반대로 할 경우에는 수축적 재정정책이 되는데 이는 심한 인플레이션을 겪고 있는 경제를 식혀준다. 재정정책의 효과는 다음의 행동을 하는 데 필요한 시차로 인해 지연된다 — (1) 경제가 곤경을 향해 가고 있음을 인식(인식시차), (2) 새 정책을 시행(시행시차), (3) 새 정책이 경제에 영향을 미침(외부시차). 재정정책 수단은 피비린내 나는 정치적 전투에서 살아남아야 한다. 그리고 재정정책을 위한 차입은 이자율을 상승시키고 민간지출을 구축할 수도 있다.

자동안정장치는 경기후퇴 지속 기간과 과도한 인플레이션 기간을 줄이는 데 도움을 주는 '붙박이' 조세 및 이전지출 정책이다. 경기수축기에는 낮아진 소득과 일자리 상실이 자동적으로 근로자들의 조세 납부액을 감소시키고 이전지출 수령액을 증가시킨다. 감소된 세금과 증가된 이전지출은 소비자들이 경제를 활성화하는 데 필요한 지출을 계속할 수 있게 한다. 경기확장기에는 높아지는 소득이 자동적으로 소득세 납부액을 증가시키고 이전지출을 수령할 자격을 갖춘 사람의 수를 감소시킨다. 그 결과 나타나는 가처분소득 감소는 소비지출을 저하시킨다.

공급중시 재정정책은 조세 삭감을 통해 생산과 고용을 증진함으로써 총공급을 증가시키는 데 초점을 두고 있다. 세율이 매우 높을 때에는 조세 삭감이 훨씬 더 많은 생산과 소득을 조장해서 조세수입이 실제로 증가할 수도 있다. 그렇지만 세율이 비교적 낮은 미국에서 이러한 결과가 발생할 것 같지는 않다. 그럼에도 불구하고 대부분의 경제학자들은 조세 삭감이 가져올 수 있는 경제적 자극이 때로는 이로 인한 조세수입 감소를 감수할 가치가 있다는 데 동의한다. 경제학자들 간에는 재정정책은 효과적이지만 느리며, 통화정책이 경제적 불안정을 막기 위한 최전선이 되어야 하고, 통화정책과 재정정책 중 어느 것도 장기적으로 실업률을 자연실업률보다 낮은 수준에 머물게 할 수 없다는 점에 대해 점점 의견이 일치하고 있다.

핵심용어

✓ 가처분소득 ✓ 부채 ✓ 외부시차 ✓ 재정정책
✓ 경기후퇴 갭 ✓ 비례세 ✓ 이전지출 ✓ 재정흑자
✓ 고전학파 이론 ✓ 세이의 법칙 ✓ 인식시차 ✓ 케인스학파 이론
✓ 공급중시 재정정책 ✓ 스태그플레이션 ✓ 인플레이션 갭 ✓ 통화론자 이론
✓ 구축 ✓ 시행시차 ✓ 자동안정장치 ✓ 팽창적 재정정책
✓ 누진세 ✓ 역진세 ✓ 재정적자

복습문제

1. 다음 진술의 참, 거짓 여부를 판별하라 – 고전학파 경제학자들은 총수요 감소와 같이 경제를 불안정하게 만드는 사건이 발행한 후 경제가 신속하게 스스로를 교정할 수 있다고 주장한다. 답에 대해 설명하라.

2. 다음 진술의 참, 거짓 여부를 판별하라 – 케인스학파 경제학자들은 재정정책의 사용에 반대한다. 답에 대해 설명하라.

3. 다음 진술의 참, 거짓 여부를 판별하라 – 통화론자들은 경기순환에 따른 변동에 적극적으로 대응하기 위해 화폐공급을 조정하는 정책을 지지한다. 답에 대해 설명하라.

4. 다음 중 현대 경제학자들 사이에 일반적으로 의견합치가 이루어지고 있는 영역은 무엇인가?
   a. 경제를 안정시키기 위해 통화정책에 앞서 재정정책이 사용되어야 한다.
   b. 팽창적인 재정정책은 총수요를 증가시킨다.
   c. 여러 종류의 시차로 인해 소극적인 통화정책은 경제를 안정시키기 위한 수단으로 바람직하지 않다.
   d. 재정정책과 통화정책은 단기에는 실업률에 영향을 줄 수 있다.

5. 어떤 경제가 경기후퇴 갭을 겪고 있다고 하자.
   a. 총수요, 단기총공급, 장기총공급을 보여주는 그래프를 그려라. 두 축과 모든 곡선에 명칭을 달고 경기후퇴 갭을 표시하라. 실제 산출량 수준을 Y_1, 실제 물가를 PL_1, 그리고 완전고용 산출량 수준을 Y_f로 표시하라.
   b. 경기후퇴 갭을 제거할 수 있는 공급중시 재정정책 한 가

지를 제시하고 설명하라.
   c. b문항에서 설명한 정책이 성공적이라면 이 그래프를 어떻게 변화시킬 것인지를 보여라.

6. 어떤 경제가 인플레이션 갭을 겪고 있다고 하자.
   a. 총수요, 단기총공급, 장기총공급을 보여주는 그래프를 그려라. 두 축과 모든 곡선에 명칭을 달고 경기후퇴 갭을 표시하라. 실제 산출량 수준을 Y_1, 실제 물가를 PL_1, 그리고 완전고용 산출량 수준을 Y_f로 표시하라.
   b. 인플레이션 갭을 제거할 수 있는 수축적 재정정책 한 가지를 제시하고 설명하라.
   c. b문항에서 설명한 정책이 성공적이라면 이 그래프를 어떻게 변화시킬 것인지를 보여라.

7. 어떤 경제가 경기후퇴 갭을 겪고 있다고 하자.
   a. 총수요, 단기총공급, 장기총공급을 보여주는 그래프를 그려라. 두 축과 모든 곡선에 명칭을 달고 경기후퇴 갭을 표시하라. 실제 산출량 수준을 Y_1, 실제 물가를 PL_1, 그리고 완전고용 산출량 수준을 Y_f로 표시하라.
   b. 경기후퇴 갭을 제거하기 위해 케인스학파 경제학자들이 제안할 수 있는 팽창적 재정정책 한 가지를 제시하고 설명하라.
   c. b문항에서 설명한 정책이 성공적이라면 이 그래프를 어떻게 변화시킬 것인지를 보여라.

8. 어떤 경제가 인플레이션 갭을 겪고 있다고 하자. 이 경제의 지나친 상승세를 꺾을 수 있는 자동안정장치 두 가지를 제

시하라.

9. 재정정책과 관련하여 다음 사건 중 어느 사건이 다음에 열거한 문제를 일으킬 수 있는가?

사건 :

a. 이자율 하락
b. 정부차입
c. 정치적 논쟁
d. 저축 감소
e. 저축 증가
f. 미시간대학교 소비자 기대지수 자료 수집에 대한 자금지

원 철폐

문제 :

____ 구축
____ 시행시차
____ 인식시차
____ 외부시차

10. 여러분이 대통령이고 정부지출이 삭감되어야 한다고 생각한다면 어떤 지출 항목을 가장 크게 삭감할 것을 권고하겠는가? 이 유형의 지출을 삭감함에 따른 비용과 혜택에 대해 논하라.

화폐와 은행

Dave Anderson

16

학습목표

이 장에서는 다음 내용을 학습한다.

1. 화폐의 기능, 유형 및 특성을 파악한다.

2. 화폐의 시간가치에 대해 논의한다.

3. 화폐공급의 지표인 M1과 M2에 대해 설명한다.

4. 다양한 유형의 은행과 저축기관에 대해 이해하고 이들이 실패할 때 어떤 일이 발생할 것인지를 설명한다.

5. 화폐창조 과정을 기술한다.

파머스내셔널은행은 켄터키주 댄빌의 중심부인 메인가에 있다. 이 은행은 원래의 건물 바로 옆 건물로 확장한 후 다시 모퉁이에 있는 건물로 확장했다. 반대편 모퉁이에는 다른 은행이 있다. 그리고 같은 블록의 반대편 끝 모퉁이에 또 다른 은행이 있다. 길 건너편 백화점은 문을 닫았고 그 건물은 10년간 빈 상태다. 하지만 파머스내셔널은행은 16,349명 댄빌 주민의 증가하는 수요를 충족시키기 위해 지점 3개를 더 개설했다. 파머스내셔널은행은 또한 주변 지역에 7개의 지점을 열었다. 크고 작은 경제에서 화폐와 은행을 이토록 중요하게 만드는 것은 무엇일까? 이 장은 금고를 열고 그 안에 있는 것들의 장점을 공유할 것이다.

왜 알아야 하는가?

화폐가 존재하지 않는 경제를 상상해보라. 물건을 사기 위해서는 여러분이 가지고 있는 재화 및 서비스를 여러분이 원하는 재화 및 서비스와 교환해야 할 것이다. 여러분이 양계업자라면 쇼핑을 하러 가면서 닭을 들고 가서 닭을 대가로 받을 의향이 있는 가게를 찾을 수 있기를 바라야 한다. 세탁기나 박달나무를 파는 사람이라면 허릿심이 세야 할 것이다.

어떤 사람은 화폐가 모든 죄악의 근원이라 말한다. 화폐가 없다면 세상에서 죄악이 사라질까? 그렇지 않다. 화폐가 없더라도 죄악의 불씨인 탐욕과 무례가 여전히 존재할 것이다. 화폐는 없지만 사악함이 존재하는 동물 왕국의 여우가 하듯이 사람들은 화폐 대신 닭을 훔칠 것이다. 마찬가지로 재화와 서비스는 뇌물, 부채, 사기를 위한 화폐가 될 수 있다.

화폐는 죄악의 근원이기보다는 효율의 씨앗이다. 부분적인 이유는 화폐가 박달나무보다 들고 다니기 쉽다는 데 있다. 이 장에서 여러분은 화폐의 장점, 은행 및 유사 기관의 기능, 그리고 화폐가 창조되는 과정에 대해 배울 것이다.

화폐의 기능

최근에 화폐가 여러분에게 해준 것은 무엇인가? 경제의 다른 참여자들에게는 화폐가 무엇을 해주는가? 무엇보다도 화폐는 교환의 매개수단, 가치의 저장수단, 계산의 단위로서의 기능을 통해 우리의 삶을 쉽게 만들어준다.

교환의 매개수단

여러분이 좋아하는 운동경기 결승전 입장권을 원하는가? 그렇다면 여러분은 입장권 판매자가 원하는 무엇인가를 내놓아야 한다. 화폐가 존재하지 않는다면 여러분은 물물교환을 해야 한다. **물물교환**(barter)은 재화 및 서비스를 다른 재화 및 서비스와 교환하는 것이다. 물물교환이 이루어지기 위해서는 욕망의 이중 일치(double coincidence of wants)가 있어야 한다. 즉 판매자는

> **물물교환**
> 재화 및 서비스를 다른 재화 및 서비스와 교환하는 것
>
> **교환의 매개수단**
> 재화 및 서비스에 대한 대가로 널리 수용되는 것
>
> **가치의 저장수단**
> 미래의 구매를 위해 사용될 수 있는 것

구매자가 원하는 것을 갖고 있어야 하고, 구매자는 판매자가 원하는 것을 갖고 있어야 한다. 입장권 판매자가 치아 치료나 스페인 관광을 원한다면 여러분의 삶은 복잡해질 것이다.

다행히도 우리에게는 교환의 매개수단으로서 역할을 하는 화폐가 있다. **교환의 매개수단**(medium of exchange)이란 재화 및 서비스에 대한 대가로 널리 수용되는 무엇인가를 말한다. 입장권 판매자는 화폐를 받아들일 것이고, 그의 치과의사와 여행사도 그럴 것이다. 화폐가 교환의 매개수단으로 널리 수용되면 경제 전체에서의 거래가 단순해진다. 또한 이로 인해 결승전 입장권을 구하는 것이 이를 뽑는 것보다는 좀 더 쉬워진다.

가치의 저장수단

생선은 저장하기 어렵다. 복숭아, 스키 강습, 장미, 음악회도 마찬가지다. 무엇이든 잘 상하거나 일시적이거나 계절성이 있는 것을 생산하는 사람이라면 화폐의 진가를 알아볼 것이다. **가치의 저장수단**(store of value)으로서의 화폐는 미래의 구매를 위해 사용될 수 있다. 화폐는 인플레이션이나 디플레이션으로

▲ 복숭아는 저장하면 썩기 때문에 좋은 가치의 저장수단이 못 된다. 하지만 농부들은 복숭아를 팔아 화폐와 교환할 수 있는데 이는 미래 먼 시점에 물건을 구매하기 위해 사용될 수 있다.

▲ 달러는 가격, 재산, 그리고 사실상 모든 것들의 혜택과 비용을 측정하기 위한 표준적인 계산의 단위로서의 기능을 제공한다.

인해 가치가 낮아지거나 높아질 수 있다. 하지만 1년이나 그 이상이 지난 후에 1년이 된 달러화는 1년이 된 광어보다 훨씬 더 가치가 있을 것이다. 따라서 어부, 농부, 화훼업자, 그리고 플루트 연주자는 자신이 원할 때 재화 및 서비스를 팔고 그 대가로 수취한 화폐를 사용하여 먼 미래에 재화 및 서비스를 구매할 수 있다.

계산의 단위

어떤 가게에서는 모든 것들이 편리하게도 1달러에 팔린다. 미국 내 모든 가게에서는 모든 것의 비용이 달러 및 센트의 숫자로 표시된다. 표준화된 가격 단위가 존재하지 않는 가게에서 쇼핑할 때의 불편함을 상상해보라. 캐슈넛 한 깡통이 닭 1마리, 막대사탕 3개, 또는 올리브 오일 42온스에 팔릴 수도 있을 것이다. 화폐는 **계산의 단위**(unit of account), 즉 가격과 경제적 비교를 위한 표준적인 척도로서 기능함으로써 모든 것을 단순화한다.

경제학자들은 달러를 가격, 임금, 재산을 측정하는 데 사용함을 넘어서 행복, 고통, 삶 자체를 포함하여 의외의 것들의 가치를 표현하는 데 사용하기도 한다. 예를 들어 경제학자들은 미국인들이 불특정한 개인의 생명에 평균적으로 1,000만 달러의 가치를 매긴다는 사실을 발견했다. 정책입안자들은 이 금액을 안전 규제를 마련하여 인명을 구조하는 데 드는 비용과 비교할 수 있다. 예를 들어 비행기 바닥에 비상등을 설치하도록 요구하는 규제는 1인당 125만 달러에 달하는 비용으로 인명을 구조할 수 있다. 정책입안자들에게는 훌륭한 흥정거리다. 반

면에 정책입안자들은 식수에서 아트라진과 알라클로르 제초제 수준을 제한하는 규제에 대해 다시 생각하려 들지도 모른다. 구조되는 인명 1인당 3,860억 달러의 비용이 들 것으로 추정되기 때문이다.

무엇이 무언가를 화폐로 만드는가?

재화와 서비스에 대한 대가로 일반적으로 수용되는 것은 무엇이든 **화폐**(money)가 될 수 있다. 여기에는 우리가 **현금**(currency)이라고 부르는 지폐와 동전은 물론 당좌예금과 저

> **계산의 단위**
> 가격과 경제적 비교를 위한 표준적인 척도
>
> **화폐**
> 재화와 서비스에 대한 대가로 일반적으로 수용되는 것
>
> **현금**
> 화폐로 사용되는 지폐와 동전

▲ 여러분이 화폐를 주머니나 지갑에 넣고 다니기를 원한다면 얍 섬에서 하는 것처럼 도넛 모양의 큰 돌을 화폐로 사용하지 않는 것을 고맙게 생각해야 한다. 이런 화폐를 들고 다니는 것은 그야말로 짜증나는 일일 것이다. 얍 섬의 거주자들 역시 이를 인식하고는 지금은 작은 금액의 구매에는 미 달러화를 사용한다.

축예금이 포함된다. 과거에는 염주, 비단, 조개껍데기, 향료 등이 화폐의 역할을 했다. 교도소나 여름 캠프, 그리고 현금이 금지된 여타 장소에서는 담배, 초콜릿, 우표, 그리고 커피가 오늘날에 있어서조차 때로는 화폐의 역할을 한다.

이상적인 화폐의 특성

어떤 것들은 다른 것들에 비해 화폐로서의 역할을 더 잘 수행한다. 이상적으로 화폐는 금융거래를 위해 수용될 뿐만 아니라 내구성이 있으며, 휴대하기 쉽고, 균일하며, 공급이 한정되어 있고 달러 및 센트와 같이 작은 단위로 나눌 수 있어야 한다. 이들 특성 각각이 왜 중요한지 이해하기 위해 생선처럼 이들 특성 중 무엇인가가 결핍된 것이 어떻게 화폐로서 기능을 할 것인지 검토해보자.

- 내구성 : 생선은 저금통 안에서 썩을 것이다.
- 휴대성 : 대부분의 생선은 지갑에 넣을 수 없다.
- 균일성 : '앗(ick)'이라 알려진 기생충 질환을 가진 생선은 일반 생선과 다르다.
- 제한된 공급 : 대량의 화폐공급은 가격을 상승시킨다. 이 세상에 생선이 풍부하다는 사실을 감안할 때 집 한 채를 사려면 얼마나 많은 생선이 필요할지 상상해보라.
- 분할성 : 생선은 분할할 수 있다. 하지만 누가 내장을 원할까?

현대의 현금은 이들 이상적 특성을 다양한 정도로 충족시킨다. 동전은 25년간 지속될 만큼 내구성이 높다. 지폐는 휴대가 가능하나 18개월밖에 지속되지 못한다. 미국의 현금은 특별판을 제외하고는 균일하다. 예를 들어 미국 조폐국의 50개 주 25센트 동전 프로그램의 일부로 주조된 워싱턴주의 25센트 동전은 한 면에 대왕 연어가 그려져 있다. 현대의 현금은 모두 한정된 수량만 공급된다. 정부와 중앙은행은 현금의 가용성을 주의 깊게 감시하고 위조지폐가 화폐공급에 더해지지 않도록 온갖 노력을 한다. 예를 들어 어떠한 미국 지폐에서도 이를 복제하기 어렵게 만들기 위한 특징을 발견할 수 있는데 지폐 용지에 박혀 있는 빨간색과 파란색 실이 그 예다. 현금은 또한 분할 가능하다. 누구든 은행에서 100달러짜리 지폐를 1센트짜리 동전 10,000개나 다른 여러 가지 소액권과 동전의 조합으로 교환할 수 있다.

화폐의 유형

시간이 지나면서 화폐는 다양한 형태를 취했었다. 이들 형태 중 일부는 다른 형태보다 더 성공적이었다. 노바스코샤의 식민지 주민들은 생선을 화폐로 사용하려 했었다. 서던캘리포니아

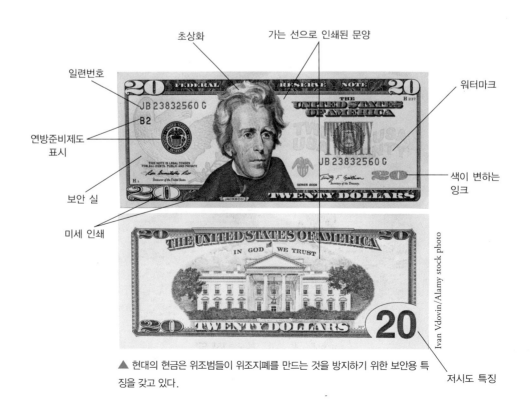

초상화
가는 선으로 인쇄된 문양
일련번호
워터마크
연방준비제도 표시
보안 실
미세 인쇄
색이 변하는 잉크
저시도 특징

▲ 현대의 현금은 위조범들이 위조지폐를 만드는 것을 방지하기 위한 보안용 특징을 갖고 있다.

Ivan Vdovin/Alamy stock photo

▲ 동전이 귀금속으로 만들어졌을 때에는 일부 사용자들이 가장자리를 깎아서 금속의 일부를 추출하곤 했다.

▲ 1882년과 1933년 사이에 이것과 같은 금 확인증(앞면과 뒷면)이 미국에서 지폐의 역할을 했다. 각 지폐는 금에 대한 소유권을 나타냈으며 금화로 교환이 가능했다.

경찰의 최근 보고에 따르면 마약 밀매업자들이 타이드라는 액체세제를 화폐로 받아준다고 한다. 이 절에서는 보다 성공적인 화폐의 유형 몇 가지를 탐색해본다.

상품화폐

중국인들은 3,000년도 더 전에 최초의 화폐 형태 중 하나로 개오지 조개껍데기를 사용했다. 미국 원주민들은 조개껍데기로 만든 염주를 화폐로 사용했는데 이를 **웜펌**(wampum)이라 불렀다. 다른 초기 화폐의 형태로는 동물 가죽, 향신료, 차, 알코올, 보리 등이 있었다. 이들은 모두 **상품화폐**(commodity money), 즉 화폐로서의 용도와는 별도로 가치를 가진 화폐의 예다. 상품화폐는 다른 용도로도 사용될 수 있기 때문에 널리 수용될 수 있다.

대부분의 상품은 공급이 한정되어 있기 때문에 화폐공급이 지나치게 빨리 증가하여 인플레이션을 초래하는 것을 방지하는 혜택을 추가적으로 제공한다. 지나치게 풍부하게 존재하는 화폐 형태가 왜 인플레이션을 초래하는지를 이해하기 위해 모래알이 달러 지폐를 대신하여 화폐로 사용된다고 상상해보자. 사람들은 모래 몇 양동이를 퍼 담음으로써 쉽게 억만장자가 될 수 있다. 그 결과 여러분은 새 신발을 사기 위해 수백만 개의 모래알을 지불해야 할 것이다. 또한 여러분은 한 시간의 노동에 대해 수백만 개의 모래알을 받으려 할 것이다. 경제가 여러분들처럼 훨씬 더 많이 지불할 의향이 있는 구매자와 훨씬 더 큰 대가를 요구하는 판매자들로 가득 차 있다면 그 결과는 인플레이션이다. 즉 총수요곡선과 총공급곡선이 위쪽으로 이동

하고 더 높은 물가에서 새 균형에 도달할 것이다.

은이나 금처럼 비교적 희귀한 재료로 제조된 동전이 2,000년 이상 전에 유럽과 아시아 일부에서 널리 상품화폐로 사용되었다. 귀금속으로 만든 화폐의 문제는 사람들이 이를 지출하기 전에 금속의 일부를 동전으로부터 추출하려는 유혹을 받는다는 데 있다. 사람들은 동전의 가장자리를 자르거나 깎았으며 동전에 구멍을 내어 금속을 추출한 후 망치질로 구멍을 다시 막기도 했다. 이들은 추출한 금속을 녹여서 팔았다. 이와 같은 관행으로 인해 이들 동전은 점차 소멸되었다. 이에 대한 대응은 동전 가장자리에 밭이랑 모양의 주름이나 글자를 넣어서 자연적인 아닌 마모를 더 잘 알아볼 수 있게 만드는 것이었다.

지폐와 금본위제도

중국인들은 1,000년 이상 전부터 지폐 사용을 실험하기 시작했다. 지폐는 상품화폐보다 생산하고 운반하기가 더 쉽다. 그런데 생산하기 쉽다는 점이 지폐의 문제가 되었다. 대량의 화폐가 경제에 넘쳐남에 따라 인플레이션이 발생했다. 이러한 지폐의 문제점이 반복되자 중국인들은 1455년경에 그들의 첫 실험을 종료했다. 하지만 그전에 이탈리아의 상인이자 탐험가인 마르코 폴로를 비롯한 여러 사람들이 이 아이디어를 유럽으로 가져갔다. 19세기에 이르러서는 세계 여러 국가들이 지폐를 사용하게 되었다. 화

상품화폐
화폐로서의 용도와는 별도로 가치를 가진 화폐

폐의 역할을 하는 종이는 그 자체로는 가치가 없기 때문에 지폐에 대한 신뢰도는 낮았다.

선진 화폐제도는 귀금속으로 지폐를 뒷받침함으로써 지폐에 대한 신뢰를 쌓으려 했다. 1816년에 영국은 금본위제도를 공식적으로 채택한 최초의 국가가 되었다. **금본위제도**(gold standard)하에서는 화폐의 가치가 금을 통해 측정되며 지폐는 정해진 양의 금과 교환될 수 있다. 미국은 1873~1971년 사이에 간헐적으로 금본위제도를 채택했다. 1785~1968년 사이의 미국에는 이와 유사한 은본위제도가 간헐적으로 존재했었다.

화폐의 양을 이를 뒷받침하는 금의 양으로 한정시킴으로써 금본위제도는 높은 인플레이션율을 초래할 수 있을 정도로 빠른 화폐공급 증가를 막을 수 있다. 불행히도 화폐공급이 금 공급보다 빠른 속도로 증가할 필요가 있는 때도 있다. 예를 들어 대공황 초기에 더 많은 화폐가 공급되었더라면 디플레이션 문제를 방지하고, 이자율을 낮추고, 사람들이 지출할 화폐를 더 많이 가질 수 있었을 것이다. 대신 최악의 시기에 화폐공급이 금 공급에 의해 제한되었었다. 금 공급의 문제는 국민들이 주식과 부동산 투자에 대한 보다 안전한 대안으로 금을 모으기 시작함에 따라 더욱 악화되었다. 대공황이 4년쯤 경과한 1933년에 루스벨트 대통령은 미국 경제를 금본위제도로부터 벗어나게 했다. 경직적 금 공급과 금값 변동에 의해 발생하는 이와 유사한 문제들로 인해 1930년대에 들어 세계 곳곳의 국가들이 금본위제도를 버리고 명령화폐제도를 채택했다.

명령화폐

미국 정부는 1971년에 미국 화폐에 대한 강력한 신뢰를 바탕으로 하여 자신의 화폐를 상품에 의해 뒷받침하기를 중지했으며, 그 이후 다시는 금본위제도를 채택하지 않았다. 오늘날 미국의 현금은 모두 정부가 가치가 있다고 말하기 때문에 가치를 가지는 **명령화폐**(fiat money)다. 여러분의 주머니에 있는 동전은 은이나 금을 함유하지 않고 있으며 현대 지폐와 마찬가지로 정부에 대한 신뢰에 의해서만 뒷받침된다. 미국 재무부의 지휘하에 미국 조폐국은 면화와 리넨으로 미국 지폐를 만들고, 미국 주조청은 구리, 망간, 니켈, 그리고 아연으로 미국 동전을 만든다. 이들 현금은 미국의 중앙은행인 연방준비제도를 통해 배포된다(연방준비제도는 다음 장의 중심 주제다).

금본위제도
화폐의 가치가 금을 통해 측정되는 화폐제도

명령화폐
정부가 가치가 있다고 말하기 때문에 가치를 가지는 화폐

Coprid/Shutterstock.com

▲ 현대의 동전은 구리, 망간, 니켈, 아연과 같은 값싼 재료로 만들어진다. 재료의 가치가 아주 작기 때문에 이들은 상품화폐가 아니다. 오히려 이들은 그 가치가 이들이 구매를 위해 사용될 수 있다는 정부의 법령으로부터 나오는 명령화폐다.

새로운 형태의 화폐

디지털 시대는 우리에게 디지털 서적, 디지털 음악, 디지털 사진을 가져다주었고 더 최근에는 디지털 화폐를 가져다주었다. 비트코인은 2008년에 발명된 디지털 화폐로 전 세계 사람들이 온라인에서 거래를 한다. 다른 디지털 화폐의 예로는 라이트코인, 이더리움, 지캐시 등이 있다. 각 비트코인 사용자는 컴퓨터나 스마트폰에 있는 가상지갑을 이용하여 화폐의 전자적 대용물을 보관한다. 사용자들은 적은 수수료를 내고 인터넷을 통해 비트코인을 세계 어디든 이동할 수 있다. 비트코인은 어떤 정부나 은행에 의해서도 규제받지 않는다.

비트코인의 가치는 공급과 수요에 따라 변동한다. 신용카드 거래와는 달리 비트코인 거래는 추적이 불가능하다. 불행하게도 이런 이유로 인해 비트코인은 범죄자에게 매력적이다. 연방수사국은 비트코인을 받고 마약과 밀수품을 판매하는 웹사이트를 발견하기도 했다.

전자 암호의 모음으로서 비트코인은 내구성이 있고, 운반 가능하며, 균일하고, 분할 가능하다. 비트코인의 공급은 새 비트코인의 생성을 가능케 하는 소프트웨어 자체에 의해 제한된다. 그렇지만 비트코인을 비롯한 대부분의 디지털 화폐는 상품이나 정부에 의해 뒷받침되지 않기 때문에 구매자와 판매자에 의해 널리 수용되지 않는다. 어떤 형태의 화폐든 널리 수용되는 것이 중요하기 때문에 디지털 화폐 시스템의 개발자들은 자신

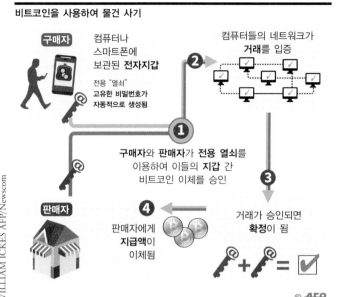

비트코인을 사용하여 물건 사기

구매자

컴퓨터나 스마트폰에 보관된 **전자지갑**

전용 "**열쇠**" 고유한 비밀번호가 자동적으로 생성됨

①

구매자와 판매자가 전용 열쇠를 이용하여 이들의 지갑 간 비트코인 이체를 승인

② 컴퓨터들의 네트워크가 **거래를 입증**

③

거래가 승인되면 **확정**이 됨

④ 판매자에게 **지급액**이 이체됨

판매자

© **AFP**

▲ 비트코인은 신속하게 익명으로 온라인 구매나 화폐 이체를 하는 데 사용되는 규제받지 않는 디지털 화폐다.

이 개발한 화폐에 대한 신뢰를 쌓아야 한다는 도전을 받는다. 비트코인이 어떻게 작동하는지를 알고 싶다면 위 삽화를 보라.

화폐가 아닌 것

신용카드는 화폐가 아니다. 오히려 이것은 화폐 차입을 개시하기 위해 이용된다. 여러분이 신용카드로 구매를 하면 신용카드회사가 판매자에게 화폐를 지급한다. 나중에 여러분은 신용카드회사로부터 청구서를 받고 궁극적으로 신용카드회사가 판매자에게 지급한 화폐를 상환해야 한다.

화폐의 시간 가치

여러분은 지금 1만 달러를 받는 것과 10년 후 1만 달러를 받는 것 중 어느 것을 선호하는가? 아마도 여러분은 지금 화폐를 갖는 것을 선호할 것인데 그 이유는 다음과 같다.

- 지금 수취한 화폐는 미래에 더 많은 화폐를 취득하기 위해 투자될 수 있다.
- 화폐로 살 수 있는 즐거움을 주는 것들을 늦추고 싶지 않다.
- 10년 사이에 무슨 일이 일어날지 모른다. 화폐의 원천이 말라버릴 수도 있고, 여러분의 건강이 악화되어 화폐를 갖고

Q&A

디지털 대안이 현금을 모두 대체할 것인가?

1950년대 이후 신용카드는 고객들이 현금이 필요없게 해주었다. 값싼 신용카드 판독기 덕분에 노점상인, 택시 운전사, 보모를 포함하여 대부분의 판매자가 신용카드를 받는다. 오늘날 고객들은 구글 월렛이나 애플 페이를 이용하여 스마트폰과 스마트워치로 구매를 할 수 있다. 그리고 사람들은 벤모, 페이팔, 스퀘어캐시와 같은 앱을 갖고 화폐를 전자적으로 교환할 수 있다. 이와 같은 기술진보와 점증하는 전자화폐의 인기로 인해 이 교과서의 미래 판에서는 현금이 무엇이었는지를 설명해야 할지도 모른다.

하지만 화폐가 가진 몇 가지 혜택이 화폐의 소멸을 지연시키거나 막을 수도 있다. 연방준비제도의 추정에 따르면 모든 미국 화폐의 3분의 2가 외국에 있다. 이들 국가에서는 사람들이 미국 화폐를 자국 화폐에 비해 상대적으로 더 안정적인 대안으로서 보유하고 있다. 미국 내에서조차 많은 사람들이 은행 전산망의 보안 침입을 우려하여 어느 정도의 현금을 보유하고 싶어 한다. 예를 들어 2014년에 4억 5,000만 달러를 초과하는 비트코인이 컴퓨터 해커에 의해 도난당했다고 한다. 현금은 또한 팁을 주고 포커 게임을 하고 교회 헌금을 내고 차고 세일에서 물건을 사기에 편리하다. 그렇지만 보모들이 전자지급수단을 수용하기 시작한 만큼 포커 클럽이나 교회 재정담당자도 얼마 뒤처지지 않을 것이다.

▲ 현금은 출납원에게 지급을 하거나 교회 헌금 바구니에 기부를 하는 데 편리하다. 그렇지만 대체적인 지급 수단들이 점차 보편화되고 있다.

▲ 화폐의 시간 가치로 인해 대부분의 복권 당첨자들은 당첨금을 수십 년에 나누어 매년 받는 방식 대신 당첨금의 절반 정도의 금액을 선불로 받는 방식을 선택한다.

살 수 있는 것들을 즐기지 못할 수도 있으며, 인플레이션이 화폐의 구매력을 파괴할 수도 있고, 좀비가 세상을 점령할 수도 있다. 즉 전적으로 예상치 못한 무언가가 여러분이 화폐를 수취하거나 즐기는 것을 막을 수도 있다.

화폐의 시간 가치(time value of money)는 주어진 금액의 화폐를 나중보다는 더 먼저 가지는 것이 더 낫다는 원리다. 여러분이 참을성 있고 미래에 어떤 일이 있을지 염려하지 않는다 해도 가능하면 이른 화폐 수취를 선택할 것이다. 은행 예금에서 이자를 수취할 기회나 주식, 채권, 부동산 또는 다른 투자로부터 수익을 낼 기회가 화폐를 지금 수취하는 것이 유리한 이유다.

예를 들어 은행의 저축계좌에 예금된 화폐는 은행으로부터 이자지급의 보상을 받는다. 이자지급액을 더하면 계좌에 들어 있는 화폐의 양이 시간이 흐름에 따라 증가할 것이다. 여러분이 100달러를 1년 동안 예금하고, 이자율이 5%라 하자. 여러분은 1년 후에 105달러를 갖게 된다. 만일 연말까지 예금할 100달러를 갖지 못한다면 이자를 벌지 못할 것이다. 그 결과 1년 후에는 은행에 100달러만을 갖게 된다.

사람들이 화폐를 먼저 받는 것을 선호하기 때문에 80~90%의 복권 당첨자들이 당첨금을 수십 년에 나누어 매년 받는 방식 대신 당첨금의 절반 정도 금액을 선불로 받는 방식을 선택한다. 그렇지만 고지서 요금을 낼 때는 나중에 내는 것이 일찍 내는 것보다 더 유리하다. 가능한 한 오래 수익을 낼 수 있는 곳에 화폐를 보관하고 지나치게 늦지만 않다면 고지서 요금을 나중에 내는 것이 더 낫다. 계약을 협상할 때와 소득세 납부시기를 결정할 때 그리고 미래에 발생할 다른 혜택과 비용을 따질 때에도 화폐의 시간 가치를 잊지 말아야 한다.

화폐공급의 척도

연방준비제도는 사람들이 원하는 지출과 차입을 지지하기에는 충분하지만 심한 인플레이션을 초래할 정도로 지나치게 많지 않은 화폐가 경제에 있도록 하기 위해 화폐공급을 감시한다. 연방준비제도는 여름 캠프와 교도소에서 화폐로서의 역할을 하는 막대사탕과 담배의 양을 파악하지는 않지만 M1과 M2를 포함하여 몇 가지 화폐공급 지표를 추적한다.

M1

M1은 지출하기에 가장 쉬운 세 가지 형태의 화폐로 구성된다.

1. 유통 중인 현금 : 이것은 개인과 기업이 보유하고 있는 현금이다. 이것은 연방준비제도나 은행 금고에 보관된 현금은 포함하지 않는다.
2. 당좌예금 : 이것은 수표를 이용하여 잔고를 인출할 수 있는 예금이다. 당좌예금에는 은행의 당좌예금과 이자를 지급하는 당좌예금인 나우(NOW) 계좌, 그리고 신용조합의 당좌예금이 포함된다.
3. 여행자 수표 : 일부 은행은 여행자가 현금 대신 갖고 다닐 수 있는 여행자 수표를 판매한다. 여행자 수표는 분실하거나 도난당하더라도 이를 판매한 회사가 구매자에게 해당 금액을 돌려주기 때문에 현금보다 갖고 여행하기에 더 안전하다. 여행자 수표와는 달리 당좌예금 인출을 위해 작성한 수표는 화폐의 일부가 아니다. 당좌예금에 있는 실제 예금만이 화폐의 일부가 될 수 있다.

그림 16.1은 M1의 구성을 보여준다. 2018년 미국의 M1은 3조 6,000억 달러에 달했다.

M2

M2는 M1에 더하여 현금이나 당좌예금보다는 재화 및 서비스와 교환하기가 더 어려운 준화폐(near money) 몇 가지로 구성된다. 잔고를 인출하거나 투자를 현금화하는 것처럼 준화폐를 지

화폐의 시간 가치
정해진 금액의 화폐를 나중보다는 더 먼저 갖는 것이 더 낫다는 원리

M1
유통 중인 현금, 당좌예금, 여행자 수표로 구성된 화폐공급 부분

M2
M1에 더하여 현금이나 당좌예금보다는 재화 및 서비스와 교환하기가 더 어려운 '준화폐'로 구성된 화폐공급 부분

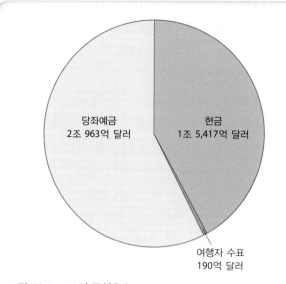

그림 16.1 M1의 구성요소

당좌예금은 M1 화폐공급의 대부분을 차지하며 그다음은 현금이다. 나머지 구성요소는 여행자 수표인데, 이는 M1에서 아주 작은 부분일 뿐이다.

출처 : Federal Reserve

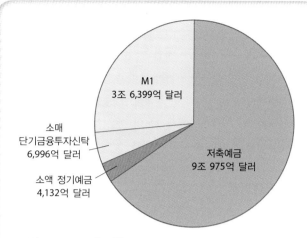

그림 16.2 M2의 구성요소

M2는 M1보다 더 광범위한 화폐의 척도다. M2는 M1과 이보다 덜 유동적인 세 가지 형태의 화폐인 저축예금, 10만 달러 미만의 정기예금, 그리고 소매 단기금융투자신탁으로 구성된다.

2018년에 미국의 M2 화폐공급은 13조 9,000억 달러였다. 그림 16.2는 M2의 구성을 보여준다.

은행과 저축기관

크고 작은 지역사회들은 은행과 이와 비슷한 금융기관에 의존하여 저축을 장려하고 신출내기 기업과 가계에 대출을 제공한다. 다른 것들을 거의 갖고 있지 못한 가장 소규모의 지역사회들도 상당수가 은행을 갖고 있다. 이 절은 경제의 바퀴에 기름칠을 해주는 이들 기관의 중요성을 부각시킨다.

상업은행의 역할

파머스내셔널은행을 비롯하여 대부분의 도시 중심부에 있는 은행들은 상업은행이다. **상업은행**(commercial bank)은 주로 예금을 수취하고 대출을 하며 기업과 일반 대중에게 이와 유사한 서비스를 제공하는 것을 영업으로 한다. 이와는 대조적으로 골드만삭스와 같은 **투자은행**은 기업고객의 자금 조달을 지원하는 데 특화하고 예금을 수취하지 않는다. 상업은행에서는 자금을 당좌계좌에 예금하거나, 이자를 벌 수 있는 저축예금에 넣거나, 또는 더 높은 이자율을 제공하지만 미리 정해진 기간 동안은 인출을 할 수 없는 예금증서를 살 수 있다.

상업은행은 단순히 화폐를 보관

상업은행

주로 예금을 수취하고 대출을 하며 기업과 일반 대중에게 이와 유사한 서비스를 제공하는 것을 영업으로 하는 은행

출하기 위해 거쳐야 할 추가적인 단계는 이들 화폐 형태를 덜 유동적으로 만든다. M2는 다음과 같이 구성된다.

1. M1
2. **저축예금** : 여러분은 현금인출기나 은행 창구에서 횟수에 제한 없이 저축예금을 인출할 수 있다. 자동이체와 체크카드를 이용한 인출을 포함하여 몇 가지 다른 형태의 인출 방법은 월 6회로 제한되어 있다. 이와 같은 제한 때문에 현금이나 당좌예금에 비해 저축예금을 지출에 사용하는 것이 더 어렵다.
3. **소액 정기예금(10만 달러 미만)** : 예금증서(certificates of deposit, CD)는 정기예금의 한 예다. 예금증서는 저축예금과 유사하나 일정한 기간 동안 예치되어야 하며 보통 이자가 고정되어 있다. 정해진 만기 이전에 정기예금을 인출하면 벌금이 부과된다.
4. **소매 단기금융투자신탁** : 이것은 단기 채권에 대한 투자를 모은 것이다. 미국의 경우 단기 채권에는 재무부증권과 상업어음이 포함되는데 이들은 각각 정부와 회사에 대한 대출을 나타낸다. 소매 단기금융투자신탁은 어떤 투자자든 투자할 수 있다. 기관 단기금융투자신탁은 주로 기관투자자(은행, 회사, 연금)를 위해 만들어졌으며 M2의 일부가 아니다.

하기에 안전한 장소 이상의 역할을 한다. 처음에는 상업은행이 기업에만 대출을 했었지만 지금은 개인에게도 다양한 대출을 한다. 여기에는 배와 자동차처럼 큰 금액의 구매를 위한 소비자대출, 주택을 위한 **주택구매대출**, 그리고 차입자의 주택을 다른 대출을 위한 담보로 사용하는 주택담보대출이 포함된다. 의회가 1933년 글래스-스티걸법에서 2개의 절을 폐지한 1999년 이래로 상업은행은 보험과 주식을 판매할 수 있게 되었다.

관련된 금융기관

상업은행은 더 이상 금융 세계에서 유일한 기관이 아니다. 신용조합, 저축은행, 저축대부조합을 포함하는 **저축기관**(thrift)은 오늘날 상업은행과 공통점이 많다. **신용조합**(credit union)은 근로자 계층에 값싼 대출을 공급하는 것을 중심 임무로 하는 비영리 금융조합이다. 신용조합은 조합원에 의해 소유되는데 이들은 동시에 고객이기도 하다. 조합원은 같은 산업에서 일하고 있다거나, 같은 대학에 유대관계가 있다거나, 같은 지역사회에 거주한다든가 하는 공통점을 무엇인가 갖는다.

신용조합은 19세기 중반에 독일에서 시작되었다. 뉴햄프셔주 맨체스터에서 1908년에 개업한 세인트메리 신용조합이 미국의 첫 신용조합이다. 처음에는 신용조합이 예금을 수취하고 고지서 납부와 같은 조합원의 단기 자금 수요를 충족시키기 위한 대출을 비교적 저리에 제공했다. 주택을 구매하고 20년 또는 30년에 걸쳐 원금을 상환하는 주택구매대출은 신용조합이 처음부터 제공한 서비스가 아니었다. 그렇지만 상업은행과 마찬가지로 신용조합도 지난 20년간 업무 범위를 확장해 왔다. 오늘날 대부분의 신용조합은 주택구매대출을 제공하고 신용카드를 발급하며 은행의 당좌예금에 해당하는 신용조합 당좌예금을 제공한다.

저축은행(savings bank)은 근로자 계층 가구의 저축을 돕기 위해 설립된 은행이다. 이들은 개인들이 예금을 하고 이자를 벌 수 있는 안전한 보관처를 제공함으로써 근검절약을 장려한다. 1800년대에 처음 도입되었을 때 저축은행은 주택을 비롯하여 부동산을 구입하기 위한 대출을 제공했다. 오늘날 저축은행은 저축예금과 주택구매대출에 더하여 당좌예금, 정기예금증서, 신용카드를 비롯하여 기업과 소비자를 위한 다양한 서비스를 제공한다. 일부 저축은행은 주주가 소유하고 있는 주식회사다. 나머지 저축은행은 이들의 예금자가 소유하고 있는 상호저축은행이다.

저축대부조합(savings and loan association, S&L)은 주택구매대출 공급에 주된 초점을 둔 금융기관이다. 저축은행과 마찬가지로 저축대부조합은 1800년대에 처음 설립되었으며 근로자계층에게 저축 및 대출 기회를 제공했다. 규제로 인해 저축대부조합이 제공하는 서비스는 한정되어 있었으나 은행보다 약간 더 높은 이자율을 지급하는 것이 허용되었다. 1970년대 말엽과 1980년대에 의회는 다른 금융기관과 함께 저축대부조합에 대한 규제를 완화했다. 새 정책은 은행과 저축기관이 지급하는 이자율에 대한 제한을 제거했으며 저축기관이 당좌예금을 제공하는 것을 허용했다. 이제는 저축대부조합이 당좌예금, 정기예금증서, 기업과 소비자를 위한 대출을 포함하여 모든 서비스를 제공한다. 일부 저축대부조합은 자신의 예금자들에 의해 소유되어 있고 다른 저축대부조합은 자금을 조달하기 위해 주식을 발행한 결과 주주에 의해 소유되어 있다.

은행과 저축기관의 실패

은행과 저축기관은 사람들이 일생 동안 모은 저축을 보호하기 위해 온갖 노력을 하지만 그렇게 할 수 없을 때는 어떤 일이 일어날까? 1933년에는 대공황으로 인해 수천 개의 은행이 부도를 냈다. 돈을 잃을 것을 염려하여 예금자들이 은행 밖에 줄을 섰고 자신의 계좌에서 예금을 모두 인출하려 들었다. 더 최근에는 그리스, 미국, 그리고 중국에서도 이와 유사한 예금인출 사태가 도산위기에 몰린 은행에서 발생했다. 재정이 건전한 은행이라 해도 많은 고객들이 동시에 예금 인출을 하려 들면 이에 응할 수가 없다. 그 이유는? 예금의 대부분이 은행의 다른 고객에게 대출되어 있기 때문이다.

대공황 중 은행 자금이 바닥나고 있다는 소식이 퍼짐에 따라 광범위한 공황이 발생했다. 1933년 예금인출사태가 한창일 때 루스벨트 대통령은 4일간의 은행휴일을 선포하여 모든 은행이 문을 닫도록 만들었다. 이는 입법자들이 위기에 대응하고, 예금자들을 진정시키고, 자신의 예금에 대해 사람들을 안심시킬 시간을 벌어 주었다.

연방정부는 재빨리 연방예금보험회사를 설립하여 은행시스템에 대한 신뢰를 회복하려 했다. 연방예금보험회사는 처음에는 예금자에게 예금 손실에 대해 5,000달러 한도의 보험을 제

저축기관
은행과 유사한 금융기관으로 신용조합, 저축은행, 저축대부조합을 포함함

신용조합
근로자 계층에 값싼 대출을 공급하는 것을 중심 임무로 하는 비영리 금융조합

저축은행
근로자 계층 가구의 저축을 돕기 위해 설립된 은행

저축대부조합
주택구매대출 공급에 주된 초점을 둔 금융기관

▲ 은행 부도는 예금자들 사이에 공황을 야기했고 이들은 너무 늦기 전에 서둘러 예금을 인출하려 들었다. 2015년 그리스에서 이런 일이 벌어졌을 때 일부 은행은 경찰의 보호가 필요하기도 했다.

▲ 2008년에 150년 이상 영업을 해 온 대형 투자은행인 리먼 브라더스가 무너지자 미국 경제는 급격히 추락했다.

공했다. 시간이 흐름에 따라 보험금 액수가 점차 증가하여 예금자들은 적격계좌당 25만 달러까지 보장받게 되었다. 전국신용조합보험회사는 신용조합 예금자에게 이와 유사한 보험을 제공한다. 저축대부조합보험회사는 1989년까지 저축대부조합 예금자에게 보험을 제공했다. 지금은 연방예금보험공사가 상업은행, 저축은행, 그리고 저축대부조합에 보험을 제공한다.

저축대부조합은 1980년대에 위기를 맞았었다. 취약한 경제, 상환 가능성이 없는 악성 대출, 부정부패, 그리고 관리 부실의 조합이 미국 전체의 3,234개 저축대부조합 중 약 750개 조합이 붕괴된 원인이었다. 저축대부조합 위기는 대공황 이래 가장 대규모의 은행 관련 위기였지만, 예금보험 덕분에 예금자들 사이에 전반적인 공황이 발생하지는 않았다. 다른 이해관계자들은 이렇게 운이 좋지 않았다. 차입자의 경우 감당할 수 있는 대출을 받는 것이 어려워졌다. 이 시점에 미 의회가 저축대부조합 산업 자체가 완전하게 붕괴되는 것을 우려하게 되었다. 보다 광범위한 경제의 건전성을 보호하기 위해 연방정부는 **정리신탁공사**(Resolution Trust Corporation)를 신설하여 저축기관들이 생존할 수 있도록 저축대부조합으로부터 부실채권을 사들였다. 그 결과 더 큰 규모의 경제적 재앙을 방지할 수는 있었지만 이를 위해 정부는 1,320억 달러로 추정되는 비용을 치렀다.

2008년에는 리먼 브라더스라 불리는 투자은행의 부도로 미국 주식시장이 폭락했고 도미노 효과를 통해 대후퇴가 심화되었다. 경제의 급락에 대응하여 의회는 최대 7,000억 달러의 대출과 투자를 집행할 수 있도록 부실자산구제 프로그램(Troubled Asset Relief Program, TARP)을 승인했다. TARP는

곤경에 처한 금융기관 및 기업과 주택구매대출을 상환할 수 없는 주택소유자들을 지원했다. 2018년까지 총 4,390억 달러에 달하는 TARP 자금이 지출되었고, 미국 재무부는 4,430억 달러를 대출상환금 또는 TARP 투자에 대한 수익으로 회수했다. 제17장에서는 대후퇴와 관련된 정책에 대해 추가적으로 배울 것이다.

화폐창조

여러분과 같은 사람들의 도움으로 프린터나 화폐주조소 없이도 화폐가 창조될 수 있다. 이는 은행과 저축기관이 예금으로 수취한 화폐 중 일부를 제외하고 나머지를 모두 대출할 수 있는 **부분지불준비 은행제도**(fractional reserve banking system)에서 일어날 수 있는 일이다. 은행이 대출하지 않은 예금을 **지불준비금**(reserves)이라 한다.

연방준비제도는 은행들이 예금자의 인출 수요에 응할 수 있도록 예금 중 일부를 보유할 것을 요구한다. 전체 예금 중 은행이 대출할 수 없는 부분의 비율을 **지불준비요구**(reserve requirement)라 한다. 대출할 수 없는 지불준비금을 **필요지불준비금**(reserve requirement)이라 하고, 대출 가능한 지불준비금을 **초과지불준비금**(excess reserves)이라 한다. 현재

부분지불준비 은행제도
은행과 저축기관이 예금으로 수취한 화폐 중 일부를 제외한 나머지 모두를 대출하도록 허용된 은행제도

지불준비금
은행이 대출하지 않은 예금

지불준비요구
전체 예금 중 은행이 대출할 수 없는 부분의 비율

필요지불준비금
대출할 수 없는 지불준비금

초과지불준비금
대출 가능한 지불준비금

1억 1,510만 달러를 초과하는 예금을 수취하고 있는 은행에 대한 지불준비요구는 10%다. 따라서 이러한 은행에 100달러짜리 수표가 예금되면 필요지불준비금으로 10달러가 보유되어야 하며 나머지 90달러가 대출 가능한 초과지불준비금이 된다. 이와 같은 대출로 인해 화폐창조가 이루어진다.

화폐창조 과정은 초과지불준비금으로부터 시작된다. 여러분이 은행에 화폐를 예금하면 초과지불준비금이 창조된다. 연준은 화폐공급을 증가시키길 원할 때 미국 재무부 장기채권, 중기채권, 또는 단기채권과 같은 정부 증권을 은행으로부터 구매함으로써 초과지불준비금을 창조할 수 있다. 이를 비롯하여 연준의 운용에 대해서는 다음 장에서 자세히 설명될 것이다. 연준이 파머스내셔널은행으로부터 재무부채권을 100달러에 매입한다고 하자. 연준으로부터 받은 100달러는 예금이 아니라 은행 소유자산이므로 필요지불준비금이 적용되지 않는다. 그 대신 100달러 전부가 대출 가능한 초과지불준비금이 된다. 이제 초과지불준비금 100달러가 어떻게 화폐공급을 1,000달러 증가시킬 수 있는지 알아보자.

1. 알레시아가 100달러를 파머스내셔널은행으로부터 대출금으로 수취하고 이를 베이실로부터 휴대전화를 사는 데 쓴다고 하자. 베이실은 100달러를 리버은행에 있는 자신의 당좌예금에 넣는다. 필요지불준비금이 10%라면 리버은행은 베이실의 예금 중 10달러를 수중에 보유해야 하고 90달러를 대출할 수 있다.

2. 리버은행은 90달러를 칼에게 비료 구매자금으로 대출하고, 칼은 덴젤로부터 비료를 구매한다. 덴젤은 90달러를 엑스트라신용조합에 있는 자신의 당좌예금에 넣는다.

3. 엑스트라신용조합은 덴젤의 예금 중 9달러를 필요지불준비금으로 보유하고 나머지 81달러를 엘리자베스에게 대출한다.

4. 이 시점에는 처음 100달러어치의 대출이 이루어지기 전까지는 존재하지 않았던 화폐공급이 271달러 존재한다 — 베이실의 100달러, 덴젤의 90달러, 그리고 엘리자베스의 81달러.

화폐승수
매 1달러의 초과지불준비금으로부터 창조될 수 있는 최대한의 화폐 금액을 나타내는 비율

5. 대출이 예금이 되고, 예금이 다시 대출이 되는 순환과정은 은행이 대출 가능한 초과지불준비금을 더 이상 갖고 있지 않을 때까지 계속될 것이다.

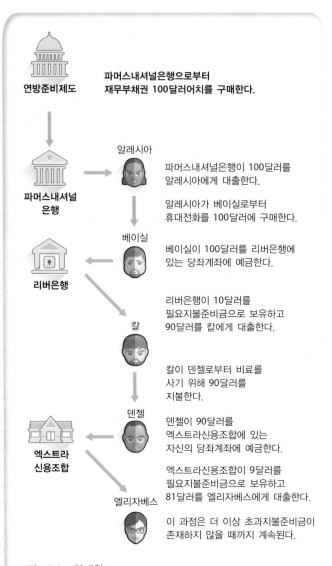

파머스내셔널은행으로부터 재무부채권 100달러어치를 구매한다.

연방준비제도

파머스내셔널은행

리버은행

엑스트라신용조합

알레시아 — 파머스내셔널은행이 100달러를 알레시아에게 대출한다.

알레시아가 베이실로부터 휴대전화를 100달러에 구매한다.

베이실 — 베이실이 100달러를 리버은행에 있는 당좌계좌에 예금한다.

리버은행이 10달러를 필요지불준비금으로 보유하고 90달러를 칼에게 대출한다.

칼 — 칼이 덴젤로부터 비료를 사기 위해 90달러를 지불한다.

덴젤 — 덴젤이 90달러를 엑스트라신용조합에 있는 자신의 당좌계좌에 예금한다.

엑스트라신용조합이 9달러를 필요지불준비금으로 보유하고 81달러를 엘리자베스에게 대출한다.

엘리자베스 — 이 과정은 더 이상 초과지불준비금이 존재하지 않을 때까지 계속된다.

그림 16.3   화폐창조
은행과 저축기관은 대출 및 예금 순환과정을 거쳐 초과지불준비금으로부터 화폐를 창조한다. 이 예에서는 100달러의 초과지불준비금이 총 271달러(100달러, 90달러, 81달러)의 대출을 창조한다. 대출과 예금이 계속되면 화폐공급은 1,000달러까지 증가할 수 있다.

그림 16.3은 화폐창조 과정을 예시적으로 보여준다.

여러분은 화폐승수를 이용하여 대출과 예금의 순환과정이 종료된 후 얼마나 많은 화폐가 초과지불준비금으로부터 창조되었는지를 계산할 수 있다. **화폐승수**(money multiplier)는 매 1달러의 초과지불준비금으로부터 창조될 수 있는 최대한의 화폐 금액을 나타낸다. 화폐승수는 1을 지불준비요구로 나눠서 구해진다.

$$\text{화폐승수} = \frac{1}{\text{지불준비요구}}$$

예를 들어 지불준비요구가 10%면 화폐승수는 1÷0.1＝10이다. 따라서 1달러의 초과지불준비금은 화폐공급을 최대 10달러까지 증가시킬 수 있다.

화폐승수와 초과지불준비금의 액수를 안다면 초과지불준비금과 화폐승수를 곱해서 화폐공급의 잠재적 증가액을 구할 수 있다.

잠재적 화폐공급 증가액＝초과지불준비금×화폐승수

이 예에서 초과지불준비금은 100달러고 화폐승수는 10이다. 따라서 잠재적 화폐공급 증가액은 $100×10=$1,000이다. 다음과 같은 경우에는 실제 화폐공급 증가액이 이보다 작을 것이다.

- 사람들이 화폐의 일부를 예금 대신 현금으로 보유한다.
- 은행이 초과지불준비금의 일부를 대출하지 않고 보유한다.

예를 들어 여러분이 1달러를 은행에 예금하지 않고 호주머니에 넣어 둔다고 하자. 이 경우 은행은 이 1달러의 일부라도 대출하는 것이 불가능하다. 이는 화폐창조를 제약한다. 앞서 우리는 구글 월렛이나 애플 페이 또는 다른 지출 수단들로 인해 사람들이 현금을 보유하지 않으려 할 수도 있다고 했다. 이런 일이 벌어진다면 더 많은 화폐가 예금되고 더 많은 화폐가 대출될 것이며 그 결과 더 많은 화폐창조가 일어날 것이다.

요약

화폐는 나무에서 자라지 않지만 화폐가 없다면 소비자들은 물물교환을 하기 위해 나무, 닭, 가전제품, 또는 자신이 생산한 무엇이든 들고 다녀야 할 것이다. 화폐는 널리 수용되는 교환의 매개수단 역할을 제공함으로써 물물교환을 할 필요가 없게 만든다.

이상적으로는 화폐는 내구적이고, 운반 가능하며, 균일하고, 공급이 한정되며, 분할 가능해야 한다. 현대의 화폐들이 이와 같이 이상적인 특성을 충족시키는 정도는 다양하다. 상품화폐는 화폐 이외의 용도로 인해 가치를 갖는다. 귀금속, 희귀 목재, 조개껍데기, 동물 가죽, 향신료, 담배는 모두 상품화폐로 사용된 적이 있다. 명령화폐는 화폐 이외의 용도로서 가치를 갖는 재료로 만들어지지 않으며, 정부가 가치가 있다고 말하기 때문에 가치를 갖는다. 값싼 재료로 만들어진 지폐와 동전이 명령화폐의 예다. 새로운 형태의 화폐에는 비트코인과 같은 디지털 화폐가 포함된다.

'시간은 돈'이라는 격언은 시간이 흐름에 따라 화폐 비용이 발생함을 시사한다. 실제로 화폐를 이자를 지급하는 계좌에 예금할 수 있는 기회를 놓친다거나 화폐가 가치 있는 이득을 벌기 위해 다른 곳에 투자될 수 있을 때 시간은 돈이다. 화폐의

시간 가치는 화폐를 더 늦게보다는 더 일찍 가짐으로써 혜택을 볼 수 있는 기회로부터 나온다.

가장 보편적인 화폐공급의 척도는 M1과 M2다. M1은 가장 지출하기 쉬운, 즉 가장 유동적인 형태의 화폐로 현금, 당좌예금, 여행자 수표로 구성된다. M2는 M1 내의 모든 자산에 더하여 저축예금, 10만 달러 미만의 정기예금, 소매 단기금융투자신탁을 포함한다. 연준이 보유한 화폐와 은행 금고 안의 화폐는 유통되지 않고 있기 때문에 화폐공급의 일부로 간주되지 않는다.

상업은행과 저축기관은 화폐를 예금할 수 있는 비교적 안전한 장소를 제공하고 대부분의 예금에 대해 이자를 지급함으로써 저축을 장려한다. 또한 이들 기관은 대학에 가고, 집을 사며, 새 사업을 시작할 수 있도록 대출을 해준다.

부분지불준비 은행제도에서 은행과 저축기관은 예금으로 수취하는 화폐의 전부가 아니라 일부를 대출할 수 있다. 대출될 수 있는 화폐를 초과지불준비금이라 한다. 초과지불준비금을 대출함으로써 은행과 저축기관은 화폐를 창조하는데, 이는 한 사람이 예금한 화폐가 다른 누군가에게 대출되기 때문이다.

핵심용어

- ✓ 가치의 저장수단
- ✓ 계산의 단위
- ✓ 교환의 매개수단
- ✓ 금본위제도
- ✓ 명령화폐
- ✓ 물물교환

- ✓ 부분지불준비 은행제도
- ✓ 상업은행
- ✓ 상품화폐
- ✓ 신용조합
- ✓ 저축기관
- ✓ 저축대부조합

- ✓ 저축은행
- ✓ 지불준비금
- ✓ 지불준비요구
- ✓ 초과지불준비금
- ✓ 필요지불준비금
- ✓ 현금

- ✓ 화폐
- ✓ 화폐승수
- ✓ 화폐의 시간 가치
- ✓ M1
- ✓ M2

복습문제

1. 화폐의 이상적인 특성 중 어느 특성에 있어서 동전이 지폐보다 우월한가? 답에 대해 설명하라.

2. 미국의 화폐제도에서 이미 사라졌지만 대공황 초기에 화폐공급을 제한했던 제도는 무엇인가? 답에 대해 설명하라.

3. 다음 진술의 참, 거짓 여부를 판별하라 — 여러분이 연필과 같이 운반하기 쉬운 무엇인가를 생산한다면 물물교환제도는 화폐제도만큼 편리할 것이다. 답에 대해 설명하라.

4. 다음 진술의 참, 거짓 여부를 판별하라 — 현대의 미국 현금은 정해진 양의 은이나 금으로 교환될 수 있다.

5. 다음 항목 중 M1 화폐공급의 구성요소인 항목 옆에 'M1'이라고 표시하고, M2 화폐공급의 구성요소인 항목 옆에 'M2'라고 표시하라.
   a. 유통 중인 현금
   b. 연방준비제도가 보유한 현금
   c. 당좌예금
   d. 여행자 수표
   e. 저축예금
   f. 10만 달러 미만의 정기예금
   g. 소매 단기금융투자신탁
   h. 주식
   i. 신용카드

6. 연방준비제도가 4,000달러어치의 재무부채권을 리버은행으로부터 매입한다고 하자. 지불준비요구가 다음과 같을 경우 위 거래로부터 발생할 수 있는 최대한의 화폐공급 증가 규모는 얼마인가?

a. 25%

b. 20%

7. 연준이 상업은행으로부터 재무부채권을 매입하여 경제에 화폐를 증가시키는 경우 다음 각 항목의 증가가 창조되는 화폐공급을 증가시킬 것인지 또는 감소시킬 것인지를 나타내라.
   a. 개인이 보유한 현금 액수
   b. 연준의 재무부 채권 구매 규모
   c. 은행이 보유한 초과지불준비금
   d. 지불준비요구

8. 다음 진술의 참, 거짓 여부를 판별하라 — 은행과 저축기관은 매우 유사한 금융기관으로 출발했으나 시간이 흐름에 따라 점차 특화를 하게 되었다. 답에 대해 설명하라.

9. 여러분의 화폐로부터 벌 수 있는 최대한의 수익이 은행으로부터 받는 6%의 이자율이라 하자. 이 이자는 한 해 내내 예금된 금액에 대해 연말에 일시에 지급된다고 하자. 다음 중 어느 대안을 선택할 경우 지금부터 1년 후에 여러분이 가장 많은 화폐를 갖게 되겠는가?
   a. 오늘 100달러를 수취하여 은행에 예금
   b. 오늘부터 1년 후 104달러를 수취
   c. 오늘 50달러를 수취하여 은행에 예금하고, 1년 후에 52달러를 수취

10. 현금에 대한 디지털 대안이 10년 후 현금을 완전히 대체할 수 있을 것이라 생각하는가? 그렇다면 그 이유는 무엇인가? 그렇지 않다면 그 이유는 무엇인가?

통화정책

17

Alex Wong/Getty Images

학습목표

이 장에서는 다음 내용을 학습한다.

1. 연방준비제도의 근본에 대해 설명한다.

2. 통화정책의 수단에 대해 논의한다.

3. 통화정책의 강점과 한계에 대해 기술한다.

4. 화폐시장 모형을 이용하여 통화정책의 효과를 보여준다.

2018년에 연방준비제도 의장이 재닛 옐런으로부터 제롬 파월로 교체되었다. 연방준비제도 또는 간단히 연준은 미국의 중앙은행이다. 파월의 인상적인 이력은 프린스턴대학교로부터의 학위, 미국 재무차관으로서의 경력, 그리고 6년간의 연방준비제도 이사회 경력을 포함한다. 그렇지만 여느 때와 마찬가지로 의회는 임기가 4년이고 재임이 가능한 새 연준 의장을 승인하기 전에 오랜 기간 극심한 논쟁이 벌어진 청문회를 열었었다. 이 장에서 여러분은 의회가 연준을 인도할 사람에게 이토록 큰 관심을 보이는 이유를 배우며, 연준의 강력한 정책 수단과 친숙해질 것이다. 이 장의 학습이 끝나면 여러분은 파월의 어조에 담긴 정책에 대한 조그마한 암시조차도 주식시장을 뒤흔들 정도로 연준의 정책이 중요한 이유를 이해하게 될 것이다.

왜 알아야 하는가?

Michael Weber/imageBROKER/REX/Shutterstock.com

▲ 미국의 지폐는 연준의 재량으로 발행되기 때문에 사실상 *연준의 단기채권*이나 마찬가지다. 10달러짜리 지폐에는 미국의 초대 재무장관인 알렉산더 해밀턴의 초상이 그려져 있는데 그는 미국에 중앙은행을 설립하기 위해 노력했다.

의회나 대통령이 아니라 연준이 미국의 통화정책을 통제할 유일한 권한을 갖고 있다. **연준은 화폐공급, 이자율, 그리고 여러분이 자동차, 주택, 교육 등에 지불하기 위해 이미 받은 대출을 포함하여 대출의 이용 가능성에 영향을 미친다.** 연준의 지도자들은 대통령에 의해 임명되고 의회의 승인을 받아야 하지만 연준은 정치적 압력으로부터 자유롭게 결정을 내릴 수 있는 권한을 가진 자율적 기관으로 운영된다.

경기가 좋을 때는 경제가 현재 상태를 계속 유지할 수 있도록 연준이 화폐공급을 꾸준하게 확장할 수 있다. 시차, 제약, 정치적 영향으로 인한 재정정책의 문제를 이해하고 있기에 사람들은 경제가 좋지 않을 때는 연준의 통화정책이 경제를 호전시키기를 기대한다. 이런 이유로 인해 연준과 연준이 시행하는 정책들의 중요성이 널리 인식되고 있다. 예를 들어 슬레이트지의 기업 및 경제 통신원인 매튜 이글레시아스는 연준 의장을 '정부에서 두 번째로 중요한 사람이자 세계에서 가장 중요한 사람들 중 하나'라고 기술했다. 연준 자체의 중요성을 이해하기 원한다면 여러분의 지갑에서 지폐 하나를 꺼내 문장의 첫 줄을 보라. 어떤 기관이 맨 위에 나오는지 추측해보라.

연방지불준비제도

알렉산더 해밀턴은 미국 재무부의 첫 장관이었다. 1790년에 해밀턴은 새로 건국된 미국의 부채와 재정을 관리하기 위해 중앙은행을 설립할 것을 의회에 권고했다. 해밀턴의 노력에 의해 1791년부터 1811년까지 중앙은행이 실험적으로 운영되었다. 그 후 여러 차례의 경기침체를 포함하여 경제 불안정과 한 세기 동안 씨름을 한 뒤에야 사람들은 미국에 **연방준비제도**(Federal Reserve System)와 같은 기관이 필요함을 인정하게 되었다. 보수주의자들은 규제받지 않는 민간은행제도를 원했지만 진보주의자들은 정부소유 은행제도를 원했다. 최종적으로 1913년에 양측이 타협을 하여 연방준비법을 통과시켰다. 이 법에 따르면 은행들은 민간소유로 남아 있지만 연방준비제도의 감시와 규제를 받는다.

> **연방준비제도**
> 미국의 중앙은행
>
> **연방준비제도 이사회**
> 연준의 운용을 관리하는 7인 이사회
>
> **연방공개시장위원회**
> 통화정책 결정에 대해 궁극적 책임을 지고 있는 연방준비제도 내의 조직

미국의 전역은 12개 구역으로 나뉘었고 각 구역에는 역내의 상업은행과 이와 유사한 금융기관을 감독하기 위한 연방준비은행이 설립되었다. 그림 17.1은 12개 연방준비제도 구역과 각 구역 내 연방준비은행의 소재지를 보여준다. 그림 17.2는 연방준비제도의 구조를 보여준다. 7인으로 구성된 **이사회**(Board of Governors)는 연준의 운용을 관장한다. 이사회 구성원은 대통령에 의해 임명되는데 임기는 14년이되 연임이 불가능하다. 이사회는 통화정책을 마련하고, 연방준비은행을 감독하며, 은행들이 연준의 규제를 준수하도록 만드는 활동들을 감독한다.

1933년과 1935년 은행법에 의해 연방준비제도 내에 통화정책 결정에 대해 궁극적 책임을 지는 조직인 **연방공개시장위원회**(Federal Open Market Committee, FOMC)가 설립되었다. 이 위원회는 12명의 표결권을 가진 위원과 7명의 표결권 없는 참가자로 구성된다. 표결권을 가진 위원은 7명의 이사회 구성원, 뉴욕 연방준비은행 총재, 다른 11개 구역 연방준비은행 중 4개 은행의 총재다. 이 중 4개 연방준비은행 총재는 번갈아 가면서 1년씩 표결권을 가진 위원으로 종사한다.

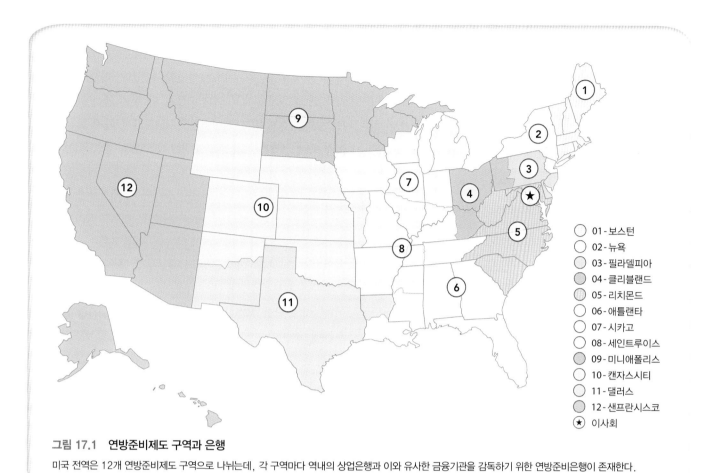

그림 17.1   연방준비제도 구역과 은행

미국 전역은 12개 연방준비제도 구역으로 나뉘는데, 각 구역마다 역내의 상업은행과 이와 유사한 금융기관을 감독하기 위한 연방준비은행이 존재한다.

01 - 보스턴
02 - 뉴욕
03 - 필라델피아
04 - 클리블랜드
05 - 리치몬드
06 - 애틀란타
07 - 시카고
08 - 세인트루이스
09 - 미니애폴리스
10 - 캔자스시티
11 - 댈러스
12 - 샌프란시스코
★ 이사회

연방준비제도는 네 가지 주된 임무를 맡고 있다.

1. 완전고용, 물가안정, 경제성장 유지를 목표로 통화정책을 시행
2. 은행시스템의 안전을 보장하기 위해 은행을 규제, 감독, 검사
3. 금융시스템을 안정시키고 '금융시장에서 발생할 수 있는 체계적 위험'을 방지
4. 연방정부에 금융 서비스를 제공하고 '은행의 은행'으로서 역할을 수행. 이 임무를 수행하기 위해 연준은 은행의 현금 지불준비금을 보관하고, 은행에 대출을 제공하며, 수표가 전국 은행시스템을 통해 결제되도록 해준다.

미국의 은행은 연방정부나 주정부에 의해 인가된다. 연방정부에 의해 인가된 모든 은행은 연방준비제도의 회원은행(member bank)이 되어야 한다. 주정부에 의해 인가된 은행은 자격요건을 충족할 경우 연방준비제도의 회원은행이 될 수 있다. 대략 5,000개인 미국 은행 중 3분의 1 이상이 회원은행이

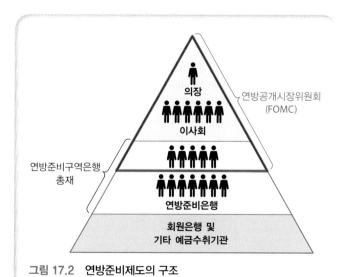

그림 17.2   연방준비제도의 구조

이사회의 의장과 6명의 다른 구성원들은 연방준비제도를 감독한다. 통화정책 결정을 책임지고 있는 연방공개시장위원회는 이사회와 5명의 연방준비은행 총재, 그리고 7명의 표결권 없는 참가자로 구성된다.

다. 미국 내에서 약 17,000개 예금수취기관이 당좌예금과 기타 은행 서비스를 제공하지만 회원은행이 아니다. 이들 예금수취 기관에는 신용조합, 저축은행, 저축대부조합, 비회원 상업은행이 포함된다. 이들은 공식적으로는 연방준비제도의 일부가 아니지만 이들 기관 역시 연준의 규제 대상이다. 이들은 또한 연방준비은행이 자기 구역에서 제공하는 금융 서비스를 이용할 수 있는데, 여기에는 수표 결제, 전자 자금이체, 현금 배분 등이 포함된다.

통화정책 수단

연준은 경제 안정을 목표로 화폐공급과 이자율을 관리하기 위해 **통화정책**(monetary policy)을 사용한다. 세 가지 전통적인 통화정책 수단으로는 공개시장조작, 할인율, 지불준비요구가 있다. 경제가 수축하고 있을 때는 경제를 자극하기 위해 연준이 **팽창적 통화정책**(expansionary monetary policy) 수단을 사용한다. 이러한 유형의 정책은 화폐공급 증가를 수반하기 때문에 **통화완화정책**이라고도 부른다. 곧 설명하듯이 통화완화정책은 이자율을 낮추고 기업의 신규 투자와 가계의 소비지출을 부추기며 그 결과 총수요를 증가시킨다. 단순화를 위해 여기서는 이자율을 단수로 취급한다. 현실에서는 다양한 투자 형태, 예금, 대출에 따라 다양한 이자율이 지급된다. 이 경우에도 이들 이자율들은 통화정책 변화에 따라 함께 상승하고 하락하는 경향이 있다.

인플레이션율이 높아질 위협이 있을 정도로 경제가 빠른 속도로 팽창하고 있을 때에는 연준이 **수축적 통화정책**(contractionary monetary policy)을 적용한다. 수축적 통화정책은 화폐공급의 감소를 수반하기 때문에 **통화긴축정책**이라고도 불린다. 통화긴축정책을 시행하면 이자율이 상승하고, 투자와 소비지출이 감소하며, 총수요가 감소한다. 다음에서는 이들 정책이 어떻게 시행되는지를 이해하기 위해 연준의 공구함을 들여다볼 것이다.

공개시장조작

여러분의 남동생이 마음에 드는 물건을 사기에 충분한 화폐를 갖고 있지 않다고 하자. 여러분은 남동생의 호주머니에 지출에 필요한 화폐를 넣어주기 위해 그가 수집한 우표를 사주기로 결정할 수 있다. 나중에 연말연시가 되어 남동생이 너무 쉽게 지출을 할 것이 염려될 정도로 많은 현금을 갖게 된다면 여러분은 그가 가진 화폐 보유액을 줄이기 위해 그에게 우표를 다시 팔 수도 있다. 연준은 이와 유사한 작업을 하지만 우표를 사고파는 대신 화폐가 아니지만 가치를 가진 다른 형태의 사각형 종잇조각인 미 재무부증권을 사고 판다. **재무부증권**(Treasury securities)에는 재무부 장기채권, 재무부 중기채권, 재무부 단기채권이 있는데 이들 모두는 연방정부가 차입한 돈을 상환하겠다는 미국 재무부의 약속을 나타낸다.

연준이 재무부증권을 사고파는 것은 통화정책의 주된 수단이다. 이 수단을 **공개시장조작**(open market operation)이라 부르는데 그 이유는 연준이 재무부와 직접 거래를 하지 않고 은행, 증권 중개업자, 또는 증권 매매업자와 재무부증권의 '공개시장'에서 거래를 하는 데 있다. 연방공개시장위원회는 경제가 수축하고 있고 화폐를 더 공급함으로써 혜택을 볼 수 있다고 판단되는 경우 뉴욕 연방준비은행에 재무부증권을 매수하라고 지시한다. 그림 17.3은 증권을 매입하는 통화완화정책이 어떻게 유통되지 않던 현금을 화폐는 아니지만 가치를 가진 증권과 교환하여 경제로 내보내는지를 보여준다. 화폐가 아닌 무엇인가를 받고 화폐를 내보냄으로써 연준은 경제 내의 화폐공급을 증가시킨다.

새 화폐가 경제로 유입될 때 가장 처음 머무는 곳은 자신의 재무부증권을 연준에 매도한 자들의 계좌다. 통상 매도자들은 연방준비제도에 계좌를 갖고 있는 금융기관들인데, 이 경우 연준은 단순히 이들의 계좌에 구매대금을 입금하면 된다. 매도자 계좌의 잔고 증가로 인해 대출 가능한 초과지불준비금이 창조된다. 그 결과 이루어지는 대출은 대출이 예금을 낳고, 이 예금이 다시 추가적인 대출을 낳는 등 제16장에서 설명된 화폐창조의 출발점이 된다.

앞서 수요와 공급에 대한 설명에서 어떤 재화의 공급 증가는 그 재화 가격을 하락시킨다고 했다. 동일한 논리가 화폐공급 증가에도 적용될 수 있다. 화폐를 차입하기 위해 지불해야 할 가격은 이자율이다. 따라서 연준이 재무부증권을 매입함으로써 나타나는 화폐공급 증가는 경제 내의 이자율을 하락시킨다. 이자율이 하락하면 영업 확장을 위한 투자로부터 대학 등록금 납부에 이르기까지 무엇을 위해서든 대출을 더 받는 것이 유리해진다.

통화정책
연준이 경제 안정을 목표로 화폐공급과 이자율을 관리하기 위해 사용하는 정책

팽창적 통화정책
경제를 자극하기 위해 고안된 통화정책

수축적 통화정책
경제의 속도를 늦추고 인플레이션을 막기 위해 고안된 통화정책

재무부증권
연방정부가 차입한 돈을 상환하겠다는 미국 재무부의 약속을 나타내는 증서

공개시장조작
연준의 재무부증권 구매와 판매

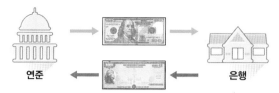

연준이 재무부증권을 살 때 :
화폐가 아닌 증권과의 교환으로 화폐가
은행으로 들어가고 그 결과 화폐공급이 증가한다.

연준   은행

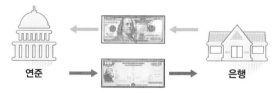

연준이 재무부증권을 팔 때 :
화폐가 아닌 증권과의 교환으로 화폐가
은행으로부터 나오고 그 결과 화폐공급이 감소한다.

연준   은행

그림 17.3 공개시장조작
연준이 증권을 사면 경제에 새 화폐가 투입된다. 반면에 연준이 증권
을 팔면 경제로부터 화폐가 빠져나간다. 이러한 공개시장조작은 연준
의 주요 통화정책 수단이다.

▲ 연방공개시장위원회가 재무부증권을 사고팔기로 결정하면 사진에 보이는 뉴욕
연방준비은행 건물 내의 사람들이 실제로 공개시장조작을 실행한다.

연방공개시장위원회가 화폐공급이 지나치게 많아서 심한 인
플레이션이 발생할 위험이 있다고 판단하면 뉴욕 연방준비은
행에 재무부증권을 팔도록 지시한다. 이러한 통화긴축정책으
로 연준은 화폐의 일부가 아닌 재무부증권을 팔고 그 대신 은
행이 연준 계좌에 보유하고 있던 화폐를 받는다. 화폐를 받고
화폐가 아닌 무언가를 내보냄으로써 연준은 경제 내의 화폐공
급을 감소시킨다. 은행들은 이전처럼 많은 대출을 할 수 없게
되고 화폐창조 과정은 반전되어 대출 감소가 예금 감소를 낳는
과정이 반복해서 이루어진다. 연준의 증권 매도로 인한 화폐공
급 감소는 이자율을 상승시킨다. 이자율이 상승하면 대출을 받
을 만한 가치가 있는 투자 사업이나 민간 지출이 줄어든다. 그
결과 지출이 감소하고 총수요가 감소한다.

연준이 통화정책을 시행할 때는 특정한 이자율에 초점을 두
는데 바로 연방자금금리다. **연방자금금리**(federal funds rate)는
은행이 서로에게 단기 대출을 하면서 요구하는 이자율이다. 연
준은 연방자금금리를 직접 선택하지 않는다. 그 대신 은행의
지불준비금 수요에 비한 지불준비금 공급이 연방자금금리를
결정한다. 그렇지만 연방공개시장위원회는 연방자금금리의 목
표 수준이나 목표 범위를 설정한다. 연준은 화폐공급을 증가시

키거나 감소시킴으로써 지불준비금 공급을 지불준비금 수요에
비해 증가시키거나 감소시키고 이를 통해 목표 수준 방향으로
연방자금금리를 유도한다.

연방자금금리 변화는 다른 이자율에도 영향을 미친다. 은행
이 다른 은행으로부터 화폐를 차입하기 위해 더 높은 연방자금
금리를 지불해야 한다면 이 은행은 고객에 대한 대출이자율을
인상할 것이다. 그리고 은행이 화폐를 차입하는 비용이 감소하
면 고객에게 더 낮은 이자율을 제시할 것이다.

대후퇴 중 연준의 행동은 연방자금금리 목표가 어떻게 사용
되는지를 예시적으로 보여준다. 경기후퇴 이전인 2007년 6월
에 연준의 연방자금금리 목표는 5.25%였다. 연방공개시장위원
회는 이 이자율 수준이 과도한 인플레이션을 방지하면서 경제
가 바람직한 속도로 성장하는 것을 가능케 할 것이라 생각했
다. 경제가 둔화의 신호를 보임에 따라 연준은 2007년 9월부터
시작하여 연방자금금리 목표를 열 차례에 걸쳐 낮췄다. 2008
년 12월에는 목표이자율이 0~0.25%로 인하되었다. 연준은 또
다른 경기 하강을 막기 위해 2015년 12월까지 목표이자율을 이
수준으로 유지했다.

이자율을 영에 가깝게 유지하는
데 따른 위험 중 하나는 연준이 이
자율을 더 인하함으로써 경제를 자

연방자금금리
은행이 서로에게 단기 대출
을 하면서 요구하는 이자율

극할 수 있는 능력을 제한한다는 점이다. 2015년에는 다가오는 경제문제와 영에 가까운 이자율로 인해 유럽의 일부 중앙은행들이 음의 이자율을 설정해야 했다. 예금자들은 자신의 화폐를 예금하기 위해 실제로 이자를 지불해야 했다. 이자 지급을 피하기 위해 일부 예금자들은 화폐를 인출하여 다른 곳에 보관하거나 지출해 버렸다. 하지만 놀랍게도 많은 예금자들이 자신의 화폐를 은행에 놔두었다. 연방공개시장위원회는 음의 이자율 가능성에 대해 토론했지만 아직 이 같은 실험을 시도하지는 않았다.

할인율

연준의 통화정책 공구함에는 더 직접적이지만 사용 빈도가 낮은 도구가 있는데 바로 할인율이다. **할인율**(discount rate)은 연방준비제도가 금융기관에 단기 대출을 하면서 요구하는 이자율이다. 은행은 보통 고객 예금의 일정 부분을 지불준비금으로 보유해야 하는 연준의 요구를 충족시키기 위해 이러한 대출을 이용한다. 만일 지불준비요구가 10%이고 은행이 예금의 7%만 남기고 나머지를 모두 대출했다면 은행은 예금의 3%에 해당하는 금액을 연방준비은행으로부터 차입하여 지불준비금을 요구되는 수준으로 증가시킬 수 있다.

연방자금금리와는 달리 연준은 직접 할인율을 정한다. 연준은 할인율을 높임으로써 은행에 대한 대출을 더 비싸게 만들 수 있다. 이 경우 은행들은 더 높아진 대출 비용을 더 높은 이자율의 형태로 고객에게 전가한다. 이자율이 높아지면 사무실의 새 컴퓨터로부터 가정집의 재단장에 이르기까지 무엇을 위해서든 대출받는 것을 정당화하기가 더 어려워진다. 그 결과 지출이 감소하면 인플레이션을 억제하는 데 도움이 된다. 이 반대의 경우도 마찬가지다. 연준이 할인율을 낮추면 은행에 제공하는 대출이 더 싸진다. 비용이 낮아지면 은행은 대출이자율을 낮춘다. 그러면 기업과 개인들이 더 많은 화폐를 차입하여 지출할 것이고, 이는 부진한 경제를 자극하는 데 도움이 된다.

연방준비제도는 '최종 대부자'라 불리기도 하는데 다른 대부자들이 등을 돌릴 정도로 재정문제가 심각한 기관이라도 일정한 자격을 갖추고 있으면 대출을 해주기 때문이다. 다른 대안이 없는 은행들은 **할인창구**라고 불리는 자신의 구역 연방준비은행의 대출기구로부터 차입을 할 수 있다. 재정이 튼튼한 은행도 대개 하룻밤 정도의 짧은 기간 동안 대출이 필요할

때 할인창구를 이용할 수 있다.

경제위기가 진행되는 동안에는 불확실성으로 인해 고객들이 지출을 꺼리고 은행이 대출을 꺼리기 마련이다. 위기 중에는 연준이 경제에서의 화폐 흐름을 활성화하기 위해 은행들이 할인창구에서 차입하는 것을 독려하는 데 노력을 기울인다. 예를 들어 9/11 공격 이후와 대후퇴 기간 중 연준은 은행에 특수대출 프로그램을 제공했는데, 이들 중 일부에 대해서는 이 장의 후반에서 설명할 것이다.

지불준비요구

앞서 연방준비제도는 은행이 금고나 연준에 있는 자신의 계좌에 보관해야 하는 지불준비금을 예금의 일정 비율로 정한다고 했다. 대부분 은행의 지불준비요구는 10%인데 이는 3억 달러의 예금을 유치한 은행은 3,000만 달러를 필요지불준비금으로 보유해야 함을 의미한다.

앞 절은 지불준비요구가 연준이 재무부증권을 매입함으로써 시작되는 화폐창조 과정과 어떤 연관성을 갖는지를 설명했다. 모든 화폐가 예금되고 은행이 초과지불준비금을 보유하지 않는다면 전체 화폐공급 증가는 최초의 화폐공급 증가를 지불준비요구로 나눈 값과 같다. 따라서 지불준비요구가 10%이고 연준이 재무부증권을 5,000만 달러어치 매입한다면 이들 조건하에서 화폐공급 총증가액은 $5,000만 \div 0.10 = $5억일 것이다. 다시 말해서 연준이 경제에 주입한 5,000만 달러는 결국 화폐공급을 5억 달러 증가시킬 것이다.

연준이 지불준비요구를 올리면 화폐창조 과정이 제약을 받는다. 모든 예금 중 더 적은 부분이 대출될 것이기 때문이다. 연준이 지불준비요구를 낮추면 은행은 예금 중 보다 많은 부분을 대출할 수 있고 그 결과 더 많은 화폐가 창조된다.

숫자를 통한 약간의 실험은 지불준비요구가 화폐창조 과정에 미치는 영향이 상당히 큼을 밝혀준다. 연준이 재무부증권 5,000만 달러어치를 매입함으로써 화폐공급을 증가시키고 은행은 초과지불준비금을 보유하지 않는다고 하자. 하지만 이제는 지불준비요구가 10%가 아니라 5%에 불과하다고 하자. 이 경우 전체 화폐공급 증가액은 5억 달러가 아니라 $5,000만 \div 0.05 = $10억가 된다. 다른 예로 지불준비요구가 25%라 하자. 이 경우 연준이 재무부증권 5,000만 달러를 매수한 결과 발생할 수 있는 화폐공급의 총증가액은 $5,000만 \div 0.25 = $2,000만일 것이다.

지불준비요구를 조정할 수 있는 권한은 분명히 연준에 화폐

▲ 연준이 지불준비요구를 낮추면 은행은 이전처럼 많은 화폐를 보유할 필요가 없기 때문에 더 많은 대출을 할 수 있다. 이러한 추가적인 대출은 경제의 화폐창조 과정에 연료를 주입하여 화폐공급을 증가시킨다.

공급 조정에 관한 엄청난 지렛대를 제공한다. 지불준비요구는 은행시스템을 안정화시키는 데 있어 매우 가치 있는 도구이기 때문에 전 세계 중앙은행의 90% 이상이 이 도구를 채택하고 있다. 하지만 실제로 연준이 지불준비요구를 변경하는 것은 매우 드물다. 지불준비요구가 빈번하게 바뀔 경우 은행의 정책과 절차를 이에 맞춰서 조정하는 것이 큰 부담이 되기 때문이다. 그렇지만 예금수취액이 적은 은행은 지불준비요구로부터 면제를 받으며 중간 규모의 예금을 수취한 은행은 비교적 낮은 3%의 지불준비요구를 적용받는다. 연준은 매년 완화된 지불준비요구를 적용받을 수 있는 예금액을 변경하는데, 일부 은행에 있어서는 이것이 사실상 지불준비요구를 변경하는 효과가 있다. 표 17.1은 연준이 팽창적 또는 수축적 통화정책을 시행하기 위해 전통적 수단들을 어떻게 이용하는지를 요약하고 있다.

통화정책의 강점과 한계

다양한 요인이 통화정책의 성공을 제약할 수 있다. 재정정책과 마찬가지로 연준이 문제를 파악하고 통화정책을 선택하며 선택된 정책을 이행하는 데 시간이 걸린다. 그렇지만 연방공개시장위원회는 의회보다 훨씬 더 규모가 작고 정치적 영향이 작은 집단이기 때문에 비교적 신속하게 대응을 할 수 있다. 예를 들면 2007년 12월에 대후퇴가 공식적으로 경기후퇴로 판별되기도 전에 연준은 문제를 인지하고 팽창적 통화정책을 시행하기 시작했다. 연준은 2007년 8월에 할인율을 인하했으며 2007년 9월에 연방자금금리를 0.5%만큼 낮추기에 충분할 정도로 화폐공급을 증가시켰다.

통화정책의 속도와 효과는 비관론에 의해 저해받을 수 있다. 경기후퇴가 한창일 때는 경제에 자리 잡은 불확실성과 신뢰 상실을 극복하기가 어렵다. 이 경우 극적으로 낮은 이자율과 엄청난 규모의 화폐 주입으로도 상황을 반전시키는 데는 시간이 걸린다. 경기후퇴의 바닥을 겪은 후 소비자들은 이전만큼 지출을 할 기분이 나질 않고, 은행들은 대출을 꺼리고, 기업들은 위기가 계속될까봐 새로 근로자를 고용하기를 꺼릴 것이다. 그렇지만 역사는 대부분의 경우 인내가 되살아난 낙관론과 궁극적 회복에 의해 보상받음을 보여준다.

극심한 문제에 대응하기 위한 새 통화정책 수단

대후퇴는 새로운 혁신적 연준 프로그램이 출범하는 계기가 되었다. 금융위기의 근저에는 대출 부족에 의해 촉발된 **유동성위기**(liquidity crisis), 즉 경제를 통해 흘러가는 현금이 부족한 현상이 있었다. 너무나 많은 차입자들이 주택구매대출을 부도냈기 때문에 은행들은 초과지불준비금을 얼마나 갖고 있든 이를 고객이나 다른 은행에 대출하기를 꺼렸다. 대출을 적절하게 이용할 수 없다면 많은 기업들이 근로자에게 임금을 지불하고 제

표 17.1　전통적인 통화정책 수단

수단	팽창적 통화정책	수축적 통화정책
공개시장조작	재무부증권 매입	재무부증권 매도
할인율	인하	인상
지불준비요구	인하	인상

품을 생산하기가 어려워질 것이고 경기후퇴는 더 악화될 것이다.

유동성위기를 해소하기 위해 연준은 대출의 가용성을 높이기 위한 세 가지 임시 프로그램을 개설했다. 2007년 12월에 연준은 기간입찰대출기구를 설치했는데 이는 재정적으로 건전한 상업은행과 저축기관이 할인율보다 낮은 이자율에 차입을 할 수 있게 해주었다. 이 단기대출을 받기 위해서 금융기관들은 **담보**(collateral), 즉 차입자가 대출을 상환하지 못할 경우 대부자가 차입자로부터 몰수하는 자산을 제공해야 했다. 주택구매대출들을 모아서 만들어진 **주택저당증권**(mortgage-backed securities)을 포함하여 다양한 금융자산 중 어느 것이라도 담보가 될 수 있다. 하지만 이 기간 중에는 너무나 많은 사람들이 주택구매대출에 대해 부도를 내고 있었기 때문에 주택저당증권은 **불량자산**(toxic asset)으로 간주되고 있었다. 이러한 불량자산을 담보로 수용함으로써 연준은 은행과 저축기관의 최종대부자로서의 역할을 이행하고 있었다. 2010년이 되자 기간입찰대출기구하에서 제공되었던 모든 대출이 이자율까지 포함하여 전액 대출 조건을 충족시키면서 상환되었다.

기간입찰대출기구를 개설한 지 3개월 후 연준은 증권담보기간대출기구를 개설했다. 이 프로그램은 28일 만기 재무부증권 대출을 경매로 제공했다. 차입자는 연준과 직접 거래하도록 승인된 투자은행과 증권회사인 프라이머리딜러(primary dealer)였다. HSBC 증권과 골드만 삭스가 프라이머리딜러의 예다. 이들 차입자는 기간입찰대출 차입자와 마찬가지로 고위험 주택저당증권을 대출의 담보로 사용할 수 있었다. 이를 통해 불량자산 투자 규모가 큰 프라이머리딜러가 일시적으로 저위험 재무부증권을 취득하고 이를 다시 프라이머리딜러들이 주된 자금원으로 사용하는 다른 유형의 대출에 대한 담보로 제공할 수 있게 되었다. 증권담보기간대출기구는 본질적으로 연준 할인창구를 이용할 수 없는 프라이머리딜러에게 최종대부자 기능을 제공했다. 증권담보기간대출은 모두 합해서 2조 3,000억 달러어치의 재무부증권을 대출해주었다.

같은 달에 연준은 프라이머리딜러대출기구를 개설하여 프라이머리딜러들이 지불준비요구를 충족시키면서도 더 많은 대출을 할 수 있도록 도왔다. 프라이머리딜러대출기구는 프라이머리딜러에게 하루에 한 번씩 재정이 건전한 금융기관들이 지불하는 할인율에 대출을 해주었다. 이 대출기구에서도 주택저당증권이 대출에 대한 담보로 수용되었다. 이 프로그램들이 의도된 목적을 달성한 후인 2010년에 연준은 대부자들이 적절한 수준의 유동성을 확보했다고 판단하고 이들 세 프로그램을 종료시켰다.

화폐수량설

WheresGeorge.com이라는 웹사이트는 사람들이 자발적으로 자신이 보유한 지폐의 일련번호, 위치, 그리고 사용처를 보고토록 함으로써 달러 지폐의 일생을 추적한다. 오늘 뉴욕시에서 길거리 악사에게 팁을 주기 위해 사용된 지폐는 다음 달에 테네시주에서 기타 줄을 사는 데 사용되고, 몇 주 후 다시 노스캐롤라이나주의 맥도날드 가게에서 사용될 수 있다. 그림 17.4는 특정한 달러 지폐의 실제 이동경로를 보여준다. 동일한 화폐가 1년 중 보통 여러 차례 지출되기 때문에 화폐공급과 1년 동안 지출되는 화폐의 양에는 차이가 있다. **화폐의 유통속도**(velocity of money)는 각 화폐단위가 1년 동안에 평균적으로 지출되는 횟수다. 미국에서는 달러 지폐가 매년 6~8차례 지출되는 것이 일반적이다. 물론 이보다 높거나 낮은 유통속도가 관측되는 것도 드문 일은 아니다.

화폐공급(M), 화폐의 유통속도(V), 물가(P), 그리고 실질국

담보
차입자가 대출을 상환하지 못하는 경우 대부자가 차입자로부터 몰수하는 자산

화폐의 유통속도
각 화폐단위가 1년 동안 평균적으로 지출되는 횟수

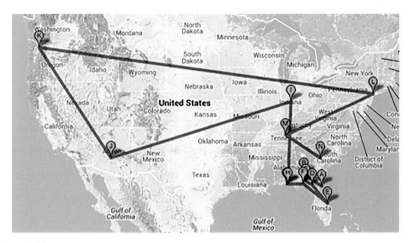

그림 17.4 조지는 어디에 있을까?
WheresGeorge.com이 보여주듯이 1달러짜리 지폐(조지 워싱턴의 초상이 그려져 있음)는 많은 장소에서 여러 차례 지출된다. 화폐의 유통속도는 하나의 지폐가 1년 동안에 평균적으로 지출되는 횟수다.

내총생산(Y) 사이의 관계는 **교환방정식**(equation of exchange)에 의해 표현될 수 있다.

$$MV = PY$$

이 식의 우변인 물가와 실질국내총생산의 곱은 경제에서의 지출을 나타낸다. 이들 지출이 증가하면 이 식의 좌변이 증가해야 하는데 이는 화폐공급 또는 화폐의 유통속도 또는 둘 다 증가해야 함을 의미한다.

교환방정식은 통화정책에 관한 많은 논쟁의 중심에 있다. 통화론자는 화폐의 유통속도와 실질국내총생산이 단기에는 대략적으로 변하지 않는다고 믿는다. 이 생각이 맞는다면 화폐공급 증가는 이에 비례하는 물가 상승만을 낳는다. 통화론자는 이와 같은 생각을 **화폐수량설**(quantity theory of money)이라 부른다. 교환방정식에 따르면 V와 Y가 일정할 경우 M이 5% 증가한다면 P가 5% 증가해야 균형이 유지된다. 따라서 통화론자는 경제의 변화에 대응하여 화폐공급을 조정하는 **재량적 통화정책**(discretionary monetary policy)은 대부분 물가만 영향을 줄 것이라 믿는다. 이러한 믿음은 경제의 수축과 팽창에 대응하여 재량적으로 이루어지는 화폐공급 조정이 아니라 느리고 꾸준한 화폐공급 증가가 최적의 통화정책이라는 통화론자의 주장을 뒷받침한다.

화폐수량설을 비판하는 사람들은 화폐의 유통속도가 꽤 안정적인 시기도 있지만 그렇지 않은 시기도 있기 때문에 V를 상수로 취급하는 것은 지나친 단순화임을 지적한다. 이들 경제학자는 또한 물가가 제법 안정적이거나 '경직적'이라면 교환방정식의 좌변에 있는 화폐공급이 증가할 경우 우변에 있는 실질국내총생산이 증가해야 균형이 유지될 수 있다고 주장한다. 다시 말해서 이들 경제학자는 화폐공급 증가가 물가만 증가시키는 데 그치는 것이 아니라 실질국내총생산을 증가시킬 수 있다고 주장한다.

많은 경제학자들은 재량적 통화정책이 실질국내총생산에 영향을 줄 가능성이 있다면 경제가 어려움에 처해 있을 때는 이를 시도할 가치가 있다는 데 동의한다. 예를 들어 대후퇴 기간 중 연준은 양적완화라 불리는 새로운 통화정책 수단에 의존했다. **양적완화**(quantitative easing)는 중앙은행이 은행을 비롯한 금융기관으로부터 증권을 매입하여 화폐공급을 상당히 큰 규모로 증가시키는 것을 말한다. 양적완화는 매입의 규모가 더 크고 그 목적이 목표이자율 달성이 아니라는 점에서 정상적인 공개시장조작과 차이가 있다. 공개시장조작으로 이자율이 영에 가깝게 하락한 경우에조차 은행시스템으로의 대규모 화폐 유입을 통해 더 많은 대출과 지출을 촉진함으로써 경제를 자극할 수 있을 것으로 기대된다.

연준은 2008~2014년 사이에 수조 달러어치의 재무부증권과 주택저

교환방정식
화폐공급(M), 화폐의 유통속도(V), 물가(P), 그리고 실질국내총생산(Y) 사이의 관계를 나타내는 방정식

화폐수량설
화폐공급 증가는 이에 비례하는 물가 상승만을 초래한다는 이론

양적완화
중앙은행이 은행과 다른 금융기관으로부터 증권을 매입하여 화폐공급을 상당히 큰 규모로 증가시키는 것

당증권을 매입함으로써 세 차례의 양적완화를 시행했다. 연준이 경기후퇴에 대응하여 행동을 취할 필요가 있다는 점에 대해서는 의견이 거의 합치되었지만 이 정도 규모의 양적완화가 적절했는지 그리고 채권 매입이 의도된 목적을 달성했는지 여부에 대해서는 논쟁이 계속되고 있다.

화폐시장

통화정책의 수단들은 화폐시장을 통해 효과를 낸다. 화폐는 우리에게 익숙한 재화 및 서비스와 많은 유사점을 가지고 시장에서 수요되고 공급된다. 여러분은 이미 연준이 통화정책을 이용하여 화폐공급을 조절함을 배웠다. 이 절에서 여러분은 화폐수요에 대해서 배우고 수요와 공급의 결합이 어떻게 경제의 이자율을 결정하는지를 배울 것이다.

화폐수요

여러분이 지갑이나 호주머니 또는 돼지저금통에 화폐를 갖고 있다면 저축예금에 넣었더라면 벌 수 있었을 이자를 벌지 못할 것이다. 또한 이를 주식이나 채권 또는 부동산에 투자했더라면 벌었을 수익을 벌지 못할 것이다. 그렇다면 왜 화폐를 갖고 있는 것일까? 동전수집 같은 것을 제외한다면 사람들이 화폐를 보유하는 데는 세 가지 주된 이유가 있다.

- **거래적 수요**(transactions demand)는 보통의 일상적 구매에 사용하기 위한 화폐수요다. 음료수나 잡지를 사고 싶을 때마다 주식을 팔거나 저축예금을 인출해야 한다면 엄청나게 불편할 것이다.
- **예비적 수요**(precautionary demand)는 예상치 못한 지출에 충당하기 위한 화폐수요다. 대부분의 사람들은 만일의 경우에 대비해서 여윳돈을 보유하려고 한다. 언제 자동차를 수리하거나 새 화로를 사거나 병원에 가야 할지 모르기 때문이다.
- **투기적 수요**(speculative demand)는 다른 대안투자의 가치 변화로부터 예상되는 투자기회를 활용하거나 손실을 피하기 위한 화폐수요다. 예를 들어 여러분이 주식, 채권, 부동산 또는 다른 투자로부터의 가치가 미래에 하락할 것으로

예상되면 이들 투자대상을 매각하는 대신 더 많은 화폐를 보유하기를 원할 것이다.

그림 17.5는 화폐수요곡선을 보여준다. 수요곡선은 우하향의 기울기를 갖는데 이는 화폐보유의 기회비용인 이자율이 높을 때보다 낮을 때 사람들이 더 많은 화폐를 보유하기를 원하기 때문이다. 10%와 같이 이자율이 꽤 높을 때에는 화폐보유액을 줄이고 대신 이자를 지급하는 계좌에 더 많은 화폐를 넣으려는 유인이 강해진다. 그림 17.6은 10%의 이자율에서 1조 달러를 보유(수요)하기를 원하는 시나리오를 보여준다. 이자율이 2%로 떨어진다면 화폐보유의 기회비용이 낮아지기 때문에 화폐수요량이 1조 6,000억 달러로 증가한다. 이자율과 화폐수요량 사이의 역의 관계로 인해 화폐수요곡선은 우하향하는 기울기를 갖는다.

밀크셰이크 가격의 변화는 밀크셰이크 수요곡선 자체의 이동이 아니라 밀크셰이크 수요곡선 상 이동의 원인이 된다. 마찬가지로 화폐의 가격인 이자율이 변할 때 화폐수요곡선은 변하지 않는다. 하지만 다른 요인들이 변하면 화폐수요곡선이 이동한다. 자연재해와 같이 예기치 못한 사태가 더 많을 것으로 예상될 경우 예비적 수요가 증가한다. 사람들이 대안투자의 미래가치에 대해 더 낙관적이 되거나 비관적이 될 때 투기적 수요에 변화가 발생한다. 그리고 물가, 실질국내총생산, 기술, 제도의 변화는 화폐에 대한 거래적 수요를 변화시킨다.

- **물가 변화** : 재화와 서비스를 사기 위해 더 많은 화폐를 지불해야 한다면 더 높아진 새 가격에 대응하기 위해 호주머니에 더 많은 화폐를 갖고 있어야 되기 때문에 화폐에 대한 거래적 수요가 증가한다.
- **실질국내총생산 변화** : 실질국내총생산 증가는 사람들이 더 많은 재화와 서비스를 구매함을 의미하며, 이를 위해서는 더 많은 화폐가 필요하므로 화폐에 대한 거래적 수요가 증가한다. 실질국내총생산 증가는 또한 근로자들이 더 많은 소득을 벌어들임을 의미하는데 사람들은 소득이 높아질수록 더 많은 화폐를 보유하는 경향이 있다.
- **기술 변화** : 현금자동인출기가 보편화된 후 사람들은 화폐가 바닥나도 현금자동인출기에서 쉽게 화폐를 인출할 수 있기 때문에 화폐를 더 적게 보유하게 되었다. 이에 더하여 신용카드와 체크카드 사용이 증가하여 화폐를 보유하지 않고도 대부분의 것들을 구매할 수 있게 된 것도 화폐에 대한 거래적 수요를 감소시켰다. 구글 페이와 같은 전

거래적 수요
보통의 일상적 구매에 사용하기 위한 화폐수요

예비적 수요
예상치 못한 지출에 충당하기 위한 화폐수요

투기적 수요
다른 대안투자의 가치 변화로부터 예상되는 투자기회를 활용하거나 손실을 피하기 위한 화폐수요

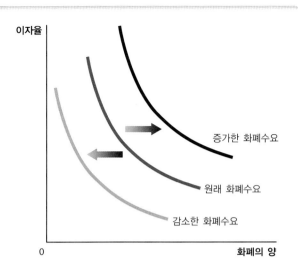

그림 17.5 화폐수요

이자율이 하락하면 화폐보유의 기회비용이 감소하고 그 결과 화폐수요량이 증가한다. 이로 인해 화폐수요곡선은 우하향의 기울기를 갖는다. 화폐에 대한 거래적 수요, 예비적 수요 또는 투기적 수요가 증가하면 화폐수요곡선이 오른쪽으로 이동한다. 화폐에 대한 이들 수요 중 어느 것이라도 감소하면 화폐수요곡선이 왼쪽으로 이동한다.

자지갑 및 이와 관련된 기술 진보도 현금으로 두둑한 지갑 없이도 구매를 할 수 있게 해주었다.

• 제도 변화 : 제도 변화의 예로는 1980년에 새 법이 통과되

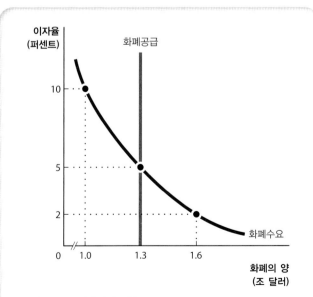

그림 17.6 화폐시장균형

화폐공급곡선은 연준이 선택한 화폐의 양 수준에서 수직이다. 화폐공급곡선과 화폐수요곡선이 교차하는 점에서 균형이자율이 달성된다.

어 은행들이 당좌예금에 대해 이자를 지급할 수 있게 된 것을 들 수 있다. 이 변화는 저축예금 대신 당좌예금에 화폐를 보유하는 데 따른 기회비용을 감소시켰다. 당좌예금에 보관된 화폐는 화폐수요 계산에 포함되기 때문에 당좌예금 증가는 곧 화폐수요 증가를 의미한다.

화폐공급과 균형

화폐공급곡선은 우상향하는 재화와 서비스 공급곡선과 차이점이 있다. 밀크셰이크 가격이 상승함에 따라 기업들이 공급하려 하는 밀크셰이크의 양은 증가한다. 이와는 대조적으로 화폐공급은 연준에 의해 통제되는데, 연준은 기업들이 가격 변화에 대응하는 것과 같은 식으로 이자율 변화에 대응하지 않는다. 그 대신 연준은 목표이자율 수준에서 화폐시장균형을 달성시킬 화폐공급을 선택한다. 따라서 그림 17.6이 보여주듯이 화폐공급곡선은 연준이 선택하는 화폐공급에서 수직이다. 즉 화폐공급이 1조 3,000억 달러라면 화폐공급곡선은 이자율이 10%든 2%든 상관없이 1조 3,000억 달러일 것이다.

다른 시장에서와 같이 화폐의 가격, 즉 이자율은 수요와 공급 간 균형에 의해 결정된다. 예를 들어 그림 17.6은 경제에서의 균형 화폐공급량과 수요량이 처음에 1조 3,000억 달러고 균형이자율이 5%인 상황을 보여준다. 다음에는 통화정책이 이 균형을 어떻게 바꿀 수 있는지 알아본다.

통화정책의 효과

통화정책을 통해 연준은 화폐공급을 증가시키고 화폐공급곡선을 오른쪽으로 이동시키거나 화폐공급을 감소시키고 화폐공급곡선을 왼쪽으로 이동시킬 수 있다. 예를 들어 팽창적 통화정책을 통해 연준은 화폐공급을 1조 5,000억 달러로 증가시킬 수 있다. 그림 17.7은 이것이 균형이자율을 3%로 하락시킴을 보여준다. 이자율이 하락하면 많은 집단들에 있어서 차입을 하는 것이 덜 비싸지고 그 결과 경제가 회복하는 데 도움이 될 수 있다. 이들 집단에는 새 아이스크림 가게를 열려는 기업가, 축구화 시장에 진출하려는 신발제조사, 새 기숙사를 지으려는 대학, 새 집을 사려는 가족이 포함된다.

수축적 통화정책을 통해 연준은 화폐공급을 1조 1,000억 달러로 감소시킬 수 있다. 그림 17.7은 이 경우 화폐공급곡선이 왼쪽으로 이동하고 균형이자율이 8%로 상승함을 보여준다. 이것은 투자사업이나 다른 구매를 더 비싸게 만들고 과열된 경제를 식혀준다.

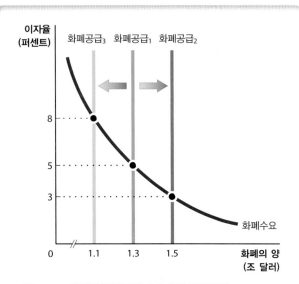

그림 17.7 팽창적 통화정책과 수축적 통화정책
팽창적 통화정책은 화폐공급을 증가시키고 화폐공급곡선을 오른쪽으로 이동시킨다. 이는 균형이자율을 낮춘다. 수축적 통화정책은 화폐공급을 감소시키고 화폐공급곡선을 왼쪽으로 이동시킨다. 이는 균형이자율을 높인다.

통화정책은 경제가 경기후퇴로부터 벗어나게 할 수 있지만 통화정책의 효과는 일반적으로 단기에 그친다. 여러분은 화폐공급 증가가 어떻게 이자율을 낮추고 총수요를 증가시키는지를 보았다. 그런데 총수요가 증가하면 물가가 상승한다. 그 결과 장기에는 인플레이션으로 인해 화폐에 대한 거래적 수요가 증가할 것이고 균형이자율이 다시 상승할 것이다. 연준은 경제에 더 추가적인 화폐를 주입함으로써 저금리의 혜택을 연장시킬 수도 있다. 하지만 이를 영원히 지속할 경우 과도한 인플레이션이 발생한다. 장기 경제성장을 달성하기 위해서는 통화정책이 아닌 다른 요인들이 작동해야 한다. 다음 장에서는 경제의 장기성장 원천에 대해 설명할 것이다.

요약

통화정책은 각 국가의 중앙은행에 의해 시행되는데 미국의 중앙은행은 연준이라고도 불리는 연방준비제도다. 연준은 의장, 의장을 포함한 7인의 이사로 구성된 이사회, 그리고 연준의 12개 구역 은행의 총재들에 의해 지휘된다. 통화정책을 통해 경제안정을 추구하는 데 더하여 연준은 국가의 금융시스템을 감독하고 은행, 저축기관, 정부에 금융 서비스를 제공한다.

경제가 취약할 때 연준은 화폐공급을 증가시키기 위해 통화완화정책을 사용하기로 결정할 수 있다. 확장적 통화정책은 경제의 이자율을 낮추고 차입과 지출을 촉진하는데 이는 총수요를 증가시킨다. 심각한 인플레이션의 위협이 있을 때는 화폐공급을 줄이기 위해 통화긴축정책을 사용하기로 결정할 수 있다. 수축적 통화정책은 경제의 이자율을 높이는데 이는 차입과 지출을 줄이고 그 결과 경제를 식히는 데 도움을 준다.

연준은 (1) 공개시장조작, (2) 할인율 변경, (3) 지불준비요구 변경이라는 세 가지 전통적인 통화정책 수단을 갖고 있다. 연준이 공개시장조작을 사용할 때는 경제에 화폐를 주입하는 것을 목적으로 하는지 또는 경제에서 화폐를 빼내는 것을 목적으로 하는지에 따라 '공개시장'에서 재무부증권을 매입하거나 매도한다.

연방준비제도가 금융기관에 대한 단기 대출에 부과하는 할인율을 인하하면 은행들은 할인창구를 통해 더 값싸게 화폐를 차입할 수 있다. 그 결과 은행들은 고객들로부터 더 낮은 이자율을 받고 개인과 기업에 더 많은 대출을 할 수 있다. 할인율 인상은 그 반대의 효과를 가지는데 은행들이 고객들로부터 받는 이자율이 상승하고 가용한 대출 규모가 감소한다.

연준은 지불준비요구를 높이거나 낮출 수 있다. 지불준비요구를 높이면 은행들이 대출할 수 있는 초과지불준비금이 감소하고 연준의 재무부증권 매수로부터 시작되는 화폐창조 과정이 수축된다. 지불준비요구 인하는 반대의 효과를 가진다. 즉 은행이 대출할 수 있는 화폐의 양을 증가시키고 화폐창조 과정을 확대한다. 금융위기가 발생하면 연준은 고통을 완화하기 위해 이에 더해서 추가적인 조치를 취하기도 한다. 대후퇴 중에는 연준이 금융기관에 더 많은 대출을 신속하게 제공하기 위해 몇 가지 새로운 프로그램을 출범시켰다.

정부의 재정정책과 마찬가지로 연준의 통화정책은 문제를 인식하고 정책 대응을 하는 데 필요한 시간으로 인해 지연될 수 있다. 그렇지만 연방공개시장위원회는 의회에 비해 훨씬 더 규모가 작고 정치적인 고려가 덜 필요하기 때문에 비교적 빨리 대응을 할 수 있다. 경기후퇴가 한참 경과된 후에는 경제에 자리 잡은 불확실성과 신뢰 상실을 극복하기가 어렵다. 이자율을 극적으로 낮추고 경제에 대량의 화폐를 주입해도 경제 회복은 느리게 이루어진다.

화폐의 유통속도는 각 화폐단위가 연간 평균적으로 지출되는 횟수다. 통화론자들은 화폐의 유통속도가 단기에는 안정적이라 주장한다. 이 가정에 근거하여 화폐수량설은 화폐공급 증가가 같은 비율의 물가 상승을 가져오지만 실질국내총생산을 증가시키지는 않음을 주장한다. 따라서 통화론자들은 실질국내총생산을 증가시킬 목적으로 팽창적 통화정책을 시행하는 것을 선호하지 않는다. 대신 이들은 느리고 꾸준한 화폐공급 증가를 추천한다.

다른 경제학자들은 가격이 '경직적'이고 화폐의 유통속도가 변동하기 때문에 통화정책이 물가에 미치는 영향은 예측하기 어려우며 실질국내총생산에 영향을 미칠 수도 있음을 지적한

다. 재량적 통화정책이 도움이 될 가능성이 있기 때문에 많은 경제학자들이 경제위기 시기에는 어느 정도의 재량적 통화정책을 시도할 가치가 있다는 데 동의한다.

화폐시장은 재화와 서비스 시장과 마찬가지로 작동한다. 화폐의 가격은 이자율이다. 이자율은 이자를 벌 수 있는 저축예금에 예치하거나 비슷한 수익률을 낼 수 있는 다른 곳에 투자하지 않고 화폐를 보유하는 데 따른 기회비용이기 때문이다. 화폐공급곡선은 연준이 선택하는 화폐의 양에서 수직이다.

경제가 신속한 수리를 필요로 할 때 통화정책은 단기적으로 효과적일 수 있다. 그렇지만 실질국내총생산에 대한 영향은 일반적으로 오래 지속되지 않는다. 예를 들어 팽창적 통화정책으로 인한 총수요 증가는 인플레이션을 초래한다. 가격들이 더 높아지면 소비자들은 재화와 서비스를 구매하기 위해 더 많은 화폐를 필요로 한다. 이러한 화폐수요 증가는 이자율을 상승시킨다. 더 높은 물가와 이자율은 팽창적 통화정책의 단기적 혜택을 종식시킨다. 다음 장은 장기적으로 지속되는 경제의 생산능력 향상을 달성하기 위한 경제발전에 대한 접근법들을 검토한다.

핵심용어

- ✓ 거래적 수요
- ✓ 공개시장조작
- ✓ 교환방정식
- ✓ 담보
- ✓ 수축적 통화정책
- ✓ 양적완화
- ✓ 연방공개시장위원회
- ✓ 연방자금금리
- ✓ 연방준비제도
- ✓ 연방준비제도 이사회
- ✓ 예비적 수요
- ✓ 재무부증권
- ✓ 통화정책
- ✓ 투기적 수요
- ✓ 팽창적 통화정책
- ✓ 할인율
- ✓ 화폐수량설
- ✓ 화폐의 유통속도

복습문제

1. 다음 중 연준의 주요 책임이 아닌 것은?
   a. 완전고용, 물가안정, 경제성장을 달성할 목적으로 통화정책을 시행함
   b. 은행들을 규제하고 감독하고 검사함
   c. 화폐의 유통속도가 경제성장률을 초과하지 않도록 함
   d. 금융시스템의 안정을 유지함
   e. '은행의 은행'으로서 역할을 수행함

2. 공개시장조작이 어떻게 총수요의 증가를 가져올 수 있는지 설명하라. 힌트 : 설명은 이자율이 일련의 사건에서 어떤 역할을 하는지에 대해 언급해야 한다.

3. 다음 중 어느 것이 통화완화정책의 일부이며 연준에 의해 직접 시행되는가?

    a. 재무부증권의 매각

    b. 연방자금금리 인하

    c. 할인율 인하

    d. 지불준비요구 인상

4. 지불준비요구가 10%라 하자.

    a. 연준이 상업은행들로부터 100억 달러어치의 재무부증권을 매입한다면 이러한 공개시장조작으로부터 발생할 수 있는 최대한의 화폐공급 증가액은 얼마인가?

    b. 지불준비요구가 어떻게 변하면 화폐공급 증가액이 위 공개시장조작으로부터 발생할 수 있는 최대한의 화폐공급 증가액의 2배가 될 수 있는가?

5. 다음 진술의 참, 거짓 여부를 판별하라 — 경기후퇴 중 연준은 화폐를 개별 소비자에게 직접 대출하는 기구를 개설함으로써 대출의 가용성을 향상시켰다. 답에 대해 설명하라.

6. 화폐공급이 8% 증가한다고 하자.

    a. 교환방정식에 대한 통화론자들의 생각을 전제로 하여 이러한 화폐공급 증가가 어떤 결과를 낳을 것인지 예측하라.

    b. 가격과 화폐의 유통속도에 변함이 없다면 이러한 화폐공급 증가의 결과는 무엇인가?

7. 일상적인 구매 이외의 목적으로 화폐를 보유하는 이유 두 가지를 설명하라.

8. 다음 중 화폐수요곡선을 오른쪽으로 이동시키지 않는 것은?

    a. 이자율 하락

    b. 물가 상승

    c. 실질국내총생산 증가

    d. 컴퓨터 고장으로 현금자동인출기가 상당 기간 작동하지 않음

9. 화폐공급곡선과 수요곡선을 보여주는 그래프를 그리고 곡선과 축에 명칭을 붙여라. 연준이 공개시장에서 재무부증권을 매도한다면 균형이자율과 균형화폐량에 어떤 변화가 발생할지를 보여라.

10. 여러분이 연방준비제도 의장이고 경제가 경기후퇴로 빠져들고 있음을 목격한다고 하자. 경제를 안정시키기 위해서 연방준비제도의 도구 중 어느 것을 가장 먼저 사용할 것인가? 이 도구를 선호하는 이유는 무엇인가?

경제성장과 경제발전

18

학습목표

이 장에서는 다음 내용을 학습한다.

1. 경제발전의 주된 목적과 지표에 대해 설명한다.
2. 경제성장을 달성하기 위한 전략에 대해 기술한다.
3. 개도국이 직면한 주요 도전을 파악한다.
4. 경제발전의 성공과 실패 사례에 대해 논의한다.

자메이카에 정박한 크루즈선은 풍부한 석회암 채수층으로부터 깨끗한 식수를 구한다. 자연 그대로의 해변, 보크사이트 광산, 그리고 사탕수수 밭이 이 도서국가가 가진 긴 자산 목록의 맨 위를 차지한다. 자메이카산 커피는 자메이카산 럼이 그렇듯이 세계에서 가장 좋은 커피에 속한다. 관광객들은 폭포와 휴양지를 즐기기 위해 자메이카로 몰려든다. 풍부한 천연자원과 교육받고 에너지 넘치는 노동력을 가지고 있지만 자메이카는 비교적 가난한 국가다. 2017년에 자메이카의 1인당 국내총생산은 9,200달러였는 데 비해 미국은 59,500달러였다. 다른 많은 국가들처럼 자메이카는 국민의 생활수준과 삶의 질을 향상시키기 위해 노력하고 있다.

왜 어떤 국가들은 부유하고 다른 국가들은 가난할까? 1776년에 애덤 스미스는 그의 유명한 저서 『국부론』에서 이 질문을 제기했다. 경제학자들은 오늘도 똑같은 수수께끼를 풀어서 하루에 2달러 미만으로 생존하고 있는 지구상 24억 명의 인구를 돕기 위해 머리를 긁적이고 있다. 쉬운 해답은 없지만 우리는 이 장에서 수수께끼 조각들이 어떻게 맞춰지고 있는지를 검토할 것이다.

왜 알아야 하는가?

▲ 자메이카에 있는 이 식당은 우리에게는 원시적으로 보이지만 모든 것은 상대적이다. 평균적으로 콩고민주공화국에서의 소득은 북한에서의 소득의 절반인데, 이는 자메이카에서의 소득의 5분의 1이고, 이는 다시 미국에서의 소득의 6분의 1, 그리고 이는 카타르에서의 소득의 절반이다.

애덤 스미스는 그 이유를 다음과 같이 표현했다. "훨씬 더 많은 사람들이 가난하고 비참하다면 어떤 사회도 번창하고 행복할 수 없다." 가난 속에서 사는 것은 단순히 새 옷이나 자동차를 살 수 없음을 의미하지 않는다. 가난 속에서의 삶은 정말로 생명에 위협적이다. 빈곤한 국가에서의 영양실조는 매년 5세 미만 아동 300만 명의 목숨을 앗아간다. 미국에서조차 18세 미만 인구의 20%가 가난 속에서 산다. 경제발전은 절망적인 상태에 빠진 사람들에게 더 나은 생활여건을 가져다줄 수 있다.

범죄와 테러는 종종 양질의 직업과 교육제도가 결여된 지역을 찾아 들어간다. 사람들이 겨우 기본적인 욕구 충족에 필요한 정도의 돈만을 갖고 있는 곳에서는 높은 환경 수준을 기대하기 어렵다. 의료시스템이 상대적으로 원시적인 곳에서는 치명적인 질병이 통제를 벗어날 가능성이 높다. 이 모든 문제는 범세계적인 반향을 일으킨다. 따라서 **경제발전이 다른 사람들의 삶의 질을 개선할 때 여러분의 삶의 질도 개선될 것이다.**

경제성장과 발전의 척도

정치경제학자인 토머스 맬서스는 부와 가난의 원인은 그의 학문분야에서 '모든 탐구의 거대한 목적'이라고 저술했다. 8억 4,200만 명으로 추산되는 사람들이 매일 밤 배고픈 채로 잠자리에 들고 300만 명의 사람들이 매년 백신으로 예방할 수 있는 병으로 사망한다는 사실로 볼 때 부와 가난의 결정요인들은 매우 중요한 퍼즐 조각들이다. 가난에 대한 장기적 치유책은 **경제성장**(economic growth), 즉 경제의 생산능력을 증가시키는 것이다. 경제성장은 한 국가가 산출량을 늘리고 국민의 생활수준을 향상시킬 수 있도록 한다. 제13장에서 경제학자들이 1인당 실질국내총생산, 즉 인플레이션에 대해 조정된 1인당 산출량을 한 국가의 생활수준에 대한 척도로 사용한다고 했다. 이 장에서는 1인당 실질국내총생산의 증가라는 면에서 경제성장의 혜택에 대해 논할 것이다.

경제성장은 1인당 실질국내총생산 증가와 동의어가 아님에 유념하라. 1인당 실질국내총생산은 한 국가가 기존 자원과 기술을 더 생산적으로

> **경제성장**
> 경제의 생산능력 증가

사용하는 경우와 같이 경제성장 이외의 이유로도 증가할 수 있다. 또한 어떤 국가의 인구가 실질국내총생산보다 더 빠른 속도로 증가하면 그 국가의 1인당 실질국내총생산은 감소할 것이다. 예를 들어 인구가 20% 증가하고 실질국내총생산이 10% 증가하면 1인당 실질국내총생산은 감소할 것이다. 증가하는 산출량이 더 빠른 속도로 증가하는 인구에 더욱 낮은 밀도로 분산될 것이기 때문이다.

경제성장에 부수되는 소득과 산출량 증가는 보건의료, 교육, 취업기회, 운송시스템, 주거를 비롯하여 삶을 안락하고 편리하게 만드는 것들을 개선할 수 있다. 경제성장은 또한 공해와 환경훼손을 가져온다. 이런 이유에서 해로운 부작용을 최소화하면서 유익한 유형의 성장을 촉진할 수 있는 성장 관련 정책을 채택하는 국가들은 사려 깊다고 할 수 있다. 예를 들어 자메이카 정부는 지속가능한 관광 발전을 위한 상세한 기본계획을 수립함에 있어서 환경문제에 직면해 있다. 중국은 바람, 물, 태양 등에서 전기를 생산할 수 있는 능력을 신속하게 확장함으로써 스모그 문제를 길들이기를 희망한다. 그리고 2015년에 유엔 회의에서는 거의 200개 국가가 지구의 기후 변화에 단호하게 대처할 것을 서약했다. 이 계획에는 가난한 국가들이 지구

에 과도한 피해를 주지 않으면서 성장하는 것을 돕기 위한 매년 1,000억 달러에 달하는 지원사업이 포함되어 있다.

경제발전(economic development)은 경제성장과 삶의 질에 있어서 더 광범위한 일련의 비물질적 개선의 결합이다. 예를 들어 인권 신장은 한 국가의 삶의 질을 개선하고 그 결과 경제발전에 기여할 수 있다. 그러나 이로 인해 이 국가의 생산능력이 어떻게든 증가하지 않는 한 이는 경제성장으로 간주되지는 않는다. 경제발전 분야의 개척자인 마이클 토다로는 경제발전을 사람들의 소득을 증가시키고 인간의 존엄성을 고취하며 소비 가능한 재화와 서비스의 범위를 확장함으로써 '모든 인간의 삶의 질을 향상시키는 과정'이라고 표현했다. 전 유엔 사무총장인 코피 아난은 선진국은 '모든 국민들이 안전한 환경에서 자유롭고 건강한 삶을 누릴 수 있게 하는 국가'라고 말했다. 국민이 상대적으로 낮은 삶의 질을 겪고 있는 국가를 **개발도상국**(developing country) 또는 **저개발국**(less developed country)이라 부른다.

인간개발지수(HDI)는 국민의 기대수명, 교육 연수, 1인당 소득에 근거하여 국가의 발전 정도를 측정한다. 표 18.1은 이 지표에 근거하여 상위 10개국과 하위 10개국을 보여준다. 2016년에 노르웨이는 인간개발지수가 조사된 188개국 중 가장 높은 값인 0.949를 기록했으며, 중앙아프리카공화국은 가장 낮은 값인 0.352를 기록했다.

인간개발지수는 1인당 실질국내총생산보다 더 광범위한 개선 대상 영역을 포괄하는 척도다. 그러나 그림 18.1에서 보듯이 인간개발지수와 국내총생산이라는 두 척도는 함께 움직이는 경향이 있다. 그림에서 거품은 국가를 나타낸다. 더 큰 거품은 인구가 더 많은 국가를 나타낸다. 니제르와 콩고민주공화국처럼 1인당 실질국내총생산이 낮은 값을 갖는 국가들은 인간개발지수도 낮은 값을 갖는다. 노르웨이와 오스트레일리아처럼 실질국내총생산이 높은 값을 갖는 국가들은 인간개발지수도 높은 값을 갖는다. 1인당 실질국내총생산과 인간개발지수 간 강한 상관관계로 인해 1인당 실질국내총생산보다 훨씬 많은 것들의 개선을 추구하는 사람들에게 있어서도 경제성장이 타당한 목표가 될 수 있다. 이 두 척도 사이의 상관관계를 보여주었던 스웨덴 출신 의사인 한스 로슬링은 '더 나은 건강과 교육을 원한다면 경제성장부터 해결해야 한다'고 결론지었다.

국제 비교

선진국과 개발도상국의 차이는 매우 극적일 수 있다. 초등학

표 18.1 인간개발지수에 의거한 선진국과 저개발국

순위	국가	인간개발지수
최상위 10개국		
1	노르웨이	0.949
2	오스트레일리아	0.939
2	스위스	0.939
4	독일	0.926
5	덴마크	0.925
5	싱가포르	0.925
7	네덜란드	0.924
8	아일랜드	0.923
9	아이슬란드	0.921
10	캐나다	0.920
10	미국	0.920
최하위 10개국		
179	에리트레아	0.420
179	시에라리온	0.420
181	모잠비크	0.418
181	남수단	0.418
183	기니	0.414
184	부룬디	0.404
185	부르키나파소	0.402
186	차드	0.396
187	니제르	0.353
188	중앙아프리카공화국	0.352

자료 : United Nations Development Program, *Human Development Report*, 2016

교 학생 1명당 연간 교육 지출액은 중앙아프리카공화국의 45달러에서 미국을 포함한 여러 국가들의 약 13,000달러에 이르기까지 다양하다. 국민 1,000명당 의사의 수는 탄자니아와 에티오피아의 0.1명 미만으로부터 그리스와 쿠바의 6명 이상에 이르기까지 다양하다. 교육과 의료 서비스는 경제성장에 영향을 미치는 동시에 경제성장에 의해 영향을 받는 요소들이다.

경제발전
경제성장과 삶의 질에 있어서 더 광범위한 일련의 비물질적 개선의 결합

개발도상국
국민이 상대적으로 낮은 삶의 질을 겪고 있는 국가

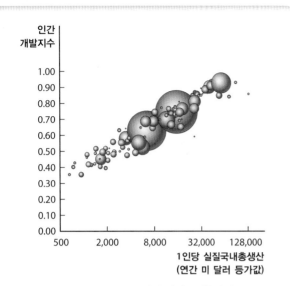

그림 18.1 인간개발지수와 1인당 실질국내총생산
한 국가의 1인당 실질국내총생산과 인간개발지수 간에는 강한 상관관계가 존재한다. 이는 삶의 질에 있어서 훨씬 더 광범위한 향상을 추구하는 정책입안자에게 경제성장이 적절한 목표가 되게끔 만든다.

Nick Ledger/Getty Images

▲ 어린이의 회복력은 범세계적이지만 선진국과 개도국 간 생활 여건에는 큰 격차가 있다. 미국에는 국민 1,000명당 2.4명의 의사가 있고 출생아 1,000명당 7명이 유아기에 사망한다. 시에라리온에는 인구 1,000명당 0.02명의 의사가 있고, 출생아 1,000명당 114명이 유아기에 사망한다.

아프가니스탄, 말리, 소말리아에서는 10명 중 1명의 유아가 첫돌이 되기 전에 사망한다. 자메이카에서는 유아 사망률이 출생아 1,000명당 14명인데 이는 미국의 2배다. 자메이카에는 국민 1,000명당 병상이 1.8개밖에 없다. 이와는 대조적으로 미국은 1,000명당 3.1개다. 자메이카의 실업률은 14.3%로 미국 실업률의 거의 3배다. 그런데 평균적인 자메이카인이 평균적인 미국인이 버는 소득의 6분의 1밖에 벌지 못하지만 전 세계에서 수십억 명이 평균적인 자메이카인이 버는 것만큼을 벌 수 있다면 신나 할 것이다. 예를 들어 북한인들은 자메이카인들이 버는 것의 5분의 1을 벌며 콩고인들은 북한인들이 버는 것의 절반밖에 벌지 못한다.

근로자는 경제성장을 뒷받침하는 생산요소 중 하나다. 인구증가는 근로자의 수를 증가시키지만 다른 한편으로는 먹여야 할 입을 증가시키기도 한다. 많은 국가들이 경제발전 초기 단계에 빠른 인구증가를 경험한다. 의료 서비스의 개선이 사망률을 하락시키는 데 반해 출생률은 지속적으로 높은 수준을 유지하기 때문이다. 인구증가가 1인당 실질국내총생산을 증가시킬 것인지 여부는 그 나라의 인구증가와 산출량 증가의 상대적 크기에 달려 있다. 그리고

지니계수
한 국가 내의 모든 사람이 동일한 소득을 벌면 0의 값을 갖고 가장 부유한 한 사람이 모든 소득을 벌면 1의 값을 갖는 소득 불평등의 척도

산출량 증가는 이 장에서 설명된 다른 생산요소들과 함께 실물자본의 공급과 근로자의 기능에 달려 있다.

경제성장과 마찬가지로 인구증가는 어떻게 다루어지느냐에 따라 혜택이 될 수도 있고 문제가 될 수도 있다. 인구증가는 으레 도시의 성장을 가져오며 이 경우 대기업들이 규모의 경제에 따른 혜택을 향유하고 연구와 혁신의 중심이 된다. 그러나 적절한 계획과 사회간접자본이 없다면 이와 같은 도시화는 혼잡, 영양부족, 범죄, 공해, 그리고 식량과 물 부족 현상을 낳을 수 있다.

1인당 국내총생산의 증가는 대부분 국민의 소득을 증가시킬 수도 있고 그렇지 않을 수도 있다. 한 국가 내에서 소득이 어떻게 분배되는지는 부분적으로는 가난한 국민들이 출세할 수 있는 기회가 얼마나 많은지에 달려 있다. 소득분배는 또한 근로 인력의 교육과 훈련, 소득세의 누진성, 정부 이전지출 프로그램의 구조에도 달려 있다. 소득분배를 파악하고자 하는 사람들은 **지니계수**(Gini coefficient)를 보면 된다. 이 계수는 소득 불평등의 척도로 한 국가 내의 모든 사람이 동일한 소득을 벌면 0의 값을 갖고 가장 부유한 한 사람이 모든 소득을 벌면 1의 값을 갖는다. 미국의 지니계수는 0.450이다. 그림 18.2는 전 세계 국가들의 지니계수를 보여준다. 가장 개발이 안 된 국가들은 일반적으로 낮은 지니계수 값을 갖는데 이들 국가 내의 모든 사람이 가난하기 때문이다. 예를 들어 몰도바의 지니계수 값은 0.268이고 방글라데시는 0.321이다.

중간 정도로 부유한 국가들은 소득분배가 이보다 더 불평등

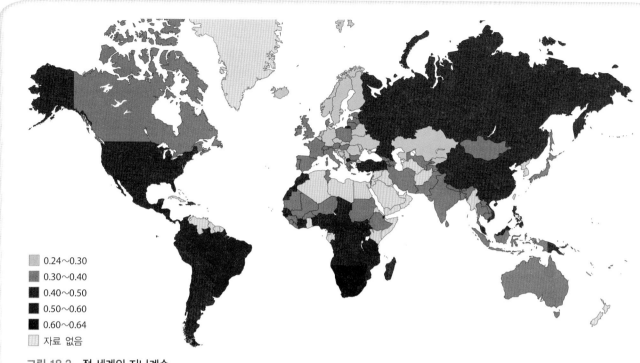

그림 18.2　전 세계의 지니계수

거의 모든 사람이 높은 소득을 버는 선진국들과 거의 모든 사람이 낮은 소득을 버는 저개발국들 내에서는 사람들 간 소득 수준이 가장 비슷하다.

출처 : Central Intelligence Agency

하며 이에 따라 더 큰 지니계수 값을 가진다. 이들 국가의 일부 국민은 부유하지만 전반적으로 중간 정도의 소득이 빈곤층을 위한 교육, 훈련 및 이전지출 프로그램에 대한 재원조달 능력을 제한하기 때문이다. 예를 들어 브라질의 지니계수 값은 0.497이고 칠레는 0.505다. 가장 부유한 국가들은 빈곤층을 가난으로부터 벗어나도록 돕기 위한 프로그램의 재원을 마련하는 것이 비교적 쉽기 때문에 국민의 거의 대부분이 꽤 형편이 좋다. 그 결과 핀란드의 지니계수 값은 0.215이고 아이슬란드는 0.280이다.

그림 18.3은 국가들이 소비하고 투자하고 경제발전 프로그램의 재원으로 충당할 수 있는 소득과 산출량을 지도에 제시하고 있다. 1인당 국내총생산이 가장 높은 국가는 짙은 파란색으로 표시되어 있다. 세계에서 가장 소득이 높은 리히텐슈타인의 국민들은 연간 139,000달러를 초과하는 1인당 국내총생산을 향유한다. 가장 부유한 15개 국가에서는 1인당 국내총생산이 연간 65,000달러를 초과한다. 1인당 국내총생산이 59,500달러인 미국은 20번째로 소득이 높은 국가다. 91개국에서는 1인당 국내총생산이 연간 10,000달러에 못 미친다. 부룬디, 중앙아프리카공화국, 콩고민주공화국, 그리고 라이베리아에서는 1인당 국

내총생산이 연간 1,000달러가 되지 않는다.

우리는 일부 국가의 소득 수준이 얼마나 낮은지를 보았다. 그렇다면 소득 수준이 향상되고는 있는 것일까? 그리고 시간이 흐름에 따라 국가 간 소득 수준은 수렴하고 있을까? 그림 18.4는 19세기까지는 전 세계 국가들의 1인당 실질국내총생산이 비슷하게 낮았음을 보여준다. 그 뒤 1800년대 중반에 공업화가 서유럽, 미국, 오스트레일리아의 소득 수준을 신장시켰다. 1930년대의 대공황과 1940년대 초반의 제2차 세계대전 이후에는 대부분의 국가들이 더욱 번성했지만 아프리카와 아시아 일부는 예외였다. 경제성장률의 차이는 국부에 있어서 큰 격차를 낳았다.

더 최근의 성장률을 비교해보면 소득격차 중 일부가 좁혀지고 있음을 알 수 있다. 표 18.2는 1인당 실질국내총생산이 가장 빠르게 성장하는 10개국과 가장 빠르게 감소하는 10개국에 대해 2013년과 2017년 사이의 연간 1인당 실질국내총생산 성장률 추정치를 보여준다. 1인당 실질국내총생산이 가장 빠르게 성장하는 국가는 그림 18.3에서 1인당 실질국내총생산 수준이 비교적 낮은 국가임을 주목하라. 이와는 반대로 1인당 실질국내총생산이 가장 빠르게 감소하는 국가들은 대부분 그림 18.3

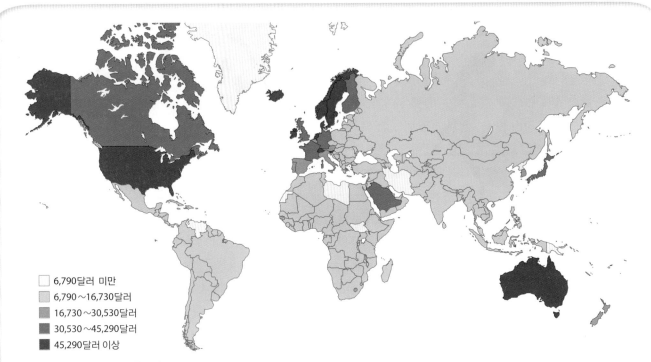

그림 18.3 1인당 국내총생산

리히텐슈타인에서는 1인당 국내총생산이 연간 139,000달러를 초과한다. 가장 부유한 15개 국가에서는 1인당 국내총생산이 연간 65,000달러를 초과한다. 91개국에서는 1인당 국내총생산이 연간 10,000달러에 못 미친다.

출처 : World Bank

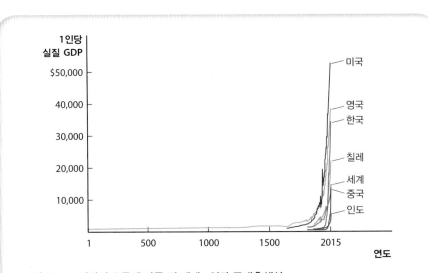

그림 18.4 시간의 흐름에 따른 전 세계 1인당 국내총생산

약 200년 전까지는 1인당 실질국내총생산이 전 세계적으로 유사했다. 그 이후 대부분의 국가가 적어도 어느 정도의 경제성장을 경험했지만 지역에 따라 극적으로 다른 성장률을 보였다.

출처 : Our World in Data

표 18.2　1인당 실질국내총생산 수준이 가장 빠르게 성장하는 국가와 가장 빠르게 감소하는 국가

지역	성장률
1인당 실질국내총생산이 빠르게 성장하는 국가	
아일랜드	9.95%
에티오피아	7.56
나우루	7.51
중국	6.33
미얀마	6.23
우즈베키스탄	6.19
인도	5.94
투르크메니스탄	5.90
방글라데시	5.77
라오스	5.65
1인당 실질국내총생산이 빠르게 감소하는 국가	
예멘	−12.62%
베네수엘라	−10.85
적도기니	−9.19
남수단	−8.72
동티모르	−7.39
카타르	−4.64
수리남	−4.56
마카오	−4.14
리비아	−3.63
브루나이	−2.99

출처 : International Monetary Fund

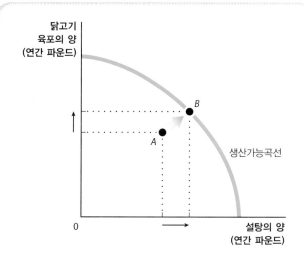

그림 18.5　생산능력 활용도 증가

단기에는 실질국내총생산의 증가가 놀고 있던 기존 자원을 이용하거나 또는 기존 기술을 이용하여 자원을 더 생산적으로 사용함으로써 달성될 수 있다. 이러한 방법은 다른 재화를 덜 생산하지 않고도 일부 재화를 더 생산하는 것을 가능케 한다. 그렇지만 그 결과는 경제성장이 아니라 생산능력 활용도의 증가다. 생산능력 활용도의 증가는 그림에서 A점과 같이 생산가능곡선 내부의 점으로부터 B점과 같이 생산가능곡선에 더 가깝거나 생산가능곡선 상에 있는 점으로의 이동에 의해 나타낼 수 있다.

에서 1인당 실질국내총생산 수준이 높은 국가다. 가난한 국가의 빠른 성장과 부유한 국가의 느린 성장 사례는 국가 간에 어느 정도의 소득 수렴이 일어나고 있음을 나타낸다. 불행하게도 수렴은 1인당 실질국내총생산이 중간 수준인 국가들에서는 일반적인 추세가 아니다. 나중에 우리는 소득의 수렴을 지연시키는 장애요인들에 대해 배울 것이다.

경제성장과 생산가능곡선

우리는 생산가능곡선(PPF)을 이용하여 한 국가의 생산능력 향상을 의미하는 경제성장과 기존 자원의 생산적 활용 간의 차이

를 보일 수 있다. 제1장에서는 생산가능곡선이 이용 가능한 모든 자원을 사용하여 주어진 시간 동안 생산할 수 있는 두 재화의 모든 조합을 보여준다고 배웠다. 한 국가가 생산능력보다도 적게 생산하고 있다면 이는 그림 18.5의 A점과 같이 생산가능곡선 내의 점에 의해 대표될 수 있다.

단순화를 위해 자메이카가 (1) 양념이 강한 닭고기 육포와 (2) 설탕의 두 재화만을 생산한다고 하자. 이용 가능한 자원을 더 잘 활용함으로써 자메이카는 둘 중 어느 것도 덜 생산하지 않고 닭고기 육포나 설탕을 더 생산하거나 둘 다를 더 생산할 수 있다. 자메이카가 생산능력을 더 완전하게 활용한다면 A점과 같은 생산가능곡선 내부의 점으로부터 B점과 같이 생산가능곡선에 더 가깝거나 생산가능곡선 상에 있는 점으로 이동할 수 있다. 이는 단기에는 놀고 있던 기존 자원을 활용하거나 또는 기존 기술을 이용하여 자원을 더 생산적으로 사용함으로써 달성될 수 있다. 이와 같이 생산능력의 향상 없이 경제를 생산능력에 더 가까이 가도록 하는 실질국내총생산의 증가는 경제성장이 아니라 생산능력 활용도 증가다.

경제성장은 한 국가의 생산능력을 향상시키고 그림 18.6이 보여주듯이 생산가능곡선을 바깥쪽으로 이동시킨다. 이는 한

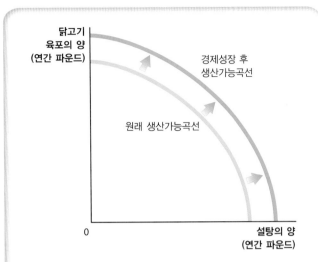

그림 18.6 경제성장
장기에는 기술, 근로자의 능력 또는 생산요소의 가용성 향상이 생산가
능곡선을 바깥쪽으로 이동시킬 수 있다. 이는 생산능력 활용도 증가가
아니라 경제성장을 나타낸다.

▲ 자메이카의 교실은 의자 수가 학생 수보다 적으며 컴퓨터가 없다. 다른 조건이
같다면 이는 새 의자와 컴퓨터가 이들 자본을 이미 상대적으로 풍부하게 보유한 다
른 국가에서보다 자메이카의 생산성에 더 크게 기여할 것임을 의미한다.

국가의 잠재생산량 증가와 장기총공급곡선의 오른쪽 이동에
해당한다. 경제성장의 원천은 기술 진보, 교육, 근로자 훈련으
로부터 나오는 생산성 증가는 물론 자본, 노동, 토지 그리고 다
른 생산요소의 가용성 증가를 포함한다. 다음 절에서는 경제성
장을 달성하기 위한 몇 가지 접근법을 소개한다.

경제성장 달성을 위한 전략

경제학자들은 번영의 비밀을 풀기 위해 부유한 국가와 가난한
국가의 특성을 연구한다. 이들의 다양한 발견과 해석은 몇 개
의 학파를 생성시켰다. 일부 학파는 근로자의 숙련도와 지식
과 경험을 강조하는데 이들은 다함께 **인적자본**(human capital)
을 형성한다. 다른 학파들은 다른 재화를 만드는 데 사용되는
재화인 자본에 더 초점을 둔다. 우리는 이를 인적자본과 구분
하기 위해 **실물자본**(physical capital)이라 부를 것이다. 제19장
은 국제무역이 어떻게 한 국가가 자신의 재정상태를 개선하고
생산가능곡선 밖에서 소비할 수 있게 하는지에 대해 설명한다.
경제성장을 촉진하기 위한 또 다른 전략으로는 통화정책, 연구
개발, 외국인직접투자, 그리고 다양
한 형태의 대출을 들 수 있다.

인적자본
근로자의 숙련도, 지식과
경험

더 많은 실물자본

실물자본은 생산성의 핵심이다. 그

릴 없이 닭고기 육포를 만들고, 베틀 없이 직물을 짜고, 그물
없이 물고기를 잡으려 한다고 상상해보라. 노벨상 수상자이
자 경제학자인 로버트 솔로의 신고전적 성장모형(neoclassical
growth model)은 개도국이 더 많은 실물자본을 취득함으로써
어떻게 1인당 소득 면에서 선진국을 따라잡을 수 있는지를 보
여준다. 이 모형에서 솔로는 각국이 동일한 기술을 갖고 있으
며 국가 간 생산성의 차이는 인적자본의 차이가 아니라 근로자
1인당 실물자본의 차이에서 발생한다고 가정한다.

자본의 한계생산물 체감은 자본을 적게 가진 나라에서 자본
을 더 가치 있게 만든다. 예를 들어 어떤 국가에서 첫 번째 컴
퓨터는 큰 영향을 줄 것이다. 이 컴퓨터는 이제까지는 수작업
으로 이루어지던 계산 중에서 가장 중요한 계산을 하는 데 사
용될 것이다. 두 번째 컴퓨터는 두 번째로 가장 가치가 있는 작
업에 사용될 것이다. 1,000번째 컴퓨터는 비디오 게임에 사용
될지도 모른다. 100만 번째 컴퓨터는 이미 탁상용 컴퓨터를 가
진 누군가의 여분의 노트북 컴퓨터일 수도 있다.

여러분이 이윤극대화를 추구하는 컴퓨터 투자자이고 솔로
가 가정했듯이 생산성 차이는 실물자본의 차이에서 연유한다
고 하자. 복잡한 작업들이 아직 자동화되지 않은 국가에서 추
가되는 컴퓨터 1대가 더 높은 수익을 거둘 수 있다면 여러분은
새 컴퓨터가 생길 경우 이를 컴퓨터의 한계생산성이 가장 높은
개발도상국에 투자하려 할 것이다. 여러분을 비롯한 투자자들
은 개발도상국들이 컴퓨터 가용성 면에서 선진국들을 따라잡
아 모든 국가의 컴퓨터 한계생산성이 같아질 때까지 이를 계속
할 것이다.

다른 모든 형태의 자본에서도 이와 동일한 유인이 작동한다. 따라서 애초에 실물자본 수준의 차이가 생산성 수준 차이의 원천이었다면, 솔로의 모형은 자본이 가장 생산성이 높은 국가에 할당됨에 따라 서로 다른 국가들의 생산성 수준이 수렴할 것임을 시사한다. 다음에서 보듯이 솔로의 가정에 포함된 오류들이 이와 같은 균형화 효과를 약화시킨다.

더 많은 인적자본

솔로의 신고전적 성장 모형은 인적자본과 기술 수준이 비슷하지만 실물자본 수준이 상이한 국가들에 적용될 수 있다. 불행하게도 부유한 국가와 가난한 국가들은 이렇게까지 비슷하지는 않다. 현실 세계에 존재하는 국가 간 인적자본과 기술의 차이는 수렴에 지장을 준다. 또 다른 노벨상 수상자이자 경제학자인 로버트 루카스는 자본이 대부분 선진국과 개도국 간이 아니라 선진국 간에 이동함을 발견했다. 이는 부분적으로는 선진국의 근로자들이 더 많은 인적자본을 갖고 있기 때문이다. 이들 근로자가 가진 추가적인 기능과 교육과 경험은 이들이 많은 개도국의 근로자보다 추가적인 실물자본을 더 잘 사용할 수 있게 해준다. 여기서의 교훈은 개도국의 인적자본 수준이 향상될 경우 더 많은 실물자본을 끌어들일 수 있다는 것이다. 어떤 형태든 자본의 증가는 경제성장을 가져올 수 있다.

루카스는 인적자본이 제공하는 유익한 부수효과가 일부 선진국과 개도국 간 자본의 한계생산물 차이를 보완하는 데 도움이 될 수 있다고 주장한다. 노동자의 기능과 교육과 경험은 다른 노동자에게 전이된다. 한 국가가 다른 국가에 비해 평균 교육수준이 2배일 경우 교육수준이 높은 국가의 노동자들은 지식이 많은 노동자와 함께 작업함으로써 2배 이상의 인적자본에 해당하는 생산성을 낸다. 루카스는 여러분과 함께 작업하는 동료 근로자의 인적자본이 10% 증가할 경우 여러분 스스로의 생산성이 3.6% 증가할 것이라 추정했다.

루카스는 또한 선진국의 인적자본 수준이 더 높음에도 불구하고 자메이카를 비롯한 많은 개도국들이 미국을 비롯한 선진국들보다 실물자본의 한계생산물이 더 높다는 사실에 주목했다. 그렇다면 왜 새로운 자본이 자메이카와 같은 곳으로 유입되지 않는 것일까? 루카스는 자본이 개도국으로 자유롭게 유입되는 것을 방해하는 요인들이 있다고 결론지었다. 개도국에 있어 정치적 불안정은 이 국가에 대한 투자로부터의 수익에 있어서 불확실성을 추가시킨다. 그리고 많은 개도국들이 해외로부터 유입되는 자본에 대해 높은 세금을 부과한다. 예를 들어

인도는 상업용 차량 수입에 대해 20%의 관세를 부과한다. 개도국들은 또한 낮은 기술 수준, 열악한 운송시스템, 부적절한 법 집행, 그리고 제한된 토지 및 생산요소 공급이라는 불리함을 안고 있다.

더 많은 화폐

화폐만으로 경제성장을 자극할 수는 없다. 바로 앞 장은 통화정책이 경제를 단기적인 경기하강으로부터 끌어내는 데 유용하기는 하지만 화폐공급 증가는 일반적으로는 경제성장이라 할 만큼 지속가능한 실질국내총생산 증가를 가져오지는 못함을 설명했다. 적지 않은 국가들이 화폐공급을 확장함으로써 경제성장을 촉진하고자 했으나 결국 실패했다. 이들은 비교적 적은 재화를 가진 경제에 화폐를 추가하는 것은 인플레이션을 초래한다는 사실을 확인하는 데 그쳤다. 예를 들어 베네수엘라 정부는 2017년과 2018년에 대량의 화폐를 인쇄했다. 그 결과는 생활수준의 향상이 아니라 12개월에 걸쳐 8,900%에 달한 것으로 추정되는 인플레이션이었다. 헝가리의 인플레이션율은 1946년에 하루 200%에 달했다. 따라서 가격이 매일 3배로 뛰었다!

제17장은 통화정책이 어떻게 일시적인 부양효과를 내는지를 설명했다. 이제 장기에는 화폐공급 증가가 가격 변화 이외에는 거의 영향을 미치지 못하는 이유에 대해 검토해보자. 자메이카의 한 마을인 포트 로열은 지금은 코코넛 야자수가 자라는 평화로운 반도지만 한때는 에드워드 '검은 수염' 티치와 헨리 모건을 비롯한 해적들이 즐겨 찾는 곳이었다. 단순화를 위해 이 마을의 주민들이 농부, 어부, 장작 수집가의 세 가지 직업에 삼등분되어 있다고 하자. 각 농부는 3명의 주민에게 하루치 음료를 공급하기에 충분한 코코넛 우유를 수확할 수 있다. 각 어부는 하루 3명의 주민이 먹기에 충분한 물고기를 잡는다. 그리고 장작 수집가는 하루 3명이 조리하고 난방하기에 충분한 장작을 수집한다.

생산성에 변화가 없다면 포트 로열 주민들의 선택은 화폐공급이 얼마든 동일할 것이다. 화폐가 없다면 각 주민은 매일 자신이 생산하는 재화 3단위 중 2단위를 다른 재화 1단위씩과 교환할 것이다. 각자에게 2자메이카 달러가 있다면 주민들은 자신이 생산하지 않는 두 재화에 각각 1자메이카 달러씩을 지불하고, 자신이 생산하는 두 단위로부터 2자메이카 달러를 벌 수 있을 것이다.

이제 주민들이 헨리 모건이 묻어두었던 자메이카 달러로 가

maypen/Alamy Stock Photo

▲ 동일한 양의 재화를 살 화폐가 더 많아지면 인플레이션이 발생할 뿐이다.

John Moore/Getty Images

▲ 미국 연방 예산의 1% 정도가 다른 국가의 경제발전을 지원하기 위해 사용된다. 2017년에는 자메이카를 위한 1,200만 달러의 금융지원과 방글라데시를 위한 2억 2,000만 달러의 금융지원이 이루어졌다.

득 찬 보물 상자를 발견하고 이를 지역사회 전체에 퍼트려서 각 주민이 200만 자메이카 달러를 보유하게 된다고 하자. 변한 것이 단지 더 많은 화폐를 가지게 된 것뿐이라면 각 주민은 자신이 생산하지 않는 재화 단위마다 100만 자메이카 달러까지 지불할 수 있을 것이다. 그렇지만 이는 인플레이션만을 발생시킬 뿐이다. 화폐더미를 인쇄하거나 파묻힌 보물을 찾으려 하는 대신 국가들은 생산 수준을 향상시키고 상이한 특산물을 가진 다른 국가들과 무역협정을 체결하는 데 초점을 두어야 한다.

더 많은 연구개발

기술 진보는 주어진 양의 투입물로 더 많거나 더 나은 제품을 생산하는 것을 가능케 한다. 삼성, 애플, 휴렛 팩커드, IBM을 포함하여 세상에서 가장 수익성이 높은 회사들은 최첨단 기술을 사용하여 혁신적인 제품을 생산한다. 최첨단을 유지하기 위해서는 제품이나 공정의 창조 또는 개선을 겨냥한 작업인 **연구개발**(research and development, R&D)에 상당한 투자를 해야 한다. 많은 유형의 연구개발은 엄청나게 비싼 비용이 든다. 자동차 생산기업인 폴크스바겐과 기술기업인 삼성, 인텔, 마이크로소프트는 각각 연간 100억 달러 이상을 연구개발에 지출한다. 이들 또는 다른 고수익 산업에서 경쟁하는 데 필요한 비용은 개도국으로서는 엄두도 내지 못할 정도로 높다. 다음 절은 국제협력이 어떻게 신기술과 연구개발을 위한 자금을 개도국에 제공할 수 있는지에 대해 설명할 것이다.

연구개발(R&D)
제품이나 공정의 창조 또는 개선을 겨냥한 작업

더 많은 외국인의 참여

외국의 정부와 비정부기구는 여러 가지 면에서 개도국을 지원할 수 있다. 유니세프와 세이브더칠드런과 같은 국제기구는 음식, 식수를 위한 우물, 의약품, 그리고 공급이 부족한 다른 재화와 서비스를 제공한다. 세계은행은 가장 빈곤한 국가들에 자금과 기술을 제공함으로써 경제발전을 지원하는 국제금융기구다. 자금 지원은 가난한 지역공동체들이 학교, 의료, 가족계획 지원, 자연자원 관리, 교량과 폐기물 처리시설 같은 사회간접자본에 대한 대가를 지불할 수 있도록 보조금이나 저금리 대출의 형태로 이루어진다.

선진국의 정부들도 종종 대출이나 보조금을 개도국 정부에 제공한다. 예를 들어 2017년에 미국 정부는 1,200만 달러의 금융지원을 자메이카에 제공했고 1억 7,700만 달러의 금융지원을 아이티에 제공했다. 이러한 유형의 지원이 성공할지 여부는 지원이 그 국가가 가장 필요로 하는 분야에 얼마나 잘 겨냥되었는지, 지원이 부패한 중개기관에 의해 절취되지 않고 필요한 곳에 얼마나 성공적으로 다다를 수 있는지, 그리고 지원에 의해 재원이 조달된 사업들이 일시적 지원이 종료된 후에도 얼마나 지속가능한지에 달려 있다. 지원은 종종 지원자가 제시하는 조건을 달고 있기도 하다. 예를 들어 유럽연합이 2014년에 말리의 경제발전을 지원하기 위해 43억 9,000만 달러를 제공했을 때 민주적 선거, 평화유지를 위한 작업, 그리고 기타 민주적 개혁과 사회 개혁 등의 조건을 달았다. 어떤 경우에는 금융지원을 받는 국가가 후원국가로부터 재화와 서비스를 구매하는 데 지원금을 사용해야 한다.

많은 기업들은 다른 국가의 기업과 정부가 판매하는 주식이나 채권을 매입함으로써 해외에 투자한다. 해외에서 더 적극적인 역할을 추구하는 기업들은 다른 국가에서 운영 중인 기업의 지분을 지속적으로 취득하는 투자를 의미하는 **외국인직접투자**(foreign direct investment, FDI)에 관여하기도 한다. 외국인직접투자는 한 국가의 기업을 다른 국가의 투자자가 매수하는 형태일 수도 있고 기존 기업이 한 국가로부터 다른 국가로 확장하는 형태일 수도 있다. 외국인직접투자의 예로는 미국에 근거를 둔 월마트의 인도 점포 개설과 중국통신건설회사의 자메이카 본부 개설을 들 수 있다. 자메이카 정부는 기술과 실물자본을 자신의 산업부문에 주입하기 위해 적극적으로 외국인직접투자를 유치하고자 노력한다. 그렇지만 외국기업이 국내기업에 영향력을 행사할 수 있고 이익의 대부분이 본국으로 송금되기 때문에 외국인직접투자는 논란의 여지가 있다. 다음의 Q&A 상자에서 설명하듯이 바나나 공화국의 경우는 특히 논란의 여지가 있다. 어디쯤에서 지원이 끝나고 착취가 시작되는지가 논쟁의 대상이다.

더 많은 국내 대출

기업가들이 신사업이나 성장산업에 투자하기 위해 차입을 검토할 때는 대출에 대해 지급해야 할 이자율이 사업에 대한 투자 여부에 결정적 영향을 미친다. 2017년에 미국에서 가장 위험이 낮은 기업대출에 부과되는 우대금리(prime interest rate)는 4.0%였다. 자메이카에서는 이 금리가 16.6%였고 짐바브웨에서는 20.0%, 그리고 가나에서는 31.8%였다. 이러한 이자율은 개도국에 있어서 대출 공급에 비해 대출 수요가 높다는 사실을 반영한다. 낮은 저축률은 대출할 수 있는 화폐의 양이 한정됨을 의미하며, 여기에 부과되는 이자율은 불안정한 경제에서 높아지는 대출 상환의 불확실성을 반영한다.

어느 곳에서나 대부분의 신사업은 작은 규모로 시작된다. 아마존, 애플, 디즈니, 구글, 할리 데이비슨, 휴렛 팩커드는 차고에서 시작된 기업이다. 개도국에 있어서 고금리의 문제는 성공적인 신사업의 성장을 어렵게 만든다는 데 있다. 32%는 물론이거니와 17%의 이자율에도 차고나 임시변통의 시설로부터 성장에 충분한 공간을 가진 시설로 확장하는 데 필요한 자금을 충분히 차입할 수 있는 기업가는 거의 없다.

고금리에 대한 한 가지 치유책은 영세민 차입자에게 제공되는 소액 대출인 **마이크로크레딧**(microcredit)이다. 전형적인 마이크로크레딧 수혜자는 담보나 안정적 고용 또는 신용이력이 없어서 전통적인 대출을 받을 자격이 없다. 1983년에 방글라데시에서 설립된 **그라민은행**은 가장 초기의 그리고 가장 성공적인 마이크로크레딧 조직이다. 그라민은행은 대부분은 여성인 경제적 약자에게 대출을 제공하면서 담보를 요구하지 않

> **외국인직접투자(FDI)**
> 다른 국가에서 영업 중인 기업의 지분을 지속적으로 취득하는 투자
>
> **마이크로크레딧**
> 영세민 차입자에게 제공되는 소액 대출

Q&A

'바나나 공화국'이란 무엇인가?

*바나나 공화국*은 일반적으로 경제가 바나나와 같은 단일 재화의 생산이나 외국인 투자에 의존하는 소규모의 빈곤한 국가를 일컫는다. 예를 들어 1899년에 마이너 키스와 앤드루 프레스턴이라는 두 미국인은 중미에 연합청과회사(UFCO)를 설립했다. UFCO 과일 제국의 핵심 영업은 과테말라에 소재한 바나나 농장과 과일 운송시스템이었다. UFCO는 매우 성공적이었으며 곧 과테말라의 전신회선과 미국으로의 우송, 그리고 이 국가의 주요 항구인 푸에르토 바리오스에서 들어가고 나오는 모든 운송을 장악했다. UFCO는 일자리를 만들고, 학교를 짓고, 가끔은 제법 괜찮은 임금을 지급했지만 이윤의 상당 부분은 과테말라를 떠났으며 과테말라의 빈곤은 계속되었다. 나중에 UFCO는 유나이티드브랜즈로 사명을 변경하고 1970년대에는 과테말라 내 보유 토지를 델몬트사에 매각했다. 오늘날 바나나 공화국을 닮은 국가들과 이들 국가의 주요 수출품으로는 보츠와나(다이아몬드), 가나(코코아), 온두라스(바나나와 커피), 그리고 잠비아(구리)를 들 수 있다.

VOISIN/PHANIE/Getty Images

▲ 과테말라에의 빈곤층은 여전히 장작난로와 먼지투성이 바닥을 가진 집에서 살고 있다.

는다. 이들은 이 돈을 자신의 삶의 질을 개선하는 데 쓰겠다고 서약하기만 하면 된다. 예를 들어 어떤 여성은 새 여성복 사업을 위한 재봉틀을 사기 위해 소액 대출을 받기도 한다. 그라민은행의 각 지점은 지역마을 주민에게 대출하기 때문에 차입자에 대해 비교적 잘 아는데, 이는 자격 있는 대출 수혜자를 선택하는 데 도움이 되는 한편 대출금을 상환할 동기를 제공하기도 한다. 각 차입자는 4명의 다른 시민과 한 집단이 되는데, 이들 시민은 대출 상환을 돕지는 않지만 대출 상환에 대한 동료집단 압력의 원천이 된다. 이 제도의 성공 덕분에 그라민은행 대출의 99% 가까이가 상환된다.

개도국과 선진국 모두 많은 초보 사업가들이 대출을 받는 데 어려움을 겪는다. 하나의 해결책은 많은 수의 사람들로부터 적은 금액의 돈을 모아서 사업의 자금을 대는 마이크로크레딧의 한 형태인 크라우드펀딩(crowdfunding)이다. 유망한 자금 수혜자들은 대개 사업에 대한 서면 설명서를 때로는 동영상과 함께 크라우드펀딩 웹사이트에 올린다. 크라우드펀딩에는 세 가지 유형이 있는데, 각 유형은 잠재적 기여자가 자금을 투자함에 있어 상이한 동기를 제공한다.

- 기부형 크라우드펀딩(donation crowdfunding) : Kickstarter. com이나 RocketHub.com과 같은 기부형 크라우드펀딩 웹사이트에서는 사업을 위한 자금을 구하는 사람들이 기부자에 대한 보상을 열거한다. 보상의 예로는 감사의 글이나 저서 출판용 재원조달일 경우 저자 서명이 든 책을 들 수 있다. 보상은 기부 규모에 따라 커지지만 기부의 주요 동기가 사업을 지원하려는 갈망이기 때문에 대개 보상이 작다.
- 부채형 크라우드펀딩(debt crowdfunding) : Upstart.com과 FundingCircle.com과 같은 부채형 크라우드펀딩 웹사이트에 올라오는 사업에 대한 투자자들은 자신의 자금을 이자와 함께 상환받기를 기대한다. 물론 차입자가 대출에 대해 부도를 내고 대부자가 대출금을 거의 돌려받지 못하는 등의 위험이 내포되어 있다. Kiva.org와 같은 일부 부채형 크라우드펀딩 웹사이트는 개도국 차입자에 대한 대출에 전념한다. 이런 사이트는 제공되는 대출에 대해 이자를 부과하지 않으며 투자자도 이자를 받지 않는다.
- 지분형 크라우드펀딩(equity crowdfunding) : CircleUp.com과 Wefunder.com과 같은 웹사이트는 투자자에게 기업이나 사업의 부분적인 소유자가 될 기회를 제공한다. 사업이 성공적이라면 소유지분의 가치가 큰 폭으로 증가할 것이

▲ 그라민은행과 크라우드펀딩 사이트인 Kickstarter.com과 같은 마이크로크레딧은 달리 사업 시작에 필요한 대출을 받을 수 없는 기업가를 도와준다.

다. 사업이 실패하면 투자는 가치가 없게 된다.

개도국에 대한 도전

개도국들은 경제성장을 위한 전략을 시행함에 있어 몇 가지 장애를 극복해야 한다. 이들은 범죄와 부패, 불리한 지리적 여건, 취약한 제도, 그리고 부적합한 지도력이다. 이 절에서는 이들 문제와 몇 가지 가능한 치유책에 대해 개관해본다.

범죄와 부패

외국인 투자자들은 안전에 대한 우려를 낳고 보안을 위해 추가적인 경비 지출을 필요로 하는 높은 범죄율 때문에 투자를 포기하기도 한다. 범죄율이 높은 국가는 관광객을 끌어들이기 어렵다. 관광객의 지출은 아름다운 자연 이외에는 달리 자원이 없는 곳에서는 큰 도움이 된다. 연간 인구 10만 명당 약 40명에 달하는 자메이카의 살인율은 사람들이 더 많은 경비를 쓰면서 살인율이 연간 인구 10만 명당 2명에 불과한 하와이까지 여행을 가는 이유 중 하나다.

부패는 부정직한 사업가나 정치가에 의한 권력 남용인데, 예를 들자면 개발 사업에 할당된 돈을 유용하거나 그 나라에서 사업을 하려고 하는 사람들에게 뇌물을 요구하는 것이다. 많은 개도국에서는 사업 인가와 건축 허가를 받기 위해 지불해야 하는 뇌물이 새 사업을 시작하는 데 드는 비용을 증가시킨다. 다국적기업들은 범죄와 부패로 인해 투자의 안전성이 의문시되는 국가에서 사업을 하기를 꺼린다.

어떤 경우에는 정부가 외국기업의 자산을 동결하거나 국제적 기업에 대한 통제력을 상당 부분 장악한다. 예를 들어 지난

▲ 자메이카의 비영리기구인 국민진실성운동은 사람들에게 부패가 투자를 저해하고 경제성장을 둔화시킨다는 사실을 상기시키기 위해 이와 같은 광고판을 세운다.

10년 동안 베네수엘라 정부는 통신, 철강, 은행, 석유 산업에 속한 기업들의 자산을 인수했다. 이들 회사 중 일부는 정당한 대가를 받기도 했지만 코노코필립스와 엑슨모빌은 인수에 대해 소송을 제기했다.

독일에 근거를 둔 비정부기구인 국제투명성기구는 180개국에 있어서 부패문제를 측정하기 위해 **부패인식지수**를 만들었다. 이 지수는 독립적인 전문가들의 인식에 근거하여 작성된다. 표 18.3은 2017년에 가장 좋은 점수와 가장 나쁜 점수를 받은 10개국씩을 보여준다. 뉴질랜드와 덴마크가 탁월성의 표준을 제시한 데 반해 남수단과 소말리아는 가장 큰 부패문제를 안고 있다. 미국은 75점으로 16위다.

지리

사업 성공에 가장 중요한 세 가지는 위치, 위치, 그리고 위치라는 말이 있다. 주를 연결하는 고속도로 상에서는 번창할 수 있는 음식점도 차가 몇 대 다니지 않는 1마일 떨어진 샛길에서는 실패할 것이다. 위치는 성장과 대규모의 개발에 있어서도 중요하다. 불행하게도 많은 저개발국은 기업들이 거의 가지 않는 곳에 위치해 있다. 열대우림에 공업단지를 여는 것은 패스트푸드 식당인 하디스를 샛길에 여는 것과 같아서 사업이 너무 느릴 것이다.

미국의 비옥한 중심부나 노르웨이의 유전이 자메이카나 르완다에서 발견할 수 없는 이점을 제공하기는 하지만, 풍부한 자연자원은 경제성장의 필요조건도 충분조건도 아니다. 세계화는 무역, 운송, 통신을 전 세계로 확장시킨다. 이는 몇몇 재화나 서비스의 생산에 있어 조금이라도 우위를 가진 국가가 다

표 18.3   국가투명성기구의 부패인식지수

순위	국가	지수 점수
최상위 10개국		
1	뉴질랜드	89
2	덴마크	88
3	핀란드	85
3	노르웨이	85
3	스위스	85
6	싱가포르	84
6	스웨덴	84
8	캐나다	82
8	룩셈부르크	82
8	네덜란드	82
최하위 10개국		
171	적도기니	17
171	기니비사우	17
171	북한	17
171	리비아	17
175	수단	16
175	예멘	16
177	아프가니스탄	15
178	시리아	14
179	남수단	12
180	소말리아	9

른 어떤 곳에서 만들어진 어떤 것과도 교역할 수 있도록 도와준다. 일본과 싱가포르는 무역을 통해 자연자원의 제약을 극복하고 부유한 국가가 되었다.

많은 국가들에 있어서 규모가 작다는 점이 결코 경제성장에 해가 되지 않는다. 세계에서 가장 빈곤한 국가들 중 다수가 아이티나 라이베리아처럼 규모가 작지만, 룩셈부르크, 카타르, 일본, 싱가포르처럼 가장 부유한 국가들 중에도 규모가 작은 국가들이 많다. 한 국가가 불리한 위치를 갖고 있다거나 크기가 다르다는 것은 경제성장으로 가는 도로 위의 과속 방지턱에 불과하다. 오히려 이들 이외의 요인들이 한 국가의 발전 잠재력에 있어서 더 중요한 것으로 판명된다.

Dave Anderson

▲ 위치는 중요하다. 대부분의 개도국이 지독한 열기와 질병과 정치적 불안정성으로 인해 조기 산업화를 달성할 수 없는 열대지역에 위치해 있다. 그렇지만 지리적 도전은 극복될 수 있다. 모래 이외에는 거의 아무것도 없는 곳들이 관광객을 유치함으로써 무엇이든 살 수 있는 돈을 벌 수 있다.

취약한 제도

인도는 취약한 제도로 인해 경제발전이 저해받는 국가 중 하나다. 여기서 제도(institution)란 한 국가의 법과 관습과 관행을 의미한다. 인도에 있어서 이런 문제 중 하나가 계약 집행력이 약하다는 점이다. 의사 몇 명이 새 병원을 짓기로 건설회사와 계약을 한다고 하자. 의사들은 이 계약이 이행될 것이라는 기대하에 의료진을 고용하고, 장비를 구입하고, 새 병원을 위한 계획을 세울 것이다. 만일 그 나라의 법과 관습과 관행으로 인해 계약이 잘 이행되지 않는다면 이들 의사는 물론 새 사업을 시작하려 하는 사람들은 추가적인 위험과 불확실성을 안게 된다. 이처럼 계약 이행의 취약성 문제를 가진 많은 국가들에서는 기업가들이 뇌물을 주거나 값비싼 예비계획을 마련할 필요가 있다.

경제발전은 취약한 재산권 집행에 의해 저해받을 수도 있다. 누군가가 여러분이 사업을 위해 방금 구매한 부동산을 점거할 수 있다면, 여러분은 이 부동산을 개발하는 데 시간과 돈을 투자하려 하지 않을 것이다. 동일한 문제가 **지적재산권**(intellectual property)이라 알려진 창조적인 작품에서도 발생한다. 제도의 취약성으로 인해 지적재산권을 보호받지 못하는 곳에서 시간과 돈을 들여가며 예술품, 저서, 노래, 사진, 영화, 또는 관련 작품을 창작하려는 사람은 없을 것이다.

부적합한 지도력

국가 지도자의 기량, 지성, 성실성, 카리스마, 그리고 목적은 국가의 경제발전 노력을 부추길 수도 있고 꺾을 수도 있다. 개도국의 지도자들은 경제성장과 국제원조로부터의 이득이 인적자본과 실물자본에 투자되도록 유도할 수도 있고 부패한 관리의 호주머니로 유도할 수도 있다. 능력 있는 지도자가 얼마나 소중할까? 가장 보수가 높은 미국의 50대 경영자들이 연간 1,500만 달러 이상을 버는 기업 세계를 생각해보라. 2017년에 나이키의 최고경영자는 4,760만 달러를 벌었고, 스타벅스의 최고경영자는 2,180만 달러를 벌었다. 높은 급여를 받는 사람이 모두 그만 한 자격이 있는 것은 아니지만 최고경영자의 급여는 정상에 있는 사람의 부인할 수 없는 중요성을 나타낸다. 기업과 마찬가지로 국가에서도 지도자는 분위기를 만들고, 우선순위를 정하며, 전진하기 위한 정책들을 조율한다.

대부분의 신사업은 실패하고 대부분의 국가들은 부유하지 않지만 최고의 지도자들은 상황을 호전시킬 수 있다. 최고경영자인 하워드 슐츠의 지도력이 2008년의 600개 점포 폐쇄로부터 2017년의 2,254개 점포 신설로 스타벅스를 호전시켰다. 그리고 보츠와나의 대통령인 케투밀레 마시르 경의 노력이 지난 세기 말 이 국가의 민주화와 30년에 걸친 빠른 경제성장을 이끌었다. 문제가 많은 국가에서는 지도력의 변화가 즉각적인 전망 변화를 가져오고 종종 개혁의 첫걸음이 된다.

경제발전의 진척

단 하나의 강점으로는 국가의 번영을 보장하지 못하고 단 하나의 약점으로는 불가피한 파멸을 맞이하지 않는다. 많은 국가들은 자신의 한정된 강점들을 이용하여 다양한 약점을 성공적으로 극복했다. 우리는 지난 세기 동안 대부분의 국가에 있어 1인당 실질국내총생산이 상당히 큰 폭으로 증가함을 보았다. 건강과 교육 수준도 거의 모든 곳에서 향상되고 있다. 1950년 이래 전 세계인의 평균 기대수명은 50세 미만에서 거의 70세로 증가했다. 인간개발지수 역시 세계 모든 지역에서 꾸준하게 증가하고 있다. 1980년 이후 전 세계의 인간개발지수는 0.56으로부터 0.70을 초과하는 수준으로 상승했는데, 이는 건강, 교육, 소득 수준에 있어서 의미 있는 개선이 이루어졌음을 의미한다.

많은 경제발전 성공 사례들이 있다. 예를 들어 바하마는 열대 지리의 도전을 극복하고 유능한 지도자, 강한 금융기관, 거대한 관광산업에 대한 사회간접자본 지원의 강점을 결합함으로써 가장 부유한 카리브제도 국가 중 하나가 되었다. 홍콩, 싱가포르, 한국, 그리고 타이완은 50년 전만 해도 개도국이었다. 그 이후 이들은 국민에게 높은 수준의 교육을 제공하고, 산업 부문을 개발하고, 국제무역에 적극적으로 참여함으로써 경제를 성장 엔진으로 전환시켰다.

슬프게도 실패 사례도 있다. 아프리카와 여타 지역의 많은 국가들이 부패한 지도자, 취약한 제도, 한정된 사회간접자본의 삼중 위협처럼 겉보기에 극복하기 어려운 약점들로 고전하고 있다. 카리브제도에서는 자메이카가 더딘 경제성장과 치명적인 정부부채로 인해 잠재력을 발휘하지 못하고 있다. 경제학자들은 어려운 질문에 맞서고 해결책을 찾으려는 지구촌의 노력에 동참하고 있다. 문제에 대한 이해 증진과 가능한 해결책에 대한 의식 증대로 이들 국가에도 경제발전이 도래하기를 희망해본다.

요약

가장 부유한 국가들에서도 더 나은 운송시스템, 개선된 에너지 및 식수원, 보건의료의 발전은 혜택을 준다. 가장 가난한 국가들에서는 수십억 명이 부적절한 음식과 주거환경 속에서 살고 있다. 기존의 자원을 보다 잘 활용함으로써 한 국가가 다른 어떤 재화의 생산을 감소시키지 않고도 몇몇 재화의 생산을 증대시키는 것이 가능하다. 이는 한 국가의 생산가능곡선 내부의 한 점에서 생산가능곡선에 가깝거나 곡선 상에 있는 점으로의 이동으로 표현되는 생산능력 활용도 증가다. 경제성장이 일어나면 국가의 생산능력이 증대되고 생산가능곡선이 바깥쪽으로 이동한다.

경제발전은 경제성장과 더 광범위한 삶의 질 개선의 결합이다. 경제성장이 이루어지면 건강과 글을 읽고 쓰는 능력을 포함하여 삶의 질에 있어서 비물질적 측면들이 함께 개선된다는 사실에 대해서는 부인할 수 없는 증거가 있다. 이는 잘 계획된 경제성장에 초점을 두는 것이 유효함을 의미한다. 인간개발지수는 국민의 기대수명, 교육연수, 1인당 소득에 기초하여 경제발전에 대한 광범위한 지표를 제공한다. 지니계수는 소득이 한 국가의 국민들 간에 얼마나 고르게 분배되는지를 나타낸다.

경제성장과 발전을 달성하기 위한 공통적인 전략에는 실물자본, 인적자본, 연구개발, 그리고 자금주입이 포함된다. 많은 개도국이 범죄와 부패, 불리한 지리적 위치, 취약한 제도, 부적합한 지도력이라는 도전에 직면해 있다. 개도국은 실물자본 수준이 낮기 때문에 다른 조건이 같다면 새로 추가되는 실물자본은 특히 소중하다. 상대적으로 높은 수익이 실물자본 투자를 유도하고 국가 간 생산성과 소득 격차를 메울 것이다. 그렇지만 인적자본, 사회간접자본, 범죄, 제도, 지도력 등에 있어서의 차이로 인해 실물자본이 상대적으로 희소한 곳에서 그 생산성이 반드시 높은 것은 아니다. 실물자본이 상대적으로 생산적인 개도국에 있어서는 정치적 불안정과 무역장벽이 실물자본 수준과 생산성 수준의 수렴을 저해한다.

통화정책과 국제원조는 단기적인 개선을 가져다줄 수 있지만 장기적인 해결책이 되지 못한다. 외국인직접투자는 개도국이 산업을 건설하는 데 도움이 되지만, 그 결과 발생하는 이윤의 대부분은 외국기업의 본국으로 송금된다. 가장 가난한 국가에서 사람들의 삶의 질을 어떻게 개선할 것인가라는 질문에 대해서는 간단한 답이 없다. 그렇지만 세계 전체로는 조금씩 기술이 진보하고 있으며, 기대수명이 증가하고 있고, 문맹률이 감소하고 있으며, 1인당 실질국내총생산이 증가하고 있다. 경제학자들은 어떻게 하면 개도국에서 새 기회를 창조함으로써 경제적 번영을 세계 전체에 가장 잘 전파시킬 수 있는지에 대한 퍼즐조각을 맞추고 있다.

핵심용어

- ✓ 개발도상국
- ✓ 경제발전
- ✓ 경제성장
- ✓ 마이크로크레딧
- ✓ 연구개발
- ✓ 외국인직접투자
- ✓ 인적자본
- ✓ 지니계수

복습문제

1. 한 국가의 국부와 지니계수 간의 일반적인 관계를 나타내는 그래프는 다음 중 어떤 모양을 갖는가? (힌트 : 이 장은 이와 같은 그래프를 포함하고 있지 않지만 그 관계에 대해 설명하고 예를 제시하고 있다.)
   a. 미소
   b. 찌푸림
   c. 수평선
   d. 수직선
   e. 우상향하는 기울기를 가진 직선

   이 그래프가 왜 이런 모양을 가지는지에 대해 설명하라.

2. 시에라리온은 실업률을 낮춤으로써 다른 어떤 것의 생산도 줄이지 않고 더 많은 다이아몬드와 어포를 생산할 수 있었다. 생산가능곡선의 그래프를 이용하여 이 시나리오에서 어떤 변화가 일어났는지를 보여라.

3. 자메이카는 새 채굴장비와 도로에 투자한 후 커피와 보크사이트 생산을 증가시킬 수 있었다. 생산가능곡선의 그래프를 이용하여 이 시나리오에서 어떤 변화가 일어났는지를 보여라. (힌트 : 이 문제에 대한 그래프는 위 문제에 대한 그래프와 다른 모습을 가질 것이다.)

4. 니제르의 압두무무니대학(AMU)은 적절한 컴퓨터시스템이 없어서 어려움을 겪고 있었다. 오레오 과자와 리츠 크래커의 제조사인 몬델레즈 인터내셔널이 건강하고 맛있는 지방의 대체재에 대해 연구하고 있는 대학 한 곳에 새 컴퓨터 네트워크를 투자하길 원한다고 하자. 여러분이 소속된 대학과 AMU가 모두 이 연구사업을 하고 있다고 하자. 몬델레즈가 여러분 소속 대학이 아니라 AMU에 투자하는 것이 더 나으려면 어떤 가정이 성립되어야 하는가? 이 질문은 솔로 성장 모형에 따른 수렴문제와 어떤 연관성을 갖는가?

5. 어떤 국가의 인간개발지수(HDI)의 값이 증가했고 같은 해에 1인당 실질국내총생산은 감소했다고 하자. 1인당 실질국내총생산 감소에도 불구하고 인간개발지수가 증가할 수 있는 이유는 무엇인가? 인간개발지수와 1인당 실질국내총생산이 서로 반대 방향으로 움직이는 것이 흔한 현상인가? 답에 대해 설명하라.

6. 다음 진술의 참, 거짓 여부를 판별하라 — 화폐공급 증가는 경제성장을 촉진하기 위한 가장 효과적인 방법 중 하나다. 답에 대해 설명하라.

7. 다음 중 외국인직접투자의 예는 무엇인가?
   a. 여러분이 벨리즈 정부가 발행한 채권을 매입한다.
   b. 여러분이 영국 회사인 BP의 주식을 매입한다.
   c. 여러분이 위스콘신에 있는 치즈공장을 매입한다.
   d. 여러분이 프랑스에 있는 포도주 양조장을 매입한다.

8. 마이크로크레딧이 대출이 필요한 개도국 기업가들에게는 종종 유일한 희망인 이유를 두 가지 들라.

9. 로버트 루카스에 따르면 여러분의 룸메이트의 인적자본에 대한 투자가 어떻게 여러분을 더 생산적으로 만들 수 있는가?

10. 화산활동이 태평양에서 새 섬들을 천천히 형성시키고 있다. 여러분이 이 섬 중 하나인 로이히의 대통령이 된다고 하자. 수면 위에 있을 때 로이히 위에는 적은 수의 인구가 있을 것이며, 그 주위에는 많은 수의 물고기가 있을 것이다. 여러분이 섬에 있는 인구의 삶의 질을 향상시키기 위해 채택할 전략이 가져야 할 세 가지 구체적인 요소를 밝혀라.

국제무역과 국제금융

19

Layne Kennedy/Getty Images

학습목표

이 장에서는 다음 내용을 학습한다.

1. 개방경제의 혜택에 대해 설명한다.

2. 무역수지를 계산하고 그 의미를 해석한다.

3. 공통적인 무역장벽과 그 영향에 대해 논의한다.

4. 외환시장 모형을 이용하여 환율이 어떻게 결정되는지를 설명한다.

보블메이커사는 중국 선전에서 매년 수천 개의 흔들머리 인형을 제작한다. 보블메이커는 흔들머리 천사인형과 제우스 인형은 물론 결혼식 케이크 장식용 인형을 비롯하여 모든 인형을 주문받아 제작한다. 미국에서 주문되는 각 인형은 아시아의 진흙으로 만들어지고 미국에서 머리를 흔들기 전에 수천 마일을 여행한다. 국제무역 덕분에 여러분은 여권을 만드는 것보다 적은 시간에 여러분의 경제학 교수를 본뜬 흔들머리 인형을 주문하여 문 앞에서 배달받을 수 있다. 주문자가 원하는 대로 만들어진 흔들머리 인형은 인생을 풍요롭게 만들 수 있다. 하지만 이는 사는 곳 근처 어디서도 제작되지 않는 많은 제품들을 국제무역을 통해 구할 수 있는 한 예에 불과하다.

왜 알아야 하는가?

▲ 폐쇄경제라면 초코칩 과자에 들어가는 초콜릿을 구할 수 없을 것이다.

미국산 청바지를 사려면 약 150달러가 든다. 이보다 낮은 값으로 청바지를 샀다면 국제무역을 통해 수입된 것임이 확실하다. 여러분을 깨우는 커피와 좋아하는 과자에 들어가는 초콜릿은 먼 땅의 나무에서 온 것이다. 여러분이 구매하는 구두, 접시, 텔레비전, 그리고 공구는 지구 반대편에서 만들어졌을 수도 있다. 우리가 먹고 입고 사용하는 대부분의 제품은 국제무역 덕분이다.

다행스럽게도 미국의 고객들만이 구매를 하는 것은 아니다. 다른 나라 사람들도 원유, 자동차, 항공기, 컴퓨터, 화학제품, 영화, 대학교육을 포함하여 수조 달러에 달하는 미국산 재화와 서비스를 구매한다. **미국이 상대적으로 낮은 비용으로 만들 수 있는 것에 특화하고 다른 나라들이 더 낮은 비용으로 만들 수 있는 것과 교역함으로써 미국과 해외의 구매자와 판매자들은 형편이 더 나아질 수 있다.** 이 장은 국제무역의 장점과 단점, 국가 간 화폐의 흐름, 그리고 흔들머리 인형에 대해 지불하는 금액에 영향을 미치는 환율에 대해 설명한다.

개방경제의 혜택

다른 국가들과 무역을 하는 경제는 **개방경제**(open economy)다. 국제무역에 참여하지 않는 국가가 있다면 이 국가는 **폐쇄경제**(closed economy)를 갖고 있다. 폐쇄경제의 자급자족성은 매력적으로 들릴지 모른다. 한 국가의 국민들이 "우리는 식품과 의복을 비롯하여 우리가 필요로 하는 거의 모든 것을 만들 수 있다. 왜 우리가 이들 재화와 서비스를 다른 나라로부터 사들이고 우리의 돈을 해외에 보내야 하는가?"라고 말하는 것은 자연스럽다. 그렇지만 결과적으로는 무역으로부터 더 많은 것을 얻을 수 있다. 경제 규모에 비해서 가장 무역을 적게 하는 나이지리아와 브라질조차도 매년 수십억 달러에 달하는 재화를 수입한다. 이 절에서는 무역의 혜택에 대해서 설명할 것이다.

개방경제
다른 국가들과 교역을 하는 경제

폐쇄경제
국제무역에 참여하지 않는 경제

비교우위

여러분이 맥도날드에 가는 것은 스스로 햄버거를 만들지 못하기 때문이 아니다. 여러분이 맥도날드 햄버거를 사기 위해 기꺼이 1달러를 지불할 용의가 있는 것은 스스로 햄버거를 만들기 위해 필요한 장보기와 요리에 드는 시간과 돈이 1달러보다 큰 가치가 있기 때문이다. 반면에 맥도날드는 햄버거 제조에 특화를 하며 효율적인 제조시스템을 개발한 결과 햄버거를 만들기 위해 1달러보다 작은 가치의 시간과 돈을 사용한다. 여러분이 햄버거를 만드는 데 드는 기회비용이 맥도날드가 햄버거를 만드는 데 드는 기회비용보다 크기 때문에 여러분의 1달러를 맥도날드 햄버거와 교환하는 것은 서로에게 혜택이 된다. 마찬가지로 국가 간 기회비용의 차이가 교역 참여자가 국제무역으로부터 혜택을 입는 근거가 된다.

미국과 중국이 자신의 자원을 사용하여 흔들머리 인형과 야구방망이를 만든다고 하자. 인형 제조의 기회비용은 인형을 만드는 데 자원이 사용되었기 때문에 제조되지 못한 방망이의 수로 측정될 수 있다. 미국과 중국에서 인형 제조의 기회비용은 서로 다르다. 단순화를 위해 각국의 기회비용은 인형을 몇 개 만들든 동일하다고 가정하자. 이 경우 각국의 생산가능곡선은 직선이 되는데, 그림 19.1은 미국의 생산가능곡선을 보여준다.

생산가능곡선은 한 국가의 모든 자원을 이용하여 연간 제조될 수 있는 방망이와 인형의 모든 조합을 나타낸다. 그림 19.1에서 A점은 미국이 자신의 모든 자원을 방망이를 제조하기 위해 사용한다면 매년 2,000만 개를 만들 수 있음을 보여준다. E점은 미국이 모든 자원을 인형을 제조하는 데 사용한다면 연간 1,000만 개의 인형을 만들 수 있음을 보여준다.

미국이 연간 제조하는 인형의 수가 1개씩 증가할 때마다 제조할 수 있는 방망이의 수는 2개씩 감소한다. 따라서 미국에서 인형 1개를 제조하는 데 드는 기회비용은 방망이 2개다. 미국의 생산가능곡선은 −2의 기울기를 가진 직선인데 이는 생산가능곡선을 따라 왼쪽에서 오른쪽으로 이동할 때 인형이 1개 더해질 때마다 직선의 높이가 방망이 2개씩 낮아지기 때문이다. 예를 들어 C점에서 D점으로 이동할 때 인형의 양은 500만 개에서 600만 개로 100만 개 증가하고 방망이의 양은 1,000만 개에서 800만 개로 200만 개 감소한다.

같은 그래프를 보고 방망이 1개의 기회비용을 계산할 수도 있다. 생산가능곡선을 따라 위쪽으로 이동할 때에는 방망이 수가 1개씩 증가할 때마다 인형의 수는 0.5개씩 감소한다. 예를 들어 C점으로부터 B점으로 이동할 때 방망이 수는 100만 개 증가하고 인형 수는 50만 개 감소한다. 따라서 각 방망이의 기회비용은 인형 0.5개다.

어떤 국가가 어떤 재화를 다른 국가보다 낮은 기회비용으로 만들 수 있다면 더 낮은 기회비용을 가진 국가는 같은 재화를 만드는 데 더 높은 기회비용을 가진 국가에 대해 **비교우위**(comparative advantage)를 갖는다. 중국의 제조업자들이 인형 제조에 특별한 기량이 있어서 1개의 인형을 만들기 위한 기회비용이 방망이 1개에 불과하다고 하자. 그림 19.2는 중국의 생산가능곡선을 보여준다. 인형의 양이 100만 개 증가하면 방망이 100만 개가 덜 생산되어야 하기 때문에 이는 기울기가 −1인 직선이다. 예를 들어 A점으로부터 B점으로 이동함에 따라 인형 생산은 400만 개에서 500만 개로 100만 개 증가하고 방망이 생산은 500만 개에서 400만 개로 100만 개 감소한다.

중국의 인형 1개당 방망이 1개의 기회비용이 방망이 2개인 미국의 인형 1개당 기회비용보다 작기 때문에 중국은 인형 생산에 있어서 미국에 대해 비교우위를 갖는다. 반면에 방

> **비교우위**
> 한 국가가 어떤 재화를 다른 국가보다 낮은 기회비용으로 만들 수 있는 능력

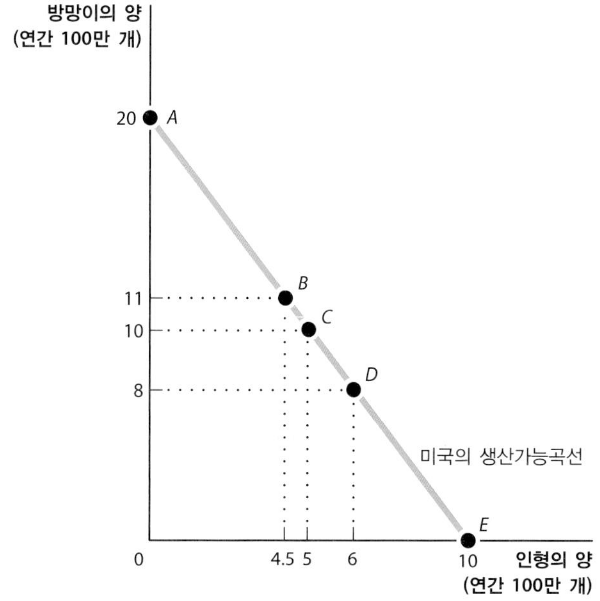

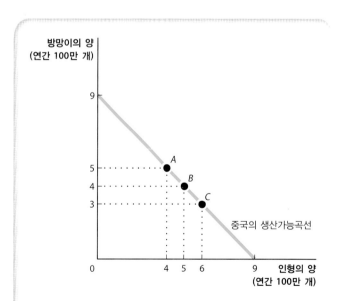

그림 19.1 미국의 생산가능곡선

미국이 현재 C점에 있다고 하자. 인형 100만 개를 더 생산하려 한다면 생산가능곡선을 따라 D점으로 이동해야 하는데, 이 점에서는 방망이 200만 개가 덜 생산된다. 이는 각 인형을 만들기 위한 기회비용이 방망이 2개임을 나타낸다. 그 대신 미국이 방망이 100만 개를 더 생산하려 한다면 생산가능곡선을 따라 B점으로 이동해야 하는데, 이 점에서는 인형 50만 개가 덜 생산된다. 따라서 각 방망이를 만들기 위한 기회비용은 인형 0.5개다.

그림 19.2 중국의 생산가능곡선

중국이 B점에서 출발한다고 하자. 인형 100만 개를 더 만들기 위해서 중국은 생산가능곡선을 따라 C점으로 이동해야 하고 야구방망이 100만 개를 덜 만들어야 한다. 따라서 각 인형의 기회비용은 방망이 1개다. 생산가능곡선을 따라 반대 방향으로 움직여서 중국이 B점으로부터 A점으로 이동한다면 방망이 100만 개를 더 만들 수 있지만 인형 100만 개를 포기해야 한다. 따라서 각 방망이의 기회비용은 인형 1개다.

망이 생산에 있어서는 미국이 비교우위를 갖는다. 미국에서 방망이 1개를 만들기 위한 기회비용이 인형 0.5개인데 이는 방망이 1개당 인형 1개인 중국의 기회비용보다 작기 때문이다. 표 19.1은 각국의 기회비용을 요약해서 보여준다.

절대우위

> **절대우위**
> 주어진 양의 자원으로 다른 국가보다 특정 재화를 더 많이 만들 수 있는 능력

어떤 국가가 주어진 양의 자원을 가지고 다른 국가보다 더 많은 재화를 만들 수 있다면 그 국가는 이 재화 생산에 있어서 다른 국가에 비해 **절대우위**(absolute advantage)를 갖는

표 19.1 미국과 중국에 있어 야구방망이와 인형 생산의 기회비용

	야구방망이당 기회비용	인형당 기회비용
미국	인형 0.5개	방망이 2개
중국	인형 1개	방망이 1개

다. 그림 19.1과 19.2를 보면 미국은 중국보다 더 많은 인형과 방망이를 생산할 수 있음을 알 수 있다. 미국은 최대한 1,000만

범례:
- 식품/음료
- 금속/광물
- 귀금속/광물
- 목제품
- 석유
- 섬유/의복
- 기계/운송
- 전자제품
- 기타

지도 레이블: 생선 및 수산품, 자동차 및 부품, 자본재, 설탕, 의류 및 신발, 알루미늄, 석유, 운송장비, 구리, 콩

그림 19.3 각국에서 가치가 높은 수출품

각 국은 비교우위를 가진 제품에 특화한다. 이 지도는 각국에 있어 수출로부터 가장 많은 수익을 내는 재화 또는 재화들의 범주를 보여준다.

개의 인형을 만들 수 있는 반면 중국은 최대한 900만 개의 인형을 만들 수 있다. 방망이만을 만들 경우 미국은 2,000만 개를 만들 수 있는 데 반해 중국은 900만 개를 만들 수 있다. 따라서 두 나라가 동일한 자원을 가지고 있다고 가정하면 미국은 인형과 방망이 생산에 있어서 모두 중국에 대해 절대우위를 갖는다.

절대우위를 가진 나라가 반드시 비교우위를 갖는 것은 아니다. 예를 들어 자메이카가 최대 500만 개의 인형이나 최대 500만 개의 방망이를 만들 수 있다고 하자. 중국은 두 재화를 모두 자메이카보다 많은 900만 개까지 생산할 수 있기 때문에 두 재화에 있어서 모두 자메이카에 대해 절대우위를 갖는다. 하지만 두 나라는 모두 방망이 1개당 인형 1개와 인형 1개당 방망이

1개라는 동일한 기회비용을 갖고 있다. 따라서 두 재화 생산에 있어서 모두 중국이나 자메이카는 서로에게 비교우위가 없다.

서로에게 이익이 되는 무역

한 국가가 무언가의 생산에 있어 다른 국가에 대해 비교우위를 가지고 있을 때에는 언제나 두 국가 간 서로에게 이익이 되는 무역이 일어날 수 있다. 이 절은 특정 국가가 모든 재화의 생산에 있어 절대우위를 갖더라도 위 명제가 참임을 보여준다. 국가들은 일반적으로 생산에 있어 비교우위를 가진 재화를 수출하고 다른 국가들이 생산에 있어 비교우위를 가진 재화들을 수입한다. 그림 19.3은 여러 국가들에 있어 수출로부터 가장 많은

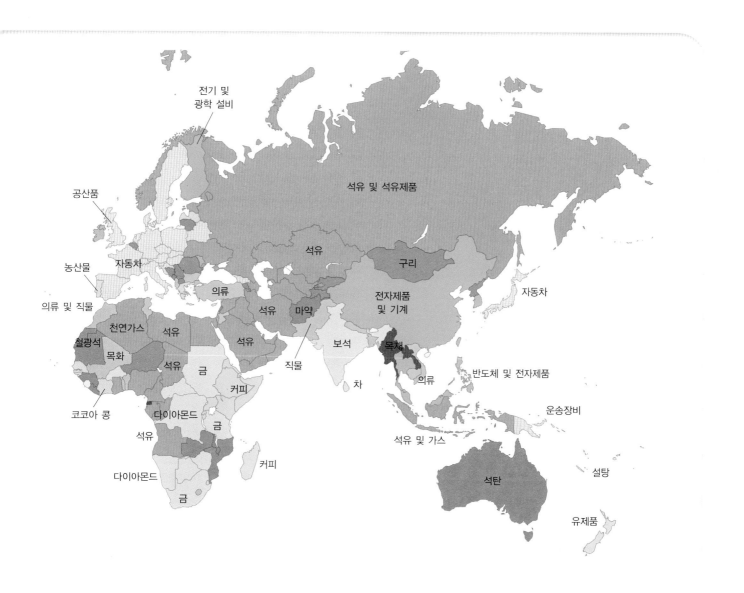

Ed Reinke/AP Images

▲ 인형 생산에 있어서 중국의 비교우위는 루이빌 슬러거의 야구방망이를 비롯하여 미국이 비교우위를 가진 재화들과 서로에게 이익이 되는 무역을 할 기회를 창출한다.

수익을 올리는 재화 또는 재화들의 범주를 보여준다.

야구방망이와 인형에 대한 이야기에 있어서 미국이 방망이 생산에 특화하고 중국이 인형 생산에 특화하며 중국의 인형이 미국의 방망이와 교역된다면 미국과 중국이 모두 이득을 볼 수 있다. 물론 방망이는 일반적으로 인형과 직접 교역되지 않으며, 화폐를 받고 팔린 후 이 화폐가 인형을 사는 데 쓰인다. 화폐의 사용이 재화의 교역을 편리하게 해주기는 하지만, 한 재화 몇 단위가 다른 재화에 대한 가격으로 직접 교환이 되는지를 봄으로써 무역에 대한 논의를 단순화할 수 있다.

소비가능곡선(consumption possibility frontier, CPF)은 주어진 기간 동안 한 국가에서 소비될 수 있는 두 재화의 모든 조합을 보여준다. 무역이 없다면 한 국가의 소비가능곡선은 생산가능곡선과 동일할 것이다. 이 국가는 자신이 생산하는 것만을 소비할 수 있기 때문이다. 국제무역은 이 국가의 소비가능곡선을 확대하고 국민들이 생산가능곡선 너머에 있는 재화의 조합을 소비하는 것을 가능케 한다.

무역으로부터의 잠재적 이득을 예시적으로 보이기 위해 그림 19.4는 미국과 중국의 소비가능곡선을 생산가능곡선과 함께 보여준다. 각국은 두 제품 중 한 제품의 생산에 완전히 특화하며, 무역을 저해하는 (관세

소비가능곡선
주어진 기간 동안 한 국가에서 소비될 수 있는 두 재화의 모든 조합을 보여주는 그래프

교역조건
한 재화가 다른 재화와 교환되는 비율

나 쿼터와 같은) 무역장벽이 존재하지 않는다고 가정하자. 각국 소비가능곡선의 기울기는 한 재화가 다른 재화와 교환되는 비율을 결정하는 **교역조건**(terms of trade)에 달려 있다. 이 예에서 우리는 인형 1개가 방망이 1.5개와 교역된다고 가정할 것이다. 실제 교역조건은 공급과 수요, 환율(이 장의 후반에서 설명될 예정임), 그리고 일부의 경우에는 교역조건에 대한 협상에 달려 있다.

한 국가가 무언가의 생산에 있어 다른 국가에 대해 비교우위를 가지고 있을 때에는 언제나 두 국가 간 서로에게 이익이 되는 무역이 일어날 수 있다.

소비자의 선호가 한 국가의 소비가능곡선 상 어디에서 실제로 소비가 일어나는지를 결정한다. 미국의 소비자들이 600만 개의 인형을 원하고 중국의 소비자들이 300만 개의 인형을 원하며, 각국이 생산가능곡선 상 A점에서 출발한다고 하자. 특화와 무역을 통해 미국은 2,000만 개의 방망이를 만들 수 있고 중국은 900만 개의 인형을 만들 수 있다. 그리고 (교역조건에 대한 우리의 가정하에서) 중국은 600만 개의 인형을 900만 개의 미국산 방망이와 교역할 수 있다. 이 교역은 각국을 소비가능곡선 상의 B점으로 이동시킬 것이다. 이 경우 미국의 소비자들은 600만 개의 인형과 1,100만 개의 방망이를 가지게 되는데 이는 교역이 없을 경우에 비해 300만 개의 방망이를 더 가지는 셈이다. 교역을 통해 중국의 소비자들은 300만 개의 인형과 900만 개의 방망이를 가지게 되는데 이는 교역이 없을 경우에 비해 300만 개의 방망이를 더 가지는 셈이다. 이것이 이들 두 국가 간 교역을 통해 달성될 수 있는 서로에게 이익이 되는 결과다.

여러분은 그림 19.4에서 미국의 소비가능곡선이 수평축을 만나기 전에 끝난다는 사실을 알아차렸을 수 있다. 이것은 1,350만 개의 방망이를 900만 개의 인형과 교역을 한 후에는 미국이 중국이 만들 수 있는 인형을 모두 가지게 되고 그 결과 교역이 더 이상 이루어질 수 없기 때문이다.

국제수지

올라가는 것은 반드시 내려온다는 말이 있다. 이와 마찬가지로 해외로 지불된 것은 구매, 소득, 증여, 대출, 또는 이와 유사한

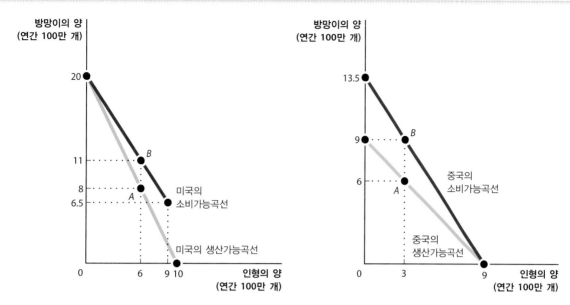

그림 19.4　교역은 어떻게 각국의 생산가능곡선을 넘어선 소비가능곡선을 창조하는가

비교우위에 따른 특화는 교역 참여국이 자신의 생산가능곡선을 넘어서는 소비가능곡선을 따라 소비하는 것을 가능케 한다. 각 패널에서 *A*점은 교역이 없었더라면 각국이 생산하고 소비했을 인형과 방망이의 양을 나타낸다. 각 패널에서 *B*점은 특화와 교역에 의해 달성 가능하고 더 선호되는 소비 묶음 중 하나를 나타낸다.

형태로 되돌아온다. 예를 들어 미국이 중국에서 장난감에 200억 달러를 지출한다면 200억 달러에 해당하는 중국 화폐를 매입하기 위해 사용된 달러들은 다시 지출될 것이다. 그렇지만 이들은 위안을 화폐로 사용하는 중국에서는 물건을 사는 데 쓰일 수 없다. 따라서 달러들은 어떤 형태로든 미국으로 되돌아올 것이다. 가장 보편적인 형태는 다음과 같다.

- 미국으로부터 구입하는 재화와 서비스에 대한 지불
- 공장, 부동산, 회사의 주식 또는 채권 등 중국 내 미국의

Q&A

어떤 교역조건이 교역에 의해 양측이 더 좋아지도록 만들 수 있을까?

여러분이 방망이와 교환되는 흔들머리 인형에 대한 서로에게 이익이 되는 교역조건을 찾으려 한다고 하자. 첫째로, 포기해야 하는 방망이 수로 나타낸 인형의 기회비용을 찾아본다. 우리는 가장 낮은 기회비용을 가진 국가가 인형 제조에 있어 비교우위를 가지며, 다른 국가에서 제조된 방망이와 교환하여 인형을 수출하는 것이 이득이 된다는 사실을 알고 있다. 수출국의 기회비용과 수입국의 기회비용 사이의 어떤 교역조건도 교역이 없을 경우에 비해 두 국가를 더 낫게 할 수 있다.

이제 인형 1개를 생산하기 위한 기회비용이 미국에서는 방망이 2개고 중국에서는 방망이 1개라고 하자. 인형 생산을 위한 중국의 기회비용이 더 낮기 때문에 중국은 인형을 수출해야 하고 미국은 방망이를 수출해야 한다. 다음 표가 나타내듯이 인형당 방망이 1개와 2개 사이의 어떤 교역조건도 두 국가를 더 낫게 만든다. 미국이 인형당 1.25개의 방망이를 중국과 교역한다고 하자. 이 조건은 교역이 없다면 미국이 직면해야 할 인형당 방망이 2개라는 기회비용보다 더 유리하다. 한편 중국은 인형당 1.25개의 방망이를 받는데 교역이 없을 때 인형당 방망이 1개라는 기회비용보다 더 유리한 조건이다.

서로에게 이익이 되는 교역조건	
인형당 기회비용	
중국	방망이 1개
미국	방망이 2개
서로에게 이익이 되는 교역조건	인형당 방망이 1개와 2개 사이

투자로부터의 소득
- 증여나 자선 기부와 같은 이전지출
- 미국의 부동산, 기업 주식, 채권 또는 정부증권에 대한 중국의 투자

한 국가의 **국제수지 계정**(balance of payments accounts)은 특정 기간 동안 한 국가와 다른 국가들 간의 거래를 요약한다. 이러한 국제거래에는 재화와 서비스 교역, 소득의 지급과 수취, 주식과 채권에 대한 투자, 그리고 외국인직접투자(제18장에서 설명되었음)가 포함된다. 모든 지출과 수취의 가치는 같아져야 하지만, 일부 분야에서의 흑자가 다른 분야에서의 적자를 보전할 수도 있다. 예를 들어 미국인들은 중국으로부터 더 많은 재화를 구매하지만 중국인들은 미국 재무부증권을 많이 구매하고 그 결과 미국인들이 중국에 빌려주는 것보다 더 많은 돈을 미국 정부에 빌려준다. 2018년에 중국인들은 1조 2,000억 달러를 능가하는 미국 재무부증권을 소유하고 있었다. 이와 같은 채권 매입은 1조 2,000억 달러를 도로 미국으로 보내서 미국 소비자들이 중국으로부터의 수입품에 지출한 1조 2,000억 달러와 균형을 이루도록 한다.

무역수지

국제수지의 가장 큰 구성요소는 **무역수지**(balance of trade)인데 이는 한 국가의 수출과 수입 간의 차이다.

$$무역수지 = 수출 - 수입$$

무역수지라는 명칭에도 불구하고 이는 불균형일 경우가 더 많다. 한 국가의 수출이 수입을 초과할 때 그 국가의 무역수지는 양의 값을 가지는데 이를 **무역흑자**(trade surplus)라 부른다. 예로 덴마크는 2017년에 100억 달러의 무역흑자를 냈다. 한 국가의 수입이 수출을 초과할 때 그 국가의 무역수지는 음의 값을 가지는데 이를 **무역적자**(trade deficit)라 부른다. 일본은 2017년에 270억 달러에 달하는 무역적자를 냈다. 미국은 1975년 이래 매년 무역적자를 냈다.

그림 19.5는 미국의 15대 교역 상

국제수지 계정
특정 기간 동안 한 국가와 다른 국가들 간의 거래에 대한 요약

무역수지
한 국가의 수출과 수입 간의 차이

무역흑자
한 국가의 수출이 수입을 초과할 때 존재하는 흑자

무역적자
한 국가의 수입이 수출을 초과할 때 존재하는 적자(부족액)

표 19.2   2017년 미국의 무역수지

범주	수출	수입	흑자 (단위 : 10억 달러)
상품	$1,551	$2,362	−$811
서비스	781	538	243
합계	2,332	2,900	−568

출처 : Bureau of Economic Analysis

대국을 보여준다. 초록색 화살은 미국의 수출을 나타내고 빨간색 화살은 미국의 수입을 나타낸다. 더 두꺼운 화살은 더 큰 무역액을 나타낸다. 미국은 이웃인 캐나다와 멕시코에 가장 많은 재화와 서비스를 수출하고 중국으로부터 가장 많은 수입을 한다.

표 19.2는 미국 무역수지의 명세를 보여준다. 미국 경제에서 가장 큰 부문은 서비스지만 미국의 수출에서는 소수 집단에 해당한다. 많은 형태의 서비스는 수출하기가 어렵지만 미국은 법률 서비스, 군사 서비스, 대학교육, 관광 서비스(비행기표와 같은) 등을 다른 국가의 국민에게 판매한다. 2017년에는 서비스 범주에서 미국의 수출액이 수입액을 초과했고 그 결과 미국은 서비스에서 무역흑자를 냈다. 더 규모가 큰 상품 범주에서는 중국산 의류와 장난감을 포함하는 미국의 수입액이 산업기계와 항공기를 포함하는 미국의 수출액을 초과했고 그 결과 미국은 상품에서 무역적자를 냈다. 모두 더해서 미국은 5,680억 달러의 무역적자를 냈는데, 이는 세계에서 가장 큰 무역적자다.

무역적자

미주, 아프리카, 동유럽에서는 무역적자가 흔하다. 미국이 지속적으로 대규모 무역적자를 내는 데는 몇 가지 이유가 있다. 경기후퇴 중을 제외하고는 강한 미국 경제가 해외로부터 많은 양의 재화를 사들이기에 충분한 소득을 소비자에게 주었으며, 비교적 낮은 가격이 개도국의 수출품을 특히 매력적으로 만든다. 한편 미국의 물가는 비교적 높고 개도국 국민들은 비교적 가난하기 때문에 미국인들이 이들로부터 사들이는 양만큼을 미국으로부터 구매하기가 어렵다. 해외에서 구매할 수 있는 상품의 다양성이 증대되고 질이 향상되는 것도 수입품에 대한 미국인들의 구미를 당긴다. 그림 19.6은 2017년 미국과 중국 간

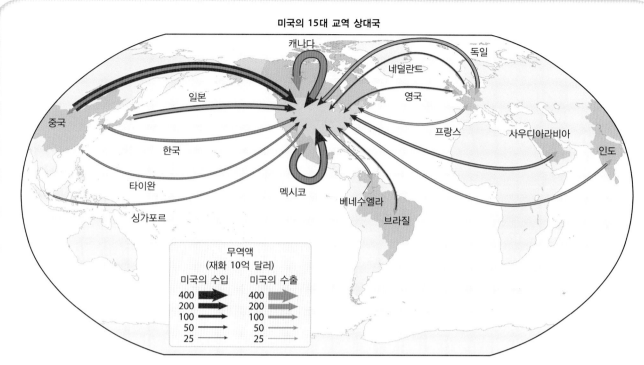

그림 19.5   미국의 15대 교역 상대국

캐나다와 멕시코는 미국 수출품의 가장 큰 고객이다. 미국은 중국과 캐나다로부터 가장 많이 수입한다. 미국은 네덜란드에 대해 가장 큰 무역흑자를 냈으며, 중국에 대해 가장 큰 무역적자를 냈다.

출처 : International Trade Administration/U.S. Census Bureau

무역수지를 보여준다. 나중에 설명하듯이 중국은 자신의 화폐가치를 낮게 유지함으로써 자신의 수출품이 쉽게 팔릴 수 있도록 만든 국가들 중 하나다.

  무역적자에는 장점과 단점이 있다. 단기에는 무역적자가 미국 소비자에게 더 높은 생활수준을 제공한다. 미국 기업이 수출품으로 해외에 보내는 것보다 더 많은 재화와 서비스가 수입품으로 미국에 들어오기 때문이다. 그렇지만 언젠가는 이러한 혜택에 대해 비용을 지불하게 된다. 수입이 수출을 초과하는 달러 금액마다 어딘가 다른 국제수지에 보전적인 불균형이 발생한다. 외국 소비자들이 미국 기업이나 부동산에 대한 소유를 증대시킬 수도 있다. 예를 들어 칭다오하이얼이라 불리는 중국 기업은 2016년에 제너럴일렉트릭의 가전 부문을 매입하면서 54억 달러를 지불했다. 2008년에는 벨기에에 근거를 둔 인베브사가 미국 맥주의 절반가량을 생산하는 맥주회사인 앤호이저-부시사를 520억 달러에 매입했다. 보전적인 불균형은 재무부증권과 같은 미국 부채에 대한 외국인 소유권의 순증일 수도 있다. 이 경우 올해 미국인들이 구매하는 재화와 서비스의 증가

는 나중에 부채가 외국인들에게 상환될 때 미국인들이 구매할 수 있는 재화와 서비스의 순손실을 가져온다.

무역장벽

오늘날 모든 국가는 개방경제를 갖고 있다. 하지만 어떤 경제는 다른 경제에 비해 더 개방되어 있다. 그림 19.7은 국내총생산에 대한 수입의 비율이 국가 간에 매우 광범위한 차이를 가짐을 보여준다. 무엇을 얼마나 많이 교역할 것인가에 대한 국가의 결정에 영향을 미치는 요인으로는 몇 가지를 들 수 있다. 이미 배웠듯이 특화와 교역은 참여하는 국가들 각각에서 소비되는 재화와 서비스의 양을 증가시킬 수 있다. 그렇지만 교역으로부터의 이익이 잘 이해되지 못할 수도 있고 무역이 장애물을 만날 때도 있다. 예를 들어 높은 운송비용이 원시적인 운송시스템을 가진 국가와 벽돌, 생수, 수박, 그리고 모래와 같이 무겁지만 값싼 상품에 특화하는 국가들에 있어서 무역을 복잡하게 만들 수 있다. 이 이외에도 무역을 반대하는 주장에는 다음과 같은 근거가 있다.

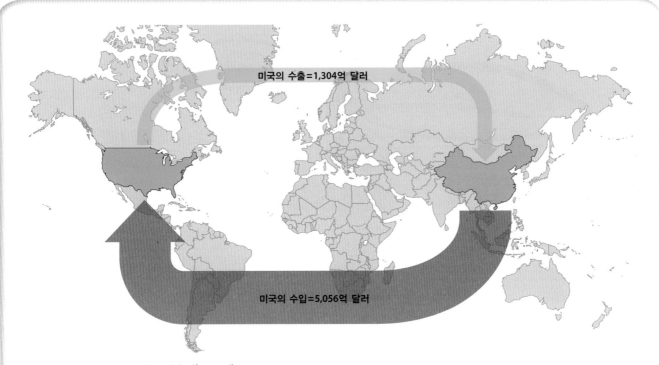

그림 19.6   미국과 중국 간 무역수지(2017년)
중국에 대한 미국의 무역적자는 최근 수십 년간 크게 늘어났다.

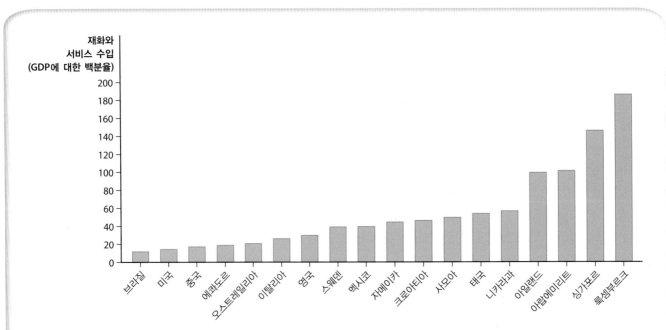

그림 19.7   GDP에 대한 비율로 표시한 각국의 재화와 서비스 수입(2016년)
국제무역은 모든 국민경제에 있어 중요한 부분이지만 어떤 경제는 다른 경제보다 더 개방되어 있다. GDP에 대한 수입의 비율은 브라질의 12%에서부터 룩셈부르크의 191%까지 다양하다.

- 국가 안보
- 국민적 자부심
- 사양산업의 근로자 보호
- 유치산업 보호

국가 안보 문제라면 생산에 있어 비교우위 여부를 따지지 않고 특정한 생산물을 생산하는 것이 타당할 수 있다. 어떤 국가도 식품이나 에너지를 전적으로 다른 국가에 의존하려 들지 않는다. 주요 교역상대국과의 관계가 나빠질 경우 속수무책이 되기 때문이다.

일본의 차와 아일랜드의 양모 의류처럼 어떤 재화가 한 국가의 문화적 정체성에 있어 매우 중요할 경우 그 국가는 효율성보다는 국민적 자부심을 이유로 하여 이 재화를 생산할 수도 있다.

어떤 무역장벽은 근로자들을 보호하기 위해 세워진다. 생산이 비교우위를 가진 부문으로 이전함에 따라 사양산업에 종사하는 근로자들은 일자리를 잃고 다른 산업에 고용되기 위해 필요한 기능을 습득할 때까지 구조적 실업자가 된다. 예를 들어 1990년대에 의류 제조사인 FTL(Fruit of the Loom)은 켄터키주에서 11,000명 이상의 근로자를 고용했었다. 그러고는 이 회사가 미국 내 공장들을 폐쇄하고 온두라스처럼 직물 제조에 비교우위를 가진 국가로 사업을 이전하기 시작했다. 2014년 말에 이 회사는 러셀 카운티의 공장을 폐쇄하고 600명의 근로자를 해고함으로써 켄터키주에서의 사업을 모두 종료했다. 그 결과 러셀 카운티의 실업률은 11.1%에서 상승하기 시작하여 공장 폐쇄 두 달 후에는 12.4%의 최고치를 기록했다. 다행히도 실업자의 증가는 일시적이었다. 켄터키주 역시 비교우위를 가진 부문

에서 일자리가 증가하고 있었기 때문이었다. 많은 근로자들이 새 훈련과정을 거쳐서 의료, 운송, 건설, 사업 관리를 비롯한 다른 산업에서 일자리를 확보했다. 공장이 문을 닫은 지 1년 후 러셀 카운티의 실업률은 8% 미만이었다.

유치산업(infant industry)이라고 불리는 비교적 새로운 국내 산업은 국제적인 경쟁력이 없을 수 있다. 그렇지만 한동안 저가 수입품으로부터 보호를 받으면 비교우위를 가질 수도 있다. **보호무역주의**(protectionism)는 국내 산업과 근로자를 보호하기 위해 국제무역을 제한하는 관행이다. 보호무역주의의 주된 수단은 관세와 **쿼터**다.

관세

수입품에 대한 조세를 **관세**(tariff)라 한다. 관세의 장점은 국내 산업을 돕고 정부에 수입을 제공하는 데 있다. 미국 역사의 초기에는 관세가 미국 정부에 대부분의 수입을 제공했다. 관세수입이 최고조에 달했던 1825년에는 모든 연방정부 수입의 97.9%가 관세로부터 나왔다. 그렇지만 정책입안자들이 자유무역의 혜택을 이해하기 시작하면서 관세의 사용이 줄어들었다. 소득세와 급여세는 1900년대 초기에 채택되었고 정부 수입의 주된 원천이 되었다. 1944년에 이르러서는 관세가 연방정부 수입의 1%만을 제공했으며 이 숫자는 오늘날까지 지속되고 있다.

관세의 문제점은 국내 소비자가 지불해야 하는 가격이 상승한다는 데 있다. 그림 19.8은 미국의 흔들머리 인형 시장을 보여준다. 우상향하는 공급곡선은 미국 기업으로부터의 공급을 보여준다. 수요곡선은 미국 소비자들의 수요다. 미국이 폐쇄경제였더라면 500만 개의 인형이 각각 15달러의 비교역 균형 가격에 팔렸을 것이다. 무역이 제한받지 않을 때 또는 '자유로울' 때 무제한의 인형들이 세계 가격인 개당 9달러에 수입될 수 있다고 하자. 관세가 없다면 국내 기업들은 세계 가격보다 높은 가격을 요구할 수 없다. 9달러의 세계 가격에서 국내 기업은 300만 개를 기꺼이 공급하려 한다. 그렇지만 국내 소비자들은 9달러에 700만 개의 인형을 수요로 한다. 700만 개의 인형 수요와 300만 개의 국내 기업에 의한 인형 공급 간의 차이는 400만 개의 수입 인형에 의해 메워진다.

이제 미국이 수입되는 흔들머리 인형 1개당 3달러의 관세를 부과한다고 하자. 그림 19.9가 보여주듯이 이는 수입 인형에 대해 지불해야

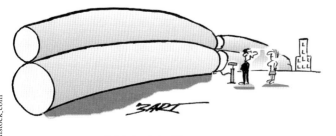

"대단해. 이건 팽창시킬 수 있는 무역장벽이군!"

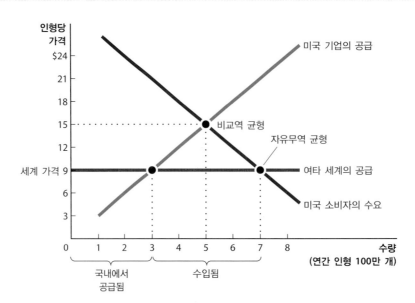

그림 19.8   수입과 미국의 흔들머리 인형 시장

무역이 없다면 500만 개의 인형이 비교역 균형가격인 15달러에 팔릴 것이다. 무제한의 인형들이 세계 균형가격인 9달러에 수입될 수 있다. 제한받지 않는 '자유' 무역하에서는 국내 기업이 인형 1개당 9달러의 세계 가격보다 높은 가격을 받을 수 없을 것이다. 세계 가격에서 국내 기업들은 300만 개의 인형만을 공급하려 한다. 그렇지만 9달러에는 국내 소비자들이 700만 개의 인형을 수요로 한다. 국내 수요와 국내 공급 간 차이인 400만 개의 인형은 수입이 될 것이다.

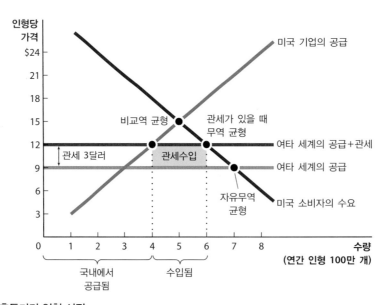

그림 19.9   관세와 미국의 흔들머리 인형 시장

수입 관세는 다른 국가로부터 공급되는 인형의 비용을 높인다. 수입된 인형을 구매하기 위해 미국 소비자들은 외국의 공급자에게 9달러를 지불하는 데 더하여 관세 3달러를 지불해야 한다. 국내 기업들은 이제 12달러를 받을 수 있는데 이 가격에서는 400만 개의 인형을 공급하려 할 것이다. 국내 소비자들은 12달러의 가격에서는 600만 개의 인형을 수요로 한다. 국내 공급과 국내 수요 간 차이를 메우기 위해 200만 개의 인형이 수입될 것이다.

할 금액을 9달러로부터 12달러로 상승시킨다. 이제 국내 기업은 12달러의 가격을 받을 수 있고 이 가격에 400만 개의 인형을 공급하려 든다. 이는 관세가 없을 때의 가격인 9달러에 국내 기업들이 공급하고자 하는 300만 개에 비해 100만 개가 늘어난 것이다. 관세가 부과되면 국내 소비자들은 12달러의 가격에 600만 개의 인형을 수요로 하는데 이는 자유무역 가격인 9달러에서 수요로 했을 700만 개에 비해 100만 개의 감소다. 관세가 존재한다면 200만 개의 인형이 400만 개의 국내 공급과 600만 개의 국내 수요 간 차이를 메우기 위해 수입될 것이다. 이는 관세가 없을 때의 수입인 400만 개에 비해 200만 개 감소한 것이다. 관세에 의해 생성되는 수입은 200만×$3＝$600만일 것이다.

쿼터

쿼터(quota)는 주어진 기간 동안 수입될 수 있는 상품의 양에 대한 제한이다. 쿼터는 수입품 공급을 제한함으로써 국내시장의 균형가격을 높이고 균형 수급량을 감소시킨다. 관세와 마찬가지로 쿼터는 국내 기업이 외국의 공급자들과 경쟁할 수 있도록 도와준다. 미국인들이 연간 1,070만 톤을 소비하는 설탕을 생각해보자. 국내 사탕수수와 사탕무 농부들을 보호하기 위해

미국 농업부는 수입될 수 있는 설탕의 양에 쿼터를 설정한다. 상당한 관세의 부과가 시작되기 전인 2018년에는 110만 톤의 설탕이 수입될 수 있었다.

그림 19.10이 보여주듯이 미국이 흔들머리 인형에 200만 개의 쿼터를 설정한다고 하자. 이는 흔들머리 인형 시장이 인형 700만 개의 자유무역 균형에 도달하지 못하도록 한다. 이를 위해서는 인형이 200만 개가 아니라 400만 개가 수입되어야 하기 때문이다. 그 대신 소비자들은 복숭아색 공급곡선에 직면할 것인데 이는 미국의 공급과 수입될 수 있는 인형 200만 개의 합을 나타낸다. 9달러 아래로는 수입품을 살 수 없기 때문에 미국의 공급+쿼터 곡선은 9달러 높이 아래로는 연장되지 않는다. 쿼터가 있을 경우 균형가격은 12달러다. 이 가격에는 600만 개의 인형이 팔리는데 이 중 400만 개가 국내에서 공급된다. 이 쿼터는 3달러의 관세와 동일한 영향을 가격과 수입량과 국내 공급에 미친다는 사실에 주목하라. 쿼터가 부과될 때에는 조세 수입이 발생하지 않는다는 점이 다를 뿐이다.

무역장벽에 대한 보복

관세와 쿼터의 사용은 일방적인 경우가 거의 없다. 한 국가가 교역상

> **쿼터**
> 주어진 기간 동안 수입될 수 있는 상품의 양에 대한 제한

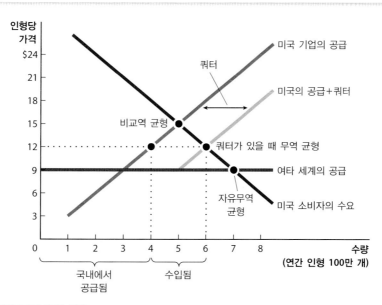

그림 19.10 쿼터와 미국의 흔들머리 인형 시장
쿼터가 흔들머리 인형 수입을 200만 개로 제한한다면 미국 소비자들은 미국의 공급과 수입될 수 있는 인형 200만 개를 더한 복숭아색 공급곡선에 직면하게 된다. 9달러 아래로는 수입품을 살 수 없기 때문에 미국의 공급+쿼터 곡선은 9달러 아래로는 연장되지 않는다. 무역이 있는 경우 균형가격은 12달러다. 이 가격에는 600만 개의 인형이 팔리는데 이 중 400만 개가 국내에서 공급된다.

대국으로부터 부당한 취급을 당했다고 느끼면 보복할 가능성이 높다. 대공황 초기에는 1930년 스무트-홀리 관세법(1930)이 수천 가지의 수입품에 대한 미국의 관세를 인상시켰다. 이에 대응하여 다른 국가들도 미국으로부터 구매되는 많은 상품에 대해 더 높은 관세를 부과했다. 그 결과는 미국 수출의 급격한 감소였다. 더 최근에는 2018년에 미국이 철강과 알루미늄에 대한 관세 부과를 제안하자 유럽연합이 곧바로 미국산 모터사이클, 버번위스키, 청바지에 보복관세를 부과하겠다고 위협했다.

무역전쟁과 무역장벽은 무역의 잠재적 혜택을 저해하기 때문에 많은 지역협정은 관세와 쿼터를 비롯하여 무역에 대한 장애물 도입을 제한한다. 북미자유무역협정과 도미니카공화국-중앙아메리카 자유무역협정, 그리고 아시아-태평양 무역협정이 몇 가지 예다. 더 광범위하게는 1947년 이후 150개국 이상이 관세와 무역에 관한 일반협정(GATT)에 서명했는데, 이 협정의 목적은 '상호주의를 기반으로 관세를 비롯한 무역장벽을 상당히 축소하고 특혜를 제거하는 것'이다.

1994년에는 GATT를 수정한 세계무역기구(WTO)가 설립되어 공정무역에 관한 새 협정을 지원하고, 국가 간 무역논쟁을 해결하며, 국가 무역정책을 감시하는 역할을 맡고 있다. 예를 들어 세계무역기구는 태양광 패널에 부과된 미국의 관세에 대한 중국과 미국 간 분쟁을 해결하고, 이들 국가와 다른 국가들 간에 더욱 파괴적인 무역전쟁이 일어나는 것을 방지하기 위해 노력했다.

외환시장

여러분이 미국 내의 가게에서 중국산 흔들머리 인형이나 청바지를 산다면 외화를 직접 거래하지 않을 것이다. 하지만 이 가게의 납품업자들은 중국의 화폐인 위안을 가지고 중국에 있는 공급자로부터 이들 재화를 구매한다. 마찬가지로 여러분이 제품을 온라인에서 구매하고 그 가격이 외화로 책정되어 있다면 여러분의 화폐는 그 제품을 구매하기 전에 해당하는 외화로 환전되어야 한다. 그리고 여러분이 다른 국가에 여행을 가면 첫 번째 기념품을 사기 전에 여러분의 화폐를 그 국가의 화폐로 환전해

> **외환시장**
> 화폐가 구매되고 판매되는 시장
>
> **환율**
> 한 화폐가 다른 화폐와 교환되는 비율
>
> **화폐의 가치상승**
> 다른 화폐의 단위로 측정한 한 화폐의 가격 상승

▲ 여러분은 외환시장에서 미국 달러를 가지고 중국 위안을 살 수 있다.

VCG/Getty Images

야 할 것이다.

화폐는 **외환시장**(foreign exchange market)에서 구매되고 판매된다. 외환시장에서의 가격은 한 화폐가 다른 화폐와 교환되는 비율인 **환율**(exchange rate)이다. 환율은 여러분이 해외에서 구매하는 재화의 가격을 계산하는 데 도움이 된다. 여러분을 닮은 주문제작 흔들머리 인형을 주문하고 그 가격은 250위안이라고 하자. 환율이 1달러당 10위안이라면 여러분은 인형에 대해 $250 \div 10 = \$25$를 지불해야 한다. 하지만 환율이 1달러당 5위안이라면 여러분은 $250 \div 5 = \$50$를 지불해야 한다.

외환시장의 균형

외환시장은 재화와 서비스 시장과 마찬가지의 원리로 작동한다. 위안을 사기 위해 여러분이 지불해야 할 가격은 위안당 달러 얼마로 표시된 환율이다. 그림 19.11에서 수직축은 가격을 위안당 미국 달러로 측정하고, 수평축은 위안의 양을 측정한다. 위안의 공급곡선은 우상향하는 기울기를 가지는데 이는 위안의 가격이 상승함에 따라 위안의 매도자가 공급하고자 하는 위안의 양이 증가하기 때문이다. 위안의 수요곡선은 우하향하는 기울기를 가지는데 이는 위안의 달러 가격이 하락함에 따라 중국산 재화를 사는 데 더 적은 달러의 비용이 들고 이에 따라 달러를 보유하고 있는 소비자들이 더 많은 중국산 재화를 사기 위해 더 많은 양의 위안화를 수요로 하기 때문이다.

위안의 균형가격 또는 균형환율은 그림 19.11의 E_1점과 같이 공급곡선과 수요곡선의 교차점에서 결정된다. 수요$_1$에서 수요$_2$로의 이동으로 예시된 것과 같이 달러와 교환되는 위안에 대한 수요 증가는 위안의 가치가 상승하는 원인이 된다. **화폐의 가치상승**(currency appreciation)은 다른 화폐의 단위로 측정한 한 화

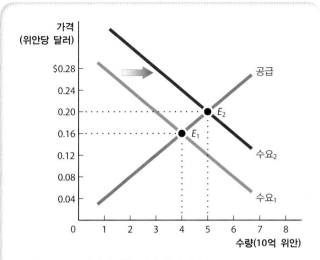

그림 19.11   달러에 대한 위안의 가치상승

달러와 교환되는 위안에 대한 수요 증가는 위안의 가치상승을 가져오는데 이는 달러로 표시한 위안의 가격이 상승함을 의미한다. 예를 들어 수요가 수요$_1$에서 수요$_2$로 증가한 후에는 위안의 달러 가격이 16센트에서 20센트로 상승한다.

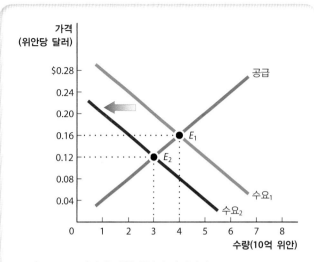

그림 19.12   달러에 대한 위안의 가치하락

달러와 교환되는 위안에 대한 수요 감소는 위안의 가치하락을 가져오는데 이는 달러로 표시한 위안의 가격이 하락함을 의미한다. 예를 들어 수요가 수요$_1$에서 수요$_2$로 감소한 후에는 위안의 달러 가격이 16센트에서 12센트로 하락한다.

폐의 가격 상승을 의미한다. 달러와 교환되는 위안의 공급 감소 역시 위안의 가치가 상승하는 원인이 된다. 위안의 가치가 달러에 대해 상승할 때 위안의 달러 가격이 상승한다. 예를 들어 그림 19.11에서 새 균형점인 E_2에서 위안의 가격은 E_1점에서의 16센트보다 오른 20센트이다.

그림 19.12가 보여주듯이 위안에 대한 수요가 감소하거나 위안의 공급이 증가하면 위안의 가치가 하락한다. **화폐의 가치하락**(currency depreciation)은 다른 화폐의 단위로 측정한 화폐의 가격 하락을 의미한다. 위안이 달러에 대해 가치가 하락하면 위안의 달러 가격이 감소한다. 예를 들어 수요 감소로 인해 균형이 그림 19.12의 E_1점에서 E_2점으로 이동하면 위안의 가격은 16센트에서 12센트로 하락한다. 다음에는 외환시장에서 수요곡선과 공급곡선을 이동시키는 요인들에 대해 알아본다.

화폐의 가치상승과 가치하락의 원인

환율은 각 국가의 수입과 수출 규모의 핵심 결정요인이다. 브라질의 화폐인 레알의 가치가 상승하면 주어진 양의 수입품을 구매하는 데 더 적은 레알이 들고 따라서 브라질의 수입이 증가한다. 또한 브라질의 수출품을 구매하기 위해서는 더 많은 외화가 필요하기 때문에 브라질의 수출이 감소한다. 한 국가화폐의 가치하락은 이와 반대의 효과를 가진다. 즉 이 국가의 수입은 감소하고 수출은 증가한다. 이 절에서는 기호와 선호,

정부 개입, 상대적 물가, 상대적 이자율을 포함하여 환율을 결정하는 요인들에 대해 살펴본다.

기호와 선호

미국 소비자들의 기호와 선호가 변하여 중국 대신 노르웨이의 의류와 장난감을 원하게 되었다고 하자. 달러화로 위안을 매입하는 외환시장에서 위안에 대한 수요는 감소할 것이고 이는 달러에 대한 위안의 가치하락을 가져온다. 그리고 이에 상응하여 위안에 대한 달러의 가치상승이 일어난다. 예를 들어 위안의 가치하락이 위안에 대한 환율을 위안당 0.20달러로부터 0.10달러로 하락시킨다고 하자. 이와 동시에 위안에 대한 달러의 가치상승이 발생하는데, 이는 각 달러가 $1÷$0.20=5위안 대신 $1÷$0.10=10위안을 살 수 있기 때문이다.

이제 미국 달러를 가지고 구입되는 노르웨이 화폐인 크로네 시장에서 어떤 일이 일어나는지 생각해보자. 노르웨이산 제품에 대한 새로운 관심은 노르웨이 제품 구매에 사용될 수 있는 크로네에 대한 수요를 증가시킨다. 이는 달러에 대한 크로네의 가치상승을 가져오며, 이에 상응하여 크로네에 대한 달러의 가치하락을 가져온다.

정부 개입

정부가 다른 국가의 화폐를 보유하는 것은 흔한 일이다. 2018년에 중

화폐의 가치하락
다른 화폐의 단위로 측정한 한 화폐의 가격 하락

국의 외환보유액은 3조 1,000억 달러를 초과했다. 어떤 정부는 외환시장에서 자신의 화폐를 사고팖으로써 환율을 조종한다. 예를 들어 중국 정부는 때때로 위안을 가지고 미국 달러를 매입한다. 이는 위안에 대한 달러의 가치상승을 가져오고 이는 중국의 수출품을 미국인들이 사기에 덜 비싸도록 만든다. 중국의 위안화 평가절하는 불공평한 무역 우위를 중국에 제공하고 미국의 대중국 무역적자를 증가시킬 수 있다는 점에서 많은 논란이 있다. 리비아, 알제리, 사우디아라비아, 싱가포르, 타이완을 포함하여 다른 많은 국가들도 고의적으로 자국의 화폐를 평가절하했다는 혐의를 받고 있다.

몇몇 국가에서는 정부나 중앙은행이 **고정환율**(fixed exchange rate)을 유지하기 위해 화폐를 사고판다. 예를 들어 벨리즈는 환율을 1미국 달러당 2벨리즈 달러에 고정시키기 위해 벨리즈 달러와 미국 달러를 사고판다. 고정환율은 시장이 결정하는 환율의 불확실성을 제거해준다. 국내화폐를 평가절하하는 수준의 고정환율은 앞서 설명했듯이 수출을 촉진하는 혜택을 추가적으로 제공한다. 자신의 화폐를 미국 달러에 고정시키는 다른 국가로는 지부티, 카타르, 바하마를 들 수 있다. 덴마크와 불가리아는 자신의 화폐를 유럽 19개 국가의 화폐인 유로에 대해 고정시키는 국가의 예다.

고정환율에도 결점은 있다. 자국의 화폐를 다른 국가의 화폐에 고정시키는 국가는 자신을 다른 국가의 경제 변화에 취약하게 만든다. 유로에 대한 미국 달러의 가치하락이 일어난다면 미국 달러에 고정되어 있는 벨리즈 달러에도 유로에 대한 가치하락이 일어난다. 몇몇 중앙은행들은 외환시장을 조종하는 데 필요한 대규모의 외환보유액을 유지하는 데 어려움을 겪는다. 바로 이런 이유로 인해 대부분의 국가는 자국 화폐의 환율이 변동하도록 놔둔다. 화폐에 대한 조종이 없다면 한 국가의 환율은 시장의 힘에 의해 결정되는데 이런 국가는 **변동환율**(floating exchange rate)을 갖고 있다고 한다. 그림 19.13은 최근 1년간 미국 달러와 캐나다 달러 사이의 변동환율을 보여준다.

상대적 물가

한 국가의 재화에 대한 공급과 수요는 부분적으로는 다른 국가들에 비해 그 국가의 가격이 어떤지에 달려 있다. 만일 미국이 한 차례 인플레이션을 겪고 캐나다는 그렇지 않다면 미국산 재화와 서비스의 가격은 캐나다산 재화와 서비스의 가격에 비해 상승할 것이다. 이 경우 미국의 고객들은 캐나다산 제품의 저렴한 가격을 이용하기 위해 캐나다로부터의 수입을 증가시킬 것이다. 캐나다산 제품을 더 사기에 앞서서 미국의 수입상들은 더 많은 미국 달러를 공급하여 캐나다 달러와 교환할 필요가 있으며, 이는 미국 달러의 공급곡선을 그림 19.14와 같이 오른쪽으로 이동시킬 것이다.

한편 캐나다의 소비자들은 미국산 제품의 가격이 더 비싸졌기 때문에 미국으로부터의 수입품에 대한 수요를 줄일 것이다.

고정환율
정부나 중앙은행의 화폐 매입과 매도에 의해 안정적으로 유지되는 환율

변동환율
시장의 힘에 의해 결정되는 환율

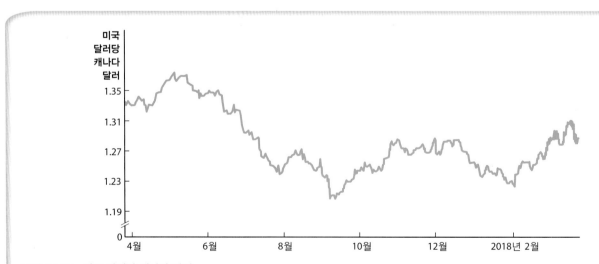

그림 19.13 미국 달러당 캐나다 달러
캐나다 달러와 미국 달러 간 환율은 기호와 선호, 정부 정책, 상대적 물가, 그리고 상대적 이자율의 영향을 받는다.

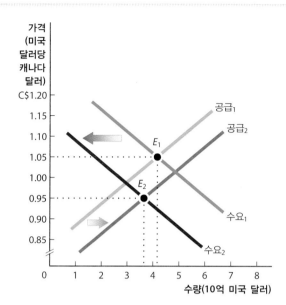

그림 19.14　상대적 물가의 상승

미국의 물가가 캐나다에 비해 상승한다면 미국 소비자들은 캐나다산 제품을 더 구매할 것이다. 이를 위해서는 더 많은 미국 달러가 캐나다 달러와의 교환을 위해 공급될 것이고 그 결과 공급곡선이 공급$_1$에서 공급$_2$로 이동한다. 더 높은 미국 제품 가격 또한 캐나다 소비자들이 미국산 제품을 덜 구매하는 원인이 된다. 미국산 수입품에 대한 수요가 탄력적이라면 수입량 감소가 가격 상승에 비해 더 클 것이고 이에 따라 캐나다 소비자들은 수입품을 사기 위해 이전만큼 많은 미국 달러가 필요하지 않을 것이다. 이는 미국 달러에 대한 수요곡선을 수요$_1$에서 수요$_2$로 이동시킨다. 미국 달러에 대한 수요 감소와 미국 달러의 공급 증가는 모두 미국 달러의 가치하락을 가져온다.

동시키는데 이 예에서는 미국 달러의 가치가 1.05캐나다 달러에서 0.95캐나다 달러로 하락한다.

상대적 이자율

이자지급부 계좌에 예금할 저축을 가진 사람들은 이자율이 높은 곳에 자신의 돈을 넣기를 원한다. 일본 내 은행예금이 지급하는 이자율이 다른 국가의 이자율보다 높다면 상당히 많은 저축을 가진 외국인들은 자신의 돈을 일본의 은행으로 옮기려 할 것이다. 그렇지만 이들은 먼저 자신의 화폐를 일본의 화폐인 엔으로 교환해야 한다. 따라서 일본의 이자율이 상승하면 외환시장에서 엔에 대한 수요가 증가한다.

외국인 저축자와 마찬가지로 일본인 저축자들도 그들의 돈을 가장 많은 이자를 벌 수 있는 곳에 예금하기를 원한다. 일본의 이자율이 상승하기 전에는 이들 저축자들이 자신의 엔을 이자율이 더 높은 다른 국가의 화폐로 교환하려 했을 것이다. 일본의 이자율이 상승한 다음에는 일본의 저축자들이 더 이상 자신의 엔을 가장 높은 이자율을 수취하기 위해 다른 화폐와 교환할 필요가 없어진다. 따라서 일본의 이자율 상승은 외환시장에서 엔의 공급 감소를 가져온다. 엔의 수요 증가와 공급 감소는 모두 일본의 이자율 상승에 따른 엔의 가치상승을 가져온다.

제17장에서는 통화정책이 이자율 상승과 하락의 원인이 된다고 했다. 이제 여러분은 이자율이 환율에 영향을 미침을 안다. 이는 중앙은행이 환율 변화를 가져올 수 있는 이자율 변화를 통해 국제무역에 영향을 미치는 것을 가능하게 한다. 예를 들어 확장적 통화정책을 통해 중앙은행이 국내이자율을 하락시키면, 이는 국내화폐의 가치를 하락시키고, 이는 다시 이 국가의 수출품을 외국인들이 사기에 더 값싸게 만든다.

미국산 수입품에 대한 수요가 탄력적이라면 수요량은 가격 상승률보다 더 큰 비율로 감소할 것이다. 이 경우 캐나다 소비자들은 미국 달러가 덜 필요하고 이에 따른 수요 감소는 미국 달러의 가치하락을 가져온다. 이는 균형을 E_1점에서 E_2점으로 이

요약

여러분 가족의 구성원들은 가정을 꾸리고 가족을 부양함에 있어서 특정한 과업에 특화할 수 있다. 여러분의 지역공동체 구성원들은 특정한 직업에 특화할 수 있다. 마찬가지로 국가들도 특정한 재화와 서비스 생산에 특화하고 이를 세계 경제에 판매한다. 한 국가가 다른 국가보다 낮은 기회비용으로 재화를 생산할 수 있을 때는 언제나 비교우위가 이들 국가가 교역으로부

터의 이익을 거두는 것을 가능케 한다.

그렇지만 국제무역에 관한 모든 것이 바람직한 것만은 아니다. 어떤 재화가 수입될 때는 국내에서 이 재화를 생산할 수도 있었을 사람들이 무엇인가 다른 것을 생산하는 일자리를 구해야 하며, 이는 전적으로 새로운 기능을 필요로 한다. 재화를 수입하는 것은 교역상대국과의 관계가 깨질 경우에 어려움을 겪

을 수 있음을 의미한다. 무역은 기회가 주어진다면 국내에서 번창할 수 있었을 산업의 발전을 막을 수도 있다.

한 국가의 국제수지 계정은 특정한 기간 동안 이 국가의 국제거래를 요약한다. 해외로 지불된 화폐는 구매, 소득, 투자, 대출 또는 증여의 형태로 되돌아온다. 미국산 수입품에 대한 지출이 미국산 수출품으로부터의 수입을 초과할 때 그 결과 발생하는 무역적자는 무언가 다른 형태의 해외로부터의 유입에 의해 상쇄되어야 한다. 예를 들어 재화와 서비스를 구매하기 위한 달러의 순유출은 미국의 부동산 구매나 정부의 재원 마련을 위한 대출 등을 위한 달러의 순유입을 가져온다.

관세와 쿼터는 많은 국가들이 국내산업을 보호하기 위해 세우는 무역장벽의 일부다. 수입품에 대해 조세를 부과하거나 수입량을 제한함으로써 관세와 쿼터는 국내가격을 상승시키고 국내기업이 공급하는 상품의 양을 증가시킨다. 그렇지만 다른 국가들은 으레 자신의 무역장벽을 높임으로써 무역장벽에 대해 보복한다. 그 결과는 무역전쟁의 확대와 무역으로부터의 잠재적 이익의 상실이다. 자유무역협정과 세계무역기구와 같은 조직은 무역장벽을 방지하고 소모적인 무역전쟁을 막기 위해 형성되었다.

외환시장은 대부분의 재화와 서비스 시장을 닮았다. 다만 외환시장에서는 한 국가의 화폐가 다른 국가의 화폐와의 교환으로 매매된다는 점이 다르다. 일본 엔과 교환되는 미국 달러의 외환시장을 생각해보자. 달러의 공급이 감소하거나 달러의 수요가 증가하면 달러의 가치상승을 가져오는데 이는 달러가 더 많은 엔의 가치를 가짐을 의미한다. 달러의 공급이 증가하거나 달러의 수요가 감소하면 달러의 가치하락을 가져오는데 이는

Royal Bobbles

▲ 사실상 모든 것이 미국 경제에서 생산될 수 있지만 미국인들은 국제무역을 포용한다. 우리끼리도 잘할 수 있지만 무역을 통해서 생활수준을 한층 더 향상시킬 수 있기 때문이다.

달러가 더 적은 엔의 가치를 가짐을 의미한다. 외환시장에서 수요와 공급에 영향을 미치는 요인으로는 정부의 외환 구매, 국가 간 상대적 물가, 국가 간 상대적 이자율, 야구방망이와 흔들머리 인형과 같은 수입품에 대한 선호와 기호를 들 수 있다.

핵심용어

- ✓ 개방경제
- ✓ 고정환율
- ✓ 관세
- ✓ 교역조건
- ✓ 국제수지 계정

- ✓ 무역수지
- ✓ 무역적자
- ✓ 무역흑자
- ✓ 변동환율
- ✓ 보호무역주의

- ✓ 비교우위
- ✓ 소비가능곡선
- ✓ 외환시장
- ✓ 절대우위
- ✓ 쿼터

- ✓ 폐쇄경제
- ✓ 화폐의 가치상승
- ✓ 화폐의 가치하락
- ✓ 환율

복습문제

1. 다음 진술의 참, 거짓 여부를 판별하라 — 한 국가가 다른 국가에 대해 절대우위를 가질 때 서로에게 이익이 되는 무역의 기회가 반드시 존재한다. 답에 대해 설명하라.

2. 다음 그래프를 이용하여 다음 각 질문에 답하라.

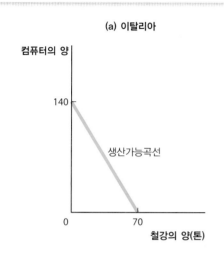

(a) 이탈리아

컴퓨터의 양

140

생산가능곡선

0　　70

철강의 양(톤)

(b) 일본

컴퓨터의 양

150

생산가능곡선

0　　100

철강의 양(톤)

a. 컴퓨터 1대를 생산하기 위한 이탈리아의 기회비용은 얼마인가?

b. 컴퓨터 1대를 생산하기 위한 일본의 기회비용은 얼마인가?

c. 어느 나라가 컴퓨터 생산에 비교우위를 갖고 있는가?

d. 어느 나라가 철강 생산에 비교우위를 갖고 있는가?

e. 어느 나라가 컴퓨터 생산에 절대우위를 갖고 있는가?

f. 어느 나라가 철강 생산에 절대우위를 갖고 있는가?

g. 이들 나라가 특화와 교역을 한다면 어느 나라가 컴퓨터 생산에 특화해야 하는가?

3. 칼초니아와 피자랜드는 모두 칼초네와 피자를 만들지만 피자랜드의 요리사들이 칼초니아의 요리사들보다 피자의 재료를 칼초네로 전환하기 위한 반죽 접기 과정에 덜 능란하다. 칼초니아의 근로자들은 시간당 최대 10개의 칼초네를 만들 수 있으며, 각 생산 수준에서 칼초네 1개의 기회비용은 피자 1개다. 피자랜드의 근로자들은 시간당 최대 12개의 칼초네를 만들 수 있으며 칼초네 생산을 1개 줄일 때마다 1.5개의 피자를 더 만들 수 있다.

a. 칼초니아와 피자랜드의 생산가능곡선을 그리되 수직축에 피자의 양을 나타내라.

b. 칼초니아가 칼초네를 피자랜드산 피자와 거래한다면 두 나라를 모두 교역을 통해 더 나아지게 만들 수 있는 칼초네당 피자 단위로 표시한 가격의 범위는 무엇인가?

c. 피자랜드는 피자만 만들고 칼초니아는 칼초네만 만들며 교역조건은 칼초니아산 칼초네 1개당 피자랜드산 피자 1.25개라 하자. a문항에서 그려진 그래프에 칼초니아와 피자랜드의 소비가능곡선을 그리고 이를 CPF_C와 CPF_P라 표시하라.

4. 문제 3번에 제시된 정보에 근거하여 다음 질문에 답하라.

a. 어느 나라가 피자 생산에 있어 비교우위를 갖는가?

b. 어느 나라가 칼초네 생산에 있어 비교우위를 갖는가?

c. 어느 나라가 칼초네 생산에 있어 절대우위를 갖는가?

d. 어느 나라가 피자 생산에 있어 절대우위를 갖는가?

5. 미국 무역적자의 장점 한 가지와 단점 한 가지를 들고 설명하라.

6. 다음 그래프를 이용하여 질문에 답하라.

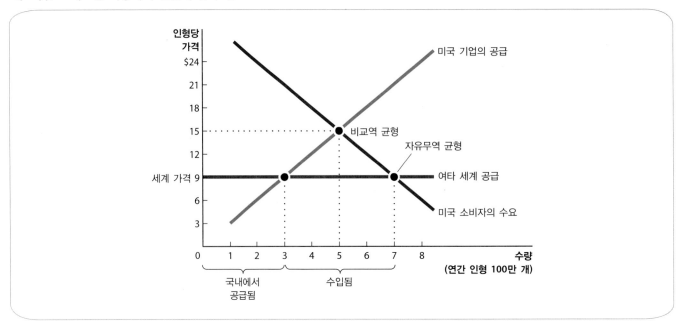

a. 흔들머리 인형이 미국 기업들에 의해 공급되게 만들 수 있는 가장 낮은 수준의 관세는 무엇인가?

b. 관세가 없다면 국제무역에 아무런 영향을 미치지 못하는 가장 낮은 수준의 쿼터는 무엇인가?

7. 다음 중 어느 등식이 한 국가에 대해서 성립되어야 하는가?

a. 수입＝수출

b. 증여 및 기부 수취액＝증여 및 기부 지급액

c. 부동산에 대한 외국인직접투자＝부동산에 대한 국내투자

d. 다른 국가들로부터 수취액＝국제거래에 대한 지급액

8. 미국 달러로 구매되는 멕시코 페소의 외환시장 그래프를 그려라. 균형환율을 ER_1이라 표시하고 균형수급량을 Q_1이라 표시하라. 멕시코산 자동차가 미국 소비자들 사이에서 더 인기를 끌면 이 그래프에 어떤 변화가 생길지를 보여라. 새 균형환율을 ER_2라 표시하고 새 균형수급량을 Q_2라 표시하라.

9. 다음 중 어느 시나리오가 달러에 대한 페소의 가치하락을 가져오겠는가?

a. 멕시코 정부가 달러 외환보유액을 가지고 페소를 매입한다.

b. 인플레이션이 미국을 덮치지만 멕시코는 덮치지 않는다.

c. 미국 재무부증권의 이자율이 상당히 큰 폭으로 상승한다.

d. 멕시코 소비자들의 켄터키주 버번위스키에 대한 기호가 소멸된다.

10. 무역이 참여국에게 상호 이익이 될 수 있음에도 불구하고 어떻게 각국 내에서 승자와 패자를 만드는가?

11. 여러분이 특정 국가의 기업들이 근로자들을 학대하고 환경을 과도하게 훼손한다는 사실을 알게 되었다고 하자. 여러분은 그 나라에서 만들어진 생산물 구매를 회피하려 할 것인가? 그렇다면 여러분이 받아들일 수 없다고 생각할 근로자 및 환경 취급 형태의 예를 한 가지만 들라. 예를 들 수 없다면 그 이유를 설명하라.

용어해설

가격상한 : 재화나 서비스 가격에 대한 인위적인 상한

가격수용자 : 시장균형가격을 주어진 것으로 받아들이는 기업

가격차별 : 같은 재화가 다른 고객들에게 다른 가격에 팔리는 경우

가격하한 : 재화나 서비스에 대한 인위적인 하한

가계 : 함께 살며 소득을 공유하는 개인이나 사람들의 집단

가로축(x축) : 좌표 그래프에서 x변수가 측정되는 수평 실선

가변비용 : 노동처럼 산출량을 변화시키기 위해 단기에 수량을 바꿀 수 있는 가변투입요소의 비용

가변투입요소 : 단기적으로 수량이 변할 수 있는 투입요소

가처분소득 : 소득 수령자가 세금을 납부한 후 지출하거나 저축할 수 있도록 남아 있는 소득

가치의 저장수단 : 미래의 구매를 위해 사용될 수 있는 것

개발도상국 : 국민이 상대적으로 낮은 삶의 질을 겪고 있는 국가

개방경제 : 다른 국가들과 교역을 하는 경제

개인기업 : 개인에 의해 소유·지배되는 사업체

거래비용 : 재화 가격 자체를 제외하고 정책 협상이나 재화 구입과 같은 거래를 완결하는 데 드는 비용(예 : 필요한 정보 수집, 의사소통, 수송에 드는 비용)

거래적 수요 : 보통의 일상적 구매에 사용하기 위한 화폐수요

거시경제균형 : 총수요와 총공급이 같을 때 경제의 상태

거시경제학 : 경제 전체에 관한 연구

게임이론 : 의사결정이 상호의존적인 경기자 간의 행동에 대한 연구

경기순환 : 경제의 생산 수준이 번갈아가며 팽창하고 수축하는 현상

경기적 실업 : 경제가 수축하기 때문에 발생하는 실업

경기후퇴 : 경제활동이 경제 전반에 걸쳐 수개월 이상 크게 둔화되는 현상

경기후퇴 갭 : 경제가 완전고용 산출량 수준보다 적은 양을 생산할 때의 실제 산출량 수준과 완전고용 산출량 수준 간의 차이

경제 : 재화와 서비스의 생산과 분배를 조정하는 시스템

경제발전 : 경제성장과 삶의 질에 있어서 더 광범위한 일련의 비물질적 개선의 결합

경제성장 : 한 기간에 경제가 생산할 수 있는 최대 산출량이 증가하는 것

경제성장 : 경제의 생산능력 증가

경제적 이윤 : 총수입에서 총비용을 뺀 값으로, 총비용에는 총 명시적 비용과 총 암묵적 비용이 둘 다 포함된다.

경제학 : 희소성 조건하에서의 의사결정에 관한 학문

경제활동인구 : 16세 이상이고, 현역군인이 아니며, 보호시설에 수용되어 있지 않고, 취업 중이거나 최근 일자리를 찾아본 모든 사람

경직적 명목임금 : 계약이 재협상될 때에만 변하고 물가가 변할 때마다 변하지는 않는 명목임금

계산의 단위 : 가격과 경제적 비교를 위한 표준적인 척도

계절적 실업 : 계절에 따라 근로자에 대한 수요가 변하기 때문에 발생하는 실업

고전학파 이론 : 경제가 스스로를 안정시킬 수 있다는 아이디어에 근거한 경제 이론

고정비용 : 자본처럼 단기에는 수량을 바꿀 수 없는 고정투입요소의 비용

고정자본 소모 : 생산과정에서 발생하는 자본재의 마모

고정투입요소 : 단기적으로 수량이 변할 수 없는 투입요소

고정환율 : 정부나 중앙은행의 화폐 매입과 매도에 의해 안정적으로 유지되는 환율

공개시장조작 : 연준의 재무부증권 구매와 판매

공공재 : 비경합적이고 배제불가능한 재화

공급계획 : 주어진 기간에 여러 가격대에서 공급되는 재화나 서비스의 수량을 나타내는 표

공급곡선 : 재화나 서비스의 가격과 기업들이 공급할 용의가 있는 수량 간 관계를 나타내는 곡선

공급곡선 상의 이동 : 재화나 서비스 가격 변화에 따른 공급량 변화

공급법칙 : 영향을 미치는 다른 요인이 불변일 때, 기업들은 가격이 낮을 때보다 높을 때 더 많은 수량을 공급할 것이다.

공급변화 : 공급곡선의 이동으로, 각 가격대에서의 공급량에 변화가 있음을 나타낸다.

공급의 가격탄력성 : 판매하는 재화의 가격 변화에 기업들이 얼마나 민감하게 반응하는지 재는 척도

공급중시 재정정책 : 경제의 산출량을 증가시키고 인플레이션율을 낮추기 위해 총공급을 증가시키는 데 초점을 두는 재정정책

공급충격 : 예상치 못하게 갑자기 발생하는 총공급의 변화

공동보험 : 발생한 비용의 일정 비율을 피보험자가 지불하는 경우

공동부담 : 보험에 의해 보장되는 비용을 발생시킬 때마다 피보험자가 매번 지불해야 하는 정해진 금액

공산주의 : 단독정당인 공산당의 입법자가 생산수준과 임금률을 결정하는 경제체제

공제 : 보험이 비용 보장을 개시하기 전에 보험 고객이 지불해야만

하는 금액

과소취업 근로자 : 원하는 것보다 적은 시간밖에 일하지 못하는 사람들이나 직책에 비해 과도한 자격을 갖춘 사람들

과점 : 소수의 기업에 의해 지배되는 시장

관세 : 수입품에 대한 조세

교역조건 : 한 재화가 다른 재화와 교환되는 비율

교환방식 : 화폐공급(M), 화폐의 유통속도(V), 물가(P), 그리고 실질국내총생산(Y) 사이의 관계를 나타내는 방정식

교환의 매개수단 : 재화 및 서비스에 대한 대가로 널리 수용되는 것

구두창비용 : 인플레이션으로 인해 돈의 가치가 침식되는 것을 최소화하기 위해 치르는 비용

구매력 : 주어진 금액의 돈으로 살 수 있는 것들로 표현된 가치

구조적 실업 : 근로자가 갖고 있는 기능과 고용주가 원하는 기능이 일치하지 않기 때문에 발생하는 실업

구축 : 정부지출 증가가 민간투자를 감소시키는 효과

국내총생산(GDP) : 대개 1년으로 대표되는 주어진 기간 동안 한 국가의 국경 내에서 생산된 최종생산물인 재화와 서비스의 총 가치

국제무역 효과 : 물가가 상승할 때 발생하는 국내 재화와 서비스로부터 해외 재화와 서비스로의 대체

국제수지 계정 : 특정 기간 동안 한 국가와 다른 국가들 간의 거래에 대한 요약

규모의 경제 : 산출량 증가가 기업이 장기에 직면하는 평균총비용 감소를 가져오는 경우 존재하는 경제

규모의 불경제 : 산출량 증가가 기업이 장기에 직면하는 평균총비용 증가를 가져오는 경우 존재하는 불경제

규범경제학 : 당위에 관한 판단을 다루는 경제학 유형

균형가격 : 시장을 균형점으로 이끄는 가격

균형수량 : 균형가격에서의 수요량이자 동시에 공급량

균형점 : 그래프에서 공급곡선과 수요곡선이 교차하는 점

금본위제도 : 화폐의 가치가 금을 통해 측정되는 화폐제도

긍정적 외부효과 : 어떤 효과를 발생시킨 결정에 관여하지 않은 사람들이 느끼는 바람직한 효과

기업 : 생산요소를 고용하여 재화나 서비스를 판매하는 사업체

기업가정신 : 재화와 서비스 생산을 위해 위험을 감수하고, 혁신하고, 생산적 활동을 시작하고, 다른 생산요소를 조직화할 의사와 능력

기울기 : 선이 왼쪽에서 오른쪽으로 증감하는 비율

기회비용 : 선택을 함으로써 포기한 차선의 대안의 가치

껴안기 계약 : 구매자가 두 번째 제품을 판매자로부터 구매할 것을 요구하는 계약

노동 : 생산과정에 대한 사람들의 육체적, 정신적 기여

누진세 : 고소득자가 저소득자에 비해 소득 중 더 큰 부분을 세금으로 납부하는 조세제도

누출 : 지출승수의 맥락에서 볼 때 이는 저축, 조세, 수입과 같이 돈을 경제의 지출과 재지출의 순환으로부터 빼내는 것이다.

단기 : 적어도 하나의 투입요소가 변할 수 없는 기간

단기총공급곡선 : 여러 물가 수준에서 단기에 공급되는 최종생산물인 재화와 서비스의 총량을 보여주는 곡선

단위탄력적 수요 : 수요의 가격탄력성이 1인 경우

담보 : 차입자가 대출을 상환하지 못하는 경우 대부자가 차입자로부터 몰수하는 자산

대체효과 : 두 재화의 상대가격 변화로 인한 소비 변화

도덕적 해이 : 사람들이 결과에 대비한 보험에 들어 있을 경우 더 많은 위험을 감수하는 문제

독립변수 : 값이 다른 변수의 영향을 받지 않는 척도

독점 : 기업이 하나만 있는 시장

독점적 경쟁 : 다음 세 조건을 만족하는 시장에 존재하는 경쟁 — (1) 기업의 시장 진입과 탈퇴가 용이하다. (2) 시장에 다수의 기업이 있다. (3) 기업과 제품이 동질적이지 않다.

디플레이션 : 재화와 서비스의 가격이 일반적으로 하락하는 현상

마이크로크레딧 : 영세민 차입자에게 제공되는 소액 대출

마찰적 실업 : 근로자와 고용주가 서로를 찾기 위해 시간이 걸리기 때문에 발생하는 실업

막대도표(막대그래프) : 독립변수의 각 값에 대해 직사각형 막대가 종속변수 값을 나타내는 도표

매몰비용 : 이미 지불되었고 회수할 수 없는 비용

메뉴비용 : 인플레이션에 따라서 가격을 조정하기 위해 기업에 발생하는 비용

명령화폐 : 정부가 가치가 있다고 말하기 때문에 가치를 가지는 화폐

명목가치 : 재화나 서비스에 실제 지불되거나 수취되는 금액

명목임금 : 근로자가 보상으로 수취하는 실제 달러의 양

명시적 비용 : 실제로 돈의 지불을 필요로 하는 비용

모형 : 현실상황을 단순화하여 나타낸 것

무역수지 : 한 국가의 수출과 수입 간의 차이

무역적자 : 한 국가의 수입이 수출을 초과할 때 존재하는 적자(부족액)

무역흑자 : 한 국가의 수출이 수입을 초과할 때 존재하는 흑자

무임승차 : 비용 지불 없이 재화의 편익을 누리는 것

물물교환 : 재화 및 서비스를 다른 재화 및 서비스와 교환하는 것

물품세 : 특정 재화나 서비스에 부과되는 조세

미시경제학 : 개별 의사결정자 수준에서의 희소성과 선택에 관한 연구

배당금 : 기업이 주주에게 분배하는 이윤의 일부

배제불가능재화 : 다른 사람이 사용으로부터 배제될 수 없는 재화

배타조건부거래계약 : 구매자가 특정 판매자의 경쟁자로부터 물건을 구매하는 것을 막는 계약

변동환율 : 시장의 힘에 의해 결정되는 환율

변수 : 여러 값을 취할 수 있는 척도

보상적 임금격차 : 직업의 특별한 부담을 보상해주는 임금 할증

보호무역주의 : 국내 산업과 근로자를 보호하기 위해 국제무역을 제한하는 관행

복점 : 2개의 기업에 의해 지배되는 시장

부분지불준비 은행제도 : 은행과 저축기관이 예금으로 수취한 화폐 중 일부를 제외한 나머지 모두를 대출하도록 허용된 은행제도

부정적 외부효과 : 효과를 발생시킨 결정에 관여하지 않은 사람들이 느끼는 바람직하지 않은 효과

부채 : 과거 재정적자의 누적액에서 재정흑자의 누적액을 뺀 것

불황 : 매우 급격한 경기 하강으로 대략적으로 생산량이 1년에 걸쳐 10% 이상 감소하는 현상으로 정의됨

비경합재화 : 동일한 단위가 2명 이상에 의해 동시에 사용될 수 있는 재화

비교우위 : 한 국가가 어떤 재화를 다른 국가보다 낮은 기회비용으로 만들 수 있는 능력

비대칭정보 : 구매자나 판매자 중 한쪽이 다른 쪽보다 정보를 더 많이 갖고 있는 상황

비례세 : 모든 사람이 소득 중 동일한 부분을 조세로 납부하는 조세제도

비탄력적 수요 : 제품에 대한 수요의 가격탄력성이 1보다 작은 경우

사적 재화 : 경합적이고 배제가능한 재화

사적한계비용 : 기업이 1단위 더 공급하는 데 드는 비용

사적한계편익 : 추가적 재화 1단위로부터 얻는 구매자의 편익

사치재 : 소득탄력성이 1보다 큰 재화

사회적한계비용 : 사적한계비용과 한계외부비용의 합

사회적한계편익 : 추가적 1단위 구입에 의해 영향을 받는 모든 사람의 추가적 편익으로. 사적한계편익과 한계외부편익의 합과 같다.

사회주의 : 노동자와 소비자의 총회와 협의회가 때로는 정부의 관리를 받으며 경제적 결정을 내리는 경제체제

산포도 : 상관관계를 나타내는 패턴을 보이거나 보이지 않는 많은 데이터 점을 포함한 도표

삶의 질 : 부분적으로는 생활수준에 의해 결정되지만 건강, 여가, 환경의 질, 자유, 안전, 가족관계 등 보다 주관적인 원천에 의해 결정되기도 하는 시민의 안락과 만족에 대한 보다 광범위한 척도

상업은행 : 주로 예금을 수취하고 대출을 하며 기업과 일반 대중에게 이와 유사한 서비스를 제공하는 것을 영업으로 하는 은행

상표 : 한 기업의 제품을 경쟁사의 제품과 구분하는 말, 어구, 상징이나 디자인

상품화폐 : 화폐로서의 용도와는 별도로 가치를 가진 화폐

생산가능곡선 : 가용한 자원을 효율적으로 이용하여 주어진 기간에 한 경제에서 생산할 수 있는 두 재화의 모든 가능한 조합을 보여주는 모형

생산대체재 : 공급에 사용되는 투입요소가 다른 재화나 서비스를 더 많이 공급하는 데 쓰일 수 있는 재화나 서비스

생산보완재 : 동일한 투입요소를 이용해 함께 생산되는 재화나 서비스

생산요소 : 재화와 서비스를 창조하기 위해 사용되는 자원이나 투입요소

생산자잉여 : 가격이 판매되는 각 단위의 한계비용을 초과하는 금액

생산함수 : 기업이 사용하는 각 투입요소 수량과 그 결과 기업이 생산할 수 있는 산출량을 보여주는 관계

생활수준 : 사람들이 편안하게 사는 데 이용할 수 있는 물질적 풍요의 척도

세로축(y축) : 좌표 그래프에서 y변수가 측정되는 수직 실선

세이의 법칙 : 공급은 스스로의 수요를 창조한다는 이론

세테리스 파리부스 : '다른 조건이 일정하다면'을 뜻하는 라틴어

셔먼 반독점법 : 여러 회사를 결합하여 한 기업체의 통제하에 두는 트러스트(trust) 같은 기업의 반경쟁적 행위를 제한하는 법령

소득효과 : 가격 변화 이후 소비자의 구매력 변화로 인한 소비 변화

소비가능곡선 : 주어진 기간 동안 한 국가에서 소비될 수 있는 두 재화의 모든 조합을 보여주는 그래프

소비대체재 : 한 재화의 가격 상승이 다른 재화에 대한 수요 증가를 낳는 재화

소비보완재 : 한 재화의 가격 하락이 다른 재화에 대한 수요 증가를 낳는 재화

소비자물가지수(CPI) : 평균적인 소비자가 구매하는 재화와 서비스의 전반적인 가격 수준 변화에 대한 척도

소비자잉여 : 소비자가 어느 재화에 지불할 용의가 있는 최대 금액과 소비자가 실제로 지불하는 금액 간 차이

수요계획 : 주어진 기간에 여러 가격대에서 한 재화나 서비스가 수요되는 수량을 나타내는 표

수요곡선 : 재화의 가격과 수요량 간의 관계를 나타내는 곡선

수요곡선 상의 이동 : 재화의 가격 변화가 수요량을 변화시키는 경우

수요법칙 : 다른 요인이 불변일 때 재화나 서비스에 대한 소비자의 수요량이 높은 가격에서보다 낮은 가격에서 더 큼을 나타낸다.

수요변화 : 수요곡선 전체의 이동으로, 각 가격대에서 수요량의 변

화를 나타낸다.

수요의 가격탄력성 : 가격 변화에 대한 소비자의 민감도를 재는 척도

수요의 교차가격탄력성 : 한 재화 가격이 다른 재화 수요량에 어떤 영향을 미치는지 재는 척도

수요의 소득탄력성 : 소득 변화가 재화 수요에 미치는 영향을 재는 척도

수입 : 해외의 기업으로부터 구매된 재화와 서비스

수입관세 : 다른 나라로부터 구입하는 재화나 서비스에 대한 조세

수축적 통화정책 : 경제의 속도를 늦추고 인플레이션을 막기 위해 고안된 통화정책

수출 : 재외의 구매자에게 팔린 재화와 서비스

순이자 지출 : 정부부채에 대한 정부의 이자 지출에서 정부가 수취하는 이자 수입을 뺀 것

순환도 : 재화, 서비스, 돈이 어떻게 경제 전체를 이동하는지 보여주는 도표

스태그플레이션 : 실질국내총생산의 침체와 인플레이션의 결합

시장 : 동일한 재화나 서비스의 구매자와 판매자의 집합

시장경제(자본주의경제) : 가계가 생산요소를 소유하는 경제

시장실패 : 시장이 자원을 효율적으로 배분하지 않는 상황

시장지배력 : 소비자가 재화에 대해 지불하는 가격에 영향을 미칠 수 있는 기업의 능력

시행시차 : 문제의 인식과 해결 시행 사이의 시간 차이

신용조합 : 근로자 계층에 값싼 대출을 공급하는 것을 중심 임무로 하는 비영리 금융조합

실망실업자 : 일을 할 의사와 능력이 있으며 지난 1년 중 구직활동을 한 적이 있지만 지난 4주간은 구직을 포기했기 때문에 구직활동을 하지 않은 사람들

실업률 : 경제활동인구 중에서 실업상태에 있는 사람의 비율

실증경제학 : 사실에 기반한 기술적인 측면의 경제학

실질가치 : 인플레이션의 영향이 제거되도록 조정된 명목가치

실질임금 : 인플레이션에 대해 조정되어 구매력을 나타내는 임금

실질재산 효과 : 인플레이션으로 인해 소비자의 실질재산이 감소함에 따른 재화와 서비스 수요량의 감소

암묵적 담합 : 여러 기업이 무언의 혹은 암시적 협정의 일부로 동일한 전략을 따르는 경우

암묵적 비용 : 직접적인 돈의 지출을 필요로 하지 않는 비용

암시장 : 불법 시장

양적완화 : 중앙은행이 은행과 다른 금융기관으로부터 증권을 매입하여 화폐공급을 상당히 큰 규모로 증가시키는 것

역선택 : 어떤 사람이 무엇을 사거나 팔지 결정할 때 결여된 정보를

다른 사람이 이용하는 상황

역진세 : 저소득자가 고소득자에 비해 소득 중 더 큰 부분을 세금으로 납부하는 조세제도

연구개발(R & D) : 제품이나 공정의 창조 또는 개선을 겨냥한 작업

연방공개시장위원회 : 통화정책 결정에 대해 궁극적 책임을 지고 있는 연방준비제도 내의 조직

연방자금금리 : 은행이 서로에게 단기 대출을 하면서 요구하는 이자율

연방준비제도 : 미국의 중앙은행

연방준비제도 이사회 : 연준의 운용을 관리하는 7인 이사회

열등재 : 소득이 오르면 덜 사는 재화

예비적 수요 : 예상치 못한 지출에 충당하기 위한 화폐수요

예산제약 : 소비자의 예산을 모두 소진해 구입할 수 있는 두 재화 조합 전체를 나타내는 그래프 상의 점들의 집합

완전가격차별 : 각 고객에게 지불할 용의가 있는 최고 가격이 책정되는 경우

완전경쟁시장 : (1) 다수의 구매자와 판매자가 있고 (2) 모든 기업이 동일한 표준화된 제품을 판매하며 (3) 구매자와 판매자가 제품과 가격에 대한 완전정보를 갖고 있고 (4) 기업들의 시장 진입과 탈퇴가 용이한 시장

완전고용 : 경기적 실업이 존재하지 않는 상태

완전고용 산출량 : 완전고용하에서 생산될 수 있는 실질국내총생산 수준

완전비탄력적 수요 : 가격에 관계없이 재화 수요량이 동일한 경우

완전탄력적 수요 : 가격을 조금만 올려도 재화 수요량이 0으로 떨어지는 경우

외국인직접투자(FDI) : 다른 국가에서 영업 중인 기업의 지분을 지속적으로 취득하는 투자

외부시차 : 정책 변화가 경제에 영향을 미칠 때까지 걸리는 시간

외부효과 : 어떤 효과를 일으키는 사람 이외의 사람들이 느끼는 부수효과

외환시장 : 화폐가 구매되고 판매되는 시장

요소시장 : 경제의 모든 생산요소 구매자와 판매자

우월전략 : 다른 경기자의 행동에 관계없이 최선인 전략

원점 : 좌표 그래프에서 두 축이 만나고 각 변수의 값이 0이 되는 점

유인 : 결정을 인도하는 보상이나 처벌

유한책임회사 : 주식을 팔지 않으며, 소유주를 채권자 및 소송 당사자로부터 보호하는 별개의 법적 실체인 기업

의무적 지출 : 연간 예산지출법이 아닌 다른 법에 의해 요구되는 지출

이윤 : 총수입에서 총비용을 뺀 값

이자율 효과 : 물가 상승이 이자율을 상승시킬 때 발생하는 투자지출

의 감소

이전지출 : 반대급부로 재화나 서비스를 받지 않고 이루어지는 개인이나 기업에 대한 정부의 지급

이전지출 : 재화나 서비스의 대가 없이 이루어지는 정부 지급액

인식시차 : 문제의 시작과 문제 존재의 인식 간 시차

인적자본 : 근로자의 숙련도, 지식과 경험

인플레이션 : 재화와 서비스의 가격이 일반적으로 상승하는 현상

인플레이션 갭 : 경제가 완전고용 산출량보다 더 많은 양을 생산할 때 실제 산출량과 완전고용 산출량 사이의 갭

임금 : 노동 1단위의 비용

임차료율 : 자본 1단위의 비용

자동안정장치 : 경제활동의 변동을 완화하는 '붙박이' 조세 및 이전지출 정책

자본 : 다른 재화나 서비스 생산에 사용되는 생산품

자연독점 : 한 기업의 장기평균총비용이 시장의 적정 희망 수준에서 산출량이 증가함에 따라 감소하는 시장

자연실업률 : 경제가 완전고용을 달성할 때의 실업률

자중손실 : 비효율적 산출량에 따른 소비자잉여나 생산자잉여의 손실

장기 : 모든 생산요소 수량이 변할 수 있는 기간

장기균형 : 어느 기업도 시장에 진입하거나 시장을 탈퇴할 유인이 없는 상황

장기총공급곡선 : 실질국내총생산과 물가 간 장기적인 관계를 보여주는 곡선

재량적 지출 : 연간 예산지출법에 의해 승인되는 지출

재무부증권 : 연방정부가 차입한 돈을 상환하겠다는 미국 재무부의 약속을 나타내는 증서

재정적자 : 대개 한 해로 주어진 기간에 있어서 정부지출이 정부수입을 초과하는 것

재정정책 : 경제를 안정시키기 위해 정부지출, 조세, 이전지출을 사용하는 것

재정흑자 : 대개 한 해로 주어진 기간에 있어서 정부수입이 정부지출을 초과하는 것

저작권 : 독창적인 작품의 창작자에게 주어지며 그 작품의 유일한 판매자가 되게 하는 법적 권리

저점 : 수축으로부터 팽창으로의 경기 전환

저축기관 : 은행과 유사한 금융기관으로 신용조합, 저축은행, 저축대부조합을 포함함

저축대부조합 : 주택구매대출 공급에 주된 초점을 둔 금융기관

저축은행 : 근로자 계층 가구의 저축을 돕기 위해 설립된 은행

전통경제 : 경제적 결정이 관례에 기초하여 이루어지는 경제

절대우위 : 주어진 양의 자원으로 다른 국가보다 특정 재화를 더 많이 만들 수 있는 능력

점 : 좌표 그래프에서 x변수와 y변수 값을 모두 나타내는 것

정부 : 지배권과 통제권을 가진 개인의 조직체

정부실패 : 정부가 자원을 비효율적으로 배분하는 정책을 시행하는 경우

정상재 : 소득이 오르면 더 많이 사는 재화

정점 : 팽창으로부터 수축으로의 경기 전환

제품시장 : 경제의 모든 재화와 서비스 생산자와 소비자

제한된 의지력 : 사람들이 어렵지만 가치 있는 목표를 달성하는 것을 막는 자제력의 한계

제한된 합리성 : 사람들의 제한된 인지기술, 정보, 시간에 기인하는 최적의사결정의 한계

조세의 귀착 : 조세부담이 관련 당사자 사이에 나눠지는 방법

종속변수 : 값이 다른 변수의 영향을 받는 척도

주식 : 주식회사의 소유권 지분

주식회사 : 소유주와 별도로 법적 실체로 존재하는 기업 형태

주주 : 주식회사의 주식을 사는 투자자

중간재 : 기업에 의해 구매되어 다른 재화의 일부가 되거나 다른 재화를 생산하는 데 소모되는 재화

지니계수 : 한 국가 내의 모든 사람이 동일한 소득을 벌면 0의 값을 갖고 가장 부유한 한 사람이 모든 소득을 벌면 1의 값을 갖는 소득 불평등의 척도

지불준비금 : 은행이 대출하지 않은 예금

지불준비요구 : 전체 예금 중 은행이 대출할 수 없는 부분의 비율

지출승수 : 경제에 새로운 지출로 주입되는 매 1달러로부터 발생하는 지출의 총액

초과지불준비금 : 대출 가능한 지불준비금

초인플레이션 : 매우 높은 인플레이션율을 특징으로 하는 기간

총비용 : 고정비용과 가변비용을 더한 값

총수요곡선 : 각 물가 수준에서 한 경제가 수요로 하는 모든 최종생산물인 재화와 서비스의 양을 보여주는 곡선

총수입 : 기업이 재화 판매로부터 얻는 총금액

총효용 : 개인이 소비하는 모든 단위로부터 얻는 효용의 총합

최소효율규모 : 기업의 장기평균총비용이 최소가 되는 최저 수량

최적소비규칙 : 각 재화에 지출하는 달러당 한계효용이 같아지게 하는 구매를 선택해야 함을 나타낸다.

최종생산물인 재화와 서비스 : 다른 생산물을 생산하기 위해 기업에 의해 구매되지 않고 궁극적인 소비자에 의해 구매되는 재화와 서비스

카르텔 : 산출량 제한과 이윤 증대를 위해 공모하는 생산자 집단

케인스학파 이론 : 경제를 안정시키기 위해 때로는 정부의 개입이 필요하다는 생각을 중심으로 한 경제 이론

쿼터 : 주어진 기간 동안 수입될 수 있는 상품의 양에 대한 제한

클레이턴 반독점법 : 시장의 경쟁을 현저히 저하시킬 때 가격차별, 합병, 기업 간 배타적 거래 계약과 같은 반경쟁적 행위를 금지하는 법령

탄력적 수요 : 수요의 가격탄력성이 1보다 큰 경우

토지 : 땅과 그것에서 나오는 물, 광물, 식물, 동물을 포함한 모든 것

통제경제 : 경제적 의사결정이 중앙집권화되고 의사결정이 시장의 힘보다는 정부나 시민집단에 의해 이루어지는 경제

통화론자 이론 : 화폐공급 증가의 억제를 인플레이션을 통제하는 수단으로 사용할 것을 강조하는 경제 이론

통화정책 : 연준이 경제 안정을 목표로 화폐공급과 이자율을 관리하기 위해 사용하는 정책

투기적 수요 : 다른 대안투자의 가치 변화로부터 예상되는 투자기회를 활용하거나 손실을 피하기 위한 화폐수요

특허 : 정해진 기간 동안 한 발명품의 유일한 판매자가 되게 하는 권리 허가

파생수요 : 요소의 생산물에 대한 수요로부터 파생되는 요소수요

파이도표 : 큰 값이 작은 조각으로 나뉘는 것을 보여주는, 파이 모양의 조각으로 구성된 원형 도표

판매세 : 광범위한 재화와 서비스에 적용되는 조세

팽창적 재정정책 : 총수요곡선을 오른쪽으로 이동시키는 정부 정책

팽창적 통화정책 : 경제를 자극하기 위해 고안된 통화정책

평균가변비용 : 기업의 가변비용을 산출량으로 나눈 값

평균총비용 : 총비용을 산출량으로 나눈 값

폐쇄경제 : 국제무역에 참여하지 않는 경제

필수재 : 소득탄력성이 0과 1 사이인 재화

필요지불준비금 : 대출할 수 없는 지불준비금

한계비용 : 재화나 서비스를 1단위 더 생산하는 데 드는 추가적 비용

한계생산 : 다른 투입요소의 수량은 불변인 상태에서 한 투입요소의 추가적 1단위로부터 얻는 산출량 증가

한계소비성향(MPC) : 새 소득 중 지출이 되는 부분

한계수익체감의 법칙 : 노동과 같은 가변투입요소가 오븐과 같은 고정투입요소에 더해지면 가변투입요소의 한계생산이 결국 감소한다는 내용의 '법칙'

한계수입생산(MRP) : 기업의 판매수입에 대한 추가적 노동자 1명의 기여도

한계외부비용 : 추가적 1단위가 증가시키는 외부비용의 크기

한계외부편익 : 추가적 재화 1단위 구입에 따라 발생하는 외부편익의 증가분

한계저축성향(MPS) : 새 소득 중 저축이 되는 부분

한계효용 : 추가적인 재화 1단위의 소비로부터 얻는 효용

한계효용체감 : 재화가 더 많이 소비됨에 따라 소비자가 얻는 한계효용이 감소하는 것

할인율 : 연방준비제도가 금융기관에 단기 대출을 하면서 부과하는 이자율

합명회사 : 둘 이상의 사람이 소유·지배하고 있다는 점을 제외하고는 개인기업과 비슷한 기업

행동경제학 : 경제적 결정이 어떻게 인간정신의 한계에 의해 영향을 받는지에 대한 연구

현금 : 화폐로 사용되는 지폐와 동전

호황 : 경제활동이 크게 팽창하는 시기

혼합경제 : 전통경제, 시장경제, 통제경제의 특징을 가지는 경제체제

화폐 : 재화와 서비스에 대한 대가로 일반적으로 수용되는 것

화폐수량설 : 화폐공급 증가는 이에 비례하는 물가 상승만을 초래한다는 이론

화폐승수 : 매 1달러의 초과지불준비금으로부터 창조될 수 있는 최대한의 화폐 금액을 나타내는 비율

화폐의 가치상승 : 다른 화폐의 단위로 측정한 한 화폐의 가격 상승

화폐의 가치하락 : 다른 화폐의 단위로 측정한 한 화폐의 가격 하락

화폐의 시간 가치 : 정해진 금액의 화폐를 나중보다는 더 먼저 갖는 것이 더 낫다는 원리

화폐의 유통속도 : 각 화폐단위가 1년 동안에 평균적으로 지출되는 횟수

환율 : 한 화폐가 다른 화폐와 교환되는 비율

회계적 이윤 : 총수입에서 명시적 비용을 뺀 값

효용 : 개인이 느끼는 만족감이나 행복감

효율적 : 다른 사람을 나빠지게 하지 않으면서 어떤 사람을 좋아지게 할 수 있는 다른 배분이 존재하지 않을 때 충족되는 조건

희소성 : 어떤 것의 공급이 그것에 대한 모든 사람의 욕구를 충족시키지 못할 때 존재하는 상태

1인당 실질국내총생산 : 실질국내총생산을 인구로 나눈 값

M1 : 유통 중인 현금, 당좌예금, 여행자 수표로 구성된 화폐공급 부분

M2 : M1에 더하여 현금이나 당좌예금보다는 재화 및 서비스와 교환하기가 더 어려운 '준화폐'로 구성된 화폐공급 부분

찾아보기

데이비드 A. 앤더슨(**David A. Anderson**)은 미국 미시간대학교에서 경제학 학사학위를 받고 듀크대학교에서 경제학 박사학위를 받았다. 그의 주된 연구 분야는 경제교육, 법경제학, 범죄경제학, 공공정책이다. 앤더슨 박사는 여러 과목 중에서도 경제학 개론 강의를 1992년부터 센터 칼리지와 데이비슨 칼리지에서 해 오고 있으며, 현재 센터 칼리지의 Paul G. Blazer Professor of Economics이다. 저서로 *Explorations in Economics, Economics by Example, Economics for AP, Favorite Ways to Explore Economics, Environmental Economics and Natural Resource Management* 등 14권이 있다.

역자 소개

김광호

서울대학교 경제학과 경제학 학사

미국 펜실베이니아대학교 경제학과 경제학 박사

현재 한양대학교 경제금융학부 교수

박대근

서울대학교 경제학과 경제학 학사

미국 하버드대학교 경제학과 경제학 박사

현재 한양대학교 경제금융학부 교수